नामवर सिंह
और समीक्षा के सीमांत

नामवर सिंह
और समीक्षा के सीमांत

जगदीश्वर चतुर्वेदी

अनामिका पब्लिशर्स एंड डिस्ट्रीब्यूटर्स (प्रा.) लिमिटेड
4697/3, 21-ए, अंसारी रोड, दरियागंज, नई दिल्ली 110002
फोन : 011-23281655, 011-23270239
E-mail: anamikapublishers@yahoo.co.in

संस्करण : 2016

आई.एस.बी.एन. 978-81-7975-791-8

भारत में मुद्रित

अनामिका पब्लिशर्स एंड डिस्ट्रीब्यूटर्स (प्रा.) लिमिटेड, 4697/3, 21-ए, अंसारी रोड, दरियागंज, नई दिल्ली 110002 द्वारा प्रकाशित। शिवानी कम्प्यूटर्स, दिल्ली 110093 द्वारा शब्दांकित एवं विकास कंप्यूटर एंड प्रिंटर्स, ट्रॉनिका सिटी, गाजियाबाद में मुद्रित।

अनुक्रम

भूमिका

छात्र जीवन से मन में विचार रहा है कि मैं उन पर किताब जरूर लिखूं। यह निजी संबंधों का लेखा-जोखा नहीं है बल्कि उनके विचारों से गुजरने, समझने और उनसे आगे निकलने का प्रयास है। यह सच है कि उनका मेरे ऊपर ज्ञान-ऋण है, यह उसका छोटा सा ब्याज मात्र है। उनका पूरा कर्ज मैं कभी चुका नहीं सकता। इस पुस्तक के बहाने समकालीन हिंदी आलोचना की समीक्षा करने का प्रयास भी है, गुरुवर जहां से आलोचना को उठाते हैं उससे आगे निकलने का प्रयास भी है। नामवरजी ने अनेक विषयों पर अपने विचार व्यक्त किए हैं, उनमें से प्रासंगिक समस्याओं को ही मूल्यांकन के केंद्र में रखा गया है। आशा है विद्यार्थियों और आलोचकों को पुस्तक पसंद आएगी।

04-04-2016 **जगदीश्वर चतुर्वेदी**

1. नामवर सिंह और इतिहासदृष्टि के मूल्यांकन की समस्याएं

इन दिनों इतिहास पर विवाद कम है। इसके विवादों को सहमति के आवरण में छिपाने की कोशिशें हो रही हैं लेकिन ये कोशिशें असफल होंगी। इतिहास के विवाद छिपाए नहीं जा सकते। इतिहास के विवादों से बचा नहीं जा सकता। हम मानकर चल रहे हैं कि आलोचना के बिना इतिहास संभव नहीं है। ये दोनों एक-दूसरे के पूरक हैं, लेकिन समस्या यह है कि आलोचना और इतिहास की अपडेटिंग बंद पड़ी है, विकास अवरुद्ध है। समस्त आलोचक एकमत हैं। आचार्य रामचंद्र शुक्ल लिखित *हिंदी साहित्य का इतिहास* एक मुकम्मल इतिहास ग्रंथ है और सभी ने इसमें निर्धारित इतिहासरेखा को नतमस्तक होकर स्वीकार किया है। इसी क्रम में आलोचना का एक विशाल विमर्श निर्मित हुआ है। इस विमर्श को हमने कभी इतिहासलेखन का आधार नहीं बनाया। आलोचना पर बातें होती हैं तो इतिहास संबंधी विवादों पर भी बहस होती है लेकिन रामचंद्र शुक्ल के इतिहास के विकल्प के रूप में नए इतिहास-लेखन का कोई सुसंगत प्रयास नहीं हुआ। अधिकांश आलोचक मानते हैं, शुक्लजी के इतिहास में अनेक खामियां हैं लेकिन कोई भी इन खामियों से समग्रता में जूझना नहीं चाहता। मजेदार बात है जो आलोचक खामी बताता है वही कहता है शुक्लजी का वर्गीकरण ठीक है, आगे बढ़कर वर्गीकरण पर अपने विरोध को विकल्प के रूप में इतिहास में तथ्यों के साथ निरूपित नहीं करता। मसलन, रामविलास शर्मा, नामवर सिंह, मैनेजर पांडेय आदि ने अनेक स्थानों पर वर्गीकरण पर सवाल खडे किए हैं लेकिन उसका वैकल्पिक ढांचा प्रस्तावित करके अंत में शुक्लजी सही हैं, कहकर आलोचना बंद कर दी। आलोचना महज प्रस्ताव मात्र तक सीमित रह जाएगी तो वैकल्पिक रास्ते कैसे खुलेंगे ?

आचार्य रामचंद्र शुक्ल के इतिहास की सबसे बड़ी कमजोरी है इसका गैर-द्वंद्ववादी ढांचा। इस पहलू की ओर सबसे पहले नामवर सिंह ने ध्यान खींचा। पुराने दृष्टिकोण से इतिहास को देखने में असुविधा महसूस हो रही थी, इस असुविधा की ओर सन् 1952 में सबसे पहले उन्होंने ध्यान खींचा। लेकिन इससे समीक्षा तो प्रभावित हुई लेकिन इतिहास अछूता रहा। नामवर सिंह ने लिखा : 'तथ्य और विचार एकदम अलग नहीं किए जा सकते। जिस तथ्य-संग्रह में हम किसी योजना अथवा दृष्टिकोण का अभाव देखते हैं, वस्तुतः वह भी एक दृष्टिकोण ही है। 'हम किसी सामाजिक प्रयोजन के लिए ऐतिहासिक तथ्यों का उपयोग न करेंगे', यह 'शुद्ध' उद्देश्य समाज-निरपेक्षता तथा पराङ्मुखीनता का ही परिणाम है। आंकड़ों और घटनाओं को ठोस ऐतिहासिक परिस्थितियों तथा सामाजिक शक्तियों के प्रयत्नों के रूप में व्याख्या न कर सकना असमर्थता भी हो सकती है, लेकिन व्याख्या करने से इनकार करना शरारत है अथवा कमजोरी छिपाने का स्वांग। तटस्थता और निष्पक्षता का अभिनय पर-प्रवंचना ही नहीं आत्म-प्रवंचना भी है। मानव-इतिहास की प्रवहमान धारा में धारा और किनारा सब-कुछ मनुष्य ही है; तटस्थ कोई नहीं। जो विरोधी धाराओं के संघर्ष से घबराकर निष्पक्षता में विश्राम करना चाहता है वह प्रवाह-पतित होकर अनजाने ही इतिहास-विरोधी धारा में जा पड़ता है। यद्यपि इन विद्वानों के तथ्य-संग्रह नए इतिहास के लिए उपयोगी हो सकते हैं, फिर भी आज ऐसे नकारात्मक ऐतिहासिक दृष्टिकोण से काम नहीं चल सकता' (*इतिहास और आलोचना*, 1957, चौथा संस्करण, 1986, पृ. 139-140)।

इतिहास के केंद्र में यदि मनुष्य है तो आजादी के बाद साहित्येतिहास का ढांचा बनाने से परहेज क्यों? क्या आजादी के बाद के साहित्य का कोई ढांचा बनाया जा सकता है? मनुष्य को आधार बनाकर प्राचीन और मध्यकालीन साहित्येतिहास का कोई वैकल्पिक ढांचा नामवरजी प्रस्तावित क्यों नहीं कर पाए ? नामवरजी ने *दूसरी परंपरा की खोज* की लेकिन इतिहास का ढांचा पहली परंपरा का ही बरकरार रखा। वे इस पर सवाल तो खड़े करते हैं लेकिन समग्रता में कोई ढांचा प्रस्तावित क्यों नहीं कर पाए ? नामवरजी के अनुसार, 'इतिहास का पुनर्विचार मुख्यतः इतिहास का पुनर्मूल्यांकन है और यह पुनर्मूल्यांकन अंततः मूल्यांकन का प्रतिमान है। इसलिए इतिहास में किसी साहित्यकार, साहित्यिक कृति अथवा साहित्यिक युग का पुनर्मूल्यांकन करते समय यह ध्यान रखना जरूरी है कि वह केवल नवीन मूल्यांकन भर न हो' (*इतिहास और आलोचना*, पृ. 170)।

नामवरजी ने यह भी लिखा, 'किसी भी पुनर्मूल्यांकन के मूल में मूल्यों की एक

व्यवस्था एवं प्रणाली होनी चाहिए। हर कवि या कृति के मूल्यांकन के लिए एक नए मूल्य और नए प्रतिमान का प्रयोग पुनर्मूल्यांकन नहीं है। इतिहासकार को यह नहीं भूलना चाहिए कि एक कृति का पुनर्मूल्यांकन करते हुए उसके साथ ही वह संपूर्ण इतिहास का मूल्यांकन कर रहा है और इस दृष्टि से यह कहना अप्रासंगिक न होगा कि एक कृति की समीक्षा भी उसी प्रकार इतिहास है जिस प्रकार संपूर्ण साहित्य की समीक्षा' (वही, पृ. 171)।

नामवरजी ने 'पुनर्मूल्यांकन' को जिस तरह 'मूल्य की व्यवस्था' से जोड़ा है वह अपने आपमें महत्वपूर्ण है। इस मूल्य व्यवस्था का इतिहासकार के सम-सामयिक संसार से गहरा संबंध है। यहीं पर 'दृष्टि' का सवाल उठता है। नामवरजी ने लिखा, 'जहां दृष्टि अतीतोन्मुखी हो वहां इतिहास नहीं है, क्योंकि इतिहास में दृष्टि भविष्योन्मुखी होती है और इतिहास की चिंता का केंद्र-बिंदु ठेठ समसामयिक होता है।'

'वस्तुतः इतिहास लिखने का कार्य वही कर सकता है जो स्वयं इतिहास बनाने में योग देता है अथवा दिलचस्पी रखता है–इतिहास अर्थात समसामयिक इतिहास, क्योंकि जो बीत चुका उसका अब क्या बनाया जा सकता है ? इसलिए साहित्य के इतिहास की मुख्य समस्या; अन्य युगों की सारी समस्याएं सहायक हैं, अथच गौण। इस प्रकार जो समसामयिक साहित्य की समस्याओं से जूझ रहे हैं वे इतिहास न लिखते हुए भी वस्तुतः इतिहास बनाने में योग दे रहे हैं। समसामयिक साहित्य के संदर्भ में उठी हुई सारी समस्याएं इतिहास की समस्याएं हैं' (वही, पृ. 155)।

नामवरजी ने इतिहास-लेखन के लिए द्वंद्वात्मक प्रणाली को महत्वपूर्ण माना और उसकी चार विशेषताओं का जिक्र किया है। ये चार विशेषताएं हैं–

1. द्वंद्वात्मक प्रणाली की पहली विशेषता है, 'किसी वस्तु, व्यक्ति, घटना या विचार को अन्य वस्तुओं, व्यक्तियों, घटनाओं और विचारों के अविभाज्य अंग के रूप में देखना' (वही, पृ. 140)।

2. द्वंद्वात्मक प्रणाली की दूसरी विशेषता, 'वस्तुओं, व्यक्तियों, घटनाओं और विचारों को गतिशील, परिवर्तनशील और क्रमबद्ध रूप में देखना।'

3. द्वंद्वात्मक प्रणाली की तीसरी विशेषता है, 'विकास-क्रम को ऊर्ध्वोन्मुख और अग्रसर रूप में देखना। विकास का अर्थ पुनरावृत्ति अथवा वृत्ताकार परिक्रमा नहीं है' (वही, पृ.141)।

4. द्वंद्वात्मक प्रणाली की चौथी विशेषता है, 'वस्तुओं, व्यक्तियों, घटनाओं और विचारों में असंगति और अंतर्विरोध को पहचानना' (वही, पृ. 142)।

वस्तु, व्यक्ति, घटना आदि को अविभाज्य अंग के रूप में देखना तो सही है

लेकिन इस प्रक्रिया में कुछ तत्व ऐसे भी होते हैं जो अतिक्रमण कर जाते हैं, रीतिकाल था उसका अन्य से अविभाज्य संबंध था लेकिन रचना प्रक्रिया और सामाजिक प्रक्रिया के बीच की अंतर्क्रियाओं के कारण लेखक और इतिहास रीतिकाल का अतिक्रमण भी करता है और आधुनिक काल आ जाता है। ऐसे में एक वर्ग वह है जो रीतिकाल को बनाए रखना चाहता है और दूसरा वर्ग वह है जो रीतिकाल से मुक्ति चाहता है। हेगेल ने द्वंद्ववादी प्रणाली के प्रसंग में 'अतिक्रमण' के पहलू पर ध्यान खींचा था। 'अतिक्रमण' में दोनों ही चीजें होंगी, मसलन कुछ लोग रीतिकाल बचाए रखना चाहेंगे और कुछ इसका अंत देखना चाहेंगे। साथ ही 'अतिक्रमण' के समय 'सुरक्षित रखो और अंत करो', ये दोनों ही स्थितियां आ सकती हैं। यह 'अतिक्रमण' का विरोधाभास है। नामवरजी 'अतिक्रमण' के पहलू की अनदेखी करते हैं। इसी तरह द्वंद्ववादी प्रणाली में 'क्षण' (मोमेंट) का भी महत्व है। लेखन में तो 'क्षण' और भी महत्वपूर्ण होता है। इसी तरह द्वंद्ववाद में 'संघटना', 'क्षण' और 'अतिक्रमण' ये तीन और तत्व हैं जिनको जोड़कर देखा जाना चाहिए।

दलित लेखकों को मध्यकाल में अपनी निजी दुर्दशा का वैसा ज्ञान नहीं था जैसा आधुनिक काल में हुआ। समाज की चेतना में निजी चेतना और निजी अस्तित्व के रूपों को अधिकांश लेखक भूल गए, लेकिन मीराबाई नहीं भूली। उसी तरह लेखक की निजी और सामाजिक स्थितियों, घटनाओं और प्रवृत्तियों की ओर किया गया संकेत या सृजनरूपों को 'संघटना' के रूप में देखा जाना चाहिए। मसलन, परिवार के चित्रण को ही लें और *रामचरितमानस* में परिवार के दोनों रूपों को देखें। एक तरफ राजा दशरथ का संयुक्त परिवार है और दूसरी ओर राम का एकल परिवार है। किस परिवार को बचाना है ? लेखक की सहानुभूति किस तरह के परिवार की संरचना के साथ है ? क्या लेखक 'अतिक्रमण' कर रहा है ? लेखक की सहानुभूति राम के परिवार के साथ है। कहानी में दशरथ के परिवार से राम के परिवार का अलगाव होता है और राम के परिवार और उसका आख्यान क्रमशः समूचे परिदृश्य को घेर लेता है। राम के परिवार की कहानी कहने को दशरथ के परिवार के साथ जुड़ी है लेकिन राम के परिवार की कहानी दशरथ की कहानी का अतिक्रमण करके आगे बढ़ जाती है। यहां पर परिवार के भावी और वर्तमान रूपों के बीच का द्वंद्व साफतौर पर नजर आता है।

कारचेदी ने द्वंद्ववाद की जिन तीन अभिधारणाओं की ओर ध्यान खींचा है उनमें पहली है भावी और वर्तमान के बीच की एकता। भावी और वर्तमान का एक-दूसरे के साथ गहरा संबंध है, उन दोनों का अस्तित्व एक-दूसरे पर निर्भर है, लेकिन वह

एक जटिल प्रक्रिया से गुजरता है जिसमें भावी का विकास होता है और वर्तमान छूटता चला जाता है। इसी को कारचेदी ने 'भावी और वर्तमान संघटनाओं की एकता' कहा है।

द्वंद्ववादी प्रणाली को लागू करते समय कारचेदी के अनुसार दूसरी अभिधारणा है 'निर्धारक और निर्धारित संघटनाओं की एकता'। इस अभिधारणा के अनुसार, संघटनाओं के बीच में अथवा उनके अंतर्गत (उनके अंगीभूत भागों में) निर्धारण का संबंध होता है। इसका अर्थ है कि कुछ संघटनाएं निर्धारक और अन्य निर्धारित होती हैं; इसका तात्पर्य है कि निर्धारित संघटनाओं का अस्तित्व निर्धारक घटनाओं के अस्तित्व और अतिक्रमण की दशाओं पर आश्रित है। मसलन, नाथ साहित्य न होता तो साहित्य में प्रतिवादी परंपरा का विकास नहीं होता। नाथ साहित्य का सबसे बड़ा योगदान है कि उसने क्रमशः असहमति और प्रतिवाद के स्वरों को साहित्य में जनप्रिय बनाया। आज 'प्रतिवाद' साहित्य का प्रमुख तत्व है। इसकी परंपरा नाथ साहित्य से अभिन्न रूप से जुड़ी है। नाथ साहित्य के लेखकों का महत्व यह है कि वे सामाजिक यथार्थ की प्रस्तुतियों में उन रूपों को दाखिल करते हैं जो साहित्य में बहिष्कृत या वर्जित थे। साहित्य में वर्जित रूपों के आने के साथ यथार्थ के रूपांतरण और बृहत्तर कैनवास के निर्माण की प्रक्रिया का आरंभ होता है। इसी तरह शृंगाररस के लेखकों ने साहित्य के बहाने भारत में साहित्य में धर्मनिरपेक्ष परंपरा का निर्माण किया। 'देह' को साहित्य का प्रमुख विषय बनाया। यह 'देह' के वायवीय विमर्श के अंत की शुरुआत है। यह 'देह' को धर्मनिरपेक्ष बनाने की कलात्मक प्रक्रिया है। द्वंद्ववादी प्रणाली में कारचेदी के अनुसार तीसरी अभिधारणा है, 'तदनुरूपी और अंतर्विरोधी संघटनाओं की एकता'। 'इस अभिधारणा के अनुसार यथार्थ ऐसी संघटनाओं की एकता है, जो या तो परस्पर तदनुरूपी हैं (जिस स्थिति में एक संघटना का पुनरुत्पादन दूसरी संघटना के पुनरुत्पादन की दशा है, यद्यपि यह पुनरुत्पादन प्रक्रिया प्रतिद्वंद्विता से मुक्त नहीं है) या फिर अंतर्विरोधी हैं (जिस स्थिति में एक संघटना का पुनरुत्पादन दूसरी संघटना के अतिक्रमण की दशा है, इसलिए इस प्रक्रिया में, जो दोनों संघटनाओं को जोड़ने वाला संबंध है, इसमें स्वयं अपने अतिक्रमण की संभावना निहित है)। मसलन भक्ति आंदोलन की सीमाओं का भारतेंदु साहित्य अतिक्रमण करता है, उससे जुड़ता भी है, लेकिन उसके अनुरूप नहीं है। यहां तक कि सगुण लेखकों का साहित्य भी एक जैसा नहीं है। मीरा की सगुण भक्ति और अन्य कवियों की सगुण भक्ति में बुनियादी अंतर है। इस प्रसंग में कारचेदी ने सही रेखांकित किया है कि तदनुरूपता का मतलब समरसता नहीं है बल्कि यह

भी संभव है कि तदनुरूपता के गर्भ से अंतर्विरोधी तत्व पैदा हों। तदनुरूपता का संबंध शत्रुतापूर्ण होता है। जब कोई लेखक तदनुरूप लिखने की कोशिश करता है तो वह बदलता भी है और नया जोड़ने की कोशिश करता है। इस क्रम में संभावित रूप सकारात्मक या नकारात्मक हो सकता है। रीतिकाल में यही हुआ, भक्ति के रूपों का अनुकरण करते हुए लेखक विपरीत दिशा में चले गए जबकि रीतिकाल के लेखकों का भक्तिकाल से गहरा संबंध है यहां तक कि उन तत्वों को भी भक्तकवियों में देख सकते हैं जो शृंगार से जुड़े हैं। इसलिए तदनुरूपता में एक जैसा लेखन हो सकता है लेकिन उससे भिन्न लेखन भी हो सकता है। इसीलिए कारचेदी ने लिखा कि 'शत्रुताएं भी तदनुरूपता से अभिप्रेरित होती हैं।'

कारचेदी के अनुसार, 'शत्रुता और अंतर्विरोध का अभिप्राय गतिशीलता है, गतिशीलता का तात्पर्य परिवर्तन है, और परिवर्तन का अभिप्राय या तो पुनरुत्पादन (शत्रुतापूर्ण शक्तियों के कारण गैर-जरूरी बदलाव) है, या फिर अतिक्रमण (अंतर्विरोधी शक्तियों के कारण अनिवार्य, या मौलिक परिवर्तन) होता है।'

इस प्रसंग में कारचेदी ने साफ लिखा है, 'द्वंद्ववाद यथार्थ का ऐसा दृष्टिकोण है जो संघटनाओं (घटनाओं) को द्वंद्ववादी संबंध से जुड़ा हुआ मानता है।' नामवर सिंह ने द्वंद्ववादी प्रणाली की जिन चार विशेषताओं का जिक्र किया है उसमें साधारण या सरल और जटिल दोनों तत्व शामिल हैं। समस्या यह है कि हम साधारण और जटिल को किस रूप में देखते हैं? साथ ही 'अतिक्रमण' या 'रूपांतरण' को सही ढंग से देखते हैं कि नहीं। साहित्येतिहास में द्वंद्ववादी प्रणाली के पक्षधर हैं तो दूसरी ओर गैर-द्वंद्ववादी प्रणाली के पक्षधर भी हैं। गैर-द्वंद्ववादी प्रणाली के पक्षधर 'अंतर्निर्भरता' के सिद्धांत को नहीं मानते, वे वस्तुओं, व्यक्तियों, चीजों और घटनाओं को एकाकी रूप में देखते हैं। दूसरी बात यह कि वे वास्तवीकृत संघटनाओं पर ही विचार करते हैं वे उसके संभावित रूप पर विचार नहीं करते। उन संभावित तत्वों की अनदेखी करते हैं जिनके कारण वास्तवीकरण होता है, कोई भी रचना यथार्थपरक लगने लगती है। इसके अलावा वे अंतर्विरोध की अभिधारणा को नहीं मानते। इसी तरह वे निर्धारक और निर्धारित के संबंध को तो मानते हैं लेकिन इसमें द्वंद्वात्मकता की भूमिका की अनदेखी करते हैं।

नए की खोज का संकट

इतिहासलेखन में नए को खोजने की हर आलोचक को आदत होती है। हिंदी में स्थिति एकदम उलट है, अब न तो नया खोजा जा रहा है और न पुराना ही ठीक

से पढ़ा-पढ़ाया जा रहा है। इस अर्थ में हिंदी का इतिहास निरर्थक बना दिया गया है। नए दौर में हमें इतिहास के सवालों पर नए सिरे से विचार करना होगा और इतिहास के पठन-पाठन को 'गैसपेपर शिक्षण' से बाहर लाना होगा। साथ ही इतिहास की अपडेटिंग भी करनी पड़ेगी।

इस प्रसंग में नामवरजी ने कई महत्वपूर्ण बातें कही हैं। उनका मानना है, 'इतिहासलेखन का कार्य एकदम नए सिरे से नहीं शुरू करना है। ऐतिहासिक अध्ययन की हमारी परंपरा है। जब तक हम उस परंपरा का विश्लेषण नहीं कर लेते, हमारा नया प्रयत्न अपूर्ण होगा। नई परिस्थिति में इतिहास का उपयोग करते समय पूर्ववर्ती इतिहासकारों का अनुशीलन अत्यंत आवश्यक है' (*इतिहास और आलोचना*, पृ. 134)। नामवरजी के अनुसार, 'नए सिरे से इतिहास संबंधी बहस को केंद्र में लाने के लिए 'दृष्टिकोण' को महत्व देना होगा। 'दृष्टिकोण' के निषेध से बचना होगा। साथ ही, सामाजिक प्रयोजन और सामाजिक लक्ष्यों के साथ ही इतिहास को नए सिरे से विश्लेषित करके पेश करना होगा। इस काम में नए तथ्यों और सामग्री को जोड़ना होगा। इस क्रम में इतिहासकार और आलोचक तटस्थ नहीं रह सकता।' नामवर सिंह के अनुसार, 'साहित्यिक कृति के सामाजिक यथार्थ के विश्लेषण के सिलसिले में यथास्थान अन्य साधनों द्वारा प्राप्त सामाजिक सामग्री का उपयोग किया जाए। 'ऐतिहासिक भौतिकवाद' यही सिखलाता है' (वही, पृ. 144)।

इतिहासलेखन के लिए जरूरी है कि पहले साहित्य को परिभाषित किया जाए और साथ ही, साहित्य और समाज के अंतस्संबंध को विश्लेषित किया जाए। इतिहास को 'संग्रहवाद', 'तथ्यवाद' या 'सारतत्ववाद' से बचाने की जरूरत है। साथ ही, साहित्य के नियमों का ज्ञान होना बेहद जरूरी है। उन नियमों की अपनी परंपरा है। नामवरजी ने लिखा है, 'कोई साहित्यिक कृति प्रभावशाली होने से पूर्व उत्पन्न कैसे हुई। इसके लिए हमें सामाजिक नियमों की ओर जाना होगा। किंतु यहां भी यह ध्यान रखने की आवश्यकता है कि सामाजिक पृष्ठभूमि का अनुसंधान साहित्य के अध्ययन का साधन मात्र है, साध्य नहीं। साहित्यिक विवेचन को समाजशास्त्रीय विवेचन बना देना अवैज्ञानिक है। सामाजिक पृष्ठभूमि का उपयोग साहित्यिक समस्याओं को समझने की कुंजी के रूप में होना चाहिए; इससे अधिक जोर देना गलत है' (वही, पृ. 143)।

नामवरजी ने भाववादी इतिहासलेखन के रूपों पर बहुत सही लिखा है। भाववादी इतिहासकार सामाजिक परिस्थितियों को साहित्य के साथ वैसे ही फिट कर देते हैं जैसे कोई चौखट फिट कर रहा हो। इसे नामवरजी ने 'सांचेबाजी' नाम दिया है। सामाजिक परिस्थितियां 'चौखट' नहीं हैं कि उनको 'फिट' कर दिया जाए, इस

सांचेबाजी से लेखक तथा उसकी कृति की दुर्गति हो जाती है। यदि वह सांचे से बड़ा हुआ तो उसके अंग काट दिए जाते हैं और यदि वह छोटा पड़ा तो खींचकर बढ़ाने की चेष्टा की जाती है। अकसर महान साहित्यकार अपने युग के घटना-लेखकों के आंकड़ों से अधिक व्यापक और गहरे यथार्थ का अंकन करते हैं। वे उन घटनाओं के मूल तत्व को पकड़कर वास्तविकता की अभिव्यंजना करते हैं। इसलिए घटनाओं में 'फिट' करने पर प्रायः उनका कटा-छंटा रूप ही सामने आता है' (वही, पृ. 143-144)।

'भाववादी इतिहासकार साहित्य में या तो केवल विचार-ही-विचार ढूंढ़ते हैं या फिर हवाई ढंग से समाज और परिस्थिति। इसी तरह साहित्य को भी बड़े अस्पष्ट और खयाली समाज में टटोलते हैं। समाज में साहित्य का स्रोत खोजने का मतलब है मनुष्य के मूर्त पारस्परिक संबंधों में उसकी जड़ें खोजना। मनुष्य ही साहित्य का रचयिता भी है और वर्ण्य वस्तु भी। मनुष्य का मतलब कोई अस्पष्ट 'मनुष्य' नहीं है बल्कि वह क्रियाशील प्राणी जो परिवार, राज्य, धर्म, विद्यालय आदि संस्थानों के रूप में शतधा-सहस्रधा अभिव्यक्त है। साहित्य में यही मूर्त मनुष्य एक व्यक्ति-पात्र के रूप में अभिव्यक्त होते हुए भी अपने समस्त सामाजिक संबंधों के साथ आता है। साहित्यिक कृति में सामाजिक संबंधों को बहुत सरल बनाकर देखना गलत होगा' (वही, पृ. 146)।

नामवरजी के अनुसार, 'समाज में मनुष्य व्यक्ति ही नहीं बल्कि वर्ग भी है। व्यक्ति साहित्यकार के भी यही दो रूप हैं और उसकी कृति में अभिव्यक्त पात्रों के भी यही दो रूप सामने आते हैं। इसी को 'विशेष' और 'सामान्य' (टाइप) का सिद्धांत कहा जाता है' (वही पृ. 147)।

नामवरजी के उपरोक्त कथन में अनेक असुविधाएं हैं और यह सरलीकरण भी है। मसलन, व्यक्ति और वर्ग के अलावा 'लिंग' और 'जाति' भी होती है जो अनेक मामलों में निर्धारक तत्व की भूमिका निभाती हैं। दूसरी बात यह कि 'टाइप' की धारणा लोकतंत्र में अप्रासंगिक है। लोकतंत्र का विकास 'टाइप' को नहीं, बहुलतावाद को जन्म देता है, यह बहुलतावाद विभिन्न स्तरों पर सामने आता है। फलतः 'टाइप' गायब हो जाता है। 'वर्ग' के बजाय लिंग, दलित, जातीयता, अस्मिता आदि सांस्कृतिक बहुलतावाद से जुड़े विषय और पात्र केंद्र में आ जाते हैं। अब अभिधारणात्मक सम्मिश्रण महत्वपूर्ण हो उठता है। मसलन एक लेखक या पात्र व्यक्ति है, वर्ग है, उसकी जाति है, भाषायी पहचान है और उसकी लिंगगत पहचान भी है। इन सबको मिलाकर वह बन रहा है। द्वंद्ववादी नजरिये से वर्ग को देखेंगे तो

सम्मिश्रण नजर आएगा। लेखक या पात्र की सम्मिश्रित पहचान दिखाई देगी। इसके अलावा हमारी नजर 'सामाजिक प्रक्रिया' पर रहनी चाहिए। लेखक या पात्र किस तरह की सामाजिक प्रक्रिया से गुजर रहे हैं। 'सामाजिक प्रक्रिया' ही लेखक या पात्र को ठोस मूर्त रूप प्रदान करती है। 'सामाजिक प्रक्रिया' को वैयक्तिक प्रक्रिया में संकुचित नहीं करना चाहिए। 'सामाजिक प्रक्रिया' की जितनी बारीक समझ इतिहासकार के पास होगी वह यथार्थ की उतनी ही परतों को खोल सकेगा।

किसी विषय पर इतिहासकार को लिखते समय उस विषय के तथ्य और सत्य, सामाजिक प्रक्रिया, लेखकीय प्रक्रिया और आस्वाद प्रक्रिया इन सबको मिलाकर देखना चाहिए। लेखक जीवन के जिस रूप का चित्रण करता है वह समाज की समग्र पहचान या स्थिति का अंग है। वह महज 'विशिष्ट' और 'सामान्य' के वर्गीकरण से समझ में नहीं आएगा। 'विशिष्ट' और 'सामान्य' के आधार पर एकांगी मूल्यांकन का खतरा बना रहता है। यह समाजवादी सिस्टम के साथ पैदा हुई मार्क्सवादी आलोचना के मॉडल से जुड़ा पहलू है, आलोचना के लिए यह मॉडल अब अप्रासंगिक है। 'विशिष्ट' और 'सामान्य' के आधार पर मूल्यांकन के कारण आलोचना सरलीकरण की शिकार बनी है। कायदे से यदि 'सामाजिक प्रक्रिया' के साथ जोड़कर देखा जाता तो आलोचना जटिल बनती लेकिन हुआ एकदम उलटा। 'संश्लिष्टता' की आलोचना से विदाई हो गई।

नामवरजी ने लिखा है साहित्य के इतिहास में 'काल-विभाजन सुविधामात्र है।' महत्वपूर्ण है इतिहास की अखंड धारा या नैरंतर्य। इसके अलावा ऐतिहासिक भौतिकवादी नजरिये से विषयवस्तु के साथ रूप-तत्वों के साथ उसके संबंध का भी अध्ययन किया जाना चाहिए। नामवरजी 'विशिष्ट' और 'सामान्य' को आधार बनाकर इतिहास के अध्ययन का जब प्रस्ताव दे रहे थे तो वे इतिहास लेखन में 'संस्थान' की भूमिका को नहीं देख रहे। 'साहित्येतिहास' में 'संस्थान' की भूमिका रही है। मसलन रामचंद्र शुक्ल और हजारीप्रसाद द्विवेदी के इतिहास पर क्रमशः काशी हिंदू वि.वि. और विश्वभारती के सांस्थानिक नजरिये का सीधे प्रभाव देख सकते हैं। साहित्य के इतिहास में 'संस्थान' के साहित्यिक मूल्य आते हैं या यों कहें कि 'संस्थान' अपने साहित्यिक मूल्यों को इतिहास पर थोपता है। कालांतर में नामवरजी को 'संस्थान' की भूमिका समझ में आई और उसका कई स्थानों पर जिक्र भी किया है। नामवरजी ने अपने आरंभिक निबंधों में साहित्यिक शक्तियों का जिक्र किया है लेकिन 'संस्थान' की अनदेखी की है। इतिहासदृष्टि और संस्थान के बीच में भी संबंध होता है। इन दोनों के बीच की अंतर्क्रियाओं के गर्भ से वे मूल्य पैदा होते हैं जिनसे साहित्येतिहास

को पहचान मिलती है। वे पहलू सामने आते हैं जिनके कारण साहित्येतिहास रूपांतरणकारी भूमिका अदा करता है। लेखक, इतिहासकार और आलोचक अपने युग की सीमा का अतिक्रमण करते हैं।

साहित्य के इतिहास में इतिहासकार को विश्वविद्यालय में रहते हुए अपनी धारणाओं को लेकर हर कदम पर चुनौतियों का सामना करना पड़ता है, साथ ही, उसकी धारणाएं बदलती भी हैं। वह विभिन्न किस्म के अनुशासनों के साथ निरंतर संवाद और संघर्ष की अवस्था में रहता है। हिंदी के इतिहासकारों को संस्थान के रूप में विश्वविद्यालय ने किस रूप में प्रभावित किया यह पहलू विचारणीय है।

एक अन्य समस्या है जिसकी ओर नामवरजी ने ध्यान नहीं दिया। वह यह कि साहित्य की अनेक समस्याएं हैं जिनको आप साहित्य के दायरे में रखकर, हिंदी विभागों की गोष्ठियों में बहस करके सुलझा नहीं सकते। हो सकता है, इनमें से कई समस्याएं इतिहास या समाजशास्त्र में जाकर सुलझें, मसलन उत्पादन संबंधों के साथ साहित्य के अंतस्संबंध की प्रकृति क्या है ? इस पर साहित्य समीक्षक बेहतर ढंग से समाधान नहीं खोज पाए हैं। कहने का अर्थ है कि साहित्यिक अध्ययन की अनेक समस्याएं हैं जिनके समाधान साहित्यिक अध्ययन में नहीं हैं, साहित्य विभागों में नहीं हैं। अतः साहित्य के बाहर क्या हो रहा है उस पर नजर रखने की जरूरत है। साहित्यिक अध्ययन को अन्य विषयों के अध्ययन से जोड़ने की जरूरत है। यह उल्लेखनीय है कि विश्वविद्यालयों में काम करने वाले आलोचकों और इतिहासकारों के इतिहास संबंधी दृष्टिकोण में बुनियादी अंतर होता है। इसी तरह यह भी ध्यान रखें कि विश्वविद्यालयों होने वाले अध्ययन या शोध या आलोचकों का लेखन सब कुछ प्रासंगिक ही होगा यह जरूरी नहीं है।

नामवरजी ने मार्क्सवादी आलोचक के रूप में इतिहास और आलोचना का जो ढांचा *इतिहास और आलोचना* पुस्तक में बनाया है वह मानव समाज के इतिहास पर निर्भर है। इसमें वे उन लेखकों और कृतियों को देखते हैं जिनकी सामाजिक और साहित्यिक परंपरा में रूपांतरणकारी भूमिका है। नामवरजी ने इतिहास संबंधी नजरिये की प्रस्तुति के क्रम में साहित्य की सामाजिक भूमिका पर रोशनी डाली है, साथ ही, उसके उदय के कारणों पर विचार किया है लेकिन पाठकों के साहित्यानुभवों के बारे में कुछ नहीं लिखा है। लेखक की तुलना में पाठकों के साहित्यिक व्यवहार का समाज पर व्यापक असर पड़ता है। पाठक के पढ़ने या पाठ ग्रहण करने की प्रक्रिया को समझे बिना हम साहित्य के सामाजिक असर को ठीक से समझ ही नहीं सकते।

पाठक का अनुभव उतना ही मूल्यवान है जितना लेखक का अनुभव। पाठक के साहित्यिक अनुभव को देखा गया होता तो वे तमाम बातें सामने आतीं जिनका हमने कभी अनुभव नहीं किया है अथवा जिन पर बातें नहीं की हैं। इससे हमें पाठ में निहित निर्वैयक्तिक तकनीक को विश्लेषित करने में मदद मिलती। मसलन लेखक निजी तौर पर जिन बातों को मानता है, जरूरी नहीं है उनका चित्रण भी करे। वह उन चीजों का चित्रण कर सकता है जिनको वह मानता ही न हो। विचारणीय सवाल यह है कि लेखक जीवंत रूप में जिन बातों को मानता है या व्यवहार में लागू करता है क्या उनका साहित्य में चित्रण करता है ? इससे साहित्य और समाज के संबंध की जटिलता के नए पहलू सामने आ सकते हैं।

नामवरजी ने इतिहास संबंधी जो ढांचा पेश किया है उसमें वे अतीत के उन पहलुओं पर ज्यादा जोर देते हैं जो रेडीकल या मूलगामी हैं। लेकिन इस क्रम में वे जीवनशैली के सवालों को छोड़ देते हैं, मसलन साहित्य में सामाजिकता की खोज करते हुए जीवनमूल्य की खोज पर जोर देते हैं लेकिन जीवनशैली पर विचार ही नहीं करते। आधुनिक आलोचना की यह सबसे बड़ी मुश्किल भी है कि वह साहित्य को जीवनशैली से जोड़कर नहीं देख पाते, यही स्थिति साहित्येतिहास की भी है। लेखक के कौन से मूल्य और जीवनशैली हैं जिनका समाज पर असर पड़ रहा है। यह देखना भी इतिहासकार का काम है। रामचंद्र शुक्ल और हजारीप्रसाद द्विवेदी ने नाथों-सिद्धों के साहित्य पर विचार करते हुए साहित्यकार के नजरिये को जीवनशैली से जोड़कर देखा है। नाथों-सिद्धों के साहित्य के प्रसंग में यही रुख रामविलास शर्मा और मुक्तिबोध का भी रहा है। इस प्रसंग में आदिकालीन साहित्य के मूल्यांकन का विवेचन करना समीचीन होगा।

आदिकाल की सामाजिक-राजनीतिक परिस्थितियों के बारे में हजारीप्रसाद द्विवेदी ने लिखा, 'जिस काल के साहित्य की चर्चा हम कर रहे हैं, उस काल का मध्यदेश बहुत क्षुब्ध था।' मध्यदेश में गाहडवाल राजाओं का दो सौ साल तक शासन रहा। सन् 1080 ईस्वी सन् में गाहडवाल वंशीय राजा चंद्र का शासन स्थापित हुआ। उस समय देश में भयानक अराजकता थी, उसे इस राजा ने खत्म किया। कन्नौज, काशी, अवध, पश्चिमी और उत्तरी बिहार का इलाका उनके शासन में था, इनके शासन में देशी भाषा और साहित्य को कोई प्रश्रय नहीं मिला। वे इस इलाके के नहीं थे बाहर से आए थे और वैदिक संस्कृति के उपासक थे। द्विवेदीजी के अनुसार 'इस उपेक्षा का एक कारण तो यही जान पड़ता है कि ये लोग बाहर से आए हुए थे और देशीय जनता के साथ दीर्घकाल तक एक नहीं हो पाए। दूसरा कारण यह हो सकता

है कि जिस संरक्षणशील धार्मिक विचारधारा की प्रतिष्ठा थी, उसमें संस्कृत भाषा और वर्जनशील ब्राह्मण व्यवस्था से अधिकाधिक चिपटे रहना जनता की दृष्टि में ऊंचा उठने का साधन था।'

'गाहडवाल राजा शुरू में अपने को इस प्रदेश की जनता से भिन्न और विशिष्ट बने रहने की प्रवृत्ति के कारण देशी भाषा और उसके साहित्य को आश्रय नहीं दे सके और यही कारण है कि जहां तक उनका राज्य था वहां तक कोई भी देशी भाषा का साहित्य सुरक्षित नहीं रह सका। अंतिम पीढ़ियों में ये लोग देशी भाषा के साहित्य को प्रोत्साहन देने लगे थे; किंतु तब तक दुर्भाग्य का प्रहार हुआ और संपूर्ण उत्तरी भारत विदेशी शासन से आक्रांत हो गया। इन नए शासकों को देशी जनता के साथ एक होने में और भी अधिक समय लगा।'

द्विवेदीजी ने राजा और उसके कार्यकलापों को आधार बनाकर इस दौर पर नजर डाली है जबकि सामाजिक यथार्थ और उसके अंतर्विरोधों पर उनका ध्यान गया ही नहीं। साहित्य प्रवृत्तियों को राजा के कार्यकलापों के आधार पर देखने से बचना चाहिए। उससे साहित्यिक प्रवृत्तियों के बारे में सही समझ नहीं बन सकती। सामाजिक जीवन में क्या स्थितियां थीं और लेखक किस तरह की सामाजिक प्रवृत्तियों को केंद्र में रखकर लिख रहे थे। यह वास्तविकता है कि सामाजिक जीवन में विभिन्न वर्गों के बीच में गहरी टकराहट थी, अधिकांश सामाजिक मान्यताएं चरमरा रही थीं। इस समूची प्रक्रिया की धुरी थी सामंती निष्ठा, खानदानी भावनाएं, जातिगत रूढ़ियों के प्रति बगावत, क्योंकि तमाम सामाजिक मान्यताओं का आधार आस्था थी। आस्था ने समूचे समाज को पंगु बनाकर रख दिया था। सामंतों में समाज को एकजुट रखने की ताकत नहीं थी, वे विभिन्न रजवाड़ों में बंटे हुए थे, लेकिन आस्था ने समाज के विभिन्न तबकों को अपनी जंजीर में जकड़ा हुआ था जिसके खिलाफ बड़े पैमाने पर साहित्यकारों में प्रतिक्रिया दिखाई देती है। आदिकाल का विपुल साहित्य धर्म की मान्यताओं और धार्मिकता से मुक्त है। यह दिलचस्प पहलू है कि आदिकाल में यह सवाल लेखकों के सामने था कि किसके लिए रचना लिखें ? राजा के लिए लिखें या ईश्वर के लिए लिखें ? ईश्वर बनाम राजा का अंतर्विरोध पहला बड़ा अंतर्विरोध है जो रचनाकारों के यहां व्यक्त हुआ। इसमें कुछ लेखकों ने राजा को केंद्र में रखकर लिखा तो कुछ लेखकों ने भगवान को केंद्र में रखकर रचनाएं लिखीं। रामचंद्र शुक्ल ने जिन बारह पुस्तकों को आदिकाल का आधार बनाया है, वे हैं, *विजयपाल रासो, हमीर रासो, कीर्तिलता, कीर्ति पताका, खुमार रासो, बीसलदेव रासो, पृथ्वीराज रासो, जयचंद्र प्रकाश, जयमयंक जस चंद्रिका, परमाल रासो* आदि।

इसके अलावा जैन साहित्य, नाथ साहित्य, *विद्यापति पदावली* और *अमीर खुसरो* की पहेलियां।

हजारीप्रसाद द्विवेदी ने रेखांकित किया है कि रामचंद्र शुक्ल ने जैन, नाथ-सिद्ध साहित्य के मूल्यांकन के क्रम में 'धार्मिक उपदेश' और 'धार्मिक भावना से प्रेरित' साहित्य में अंतर नहीं किया। द्विवेदी जी ने लिखा है कि जैन काव्य की जो रचनाएं धर्मभावना से प्रेरित होकर लिखी गईं वे उत्तम काव्य हैं। साहित्येतिहास का हिस्सा हैं। धार्मिक साहित्य होने मात्र से कोई रचना साहित्य के दायरे से खारिज नहीं हो जाती। इस दौर के साहित्य में वे रचनाएं शामिल की जा सकती हैं जो धर्मभावना से प्रेरित होकर लिखी गई हैं, उन रचनाओं को साहित्य न समझा जाए जो मात्र धार्मिक उपदेश हैं। इस दौर के साहित्य में 'यश गायन' एक बड़ी प्रवृत्ति है। खासकर ऐतिहासिक व्यक्तियों पर लिखने की परंपरा मिलती है। *रासो* के कवि चंद की पत्नी ने प्राकृत राजा के यश-वर्णन को अनुचित नहीं माना था। उसने बताया था कि साधारण राजा का यश गाने की अपेक्षा भगवान का यश गाना कहीं ज्यादा अच्छा है। इस पर कवि ने *दशावतार चरित* लिखा। *पृथ्वीराज रासो* में भी पृथ्वीराज को भगवत्स्वरूप बताकर कहानी में थोड़ा धार्मिकता का रंग मिलाने की कोशिश की गयी है। *कीर्तिलता* के लेखक ने भी पाठकों को 'पुण्यलाभ' का प्रलोभन दिया है। द्विवेदी जी ने लिखा है, इस युग में रूप और गति देने वाली धर्मभावना ही थी। *भविसयत्त कहा* धार्मिक कथा है, लेकिन उत्तम कथा है। *स्वयंभू की रामायण* हिंदी का सबसे पुराना उत्तम काव्य है। नंददास का *रासपंचाध्यायी* और राजशेखर का नेमिनाथ का चरित वर्णन वाला *नेमिनाथ फागु* चर्चित हैं। दोनों में धर्मभाव है और दोनों कृति के रूप में श्रेष्ठ हैं। हजारीप्रसाद द्विवेदी ने लिखा है, 'अब यह स्पष्ट है कि जिन ग्रंथों के आधार पर इस काल का नाम वीरगाथा काल रखा गया है उनमें से कुछ नोटिस-मात्र से बहुत अधिक महत्वपूर्ण नहीं और कुछ या तो पीछे की रचनाएं हैं या पहले की रचनाओं के विकृत रूप हैं। इन पुस्तकों को गलती से प्राचीन मान लिया गया है।' द्विवेदीजी ने राजस्थानी साहित्य के मर्मज्ञ विद्वान मोतीलाल मेनारियाजी को उद्धृत करते हुए लिखा है, 'इन ग्रंथों को प्राचीन बतलाते समय एक दलील यह दी जाती है कि इनके रचयिताओं ने इनमें सर्वत्र वर्तमान कालिक क्रिया का प्रयोग किया है और इससे उनका अपने चरित नायकों का समकालीन होना सिद्ध होता है। परंतु यह भी एक भ्रांति है। यह कोई आवश्यक बात नहीं कि वर्तमानकालिक क्रिया का प्रयोग करने वाले कवि समसामयिक ही हों। यह तो काव्य-रचना की एक शैली-मात्र है। काव्य में वर्णित घटनाओं को सत्य का रूप

देने के लिए कवि प्रायः ऐसा किया करते हैं।' 'मोतीलाल मेनारियाजी ने यह भी लिखा, 'इसके अतिरिक्त ये रासो-ग्रंथ, जिनको वीरगाथाएं नाम दिया गया है और जिनके आधार पर वीरगाथा-काल की कल्पना की गई है, राजस्थान के किसी समय-विशेष की साहित्यिक प्रवृत्ति को सूचित नहीं करते। केवल चारण, भाट आदि वर्ग के कुछ लोगों की जन्मजात मनोवृत्ति को प्रकट करते हैं। प्रभु भक्ति का भाव इन जातियों के खून में है और वे ग्रंथ उस भावना की अभिव्यक्ति हैं। यदि इनकी रचनाओं के आधार पर निर्णय किया जाए तब तो राजस्थान में वीरगाथा काल आज भी ज्यों का त्यों बना है, क्योंकि राजा-महाराजाओं अथवा उनके पूर्वजों की कीर्ति के ग्रंथ आदि लिखने का काम ये लोग आज भी उसी उत्साह से कर रहे हैं, जिस उत्साह से पहले किया करते थे। परंतु राजस्थान के वातावरण तथा इन जातियों से अपरिचित लोगों को यह बात समझ लेना कुछ कठिन है।' सवाल यह है कि इस प्रकार के तथ्यपूर्ण खंडन के बाद भी साहित्येतिहास में वीरगाथा काल प्रचलन में क्यों है ? हिंदी आलोचकों ने आदिकालीन साहित्य में से रासो ग्रंथों को हटाकर नई सामग्री के आधार पर नामकरण क्यों नहीं किया ? इसे इतिहास का रूढ़िवाद कहना समीचीन होगा। कायदे से नाथों-सिद्धों के साहित्य को आदि साहित्य के रूप में देखा जाना चाहिए, साथ ही, उसके आधार पर ही नामकरण के बारे में विचार करना चाहिए। आचार्य रामचंद्र शुक्ल ने रचना की प्रचुरता और ग्रंथों की प्रसिद्धि के आधार पर काल विभाजन किया है। यह भी लिखा, 'प्रसिद्धि भी किसी काल की लोक प्रवृत्ति की प्रतिध्वनि है।' सवाल यह है कि क्या यह आधार सही है ?

रामचंद्र शुक्ल ने जिन बारह किताबों के आधार पर इस युग का नामकरण किया। इनमें अपभ्रंश एवं देशभाषा में लिखित किताबें हैं। रामचंद्र शुक्ल ने नाथों-सिद्धों की रचनाओं का जिक्र किया है। चौरासी सिद्धों की बात कही है। समस्या यह है कि चौरासी सिद्धों की संख्या और रासो ग्रंथों की संख्या में किसकी संख्या ज्यादा है ?

हजारीप्रसाद द्विवेदी ने लिखा, 'वस्तुतः काल प्रवृत्ति का निर्णय प्राप्त ग्रंथों की संख्या द्वारा नहीं हो सकता बल्कि उस काल की प्रेरणादायक वस्तु के आधार पर ही हो सकता है। प्रभाव उत्पादक और प्रेरणा संचारक तत्व ही साहित्यिक काल के नामकरण का उपयुक्त निर्णायक हो सकता है। फिर 'सामंतकाल' में 'सामंत' शब्द से इस युग की राजनीतिक स्थिति का पता चलता है और अधिकांश चारण जाति के कवियों की राजस्तुतिपरक रचनाओं के प्रेरणास्रोत का भी पता चलता है। 'सामंत' जिस काव्य का प्रधान आश्रयदाता है उसमें उसकी झूठी-सच्ची विजयगाथाओं और

कल्पित-अकल्पित प्रेम प्रसंगों का होना उचित ही है। एक के द्वारा वीर रस का आश्रय बनता है और दूसरे के द्वारा शृंगार रस का आलंबन। सामंत को दोनों ही चाहिए। इस प्रकार इस शब्द में इस युग की प्रवृत्तियों को स्पष्ट करने का गुण है। 'सवाल यह है नाथों-सिद्धों के साहित्य से आदिकाल का आरंभ मानने में क्या परेशानी है? खासकर प्रगतिशील आलोचकों ने इस पहलू की उपेक्षा क्यों की? साथ ही, नाथों-सिद्धों के साहित्य के प्रति रामचंद्र शुक्ल के नजरिये से प्रगतिशील आलोचकों ने अपने को अलगाया क्यों नहीं ?

सिद्ध-नाथ साहित्य के बारे में शुक्लजी का मानना है, 'उनकी रचनाएं तांत्रिक विधान, योगसाधना, आत्म निग्रह, श्वास-निरोध, भीतरी चक्रों और नाड़ियों की स्थिति, अंतर्मुख साधना के महत्व इत्यादि की सांप्रदायिक शिक्षा मात्र है, जीवन की स्वाभाविक अनुभूतियों और दशाओं से उनका कोई संबंध नहीं। अतः वे शुद्ध साहित्य के अंतर्गत नहीं आतीं। उनको उसी रूप में ग्रहण करना चाहिए जिस रूप में ज्योतिष, आयुर्वेद के ग्रंथ।' सवाल यह है कि ये किताबें यदि सांप्रदायिक या धार्मिक शिक्षा के लिए लिखी गई हैं, जीवन से कटी हैं और धार्मिक शिक्षा मात्र हैं तो इनका परवर्ती भक्ति साहित्य और उसके बाद के साहित्य पर असर क्यों पड़ा ? नाथों-सिद्धों के यहां सामाजिक रूढ़ियों, अंधविश्वास आदि का विरोध अभिव्यंजित क्यों हुआ ?

रामचंद्र शुक्ल ने नाथों के बारे में लिखा, 'जनता की दृष्टि को आत्म-कल्याण और लोक-कल्याण विधायक सच्चे कर्मों की ओर ले जाने के बदले उसे वे कर्मक्षेत्र से ही हटाने में लग गए।' यह भी लिखा, 'अपनी रहस्यदर्शिता की धाक जमाने के लिए वे बाह्य जगत् की बातें छोड़ घट के भीतर के कोशों की बात बताया करते थे।' 'दूसरी बात है सांप्रदायिक प्रवृत्ति और उसके संस्कार की परंपरा। वज्रयानी सिद्धों ने निम्न श्रेणी की प्रायः अशिक्षित जनता के बीच किस प्रकार के भावों के लिए जगह निकाली यह दिखाया जा चुका है। उन्होंने बाह्यपूजा, जाति-पांति, तीर्थाटन इत्यादि के प्रति उपेक्षा बुद्धि का प्रचार किया; रहस्यदर्शी बनकर शास्त्रज्ञ विद्वानों का तिरस्कार करने और मनमाने रूपकों के द्वारा अटपटी बानी में पहेलियां बुझाने का रास्ता दिखाया; घट के भीतर चक्र, नाड़ियां, शून्य देश आदि मानकर साधना करने की बात फैलाई और नाथ, बिंदु सुरति, निरंतर, ऐसे शब्दों की उद्धरणी करना सिखाया।' शुक्लजी ने यह भी लिखा है, 'ये ही दो बातें दिखाने के लिए इस इतिहास में सिद्धों और योगियों का विवरण दिया गया है। उनकी रचनाओं का जीवन की स्वाभाविक सरणियों, अनुभूतियों और दशाओं से कोई संबंध नहीं। वे सांप्रदायिक शिक्षा मात्र हैं, अतः शुद्ध साहित्य की कोटि में नहीं आ सकतीं। उन रचनाओं की

परंपरा को हम काव्य या साहित्य की कोई धारा नहीं कह सकते।'

उपरोक्त विस्तृत उद्धरण में शुक्लजी ने इतिहासदृष्टि का आधार लेखक की जीवनशैली को बनाया, क्या जीवनशैली को इतिहासदृष्टि का आधार बनाया जा सकता है ? यदि शुक्लजी के लिए लेखक की जीवनशैली इतनी ही महत्वपूर्ण थी तो अन्य प्रवृत्ति के लेखकों के साहित्य का विवेचन करते हुए लेखक की जीवनशैली का सहारा क्यों नहीं लिया ? लेखक के मूल्यांकन के लिए उसकी जीवनशैली महत्वपूर्ण नहीं है बल्कि उसकी विश्वदृष्टि महत्वपूर्ण होती है। सवाल यह है नाथों-सिद्धों की विश्वदृष्टि क्या थी ? क्या उसके अनुरूप उन्होंने साहित्य रचा ? किन सवालों को लेखन के लिए प्रधान माना ? उन सवालों का भावी लेखन पर क्या असर हुआ ?

शुक्लजी के अनुसार, 'गोरखनाथ के नाथ पंथ का मूल भी बौद्धों की यही वज्रयान शाखा है।...पर यह स्पष्ट है कि उन्होंने अपना मार्ग अलग कर लिया। योगियों की इस हिंदू शाखा ने वज्रयानियों के अश्लील और वीभत्स विधानों से अपने को अलग रखा, यद्यपि शिव शक्ति की भावना के कारण कुछ शृंगारमयी वाणी भी किसी-किसी ग्रंथ (जैसे *शिवशक्ति संगम तंत्र*) में मिलती है। गोरख ने पतंजलि के उच्च लक्ष्य, ईश्वर प्राप्ति को लेकर हठयोग का प्रवर्तन किया।' यह भी लिखा, 'यहां पर यह बात ध्यान रखना आवश्यक है कि चौरासी सिद्धों में बहुत से मछुए, चमार, धोबी, डोमेन, कहार, लकड़हारे, दर्जी तथा बहुत से शूद्र कहे जाने वाले लोग थे। अतः जाति-पांति के खंडन तो वे आप ही थे। नाथ संप्रदाय भी जब फैला, तब उसमें भी जनता की नीची और अशिक्षित श्रेणियों के बहुत से लोग आए जो शास्त्रज्ञान संपन्न न थे। जिनकी बुद्धि का विकास बहुत सामान्य कोटि का था।'

आचार्य रामचंद्र शुक्लजी के दृष्टिकोण का विकास करते हुए रामविलास शर्मा ने लिखा, 'नाथपंथी योगियों की विचारधारा मूलतः प्रतिक्रियावादी थी। वे गृहस्थ जीवन के निंदक थे, सामाजिक जीवन से पराङ्मुख थे, जाति-पांति का विरोध करते हुए वे लोकधर्म और लोकाचार मात्र के विरोधी बन बैठे थे; वे बाह्यजगत से ध्यान खींचकर उसे कल्पित चक्रों में अटकाते थे, साधारण जनता पर आतंक जमाने के लिए अलौकिक चमत्कारों की डांगरी हांकते थे।' आश्चर्य की बात है जाति-पांति के विरोध को रामविलासजी प्रतिक्रियावादी विचारधारा मान रहे हैं ! संभवतः नाथ और सिद्ध पहले लेखक हैं जो परिवार के ढांचे को ही चुनौती देते हैं, वे उसमें निहित अमानवता की आशंकाओं को देख रहे थे, लेकिन रामविलासजी को यह बुरा नहीं लगता। लोकधर्म और लोकाचार में बहुत कुछ ऐसा भी था जो पिछड़े हुए मूल्यों का प्रतिनिधित्व करता था। लेखक को उसे खुलकर चुनौती देनी चाहिए,

लेकिन रामविलासजी के लिए लोकाचार और लोकधर्म परम पवित्र चीजें हैं, उनके खिलाफ सवाल उठाना तो प्रतिक्रियावादी विचारधारा का काम है ! सवाल यह है प्रतिक्रियावादी विचारधारा ने पुराने जमाने में कब और कहां पर लोकधर्म और लोकाचार को चुनौती दी ? इसके विपरीत प्रतिक्रियावाद का तो जनाधार इन दोनों तत्वों के अनालोचनात्मक संबंध पर टिका है। नाथों-सिद्धों ने लोकधर्म और लोकाचार के बारे में सवाल खड़े करके, समाज के साथ इनके अनालोचनात्मक संबंध को नष्ट करके एक नए आलोचनात्मक संबंध का आरंभ किया। पहली बार यह तय हुआ कि लोकधर्म और लोकाचार में से क्या लें और क्या न लें ? चयन का नजरिया पहली बार सामने आया, इसके पहले साहित्य में चयन का नजरिया नहीं मिलता। साहित्य और लेखक के दृष्टिकोण के विकास के लिए चयन के नजरिये का होना बेहद जरूरी है।

रामविलास शर्मा ने लिखा, 'योगियों और संतों में समान बातें कौन सी हैं ? शुक्लजी ने दिखाया है कि सिद्धों ने बाह्य-पूजा, जाति-पाति; तीर्थाटन इत्यादि के प्रति उपेक्षा बुद्धि का प्रचार किया, रहस्यदर्शिता बनकर शास्त्रज्ञ विद्वानों का तिरस्कार करने और मनमाने रूपों के द्वारा अटपटी बानी में पहेलियां बुझाने का रास्ता दिखाया, घट के भीतर चक्र, नाड़ियां, शून्य देश आदि मानकर साधना करने की बात फैलाई और 'नाद, बिंदु, सुप्रतिष्ठित, निरति', ऐसे शब्दों की उद्धरणी करना सिखाया। यही परंपरा अपने ढंग पर नाथपंथियों ने भी जारी रखी।' सच यह है नाथों-सिद्धों ने पुराने किस्म के कर्मकांड का विरोध किया और नए किस्म के कर्मकांड को जन्म दिया। नाथ और सिद्ध पुराने समूचे विचारधारात्मक ढांचे और उससे जुड़ी संरचनाओं को चुनौती देते हैं। इस पहलू की रामविलासजी अनदेखी करते हैं।'

मुक्तिबोध ने *भारत : इतिहास और संस्कृति* में इस युग के बारे में लिखा है, 'भारतीय संस्कृति का यह ह्रासकाल था। समाज जड़ीभूत हो रहा था। इस बीच राजपूत राजाओं का अभ्युदय हुआ। किंतु शेष जगत से भारत का संबंध टूट रहा था। ह्रास दशा दर्शन, धर्म, साहित्य में प्रकट हो रही थी।' यह भी लिखा, 'उन दिनों सारा भारतीय समाज ही जड़ीभूत हो गया था। नालंदा, विक्रमशिला जैसे विश्वविद्यालयों में तंत्र, मंत्र प्रधान विषय हो गए थे। पूर्वी भारत में बौद्ध धर्म विकृत होकर वज्रयान का रूप धारण कर चुका था। निषिद्ध समझे जाने वाले व्यवहारों को मुक्ति का मार्ग समझा गया था। तंत्र-मंत्र अब वामाचार बन गया था। यह वामाचार शाक्तों एवं शैवों में घुस गया था।' 'धर्म का सच्चा स्वरूप गौण हो गया; अंधविश्वास ने प्रधान स्थान ग्रहण करके; आंख मूंदकर, गांजा और चरस की दम मारी।'

मुक्तिबोध के यहां भी आचार्य रामचंद्र शुक्ल का नजरिया हावी है। मुक्तिबोध ने भी जीवनशैली के आधार पर नाथों-सिद्धों के साहित्य का मूल्यांकन किया। लेखक किस मंत्र का जप करता है, गांजा पीता है या चरस पीता है, 'मशान' में रहता है या घर में रहता है, रजाई ओढ़ता है या नंगा रहता है, कपड़े पहनता है या भभूत लगाता है, इससे उसकी रचना का क्या संबंध ? रचना में व्यक्त नजरिये की वस्तुगत पड़ताल किए वगैर इस तरह का मूल्यांकन करना वस्तुतः नैतिकता को आलोचना का आधार बनाना है। सवाल उठता है क्या नैतिकता के आधार पर किसी लेखक का मूल्यांकन संभव है ? यदि संभव है तो बाकी कालखंडों में लिख रहे लेखकों के बारे में नैतिकता के आधार पर मूल्यांकन क्यों नहीं किया ? मूल बात यह कि नैतिकता को लेखक के मूल्यांकन का बुनियादी आधार नहीं बनाया जा सकता, नैतिकता के नजरिये से देखने का अर्थ है मध्यवर्गीय हिंदू नैतिकदृष्टि से लेखक को देखना।

नाथों-सिद्धों के लेखन की यही तो सबसे बड़ी विशेषता है कि वे हिंदू नैतिकता को खुलकर चुनौती देते हैं, नैतिकता को परम पवित्र और अपरिवर्तनीय मानने से इनकार करते हैं, हिंदू धर्मशास्त्र को मानने से इनकार करते हैं, हिंदू नैतिकता से जुड़े मूल्यों, संस्कारों और जीवनशैली को अस्वीकार करके उन्होंने वस्तुतः इन नैतिक मूल्यों की सीमाओं और बाधाओं की ओर ध्यान खींचा है, नैतिकता को चुनौती देकर उन्होंने साहित्यकार के लिए नए क्षेत्र को खोला, पहले साहित्य का काम था मनोरंजन करना, लेकिन नाथों-सिद्धों ने नैतिकता के सवालों को साहित्य में पहली बार उठाकर साहित्य की भूमिका को विचारधारा से जोड़ा। नैतिकता तो विचारधारा है। साहित्यकार का काम है कि वह प्रचलित विचारधारा को चुनौती दे, विचारधारा के दायरे से बाहर निकलकर सामाजिक यथार्थ को देखे और उसका चित्रण करे। नाथों-सिद्धों के साहित्य के आने के पहले तक साहित्य का सामाजिक जीवन के यथार्थ से संबंध जुड़ता नजर नहीं आता। नाथ-सिद्ध पहली बार साहित्य को सामाजिक यथार्थ से जोड़ते हैं। वे नैतिक मूल्यों को अपरिवर्तनीय और शाश्वत मानने से इनकार करते हैं, यह अपने आपमें बहुत बड़ा परिवर्तन है। आज भी हमारा समाज हिंदू नैतिकताओं में बंधा है और अकल्पनीय तकलीफों को झेल रहा है। सवाल यह है हिंदू नैतिकताओं को चुनौती देने में कालांतर में लेखक उतना सफल क्यों नहीं हुआ जितनी सफलता नाथों-सिद्धों को मिली ? समाज में आज भी तमाम किस्म की प्रतिक्रियावादी नैतिक मान्यताएं जड़ें जमाए हैं लेकिन साहित्यकारों का उनकी ओर ध्यान कम गया है। इससे सामाजिक और साहित्यिक विकास बाधित हुआ है।

नाथों-सिद्धों के साहित्य के बारे में हिंदी के प्रमुख आलोचकों में जो नकारात्मक दृष्टिकोण दिखाई देता है फ़लतः वे साहित्यकार और साहित्य की ऐतिहासिक नजरिये से भूमिका को परिभाषित नहीं कर पाए हैं। नाथों-सिद्धों या अन्य लेखकों के साहित्य लेखन का मकसद है पाठक को आनंद देना, न कि तकलीफें पहुंचाना। नैतिकता पर वे जब प्रहार कर रहे थे तो वे वस्तुतः जीवनशैली और संस्कारों को निशाना बना रहे थे। वे चाहते थे कि पाठकों की जीवनशैली ऐसी हो जो आनंददायक हो, पुराने संस्कार और आदतें इस आनंददायी जीवनशैली में बाधा बन रहे थे, इसलिए उनको चुनौती दी गई और उस चुनौती को बड़े पैमाने पर समाज ने समर्थन भी दिया। वे साहित्यकार और जीवन को आमने-सामने पेश करते हैं, उनसे पहले साहित्यकार और जीवन आमने-सामने नहीं थे। जीवन को साहित्य में खोजना पड़ता था लेकिन नाथ-सिद्धों ने नैतिकता के सवाल उठाकर साहित्य और जीवन को आमने-सामने खड़ा कर दिया। पहले रचना के केंद्र में भगवान था, राजा था, लेकिन नैतिक मूल्य नहीं थे, नैतिक मूल्यों, संस्कारों और आदतों को साहित्य के केंद्र में लाकर लेखक के सामने नया लक्ष्य पेश किया। उन्होंने यह समस्या पेश की कि जीवन की परिस्थितियों को बेहतर बनाओ तो आनंद ज्यादा मिलेगा। पुरानी नैतिक मान्यताओं के आधार पर जीवन आनंददायी नहीं रह गया था। इससे प्रकारांतर से यह भी संदेश दिया कि साहित्य के अनेक लक्ष्य हो सकते हैं, अनेक किस्म की गतिविधियों को साहित्य के जरिये संपन्न किया जा सकता है। पहले साहित्य लेखन की कुछ अवस्थाओं को अनिवार्य समझा गया लेकिन नाथों-सिद्धों ने साहित्य लेखन के लिए तयशुदा अवस्थाओं के बाहर जाकर नई सामाजिक अवस्था में साहित्य रचकर यह सिद्ध किया है कि साहित्य किसी भी अवस्था में लिखा जा सकता है। साहित्य का एक ही लक्ष्य नहीं, अनेक लक्ष्य हो सकते हैं। इस तरह वे साहित्य की अवधारणा, सृजन की अवस्था और लक्ष्य इन तीनों को ही बुनियादी तौर पर बदल देते हैं। हमारी समूची आलोचना इस परिवर्तन को देखने में असफल रही है। वे आलोचना के स्टीरियोटाइप पैमानों के आधार पर विश्लेषित करते रहे हैं। सगुण-निर्गुण की प्रचलित परंपरा में देखने से यह परिवर्तन समझ में नहीं आएगा। पहले के साहित्य में 'अच्छे' के साथ साहित्य का अनालोचनात्मक संबंध था, इस संबंध को नाथों-सिद्धों ने आलोचनात्मक बनाया। 'अच्छे' को नैतिकता से जोड़ा, गलत नैतिक मान्यताओं को रेखांकित किया। पहले 'अच्छा' मूल्यहीन-वायवीय था, पहली बार वह मूल्ययुक्त बना। इस क्रम में उन्होंने सभी प्रचलित संबंधों, अवधारणाओं और पदबंधों को नए सिरे से परिभाषित किया। पुनर्परिभाषित करना सामान्य काम नहीं

है। इसे निंदा, तिरस्कार आदि के जरिये नजरअंदाज नहीं कर सकते। मसलन, नाथ, गुरु, शिष्य, पोथी, संस्कार, कु-संस्कार आदि सबकी नए सिरे से परिभाषाएं निर्मित कीं। कुछ अवधारणाओं को देखें। मसलन, नाथ और गुरु कौन ? हजारी प्रसाद द्विवेदी के अनुसार, 'गोरखनाथ के यहां गुरु पद की बड़ी महिमा गाई गई है। गुरु ही समस्त ग्रंथों का मूल है और एकमात्र अवधूत ही गुरु पद का अधिकारी है।' इसी तरह नाथ वह है–

'जो वर्णाश्रम धर्म से परे है और समस्त गुरुओं का साक्षात गुरु है। न उससे कोई बड़ा है और न बराबर। इस प्रकार के पक्षपात-विनिर्मुक्त योगेश्वर को ही 'नाथ-पद' की प्राप्ति होती है।' नाथों ने गुणमय वर्ण और गुणमय आश्रम का अभिमान करने वाले को गुरु नहीं बनाया। गोरखनाथ मानते थे कि ऐसे के साथ गुरु-शिष्य संबंध उसी प्रकार निष्फल है जिस प्रकार दो स्त्रियों के संबंध से पुत्र प्राप्ति का आशा। 'नाथ' यानी–'ना' यानी ब्रह्म जो मोक्ष दान में दक्ष है, उनका ज्ञान कराना, 'थ' यानी अज्ञान के सामर्थ्य को स्थगित करने वाला। अर्थात मोक्ष के तत्वों का ज्ञान कराने वाला नाथ है। नाथों की दूसरी विशेषता थी पक्षपातरहित होना। नाथपंथी पुस्तकों की खिल्ली उड़ाते थे। गोरखपंथी मानते थे, 'घर-घर में पुस्तक के बोझ ढोने वाले विद्यमान हैं, नगर-नगर में पंडितों की मंडली मौजूद है, वन-वन में तपस्वियों के झुंड वर्तमान हैं, किंतु परब्रह्म को जानने वाला कोई नहीं।'

यह भी लिखा, 'सभी संप्रदाय कहते हैं कि ग्रंथ हजारों की संख्या में हैं। मेरी बात मानो तो सभी को कुएं में फेंक दो। भला जो लोग आधुनिक समय में स्वयं मुक्त नहीं हो सके; वे दूसरे को मुक्ति का उपदेश दे सकते हैं, यह कैसे मान लिया जाए? जो व्यक्ति लोगों को अचरज में डाल देने के लिए या अभिमानवश या जीविका के लिए या व्यसन के लिए; या अन्य किसी अभिलषित वस्तु की प्राप्ति के लिए ग्रंथ लिखा करता है वह धर्मार्थी पुरुषों के आगे कैसे शोचनीय हो सकता है ?' *योग-बीज* में कहा, 'सैकडों तर्क व्याकरणादि ग्रंथों से वद्ध होकर ये ज्ञानमूढ़ लोग शास्त्रों के जाल में बुरी तरह फंस गए हैं, जिस अनिर्वाच्य पद को देवता भी नहीं बता सकते, उसे ये शास्त्र क्या बताएंगे ?'

नाथों की विशेषता थी वे 'आचार' को नहीं मानते थे, आचार उनके लिए गौण थे। लिखा है, 'लोग आचार-आचार कहा करते हैं भला यह आचार अत्याचार होकर कैसे निभाता है ? भोजन में घी देते हो, घी चर्म से ही आता है, पैर में जूता देते हो, वह भी चमड़े का ही है।'...'आचार वस्तु ही कल्पित है। बुद्धिमान लोग इसे बिलकुल

नहीं मानते। पर यह न समझना चाहिए कि हमारे मत में आचार बिलकुल नहीं है। है, मगर विचारपूर्वक। लोग जैसा आचार पालन करते हैं, वैसा तो हम करते नहीं; पर जो कुछ करते हैं वह गौण मानकर। उसी को मुख्य मानकर नहीं।'

साहित्य के लिए अच्छा वह था जिसे काव्यशास्त्रियों ने निर्धारित किया। काव्य-नियमों के आधार पर काव्यलेखन, समाज का अनुकरण करते हुए काव्यलेखन, इस समूची प्रक्रिया में सुंदर और महान कलात्मक रचनाएं रची गईं, लेकिन लेखन के लिए यही सब कुछ नहीं था। इसलिए नाथों-सिद्धों ने लेखन के लिए एक नए तत्व की खोज की जिसे 'साहस' कहते हैं। फलतः निडर होकर बोलने का साहस रचनाकार की शक्ति बनकर उभरा। लेखक निडर होकर बोले, जोखिम उठाकर लिखे, यह परंपरा नाथों-सिद्धों ने आरंभ की, यह नैतिक 'साहस', नैतिक मूल्य साहित्य में पहले नहीं था। इसके आधार पर वे काव्य-नियमों के बिना रचना लिखने का साहस कर पाए। उल्लेखनीय है साहित्य में नए के विकास के लिए जोखिम उठाने का साहस होना बेहद जरूरी है। नाथों-सिद्धों ने रचनाकार को जोखिम उठाकर लिखने का मार्ग दिखाया। दिलचस्प बात यह है उन लेखकों को साहस उठाने का अनुभव नहीं था, लेकिन अनुभवहीनता को उन्होंने आड़े नहीं आने दिया। प्रगतिशील लेखक संघ की स्थापना में उन युवा लेखकों का योगदान याद करें जिनके पास एक-दो रचनाएं छोड़कर कुछ नहीं था, जिन लेखकों ने लंदन के नानकिन रेस्टोरेंट में बैठकर प्रगतिशील लेखक संघ की स्थापना का सपना देखा और उसकी रूपरेखा बनाई थी उनको लेखन का कोई खास अनुभव नहीं था, लेकिन वे ही अंततः प्रगतिशील लेखन की परंपरा को तीव्रगति प्रदान करने में सफल रहे। उनको देश में अंत में सभी ने सहयोग किया। लेखक संघ बनाकर लिखने का पहले जोखिम उठाने का साहस उन्होंने ही दिखाया। पुराने जमाने में लेखक को संपदा और उससे जुड़ा वैभव बहुत आकर्षित करता था, समाज में दो ही चीजें जो विकास के मार्ग को तय करती हैं संपदा का वैभव और साहस, लेखकों ने इसमें से साहस को चुना। यह नैतिक मूल्य जितना नाथ-सिद्ध साहित्य के जमाने में मूल्यवान था, उतना ही आज भी मूल्यवान है। नई बात कहने का साहस पहली बार नाथों-सिद्धों ने सिखाया। नाथों का संदेश है, जो साहस करेगा वह खुश रहेगा, आनंदित रहेगा। नाथ परंपरा के पहले का साहित्य 'आनंद लेने' की धारणा से परिचालित है, लेखक को आनंद हासिल करना पड़ता था। लेकिन नाथों-सिद्धों का साहित्य 'आनंद देने' की धारणा से परिचालित है। यदि आप साहस का परिचय दें, लेखन में जोखिम उठाएं तो लिखते ही आनंदित होंगे। इसके पहले वाली अवस्था में तब आनंदित होंगे जब

आपके लिखे की कोई अन्य प्रशंसा करे, वाह-वाह करे। यही वजह है कि नाथों-सिद्धों का साहित्य आह-वाह की आनंद की अवधारणा को अस्वीकार करता है। वे भाषिक-सौंदर्य में आनंद नहीं खोजते थे बल्कि नए विचारों के प्रचार के जोखिम में आनंद लेते थे। पुराने कवि को जोखिम उठाने में मजा आता था। हमारे मध्य वर्ग की यह सबसे बड़ी कमजोरी है कि वह विचारों का जोखिम उठाने में डरता है, नए विचारों से कन्नी काटकर निकलता है, इस मनोदशा से हिंदी आलोचक भी प्रभावित हैं, वे नए विचारों के जोखिम से बचते रहे हैं। यही बुनियादी वजह है कि आचार्य रामचंद्र शुक्ल से लेकर मुक्तिबोध तक सबके यहां नाथों-सिद्धों के साहित्य के बारे में नकारात्मक स्टीरियोटाइप नजरिया मिलता है। नाथों ने बार-बार यह संदेश दिया कि 'संपदा' जीवन के लिए अच्छी चीज नहीं है। कालांतर में यही पूंजी के रूप में जानी गई।

आज सभी समस्याओं की जड़ पूंजी है। मार्क्सवादी परंपरा तो पूंजी प्रेम की आलोचना से भरी है। पुराने जमाने में संपदा पाने के लिए आनंद की सृष्टि का साहित्य रचा गया, इसके विपरीत नाथों-सिद्धों ने साहित्य से आनंद को विदा कर दिया और समाज और उसकी समस्याओं, नैतिक मान्यताओं, धार्मिक-दार्शनिक विश्वासों और आस्थाओं को निशाना बनाया। वे जब यह काम कर रहे थे तो जाने-अनजाने मानसिक गुलामी पर प्रहार कर रहे थे। लेखक की गुलाम दशा को निशाना बना रहे थे, लेखक को सत्ता और संपदा से दूर रहने का संदेश देकर वे वस्तुतः गुलाम दशा से मुक्त होकर लिखने और सामाजिक जीवन जीने का संदेश दे रहे थे। लेखक चूंकि संपदा और सत्ता से बंधा था तो उसकी संगति में ही साहित्य रचा करता था, उसकी सत्ता और संपदा से जुड़ी अवस्था ही उसकी रचनाओं की मूल विषयवस्तु थी। जब आप सत्ता और संपदा से साहित्य जोड़ देंगे तो संवाद नहीं कर सकते। संवाद करने लिए इन दोनों के दायरे के बाहर आना बेहद जरूरी है। यही वजह है पुराना साहित्य और लेखक संवाद नहीं करता। लेकिन नाथों-सिद्धों का साहित्य संवाद करता है। पुराना लेखक अपनी पीड़ा, कुंठा, दुःख आदि को छिपाकर लिखता था। नाथ-सिद्धों ने अपने दुख, पीड़ा, कुंठा आदि को छिपाने के बजाय बताने का काम किया और इससे नए किस्म के लेखक-रचना संबंध की शुरुआत हुई। लेखन में पारदर्शिता का जन्म हुआ। पुराना लेखक शैतानी चीजें छिपाता था और उपासना करके मुक्ति पा लेता था लेकिन नाथों ने छिपाने के बजाय बताने पर जोर देकर लेखक को भगवान और उपासना की आड़ में जाकर मुक्ति खोजने या पापमुक्त होने की परंपरा से बाहर निकाला। पुराने लेखक पर आत्मा का

बोझ था इसके विपरीत नाथ-सिद्ध आत्मा के बोझ से मुक्त थे। पुराना लेखक अन्याय देखकर चुप रहता था, नाथ-सिद्ध अन्याय देखकर चुप नहीं रहते थे। वे न्याय को बताने में विश्वास करते थे, अन्याय को साझा करना, वस्तुतः अन्याय का प्रतिवाद है। यह भी कहा गया कि नाथों का लक्ष्य हठयोग है लेकिन हजारीप्रसाद द्विवेदी ने लिखा 'हठयोग असल में लक्ष्य नहीं है' (*कबीर*, पृ. 60)। असल में प्राचीन साहित्य को देखने के लिए दो तरह के नैतिक परिप्रेक्ष्य प्रचलन में हैं। पहला परिप्रेक्ष्य वह है जो अन्याय और उत्पीड़न को छिपाता है, यह परिप्रेक्ष्य मानता है जो जैसा उसे वैसा ही रहने दो, जो चल रहा है उसे चलने दो। इसमें जीवन की संगति खोजो। जबकि दूसरा परिप्रेक्ष्य वह है जो अन्याय-उत्पीड़न को बताता है, उस पर सवाल खड़े करता है। आज के दौर में हमें ऐसे नैतिक परिप्रेक्ष्य की जरूरत है जो अन्याय-उत्पीड़न का उद्‌घाटन करने में मदद करे। समाज को बदलने में मदद करे। इस दृष्टि से देखें तो नाथों-सिद्धों का साहित्य और दृष्टिकोण क्रांतिकारी नजर आएगा। वे कलाओं से उत्पन्न आनंद को समाज की विषमताओं और अन्याय की कसौटी पर कसते हैं। यही वजह है उनके यहां अंधविश्वास, जातिप्रथा और रूढ़ियों के खिलाफ प्रतिवाद नजर आता है। वे मूल्यों के बारे में जजमेंट देते हैं, मूल्य-निर्णय देते हैं और यह बेहतरीन उपलब्धि है। आलोचना के लिए मूल्य-निर्णय एक विकसित कदम है, यह अनेक विकल्पों की सृष्टि करता है। यह अनुकरण का निषेध है। मूल्य-निर्णय के जरिये वे वैविध्य को आलोचना में दाखिल करते हैं, साहित्य में बहुलतावाद को शामिल करते हैं। जब मूल्य-निर्णय करते हैं तो चीजों को एक ही ढंग और एक ही ढर्रे से देखने का निषेध करते हैं, खोज के बहुआयामी रूपों की सृष्टि करते हैं।

सवाल यह है नाथों-सिद्धों को कविता लिखते समय किस चीज से आनंद मिलता था और उनसे पूर्व की परंपरा के लेखक को किन चीजों से आनंद मिलता था ? वे बौद्धिकता, धन, दौलत, मान-सम्मान, सामाजिक हैसियत आदि को हासिल करके आनंदित नहीं होते थे बल्कि इन सबके निषेध के मार्ग पर चलकर आनंदित होते थे। वे इन वस्तुओं से आनंदित नहीं होते, वे इन सबको वस्तु मानकर इनसे दूर रहते थे। कविता के जरिये वस्तुओं को हासिल करके वे आनंद पाने के खिलाफ थे, इसलिए उन्होंने योग को चुना, योग उनको इन सबसे दूर ले जाता था। वे योग के पास इसलिए नहीं गए कि उनको योगियों की तरह साधना करनी है बल्कि वे बौद्धिकता, धन, दौलत, मान-सम्मान आदि के परे जाकर साहित्य साधना करना चाहते थे इसलिए उन्होंने योग को बहाने के तौर पर इस्तेमाल किया। उनको आनंद और सुख देने के लिए योग ही पर्याप्त था। इस तरह वे लेखक और साहित्य को

वस्तुओं के मोहपाश से दूर रखने का संदेश देते हैं। योग जानो, बेहतर योग जानो, योग से मुक्ति मिलेगी। इस तरह की धारणा का प्रतिपादन करते हुए वे यह संदेश देना चाहते हैं कि जो काम है उसे पेशेवर ढंग से करो विवेकवादी ढंग से करो।

नाथों में गोरक्षनाथ का व्यक्तित्व बहुत ही आकर्षक और प्रेरणादायक है। नाथों-सिद्धों के साहित्य को लेकर जितने भी भ्रम हिंदी आलोचना में हैं उनके निराकरण में उनके व्यक्तित्व विश्लेषण से मदद मिलती है। नाथ-सिद्ध साहित्य बुनियादी तौर पर मिथभंजन करता है। जो लोग नाथों-सिद्धों के बारे में मिथ बनाकर स्टीरियोटाइप समीक्षा लिखते रहे हैं वे जानते हैं कि सिद्ध और नाथ साहित्य को स्टीरियोटाइप ढंग से नहीं पढ़ा जा सकता। नाथों और सिद्धों के बारे में यह मिथ है कि वे अनपढ़ थे। संवेदनशील नहीं थे। बुद्धिमान नहीं थे। असामाजिक थे। नशेड़ी थे। समाज बहिष्कृत थे या समाज के बाहर रहते थे। अराजक थे। ये सारी धारणाएं गलत हैं। दुर्भाग्य है हिंदी समीक्षा में ये सारी धारणाएं रामचंद्र शुक्ल, रामविलास शर्मा, मुक्तिबोध से होकर पहुंची हैं। नाथ और सिद्धों के साहित्य को देखने का यह स्टीरियोटाइप मूल्यांकन है।

हजारीप्रसाद द्विवेदी ने लिखा है, 'गोरक्षनाथ अपने युग के महान धर्मनेता थे। उनकी संगठन-शक्ति अपूर्व थी। उनका समर्थ धर्मगुरु का व्यक्तित्व था। उनका चरित्र स्फटिक के समान उज्ज्वल, बुद्धि भावावेश से एकदम अनाविल और कुशाग्र तीव्र थी। उनके चरित्र में कहीं भावविह्वलता नहीं है। जिन दिनों उन्होंने जन्मग्रहण किया था, उन दिनों भारतीय धर्म साधना की अवस्था विचित्र थी। शुद्ध जीवन, सात्विक वृत्ति और अखंड ब्रह्मचर्य की भावना उन दिनों निम्नतम सीमा तक पहुंच चुकी थी। गोरक्षनाथ ने निर्मम हथौड़े की चोट से साधु और गृहस्थ दोनों की कुरीतियों को चूर्ण-विचूर्ण कर दिया।

'वे स्वयं पंडित व्यक्ति थे। पर यह अच्छी तरह जानते थे कि पुस्तक लक्ष्य नहीं, साधन है। उन्होंने किसी से भी समझौता नहीं किया। लोक से भी नहीं, वेद से भी नहीं; परंतु फिर भी उन्होंने समस्त प्रचलित साधना मार्ग से उचित भाव ग्रहण किया। केवल एक वस्तु वे कहीं से न ले सके वह है भक्ति। वे ज्ञान के उपासक थे और लेशमात्र भी भावुकता को बर्दाश्त नहीं कर सकते थे।'

द्विवेदी जी के उपरोक्त उद्धरण से यह बात साफ है कि नाथ कम से कम अनपढ़, जाहिल और गंवार नहीं थे। वे ज्ञान के उपासक थे। द्विवेदीजी ने लिखा है, 'गोरक्षनाथ अपने युग के सबसे बड़े नेता थे। उन्होंने जिस धातु को छुआ वही सोना हो गया।'

गोरक्षनाथ और अन्य कवियों की विशेषता है कि उन्होंने कविता को समाज के ज्वलंत सवालों से जोड़ा। सामाजिक कुरीतियों और अंधविश्वासों का विरोध करना बहुत बड़ा काम है और कविता की नई सामाजिक भूमिका की तलाश भी है। कविता को शृंगार और दरबार के विषयों के दायरे निकालकर बाहर लाना और जीवन के नए विषयों पर कविता लिखने के लिए लेखकों को प्रेरित करना महत्वपूर्ण काम है। कविता और सामाजिकता का सकारात्मक रिश्ता पहली बार बनता है और कविता के क्षेत्र में पहली बार जीवन के ज्वलंत प्रश्न दाखिल होते हैं। प्रासंगिकता और सामयिकता कविता में दाखिल होती हैं। कविता और उसकी अंतर्वस्तु में दूरी खत्म होती है। कविता के समय और लेखक के समय में अंतराल खत्म होता है। नाथों-सिद्धों की कविता ने दूसरा महत्वपूर्ण काम यह किया कि उसने कविता और विचारधारा के अंतस्संबंध को प्रत्यक्ष बना दिया। पहले यह संबंध प्रच्छन्न था। कविता और विचारधारा के अंतस्संबंध के आधार पर कविता की नई धारणा का आरंभ होता है।

कविता की समाजनिरपेक्षता खत्म होती है और लेखक की स्वायत्तता जन्म लेती है। ये कविगण मन के राजा थे जो कुछ मन में आता था वही लिखते थे। यानी लेखक की संप्रभु सत्ता का उदय होता है और लेखक अपने बारे कुछ भी नहीं छिपाता। लेखक के निजी विवरण पहली बार सामने आते हैं जबकि संस्कृत के लेखक निजी विवरण छिपाते थे। नाथों-सिद्धों ने जिन तीन मसलों को महत्ता दी वे आज भी समस्या बने हुए हैं, ये हैं–1. अंधविश्वास, 2. सामाजिक कुरीतियां, और 3. रूढ़िवाद, आज भी सबसे बड़ी सामाजिक चुनौती बने हुए हैं। समाज में वैचारिकतौर पर प्रतिगामी ताकतें आज भी इन तीनों का जमकर दुरुपयोग कर रही हैं। हमारे यहां किसी भी किस्म के आधुनिक विचार, संस्कार, मूल्य और एटीकेट के विकास में ये तीनों तत्व आज भी पग-पग पर बाधाएं खड़ी कर रहे हैं।

नाथों-सिद्धों के साहित्य के आने के साथ लेखक की सामाजिक हस्तक्षेपकारी भूमिका हो सकती है, यह बात भी सामने आई। पहले लेखक दर्शक मात्र होता था और भोक्ता होता था लेकिन नए हालात में वह समाज में कविता के जरिये सक्रिय हस्तक्षेप कर सकता था। यह नया पैराडाइम है। लेखक मात्र सर्जक और भोक्ता नहीं है बल्कि उसकी सामाजिक प्राणी के तौर पर नए विचारों के प्रतिपादन में बड़ी भूमिका होती है।

वे पहले लेखक हैं जो 'समाज' की प्रचलित धारणा को नहीं मानते थे। वे 'समाज' की कोटि में बनाए संरचनात्मक रूपों और वर्गीकरणों को अस्वीकार करते थे। नाथों-सिद्धों ने किताबें नहीं लिखीं, काव्यग्रंथ नहीं लिखे, क्योंकि इन रूपों के

साथ लेखक की समझ भी जुड़ी थी। वे नए किस्म के मीडियम और विधारूप को निर्मित करते हैं और वे 'संवादग्रंथ' लिखते हैं। वे काव्यात्मकता और वैचारिक वर्चस्व को सीधे चुनौती देते हैं। वे कविता में 'संवाद' को ले आते हैं। विचारों को कविता में ले आते हैं। विवाद यह है कि ये उपदेश ग्रंथ किसके लिए हैं ? क्या ये योगियों के लिए हैं या सबके लिए हैं ? द्विवेदीजी का मानना है ये उपदेश योगियों के लिए लिखे गए हैं। हमारी राय है साधारणजन के लिए लिखे गए हैं। योगियों का काव्यबोध सामान्य नागरिक के मनोभावों की अभिव्यक्ति करता है। उनका जीवन के प्रति विकसित नजरिया है।

योगियों के अनुसार गुरु-शिष्य संबंध में गुरु वह है जो ज्यादा जानता है। यानी गुरु का आधार ज्ञान है। जाति, वर्ण, वंश, गद्दी आदि के आधार पर गुरु को नहीं देखा जाना चाहिए। हजारीप्रसाद द्विवेदी के अनुसार योगियों ने जिन महत्वपूर्ण बातों पर जोर दिया वह है चित्त या मन की दृढ़ता और शुद्धता। तीर्थाटन का निषेध। काम, क्रोध में आसक्ति नहीं। हंसना-खेलना निषिद्ध नहीं है। गाने-बजाने का निषेध नहीं है। चित्त की शिथिलता का निषेध है। वाद-विवाद के बखेड़े में नहीं पड़ना चाहिए। गुरु की बात माननी चाहिए। सोच-समझकर बोलना चाहिए। धीरभाव से एक-एक पग रखना चाहिए। गर्व करना बुरी बात है। व्यवहार सहज होना चाहिए। वाणी और वीर्य का संयम रखो। नशे की चीजों का सेवन करना अनुचित है। पर निंदा और नशीली वस्तुओं का सेवन करने वाला नरक जाता है।

साहित्यकार, साहित्य और विश्वदृष्टि का संबंध इतिहासदृष्टि का अंग है। इसी क्रम में लेखक-इतिहासकार की सामाजिक भंगिमाओं और भावों की भी मूल्यगत मीमांसा की जानी चाहिए, इससे उसके अंदर के मनुष्य और लिंगभेदीय नजरिये को समझने में मदद मिल सकती है। मसलन रामचंद्र शुक्ल का मीरा को 'बावरी' कहना किस तरह के नजरिये की अभिव्यक्ति है ? इस प्रक्रिया में जीवनमूल्य, संस्थान, जीवनशैली और परिस्थितियां सामने आएंगी और उनकी रोशनी में साहित्य और साहित्यकार को बेहतर ढंग से समझ सकते हैं। इससे हम आधुनिक काल को बेहतर ढंग से भी संवार सकते हैं। इससे यह भी पता लगेगा कि परंपरा में क्या छोड़ें और क्या रखें। परंपरा का सवाल सिर्फ लेखक के स्थान और भूमिका को सुनिश्चित करने का नहीं है। इस क्रम में लेखक-आलोचक के लिखे और लेखकीय आचरण दोनों का मूल्यांकन करना चाहिए इससे इतिहास और आलोचक को तयशुदा फार्मूलेबाजी, वर्गीकरण और निष्कर्षों से बाहर निकालने में मदद मिलेगी।

नामवरजी ने इतिहास के पुनर्मूल्यांकन का जो ढांचा सुझाया है वह तयशुदा

दायरों के बाहर नहीं ले जाता और यही इसकी सबसे बड़ी कमजोरी है। यदि इतिहास के नए नजरिये को भी इतिहास के पुराने फ्रेमवर्क में चक्राकार गति से घूमना है तो फिर शुक्लजी की परंपरा और दूसरी परंपरा में कोई अंतर नहीं है, मार्क्सवादी और गैर-मार्क्सवादी की इतिहासदृष्टि में कोई अंतर नहीं है। यही वजह है नामवरजी तयशुदा दाबरों का अतिक्रमण ही नहीं करते, उनके आलोचना उपकरणों में मार्क्सवादी धार और पैनापन नजर नहीं आता क्योंकि वे इतिहासलेखन की परंपरा में अपना स्थान निर्धारित करने के क्रम में ही तयशुदा मार्क्सवादी फार्मूलेबाजी का अनालोचनात्मक ढंग से इस्तेमाल करते हैं। वे उसकी सीमाओं को देख ही नहीं पाते। हमें यह देखना होगा कि परंपरागत इतिहासलेखन की परंपरा में नामवरजी के *इतिहास और आलोचना* के निबंधों के आने के बाद कोई मूलगामी बदलाव आया ? क्या आलोचकों में उनकी धारणाओं का स्वागत हुआ या अनुकरण हुआ ? क्या स्वयं नामवरजी ने अपनी धारणाओं का बाद के लेखन में अनुकरण किया ? जी नहीं, इनमें कोई चीज घटित नहीं हुई। इसका अर्थ है कि इतिहासलेखन की रूढ़िबद्ध परंपरा को नामवरजी का पद्धतिशास्त्र बदलने में असमर्थ रहा।

जिस तरह लेखक के लेखन और आचरण के मूल्यगत अंतरों को इतिहास में देखा जाना चाहिए, उसी तरह आलोचक-इतिहासकार के लेखन और आचरण के बीच की विराट खाई को भी नजरअंदाज नहीं करना चाहिए। मसलन इतिहास में मार्क्सवादी नजरिये की हिमायत और जीवन में गैर-मार्क्सवादी आचरण, अंततः आलोचक और उसके लिखे की साख को नष्ट कर देता है। समाज में अंततः लेखक के लिखे और आचरण इन दोनों के आधार पर ही उसकी साहित्यिक-सामाजिक साख निर्भर होती है। यह समस्या नामवरजी के लेखन और जीवन में है और इसे सब जानते हैं। कोई भी नजरिया तब जनप्रिय होता है जब आप उसे आचरण में ढालते हैं। नजरिया कोई किताबी चीज नहीं है। इतिहासकार जिन मूल्यों को परंपरा और सामयिक जीवन में मूल्यवान मानता है उनका वह निजी जीवन में कितना प्रयोग करता है इससे उसकी उन मूल्यों के प्रति वचनबद्धता पुष्ट होती है, इससे उन मूल्यों का प्रचार-प्रसार होता है और उन मूल्यों का पैनापन और सामाजिक उपयोगिता भी सामने आती है। कोई भी मूल्य हो वह कृति में रूपायित होने के पहले जीवन में रूपायित होता है, कृति में वह बाद में आता है।

हिंदी लेखकों के द्वारा सर्जित जीवनमूल्य और सामाजिक जीवन में नजर आ रहे जीवनमूल्यों के बीच में आज जो व्यापक अंतराल नजर आ रहा है वह हमें इसीलिए समझ में नहीं आता कि हमने साहित्य में मूल्यों की खोज के काम को

जीवन में मूल्यों के खोज के काम से पृथक कर दिया है। आज लेखक-आलोचक के सामने दोहरी चुनौती है। एक तरफ साहित्य में नए मूल्यों या प्रगतिशील मूल्यों को बचाने की चुनौती है तो दूसरी ओर सामाजिक जीवन में स्वस्थ प्रगतिशील मूल्यों को बचाने की चुनौती है। एक तरफ उसे साहित्य को अनुशासन के रूप में बचाने के लिए जंग करनी पड़ रही है वहीं दूसरी ओर हिंदी के साहित्य और भाषा को सामाजिक जीवन में बचाने लिए लड़ना पड़ रहा है। आज साहित्य से लेकर समाज तक बहुलतावादी नजरिया संकटग्रस्त है और उसके खिलाफ विभिन्न रूपों में हमले संगठित किए जा रहे हैं।

नामवरजी ने इतिहास का जो ढांचा प्रस्तावित किया है उसमें स्त्री साहित्य और दलित-साहित्य के लिए कोई जगह नहीं है। यह विलक्षण संयोग है कि जितने भी आलोचक हैं वे सभी कमोबेश एकमत हैं कि स्त्री साहित्येतिहास और फेमिनिज्म की हिंदी को कोई जरूरत नहीं है। मजेदार बात यह है कि यह बात उनके आचरण में झलकती है। वे जिन विश्वविद्यालयों में पढ़ाते हैं या पढ़ाते रहे हैं वहां साहित्य में फेमिनिज्म नहीं पढ़ाया जाता। यह अचानक नहीं है स्त्री और लिंग के सवाल आलोचना में हाशिये पर भी नहीं रहे हैं। स्वयं नामवरजी इसके आदर्श उदाहरण हैं। उन्होंने जहां नौकरी की वहां कभी भी फेमिनिज्म और स्त्री साहित्य को छात्रों को पढ़ाने योग्य तक नहीं समझा। जबकि हिंदी में महादेवी वर्मा आजादी के आंदोलन के दौरान प्रयाग महिला विद्यापीठ में स्त्री साहित्य का पेपर और उसका समूचा कोर्स व्यवहार में लागू कर चुकी थीं और रमाशंकर शुक्ल रसाल और दूसरे आलोचकों से लिखवा चुकी थीं। हिंदी साहित्येतिहास में इसी तरह दलित साहित्य की उपेक्षा को नजरअंदाज नहीं कर सकते।

नामवरजी की रुचि *दूसरी परंपरा* में रही है, वे स्वयं को उसमें रखकर देखते हैं, लेकिन दूसरी परंपरा तो तब बनेगी जब साहित्य में ईमानदारी से ऐतिहासिक अनुसंधान कार्य हो, जिसमें रिसर्च के लक्ष्यों और समझदारी को अर्जित किया जाए, लेकिन अफसोस की बात है कि नामवरजी ने जेएनयू जैसी श्रेष्ठ जगह रहकर भी यह काम नहीं किया और न कराया। आज स्थिति बद से बदतर हो गई है। कॉलेज-विश्वविद्यालय शिक्षकों में इतिहासलेखन धंधा बनकर रह गया है। संभवतः कोई इतिहास संबंधी बड़ा प्रोजेक्ट न हो जिसमें नामवरजी ने भाषण न दिया हो और किसी में भी एक भी नई बात नहीं कही गई। यह किस बात का द्योतक है ?

असल में हमारे आलोचक-शिक्षक इतिहास बनाना नहीं चाहते और न ही इतिहास में शामिल होना चाहते हैं, वे तो रूढ़िवाद का पालन करते हुए जो है वही दोहराना

चाहते हैं और इसी को इतिहास का पुनर्लेखन भी कहते हैं। सच यह है कि विश्वविद्यालय अनुदान आयोग से इतिहास के पुनर्लेखन के नाम पर दर्जनों प्रोफेसर और अनेक हिंदी विभाग करोड़ों रुपये लेकर डकार चुके हैं लेकिन कोई काम नहीं हुआ है। यानी इतिहास हमारे यहां साहित्यिक धंधे का अंग बन चुका है। इसमें दूसरी परंपरा के आलोचकों की महत्वपूर्ण भूमिका रही है।

इतिहास में नई समझ और नए नजरिये के लिए जरूरी है संस्कृति, साहित्य और समाज के बारे में यथार्थपरक समझ बनाई जाए। उन तत्वों को रेखांकित किया जाए जो समाज में वर्चस्वशाली हैं और उन रूपों की पहचान की जाए जिनका वे इस्तेमाल करते रहे हैं। संस्कृति और साहित्य के उन रूपों पर बल दिया जाए जो वर्चस्व के सभी रूपों को चुनौती दे रहे हैं। इन रूपों की इतिहास में अभी तक अपडेटिंग नहीं हो पाई है। इस क्रम में हमें यह भी सोचना चाहिए कि हिंदी साहित्य की क्या कोई एक विचारधारा हो सकती है? क्या साहित्य को एक विचारधारा और उसके मानकों के आधार पर परखा जा सकता है ?

इसके अलावा हिंदी साहित्येतिहास और आलोचना को आलोचक के विचारधारात्मक आग्रहों, आत्मगतता और निजीकारकों के दायरे के बाहर निकालकर देखने की जरूरत है। ये सभी अ-वैज्ञानिक रूप हैं। अ-वैज्ञानिक रूपों के आधार पर लिखी आलोचना कभी भी असरदार नहीं होती वह चंद लोगों तक सीमित होकर रह जाती है। हमें साहित्य सौंदर्य को लेखक संघों के नजरिये से भी जोड़कर देखने से बचना चाहिए। साहित्य सौंदर्य को इस तरह राजनीति और संस्थानबद्ध करने से रीतिवाद का विकास होता है। साहित्य में रेशनेलिटी खोजने का यह सबसे घटिया तरीका है।

इतिहास में समसामयिकता के आधार पर 'अंतर्वस्तु', 'प्रतिनिधित्व', 'जीवनशैली', 'वर्ग', 'जाति', 'लिंग', 'जातीयता' और 'विचारधारा' इन तत्वों पर समग्रता में बात करने की जरूरत है। तब ही एकाधिक नए विकल्प सामने आएंगे। इस प्रक्रिया में हमें सर्वसम्मत राय बनाने वाले दायरों के बाहर निकलकर सोचने की भी जरूरत है। इतिहास और आलोचना में सर्वसम्मति तो समस्या का अंत है जबकि इतिहास वह अच्छा है जो समस्यायुक्त हो। सर्वसम्मत इतिहास तो समस्या मुक्त कर देता है। इस क्रम में हमें सत्य की शक्ति को प्रतिष्ठित करने का काम करना चाहिए।

साहित्येतिहास का लक्ष्य है सत्य की खोज करना और सत्य को प्रतिष्ठित करना। सत्य वह है जो नए विचारों और मूल्यों को उद्वेलित करे। इसके अलावा

नए नजरिये की मांग है कि हम शुक्लजी और द्विवेदीजी के बनाए वर्गीकरणों की सीमाओं से बाहर निकलें। हमें तुलसी और कबीर को इतिहासदृष्टि का आधार न बनाकर अन्य किसी लेखक को आधार बनाकर नए सिरे से विचार करना चाहिए। मसलन मीराबाई या सूरदास को इतिहासदृष्टि का आधार बनाएं तो नए रास्ते खुल सकते हैं। इसी तरह उत्पादन संबंधों के आधार पर नए किस्म का नामकरण किया जा सकता है। मजेदार बात है नामवर सिंह और रामविलास शर्मा ने उत्पादन संबंधों की बात तो की है लेकिन नए नामकरण नहीं सुझाए। इसे आलोचना में जोखिम का अभाव ही कहेंगे।

2. नामवर सिंह और नवजागरण विमर्श

वैचारिक जोखिम उठाने का अभाव और विचारों की पुनरावृत्ति आधुनिक रीतिवाद है। आलोचना पुराने पाठ से आरंभ जरूर होती है, लेकिन इसका लक्ष्य पुराने पाठ का उत्पादन करना नहीं है बल्कि आलोचना का काम है नए की खोज करना। नए की खोज के अभाव में वह एक ही जगह खड़ी रहकर कदमताल कर रही है। आलोचना के लिए नए की सृष्टि पहली और अनिवार्य शर्त है। जो आलोचक इन दिनों नए के अभाव में पुराने के साथ कदम ताल कर रहे हैं उनकी मुश्किल यह है कि वे आलोचक के लिखे को चुनौतीहीन मानकर लिख रहे हैं। आलोचना में चुनौतीहीनता आधुनिक रीतिवाद का अन्य प्रमुख लक्षण है।

आलोचना में अकाट्य और अपरिवर्तनीय जैसा कुछ नहीं होता। आलोचना की स्वाभाविक प्रकृति है उसे जब भी पढ़ा या लिखा जाएगा तो पुराना पाठ बदलेगा नया सामने आएगा। लेकिन सामयिक आलोचना में नए का अभाव है या आलोचक नए से डरते हैं या नए की खोज से परहेज करते हैं। यह एक किस्म का रीतिवाद है जो आलोचना में छाया हुआ है।

आलोचना में रीतिवाद का एक अन्य लक्षण है 'नाम उछालो', 'धारणा उछालो', 'जिक्रभर करो', 'संक्षेप में कहो', 'विशद विवेचन में मत जाओ'। अवधारणाओं को आधे-अधूरे या चलताऊ ढंग से पेश करो। आलोचना के इस तरह के रीतिवादी लक्षणों को नामवर सिंह के आलोचना लेखन में सहज ही देख सकते हैं।

नामवर सिंह को अंतर्विरोधों से खेलना आता है। उन्हें अंतर्विरोधों की भंवर में फंसकर आलोचना का लुत्फ उठाना भी आता है। इससे एक बात और पता चलती है कि उनका आलोचक मन कभी ठंडा नहीं रहता। वे हमेशा उद्वेलित रहते हैं और नए को कहने और आलोचना में लाने की तलाश में रहते हैं। सोचते ज्यादा हैं, लिखते कम हैं। यह उनका आलोचना-खेल है। इस खेल में वे अपने ही बनाए

मानकों को तोड़ते रहते हैं। आलोचना-खेल तब खेला जाता है जब आपकी आलोचना में गहरी दिलचस्पी हो और आलोचना के विकास में विश्वास हो। प्रतिबद्ध हुए बिना आलोचना-खेल संभव नहीं है। आलोचना-खेल का मतलब आलोचक की प्रतिमा बनाना या तोड़ना नहीं है। इसमें आलोचना को आत्मगतता से बाहर लाना होता है। इस खेल में आलोचना सामने होती है और आलोचक की इमेज उसके बाहर होती है। इस खेल की शुरुआत आलोचना से होती है लेकिन इसको संपन्न करने के लिए आलोचना के बाहर जाना होता है। आलोचना के दायरे में बांधकर लिखी गई समीक्षा में दोहराने की बीमारी होती है। जबकि आलोचना-खेल के लिए आलोचना से बाहर और फिर लौटकर आलोचना के अंदर यात्रा करना जरूरी है। यह काम जितना रूढ़ियों से निकलकर किया जाए आलोचना के मौलिक होने की संभावनाएं उतनी ही प्रबल होती हैं। हिंदी में आलोचना तो है लेकिन आत्मगत कारकों के दबाव में है। हमने उसे ऑब्जेक्टिव नहीं बनने दिया। आलोचना ऑब्जेक्टिव बने इसके लिए जरूरी है आलोचना की निर्मम समीक्षा की जाए और नए की ओर पूर्वग्रहग्रस्त हुए बिना बढ़ा जाए।

आलोचना की आत्मगत पद्धति की सीमाओं को समझने के लिए नामवर सिंह का मूल्यांकन करना समीचीन होगा। वे अपने आलोचना-खेल में आत्मगत और वस्तुगत के बीच में द्वंद्ववादी पद्धति नहीं अपनाते बल्कि भाववादी पद्धति अपनाते हैं। उनकी समीक्षा की सीमा है कि वे किसी भी बात को अंतिम निष्कर्ष तक नहीं पहुंचाते, विमर्श की संरचनाएं एकायामी रूप में प्रस्तावित करके खुला छोड़ देते हैं। मसलन उनके द्वारा विश्लेषित नवजागरण प्रसंग को ही लें। नवजागरण के बारे में उनके विचार अंतर्विरोधपूर्ण और एकायामी हैं।

नवजागरण और 'स्वत्व'

नामवर सिंह की आलोचना में नवजागरण एक महत्वपूर्ण प्रस्थानबिंदु है। हिंदी नवजागरण को लेकर उनके विचार 1977 के बाद मिलते हैं। इसके पहले उन्होंने 'नवजागरण' पदबंध का इस्तेमाल नहीं किया। सवाल यह है सन् 1977 के पहले नामवर सिंह को 'नवजागरण' पदबंध प्रासंगिक क्यों नहीं लगता ? सच यह है कि वे 'नवजागरण' पदबंध को जानते थे लेकिन आलोचना में उसका प्रयोग नहीं करते थे। हठात् ऐसा क्या हुआ कि इसके बाद उन्होंने इस पदबंध का अनेक बार उल्लेख किया और चार लेख भी लिखे। यहां पर हम खासकर उनके नवजागरण पर लिखे चार लेखों तक ही सीमित रखेंगे। ये चारों लेख *हिंदी का गद्य पर्व* (2010) में शामिल हैं।

नामवर सिंह ने 'हिंदी नवजागरण की समस्याएं' निबंध में भारतीय नवजागरण और हिंदी नवजागरण की समस्याओं पर विचार किया है। इस क्रम में उन्होंने यूरोप के नवजागरण के साथ भारत और हिंदी के नवजागरण को अलगाया है। उन्होंने लिखा है, 'हिंदी साहित्य के पुराने इतिहास ग्रंथों को देखने से पता चलता है कि पादरी एफ.ई.के. ने 1920 ई. में ही इस 'रेनैसां' की चर्चा की थी। अपनी छोटी-सी किताब *ए हिस्ट्री ऑफ हिंदी लिटरेचर* के पहले अध्याय में ही एफ.ई.के. ने लिखा है, 'उन्नीसवीं शताब्दी के आरंभ में यूरोप की संस्कृति के संपर्क के द्वारा हिंदी साहित्य में एक नया प्रभाव आया।...इसी समय के आसपास भारत में एक सशक्त साहित्यिक नवजागरण शुरू हुआ जो अब तक प्रगति पर है' (*हिंदी का गद्य पर्व*, 2010, पृ. 84)।

इस पूरी बहस को नामवर सिंह ने 15वीं शताब्दी और 19वीं शताब्दी के नवजागरण और यूरोप-भारत संदर्भ में विस्तार से विश्लेषित किया है। साथ ही 15वीं शताब्दी के दौर को 'लोकजागरण' और 19वीं शताब्दी के दौर को 'नवजागरण' नाम दिया है। यह नामकरण मूलतः रामविलास शर्मा का किया हुआ है।

नामवर सिंह के अनुसार, 'उन्नीसवीं शताब्दी के भारतीय नवजागरण को 'रिनेसांस' कहने में एक कठिनाई तो यही है कि इस युग के भारतीय विचारकों और साहित्यकारों के प्रेरणास्रोत यूरोप के पंद्रहवीं शताब्दी के चिंतक और साहित्यकार न थे, बल्कि इसके विपरीत प्रेरणास्रोत के रूप में अधिकांश विचारक उस काल के थे जिसे यूरोप में 'एनलाइटेनमेंट' का काल तथा उसके बाद का काल कहा जाता है। स्वयं बंकिम की सहानुभूति रूसो और प्रूधो के साथ थी और वे कांट, जान स्टुअर्ट मिल तथा हर्बर्ट स्पेंसर से प्रभावित दिखाई पड़ते हैं। कमोबेश यही स्थिति बंगाल में राममोहन राय, ईश्वरचंद्र विद्यासागर, देरिजियो आदि की दिखती है और हिंदी में महावीर प्रसाद द्विवेदी तथा रामचंद्र शुक्ल की भी। इसी प्रसंग में यह भी लिखा, 'नवजागरण, लोकजागरण का पुनरुत्थान मात्र नहीं है, किंतु एक में दूसरे की चेतना अंशतः विद्यमान है' (*हिंदी का गद्य पर्व*, पृ. 85-86)।

नामवर सिंह के अनुसार, 'उन्नीसवीं शताब्दी का नवजागरण भक्तिकालीन लोकजागरण से भिन्न इस बात में है कि यह उपनिवेशवादी दौर की उपज है, इसलिए इसकी ऐतिहासिक अंतर्वस्तु भी भिन्न है। यह उस लोकजागरण से इसलिए भिन्न है कि इसके पुरस्कर्ता और विचारक नए शिक्षित मध्यवर्ग के हैं, जिन्हें बांग्ला में 'भद्रलोक' की संज्ञा दी गई है। यह नया भद्रलोक भक्तकवियों की तरह न तो सामान्य लोक के बीच से आया था और न लोकजीवन के साथ घुल-मिल पाने में

ही सफल हो सका। इनमें से कुछ विचारों में लोकोन्मुख अवश्य थे, लेकिन आचार में लोक के साथ तादात्म्य स्थापित न कर पाए। इसलिए भक्तिकालीन लोकजागरण की तुलना में इस नवजागरण का प्रसार भी सीमित था। इसका प्रभाव बहुत कुछ नए नगरों तक ही सीमित था' (*हिंदी का गद्य पर्व*, पृ. 87)।

नामवरजी के इस मूल्यांकन में कमाल का भक्तिकालीन प्रेम नजर आ रहा है! उनका मानना है नवजागरण के पुरोधा 'आचार में लोक के साथ तादात्म्य स्थापित न कर पाए।' यह बात तथ्य और सत्य से कोसों दूर है। भक्तिकाल के कवियों और नवजागरण के पुरोधाओं के बीच में सबसे पहला अंतर यह है कि भक्तिकालीन कवि सामाजिक समस्याओं के प्रति मानसिक धरातल पर सजग थे लेकिन सामाजिक तौर पर निष्क्रिय थे। उनके लिए सामाजिक भेदभाव की समस्याएं मनोवैज्ञानिक थीं। इसके विपरीत नवजागरण के पुरोधाओं ने सामाजिक-सांस्कृतिक समस्याओं के बुनियादी कारणों की खोज की और उनके समाधान के लिए जमीनी स्तर पर आंदोलन किए और नए युग के अनुकूल नियम और कानून बनाने पर जोर दिया। सिस्टम या नियम व्यवस्था बनाने पर जोर दिया।

सवाल यह है भक्तिकालीन कवि आम जनता से गहरे जुड़े हुए थे तो उनके साहित्य का आम जनता पर असर क्यों नहीं पड़ा ? रवींद्रनाथ टैगोर के शब्दों में कहें तो नवजागरण के आने के पहले 'अर्थहीन आचार के स्वप्न-जाल में भारतवर्ष जकड़ा हुआ था। उसका आलोक प्रायः बुझ चुका था। अपने प्रति अपना ही सत्य परिचय देने में वह असमर्थ हो गया था। ऐसे समय, आत्म-विस्मृति के अंधकार में, राममोहन राय का आविर्भाव हुआ। उस समय भारत का इतिहास निरादर की कालिमा से आच्छन्न था। भारत अपनी वाणी खो चुका था। पृथ्वी के नवीन युग के लिए उसके पास कोई संदेश नहीं था। घर के एक कोने में बैठकर वह मृतयुग का मंत्र जप रहा था' (*रवींद्रनाथ के निबंध*, भाग-1, साहित्य अकादेमी, नई दिल्ली, पृ. 1990 तृतीय संस्करण, पृ. 36)। यहां पर नवजागरण के पहले के काल को 'मृतयुग' कहा गया है। 'मृतयुग' में नवीन संदेश का अभाव भी था। ऐसी अवस्था में नवजागरण के पुरोधा राजा राममोहन राय का आविर्भाव हुआ। वे बंगाल की जनता से गहरे जुड़े हुए थे।

इसी तरह ईश्वर चंद्र विद्यासागर का नवजागरण में अपूर्व योगदान है। रवींद्रनाथ के शब्दों में उन्होंने बांग्ला को 'ग्राम्य पांडित्य और ग्राम्य बर्बरता' से मुक्त किया (उपरोक्त, पृ. 50)। क्या हिंदी में यह काम हुआ है ? विद्यासागर ने यह काम विशाल जनसमूह के विरोध के बावजूद किया। जबकि हिंदी के लेखकों ने 'ग्राम्य

पांडित्य और ग्राम्य बर्बरता' को कभी चुनौती ही नहीं दी। विद्यासागर के कामों में स्त्री-मुक्ति और शिक्षा के कामों को सबसे महत्वपूर्ण माना जाता है। ये काम जनता के प्रति गहरी निष्ठा के बिना संभव ही नहीं थे, इसलिए उनको 'स्वजातीय सहोदर' कहा गया। वे किस तरह के समाज में काम कर रहे थे यह किसी से छिपा नहीं है, खासकर नामवरजी तो इस तथ्य को भली-भांति जानते हैं कि विशाल जनसमूह के विरोध को सहकर विद्यासागर ने स्त्री मुक्ति के सवालों को उठाया। उस समय बंगाली जाति ने उनके साथ जो दुर्व्यवहार किया उसका सटीक खाका रवींद्रनाथ टैगोर ने खींचा है। इस प्रसंग में बंगाली जाति के बारे में कही गई अनेक बातें आज भी सच हैं। हमें इन सवालों पर भी विचार करना चाहिए कि क्या हिंदी का नवजागरण लेखन 'ग्राम्य पांडित्य और ग्राम्य बर्बरता' से मुक्त करता है ? क्या हिंदीभाषी क्षेत्रों में कोई भी इलाका 'ग्राम्य पांडित्य और ग्राम्य बर्बरता' से मुक्त है ? हिंदी नवजागरण हुआ था तो फिर हिंदीभाषी राज्यों में 'ग्राम्य पांडित्य और ग्राम्य बर्बरता' का कालांतर में क्षय हुआ या विकास हुआ ? जाहिर है नामवर सिंह के पास इस सवाल का कोई जबाव नहीं है।

रवींद्रनाथ टैगोर ने ईश्वरचंद्र विद्यासागर के योगदान के प्रसंग में लिखा है, 'वास्तविक अर्थ में उनका कोई सहयोगी नहीं था और इसलिए उन्हें आजीवन निर्वासित सा रहना पड़ा। वह सुखी नहीं थे। अपने अंदर वह एक अकृत्रिम मनुष्य का अनुभव करते थे, लेकिन उनके चारों ओर जो लोग थे उनमें वे इस मनुष्यत्व का आभास प्राप्त न कर सके। उपकार का बदला उन्हें कृतघ्नता से मिला। प्रत्यक्ष कार्य में लोगों ने उनकी सहायता नहीं की। उन्होंने प्रतिदिन देखा कि हम बंगवासी यदि कुछ आरंभ करते हैं तो उसे पूर्ण नहीं करते; आडंबर दिखाते हैं, काम नहीं करते। जिस उद्योग में हाथ लगाते हैं उस पर हमारा विश्वास नहीं होता; और जिस पर विश्वास होता है उसे हम कार्यान्वित नहीं करते। बड़े-बड़े वाक्यों की रचना करना हम खूब जानते हैं, लेकिन तिल-मात्र आत्म-त्याग करने में असमर्थ हैं। अहंकार दिखाकर हम संतुष्ट हो जाते हैं, योग्यता-लाभ की चेष्टा नहीं करते। प्रत्येक काम में हम दूसरों पर निर्भर करते हैं, फिर भी दूसरों की त्रुटियां उच्च स्वर से घोषित करते रहते हैं। दूसरों के अनुकरण से हमें गर्व होता है, दूसरों के अनुग्रह को हम सम्मान समझते हैं, दूसरों की आंखों में धूल झोंकना हमारी 'पॉलिटिक्स' है और अपने ही वाक्चातुर्य से अपने ही प्रति भक्ति-विह्वल होना हमारे जीवन का मुख्य उद्देश्य है। इस दुर्बल, क्षुद्र, हृदयहीन, कर्महीन, दांभिक और शुष्क तर्क में मग्न जाति के लिए विद्यासागर के मन में तिरस्कार था। सभी विषयों में वह इन लोगों

के विपरीत थे' (पृ. 74)। टैगोर ने यह भी लिखा, 'ईश्वरचंद्र विद्यासागर के चरित्र का मुख्य गौरव उनकी विद्या या दयाशीलता नहीं बल्कि उनका अजेय पौरुष तथा अक्षय मनुष्यत्व है।' यही हाल विवेकानंद और रामकृष्ण परमहंस का था। नवजागरण के इन पुरोधाओं ने नए मूल्यों और नए मनुष्य के निर्माण के व्यापक स्तर पर जन-जागरण किया और आधुनिक समाज के निर्माण की नींव रखी।

नामवरजी नवजागरण के पुरोधाओं पर जब यह राय देते हैं कि वे 'आचार में लोक के साथ तादात्म्य स्थापित न कर पाए' तो इससे उनका आशय क्या है यह वे स्पष्ट नहीं करते। लोक के साथ आचार में तादात्म्य न रख पाने से यदि पिछड़ी मान्यताओं के साथ जुड़ना है तो यह तो नवजागरण का लक्ष्य ही नहीं था। नवजागरण का मूल लक्ष्य था नए आधुनिक समाज का निर्माण करना और इस क्रम में पुरानी मान्यताओं, संस्कारों और मूल्यों के खिलाफ निर्मम संघर्ष चलाने के अलावा कोई विकल्प नहीं था। इस क्रम में बांग्ला के पुरोधाओं को आम जनता के क्रोध का भी सामना करना पड़ा। लेकिन हिंदी में ऐसा कहीं पर भी नहीं हुआ ? हिंदी में क्या आम जनता नए मूल्यों और मान्यताओं को मानने के लिए सहज ही तैयार हो गई? अथवा उस दौर के हिंदी साहित्यकारों का न्यूनतम सामाजिक प्रभाव था ? असल में नामवरजी हिंदी के नवजागरण की अतिप्रशंसा करने के चक्कर में साहित्यकारों की सीमित भूमिका को असीमित करके देख रहे हैं। हिंदीभाषी क्षेत्र में दयानंद सरस्वती को अनेक स्थानों पर सनातनियों के साथ जमीनी स्तर पर अपने विचारों के लिए संघर्ष करना पड़ा था लेकिन भारतेंदु-मंडल के अन्य किसी लेखक के सामने यह चुनौती कभी नहीं रही। इसके विपरीत बांग्ला के नवजागरण के पुराधाओं को विभिन्न मसलों पर व्यापक रूप में सामाजिक प्रतिवाद झेलना पड़ा और आम जनता को पुराने मूल्यों से मुक्त करने के लिए जमीनी स्तर पर संघर्ष करना पड़ा।

कायदे से नवजागरण के विचारों की परख विचारों के साथ जमीनी स्तर पर उनके क्रियान्वयन के प्रयासों के साथ जोड़कर करनी चाहिए। बंगला नवजागरण के पुराधाओं के विचारों और उनके क्रियान्वयन के बीच में द्वंद्वात्मक संबंध है। इसके विपरीत हिंदी में नवजागरण से मिलते-जुलते विचार तो हैं लेकिन उनका सामाजिक क्रियान्वयन नजर नहीं आता। इस नजरिये से देखें तो हम कह सकते हैं कि हिंदी नवजागरण का संबंध समाज से कम है और साहित्य से ज्यादा है। जिन विचारों का संबंध सिर्फ साहित्य से हो और जिनका समाज से बहुत कम संबंध हो तो उन विचारों की सीमाओं को भी देखना चाहिए; नामवरजी हिंदी नवजागरण के विचारों पर अतिरिक्त बल देने के कारण उनके सामाजिक क्रियान्वयन वाले

पहलू की पूरी तरह अनदेखी करते हैं। नामवरजी यदि यह मानते हैं कि हिंदी में तो नवजागरण हो गया, फिर तो देश में क्रांति भी हो गई? क्योंकि क्रांति के सवालों, समस्याओं और कामनाओं पर तो हिंदी में व्यापक लेखन हुआ है ? लेखन या विमर्श से सामाजिक परिवर्तन नहीं होते। हमें देखना चाहिए क्या साहित्यकार अपने विचारों को सामाजिक तौर पर अमलीजामा पहना पाया है ? क्या समाज में विचारों के ग्रहण करने की कोई व्यापक प्रक्रिया चल रही है ?

असल में हिंदी में नवजागरणवादी होना भी एक किस्म का साहित्यिक रीतिवाद है। रीतिवाद का प्रधान लक्षण है अभिव्यक्ति का यथार्थ से विच्छिन्न संबंध। जिन आलोचकों ने हिंदी में नवजागरण पर जमकर लिखा उन्होंने हिंदीभाषी क्षेत्र और देश की सम-सामयिक सामाजिक-सांस्कृतिक-आर्थिक समस्याओं के बारे में तकरीबन कुछ नहीं लिखा। इन नवजागरणपंथी लेखकों ने सम-सायमिक यथार्थ से कभी आंखें मिलाने की कोशिश तक नहीं की। भारत-विभाजन और तदजनित सांप्रदायिक हिंसाचार और आपातकाल पर नामवर सिंह की चुप्पी अर्थपूर्ण है। इन दोनों घटनाओं के आसपास लिखी किताबों में इन दोनों घटनाओं का कोई जिक्र तक नहीं है। *कहानी नई कहानी, इतिहास और आलोचना, कविता के नए प्रतिमान* और *दूसरी परंपरा की खोज* में कहीं पर कोई जिक्र नहीं मिलेगा। यही हाल रामविलास शर्मा का है, वे हिंदी नवजागरण के सबसे बड़े समीक्षक हैं। उनके लेखन में आपातकाल का जिक्र नहीं मिलेगा। आपातकाल के बाद उनकी किताब *नई कविता और अस्तित्ववाद* प्रकाशित हुई लेकिन इसमें आपातकाल का कोई जिक्र नहीं है।

नामवरजी का नवजागरण के प्रभाव के बारे में कहना है, 'इसका प्रभाव बहुत कुछ नए नगरों तक ही सीमित था।' यह निष्कर्ष सही नहीं है। नवजागरण ने भारतीय समाज पर व्यापक असर छोड़ा। व्यवस्था पर दबाव पैदा किया, अंग्रेजों को समाज सुधार के कई कानून बनाने के लिए मजबूर किया और जनशिक्षा को राष्ट्रीय रूप देने के लिए विवश किया।

आश्चर्यजनक है नवजागरण का मूल्यांकन करते हुए नामवरजी ब्रिटिश शासन की भूमिका पर चुप हैं। ब्रिटिश शासन की नवजागरण संबंधी समस्याओं पर क्या भूमिका थी ? क्या ब्रिटिश शासन की भूमिका पर बात किए बिना नवजागरण पर संतुलित आलोचना संभव है ? नामवरजी ने अनेक समस्याओं पर विचार किया है लेकिन ब्रिटिश शासन की भूमिका की अनदेखी की है। ब्रिटिश शासन की नवजागरण में उठे सवालों पर जो भूमिका रही है उसकी कायदे से समीक्षा करने की जरूरत है; इससे उस दौर में सत्ता के रुख को जानने में मदद मिलेगी। इससे उस 'स्वत्व'

संघर्ष की वैचारिक सरणियों को भी खोलने में मदद मिलेगी जिनको हमने अभी तक नहीं खोला है।

नामवरजी ने लिखा है, 'पहले ईस्ट इंडिया कंपनी और फिर महारानी विक्टोरिया के शासनकाल में राज के विरुद्ध निश्चय ही किसानों के छिटपुट विद्रोह बराबर होते रहे' (*हिंदी का गद्य पर्व*, पृ. 87)। तथ्य की दृष्टि से यह कथन सही नहीं है। सवाल यह है नवजागरण ने किस वर्ग के हितों को अभिव्यक्ति दी ? आश्चर्य की बात है कि नवजागरण पर विस्तार से चर्चा करते हुए नामवरजी उसके वर्गीय चरित्र को एक बार भी रेखांकित नहीं करते। विभिन्न वर्गों की भूमिका की अनदेखी करते हैं।

नवजागरण स्व-निर्धारित बौद्धिक खेल नहीं है। यह वर्गीय संघर्ष का एक रूप है इसमें विभिन्न वर्गों और उनसे जुड़े बुद्धिजीवियों, लेखकों, समाज सुधारकों, प्रेस, दूरसंचार, बाजार आदि के साथ ब्रिटिश शासन की भी भूमिका रही है। हमें उस दौर में आम जनता की चेतना और उसकी भूमिका को भी विश्लेषित करना चाहिए। हमें देखना चाहिए कि प्रेस उस दौर में समाज सुधार के सवालों या नवजागरण के सवालों को कैसे पेश कर रहा था। विभिन्न वर्गों और बुद्धिजीवियों के बारे में प्रेस की क्या राय थी ? नामवर सिंह इन सब सवालों की एक सिरे से अनदेखी करते हैं और हिंदी आलोचना में सीमित दायरे में चल रही बहस तक अपने को सीमित रखते हैं। सीमित बहस का रूप देखें। नामवरजी के अनुसार 'हिंदी नवजागरण की विशिष्टता बतलाने के लिए सन् सत्तावन की राजक्रांति को उसका बीज मानना कठिन है' (*हिंदी का गद्य पर्व*, पृ. 91)। लेकिन एक अन्य लेख में यह भी लिखा 'कहना न होगा कि 1857 के गदर का केंद्र हिंदी प्रदेश ही था, इसलिए हिंदी-नवजागरण की प्रकृति पर गदर की स्मृति की छाया पड़ना स्वाभाविक ही था। गदर की गूंज नवजागरण का अलख जगाने वाले अधिकांश छोटे-बड़े तत्कालीन लेखकों की रचनाओं में दूर तक सुनाई पड़ती है' (*हिंदी का गद्य पर्व*, पृ. 81)।

नामवरजी ने नवजागरण विमर्श में 'स्वत्व' रक्षा के सवाल को केंद्र में रखा है। नवजागरण विमर्श के विभिन्न आयामों का विवेचन करने के बाद अंत में लिखा है, 'अंततः ये तमाम बातें उन्नीसवीं शताब्दी के अंतर्गत अंग्रेजी उपनिवेशवाद और भारतीय सभ्यता के बीच चलने वाले उस वस्तुगत संघर्ष की जटिलता और संश्लिष्टता की ओर संकेत करती हैं। इस विषम युद्ध में मुख्य प्रश्न स्वत्व रक्षा का था, जिसे बचाने की छटपटाहट में परंपरा के वे प्रेत भी जग गए जो आगे चलकर खतरनाक साबित हुए; फिर प्रगति की आकांक्षा में हड़बड़ी में पश्चिम से ऐसे उपकरण लिए

गए जिनके दूरगामी परिणामों की समझ न थी। आज उस रंगभूमि में उतरने वाले पूर्व सूरियों पर राय देते समय अपने गिरेबां में मुंह डालकर देख लेना भी जरूरी है। वैसे इस नवजागरण से भी अपनी-अपनी पसंद के मूल्य अथवा व्यक्ति चुनने के लिए हर कोई स्वतंत्र है लेकिन शर्त यह है कि खंड को ही समग्र कहने का आग्रह न किया जाए। न इतिहास कल्पवृक्ष है और न नवजागरण कामधेनु!' (पृ. 94)

'स्वत्व' का एक कॉमनसेंस एजेंडा है जो हिंदी आलोचना में सालों से चल रहा है और इसने 19वीं शताब्दी के बारे में अनेक मिथों को निर्मित किया है। इसमें नवजागरण के सरलीकरणों का जमकर इस्तेमाल हुआ है। सरलीकरणों के कारण नवजागरण की जटिलताओं और मुख्य एजेंडे पर बहस पीछे छूट गई। इस प्रसंग में बंकिमचंद्र चट्टोपाध्याय को उद्धृत करना समीचीन होगा, बंकिम ने *बंगदर्शन* (1880) में लिखा, 'बंगाल का इतिहास चाहिए नहीं तो बंगाली कभी आदमी न बन सकेगा' (रूपा गुप्ता (सं.), *बंकिमचंद्र चट्टोपाध्याय के निबंध*, स्वराज प्रकाशन, 2010, पृ. 136)। बंकिम की मानें तो 19वीं सदी का प्रधान एजेंडा है इतिहास की खोज। बंकिम ने लिखा, 'बंगाल का इतिहास नहीं है, जो है वह इतिहास नहीं, कुछ कपोल किस्से बंगाल के कुछ विदेशी विधर्मी असार परपीड़कों के जीवनचरित्र मात्र हैं।... कौन लिखेगा? तुम लिखोगे, मैं लिखूंगा, सभी लिखेंगे। जो बंगाली है उसी को लिखना होगा' (*बंकिमचंद्र चट्टोपाध्याय के निबंध*, पृ. 138)।

भारतेंदु और बंकिम को पेश करने का मकसद यह है कि भारतेंदु के 'स्वत्व' और 'इतिहास' में गहरा संबंध है। इन दोनों में ही 'बाहर' जो रचा गया है उसकी खोज करके 'स्व' को संवारने और परिभाषित करने का काम करना था। समाज में अंदर और बाहर की यह दोहरी यात्रा है। अंदर से बाहर और बाहर से अंदर लौटने की प्रक्रियाओं को समझने की जरूरत है। बाहर की यात्रा करने का अर्थ है 'अन्य' (अदर) के दायरे में जाना, उसे जानना। यहां निज की खोज के बहाने अन्य की खोज पर भी ध्यान देना चाहिए। समस्या यह है भारतेंदु-युग के लेखक 'अन्य' में कम दिलचस्पी लेते हैं और 'स्व' में ज्यादा दिलचस्पी लेते हैं। 'अन्य' को जितने व्यापक रूप में खोजा जाएगा 'स्वत्व' को संवारने और प्रसारित करने में मदद मिलेगी। कठिनाई यह है कि भारतेंदु के यहां 'स्व' का एजेंडा तो है लेकिन 'अन्य' का एजेंडा गायब है। इसीलिए इस युग के साहित्य में स्त्री साहित्य और दलित साहित्य भी गायब है।

भारतेंदु के लेखन की मुश्किल यह है कि वे 'स्वत्व' को हासिल करने के लिए हायरार्की को चुनौती देना जरूरी नहीं समझते। वे हायरार्की को स्वाभाविक और

अपरिहार्य मानकर चलते हैं। इसके कारण जीवन में भी व्यापक स्तर हायरार्की को चुनौती नहीं देते। इसके विपरीत वे हायरार्की को स्वाभाविक मानकर निज भाषा की उन्नति के नाम पर एक खास किस्म का सामंजस्यवाद पैदा करते हैं। फलतः 'स्वत्व' का प्रकल्प जिसे मुक्ति का प्रकल्प बनना चाहिए। अंततः हायरार्की का प्रकल्प बन जाता है। इस क्रम में विभिन्न भाषाओं के प्रति उनके नजरिये में अंतर साफ नजर आता है। उल्लेखनीय है आधुनिक आलोचना का जो ढांचा प्रगतिशील आलोचकों ने विकसित किया है वह भारतेंदु निर्मित हायरार्की को वैधता प्रदान करता है। कायदे से इसे चुनौती देनी चाहिए।

समस्या यह है, 'स्वत्व' यदि प्रधान एजेंडा है तो इसमें सिर्फ 'मैं' पर ही जोर क्यों है ? इसके साथ 'तुम' का पहलू भी जुड़ा है और 'तुम' के पहलू के प्रति घृणा क्रमशः बढ़ी है। जातीय भाषा का विकास 'स्वत्व' के संघर्ष का शानदार पहलू है। सवाल यह है आम जनता के भाषायी हितों के लिए सभी भाषाओं और बोलियों के प्रति समानता पैदा करना जरूरी थी या जातीय भाषा पर जोर देना जरूरी था? बातें सभी भारतीय भाषाओं के उत्थान की कही गई लेकिन आचरण में भाषा विशेष को जातीय भाषा के रूप में स्वीकृति दिलाने के लिए संघर्ष किया गया और इस क्रम में अन्य भाषाओं और बोलियों के साथ संतुलित व्यवहार नहीं किया गया। भाषाओं के प्रति असमान नजरिये को अंग्रेजों ने भी हवा दी और आजादी के बाद भी यह सिलसिला चलता रहा। जातीय भाषा में अंतर्निहित खतरों की हमने अनदेखी की और उसका परिणाम यह निकला कि अनेक भाषाओं और बोलियों का विगत 200 सालों में लोप हो गया।

'स्वत्व' को एजेंडा बनाने के नाम पर 'मैं' यानी जातीय भाषा, जातीय साहित्य, जातीय गौरव का महिमामंडन खूब हुआ है। इस तरह के लेखन में आत्म-प्रशंसा का भाव है। इसका धार्मिकता की तरह प्रचार हुआ है। इस समूचे विमर्श में 'अन्य' या 'तुम' की खोज का काम तकरीबन स्थगित कर दिया गया। भारतेंदु युग और उसके बाद के साहित्य में वैविध्यपूर्ण संभावनाओं की खोज के काम को छोड़कर तयशुदा विचारों के अनुसार खोज का काम किया गया।

'स्वत्व' की खोज जब तयशुदा आधारों पर होगी, पहले से तय की गई अवधारणाओं के आधार पर होगी तो समाज और साहित्य दोनों को समझने में दिक्कतें आएंगी। इससे 'संभावनाओं' की खोज का काम छूट जाएगा। 'स्वत्व' की खोज का अर्थ है 'संभावनाओं' की भी खोज करना। आयरनी है लेखक तो 'संभावनाओं' में रमण कर रहे थे लेकिन आलोचना में 'संभावनाओं' के दर्शन नहीं होते।

नामवरजी नवजागरण पर विचार कर रहे हैं तो वे तयशुदा स्थानों और विचारों से आगे निकलकर 'संभावना' के क्षेत्र में दाखिल क्यों नहीं होते ? नामवरजी सोचें कि क्या नवजागरण विमर्श की तयशुदा व्याख्याओं के आगे कोई नई 'संभावना' नजर आती है ? वे उन 'संभावनाओं' का खुलासा क्यों नहीं करते ? यदि नवजागरण विमर्श में रामविलास शर्मा को ध्वस्त करना ही प्रमुख लक्ष्य है तो यह बहुत ही संकीर्ण लक्ष्य है और यह तो 'जो है' उसी की व्याख्या तक सीमित रहने वाला लक्ष्य है।

नामवरजी कहते हैं, 'भारतेंदु और उनके मंडल के लेखकों की दृष्टि में अंग्रेजी राज की चुनौती राजनीतिक से अधिक सांस्कृतिक थी' (*हिंदी का गद्यपर्व*, पृ. 91)। किस तरह की सांस्कृतिक चुनौती थी और उन दिनों किस तरह की संस्कृति प्रचलन में थी ? इसकी वे एकदम चर्चा नहीं करते। वे यह भी नहीं बताते कि बंगाल से कौन-कौन से अस्त्र-शस्त्र भारतेंदु ने अर्जित किए। वे उन 'संभावनाओं' का भी खुलासा नहीं करते जो इन अस्त्र-शस्त्रों के प्रयोग से पैदा हुईं ? इस क्रम में 'स्वत्व' क्या है ? इसकी विस्तृत व्याख्या भी नहीं करते। 'स्वत्व' का दायरा यदि 'निजभाषा की उन्नति' है तो यह बहुत ही छोटा दायरा है।

नामवरजी औपनिवेशिक उद्योगीकरण और तदजनित संस्कृति को एकदम उपेक्षणीय मानकर समूचा ढांचा तैयार करते हैं, वे नई सभ्यता के साथ आई नई संस्कृति के रूपों को खोलने की कोशिश ही नहीं करते और नवजागरण पर चल रहे स्टीरियोटाइप पदबंधों में अपनी बातें पेश करते हैं। 'स्वत्व' का संबंध संस्कृति से है और संस्कृति के नए-पुराने दोनों ही रूपों की समूची जटिलता को खोलने की जरूरत है। मजेदार बात यह है कि नामवरजी ने अपने निबंधों में राजनीतिक पहलुओं पर ज्यादा ध्यान दिया और सांस्कृतिक पहलुओं की उपेक्षा की है।

नवजागरण को नामवरजी ने 'निर्मम समीक्षा' कहा है। लिखा है, 'कहने की आवश्यकता नहीं कि हिंदी नवजागरण मुख्यतया 'सांस्कृतिक' था और अधिकांश लेखन स्वदेशी संस्कृति के उत्थान को दृष्टि में रखकर किया गया। इस प्रक्रिया में अपनी सांस्कृतिक विरासत को बचाए रखने के साथ ही संग्रह-त्याग की दृष्टि से उसकी निर्मम समीक्षा पर भी विशेष ध्यान दिया गया।' यह भी लिखा है, 'आत्म-समीक्षा जितनी पीड़ादायक है, उतनी ही जटिल भी' (पृ. 82)।

सवाल यह है कि क्या नामवरजी ने अपने नवजागरण संबंधी मूल्यांकन की 'निर्मम समीक्षा' की है ? सच इसके विपरीत है आधुनिक रीतिवादी नजरिये के असर के कारण उनको अपने लेखन की निर्मम समीक्षा की जरूरत ही महसूस नहीं

हुई। रीतिवादी में त्याग करने या आत्मालोचना करने की प्रवृत्ति नहीं होती। नामवरजी और दूसरे नवजागरणपंथियों में भी आत्मालोचना की प्रवृत्ति नहीं है। नामवरजी जानते हैं 'दृष्टि' एक होती है और उसे बांट नहीं सकते। रीतिवादी नजरिये से नवजागरण को देखने के लिए अनालोचनात्मकता अनायास उनके नवजागरण संबंधी निबंधों में चली आई है। उसमें इकहरापन है और द्वंद्ववादी पद्धति का अभाव है। मसलन, वे 'शिक्षा' के सवाल पर जान-बूझकर चुप रहते हैं जबकि नवजागरण का प्रकल्प 'शिक्षा' के बिना नहीं बनता। यह अचानक नहीं है कि तकरीबन सभी नवजागरणपंथी लेखक हिंदीभाषी क्षेत्र में 'शिक्षा' के सवालों पर ध्यान नहीं देते। क्या आधुनिक शिक्षा के बिना नवजागरण संभव है ? शिक्षा से समाज बदलता है, व्यक्ति बदलता है, साहित्य-संस्कृति-राजनीति आदि में बदलाव आता है।

नामवर सिंह और रामविलास शर्मा दोनों के नवजागरण विमर्श की मुश्किल यह है कि वे एक तथ्य की अनदेखी करते हैं, वह है यूरोप में प्रकृतिविज्ञान का उदय। इसके कारण यूरोप में रैनेसां हुआ और भारत में मध्यकाल में विज्ञान का वैसे उदय नहीं हुआ था। यहां तक कि इनलाइटेनमेंट के दौर में प्रकृतिविज्ञान की क्रांतिकारी भूमिका थी। विज्ञान की भूमिका को परिभाषित किए बिना नवजागरण की अवधारणा संपूर्ण नहीं बनती। इसके अलावा उद्योगीकरण के बिना नवजागरण नहीं होता। भारत में जब नवजागरण हुआ तो उस समय उपनिवेशवाद था और बड़े पैमाने पर निरुद्योगीकरण हुआ था। हिंदी में नवजागरण की बहस में ब्रिटिश शासन के कारण 18वीं और 19वीं शताब्दी में पैदा हुए निरुद्योगीकरण को नोटिस ही नहीं लिया गया।

हिंदी नवजागरण की एक और मुश्किल यह है कि इसमें उर्दू का नवजागरण शामिल नहीं है। इस मामले में नामवर सिंह और रामविलास शर्मा एक ही पंक्ति में खड़े हैं। भारतीय नवजागरण में 'हायरार्की', 'प्रभुता' और 'वर्चस्व' बना रहता है। इन तीनों धारणाओं को राजनीतिक-सामाजिक स्तर पर जिस तरह की चुनौती मिलनी चाहिए थी, वह नहीं मिली। इसके विपरीत नवजागरण में ब्रिटिश प्रभुता के साथ सामंजस्य के प्रयास खूब हुए। इसे नामवर सिंह ने भी रेखांकित किया है। उन्होंने नवजागरण को 'राष्ट्रीय स्वाधीनता संघर्ष का पूर्वरंग' कहा, किंतु स्वाधीनता संघर्ष का पर्याय नहीं माना।

जातीयता, जातीय साहित्य और नवजागरण ये तीनों धारणाएं वर्चस्व और भेदभाव को बनाए रखती हैं। लिंगभेद, साहित्यभेद, भाषाभेद और जातिभेद बना रहता है। इस अर्थ में नवजागरण समस्यामूलक है। जीवन से लेकर साहित्य तक छोटे-बड़े

का भेद बना रहता है। जबकि समानता की धारणा में वर्चस्व के लिए कोई जगह नहीं है। जातीयता और नवजागरण की हिंदी में बहस जितनी तेज हुई है समानता और यथार्थ में दूरी बढ़ी है। जिन लोगों ने जातीय साहित्य और नवजागरण की हिंदी में खूब बहस चलाई उन लोगों ने कभी भी स्त्री साहित्य और दलित साहित्य की समस्याओं पर गंभीरता के साथ कलम नहीं चलाई। यह सवाल अब भी अनुत्तरित है कि नवजागरण के खेल में स्त्री के सवाल केंद्र में आए थे फिर स्त्री साहित्य केंद्र में क्यों नहीं आया? हम जानते हैं यह कोई षड्यंत्र नहीं है बल्कि स्वाभाविक परिणति है उस नजरिये की जिसमें हर चीज को परखने की कसौटी नवजागरण, जातीय साहित्य, जातीयता है। आप जितना इन कसौटियों के आधार पर सोचेंगे उतना ही हाशिये के साहित्य और यथार्थ से दूर चले जाएंगे।

'नवजागरण' पुंसवादी अवधारणा है। नवजागरण में नए किस्म के पुंसवाद या पितृसत्तात्मक विचारधारा का उदय होता है। पुराने किस्म की पितृसत्ता को अपदस्थ किया जाता है। इस दौर पर जितना पुंसवादी नजरिये से लिखा गया, उतना स्त्रीवादी नजरिये से नहीं लिखा गया। हिंदी समीक्षा में जितनी बंगाल के नवजागरण पर चर्चा है उतनी महाराष्ट्र के नवजागरण पर नहीं है। हिंदी समीक्षकों में नवजागरण को लेकर जो बहस है उसके केंद्र में भारतेंदु मंडल के लेखकों पर चर्चा मिलती है लेकिन इस दौर में किस तरह दलित और स्त्री लेखन को बाहर खदेड़ दिया गया इसका कहीं पर भी उल्लेख नहीं मिलता। जबकि इसके पहले के साहित्य में दलित भी हैं और स्त्रियां भी हैं। लेकिन भारतेंदु-मंडल में न तो कोई दलित है और न कोई स्त्री है। यानी नवजागरण का पूरा ताना-बाना जिस तरह बुना गया है वह भेदों को छिपाने का काम करता है, भेदों को खोलने और उनके समाधान खोजने की ओर नहीं ले जाता। हिंदी समीक्षा के नवजागरण विमर्श में पितृसत्ता की विचारधारा को कोई चुनौती नहीं मिलती, उलटे पितृसत्ता के नए रूपों, मूल्यों, सामाजिक संबंधों, आदतों और संस्कारों की खोज की जाती है। इससे पितृसत्ता को नए युग के अनुरूप ढालने में मदद मिली। नामवरजी 'स्वत्व' के प्रसंग में स्त्री के सवालों को सीधे छिपा जाते हैं जबकि भारतेंदु ने *कवि वचन सुधा* के मुखपृष्ठ पर अंकित कविता में 'स्वत्व' के दायरे में स्त्री के सवालों को भी रखा है। पूरा पद पढ़ें–

खल-गगन सौं सज्जन दुखी मति होंहि, हिपद मति रहे।
अपधर्म छूटे, स्वत्व निज भारत गहै, कर दुख बहै।

बुध तजहिं मत्सर, नारिनर सम होहिं, जब आनंद लहै।
तजि ग्राम कविता, सुकविजन की अमृत वाणी सब कहै॥

'साहित्य' की अवधारणा के आधार भारतेंदु साहित्य या द्विवेदी युगीन साहित्य आदि की चर्चा जब भी होगी तो स्त्री और दलितों का साहित्य स्वतः ही बाहर हो जाता है। 'साहित्य' नामक पदबंध स्वयं में समस्यामूलक है और इसमें भेदों को छिपाने की क्षमता है। 'साहित्य' पदबंध के जरिये जब भी सोचेंगे स्त्री साहित्य और दलित साहित्य की समस्याएं कभी भी केंद्र में नहीं आएंगी। इन सभी सवालों पर मैंने *स्त्रीवादी साहित्य विमर्श* नामक किताब में विस्तार से लिखा है। इसलिए यहां पर नहीं लिख रहा हूं।

नामवर सिंह के नवजागरण विमर्श के कुछ रोचक अंतर्विरोध हैं। मसलन, 'नवजागरण की एक बहुत बड़ी देन संभवतः वह इतिहासदृष्टि है जिससे अपने अतीत को शत्रु से मुक्त करके उसके विरुद्ध वर्तमान में इस्तेमाल करने की कला आती है और भविष्य के लिए एक स्वप्नदृष्टि भी मिलती है' (पृ. 89)। नवजागरणकालीन इतिहासदृष्टि की मुश्किल यह है कि वह ब्रिटिश औपनिवेशिक राजनीति के साथ संबंध बनाकर अपना विकास करती है, जहां असुविधा होती है वहां पर आलोचना करते हैं, वरना उनको औपनिवेशिक मित्रता से कोई परहेज नहीं है। नवजागरण के यूरोपीय नजरिये ने उदार पूंजीवादी राजनीति के साथ संबंध बनाते हुए अपना विकास किया था लेकिन भारत में ऐसा नहीं होता। भारत में उदार राजनीति मध्य वर्ग में तब दाखिल होती है जब नवजागरण समाप्त हो जाता है। नवजागरणकालीन दौर में ब्रिटिश शासकों की औपनिवेशिक राजनीति से हमारे नवजागरण के पुरोधा अपने को मुक्त नहीं कर पाते।

नवजागरण में धार्मिक सुधारों के बहाने नए उदार धर्म की खोज अंततः अतीत भ्रमण की ओर ले जाती है। अतीत के प्रेतों से भारतीय नवजागरण मुक्ति नहीं दिलाता, वह नए को पैदा करता है, लेकिन पुराने को अपडेट करके रखता है। वह पुरानी रूढ़ियों को अप्रासंगिक कम बनाता है, साथ ही, नई पूंजीवादी शृंखलाएं डाल देता है। जातीय साहित्य तो अंततः नई रूढ़ि बन जाता है। इसके पैमानों को अंतिम मान लिया जाता है और नए किस्म का रूढ़िवाद जन्म लेता है। अवधारणाओं के रूढ़ि में रूपांतरण की प्रक्रिया जन्म लेती है।

आधुनिक आलोचना में जातीय साहित्य और जातीयता के नाम पर जो रीतिवाद चला है वह अभी तक थमा नहीं है। इसके आधार पर संकीर्णताओं और कठमुल्लेपन

ने जगह बनाई है। सीमित सामग्री, सीमित विषय और सीमित क्षेत्र इस रीतिवाद की विशेषता हैं। इसने सभी किस्म के बहुलतावाद का विरोध किया, अन्य (अदर) की उपेक्षा की। रही बात इतिहासदृष्टि की तो हिंदी नवजागरण के गर्भ से जो इतिहासदृष्टि पैदा हुई है वह वैविध्य को समान नजरिये से नहीं देखती। इसके अलावा नवजागरणकालीन लेखक उदार राजनीति को व्यापक रूप में खोल नहीं पाते। उदार राजनीतिक विचारों को हमारे अनेक हिंदी आलोचक पूंजीवादी विचार कहकर हिकारत की नजर से देखते हैं। उदार राजनीतिक विचार होंगे तो नाटक पसंद आएगा, उपन्यास पसंद आएगा। लेकिन दयानंद सरस्वती को नाटक नापसंद था और महावीर प्रसाद द्विवेदी को उपन्यास को लेकर समस्याएं थीं। आचार्य रामचंद्र शुक्ल को तो उदार राजनीतिक विचारों के साथ काफी गंभीर दिक्कतें थीं। कहने का आशय यह है कि नामवर सिंह जिस नवजागरणकालीन इतिहासदृष्टि के एकांगी पक्ष की बातें कर रहे हैं। उस उलझन भरे मार्ग को छिपा रहे हैं जिससे हिंदी साहित्य गुजरा है।

हिंदी नवजागरण की अवधारणा को रामविलास शर्मा ने सीधे मार्क्सवादी पैमानों के आधार पर विकसित किया है और उसमें भी स्टालिन के पैमाने से जातीयता की समस्या पर रोशनी डाली है। इस पैमाने में उदारतावादी राजनीतिक विचारों के लिए न्यूनतम स्थान है। नवजागरणकालीन इतिहासदृष्टि का आधार स्वतंत्रता और विवेक है जबकि हिंदी नवजागरण का आधार है जातीय साहित्य। इस सवाल पर विचार करें कि नवजागरणकालीन इतिहासदृष्टि के आधार पर हिंदी में हमने स्वतंत्रता का ज्यादा विकास किया या विचारों की घेराबंदी का या परंपरा के मूल्यांकन का? नवजागरण के नाम पर विचार विशेष के आधार पर लेखक को स्वीकृति दी गई। भिन्न विचार के लेखकों की उपेक्षा की गई।

नवजागरण की आत्मा है स्वतंत्रता। स्वतंत्रता का सम्मान और स्वतंत्र विचारकों के लेखन का सम्मान इसकी धुरी है। व्यक्तिवाद इसकी प्राणवायु है। धर्मनिरपेक्षता इसके वस्त्र हैं। सवाल उठता है हिंदी नवजागरण ने जिस इतिहासदृष्टि का निर्माण किया उसमें धर्मनिरपेक्षता महत्वपूर्ण तत्व है कि नहीं ? यदि धर्मनिरपेक्षता महत्वपूर्ण तत्व है तो हिंदी समीक्षा के केंद्र में धर्मनिरपेक्षता पर व्यापक बहस 1977 के बाद और खासकर बाबरी मस्जिद-राममंदिर आंदोलन के आरंभ होने के बाद ही क्यों आती है ? धर्मनिरपेक्षता के बारे में पहले विचार क्यों नहीं किया गया ? इसके अलावा रेडीकल या क्रांतिकारी विचारों को नवजागरणकालीन इतिहासदृष्टि में सम्मानजनक स्थान दिया गया है। लेकिन हिंदी में क्रांतिकारियों के साहित्य और विचारों को हमने कितना स्थान दिया है ? नवजागरण के कारण जो इतिहासदृष्टि

मिली है वह क्रांतिकारी और उदार पूंजीवादी विचारों और मूल्यों को समान महत्व देती है। लेकिन इस मामले में हमने संतुलन से काम लेने की बजाय इकहरेपन का परिचय दिया है।

नामवर सिंह के नवजागरण विमर्श की सबसे बड़ी मुश्किल यह है कि वे हिंदी नवजागरण को 19वीं शताब्दी तक ही रखकर देखते हैं जबकि बांग्ला नवजागरण राजा राममोहन राय से लेकर रवींद्रनाथ टैगोर की मौत तक फैला हुआ है। बांग्ला नवजागरण में साहित्य, भाषा, चित्रकला, मूर्तिकला, प्रेस, विज्ञापन, मनोविज्ञान, गणित, जीवविज्ञान, विज्ञान, दर्शन, धर्म, सामाजिक सुधार, शिक्षा, न्यायपालिका आदि आते हैं जबकि हिंदी में सिर्फ साहित्य और भाषा संबंधी विवाद ही शामिल हैं। हिंदी नवजागरण में विज्ञान का अभाव है जो सबसे बड़ा अभाव है। समग्रता में देखें तो विज्ञान के बिना नवजागरण संभव नहीं है। बांग्ला नवजागरण की उपलब्धियां राष्ट्रीय उपलब्धियां बनीं, जबकि हिंदी नवजागरण को कोई जानता तक नहीं है। मसलन, राजा राममोहन राय की लोकप्रियता देखें और भारतेंदु की लोकप्रियता देखें तो जमीन-आसमान का अंतर समझ में आ जाएगा। इसी तरह रवींद्रनाथ की लोकप्रियता देखें और निराला की लोकप्रियता देखें तो अंतर साफ महसूस कर सकते हैं। साहित्य और भाषा तक हिंदी नवजागरण के सीमित रहने के कारण लोकप्रियता का दायरा लेखकों और हिंदी के सृजक छात्रों तक ही सीमित है।

आज भी भारतेंदु को यूपी में अधिकांश लोग नहीं जानते, निराला को नहीं जानते। लेकिन राजा राममोहन राय आदि के साथ बंगाल में यह स्थिति नहीं है। 19वीं शताब्दी में हिंदी प्रेस में लोकप्रिय पाठक वर्ग का अभाव था। लेखकों की लोकप्रियता सीमित थी। सर्जना की भाषा को लेकर विवाद था। ललित कला के क्षेत्र में कोई बड़ी उपलब्धि हिंदीक्षेत्र में नजर नहीं आती। मजेदार बात है कि 19वीं शताब्दी में नाटक लिखे गए लेकिन खेले कम गए, हिंदी रंगमंच का सही ढंग से विकास ही नहीं हुआ, इसके विपरीत बांग्ला में इसी दौर में समृद्ध रंगमंच का विकास हुआ। चित्रकला, मूर्तिकला और स्थापत्यकला का बांग्ला नवजागरण में तेजी से विकास हुआ। उस दौर में बंगाली जाति में समकालीन कला रूपों को लेकर व्यापक आकर्षण मिलता है इसके विपरीत समकालीनता को लेकर कोई आकर्षण हिंदी क्षेत्र में नजर नहीं आता।

एक अन्य चीज जो दर्ज करने वाली है वह है शहरी बनावट। कोलकाता की बसावट में पुराने के अवशेष बचाए रखे गए, नए वर्गों के आने बाद भी नए किस्म की बुर्जुआ शहरी संरचनाओं का बहुत कम विकास हुआ, पुराने मोहल्ले बने रहे।

लेकिन बड़े-बड़े भवनों का निर्माण हुआ। नए वर्ग के तौर पर मजदूर वर्ग का उदय हुआ। थियेटर, दूरसंचार, डिजायनिंग, संगीत, क्लब, सिनेमा आदि का उदय हुआ। पेटेंट कराने की परंपरा का जन्म हुआ। जगदीशचंद्र बोस पहले वैज्ञानिक थे जिन्होंने अमेरिका में पेटेंट कराया। सवाल यह है हिंदी नवजागरण क्या इतना व्यापक कैनवास घेरता है ? उसका कला और ज्ञान के अन्य क्षेत्रों में विकास क्यों नहीं हो पाया ?

नामवरजी हिंदी की प्रचलित पॉपुलर प्रगतिशील समझ के इर्द-गिर्द ही अपना तर्कशास्त्र गढ़ते हैं। यह एक तरह नवजागरण की रूढ़िबद्ध आलोचना का वह रूप है जो हिंदी में फैला हुआ है। इस रूप को बनाने में रामविलास शर्मा की बड़ी भूमिका है। हिंदी नवजागरण पर बातें करते समय हमें इस बात की ओर ध्यान देना चाहिए कि आखिरकार क्यों अकाल और कृषिदासता के सवालों को हिंदी लेखक उठाने में असमर्थ रहे ? आज भी नवजागरण के नाम पर लकीर के फकीर की तरह बातें हो रही हैं और विचारों की पुनरावृत्ति हो रही है। इससे आलोचना समृद्ध नहीं हो रही। हिंदी के अधिकांश लेखक आज भी हिंदीभाषी क्षेत्र की किसान जनता और उनके वास्तव यथार्थ से अनभिज्ञ हैं। यह अनभिज्ञता आजादी के पहले जितनी थी, आज उससे ज्यादा है। लेखकों का नवजागरण के दौर में मूलतः उन विषयों पर रुझान रहा है जो मध्यवर्गीय हैं, शहरी जनता के भावों और समस्याओं को व्यक्त करते हैं। यही वजह है कि हिंदी के तथाकथित बुद्धिवाद या प्रखर विवेकवाद का आधार मध्यवर्गीय चेतना है। मध्यवर्गीय चेतना के पैमाने से नवजागरण को देखने से बार-बार बुद्धिवाद, विवेकवाद, धार्मिक सद्भाव आदि की बातें सामने आई हैं। बुद्धिवाद, विवेकवाद आदि के आधार पर साहित्य समीक्षा का जो ताना-बाना तैयार किया गया है उसका सत्ता की ओर झुकाव है। यह बात भारतेंदु युग में जितनी सच है, उतनी ही आज भी सच है। बुद्धिवाद, विवेकवाद, नव्यवेदांत आदि सत्ता विमर्श के अंग हैं।

आलोचना पर विचार करते समय हमें देखना चाहिए कि आलोचक किन कोटियों को आधार बनाकर लिखता है। नामवर सिंह 'वर्ग' को आधार बनाकर नवजागरण का विश्लेषण करते हैं। यही काम रामविलास शर्मा ने किया था। एकमात्र 'वर्ग' की केटेगरी के आधार पर नवजागरण की संतुलित व्याख्या संभव नहीं है। इसमें 'समुदाय' और 'लिंग' की अवधारणा को जोड़ने की जरूरत है। इसी तरह हिंदी जातीयता की कोटि समस्यामूलक है। जातीयता में निहित वर्चस्ववाद को ध्वस्त करने के लिए समुदाय की कोटि मददगार साबित हो सकती है। इसके आधार पर मैथिली, अवधी, भोजपुरी भाषाभाषियों के लेखन पर 'समुदाय' की अवधारणा के

आधार पर स्वतंत्र रूप से विचार किया जा सकता है। इससे सांस्कृतिक रूपों, आदतों और क्षेत्रीय चेतना के अंतर को समझने में मदद मिलेगी। 'समुदाय' की धारणा को हमने राष्ट्रवाद, जातीयता, जातीय साहित्य, वर्गीय आधार के बहाने दरकिनार किया है। 'समुदाय' के रूप में इलाके विशेष या भाषा विशेष के लोगों को देखने से उनके वैविध्य को समझने में मदद मिल सकती है। साथ ही, 'समुदाय' पर व्यापक बहस भी आरंभ हो सकती है। आम लोग 'समुदाय' के रूप में ही समाज में लंबे समय से रह रहे हैं। आधुनिक काल के पहले भी समुदायों में लोग रह रहे थे और समुदाय की भाषा के रूप में ही क्षेत्र विशेष की भाषा का प्रयोग करते थे।

आधुनिक काल में हम औपनिवेशिक शासन और मूल्यबोध के दबाव में 'समुदाय' को भूल गए। उन नए पदबंधों का इस्तेमाल करने लगे जो हमें पूंजीवादी व्यवस्था ने दिए थे। मसलन जातीयता को सामाजिक इकाई का आधार मानकर जब बातें होंगी तो हिंदी क्षेत्र की सामुदायिक संरचनाओं और इन संरचनाओं की संस्कृति, जीवनशैली, खान-पान, आचार-व्यवहार आदि के अंतरों को हम समझ ही नहीं पाएंगे। जातीयता का आधार उन देशों के लिए प्रासंगिक है जहां सांस्कृतिक वैविध्य कम है। औद्योगिक क्रांति ने समतल माहौल बना दिया है। जातीयता के निर्माण के लिए उद्योगीकरण, जनशिक्षा, साझा भाषा, साझा बाजार, साझा संस्कृति, जीवन के छोटे-छोटे भेदों की स्वायत्तता की स्वीकृति का होना जरूरी है। लेकिन हिंदी में हम यह सब नहीं कर पाए। हमने इकसार रूप में निर्माण करने पर जोर दिया और इससे साहित्य में सामुदायिक बोध कमजोर हुआ। जातीयता के इस सामुदायिकता विरोधी चरित्र के कारण हिंदी में कभी जातीयता के पक्षधरों ने सामुदायिक साहित्य को गंभीरता से नहीं लिया।

सामुदायिक साहित्य की जिन लोगों ने उपेक्षा की है उनमें नामवर सिंह प्रमुख हैं। मजेदार बात है कि हिंदीभाषी क्षेत्र में हिंदी से इतर भाषाओं की प्रबल मौजूदगी है। मसलन अवधी या भोजपुरी इलाके के लोगों में अधिसंख्य आबादी खड़ीबोली हिंदी का अपने दैनंदिन कामकाज में इस्तेमाल नहीं करती। भाषा जनगणना के आंकड़े भी इसकी पुष्टि करते हैं। खड़ीबोली हिंदी पूरे देश के साथ हिंदीभाषी क्षेत्रों में कम्युनिकेशन की साझा भाषा है। लेकिन बाजार से लेकर घरों के तक लोकल भाषाओं का वर्चस्व है। यहां तक कि खड़ीबोली हिंदी के आधारभूत इलाकों में भी ब्रज, हरियाणवी, पंजाबी, राजस्थानी और उर्दू का विभिन्न समुदायों और अंचलों में वर्चस्व है। समुदाय विशेष का अपनी भाषा से प्रेम कोई पिछड़ी मानसिकता नहीं है। समुदाय तब तक रहेंगे जब तक तेजगति से औद्योगिक पूंजीवादी विकास नहीं

होता। औद्योगिक पूंजीवादी विकास के साथ समुदाय के टूटने की संभावनाएं बनती हैं।

हिंदीभाषी क्षेत्र में विगत 50 सालों से ज्यादा समय से जातीयता पर बहस चल रही है। रामविलास शर्मा से लेकर नामवर सिंह तक सभी हिंदी जाति को बनाने में लगे हैं। लेकिन आलोचकों के बनाने से जाति का गठन नहीं होता। जाति गठन के लिए पूंजीवादी विकास आवश्यक शर्त है। हिंदीभाषी क्षेत्र में आज तक पूंजीवाद का समान विकास नहीं हुआ। असमान पूंजीवादी विकास के कारण हिंदी जाति का सुसंगत रूप नहीं बन पाया। साहित्य में जिस हिंदी जाति की बातें हो रही हैं वह जाति सुसंगत और सुनियोजित आधुनिक सामाजिक इकाई के रूप में कहीं पर भी नजर नहीं आती। हिंदी जाति बने इसके लिए उद्योगीकरण जरूरी है, पूंजीवाद की भूमिका को स्वीकार करना जरूरी है, मुश्किल यह है कि हिंदी जाति को साहित्य में खोजा जा रहा है जबकि जाति को सामाजिक निर्माण की प्रक्रिया में खोजना चाहिए। जाति का आधार साहित्य नहीं, पूंजीवादी विकास है, यह पूंजीवादी प्रक्रिया के नियमों के आधार पर ही समझ में आ सकता है। परवर्ती पूंजीवाद के दौर में तो औद्योगिक पूंजीवाद का विकास और भी दुर्लभ चीज है। असमान पूंजीवादी विकास के कारण हिंदीभाषी क्षेत्र के जिन चंद शहरों को आधार बनाकर औद्योगिक शहर बसाए गए थे विगत 25 सालों में वहां पर आधुनिक उद्योग तबाह हुए हैं। औद्योगिक शहरों में आए इस परिवर्तन ने जातीयता के विकास की जो थोड़ी-बहुत संभावनाएं थीं उनको भी खत्म कर दिया। यह भी कह सकते हैं हिंदीजाति की अवधारणा निरुद्योगीकृत समाज पर टिकी है।

सोवियत संघ के मॉडल को आधार बनाकर शीतयुद्ध के दौरान जातीयता, जाति, जातीय साहित्य का खूब प्रचार किया गया। सोवियत प्रचार का अंधानुकरण करने के कारण यह भी मान लिया गया कि सोवियत संघ में सामाजिक तनावों के समाधान खोज लिए गए हैं। सच यह था सोवियत संघ में असंतोष दबा पड़ा था। दमित असंतोष कम्युनिस्ट नेतृत्व की कतारों में विस्फोट की तरह पैदा हुआ और बिना खून-खराबे के आपस में मिल-बैठकर सोवियत संघ का विघटन कर दिया गया।

सोवियत संघ के विघटन के बाद पता चला कि सारे देश में औद्योगिक विकास, सांस्कृतिक विकास इकसार ढंग से नहीं हुआ था। जातीयता अनसुलझी और अविकसित अवस्था में थी। जिस जातीयता को गए-गुजरे जमाने की समस्या मान लिया गया था वह फिर से सतह पर उभर आई और इस बार उसने अंधलोकवादी परिप्रेक्ष्य में अपने भावों को अभिव्यक्ति दी। अनेक गणराज्यों में जातीय हिंसा हुई

और व्यापक हिंसाचार हुआ। इससे रामविलास शर्मा आदि के द्वारा जातीयता के प्रस्तावित मॉडल की सीमाएं स्वतः प्रकट हो गईं। कम्युनिस्टों की कतारों में जातीय विद्वेष और फंडामेंटलिस्ट रुझान देखे गए और सोवियत संघ का समूचा कम्युनिस्ट पार्टी तंत्र ताश के पत्ते की तरह बिखर गया। आम जनता में कम्युनिस्ट पार्टी के खिलाफ व्यापक रोष व्यक्त हुआ। कम्युनिस्ट पार्टी सभी नवोदित 11 देशों में हार गई। सभी में इस दल ने अपना नाम बदल लिया। कल तक कम्युनिस्ट होना गर्व की बात थी, जो लोग गर्व से अपने को कम्युनिस्ट कहते थे, वे ही कम्युनिस्टों से घृणा के नायक बन गए। जिस बोल्शेविक पार्टी ने दो विश्वयुद्ध झेले, सोवियत संघ को महान शक्तिशाली देश बनाया, हिटलर को हराया, उस पार्टी को हमेशा के लिए सोवियत संघ से विदाई दे दी गई। आज स्थिति यह है कि सोवियत संघ के विखंडन के साथ बने नवोदित देशों में कम्युनिस्ट विचारधारा पूरी तरह अप्रासंगिक हो गई है। कहने का अर्थ यह है असमान पूंजीवादी विकास जब सुनियोजित सोवियत संघ और उसकी जातीय संरचनाओं को धराशायी कर सकता है तो क्या भारत में असमान पूंजीवादी विकास जातियों को एकजुट रहने देगा ?

असलियत यह है आज हमारे देश में प्रत्येक जातीयता बिखर रही है। सबसे पहले बंगाली जातीयता बनी तो सबसे पहले वही विखंडित हुई। आज प्रत्येक राज्य में विभाजन की मांग करने वाले आंदोलन चल रहे हैं। उन्हें जातीयता के आधार पर एकजुट करके रख पाना असंभव हो गया है। फलतः तदर्थ उपाय लागू किए जा रहे हैं जिससे असंतोष को स्थगित किया जा सके। एक अन्य चीज है जिसने जातीय साहित्य और जातीयता को हाशिये पर खदेड़ दिया है, वह है मीडिया का चौमुखी विकास। आजादी मिलते ही विभिन्न भाषाओं के प्रसारण के लिए विभिन्न इलाकों में रेडियो स्टेशन खोले, भाषायी सिनेमा का तेजी से विकास हुआ, इसने जातीय कम्युनिकेशन के रूप में साहित्य के बजाय मीडिया उत्पादों को प्रतिष्ठा दिलाई। प्रेस ने जातीय साहित्य का आधार निर्मित किया था, लेकिन यह आधार शिक्षितों तक सीमित था। लेकिन रेडियो और फिल्मों ने तेजी से शिक्षित-अशिक्षित सभी को प्रभावित किया। इसके कारण जातीय पहचान के विकास को उसने सामुदायिक पहचान की दिशा में मोड़ दिया। सामुदायिक पहचान को व्यापक आधार प्रदान किया।

जिस तरह प्रेस का जातीयता और राष्ट्र के निर्माण की प्रक्रिया से गहरा संबंध है। उसी तरह इलेक्ट्रॉनिक मीडिया का सामुदायिक पहचान और लिंग की पहचान के निर्माण के साथ गहरा संबंध है। मीडिया के विकास की प्रक्रिया में लंबी छलांग

तब आई जब टेलीविजन का सारे देश में एशियाड के बाद प्रसारण घर घर पहुंचा। फिल्म, रेडियो, टेलीविजन और इंटरनेट ये सभी सामुदायिक पहचान को नियमित करने वाले माध्यम हैं। इन माध्यमों का जितना तेजी से प्रसार होगा जातीयता उतनी ही तेजी से अपदस्थ होगी और सामुदायिकता की भावना पुख्ता होगी। नामवर सिंह ने नवजागरण संबंधी मूल्यांकन में मीडिया की भूमिका की अनदेखी की है। वे सामाजिक पहचान के रूपों के निर्माण में मीडिया की भूमिका को देख ही नहीं पाते।

सामाजिक पहचान बनाने में मीडिया की साहित्य से बड़ी भूमिका रही है। प्रेस न आया होता तो जातीय साहित्य और जातीय भाषा की बहस का जन्म नहीं होता। इलेक्ट्रॉनिक माध्यमों का विकास अंततः सामुदायिक पहचान के रूपों को तेजी से विकसित करता है। जीवनशैली और भाषा पर इलेक्ट्रॉनिक माध्यमों का प्रेस की तुलना में तेज और व्यापक असर होता है। प्रेस के द्वारा निर्मित दायरों, अवधारणाओं और मूल्यों का तेजी से रूपांतरण होता है।

समुदाय के कई रूप हैं। समीक्षकों ने भाषा के आधार पर ही चीजों को देखा। भाषा का आधार तब तक टिका रहता है जब तक धीमी गति का मीडिया प्रभावशाली रहता है। ज्यों ही तीव्रगति का मीडिया सक्रिय होता है जातीयता और जातीय साहित्य का समूचा विमर्श अप्रासंगिक होने लगता है। प्रभावहीन होने लगता है। मीडिया सक्रियता के कारण आम लोगों में भाषायी पहचान के बजाय सामुदायिक पहचान के सवाल प्रबल हो उठते हैं। अनुसूचित जाति, जनजाति, अल्पसंख्यक, स्त्री, पिछड़ी जाति, अति पिछड़ी जाति आदि का समुदाय के रूप में गोलबंद होना आरंभ हो जाता है। जाति या कास्ट भी अपनी पहचान खोजने लगती है। इसमें मूल चीज है इकसार इच्छाशक्ति, समुदाय की इकसार इच्छाशक्ति महत्वपूर्ण होती है। यही इसकी सामाजिक संपदा है। सामाजिक संपदा का अर्थ संपत्ति, पैसा, दौलत, व्यक्ति संपत्ति आदि नहीं है बल्कि सामाजिक संपदा का अर्थ है कि समुदाय की साख, इकसार इच्छाशक्ति और पहचान।

हिंदी के आलोचक हिंदी जाति की बहस में जिस तरह उलझे हैं उसके कारण वे नई बदली हुई परिस्थितियों के साथ साहित्य में आ रहे बदलावों को देख नहीं पा रहे हैं, साथ ही, समाज में मूल्यांकन की जो नई कोटियां आ रही हैं उनसे अभी तक अनभिज्ञ बने हुए हैं। इस प्रसंग में 'सोशल कैपीटल' या 'सामाजिक संपदा' की धारणा बेहद महत्वपूर्ण है। हिंदी जाति और जाति साहित्य के पदबंध की व्यापक अपील नहीं है और न आज के साहित्यकारों में ये पदबंध या धारणाएं चर्चा के केंद्र

में हैं। हिंदी समुदाय की सबसे बड़ी कमजोरी यह है कि उसकी राष्ट्रीय स्तर पर कोई बौद्धिक साख नहीं है और न ही हिंदी लेखकों में मित्रभाव है। वे आमतौर पर एक-दूसरे से प्रतिस्पर्धा करते हैं। एक-दूसरे की निंदा करते हैं। एक-दूसरे को छोटा या हेय सिद्ध करते हैं। वे नहीं जानते हिंदी की साख कैसे बने। साख तो मित्रता, बंधुत्व, आपसी सहानुभूति और सामाजिक आदान-प्रदान से बनती है। यह प्रक्रिया व्यक्ति (लेखक) और समाज के बीच में द्वंद्वात्मक रूप में चलनी चाहिए।

हिंदी की आयरनी यह है कि हिंदी लेखक का हिंदी समाज के साथ एकीकरण नहीं हुआ है। अधिकतर लेखकों के बारे में समाज अनभिज्ञ है। लेखकों की जिस तरह व्यापक जनता में पहचान होनी चाहिए, वह नहीं है। हिंदी लेखक का लिखा साहित्य संपदा (लिटरेरी कैपीटल) नहीं बन पाया है और न सामुदायिक संपदा ही बन पाया है। हिंदी में नवजागरण हुआ है और इसका असर कहां तक है ? इसके बारे में हिंदी आलोचक कभी चर्चा नहीं करते। वे यह भी नहीं देखते कि हिंदी के नवजागरण के लेखक विभिन्न सामाजिक-सांस्कृतिक और अकादमिक पृष्ठभूमि से आए थे और इसके कारण उनके साहित्यिक नजरिये में भी अंतर था। आलोचकों ने यह मान लिया कि भारतेंदु मंडल हो या द्विवेदी मंडल इनमें शामिल सभी लेखक एक जैसा दृष्टिकोण रखते हैं। थोड़ा-बहुत अंतर था और वे किस पृष्ठभूमि से आए इसका कोई खास महत्व नहीं है। बांग्ला नवजागरण और हिंदी नवजागरण में हर स्तर पर जो भेद नजर आता है उसका प्रधान कारण है लेखकों की पृष्ठभूमि का अंतर। बांग्ला और हिंदी लेखकों की पृष्ठभूमि एक नहीं है। बांग्ला और हिंदी पाठकों की पृष्ठभूमि और आस्वाद प्रक्रिया भी एक नहीं है। सामाजिक वातावरण एक नहीं है। मीडिया और प्रिंट संस्कृति का परिवेश भी भिन्न है। इन सब बातों का बांग्ला और हिंदी नवजागरण पर गहरा असर है। लेकिन आलोचकों ने कभी इस अंतर को सामने नहीं रखा। इसके अलावा इन दोनों भाषाओं के लेखक और पाठक के सामाजिक यथार्थ को डिकोड करने की प्रक्रिया और कोड भी अलग हैं। फलतः बांग्ला और हिंदी में भिन्न रूपों में नवजागरण अभिव्यंजित हुआ। इसका सामाजिक असर भी अलग रूप में दिखाई देता है।

बांग्ला नवजागरण के पुरोधाओं ने संस्कृति को मासकल्चर और अभिजन भाषा को जनभाषा में रूपांतरित करने में सफलता हासिल की। लेकिन हिंदी नवजागरण में यह काम नहीं हो पाया। आज भी हिंदीभाषी क्षेत्र में संस्कृति के विभिन्न रूपों को मासकल्चर में रूपांतरित नहीं कर पाए हैं। हिंदी सिनेमा को यदि बहस से बाहर रखें तो पाएंगे कि खड़ी बोली हिंदी का आम लोगों में मानक भाषा के रूप में

कम व्यवहार होता है। इसकी तुलना लोकल भाषा का ज्यादा व्यवहार होता है। हिंदीभाषियों में लोकलभाषा आज भी दैनंदिन जीवन में वर्चस्व बनाए हुए है। लेकिन बांग्ला में ऐसा नहीं है। बंगाल में मानक बांग्ला ने सार्वजनिक जीवन में व्यापक स्वीकृति अर्जित की है, और बांग्ला के लोकल रूप घर की चहारदीवारी में बंद है। घर के बाहर आम लोग स्टैंडर्ड बांग्ला बोलते हैं। इसी तरह भाषा के संस्कार भी सामान्य लोगों में जनप्रिय हैं। भाषा में गालियों का एकदम प्रयोग नहीं करते। इसके विपरीत हिंदी में लोकलभाषा में गालियां और असभ्य व्यवहार एक आम बात है। बांग्ला नवजागरण ने शिक्षित पाठक समुदाय को जन्म दिया वहीं हिंदी में बहुत कम शिक्षित पाठक वर्ग था।

नामवर सिंह के अनुसार हिंदी नवजागरण पर अखिल भारतीय परिप्रेक्ष्य में विचार करना चाहिए। लिखा है, 'प्रसंगवश यह भी उल्लेखनीय है कि हिंदी प्रदेश में नवजागरण का कार्य मुख्यतः लेखकों और साहित्यकारों को ही संपन्न करना पड़ा क्योंकि यहां बंगाल और महाराष्ट्र की तरह प्रखर समाज सुधारक और विचारक अगुवाई करने के लिए नहीं मिले। हिंदी प्रदेश को मिले भी तो दयानंद सरस्वती जिनकी भूमिका का अनुमान इसी से लगाया जा सकता है कि उन्नीसवीं शताब्दी के बड़े-बड़े हिंदी लेखकों में से एक भी उनसे प्रभावित न हो सका।'

सवाल यह है हिंदी के लेखक समाज सुधार आंदोलनों से प्रभावित क्यों नहीं हुए ? हिंदी समाज, समाज सुधार आंदोलनों से प्रभावित क्यों नहीं हुआ ? नामवर सिंह के शब्दों में, भारतेंदु ने दयानंद की अपेक्षा केशवचंद्र सेन को श्रेयस्कर माना, लेकिन राजा राममोहन राय से कितना प्रभावित थे ? क्या भारतेंदु ने राजा राममोहन राय की तरह स्त्री के सवालों को प्रधान एजेंडा बनाया ? यदि नहीं बनाया तो क्यों? बंगाल की संस्कृति के प्रभाव में रहकर भी बंगाल के नवजागरण के प्रधान विषयों से पूरी तरह दूरी इस बात का संकेत है कि भारतेंदु मंडल के लेखक और स्वयं भारतेंदु के वैचारिक और वर्गीय चरित्र की हम सही ढंग से व्याख्या नहीं कर पाए हैं। नामवर सिंह को इस सवाल का जवाब देना चाहिए कि क्या हिंदी लेखक का मानसिक गठन, बांग्ला-महाराष्ट्र के नवजागरण के मानसिक गठन से मिलता है ? क्या हिंदी जगत की परिस्थितियां और बंगाल-महाराष्ट्र की परिस्थितियां एक थीं?

हिंदीभाषी क्षेत्र में पूंजीवादी विकास देर से हुआ। फलतः नए किस्म का मानसिक गठन भी देर से हुआ है। नामवर सिंह ने लिखा है, 'भारतेंदु का सीधा संपर्क ईश्वरचंद्र विद्यासागर, केशवचंद्र सेन, बंकिमचंद्र, राजेंद्रलाल मित्र और सुरेंद्रनाथ बनर्जी से

था।' सवाल यह है संपर्क-संबंध तो दयानंद सरस्वती के साथ भी था। संपर्क के कारण उनका साहित्य क्या बांग्ला नवजागरण के करीब आ जाता है या बांग्ला नवजागरण का प्रभाव सिद्ध होता है ? बांग्ला नवजागरण की वे कौन सी बातें थीं जिनसे भारतेंदु प्रभावित थे ? और वे कौन सी बातें थीं जिनसे भारतेंदु प्रभावित नहीं थे ?

नामवर सिंह के अनुसार, 'भारतेंदु और उनके मंडल के लेखकों की दृष्टि में अंग्रेजी राज की चुनौती राजनीतिक से अधिक सांस्कृतिक थी और उस सांस्कृतिक संघर्ष में बंगाल नवजागरण से अस्त्र-शस्त्र मिलने की संभावना अधिक थी।' क्या बांग्ला नवजागरण के पुरोधा अंग्रेजों के शासन के राजनीतिक आयामों से बेखबर थे, क्या वे यह मानते थे कि राजनीतिक से अधिक सांस्कृतिक चुनौतियां हैं ? नामवर सिंह इस प्रसंग में सही नहीं कह रहे। बंगाल के नवजागरण ने लिंगभेद और जातिप्रथा के सवालों को सीधे निशाना बनाया। संयोग से ये दोनों ही क्षेत्र भारतेंदु मंडल के लेखकों के यहां गायब हैं। बंगाल के नवजागरण के पुरोधा ब्रिटिशपरस्त थे। भारतेंदु में भी यह भाव है। भारतेंदु ने आधुनिक साहित्य को जन्म दिया लेकिन आधुनिक साहित्य के 19वीं शताब्दी के दोनों प्रमुख सवालों लिंगभेद और जातिप्रथा को भारतेंदु मंडल के लेखक प्रधान एजेंडा नहीं बनाते। इसी तरह 19वीं सदी के अकाल को भी प्रधान एजेंडा नहीं बनाते। कृषि-दासता के सवालों पर भी वे शांत हैं। जबकि नीलविद्रोह और दूसरे मुक्ति संघर्षों को बांग्ला साहित्य में निरंतर कवरेज मिला है। नया विषय और नई भाषा के प्रयोगों को जरूर प्रतिष्ठित किया। भारतेंदु के लिए हिंदीभाषा और आधुनिक हिंदी साहित्य के सवाल प्रमुख थे। भाषा और साहित्य के सवालों को साहित्य में उन्होंने प्रमुखता के साथ पेश किया, सामाजिक-सांस्कृतिक सवालों को जितना स्पेस देना चाहिए, वह उन्होंने नहीं दिया।

नामवर सिंह ने नवजागरण पर विचार करते हुए एक अन्य तथ्य की अनदेखी की है, वह है बंगाल के नवजागरण पर अद्वैत दर्शन के प्रभाव की। राजा राममोहन राय से लेकर विवेकानंद और केशवचंद्र सेन पर इस दर्शन का गहरा असर है। इसके कारण बंगाली मध्य वर्ग में सत्तामोह उस समय था और आज भी है। अद्वैतवादी दर्शन सत्ता-विरोधी नहीं होने देता जबकि भारतेंदु-मंडल के लेखक अद्वैतवादी दर्शन के प्रभाव से मुक्त थे लेकिन आधुनिक सामाजिक परिवर्तन का उनके पास कोई विजन नहीं था। बांग्ला में वेदांत दर्शन के प्रभाववश ही बंगाली मध्यवर्ग के बुद्धिजीवी किसी भी सामाजिक संघर्ष को बुनियादी सामाजिक परिवर्तन की व्यापक लड़ाई में तब्दील नहीं कर पाते। सन् 1857 के संग्राम को लेकर हिंदी क्षेत्र और बंगाली

बुद्धिजीवियों का अंतर इस बात की पुष्टि करता है। नवजागरण को यदि जातीय भाषा या जाति के आधार पर देखा जाएगा तो सारे मूल्यांकन कुछ कालावधि के बाद अप्रासंगिक हो जाएंगे। नेशनलिटी या अस्मिता को आधार बनाकर देखने के कारण नामवर सिंह अस्मिता विखंडन की प्रक्रिया को सही परिप्रेक्ष्य में देख ही नहीं पाते। नेशनलिटी विमर्श वस्तुतः विभाजन का विमर्श है। यह सामाजिक एकीकरण को एक अवधि के बाद असंभव बना देता है।

पुनरुत्थानवाद, 'स्वत्व' और अपसंस्कृति

नामवरजी के नवजागरण विमर्श की सबसे बड़ी समस्या यह है कि वे पुनरुत्थानवाद की एक सिरे से कोई चर्चा तक नहीं करते। नवजागरण के प्रति इस तरह का एकांगी नजरिया हमें उन समस्याओं को समझने में मदद नहीं करता जिनको पुनरुत्थानवाद ने पैदा किया। नामवरजी जानते हैं नवजागरण में पुनरुत्थानवाद के लक्षण भी थे जो कालांतर में सामाजिक तौर पर विस्तार पाते हैं। क्या पुनरुत्थान उपेक्षा की चीज है या अथवा नामवरजी जान-बूझकर उपेक्षा कर रहे हैं ? लेकिन छायावाद पर किताब लिखते समय उनको राष्ट्रीयता की समस्या के प्रसंग में पुनरुत्थानवाद याद आता है। नामवरजी के नजरिये में पुनरुत्थानवाद की अनुपस्थिति अनेक शंकाएं पैदा करती है। असल में पुनरुत्थान की अनुपस्थिति का नामवरजी के आधुनिक नवजागरणवादी-रीतिवादी नजरिये से गहरा संबंध है।

नामवरजी के अनुसार, 'वास्तविकता यह है कि भावबोध और विचारबोध की दृष्टि से समूचा नवजागरण एक संश्लिष्ट प्रक्रिया है, जिसमें बौद्धिकता के साथ भावुकता है, ऐहिकता के साथ आमुष्मिकता भी है और यथार्थवाद के साथ ही रहस्यवाद के भी तत्व घुले-मिले हैं। यूरोप के 'एनलाइटेनमेंट' अथवा ज्ञानोदय दौर के विचारकों से प्रेरणा लेने के बावजूद भारत का उन्नीसवीं शताब्दी का नवजागरण नितांत बुद्धिवादी न हो सका, क्योंकि स्वयं यूरोपीय 'ज्ञानोदय' भी इकहरा न था। अंतर्विरोध इस नवजागरण की दुर्बलता नहीं बल्कि एक तरह उसकी समृद्धि का सूचक है' (*हिंदी का गद्य पर्व*, पृ. 93)।

सवाल उठता है कि नामवरजी को 'रहस्यवाद' दिख रहा है लेकिन पुनरुत्थानवाद नहीं दिख रहा। पुनरुत्थानवाद नजर क्यों नहीं आता ? पुनरुत्थानवाद पर बात करने से वे परहेज क्यों करते हैं? पुनरुत्थानवाद का मूल तत्व है भारत के अतीत गौरव का आख्यान, भारत के प्राचीन भाववादी और अध्यात्मवादी दर्शन के बल पर नवयुग की पुनर्रचना, आर्य संस्कृति के शुद्धतावादी आग्रहों से नए युग की भाव-संवेदना

का विकास अर्थात हिंदू पुनरुत्थान। उल्लेखनीय है हिंदी साहित्य में कविता और पत्रकारिता में पुनरुत्थान की व्यापक रूप में अभिव्यक्ति हुई है।

हिंदी में रैनेसां का शोर मचाने वाले नहीं जानते कि हिंदी में रैनेसां असफल क्यों हुआ ? रैनेसां सफल रहता तो हिंदी समाज गालियों का धड़ल्ले से प्रयोग नहीं करता। बांग्ला, मराठी, तमिल, गुजराती में रैनेसां हुआ था और वहां जीवन और साहित्य से गालियां गायब हो गईं। लेकिन हिंदी में गालियां फल-फूल रही हैं और यह हिंदी जाति के पतन की निशानी है। गालियां असभ्यता की सूचक हैं। जिस साहित्य और समाज में अभिव्यक्ति का औजार गाली हो वह समाज पिछड़ा माना जाएगा। गालियां इस बात का संकेत हैं कि हमारे समाज में सभ्यता का विकास धीमी गति से हो रहा है। यथार्थ की भाषिक चमक यदि गाली के रास्ते होकर आती है तो यह सांस्कृतिक पतन की सूचना है। गालियां हमारे आदिम जीवन की निशानी हैं।

हिंदी में अनेक लेखक हैं जो साहित्य में गालियों का प्रयोग करते हैं। अकविता से लेकर काशीनाथ सिंह तक के साहित्य में गालियां सम्मान पा रही हैं। गाली अभिव्यक्ति नहीं है। यथार्थ कभी गालियों के जरिये व्यक्त नहीं होता। अधिकांश बड़े साहित्यकारों ने यथार्थ की अभिव्यक्ति के लिए कभी गालियों का प्रयोग नहीं किया। गालियां हमारे जीवन में असभ्यता की निशानी हैं। गालियों का किसी भी तर्क के आधार पर महिमामंडन करना गलत है। हिंदी में कई लेखक हैं जो अपनी साहित्यिक अभिव्यक्ति के लिए गालियों का प्रयोग करना जरूरी समझते हैं। युवाओं में गालियों का सहज प्रयोग मिलता है। इन दिनों इलेक्ट्रॉनिक मीडिया में भी गालियों का प्रयोग बढ़ गया है। खासकर फिल्मों, रियलिटी टीवी शो और टॉक शो में इसकी झलक मिलती है। हिंदी में गालियों का बचे रहना इस बात का संकेत है कि हिंदी अभी आदिम अभिव्यक्ति के रूपों से मुक्त होकर आधुनिक सभ्य भाषा नहीं बन पाई है। समाज में एक बड़ा हिस्सा है जो धड़ल्ले से गालियां देता है।

सवाल उठता है हिंदी समाज इतना गाली क्यों देता है ? क्या हम गालियों से मुक्त समाज नहीं बना सकते ? वे कौन सी सांस्कृतिक बाधाएं हैं जो हमें गालियों से मुक्त नहीं होने देतीं ? प्रेमचंद ने लिखा है, 'हर जाति का बोलचाल का ढंग उसकी नैतिक स्थिति का पता देता है। अगर इस दृष्टि से देखा जाए तो हिंदुस्तान सारी दुनिया की तमाम जातियों में सबसे नीचे नजर आएगा। बोलचाल की गंभीरता और सुथरापन जाति की महानता और उसकी नैतिक पवित्रता को व्यक्त करती है और बदजवानी नैतिक अंधकार और जाति के पतन का पक्का प्रमाण है। जितने

गंदे शब्द हमारी जबान से निकलते हैं शायद ही किसी सभ्य जाति की जबान से निकलते हों।'

आमतौर पर हिंदी में पढ़े-लिखे लोगों से लेकर अनपढ़ लोगों तक गालियों का खूब चलन है। कुछ के लिए आदत है। कुछ के लिए धाक जमाने, रौब गांठने का औजार हैं गालियां। पुलिस वाले तो सरेआम गालियों में ही संप्रेषित करते हैं। गालियों के इस असभ्य संसार को हम तरह-तरह से वैध बनाने की कोशिश भी करते हैं। कायदे से हमें अश्लील भाषा के खिलाफ दृढ़ और अनवरत संघर्ष आरंभ करना चाहिए। यह काम सौंदर्यबोध के साथ-साथ शैक्षिक दृष्टि से भी जरूरी है। इससे हम भावी पीढ़ी को बचा सकेंगे। गालियों के प्रयोग के खिलाफ हमें खुली निर्मम बहस चलानी चाहिए। बगैर बहस के गालियां पीछा छोड़ने वाली नहीं हैं। बहस से ही दिमागी परतों की धुलाई होती है।

गालियां मिथ्या साहस की अभिव्यक्ति हैं। गालियां एक सस्ती, घृणित और नीच अश्लीलता है। गालियां महज यांत्रिक आघात नहीं करतीं। इनसे न तो सेक्सी बिंब उभरते हैं और न कामुक अनुभूतियां ही पैदा होती हैं। सेक्सी गालियां हमारी अरुचिकर और अस्वास्थ्यकर संवेदनशीलता की अभिव्यक्ति हैं। अश्लील गालियां और अश्लील मजाक के जरिये परपीड़न होता है। गंदे किस्से, चुटकुले, चालू अश्लील शब्द मानवीय सौंदर्य की गरिमा को कम करते हैं। मानव इतिहास आदिम शरीर क्रियात्मक मानकों को कूड़े के ढेर पर फेंक चुका है। लेकिन अब भी हमारे अनेक मित्र गालियों की हिमायत कर रहे हैं। इस प्रसंग में प्रसिद्ध रूसी शिक्षाशास्त्री अंतोन माकारेंको याद आ रहे हैं उन्होंने लिखा है, 'पुराने जमाने में शायद गाली-गलौज की गंदी भाषा कमजोर शब्दावली तथा मूक-निरक्षरता के लिए सहायक की तरह अपने ही ढंग से काम आती थी। स्टैंडर्ड गाली की सहायता से आदिम-भावों को अभिव्यक्त किया जा सकता था, जैसे क्रोध, प्रसन्नता, आश्चर्य, निंदा और ईर्ष्या। लेकिन अधिकांशतः यह किसी भी भावना को व्यक्त नहीं करती थी, बल्कि असंबद्ध, मुहावरों और विचारों को जोड़ने के साधन का काम देती थी।'

हमें इस सवाल पर भी सोचना चाहिए कि हिंदी में गालियां कहां से आ रही हैं। गालियों के मामले में हम लोकल और ग्लोबल एक ही साथ होते जा रहे हैं। जाने-अनजाने असभ्यता का विनिमय कर रहे हैं। कुछ लोग भाषा को उग्र या आक्रामक बनाने के लिए गालियों का इस्तेमाल करते हैं। ऐसे लोग यह भूल जाते हैं कि हमारी जनता उग्र और आक्रामक भाषा पसंद नहीं करती। वह इसे असभ्यता मानती है। गालियों से अभिव्यक्ति में पैनापन नहीं आता बल्कि असभ्यता का संचार

होता है। तीक्ष्णता और अभद्रता में हमें अंतर करना चाहिए। हमें बहस-मुबाहिसों में असभ्यता से बचना चाहिए। बहस-मुबाहिसे में यदि असभ्यता आ जाती है तो फिर गालियां स्वतः ही चली आती हैं। हिंदी में स्थिति इतनी बदतर है कि एक नामी साहित्यिक पत्रिका के संपादक आए दिन अपने संपादकीय तेवरों को आक्रामक बनाने के लिए असभ्य भाषा का प्रयोग करते हैं। वे भाषा में तीक्ष्णता पैदा करने के लिए ऐसा करते हैं लेकिन यह मूलतः असभ्यता है। हमें अभिव्यक्ति के लिए तीक्ष्णता का इस्तेमाल करना चाहिए, असभ्य भाषिक प्रयोगों का नहीं। इन जनाब के संपादकीय अनेक मामलों में अधकचरी विद्वता और अक्षम तर्कपूर्ण शैली से भरे होते हैं।

हमें विचारों की तीक्ष्णता और साहित्यिक अभिव्यंजना की अभद्रता के बीच अंतर करना चाहिए। लेखन में गाली का प्रयोग एक ही साथ गलत और सही दिखता है। एक जमाने में महान रूसी लेखक पुश्किन ने तीक्ष्णता और अभद्रता के अंतर का विवेचन करते हुए लिखा था, 'गाली कभी-कभी, निश्चय ही, बिलकुल अनुचित है। जैसे कि आपको नहीं लिखना चाहिए, 'यह हांफता हुआ बूढ़ा, चश्मा लगाए हुए एक बकरा है, एक कमीना झूठा है, बदकार है, बदजात है।' ये व्यक्ति को दी गई गालियां हैं। किंतु अगर आप चाहें तो लिख और छाप सकते हैं कि 'यह साहित्यिक पुराना उपासक (अपने लेखों में) एक निरर्थक बकवासी है, हमेशा दुर्बल, हमेशा उकताने वाला, कष्टकर और बिलकुल अहमक तक है। क्योंकि यहां पर कोई व्यक्ति नहीं एक लेखक है।'

इसी प्रसंग में अंतोन माकारेंको ने लिखा है, 'हमारे देश में गाली-गलौज के शब्दों का 'तकनीकी' महत्व खत्म हो गया है लेकिन भाषा में वे अब भी मौजूद हैं। अब वे मिथ्या साहस को, 'लौह चरित्र' को, निर्णायकत्व, सरलता, सुरुचि के प्रति तिरस्कार को अभिव्यक्त करते हैं। अब वे एक किस्म के ऐसे नखरे हैं, जिनका मकसद सुनने को खुश करना, उनको जीवन के प्रति सुनाने वाले के साहसिक रवैय्ये और पूर्वग्रहहीनता को दर्शाना है।'

साहित्य में गाली के पक्षधरों का मानना है पात्र यदि गाली देते हैं तो हमारे लिए उससे बचना संभव नहीं है। इस प्रसंग में यही कहना है कि गालियां साहित्य नहीं हैं। गालियां जीवन का यथार्थ भी नहीं हैं। गालियां महिलाओं का अपमान हैं और बच्चों के लिए हानिकारक हैं। गालियों के प्रति हमें लापरवाह नहीं होना चाहिए। गालियों को साहित्य में रखकर हम उन्हें दीर्घजीवी बना रहे हैं। उन्हें मूल्यबोध प्रदान कर रहे हैं। विरासत के रूप में गालियां हमारे समाज और संस्कृति की गंभीर क्षति

कर रही हैं। प्रेमचंद ने लिखा है, 'गाली हमारा जातीय स्वभाव हो गई है।' 'गालियों का असर हमारे आचरण पर बहुत खराब पड़ता है। गालियां हमारी बुरी भावनाओं को उभारती हैं और स्वाभिमान व लाज-संकोच की चेतना को दिलों से कम करती हैं जो दूसरी कौमों की निगाहों में ऊंचा उठाने के लिए जरूरी है।'

जब कोई व्यक्ति गालियों का इस्तेमाल करता है तो पढ़ने या सुनने वाला किसी सापेक्ष शब्द को नहीं सुनता बल्कि वह गाली के जरिये उसमें अंतर्निहित सेक्स के अर्थ तक पहुंचता है। इस दुर्भाग्य का मूल सार यह नहीं है कि सेक्स का राज पाठक या श्रोता के सामने खुल जाता है बल्कि यह कि वह राज अपने सबसे ज्यादा कुरूप, मानवद्वेषी तथा अनैतिक रूप में उद्‌घाटित होता है। ऐसे शब्दों का बारंबार होने वाला उच्चारण या लिखित प्रयोग पाठक या श्रोता को सेक्सी मामलों पर अत्यधिक ध्यान देने की, विरूपित दिवास्वप्न देखने की आदत पैदा करता है। इससे लोगों में अस्वास्थ्यकर रुचियों का विकास होता है।

अधिकांश गालियां स्त्रीकेंद्रित हैं और उनके गुप्तांगों को लेकर हैं या उसके विद्रूपों को लेकर हैं। इससे सामाजिक हिंसा में बढ़ोतरी होती है। साथ ही, यह भावना पैदा होती है कि औरत इस्तेमाल की चीज है। अपमानित है। मादा है। आश्चर्यजनक बात है कि हमारे स्कूली पाठ्यक्रमों से लेकर बड़ी कक्षाओं तक गालियों के खिलाफ कोई पाठ नहीं है। सारे देश के बुद्धिजीवी आराम से आए दिन सिलेबस बनाते हैं और पढ़ाते हैं। लेकिन गालियों के बारे में कभी क्लास नहीं लेते। कभी बोलते नहीं हैं। उलटे यह देखा गया है कि जिस बच्चे को डांटना होता है उस पर गालियों की बौछार कर देते हैं।

गालियों का प्रयोग सत्य को स्थगित कर देता है। हम जब गाली देते हैं या गाली लिखते हैं तो उस समय हमारी नजर गाली पर होती है, सत्य पर नहीं, हम गाली में उलझे होते हैं। गालियों के प्रयोग से वर्तमान साफ नजर नहीं आता। गालियों का प्रयोग विचारों और यथार्थ को एक नई भंगिमा में तब्दील कर देता है। एक विलक्षण किस्म के पाठ की सृष्टि करता है। वह अवधारणाओं के अर्थ और यथार्थ के अर्थ को संकुचित करता है। अर्थ संकुचन गालियों की पूर्वशर्त है। यह यथार्थ को उसके स्रोत से काट देता है। जबकि लेखक यही दावा करता है कि वह वास्तविकता दरशाने के लिए गालियों का प्रयोग कर रहा है। गालियों के साहित्यिक प्रयोग को स्वाभाविक अभिव्यक्ति के रूप में ही पेश किया जाता है। जबकि सच इसके एकदम विपरीत है।

गालियों का प्रयोग अर्थविस्तार नहीं करता उलटे अर्थसंकोच करता है। जब

कोई लेखक यथार्थ को गालियों में खींच लाता है तो वह यथार्थ के साथ जुड़े बुनियादी तर्कों से उसे अलग कर देता है। यथार्थ के सत्य और असत्य विकल्पों की संभावनाएं खत्म कर देता है। गालियों का प्रयोग यथार्थ की बहस को वर्तमान काल में ले आता है। अब उसके लिए वर्तमान का जीवंत यथार्थ बेमानी होता है। गालियों का प्रयोग वर्तमान यथार्थ को शरणार्थी बना देता है।

वैसे अधिकांश रचनाओं में एकाधिक अर्थ की संभावनाएं होती हैं लेकिन गाली के प्रयोग वाले अंशों में एक ही अर्थ होता है। एकाधिक अर्थ या भिन्न अर्थ की संभावनाओं को गालियां नष्ट कर देती हैं। गालियों का प्रयोग सामाजिक गैर-बराबरी को बनाए रखता है। सामाजिक हायरार्की को आप इसके प्रयोगों के जरिये अपदस्थ नहीं कर सकते। गालियों में परिवर्द्धन और संवर्द्धन संभव नहीं है वे जैसी बनी थीं वैसी ही चली आ रही हैं। यह सिलसिला सैकड़ों सालों से चला आ रहा है। गालियों के जरिये युगीन विचारों को नहीं पकड़ सकते। हिंदी में जिसे दिल्लगी कहते हैं वह भी गालियां है। प्रेमचंद ने दिल्लगी को गालियों से कुछ कम घृणित माना है। गालियों को उन्होंने 'जातीय कमीनेपन' और 'नामर्दी' का सबूत कहा है। साथ ही, इसे 'जातीय पतन की देन' माना है। उनके ही शब्दों में गालियां 'जातीय पतन दिलों की इज्जत और स्वाभिमान की चेतना को मिटाकर लोगों को बेगैरत और बेशर्म बना देती है।' गालियां अनुभूति की शक्ति मिटा देती हैं।

'स्वत्व' और शिक्षा

नवजागरण के कारण जनता को आंखें मिलती हैं, दुनिया को देखने का नया नजरिया मिलता है, ये आंखें आधुनिक शिक्षा से मिलती हैं। शिक्षा के कारण ही वे समाज को नए रूप में देख पाते हैं। ये वे आंखें हैं जो शिक्षा के जरिये इतिहास देता है। जिनके पास आधुनिक शिक्षारूपी आंखें हैं वे कलाओं को भी भिन्न नजरिये से देखते हैं। इसके कारण नए किस्म के कलाबोध और सौंदर्यबोध का जन्म होता है। साहित्येतिहास, आलोचना, उपन्यास आदि का जन्म होता है। कालांतर में व्यंग्य, निजीपत्र आदि का विधा में रूपांतरण होता है। पहली बार सारी चीजों को पारदर्शी रूप में देखने, घूर-घूरकर देखने की स्थितियां पैदा होती हैं। ये नई परिस्थितियां अपने साथ नए कला और साहित्य नियम भी लेकर आई। इनके कारण नई भाषा भी केंद्र में आई जिसे हम खड़ीबोली हिंदी कहते हैं। रामविलास शर्मा ने जातीय भाषा के रूप में खड़ीबोली हिंदी के विस्तार को आर्थिक आधार से जोड़कर देखा है उन्होंने इसे खास आर्थिक अवस्था की उपज माना है। उनके अनुसार, खड़ीबोली

हिंदी को जातीय भाषा का गौरव इसलिए मिला कि वह प्रमुख व्यापारिक केंद्र (दिल्ली और आसपास) के व्यापारियों की भाषा थी। असल में भाषा का विकास शिक्षा से होता है, बाजार की भूमिका गौण है। जातीयता के संदर्भ में प्रमुख व्यापारिक केंद्र की भाषा मानने के कारण रामविलास शर्मा के यहां शिक्षा की भूमिका गौण हो गई। साहित्य का नया रूप, भाषा और साहित्य के नए सरोकार तब पैदा होते हैं जब आधुनिक शिक्षा ने जन्म लिया। लेखक पहले भी था, खड़ीबोली हिंदी भी पहले थी, विधाएं भी थीं, लेकिन आधुनिक शिक्षा नहीं थी। आधुनिक शिक्षा के बिना आधुनिक समाज नहीं बनता। समाज को आंखें नहीं मिलतीं। बांग्ला नवजागरण के साथ हिंदी नवजागरण की समूची बहस का यह बुनियादी अंतर है।

बांग्ला नवजागरण के लिए आधुनिक शिक्षा महत्वपूर्ण है और आधुनिक शिक्षा की स्थापना और आधुनिक शिक्षा में नई बुलंदियों को पाने की आकांक्षा ने बंगाली मध्य वर्ग को भारत में सबसे आगे बढ़त प्रदान की। यही बात मराठी में है। वहां पर भी शिक्षा को महत्वपूर्ण माना गया लेकिन हिंदी में शिक्षा पर जोर कम रहा और साहित्य पर जोर ज्यादा है। यह अचानक नहीं है कि हिंदी प्रदेश की 19वीं शताब्दी की शिक्षा की अवस्था पर विस्तार से कभी न तो नामवर सिंह ने लिखा और न ही रामविलास शर्मा ने लिखा। आश्चर्यजनक है कि नामवर सिंह ने *हिंदी नवजागरण की समस्याएं* शीर्षक निबंध में आधुनिक शिक्षा का जिक्र तक नहीं किया। वे 1857 से लेकर भारतेंदु तक तमाम विषयों पर बातें करते हैं लेकिन 19वीं शताब्दी की आधुनिक शिक्षा पर कोई बात नहीं करते। जबकि आधुनिक शिक्षा के बिना नवजागरण नहीं होता। आधुनिक शिक्षा के बिना नवजागरण के दायरों को खोल नहीं सकते। सवाल यह है शिक्षा के सवाल की हिंदी आलोचक उपेक्षा क्यों करते हैं? नवजागरणपंथी किसी भी हिंदी आलोचक ने हिंदीभाषी क्षेत्र में 19वीं शताब्दी की शिक्षा का मूल्यांकन क्यों नहीं किया ? आधुनिक साहित्य की परिकल्पना क्या आधुनिक शिक्षा के बिना संभव है। शिक्षा के बगैर नवजागरण की बहस तैयार नहीं होती। सवाल यह है साहित्य और शिक्षा के अंतस्संबंध को किस तरह व्याख्यायित करते हैं ? आधुनिक शिक्षा आने के बाद ही व्यक्ति का विश्व के प्रति सामान्य नजरिया, एटीट्यूट और संस्कार बदलता है। व्यक्ति की सामाजिक भूमिका और परिस्थितियां बदलती हैं।

नवजागरण पर जब भी बात होगी तो शिक्षा के सवालों पर पहले चर्चा होगी। हमें देखना चाहिए कि हिंदी के आलोचक नवजागरण की बात करते समय शिक्षा की दशा पर कितना ध्यान देते हैं। आमतौर पर शिक्षा के सवालों की हिंदी समीक्षकों

ने उपेक्षा की है। आधुनिक शिक्षा के बिना नवजागरण पैदा नहीं होता। आधुनिक शिक्षा की 19वीं शताब्दी में हिंदीभाषी क्षेत्र में क्या स्थिति थी ? कौन लोग थे जो शिक्षा के कार्यों में लगे थे ? शिक्षा के क्षेत्र में नए की नींव किसने रखी ? जो लोग शिक्षा के कार्यों में लगे थे उनके योगदान को नवजागरण संबंधी विमर्श में नामवर सिंह नोटिस क्यों नहीं लेते? मसलन 19वीं शताब्दी में कोलकाता में हिंदीभाषियों में शिक्षा की क्या दशा थी? बनारस में क्या स्थिति थी? हिंदीभाषी प्रांतों में क्या स्थिति थी ? पुराने रजवाड़ों का शिक्षा के प्रति क्या रुख था ? दरभंगा के राजा की आधुनिक शिक्षा के प्रचार-प्रसार में जो भूमिका थी उसकी ओर हमारा ध्यान क्यों नहीं गया ? हिंदीभाषी क्षेत्र में शिक्षा के उन्नयन में जिन महानुभावों की भूमिका है उनके कामों का मूल्यांकन क्यों नहीं किया गया ? मसलन आर्य समाज, दरभंगा नरेश, मदनमोहन मालवीय, सर सैय्यद अहमद खान के कामों को हमने कभी नवजागरण के विमर्श का हिस्सा नहीं बनाया और बंगाल-महाराष्ट्र के नवजागरण के बने-बनाए सांचे को सीधे अनालोचनात्मक ढंग से स्वीकार कर लिया। हिंदी में शिक्षा के कौन सी समस्याएं थीं और इन समस्याओं के समाधान किस तरह निकाले गए, यह क्षेत्र अब भी मूल्यांकन के लिए खुला पड़ा है।

हिंदीभाषी पूंजीपति वर्ग का उदय

नवजागरण के प्रसंग में एक अन्य बड़ी समस्या है हिंदीभाषी पूंजीपति वर्ग और मध्य वर्ग के विकास को देखने की। नामवर सिंह ने हिंदीभाषी पूंजीपति वर्ग और मध्य वर्ग के उदय को देखा ही नहीं है। यही स्थिति रामविलास शर्मा, मुक्तिबोध आदि की भी है। *कामायनी : एक पुनर्विचार* पुस्तक में मुक्तिबोध की समझ है कि हिंदीभाषी क्षेत्र में जमींदारवर्ग की पृष्ठभूमि से मध्य वर्ग का उदय हुआ। यह समझ एकदम सही नहीं है। हिंदीभाषी आधुनिक पूंजीपति वर्ग और मध्यवर्ग का उदय सबसे पहले कोलकाता में होता है। कोलकाता के बड़ा बाजार इलाके में राजस्थान से व्यापार के लिए आए दुकानदारों-व्यापारियों और अफीम की खेती के ठेकेदार व्यवसायियों के बीच से मध्य वर्ग और पूंजीपति वर्ग पैदा हुआ। यह आधुनिक वर्ग था, इसमें आए लोगों की सामंती या जमींदार परिवार वाली सामाजिक पृष्ठभूमि नहीं थी। यह ऐसा समूह था जो साक्षर और शिक्षित भी था और व्यवसायी था। माल के व्यापार के लिए संपदा पैदा करना जानता था। विगत 200 सालों में इस वर्ग ने आधुनिक पूंजीपति वर्ग के रूप में अपनी पहचान बनाई है।

घनश्याम दास बिड़ला और अन्य लोग सामंती पृष्ठभूमि से नहीं आए। जो

सामंती पृष्ठभूमि से मध्य वर्ग या पूंजीपति वर्ग में आए थे उनका कालांतर में लोप हो गया। मसलन भारतेंदु, राजा राममोहन राय, द्वारकानाथ टैगोर वाली सामंती पृष्ठभूमि वाली परंपरा का पूंजीपति वर्ग में रूपांतरण नहीं होता बल्कि जो लोग व्यापार और व्यवसाय की धारा से आए थे और गैर सामंती सामाजिक पृष्ठभूमि के थे उनमें से ही पूंजीपति वर्ग ने जन्म लिया। इस वर्ग के लोगों का कलकत्ते के व्यापार जगत पर आर्थिक वर्चस्व पहले भी था और आज भी है। व्यापार करने वाले वर्ग के अंदर से ही उद्योगपति वर्ग का उदय होता है और इस काम में अंग्रेजों की सहयोगी की भूमिका रही है। व्यापार करके पूंजी कमाने और ज्यादा से ज्यादा पूंजी कमाने की मानसिकता ने हिंदी में पूंजीपति वर्ग को जन्म दिया। इस मामले में हमें राजस्थान से कोलकाता आए व्यापारियों के साहस, बुद्धिकौशल और जोखिम उठाने की भावना की प्रशंसा करनी चाहिए कि उन्होंने अपने परिश्रम और संघर्ष के बल पर निम्न मध्यवर्ग से निकलकर पूंजीपति वर्ग में अपना स्थान बनाया।

उल्लेखनीय है कि 19वीं सदी के तीसरे दशक से लेकर बीसवीं सदी के आरंभिक चार दशकों तक कोलकाता के व्यापारियों का साहित्यकारों और साहित्यिक पत्रकारिता के उत्थान में महत्वपूर्ण योगदान है। हिंदी का समूचा नवजागरण विमर्श इस पक्ष की उपेक्षा करता है। नए सामाजिक वर्ग के रूप में हिंदी में वर्ग, समुदाय और साहित्य के अंतस्संबंध पर विचार करने की जरूरत है। इससे साहित्य, समुदाय और वर्ग के नए संबंध का खुलासा होगा। समुदाय और साहित्य के अंतस्संबंध के प्रसंग में सबसे पहले मिथों को तोड़ना जरूरी है।

हिंदी में मारवाड़ी एक निगेटिव मिथ और समुदाय है। मारवाड़ी को कभी अच्छी नजर से नहीं देखा गया। मारवाड़ी एक समुदाय है। ये वे लोग हैं जो मारवाड़ से आए हैं। मारवाड़ी की पृष्ठभूमि सामंती नहीं है। मारवाड़ियों में जितने भी पूंजीपति पैदा हुए वे पहले व्यापार करते हैं, बाद में उद्योगपति बनते हैं। मारवाड़ी एक ऐसा समुदाय है जिसके 'स्व' को लेखकों ने सकारात्मक नजरिये से नहीं देखा। मजेदार बात है बंगाली जाति के 'स्व' का हिंदी में जिक्र मिलेगा। खासकर छायावाद और रैनेसां के संदर्भ में, लेकिन मारवाड़ी या हिंदीभाषी पूंजीपति के 'स्व' का जिक्र नहीं मिलेगा। मारवाड़ी समुदाय 19वीं शताब्दी में कलकत्ते में था। ये लोग व्यापार करते थे और शिक्षित थे। ये ही हिंदी समाज के प्रतीक भी थे। लेकिन हिंदी साहित्य समीक्षा ने कभी मारवाड़ी समुदाय को समुदाय के रूप में नहीं देखा। हिंदी जाति के विमर्श में भी मारवाड़ी समुदाय की भूमिका का जिक्र करना जरूरी नहीं समझा गया। कलकत्ते के मारवाड़ी समुदाय में से ही 19वीं शताब्दी के आरंभ में मध्य वर्ग और

पूंजीपति वर्ग पैदा होता है। कहने के लिए उस समय बंगाली जाति में पूंजीपति वर्ग था लेकिन कालांतर में बंगाली जाति में पूंजीपति वर्ग का क्षय होता है और यहां पर सिर्फ मध्य वर्ग रह जाता है। यह मध्य वर्ग बेहद सक्रिय और नौकरीपेशा मानसिकता का था। इस वर्ग में अंग्रेज और अंग्रेजीपरस्ती का बोलवाला था वे लोग कम थे जो लोकतंत्र को पसंद करते थे और अंग्रेजपरस्त न थे।

हिंदीभाषी पूंजीपति वर्ग की सामाजिक पृष्ठभूमि सामंती नहीं थी, इसमें शामिल लोग छोटे पेशों, किसानी और व्यवसाय से जुड़े थे। ये ही लोग कालांतर में पूंजीपति के रूप में रूपांतरित होते हैं। इस वर्ग के अग्रणी कतारों में रहने वालों का स्वाधीनता संग्राम में महत्वपूर्ण योगदान भी था। महात्मा गांधी के साथ बिड़ला और बजाज आदि के संबंध जगजाहिर हैं। इस वर्ग की पूंजी और मुनाफों के विस्तार और राजनीति में रुचि है अपनी भाषा, साहित्य आदि में रुचि का अभाव है।

हिंदीभाषी बुर्जुआ वर्ग का हिंदीभाषा और साहित्य से तीन-तेरह का संबंध है। हिंदीभाषी बुर्जुआ वर्ग में दौलत, शानो-शौकत और सामाजिक हैसियत का अहंकार है। वह प्रत्येक काम के लिए दूसरों पर निर्भर है। दूसरों के अनुकरण में गर्व महसूस करता है। दूसरों के अनुग्रह को सम्मान समझता है। वाक्‌चातुर्य से भाव-विह्वल हो जाता है। दूसरों की आंखों में धूल झोंकने की इसमें आदत है। यही इसकी राजनीति का मूलाधार भी है। स्वभाव से हृदयहीन, क्षुद्र, दंभी और निज भाषा और संस्कृति से रहित है। हिंदी बुर्जुआ का व्यक्तित्व बेहद जटिल और संश्लिष्ट है। उसमें सरलता का अभाव है। हिंदी बुर्जुआ की बुद्धि बाल की खाल निकालने में सक्षम है लेकिन बड़ी-बड़ी गांठों को सुलझा नहीं सकती। इस वर्ग में आलस्यमय शांतिप्रियता और स्वार्थमय निष्ठुरता कूट-कूटकर भरी है। इसमें दयावृत्ति और चारित्र्य-बल नहीं है। इस वर्ग ने हिंदीभाषी समाज को ग्राम्यत्व और ग्राम्य बर्बरता से मुक्ति दिलाने का काम नहीं किया। फलतः हिंदीभाषी समाज में भद्र समाज के निर्माण की प्रक्रिया काफी धीमी रही है।

हिंदीसमाज में ग्रामीण आचार-व्यवहार की संकीर्णताएं बनी हुई हैं। इन संकीर्णताओं की ओट में हिंदी में 'लोक' और 'धर्म' का बड़ा महिमा-मंडन हुआ है। धर्म के प्रति इस वर्ग का प्रेम विलक्षण है। वह धर्म पर जितनी आसानी से खर्च करता है, उतनी आसानी से सामाजिक जीवन के विकास कार्यों और संस्कृति पर खर्च नहीं करता। फलतः हिंदीभाषी समाज में पुराने विचारों और सामाजिक नियमों का घेरा ज्यों का त्यों बना हुआ है। इसे हिंदी बुर्जुआ ने कभी चुनौती नहीं दी। धर्मगत भेदबुद्धि के बारे में कभी सवाल नहीं उठाए। इसके कारण जातिभेद और धर्मभेद आज भी बुनियादी

समस्या बने हुए हैं। धर्मभेद ने सांप्रदायिकता को हवा दी और जातिभेद ने जातिप्रथा को पुख्ता बनाया। इन दोनों भेदों को कभी चुनौती नहीं दी गई।

मजेदार बात यह है हिंदी बुर्जुआ ने अबुद्धि की प्रशंसा की है। उसका महिमामंडन किया और बुद्धि और बुद्धिजीवियों को हिकारत की नजर से देखा है। व्यावसायिक पेशेवर ज्ञान को महत्व दिया, साहित्य-कला-संस्कृति और इनसे जुड़े पेशेवर लोगों की उपेक्षा की। बुद्धि के स्थान पर सामाजिक हैसियत को प्रतिष्ठित किया। भगवान की पूजा-उपासना के साथ सामाजिक हैसियत को जोड़ दिया। बुद्धि के स्थान पर सामाजिक हैसियत की प्रतिष्ठित किया। इसके कारण स्वाधीन चेतना का विकास बाधित हुआ। इसके परिणामस्वरूप पर-निर्भरता बढ़ी। इसे हम गुण समझने लगे, जबकि यह दुर्गुण है। इसके कारण हिंदीभाषी समाज में कूपमंडूकता, धर्म, अंध संस्कारों, जड़प्रथाओं, गुरु, ज्योतिषी, पंडित, पुजारी आदि की बाढ़ आ गई। देववाणी, अलौकिक शक्तियां और अंध आज्ञाकारिता का तेजी से प्रसार हुआ है।

आम हिंदीभाषी आस्था में विश्वास करता है, बुद्धि-विवेक मे नहीं। हमारी शिक्षा प्रणाली ने इसे कभी चुनौती नहीं दी। शिक्षित होने के बावजूद हमारे मन में कु-संस्कार, पोंगापंथ और भेद-बुद्धि बनी रहती है। हिंदी में जो शिक्षित हैं, उनमें से अधिकांश पोंगापंथ में मशगूल हैं। वे अपने कुतर्कों से जड़ता और अंधविश्वासों की हिमायत करने में गौरव समझते हैं। वे कुतर्कों के आधार पर अपनी सड़ी-गली मान्यताओं को बचाए रखने में ज्ञानी महसूस करते हैं। वे बुद्धि पर कम और कु-बुद्धि पर ज्यादा विश्वास करते हैं। लेकिन हिंदी में एक छोटा सा समुदाय ऐसा भी है जो बुर्जुआजी के इन लक्षणों से मुक्त भी है।

साहित्य-कला के जरिये इमेज या सामाजिक साख बनाना बुर्जुआजी की आरंभिक तरकीबों में से एक है। लेकिन जब से देश परवर्ती पूंजीवाद में दाखिल हुआ है तब से इस वर्ग ने इमेज प्रमोशन के नए व्यावसायिक तरीके ईजाद किए हैं। पहले वे साहित्य के कार्यक्रमों का सहारा लेते थे, अब वे पेशेवर संस्थानों—अकादमिक संस्थानों और पेशेवर-प्रयोजनमूलक पाठ्यक्रमों के पठन-पाठन की व्यवस्था का सहारा ले रहे हैं।

'स्वत्व' और 'अन्य'

इसी तरह बुर्जुआजी का 'अन्य' के प्रति भी शत्रुतापूर्ण भाव रहा है। आधुनिकता की शुरुआत 'अन्य' या विकल्प के उत्पादन से हुई है। आज 'अन्य' को मारने, हत्या करने, वंचित करने या उसका शोषण करने या सामना करने की जरूरत नहीं

है। उससे घृणा, प्रतिस्पर्धा, प्रेम करने की भी जरूरत नहीं है। आज की चुनौती है कि 'अदर' या 'अन्य' को पैदा किया जाए। अब 'अन्य' पेशन की वस्तु नहीं रह गया बल्कि उत्पादन की वस्तु बन गया है।

'स्वत्व' का सवाल आधुनिकीकरण से जुड़ा है और यह काम आधुनिकता के प्रकल्प के लक्ष्यों को हासिल किए बिना संभव नहीं है। दूसरी ओर पूंजीवाद के बिना आधुनिकता का उदय नहीं होता, व्यक्तिगत मूल्यों और व्यक्तिवाद का उदय नहीं होता, अतः आधुनिकता पर कोई भी बहस पूंजीवाद को दरकिनार करके संभव नहीं है। आधुनिकता मूलतः पूंजीवादी प्रकल्प का हिस्सा है। आधुनिकता के उदय के साथ अन्य या हाशिये के लोगों के सवाल, स्त्री, मुसलमान, आदिवासी आदि के सवाल केंद्र में आते हैं। आधुनिकता इस अर्थ में महत्वपूर्ण है कि वह अन्य को या हाशिये के लोगों के सवालों को केंद्र में ले आती है। हाशिये के लोगों पर प्रतीकात्मक हमले तेज हो जाते हैं। 'अन्य' के भविष्य को लेकर हमारा कोई अनुभव नहीं था, अतः 'अन्य' की हमने 'भिन्न' या 'डिफरेंस' के रूप में खोज की। साहित्य से लेकर मासकल्चर तक अन्य के प्रति हमारे सरोकार शरीर, सेक्स और सामाजिक संबंधों की तलाश में व्यक्त हुए। इसके बहाने हम उसके भवितव्य से पलायन कर गए। हमने उनके शरीर, सेक्स, 'अन्यत्व' को ही भवितव्य बना डाला। शरीर को सेक्स की वस्तु बना दिया। इसी के क्रम में लिंगभेद सामने आया।

प्रत्येक लिंग का अपना शारीरिक वैशिष्ट्य होता है। विशिष्ट मानसिक गठन होता है। उसकी अपनी इच्छाएं होती हैं। इसके कारण अघटित घटनाएं सामने आती हैं जिनमें इच्छा और सेक्स की विचारधारा भी शामिल है। सेक्सुअल डिफरेंस का यूटोपिया, प्रकृति और कानून के आधार पर खड़ा किया गया। किंतु इन दोनों का कोई अर्थ ही नहीं था क्योंकि ये दोनों इच्छाओं को फुसलाते थे। इच्छाओं के बारे में सवाल पैदा नहीं करते थे बल्कि उनसे खेलते थे। ऐसे में दो लिंगों के बीच समानता का सवाल भी कहां उठता है। इनमें परस्पर विनिमय था। प्रत्येक की भिन्नता और अलगाव में विनिमय था। किंतु वैकल्पिकता और 'अन्यत्व' में फुसलाने का तत्व उन्माद की हद तक पहुंच गया। क्योंकि कभी किसी भी लिंग ने अपनी कामुकता को अन्य तक नहीं पहुंचाया है। अतः दूरी तय कर दी गई। 'अन्य' या 'भिन्नता' को स्पर्श ही नहीं किया गया। हमने मर्दानगी के उन्माद को जन्म दिया। कामुकता के पैराडाइम को बदल दिया। बदले हुए पैराडाइम ने नए सिरे से सामान्य और सार्वभौम संदर्भों में 'अन्यत्व' के पैराडाइम को बदला।

उन्माद के दौर में पुरुष के अंदर छिपी नारी की छवि को स्त्री के मन में उतारा।

स्त्री के आदर्श शरीर के रूप में इसको प्रतिष्ठित किया। अब रोमांटिक प्यार स्त्री के दिल को जीतना नहीं था। उसे फुसलाना नहीं था बल्कि उसके अंदर एक यूटोपिया को निर्मित किया गया। आदर्श नारी की छवि पैदा की गई। देवी, दुर्गा, सरस्वती, काली आदि रूपकों के माध्यम से अति-प्राकृतिक छवि निर्मित की गई। हमारे नवजागरण काल में ऐसे लेखन की भरमार है। इसे ही सद्‌भाव के आदर्श रूप में पेश किया। अब ऐसे रूप सामने आए जो प्यार के तत्व से दूर थे। हम यह भी कह सकते हैं कि वे आदर्श से भी दूर थे। इसी के गर्भ से फुसलाने का दोमुंहापन सामने आया। इसके कारण कामुकता के पूरे तंत्र में बदलाव आया। उसका अर्थ और दिशाएं बदल गईं क्योंकि कामुक आकर्षण 'अन्यत्व' से आ रहा था। अन्य के पागलपन ने एक जैसे या तुलनात्मक रूप में समान के रूप में अभिव्यक्ति पाई। अब हम अन्य की नजर से अपने को देखने लगे। स्वयं को अन्य की नजर से देखने का दुष्परिणाम यह हुआ कि हमने 'अन्य' से अपने को अलगा लिया। अब 'अन्य' और 'मैं' में अंतर नहीं रह गया। यही वजह है कि रोमांटिक प्यार और उसके सारे बाई प्रोडक्ट अंततः मौत की शरण लेते हैं। क्योंकि कामुकता अगम्यागमन और भवितव्य को पा लेती है। इसी आधुनिकता के दौर में 'फेमिनिटी' या स्त्रीत्व का जन्म होता है जो स्त्री को 'सुपरफ्लुअस' बना देती है। 'डिफरेंस' का उदय स्वयं में उस दोमुंहेपन से ध्यान हटाने वाली चीज है। बौद्रिलार्द ने लिखा है कि फेमिनिज्म वस्तुतः मर्दानगी का उन्माद भरा कथन है। स्त्रियां जिस उन्माद भरे ढंग से मर्दानगी को देख रही हैं। मर्द भी उन्मादित ढंग से स्त्रियों को देख रहे हैं। फलतः हमें स्त्री के 'अन्यत्व' को भिन्न तरीके से देखना होगा। स्त्रियों के बारे में विकल्पबोध पैदा करना होगा। स्त्री के असली रूप को सामने लाना होगा। वह पुरुष के मन की इच्छित छवि नहीं है बल्कि उसकी अलग दुनिया है। हमें स्त्रियों के अंदर भी विकल्प खोजने होंगे। स्त्री की एक जमाना था। 'अन्य' के रूप में जरूरत थी। सामाजिक उत्पादक के रूप में जरूरत थी। हम यह मानते थे कि स्त्री नहीं होगी तो संसार नहीं बसेगा। किंतु आज स्थितियां दल गई हैं। जिस तरह 'क्लोन' की खोज हुई है। उसमें पैदा करने के लिए स्त्री की जरूरत ही नहीं होगी। स्त्री की सेक्सुअल भूमिका एकदम अप्रासंगिक हो गई है। आज पुनरुत्पादन के लिए सेक्सुअलिटी एकदम अप्रासंगिक हो गई। इस परिघटना ने हमारे समूचे चिंतन में भारी परिवर्तन करने शुरू कर दिए हैं। हमने जिस स्त्री की खोज की थी। अपने अनुकूल ढाला था। वह अब अप्रासंगिक हो गई है। हम यह भी कह सकते हैं कि असली औरत गुम हो गई है। अभी तक हमारे बीच में 'भिन्नता' या 'अन्यत्व' के

जितने भी तर्क थे वे सब बेमानी हो गए हैं। ये सारे तर्क हमने पुरुष संदर्भ और पुरुष के प्रति आक्रोश के क्रम में निर्मित किए थे। बदली हुई स्थितियों में हमें विचारधारा और स्त्रीवाद के सभी वैचारिक सवालों पर नए सिरे से विचार करना होगा। आज स्त्री अपनी वास्तव इमेज को प्रस्तुत नहीं कर पा रही है। हम स्त्री की अनुमानित इमेजों के आधार पर भूमिका तय कर रहे हैं। इसी क्रम में लिंग और मर्दानगी के वैशिष्ट्य पर भी हमें नए ढंग से सोचना होगा। विज्ञान की नई खोजों ने स्त्री के वैशिष्ट्य और भिन्नता को पूरी तरह खत्म कर दिया। अब लिंगभेद समस्या नहीं है। बड़े पैमाने पर कामुक रूपांतरण हो रहा है। मर्दानगी की इच्छाओं के सामने समस्याएं आ खड़ी हुई हैं। यह युग ट्रांससेक्सुअलिज्म का है जबकि हमारे सारे संघर्ष लिंगभेद पर टिके हैं। असली कामुकता और असली 'अदरनेस' का अब लोप होने वाला है। पुरुष के उन्माद और स्त्री के उन्माद के बीच सफलतापूर्वक सम्मिलन हो चुका है। यहां तक कि शरीरों का भी सम्मिलन हो चुका है। आज 'निज' का 'अन्य' में समावेश हो चुका है। 'मैं' और 'अन्य' का भेद खत्म हो चुका है। आज 'अन्यत्व' का कोई भवितव्य हम नहीं जानते। हम इस भवितव्य के बारे में कुछ भी कहने की स्थिति में नहीं हैं।

शरीर, सेक्स, बीमारी, मृत्यु, अस्मिता आदि में निरंतर बदलाव आ रहा है। इस परिवर्तन को लेकर आप कुछ भी नहीं कर सकते। यही भवितव्य है। आज व्यक्ति की इच्छा, लुक, हाव-भाव, इमेज आदि सभी में प्लास्टिक सर्जरी का इस्तेमाल हो रहा है। यदि हमें अपना शरीर पराया लग रहा है। हम इसकी प्लास्टिक सर्जरी करा सकते हैं। संतोष प्राप्त कर सकते हैं। परिवर्तन करा सकते हैं। इसे आइडियल ऑब्जेक्ट बना सकते हैं। चुस्त-दुरुस्त बना सकते हैं। शरीर के प्रति आकर्षण, शरीर की चाह अंततः अन्य का अस्तित्व ही खत्म कर देती है। आज प्रामाणिक संस्कृति की जगह छद्म प्रामाणिकता ने ले ली है। स्वाभाविक संबंधों की जगह 'अन्य' के प्रति कृत्रिम संबंध आ गए हैं। आज सभी अलगाव की बात कर रहे हैं। खासकर 'अन्य' के साथ अलगाव की बातें ज्यादा हो रही हैं। सच यह है कि हमने 'अन्य' पर अलगाव थोपा है। इसके कारण हम 'अन्य' की मौजूदगी के बिना 'अन्य' को पैदा कर लेते हैं। यह सब हम अपनी इमेज और पहचान के आधार पर कर रहे हैं। आज हमारी जो आलोचना हो रही है वह अलगाव के कारण नहीं हो रही। आज हम अपनी इमेज की निंदा कर रहे हैं। सच यह है कि 'अन्य' गुम हो गया है। अलगाव खत्म हो गया है। आभासी जगत में भी अन्य गायब हो गया है। यह सबसे बड़ी दुर्घटना है।

आज प्रत्येक क्षेत्र में प्लास्टिक सर्जरी का साम्राज्य है। आज इसके जरिये सब कुछ बदल सकते हैं। शरीर और चेहरे की प्लास्टिक सर्जरी तो अदरनेस और भवितव्य का एक छोटा पक्ष है। सवाल उठता है कि क्या करें ? देखिए किसी भी किस्म का कामुकता का आंदोलन इसका समाधान नहीं है। कामुकता के प्रति आकर्षण भी इसका समाधान नहीं है। अन्य का अस्वीकार और उसके भवितव्य का अस्वीकार भी इसका समाधान नहीं है। अन्य को फुसलाने से इसकी मुक्ति संभव नहीं है। फुसलाने को मुक्ति समझने की भूल नहीं करनी चाहिए। हमें अपने शरीर, प्रकृति, स्त्रीत्व, अन्यत्व, स्व के प्रति असंतोष को बनाए रखना चाहिए। इस असंतोष में ही आकर्षण है। यहीं से हमारी मुक्ति और परिवर्तन की जंग शुरू होती है।

नामवर सिंह की किताब *जमाने से दो दो हाथ* में एक निबंध है 'मुक्त स्त्री की छद्म छवि'। इसका पहला वाक्य ही नामवर सिंह जैसे महापंडित के लिए अनुपयुक्त है। वैसे पूरी टिप्पणी उनके स्त्री संबंधी अवैज्ञानिक और पुंसवादी सोच का आदर्श नमूना है। नामवर सिंह ने लिखा है, 'स्त्री-पुरुष संबंधों पर हम तीन दायरों में विचार कर सकते हैं—कानून, समाज और परिवार।' वे भूल ही गए स्त्री-पुरुष संबंधों पर इन तीन के आधार पर नहीं, 'लिंग' के आधार पर विचार-विमर्श हुआ है। स्त्री-पुरुष का मूल्यांकन गैर-लिंगीय आधार पर करने से गलत निष्कर्ष निकलेंगे और गलत समझ बनेगी।

कानून में स्त्री-पुरुष संबंधों को लेकर क्या लिखा है यह नामवर सिंह नहीं जानते अथवा जान-बूझकर गलतबयानी कर रहे हैं, कानून में विवाह संबंधी प्रावधान हैं, लेकिन विवाह को कानून ने स्त्री-पुरुष संबंधों का मूलाधार नहीं बनाया है। भारतीय कानून लिंगीय समानता के आधार पर स्त्री-पुरुष संबंधों पर विचार करता है, न कि विवाह के आधार पर। भारतीय कानून लंबे समय तक स्त्री-विरोधी प्रावधानों से भरा था लेकिन विगत 60 सालों में औरतों के संघर्ष ने उसमें स्त्री अधिकारों के प्रति जो असंतुलन था, उसे कम किया है। उसके पुंसवादी रुझान को तोड़ा है। स्त्री-पुरुष संबंध का मतलब शादी का संबंध नहीं है।

स्त्री-पुरुष संबंधों के बारे में नामवर सिंह की समझ मूलतः पुंसवादी है। वे इस टिप्पणी में स्त्री-पुरुष संबंधों को शादी के संबंध में रिड्यूज करके देखते हैं। शादी में भी बहुविवाह या अवैध विवाह में रिड्यूज करके देखते हैं, वे बात शुरू करते हैं स्त्री-पुरुष संबंधों की और अचानक शिफ्ट कर जाते हैं विवाह, बहुविवाह, अवैध संबधों पर और उसमें भी निम्न-मध्यवर्गीय पुंसवादी नैतिकता के नजरिये को व्यक्त करते हैं, विवाह के साथ ही औरतों के बारे में नामवर सिंह की टिप्पणियां पुंसवाद

को अभिव्यक्त करती हैं। नामवर सिंह ने लिखा है, 'यह तो मानना ही होगा कि समलैंगिकता एक अपवाद है, कोई प्रचलन नहीं। वह चाहे पुरुष या स्त्री के बीच हो, पर वह अप्राकृतिक है। साहित्य में इसे इसी रूप में आना चाहिए। कुछ अंग्रेजी लेखक पश्चिम के प्रभाव में इस अपवाद को ग्लोरिफाई करके सस्ती लोकप्रियता बटोरने की कोशिश कर रहे हैं। इस लिहाज से देखा जाए तो मुझे स्त्रियों के अधिकारों को लेकर चल रहे आंदोलनों का उद्देश्य समझ में नहीं आता। कहा जा रहा है कि स्त्रियां चूंकि अब कामकाजी हो गई हैं इसलिए वे उग्रता से अपने अधिकारों की मांग कर रही हैं। पर मुझे कोई यह तो बताए कि स्त्रियां कब कामकाजी नहीं थीं। यह अलग बात है कि पहले वे घरों में काम करती थीं, अब दफ्तरों में करने लगी हैं। पर घरों का काम क्या दफ्तरों के काम से कम था। इससे भी बड़ी बात यह कि क्या घरों में काम करते हुए उनके अधिकार कम थे' (*जमाने से दो दो हाथ*, पृ. 123)।

नामवर सिंह जैसे प्रगतिशील विद्वान की उपरोक्त टिप्पणी स्वयं में इस बात का प्रमाण है कि उन्हें सेक्स, परिवार और स्त्री के बारे में कितना कम और कितना गलत पता है। वरना कोई व्यक्ति इस तरह की टिप्पणी कैसे कर सकता है, 'क्या घरों में काम करते हुए उनके अधिकार क्या कम थे।' सच यह है कि आज भी घरों में औरतों के साथ दोयम दर्जे से भी बदतर व्यवहार किया जाता है। हमारे घरों में औरतें आज भी अधिकारहीन हैं। इस बात को नामवर सिंह जानते हैं। औरतों के पास आज की तुलना में पहले भी घरों में अधिकार शून्य के बराबर थे, यदि ऐसा न होता तो औरतों को अपने अधिकारों के लिए संघर्ष ही नहीं करना पड़ता। घर वस्तुतः औरत का कैदखाना है। यदि नामवर सिंह के अनुसार औरतों के पास पहले अधिकार थे तो बताएं वह कौन सा जमाना था जब अधिकार थे ? औरत अधिकारहीन थी, असमानता की शिकार थी, और आज भी है। यही वजह है कि आधुनिक काल में औरत के अधिकारों, महिला संगठनों और संघर्षों का जन्म हुआ। इसी तरह समलैंगिकता पर भी नामवर सिंह अवैज्ञानिक बातें कह रहे हैं। समलैंगिकता स्वाभाविक आनंद है, मित्रता है। यह वैज्ञानिक सच है कि समलैंगिकता अस्वाभाविक नहीं है वरना इस्मत चुगताई 'लिहाफ' जैसी महान समलैंगिक कहानी न लिखतीं। हिंदी में आशा सहाय *एकाकिनी* जैसा महान समलैंगिक उपन्यास नहीं लिख पातीं।

नामवर सिंह की महिला आंदोलन के बारे में भ्रांत धारणा है। उनका मानना है कि महिला आंदोलन का सामाजिक परिणाम है पति-पत्नी में तलाक। महिला आंदोलन पर चलताऊ ढंग से नामवर सिंह ने लिखा है, 'इन आंदोलनों की खास बात यह

थी कि पुरुषों ने स्त्रियों के अधिकारों के लिए लड़ाई लड़ी। बाद में गांधी के असहयोग आंदोलन और मार्क्सवाद से प्रेरित समाजवादी आंदोलनों में स्त्रियों की महत्वपूर्ण भूमिका रही। यहां एक बात और कहना चाहूंगा कि पश्चिमी समाज में ऐसे आंदोलनों के अंततः क्या परिणाम निकले ? वहां हमारे समाज से अधिक तलाक होते हैं। और खासकर संबंधों के मामले में वहां स्त्रियों का हमारे समाज से कहीं अधिक शोषण होता है। साहित्य में ये सब बातें प्रतिबिंबित होती रही हैं। भारतीय साहित्य में स्त्री को हमेशा ही एक सम्मानित दर्जा दिया गया है। पति-पत्नी की मर्यादा का सभी लेखक निर्वाह करते आए हैं। निजी जीवन में कैसी भी स्थिति हो परंतु साहित्य में उन्होंने पत्नी की गरिमा का ध्यान रखा है' (उपरोक्त, पृ. 123-124)।

नामवर सिंह के अनुसार महिला आंदोलन की परिणति क्या है ? तलाक। साथ ही वे महिला आंदोलन की स्वतंत्र भूमिका और विकास को नहीं देखते बल्कि मर्दों के संघर्ष का हिस्सा मानते हैं। सच यह है कि महिला आंदोलन का परिप्रेक्ष्य और मर्दों के द्वारा संचालित नवजागरण और समाजवादी आंदोलन के परिप्रेक्ष्य और सवालों में बुनियादी फर्क है। दूसरी महत्वपूर्ण भूल यह कि स्त्री का भारतीय परिवार में पश्चिम की तुलना में कम शोषण होता है। यह बात तथ्य और सत्य दोनों ही दृष्टियों से गलत है। इस बयान में भारतीय साहित्य में स्त्री के प्रति जिस रवैय्ये की बात कही गई है, वह गलत है। भारतीय साहित्य की मूलधारा पुंसवादी है, वहां स्त्री का पुंसवादी परिप्रेक्ष्य में व्यापक चित्रण हुआ है। साहित्य में स्त्री साहित्य की भयानक उपेक्षा हुई है। स्त्री के पुंसवादी चित्रण जैसे पति-पत्नी की मर्यादा के पुंसवादी चित्रण को नामवर सिंह आदर्श चित्रण मानते हैं। स्त्री के प्रति पुंसवादी नजरिये और स्त्री नजरिये में वे अंतर नहीं करते।

नामवर सिंह का स्त्री के प्रति क्या नजरिया है, इसे समझने के लिए *सम्मुख* (2012) नामक किताब में संकलित साक्षात्कार से मदद मिल सकती है। यह साक्षात्कार *वागर्थ* के नवंबर-दिसंबर 2002 अंक में 'स्त्री-विमर्श के प्रश्न' शीर्षक से प्रकाशित हुआ था और यह साक्षात्कार अनामिका ने लिया था। मैंने नामवरजी को जितना करीब से देखा है और उनके लिखे को जितना समझ पाया हूं उसके आधार पर मेरी निजी राय है कि वे पुंसवादी नजरिये से देखते हैं। इस साक्षात्कार को पढ़ने के बाद मेरी धारणा फिर से पुष्ट हुई।

नामवरजी ने इस साक्षात्कार में कहा, 'मैं आज पहली बार स्त्री के बारे में बात कर रहा हूं' (आशीष त्रिपाठी, सं., *सम्मुख*, 2012, राजकमल, नई दिल्ली, पृ. 193)। यानी एक आलोचक को स्त्री के बारे में बात करने का अपनी जिंदगी

के आखिरी चरण में मौका मिला! इस साक्षात्कार में उन्होंने स्त्री के लेखन पर कोई राय जाहिर नहीं की। प्राचीनकालीन, मध्यकालीन, आधुनिककालीन किसी भी हिंदी लेखिका के लिखे पर एक वाक्य नहीं कहा। इसके विपरीत पुरुष लेखकों के प्राचीनकालीन लेखन से लेकर आधुनिककालीन लेखन पर अपनी राय जरूर दी। 11 पन्ने के साक्षात्कार में आरंभ से अंत तक पुरुष लेखक छाए हुए हैं। आश्चर्य की बात यह है कि स्त्री के लिखे पर अनामिका ने सवाल दागे लेकिन जवाब नहीं आया! इससे साफ है कि नामवरजी स्त्री के लिखे को जानते हुए भी विश्लेषित नहीं कर रहे। स्त्री के लिखे की अनुपस्थिति और पुरुष के लिखे की उपस्थिति उनके पुंसवादी नजरिये का आदर्श प्रमाण है। नामवरजी औरतों के लिखे को जानते हैं, फिर यह अनुपस्थिति क्यों ? स्त्री के लिखे को छिपाना, उस पर पर्दा रखना और पुरुषों के लिखे पर जोर देना पुंसवादी नजरिये का आदर्श प्रतीक है।

दिलचस्प बात यह है कि नामवरजी पूरे साक्षात्कार में स्त्री हमदर्द की तरह अपने को पेश करते हैं। औरतें इस हमदर्द भाव को समझती हैं और इस भाव के पीछे कार्यरत चालाकियों और आलोचना-खेल को बखूबी जानती हैं। हास्यास्पद बात यह है साक्षात्कार के अंत में नामवरजी कहते हैं, मैं 'स्त्री विमर्श को गंभीरता से लेता हूं' (*सम्मुख,* पृ. 203)। स्त्री को आशीर्वचनों से सख्त नफरत है। पुरुषों के आशीर्वचन स्त्री को उद्‌घाटित नहीं करते। नामवरजी ने आधे-अधूरे ढंग से आधुनिक स्त्री साहित्य पर जो कहा है वह भी चिंता पैदा करता है, कहा है, 'हिंदी साहित्य के आधुनिक इतिहास पर दृष्टिपात करें तो बांग्ला, मराठी, मलयाली आदि कुछ अन्य भारतीय भाषाओं की तुलना में हिंदी का स्त्री-लेखन अपर्याप्त दिखाई देता है। उदाहरणार्थ, अन्य भाषाओं में जहां उन्नीसवीं शती से स्त्रियों द्वारा लिखे आत्मचरित प्रचुर मिलते हैं—हिंदी साहित्य में नहीं के बराबर हैं। ऐसा लगता है—हिंदी साहित्य में स्त्री बेआवाज थी और उसे मुंह खोलने का मौका नहीं मिला था। इसका संबंध कुछ तो हिंदी प्रदेश के सांस्कृतिक पुनर्जागरण की अपर्याप्तता से भी है' (*सम्मुख,* पृ. 200-201)। नामवरजी का यह विश्लेषण तथ्यों से कोसों दूर है और इससे यह पता चलता है कि नामवरजी ने स्त्री साहित्य नहीं पढ़ा है या जानबूझकर असत्य बोल रहे हैं। यह सही है कि 19वीं शती में हिंदी में स्त्री आत्मकथाएं नहीं मिलतीं, लेकिन औरतों का अन्य विधाओं में लिखा हुआ साहित्य उपलब्ध है। वह उनको क्यों नजर नहीं आता ? मैंने अपनी किताब *स्त्रीवादी साहित्य विमर्श* में हिंदी और संस्कृत के स्त्री साहित्य की विस्तृत पड़ताल की है। चाहें तो नामवरजी देख सकते हैं। कहने का तात्पर्य यह कि नामवरजी औरत पर जब बोलते हैं तो अप्रामाणिक

ढंग से बोलते हैं, इससे स्त्री लेखन के बारे में विभ्रम पैदा होता है। उल्लेखनीय है कि आत्मकथा को लेकर नामवरजी का दलितों के संदर्भ में जो रवैय्या है, वही रवैय्या वे स्त्री के संदर्भ में नहीं अपनाते। हिंदी की लेखिकाएं कविता के क्षेत्र में बहुत विकसित साहित्य चेतना रखती हैं और इसके कारण उनमें साहित्य बोध की जड़ें सैकड़ों साल पुरानी हैं। आत्मकथात्मक लेखन तो लेखन की आरंभिक दशा का द्योतक है। नामवरजी ने दलित साहित्य के प्रसंग स्वयं कहा है 'दलित साहित्य अभी आरंभिक स्थिति में है। आरंभिक स्थिति में स्वानुभूति का ही लेखन होता है। हालांकि यह बहुत कठिन है। मैं आत्मकथात्मक लेखन कह रहा हूं, आत्मकथा जिसका अंश है' (*सम्मुख*, पृ. 186-87)।

नामवर सिंह और साहित्य की कसौटियां

मार्क्स से एक बार एक पत्रकार ने पूछा था कि मार्क्सवाद क्या है ? तो मार्क्स ने कहा यह स्वयं के खिलाफ संघर्ष है। तकरीबन इससे मिलती-जुलती बात देरिदां ने अपने अंतिम साक्षात्कार में कही कि 'मैं स्वयं के खिलाफ युद्धरत हूं।' यह बात उन्होंने जिस समय कही उस समय वे गंभीर शारीरिक कष्टों और बीमारियों से जूझ रहे थे। तकरीबन यही नजरिया हिंदी आलोचक नामवर सिंह का है। वे निरंतर अपने कहे से संघर्ष करते रहे हैं।

पिछले दिनों उनको दिल्ली के इंडिया इंटरनेशनल सेंटर में सुनने का मौका मिला। ज्ञानपीठ द्वारा आयोजित 'वाक्' नामक कार्यक्रम में उन्होंने कई महत्वपूर्ण बातें कही जिनसे उनके अंदर की छटपटाहट का अंदाजा लगाया जा सकता है। उनकी पहली गंभीर आलोचना तो यह थी कि उनसे लोग तीखे आलोचनात्मक सवाल नहीं पूछते, विश्वनाथ त्रिपाठी ने बातचीत की जो पृष्ठभूमि तैयार की थी उसकी आलोचना करते हुए उन्होंने कहा कि आपने जिस तरह पूछा है उससे तो सारी बातचीत संस्मरणात्मक होकर रह जाएगी, जबकि मैं चाहता हूं कि लोग आलोचनात्मक सवाल करें। लेकिन जैसाकि होता रहा है उनसे किसी ने आलोचनात्मक सवाल नहीं पूछा। आमतौर पर नामवर सिंह स्वयं के प्रति बेहद क्रिटिकल रहते हैं और श्रोता लोग भक्ति भाव में डूबे रहते हैं। यह जटिल स्थिति है कि आलोचक तो क्रिटिकल है लेकिन जनता नहीं। इससे एक बात का अंदाजा लगता है कि आलोचना परिवेश का क्षय हुआ है।

आलोचना परिवेश के क्षय में आलोचकों, लेखकों और हिंदी विभागों के पठन-पाठन की महत्वपूर्ण भूमिका रही है। नामवरजी ने इसी कार्यक्रम में यह कहा भी कि हमने विभागों में सर्जनात्मकता का विकास नहीं किया। कविता, कहानी आदि रचनात्मक विधाओं के लेखक तैयार नहीं किए। पी-एच.डी. के पोथे लिखने वाले

तैयार किए। इससे सर्जनात्मकता का विकास नहीं हुआ।

समस्या यह है कि स्वयं नामवरजी जब पढ़ाते थे तो उनका सर्जनात्मक प्रतिभाओं के प्रति द्वेषपूर्ण राजनीतिक रुख क्यों था ? वे निजी तौर पर सर्जनात्मक किस्म के मेधावी छात्रों को बढ़ावा देने के बजाय गैर-सर्जनात्मक छात्रों को बढ़ावा क्यों देते रहे ? मसलन, मनमोहन, असद जैदी, उदय प्रकाश, कुलदीप कुमार आदि को बढ़ावा देने के बजाय उनका गैर-रचनात्मक किस्म के छात्रों की ओर झुकाव क्यों रहा ?

नामवरजी के कई मन हैं। कई नजरिये हैं। सवाल यह है कि एक आलोचक को क्या कई मन रखने चाहिए ? यदि किसी आलोचक के पास कई मन हैं तो इसका अर्थ है कि उसका मन अवसरवादी है। नामवरजी कभी गंभीर आत्मालोचना क्यों नहीं करते ? उनके आलोचनात्मक विवेक और जीवन विवेक में व्यापक अंतराल है। इस अंतराल को वे मुंह देखी प्रशंसा से भरते रहे हैं। मुंह देखी प्रशंसा को आलोचना नहीं कहते। नामवरजी ने बड़े ही तरीके से इस कार्यक्रम में बताया कि वे कैसे पढ़े, उन्होंने किससे भाषा सीखी, किनका उनके ऊपर असर था, साथ ही, बेबाकी के साथ यह भी बताया कि किस तरह उन्होंने तीन सप्ताह के अंदर भारत भूषण अग्रवाल के कहने पर *कविता के नए प्रतिमान* किताब लिखी, जिसे बाद में साहित्य अकादमी से पुरस्कृत किया गया। उन्होंने साफ कहा कि यह किताब तो मैंने साहित्य अकादमी पुरस्कार के लिए लिखी थी। यह किताब पांडित्यपूर्ण ज्यादा है और इसमें आलोचना कम है। यह भी कहा कि मैं तो मांग पर बोलता रहा हूं। जैसी मांग होती है वैसा ही बोलता हूं।

नामवरजी की इस घटना से मुझे यह सवाल उठाने की इच्छा हो रही है कि हम कैसे जिएं ? और किस तरह जीते रहे हैं ? हर लेखक को इन दोनों सवालों को अपने तरीके से खोलना चाहिए। नामवरजी कैसे जीएं ? सवाल का हल कैसे निकाला इसका उत्तर उनके लंबे दैनंदिन जीवन में फैला हुआ है जिसमें अनेक बातें हैं जिनसे सीखने की जरूरत है मसलन भाषा पर उनका जो अधिकार है वह चीज सीखने की है। वे बेहतर हिंदी गद्य लिखते और बोलते हैं। उदात्त, उत्तेजक और मधुर काव्यात्मक गद्य के उन्होंने बेहतरीन मानक बनाए हैं। इसके अलावा व्यक्तिगत जीवन में वे भ्रष्ट नहीं हैं। उनके ऊपर पक्षपात और आत्मगत फैसले लेने के आरोप लगते रहे हैं और हो सकता है, इनमें से कई फैसले गलत रहे हों लेकिन वे निजी तौर पर भ्रष्ट नहीं हैं। ज्ञान को पढ़कर हासिल करना और अपडेट रखना उनकी महत्वपूर्ण विशेषता है। इसके अलावा उनकी जीवनशैली संगठित और सुनियोजित है। इसमें सुबह चार बजे उठना, पढ़ना और टहलना नियमित कार्य

हैं। कोई भी घर आए तो आने देना कोई भी बुलाए तो उसके कार्यक्रम में जाना यह उनकी मिलनसारिता के गुण हैं। वे निजीतौर पर कभी किसी से खराब नहीं बोलते चाहे वह जितना ही खराब बोले। व्यवहार में उदात्तता को नामवरजी ने जिस तरह ढाला है, वह सीखने लायक चीज है। नामवरजी के जीवन की धुरी उदात्त व्यवहार और उदार मूल्य हैं। उनके व्यवहार में गांव के किसान का बोध है, महानगरीय जीवन की ध्वनियां हैं और बातें करेंगे तो इसमें ग्लोबल नागरिक का विश्वबोध भी है। वे लोकल और ग्लोबल एक ही साथ नजर आते हैं। पहनावे और जीवनशैली में लोकल और नजरिये में ग्लोबल। नामवरजी के आसपास या दूर रहने वाले लोग यह सोचते हैं कि वे अपने छात्रों को रचते रहे हैं, बनाते रहे हैं, लेकिन सच यह नहीं है। नामवरजी ने किसी को नहीं बनाया। निर्मित करना उनकी पद्धति और नजरिये का अंग कभी नहीं रहा। यह बात मैं इसलिए उठा रहा हूं कि अनेक लोग यह सवाल उठाते रहे हैं कि नामवरजी ने क्या निर्मित करके दिया ? कैसा विभाग दिया ? कितने मेधावी तैयार किए?

असल में, नामवरजी ने हमें यह बताया कि कैसे जिएं। इससे यह निष्कर्ष न निकालें कि वे निर्मित करते रहे हैं। किताब कैसे पढ़ें? किताबों और जीवन के विविध आयामों से जुड़े सवालों को कैसे देखें ? यह उनकी अकादमिक शिक्षा का हिस्सा है। लेकिन इसका अर्थ यह नहीं है कि वे बंदे तैयार करते रहे हैं। एक अच्छे शिक्षक का काम है बताना, समझाना, न कि निर्मित करना। परिवार, परंपरा, साहित्य, कला, राज्य, पति-पत्नी संबंध, प्रेम, राजनीति आदि के विभिन्न जटिल पक्षों को वे विभिन्न बहानों के जरिये छात्रों के सामने रखते रहे हैं। इसमें ही जीवन जीने की कला के सूत्र भी देते रहे हैं यानी कैसे जीएं के मंत्र बताते रहे हैं।

इस समूची प्रक्रिया में सवाल यह भी उठा कि हम ज्ञान के लिए जी रहे हैं या सामाजिक जिम्मेदारियों को पूरा करने के लिए जी रहे हैं? किसके लिए पढ़ रहे हैं? ज्ञानार्जन के लिए या समाज को बदलने के लिए ? नामवरजी का एक ही उत्तर होता था कि शिक्षा का लक्ष्य है सामाजिक परिवर्तन, न कि ज्ञानार्जन। कैसे जिएं और कैसे मरें, यह कला हमें सामाजिक परिवर्तन की प्रक्रिया में शामिल होकर सीखनी चाहिए।

नामवरजी पर बातें करते समय उनके आलोचक और बागी भाव की खूब बातें होती हैं लेकिन जो बात उनकी रचना से लेकर व्यवहार तक फैली है और जिसका जिक्र नहीं होता वह है उनका मानवाधिकारवादी नजरिया।

नामवरजी स्वभाव से मानवाधिकारों के कट्टर पक्षधर हैं और मैंने अनेक बार

उनको बहुत करीब से जानने और समझने की कोशिश की है तो पाया है कि मानवाधिकार के परिप्रेक्ष्य में रहने के कारण वे अनेक बार अपनी विचारधारा का, मार्क्सवाद का भी अतिक्रमण कर जाते हैं। आपातकाल की चूक के अलावा वे समूचे जीवनकाल में मानवाधिकारों के पक्ष में बोलते और लिखते रहे। उनकी समीक्षा को मार्क्सवाद की कसौटी पर कसने के बजाय मानवाधिकार के पैमानों पर देखा जाए तो ज्यादा बेहतर परिणाम सामने आ सकते हैं। वे जीवन की निरंतरता को साहित्य की निरंतरता में खोजते हैं, जिसे वे परंपराओं की खोज कहते हैं। उनका मानना है कि भारत में एक नहीं अनेक परंपराएं हैं। परंपरा की खोज का अर्थ मृत तत्वों की खोज करना नहीं है बल्कि जीवंत तत्वों की खोज करना है यही वह बिंदु है जहां से वे जीवंत के साथ जुड़ने का नजरिया देते हैं। जीवन जीने की कला का एक नया मंत्र देते हैं कि जीना है तो जीवंत रहो और जीवंत से जुड़ो। यही जीवंतता असल में आलोचना में मानवाधिकार है। हमने कभी गंभीरता के साथ मानवाधिकार के परिप्रेक्ष्य के आधार पर धारणाएं बनाने या समीक्षा का मूल्यांकन करने का प्रयास नहीं किया। हम हमेशा तयशुदा धारणाओं में सोचते रहे हैं इससे आलोचना की क्षति हुई है।

नामवरजी का बागी भाव मंच पर बहुत अपील करता है और इस बागी भाव को अनेक लोग मार्क्सवादी भाव समझते हैं। नामवरजी के मंचीय बागी भाव का मार्क्सवाद से कोई लेना-देना नहीं है। यह अनेक बार नॉस्टेल्जिया के रूप में आता है। वक्तृता में नॉस्टेल्जिया जब भी आता है तो बागी होकर ही आता है। बागी भाव में वे जब भी बोलते हैं तो भिन्न रंग में नजर आते हैं, कोई न कोई समस्या उनको अंदर से उद्वेलित करती है और इसके समाधान को वे बागी भावबोध में खोजने की कोशिश करते हैं। इसके चलते वे अपने ही नजरिये से मुठभेड़ करते नजर आते हैं। सभी लोग यही शिकायत करते हैं इस बार नामवरजी ने अपनी पुरानी बात का खंडन कर डाला या जो लिखा है उसकी ही आलोचना कर दी।

नामवरजी के बागी का नॉस्टेल्जिया अंततः स्वयं उनके ही खिलाफ ले जाता है क्योंकि वे समस्या विशेष से परेशान रहते हैं और यही परेशानी उनको बार -बार बागी बनाती है, नॉस्टेल्जिक बनाती है, परंपरा की ओर ले जाती है। वे जीवंत तत्वों की खोज करते हैं और इस क्रम में अपने को प्रासंगिक बनाते हैं, मंचों पर अपनी मांग बनाए रखते हैं, हर खेमे में मांग बनाए रखते हैं। यह उनके मंचीय तौर पर जिंदा बने रहने का मंत्र है। नामवरजी जब मंच पर होते हैं तो मंच पर होने से ज्यादा मंच के बाद याद किए जाएं इसमें उनकी दिलचस्पी ज्यादा होती है। अनेक

वक्ता मंच पर ही अप्रासंगिक हो जाते हैं लेकिन नामवरजी के साथ ऐसा नहीं हैं वे मंच पर बोलते हुए तो प्रासंगिक रहते हैं उनके भाषणों को लोग बाद में भी याद रखते हैं, उद्धृत करते हैं और अब तो अनेक किताबें बाजार में हैं, जिनमें उनके भाषण हैं। इनमें प्रासंगिक विचार भरे पड़े हैं। इन विचारों की बुनियाद है जीवंतता। नामवरजी के विचारों को हमें परंपरागत प्रतिबद्धता के दायरे के बाहर रखकर देखना होगा। वे बहुलतावादी प्रतिबद्धता को अभिव्यंजित करते हैं। वे महज पार्टी प्रतिबद्धता या वर्गीय प्रतिबद्धता के आधार पर समझ में नहीं आ सकते। बहुलतावादी प्रतिबद्धता का दायरा व्यापक है और इसमें विभिन्न विचारधाराओं के लिए जगह है। नामवरजी ने वर्गीय प्रतिबद्धता से बहुलतावादी प्रतिबद्धता के दायरे में कब प्रवेश किया इसका सही से वर्ष बताना मुश्किल है लेकिन वे आजादी के बाद क्रमशः इस दिशा में सचेत रूप से शिफ्ट करते हैं और यह बहुलतावाद उनके वैचारिक नजरिये को भी प्रभावित करता है जिसके कारण वे कम्युनिस्ट पार्टी से बाहर निकल आते हैं। नामवरजी की प्रतिबद्धताएं वर्ग से निकलकर बहुलतावादी संरचनाओं की ओर चली जाती हैं और वे विगत छह दशकों से इसे समृद्ध कर रहे हैं। *कविता के नए प्रतिमान* असल में बहुलतावादी नजरिये की ही अभिव्यक्ति है। वहां सलीके से अंतर्विषयवर्ती पद्धति का वे समीक्षा की धारणाओं लिए इस्तेमाल करते हैं। नामवरजी के नजरिये में 'मैं' और 'सामाजिक' का द्वंद्व है। इसमें उनका 'मैं' हारा है, और 'सामाजिक' जीता है। नामवरजी ने 'आत्म-संरक्षण' की कभी कोशिश नहीं की। उनका 'मैं' बार-बार पदों पर ठेलता है लेकिन 'सामाजिक' हमेशा बाहर खींचता है। इसमें कई बार उनका 'मैं' जीता है, और 'सामाजिक' हारा है।

नामवरजी के लिए भाषण अंतहीन क्रांति है। वे लगातार भाषण देते रहे हैं। भाषण देने को न मिले तो बेचैन रहते हैं, दो दिन के बाद यदि उनके बयान पर चर्चा बंद हो जाए तो उद्विग्न हो जाते हैं, नए मंच की तलाश में वे अपनी अंतहीन भाषण क्रांति को साकार करते रहे हैं। नामवरजी के लिए तो भाषण ही क्रांति है। वे मंच के अनुकूल और दर्शकों के अनुकूल बोलने की कला में दक्ष हैं। वे बोलते समय किसी एक घटना विशेष को आधार बनाकर नई से नई धारणा का प्रतिपादन करने में समर्थ हैं। इसके आधार पर वे हर किस्म के दर्शकों का मन जीतने में सफल रहे हैं। वे इस तरह दर्शकों को तो आकर्षित कर लेते हैं लेकिन शिक्षित नहीं कर पाते। क्योंकि श्रोता जानते हैं कि नामवरजी किस स्कीम के तहत बोल रहे हैं। फलतः औसत श्रोता को वे अपील करते हैं लेकिन गंभीर श्रोताओं को निराश करते हैं।

नामवरजी के लिए साहित्य की कसौटियों के सवाल हमेशा महत्वपूर्ण रहे हैं अतः कसौटियों पर बृहत्तर परिप्रेक्ष्य में विचार करने की जरूरत है। गौर करें तो इन दिनों हर लेखक अपनी विचारधारा को वैध मानकर चल रहा है। वैधता की कसौटी पर हर लेखक की विचारधारा जरूरी नहीं है कि खरी उतरे। जिस तरह प्रत्येक लेखक वैध नहीं हो सकता, उसी तरह प्रत्येक विचारधारा भी वैध नहीं हो सकती। कायदे से हमें वैधता की कसौटियां खोजनी होंगी।

साहित्य में वैधता की कसौटियां बदलती रही हैं। कल तक समाजवाद की कसौटी वैध थी लेकिन आज वैध नहीं लगती। 13वीं सदी से लेकर 18वीं सदी तक अनेक सामंती कसौटियां वैध लगती थीं लेकिन 19वीं सदी आने के साथ सामंती कसौटियां वैध नहीं रह गईं। 19वीं सदी में पूंजीवादी कसौटियां वैध लगने लगीं। यही हाल समाजवादी कसौटियों का है बीसवीं सदी के आठवें दशक तक समाजवादी कसौटियां वैध थीं, कालांतर में वे ही कसौटियां अवैध लगने लगीं। इसी तरह साहित्य में हमने लंबे समय तक भारतेंदु साहित्य के आधार पर साहित्यिक कसौटियां बनाईं लेकिन छायावाद के दौर में वे अप्रासंगिक लगने लगीं। यहां तक कि साहित्य की अवधारणा भी बदल गई। इसी तरह प्रगतिवाद के दौर में साहित्य की नई कसौटियां सामने आईं और स्वयं छायावादी लेखकों ने अपनी बनाई कसौटियों को छोड़ दिया और प्रगतिवाद की कसौटियों को अपना लिया। जिन लेखकों ने प्रगतिशील आंदोलन में सक्रिय भूमिका निभाई उनको चंद वर्षों में प्रगतिवाद की कसौटियां अप्रासंगिक लगने लगीं और आधुनिकतावादी कसौटियां वैध लगने लगीं। कसौटियों में निरंतर आए बदलाव बताते हैं कि कसौटियां बदलती रही हैं। कसौटियां जड़ नहीं होतीं। लेकिन लेखकों का एक वर्ग ऐसा भी है जो कसौटियों को बदलना नहीं चाहता। मसलन अनेक प्रगतिशील लेखक आज भी समाज और साहित्य को समाजवाद की कसौटियों के आधार पर देख रहे हैं। जबकि जिन देशों के समाजवादी प्रयोगों से ये लेखक प्रभावित हैं उन देशों में समाजवाद का अंत हो चुका है। यही हाल भूमंडलीकरण के गर्भ से उपजी साहित्यिक कसौटियों का है। भूमंडलीकरण के गर्भ से उपजी कसौटियां हाशिये पर जा चुकी हैं।

कसौटियों को शाश्वत मानना रीतिवाद है। हमारे लेखक की मनोदशा यह है कि वह एक बार किसी कसौटी को अपना लेता है तो उससे सारी जिंदगी बंधा रहता है। लेखक की मनोदशा ऐसी क्यों है कि वह कसौटियां नहीं बदलता ? कसौटियों का पुनर्मूल्यांकन नहीं करता ? साहित्य में कसौटियों का बार-बार मूल्यांकन करने की जरूरत है। कुछ खास पसंदीदा मूल्यांकनों के जरिये हम कसौटियों के

बदलने की प्रक्रिया को समझ ही नहीं सकते। प्रत्येक कसौटी और विचार के पुनर्मूल्यांकन की जरूरत हमेशा बनी रहती है। पुनर्मूल्यांकन ही कसौटियों को वैध बनाता है। कसौटी की वैधता पर विचार करते समय हमें रूपांतरण के बिंदुओं पर नजर रखनी होगी। स्थिर मूल्यबोध के दायरे के बाहर निकलना होगा। वैधता के सवालों पर बात करते समय हमें मूल्यों के विवेकवादी विमर्श को सामने लाने की जरूरत है। हमने इन दिनों आमफहम बातचीत या स्टीरियोटाइप विमर्श या तर्कों को ही ज्ञान विमर्श बना लिया है और विचारों की गतिशीलता और विवेकवाद को ठंडे बस्ते में डाल दिया है। मूल्यों के नाम पर जो भी विमर्श आ रहा है राजनीतिक अर्थशास्त्र के साथ यांत्रिक संबंध बनाकर आ रहा है। चूंकि यह दौर नव्य आर्थिक नीतियों का है तो बिना विवेकवादी पड़ताल किए यांत्रिक ढंग से भूमंडलीकरण पर सरलीकरणों के जरिये बातें हो रही हैं। इस प्रक्रिया में लेखक का सामयिक राजनीति और मूल्य व्यवस्था से अलगाव बढ़ा है। लेखकों के मन में पूंजीवाद के तर्क को जाने बिना उसके प्रति घृणा पुख्ता हुई है या लगाव बढ़ा है। यह फंडामेंटलिज्म है जो पुराने समाजवादियों, उपभोक्तावादियों और नए धार्मिक कठमुल्लों में देखने को मिलता है।

आयरनी यह है कि लेखक को विकास चाहिए लेकिन भूमंडलीकरण के बिना, मॉल चाहिए या नई जीवनशैली चाहिए नए मूल्यबोध के बिना। अनेक इलाकों में ड्रेसकोड, मोबाइल आदि के साथ लड़कियों के संबंधों को लेकर तनाव पैदा हुआ है। प्राइवेसी के सवाल उठे हैं। इस क्रम में परंपरागत कम्युनिकेशन और जनसंचार के बीच में तनाव पैदा हुआ है। परंपरागत कम्युनिकेशन पुरानी नैतिकता के आधार पर प्रसारित हो रहा है जबकि जनसंचार नए पूंजीवादी अबाध संचार के आधार पर संप्रेषित कर रहा है। इन दोनों दृष्टियों में विवेकवादी दृष्टि नदारद है। ये दोनों अतिवादी छोर हैं। इस तरह के संचार रूपों के जरिये हम जनता की इच्छाओं की सही ढंग से पड़ताल नहीं कर सकते। इसी तरह पुरानी नैतिकता या सामंती हेकड़ियों के आधार पर नैतिकता के संप्रेषण को वैध नहीं माना जा सकता। उसी तरह अबाध कम्युनिकेशन भी इस तनाव को दूर करने का समाधान नहीं है। कम्युनिकेशन के इन दोनों रूपों के कारण तनाव पैदा हुआ है।

इस दौर में लेखकों के एक बड़े समुदाय में 'गतिहीन अ-राजनीतिक चेतना' ने अपना वर्चस्व स्थापित कर लिया है। इसके कारण लेखक और उसकी रचना का विचारधारारहित मूल्यांकन खूब हो रहा है। संयोग से यह काम वे लोग कर रहे हैं जो प्रगतिशील समीक्षक कहलाते हैं। आज के दौर की पहली चुनौती है लेखन और

लेखक के जीवन में राजनीतिक माहौल खत्म किया जाए। अ-राजनीतिक 'माहौल के कारण सांस्कृतिक क्षय की ओर हम ध्यान ही नहीं दे पा रहे हैं।' 'अ-राजनीति' की सीमाओं को गिराए बिना कोई भी बड़ा परिवर्तन समाज में लाना संभव नहीं है। ऐसी अवस्था में हमेशा राज्य के हस्तक्षेप की मांग उठती है या फिर न्यायालयों से हस्तक्षेप की मांग करते हैं। साहित्य में व्याप्त अ-राजनीतिक माहौल को बनाने में दलगत प्रतिबद्धता ने भी बड़ी भूमिका अदा की है। लेखक की मंशा की साहित्य की अभिव्यक्तियां विश्लेषित करने में महत्वपूर्ण भूमिका होती है। समस्या यह है कि हमने लेखक की मंशाओं के निर्माण की प्रक्रियाओं की ओर ध्यान नहीं दिया। लेखक की मंशा को वे चीजें प्रभावित करती हैं जिनको लेखक जानता है, वे चीजें और प्रक्रियाएं भी प्रभावित करती हैं जिनको वह नहीं जानता! मंशा के ज्ञात -अज्ञात स्रोतों की खोज करना आलोचना का काम है। मंशा को निर्मित करने में लेखक को समसामयिक समय प्रभावित करता है, अतीत का समय भी अनेक मामलों में पीछा करता है। अभिव्यक्ति के रूपों में अतीत के साथ कहीं कशमकश मिलती है तो कहीं अतीत से मुक्त होने की छटपटाहट मिलती है। इसी तरह लेखक के प्रेरक स्रोतों की भी खोज की जानी चाहिए। प्रेरक स्रोतों में हम अमूमन उसकी राजनीतिक प्रतिबद्धता को ही मुख्य रूप में विवेचित करते रहे हैं। उसके परिवार, मित्र, बचपन आदि को कभी न तो कृति के साथ जोड़कर देखा और नहीं आत्मकथाओं में दिखाई दिया।

यह विलक्षण बात है कि बचपन का अधिकांश लेखकों की आत्मकथाओं में वर्णन नहीं मिलता। बचपन के साथियों और पड़ोसियों का जिक्र नहीं मिलता। बचपन के बिना लेखक की आत्मकथा कैसे बन सकती है? पड़ोसियों के वर्णन और ब्यौरों के बिना कैसे कोई लेखक बड़ा हो सकता है ? कभी हमने राजनीतिक विचारधारा से इतर कारकों जैसे बाजार की शक्तियों और मीडिया के प्रेरक तत्वों की भूमिका पर सकारात्मक ढंग से विचार ही नहीं किया। पूंजीवाद या परवर्ती पूंजीवाद के स्टीरियोटाइप रूपों की कभी मीमांसा नहीं की। पूंजीवाद और परवर्ती पूंजीवाद में सर्जनात्मक सक्रियता बनाने वाले तत्वों को हमने कभी खोलकर विश्लेषित नहीं किया। लेखक को पूंजीवादी व्यवस्था के कौन से तत्व या मूल्य प्रेरित करते हैं ? या उसे लिखने के लिए उद्‌बुद्ध करते हैं? इसी तरह राज्य के कौन से तत्व हैं जो लेखक को उद्‌बुद्ध करते हैं ? इत्यादि सवालों पर हमने कभी गंभीर बहस नहीं चलाई।

लेखक जिन मूल्यों को जीता है वे राज्य निर्मित हैं। राज्य निर्मित मूल्यों और

नैतिकता के मानकों के दायरे में रहकर ही वह अपना सृजन करता है। राज्य निर्मित मूल्य लेखक को जब अप्रासंगिक लगते हैं तो उसके पहले वे राज्य को भी अप्रासंगिक लगने लगते हैं। वास्तव में यही लगता है कि लेखक पुराने मूल्यों को चुनौती दे रहा है लेकिन वस्तुतः वह राज्यनिर्मित मूल्यों में आए तनावों और अंतर्विरोधों को अभिव्यंजना देता है। जो अंतर्विरोध लेखक की रचना में नजर आते हैं वे असल में पहले राज्य महसूस करता है। राज्य सिर्फ अर्थव्यवस्था को ही नियमित नहीं करता बल्कि संस्कृति को भी नियमित करता है। राज्य जब प्रेरक बनकर आता है तो लेखक के प्रेरणा स्रोतों में तनाव, बेचैनी और टकराव पैदा कर देता है। राज्य ने जीवनशैली में महत्वपूर्ण परिवर्तन किए हैं। ड्रेस बदली है, खान-पान बदला है, मित्रता के मानक बदले हैं। वर्ग-संघर्ष को और भी मुश्किल बना दिया है।

नामवर सिंह और अस्मिता विमर्श

अस्मिता का सवाल तदर्थ सवाल नहीं है। इसे चलताऊ ढंग से नहीं देखना चाहिए। अस्मिता की पेचीदगियों और वैचारिक सरणियों पर हिंदी में संवाद कम हो रहा है। खासकर मार्क्सवादी आलोचना ने अस्मिता से जुड़े साहित्यिक सवालों को कभी गंभीरता से नहीं लिया। अस्मिता पर चलताऊ नजरिये को देखने के लिहाज से नामवरजी के अस्मिता संबंधी विचारों को विश्लेषित करना समीचीन होगा। नामवर सिंह ने लिखा है, 'भारतीय नवजागरण की मूल समस्या है भारतेंदु के शब्दों में 'स्वत्व निज भारत गहै।' यह 'स्वत्व' वही है जिसे आजकल 'अस्मिता' कहते हैं। राजनीतिक स्वाधीनता इस स्वत्व-प्राप्ति की पहली शर्त है। नवजागरण के उन्नायक इस आवश्यकता का अनुभव न करते रहे होंगे, यह सोचना कठिन है, फिर भी तथ्य यही है कि नवजागरणकालीन प्रकाशित साहित्य में राजनीतिक स्वाधीनता का स्पष्ट स्वर कम ही सुनाई पड़ता है' (*हिंदी का गद्य पर्व*, 2010, राजकमल प्रकाशन, नई दिल्ली, पृ. 87)। यह 'स्वत्व' भाषायी अस्मिता के संदर्भ में आया है। इसका अस्मिता के विराट फलक के साथ घालमेल नहीं कर सकते। 'स्वत्व' का अर्थ अस्मिता है तो इसका अर्थ यह भी है कि आधुनिक काल के इतिहास का आरंभ 'अस्मिता की राजनीति' से होता है। इतिहासलेखन का यह नया आयाम है। उल्लेखनीय है 'अस्मिता की राजनीति' का पूंजीवाद से मां-बेटी का रिश्ता है। अस्मिता को पूंजीवाद से अलग करके नहीं देखा जा सकता। 'अस्मिता की राजनीति' और पूंजीवाद अंतर्ग्रथित हैं। साहित्येतिहास में इसके आयाम अलग होंगे। अस्मिता को इतिहास का हिस्सा बनाने से वे सारे वर्गीकरण समस्यामूलक बन जाते हैं जो अब तक प्रचलन में हैं। अस्मिता के आधार पर देखने का अर्थ है कि हमें इतिहास के लिए नए किस्म के वर्गीकरण बनाने होंगे। नए वर्गीकरण क्या होंगे? इस पर नामवर सिंह चुप हैं। 'अस्मिता' को आधार बनाने से नवजागरण भी समस्यामूलक बन जाता है। 'अस्मिता की राजनीति'

के परिप्रेक्ष्य के लिए नवजागरण अप्रासंगिक है। मसलन स्त्री-साहित्य और दलित-साहित्य के आलोचक नवजागरण की परंपरा से इन साहित्य रूपों को जोड़कर नहीं देखते। भारतेंदु ने 'स्वत्व' के बहाने जिस अस्मिता की बात कही है वह 'सामुदायिक अस्मिता' है। वह निजी अस्मिता नहीं है। भाषायी अस्मिता का सवाल 'सामुदायिक अस्मिता' से जुडा है। 'सामुदायिक अस्मिता' को आधार बनाकर हमने कभी साहित्य-चर्चा नहीं की है।

हिंदी नवजागरण में सामाजिक-सांस्कृतिक और भाषायी विविधताओं के लिए कोई स्थान नहीं है। निज भाषा के नाम पर सिर्फ खड़ीबोली हिंदी पर जोर दिया गया। हिंदीभाषी क्षेत्र में बोली जाने वाली अन्य भाषाओं और बोलियों के साहित्य को इस विमर्श का अंग नहीं बनाया गया। साथ ही, अन्य भाषाओं की उपेक्षा हुई। साथ ही, दलितों और अल्पसंख्यकों के लेखन और जीवन की उपेक्षा हुई। इस नजरिये से देखें तो हिंदी नवजागरण पर बांग्ला नवजागरण का असर नजर आता है। बांग्ला नवजागरण ने दलितों और अल्पसंख्यकों को संबोधित नहीं किया उसके केंद्र में सवर्ण थे। बांग्ला नवजागरण में दलित लेखन गायब है, हिंदी नवजागरण में भी दलित और अल्पसंख्यकों का लेखन नदारद है। उर्दू के प्रति बेगानापन है। अलीगढ़ आंदोलन के बारे में बेरुखी है। हिंदीभाषी क्षेत्र की खड़ीबोली हिंदी के अलावा अन्य बोलियों और भाषाओं के विकास की चिंता नदारद है।

नामवर सिंह की 'स्वत्व' की धारणा अमूर्त है। अमूर्तता का दुरुपयोग हो सकता है। 'स्वत्व' को सब पर लागू किया जा सकता है लेकिन मामला सबका नहीं है। 'स्वत्व' का संबंध खड़ीबोली हिंदी के विकास से है। मजेदार बात यह है कि जातीय भाषा और जातीय साहित्य की अवधारणा के बहाने भी खड़ीबोली हिंदी के साहित्य को लेकर ही लिखा गया है। दूसरी महत्वपूर्ण बात यह कि हिंदीभाषी क्षेत्र में पूंजीवाद का असमान विकास हुआ है। इसके कारण अस्मिता की राजनीति और अस्मिताओं का भी असमान विकास हुआ है। भाषायी अस्मिता एक अवस्था के बाद बिखरनी आरंभ हो जाती है। उसे सत्तातंत्र, बाजार, विज्ञापन, प्रलोभन, प्रमोशन आदि के आधार पर टिकाऊ नहीं बनाया जा सकता।

भाषायी अस्मिता का मॉडल वर्चस्ववादी मॉडल है। इसके आधार पर राष्ट्र-राज्य का निर्माण संभव है लेकिन यह मॉडल टिकाऊ नहीं है। इस मॉडल में भाषायी समानता का अभाव है। पूंजीवाद अपने स्वाभाविक विकास क्रम में भाषायी वैषम्य को हवा देता है और यह काम मीडिया, विज्ञापन, संपर्क भाषा, राजभाषा आदि के जरिये करता है। हिंदीभाषी क्षेत्र में खड़ीबोली हिंदी को लेकर जो प्रतिवादी स्वर सुनाई

दे रहे हैं वे इस धारणा की पुष्टि करते हैं।

'स्वत्व' तो हिंदी जातीयता है। यह सांस्कृतिक वर्चस्व का नया रूप है। यह सांस्कृतिक असमानता को वैधता प्रदान करता है। जातीयता में वर्चस्व बना रहता है। वर्चस्व खत्म हो इसके लिए जरूरी है कि सभी भाषाओं और बोलियों के समान विकास की बात की जाए। एक नहीं, अनेक भाषाओं के इतिहास की बात की जाए। हिंदी में खड़ीबोली हिंदी का साहित्य ही इतिहास का अंग है। इस क्षेत्र की अन्य भाषाओं और बोलियों का साहित्य इसमें शामिल नहीं है। फलतः इस क्षेत्र की अन्य भाषाओं और बोलियों के विकास की आधुनिक संरचनाओं का विकास नहीं हो पाया। भाषायी समानता के लिए यह जरूरी है कि प्रत्येक भाषा और साहित्य अपना स्वतंत्र इतिहास हो, उनके विकास की स्वतंत्र और स्वायत्त संरचनाएं निर्मित की जाएं। दूसरी महत्वपूर्ण बात यह कि जातीयता के आधार पर प्रशासनिक संरचनाएं न बनाई जाएं। मसलन जातीयता के आधार पर राज्यों का गठन अब स्वयं में दिक्कतें खड़ी कर रहा है। जातीयता के आधार के बजाय उदार-व्यावहारिक-प्रशासनिक राज्य संरचनाएं विकसित की जाएं।

नामवर सिंह का सबसे बड़ा अंतर्विरोध है कि वे घोषित करते हैं कि 'स्वत्व' का अर्थ है—अस्मिता और परिभाषा देते हैं नवजागरण की। सवाल यह है अस्मिता की परिभाषा देने में परेशानी क्या थी ? क्यों नामवर सिंह ने नवजागरण की परिभाषा पर ही केंद्रित किया ? नवजागरण की परिभाषा के साथ अस्मिता की परिभाषा भी यदि दे दी जाती तो अंततः नवजागरण का सारा विचारतंत्र धराशायी हो जाता। इससे भी बड़ा सवाल यह है कि जब भारतेंदु ने अस्मिता के सवाल से अपने साहित्य और आधुनिक काल के साहित्य का आरंभ किया है तो अस्मिता की अवधारणा पर बहस होनी चाहिए थी लेकिन जैसाकि हिंदी की परंपरा है मुद्दा कुछ होता है और बहस किसी और मुद्दे पर होती है।

नामवर सिंह जानते हैं नवजागरण की धारणा पर बहस होगी तो परिणाम कुछ और निकलेंगे और अस्मिता की धारणा पर बहस होगी तो परिणाम एकदम भिन्न आएंगे। यहां तक कि आधुनिक आलोचना के समूचे पैराडाइम को ही बदलना पड़ेगा। लेकिन नामवर सिंह ने नवजागरण का मार्ग चुना। अस्मिता का जिक्र भर करके छोड़ दिया। नामवर सिंह की यह शैली है 'जिक्र करो और छोड़ दो', जबकि एक आलोचक के नाते उनको अस्मिता के सवाल को गंभीरता के साथ विस्तार में जाकर विश्लेषित करना चाहिए।

नवजागरण की प्रथम शर्त है पुराने सामाजिक भेदों और रूढ़ियों का खात्मा

और उनकी जगह नए पूंजीवादी भेदों और रूढ़ियों का जन्म। सवाल यह है अस्मिता पुराने किस रूप, रूढ़ि या सामाजिक संबंध का विकल्प है? भारत में पुराने सामाजिक-सांस्कृतिक भेद बने रहते हैं और नए भेदों और रूढियों का पूंजीवादी असमान विकास के साथ असमान विकास होता है। यहां अनेक क्षेत्रों में नया मूल्य पुराने मूल्य को नष्ट करके जन्म नहीं लेता बल्कि पुराने के साथ सामंजस्य पैदा करके विकास करता है। इसके कारण विद्रूप सामाजिक जीवनमूल्यों का विकास होता है। यही वजह है हिंदी में एक ओर नवजागरण है तो दूसरी ओर साहित्यिक भेदभाव भी है। साहित्यिक भेदभाव का आदर्श उदाहरण है स्त्री साहित्य और दलित साहित्य की आधुनिक काल के इतिहासलेखन में उपेक्षा। स्न् 1980 के पहले साहित्य समीक्षा के मुख्यधारा विमर्श से ये दोनों साहित्य रूप गायब हैं। इस नजरिये का दूसरा आदर्श नमूना है प्रधान और गौण प्रवृत्ति के आधार पर साहित्यिक प्रवृत्तियों का साहित्य के इतिहास और आलोचना में वर्गीकरण। 'स्वत्व' के पर्याय के रूप में खड़ीबोली हिंदी के साहित्य को समूचे हिंदीभाषी क्षेत्र की अभिव्यंजना के रूप में व्याख्यायित किया गया। लेकिन खड़ीबोली हिंदी समूचे हिंदी क्षेत्र की भाषाओं और बोलियों को प्रतिबिंबित नहीं करती। खड़ीबोली हिंदी कॉमन कम्युनिकेशन की भाषा है लेकिन यह हिंदीभाषी क्षेत्र के वैविध्य को प्रतिबिंबित नहीं करती। अपने सामाजिक आधार के विकास के लिए इस भाषा के पक्षधरों ने हिंदीभाषी क्षेत्र की अन्य भाषाओं और बोलियों की घनघोर उपेक्षा की है। इसके कारण भीतर ही भीतर भाषायी विद्वेष पैदा हुआ है। इसके दर्शन हमें झारखंड, छत्तीसगढ़ और उत्तराखंड में साफ देखने को मिल रहे हैं वहां पर राज्य प्रशासन ने राज्य की प्रथम भाषा के रूप में खड़ीबोली हिंदी को मानने से साफ इनकार कर दिया है।

भाषायी विकास की समान समझ के आधार पर हिंदीभाषी क्षेत्र की बोलियों और भाषाओं के विकास की ओर राज्य और केंद्र सरकार ने ध्यान ही नहीं दिया। यहां तक कि लेखक संगठनों और निजी तौर पर लेखकों ने भी ध्यान नहीं दिया। अस्मिता के आधार पर भोजपुरी, अवधी, मैथिली, ब्रजभाषा आदि को हमने कभी नहीं देखा। हिंदी-उर्दू के लेखकों के लिए 'प्रलेसं' और 'जलेसं' बनाए गए। लेकिन अवधी, भोजपुरी आदि के लेखकों और उनके साहित्य के सवालों को लेखक संगठनों के घोषणापत्रों में कभी नहीं उठाया गया। इससे पता चलता है कि लेखकों के मन में राजनीतिक आग्रहों के कारण हिंदी-उर्दू के सवाल बहसतलब रहे। साथ ही यह भी संदेश निकलता है कि लेखक संगठन भाषायी समानता के आधार पर नहीं सोच रहे हैं।

यदि नवजागरण के पैमाने से भाषा और उसके साहित्य को देखेंगे तो एक भाषा प्रमुख होगी, बाकी हाशिये पर रहेंगी। सवाल यह भी है कि नवजागरण के जिन पैमानों को खड़ीबोली हिंदी में लागू किया जाता है वे पैमाने हिंदीभाषी क्षेत्र की अन्य भाषाओं पर लागू क्यों नहीं किए गए? जबकि अस्मिता के पैमाने समान रूप से सभी भाषाओं और बोलियों पर लागू किए जा सकते हैं। मसलन, अस्मिता में सभी भाषायी अस्मिताएं समान हैं, चाहे उनके बोलने वालों की संख्या कम हो या ज्यादा। सभी भाषाओं और बोलियों का साहित्य समान है। इसमें प्राथमिक और गौण, केंद्र और हाशिये की धारणा लागू नहीं की जा सकती। किसी भाषा विशेष को खास सुविधाएं नहीं दी जा सकतीं लेकिन व्यवहार में यही हुआ।

अस्मिता के आधार पर सभी भाषाओं को समान मानकर मूल्यांकन करेंगे तो एक ही क्षेत्र में बोली जाने वाली भाषाओं के बीच के भेद, विकास की प्रक्रिया में भेद, भाषायी संरचनाओं में भेद और आम नागरिकों के संस्कार और आदतों में भेद सामने आएंगे। यह धारणा टूटेगी कि हिंदीभाषी एक जैसे होते हैं। जिस तरह भाषा अस्मिता का अंग है, वैसे ही धर्म और जाति भी अस्मिता का अंग हैं। सांप्रदायिकता, उपभोक्तावाद, फंडामेंटलिज्म, पुनरुत्थानवाद, युद्ध और पृथकतावाद भी अस्मिता का अंग हैं। इनमें कौन सी अस्मिता कब प्रमुखता अर्जित कर लेगी कहना मुश्किल है।

पूंजीवादी आर्थिक विकास की प्रक्रिया अस्मिता को व्यापक अभिव्यक्ति देती है। अस्मिताएं एक-दूसरे में अंतर्ग्रथित रहती हैं। भाषायी अस्मिता कब धार्मिक पहचान में रूपांतरित हो जाए कहना मुश्किल है, इसी तरह धार्मिक अस्मिता कब सांप्रदायिक या पुनर्रुत्थानवादी पहचान में रूपांतरित हो जाए यह तय करना संभव नहीं है। हिंदी के साथ यह घटा है। हिंदी और उर्दू को धार्मिक पहचान के साथ नत्थी करने में अंग्रेजों को सफलता मिली। हिंदी को हिंदुओं और उर्दू को मुसलमानों की अस्मिता के साथ जोड़ा दिया गया। भाषा को यदि धर्म से जोड़ा जाएगा तो इससे सामाजिक विभाजन का खतरा पैदा हो सकता है।

सामाजिक विभाजन के कई राजनीतिक रूप हैं जैसे सांप्रदायिकता, अंध क्षेत्रीयतावाद, स्थानीयतावाद आदि। कहने का तात्पर्य है कि भाषाभेद के सामाजिक-धार्मिक-राजनीतिक भेद में रूपांतरित होने की संभावनाएं रहती हैं। मूल बात यह कि अस्मिता रपटन है। इस पर स्थिर होकर खड़े नहीं हो सकते। यह अल्पकालिक है इस पर दीर्घकालिक समझ नहीं बनाई जा सकती। भाषा के आधार पर सामाजिक एकीकरण टिकाऊ कम और समस्यामूलक ज्यादा है। नामवर सिंह जब भारतेंदु के

कथन के आधार पर अस्मिता की बात कहते हैं तो वे सरलीकरणों का सहारा लेते हैं और अस्मिता में निहित अंतर्विरोधों और वर्चस्व की अनदेखी करते हैं।

अस्मिता का बुनियादी तौर पर बुर्जुआ विचारधारा से अंतर्विरोध नहीं है बल्कि वह तो उसका अंग है। जो अंतर्विरोध नजर आता है वह सत्ताधारी विचारधारा के पैराडाइम में ही अपना विकास करता है। नामवर सिंह और रामविलास शर्मा में अस्मिता को लेकर मतभेद नहीं है। मतभेद है अस्मिता की प्राथमिकता को लेकर। नामवर सिंह के लिए निजभाषा की अस्मिता प्रमुख है तो रामविलास शर्मा के लिए 1857 का संग्राम प्रमुख है। लेकिन भाषा और युद्ध तो दोनों ही अस्मिता के अंग हैं और दोनों का परिणाम है बुर्जुआ वर्ग और विचारधारा के वर्चस्व का निर्माण करना।

किसी भी अवधारणा या फिनोमिना पर विचार करते समय उसके सामाजिक-राजनीतिक-आर्थिक विचारधारात्मक परिणामों को देखा जाना चाहिए। 'स्वत्व' या भाषायी अस्मिता की परिणति या 1857 के प्रथम स्वाधीनता संग्राम की परिणति किसमें होती है, यह देखें। या यों कह सकते हैं कि अस्मिता पर विचार करते हुए हम जाना कहां चाहते हैं और पहुंच कहां रहे हैं, इन दोनों पहलुओं पर विचार करना चाहिए। नवजागरण बंगाल का हो या हिंदी का वह बुर्जुआ विचारधारा के पैराडाइम का अतिक्रमण नहीं करता। साथ ही, अस्मिता के दायरे के बाहर नहीं निकल पाता। अस्मिता के बाहर साहित्य, कला, राजनीति को लाने के प्रयास 20वीं शताब्दी में ही सामने आते हैं।

सन् 1857 का संग्राम जो अंग्रेजों के खिलाफ पहला युद्ध था, उस युद्ध की साहित्यिक अभिव्यक्तियों पर खूब चर्चा हुई है लेकिन युद्ध की तबाही और युद्धजनित सामाजिक अवस्था पर नामवर सिंह एकदम चुप हैं। 1857 से लेखक प्रभावित थे या नहीं, इससे भी ज्यादा महत्वपूर्ण है युद्ध का व्यापक दीर्घकालिक प्रभाव हमारे साहित्यकारों की नजरों से ओझल क्यों रहा और समीक्षकों ने इस ओर ध्यान क्यों नहीं दिया? सन् सत्तावन के युद्ध में हम अंग्रेजों से हारे थे। इस युद्ध ने भारतीय सामंती राजतंत्र की कमर तोडकर रख दी थी। इसके अलावा महत्वपूर्ण बात यह भी है कि उस समय की हिंदी पत्र-पत्रिकाओं में या कालांतर में आए भारतेंदु मंडल के लेखन में इस युद्ध के सामाजिक-आर्थिक प्रभावों पर कोई खास सामग्री नहीं मिलती। भारतेंदुयुगीन या उसके पहले का हिंदी मीडिया, इस ओर ध्यान क्यों नहीं दे पाया? इस युद्ध में भारत की पराजय के बाद भारत गुलामी की जंजीरों में जकड़ गया। इस युद्ध से उन लोगों को लाभ हुआ जो अंग्रेजों के साथ थे बल्कि आम हिंदुस्तान के

लिए यह गुलामी लेकर आया। नए वर्ग के रूप में पैदा हुए मध्यवर्ग और रैनेसांपंथियों या धार्मिक-समाज सुधारकों के बीच में इस युद्ध में भारत की पराजय को लेकर अंग्रेजों के प्रति घृणा कम नजर आती है बल्कि यह देखने में आता है कि मध्यवर्ग के अधिकांश बुद्धिजीवी आंखें बंद करके अंग्रेजों की प्रशंसा में लगे थे और युद्ध के बाद जो भारत उभरकर सामने आ रहा था उसकी ओर इनका कम ध्यान था। युद्ध के बाद जो भारत सामने आया उसमें बड़े पैमाने पर गरीबी नजर आती है। अकाल और महामारियां नजर आती हैं। 19वीं सदी में कोलकाता में बड़े पैमाने पर वेश्याओं के कोठे पैदा होते हैं।

अकाल और वेश्यावृत्ति इस दौर के दो बड़े फिनोमिना हैं जिन पर लेखकों-आलोचकों का ध्यान नहीं गया। वेश्याओं और अकाल पीड़ितों के सवाल नवजागरण विमर्श से गायब क्यों हैं ? 19वीं सदी में भारतेंदु मंडल के लेखक किस तरह की स्त्री इमेज पेश कर रहे थे ? क्या वह सामंती या बुर्जुआ स्त्री के रूपों से भिन्न स्त्री इमेज है ?

सन् 1857 का संग्राम सामान्य संग्राम नहीं था इसने व्यापक तौर पर समाज को प्रभावित किया था। मनुष्य और प्रकृति और ईश्वर के बीच में इसने विशाल खाई पैदा कर दी। कायदे से युद्ध और मनुष्य के संबंध पर बहस होनी चाहिए थी, लेकिन बहस हुई समाज सुधारों पर, ईश्वर और धर्म के सुधारवादी रूपों पर। इसके कारण बृहत्तर जनता के जीवनयथार्थ में जो घट रहा था वह साहित्य के केंद्र में कम है। मध्यवर्ग के जीवन का चित्रण ज्यादा है। उल्लेखनीय है यह वर्ग उस समय जनसंख्या के लिहाज से बहुत छोटा सामाजिक वर्ग है। इसका भारत के किसानों के साथ संबंध कम और अंग्रेजियत से संबंध ज्यादा है।

अंग्रेजों की सामाजिक नीति का सबसे भयानक परिणाम था नवोदित मध्य वर्ग और किसानों में अलगाव। यह अलगाव आज भी खत्म नहीं हुआ है। किसान के जीवन में ब्रिटिश शासन के आने के साथ जो तबाही आई उस पर कम ध्यान गया। साहित्य रूपों और हिंदी भाषा पर ज्यादा ध्यान गया। इतिहास और भाषा की दुनिया एक ऐसी दुनिया थी जिसमें नए सवालों की चुनौतियों से सीधे खतरा कम महसूस हो रहा था। उन प्रकाशनों से ज्यादा खतरा था जो सामाजिक यथार्थ को उद्घाटित कर रहे थे। नए मनुष्य की खोज के लिए नई व्याख्याओं का उदय हुआ, पुराने पाठ की नई व्याख्याएं लिखी गईं। यहां तक कि धार्मिक और सामाजिक सुधार के आंदोलनों में पुराने पाठ के नए भाष्यों को जन्म दिया। असल में 'क्षमता' और 'संभावना' इन दो की खोज पर समूचा नवजागरण जुट गया। हर क्षेत्र में व्यक्ति

की 'क्षमता' और 'संभावनाओं' की खोज होने लगी। इसके आधार पर लिखी गई व्याख्याओं के कारण नवोदित आधुनिक संसार अर्थपूर्ण और प्रासंगिक नजर आने लगा। व्याख्याओं को लेकर भी विचारों की टकराहट होने लगी जिसने सरसता और सजीवता पैदा कर दी। व्याख्याओं के नए संसार ने जो विचार पैदा किए वे विचार आज भी हमें प्रासंगिक लगते हैं। यही वजह है कि नवजागरण के विचार हमेशा प्रासंगिक लगते हैं। किसी को जातीय भाषा, किसी को जातीय साहित्य और किसी को नवजागरण और किसी को 1857 की व्याख्याएं आज भी प्रासंगिक लगती हैं। इस क्रम में हम भूल गए कि युद्ध हमेशा व्याख्या की संभावनाएं पैदा करते हैं। नामवर सिंह जब 1857 की भूमिका को स्वीकार नहीं करते तो उनके जेहन में रामविलास शर्मा हैं, लेकिन वे यह भूल जाते हैं कि युद्ध नए भाष्य और नए वर्गों के उदय या विकास की संभावनाओं को पैदा करते हैं।

सन् 1857 के संग्राम को हमने प्रथम स्वाधीनता संग्राम के रूप में देखा है इसके कारण उसकी व्याख्या और दिशा अलग रही है। हमने उसे कभी युद्ध के रूप में देखा ही नहीं। 1857 का संग्राम अंततः युद्ध है। युद्ध के बाद हमेशा अस्मिता के सवाल उठे हैं, भारतेंदु हों या अन्य कोई लेखक हों वे सभी पहचान के सवाल उठाते हैं। यह भी देखा गया है कि हर युद्ध के बाद अस्मिता की नए सिरे से परिभाषा तय करने का काम आरंभ हो जाता है। यह अचानक नहीं है कि प्रथम विश्वयुद्ध के बाद भी अस्मिता के सवाल नए रूप में सामने आते हैं। काव्यभाषा के तौर पर ब्रजभाषा का अंत होता है और खड़ीबोली हिंदी का एकछत्र राज्य स्थापित होता है।

युद्ध के प्रसंग में राममनोहर लोहिया का उल्लेख करना समीचीन होगा। उन्होंने लिखा है, 'युद्ध राजनीति का सबसे खराब और अवांछनीय उपकरण होता है किंतु जब राज्य पर लादा जाता है तो इसका एकमात्र प्रयोजन राजनीतिक होता है।' भारत में 1857 के युद्ध का मकसद था समस्त भारत पर ब्रिटिश शासन की स्थापना करना। नवजागरण पर नामवर सिंह ने जिस तरह लिखा है, उससे नवजागरण की चेतना पैदा करने वाली एजेंसियों का अता-पता नहीं चलता। नवजागरण चेतना पैदा करने वाली एजेंसियों की भूमिका को विश्लेषित किए बिना नवजागरण विमर्श वस्तुतः सारतत्ववादी रणनीतियों में फंसकर रह गया है। सारतत्ववादी होने का अर्थ है अंतर्वस्तुवादी होना, इससे चीजें सही परिप्रेक्ष्य में नजर नहीं आतीं। यह नवजागरण को देखने का सीमित नजरिया है।

नामवर सिंह जब नवजागरण की बात करते हैं तो नवजागरण के निर्माण में

तत्कालीन एजेंसियों की भूमिका को खोलते नहीं हैं। उन संस्थानों की भूमिका पर रोशनी नहीं डालते जिनकी नवजागरण के निर्माण में महत्वपूर्ण भूमिका थी। नवजागरण के निर्माण में तत्कालीन संस्थानों की मंशा क्या थी और परिणाम क्या निकले, इसकी मीमांसा नहीं करते। वे सामान्यीकरणों और सरलीकरणों का इस्तेमाल करते हैं। नवजागरण की चेतना क्यों आई? उसकी प्रक्रिया क्या थी? संस्थानों की भूमिका क्या थी? बाद में नवजागरण चेतना क्यों खत्म हो गई? और इसमें संस्थानों ने क्या भूमिका अदा की? ये सब सवाल नामवर सिंह की आंखों से ओझल रहते हैं। नवजागरण के कारण किस तरह की नीतियों का जन्म हुआ और किस तरह के सामाजिक-आर्थिक संबंध पैदा हुए, किस तरह का परिवार पैदा हुआ और किस तरह की राजसत्ता का उदय हुआ, किस तरह का नागरिक बना आदि महत्वपूर्ण सवाल हैं। न्यायपालिका, राजसत्ता, प्रेस आदि की क्या भूमिका थी इत्यादि सवालों को व्यापक परिप्रेक्ष्य में रखकर खोले बिना संभव ही नहीं है कि आप नवजागरण को विश्लेषित कर पाएं। इसके अलावा नवजागरण के साथ ज्ञान, शिक्षा, साहित्य और स्त्री के लोकतंत्रीकरण की प्रक्रिया भी जुड़ी है।

नवजागरण ने जिस प्रक्रिया को जन्म दिया वह है लोकतंत्रीकरण। जिस मनुष्य को जन्म दिया है वह है लोकतांत्रिक मनुष्य। विभिन्न क्षेत्रों में लोकतंत्रीकरण किस रूप में हुआ, क्या सारे देश में या हिंदीभाषी राज्यों में शिक्षा, स्त्री और ज्ञान के लोकतंत्रीकीकरण की प्रक्रिया इकसार ढंग से चली है? यदि इस प्रक्रिया में अंतर है तो क्यों और किस रूप में? नामवरसिंह ने इन सभी सवालों की एकसिरे से अनदेखी की है। नवजागरण विमर्श की बहस 1857 के प्रथम स्वाधीनता संग्राम के इर्द-गिर्द घूमती है जबकि उसी दौर के कई संग्रामों का हमारे समीक्षकों ने नोटिस ही नहीं लिया। इस प्रसंग में राज्यवार विद्रोह (1857-58) उल्लेखनीय है।

उल्लेखनीय है कि अस्मिता संबंधी झगड़ों में हिंदीभाषी क्षेत्र ही नहीं, समूचा भारत आजादी के बाद अपनी बहुत ज्यादा ऊर्जा बर्बाद कर चुका है। पहले लोग यह सोचते थे भारत आजाद हो जाएगा तो शांति लौट आएगी, लेकिन भाषायी आधार पर राज्यों का गठन, अंग्रेजी हटाओ हिंदी लाओ, तमिलनाडु का हिंदी-विरोधी आंदोलन, विभिन्न इलाकों में पैदा हुए पृथकतावादी आंदोलन, राममंदिर आंदोलन, पिछड़ों के आरक्षण का आंदोलन आदि सभी आंदोलन अस्मिता से ही जुड़े आंदोलन हैं। इसके अलावा 1962, 1965 और 1971 का युद्ध भी इसी कोटि में आता है। यही वो अस्मिता विमर्श का वातावरण है जिसमें हिंदी साहित्य समीक्षा में हिंदी जाति, हिंदी जातीयता की बहस जन्म लेती है। हिंदी में हिंदी जाति की बहस सबसे पहले

विस्तार के साथ सिर्फ रामविलास शर्मा उठाते हैं और यह बहस उनके साथ ही खत्म हो जाती है। एक अवधि के बाद वे भी इस बहस को आगे नहीं ले जा पाते। अन्य हिंदीभाषी बुद्धिजीवी उनकी इस बहस में हिस्सा तक नहीं लेते। तकरीबन यही स्थिति नवजागरण संबंधी विमर्श की है।

विगत 40 सालों में नवजागरण संबंधी विमर्श लगातार कम होता चला गया है। सन् 1977 के बाद तकरीबन नवजागरण संबंधी बहस समाप्त हो गई है। किसी भी भारतीय भाषा में नवजागरण को लेकर बहस नहीं हो रही। नवजागरण विमर्श के अवसान का बड़ा कारण है नवजागरण पर नए परिप्रेक्ष्य में सोचने का अभाव और नवजागरण संबंधी नई सामग्री का अभाव। ऐसी अवस्था में हिंदी में चंद आलोचकों में नवजागरण और हिंदी जाति पर बहस होती रही है। इन चंद आलोचकों में नामवर सिंह प्रमुख हैं।

अस्मिता विवादों में राजनीतिक आयाम प्रमुख रहा है। ऊपर हमने जो सूची दी है उसे देखकर सहज ही समझा जा सकता है कि अस्मिता का सवाल हमारे यहां सांस्कृतिक की तुलना में राजनीतिक ज्यादा है। अस्मिता की जब भी बातें होती हैं तो उसके पक्ष और विपक्ष में राजनीतिक तर्क ज्यादा दिए जाते हैं, सांस्कृतिक उत्कर्ष या उपलब्धियों के बिंदुओं की चर्चा कम होती है। उल्लेखनीय है भारत में ऊपर बताए सभी अस्मिता आंदोलन द्वितीय विश्वयुद्ध के बाद शीतयुद्धीय राजनीति के परिप्रेक्ष्य में जन्म लेते हैं। सारी दुनिया में शीतयुद्ध के दौरान अस्मिता के आंदोलन बड़े आंदोलन रहे हैं और इनका किसी न किसी रूप में एक अंतर्राष्ट्रीय सिरा भी है। हर जाति या समूह अपनी अस्मिता को नए सिरे से परिभाषित कर रहा है और बार-बार 'मैं' हूं, का बोध पैदा किया जा रहा है। इधर के 30 सालों में स्थानीय अस्मिता ने विकास और पिछड़ेपन के सवालों को साथ एकीकृत करके समस्याएं खड़ी की हैं। अस्मिता को पिछड़ेपन से जोड़कर व्याख्यायित करने के कारण हिंदीभाषी प्रांतों—यूपी, बिहार और मध्य प्रदेश का विभाजन हो गया।

अस्मिता के साथ जातीय विद्वेष भी पृथकतावादी आंदोलनों के साथ उभरा है। खासकर उत्तर-पूर्वी राज्यों में यह स्थिति आज भी बनी हुई है। अस्मिता के साथ जातीय विद्वेष की भावना का परिप्रेक्ष्य हमारे समाज में 1936 के बाद पैदा होता है। मुस्लिम अस्मिता का सवाल पाकिस्तान बनाने की मांग के साथ सामने आता है। अस्मिता के साथ मुस्लिम विद्वेष के आने के साथ जितने भी पृथकतावादी आंदोलन पैदा हुए हैं उनमें एक ही इलाके में रहने वाली अन्य जाति, धर्म और भाषा के मानने वालों के ऊपर हिंसक हमले हुए और सामूहिक हिंसाचार हुआ। अस्मिता

का एक रूप जातीय, धार्मिक और लैंगिक हिंसा के रूप में सामने आया है। अस्मिता और हिंसा की यह जुगलबंदी अपने आपमें चिंता की बात है। स्थिति यह है कि स्त्री अस्मिता के साथ भी हिंसाचार जुड़ा है। पुरुषों के हिंसाचार ने स्त्री अस्मिता के सवाल को तेजी से उभारने में मदद की। स्त्री अस्मिता की कोई भी बात आज पुंसहिंसा के बिना संभव नहीं है। अस्मिता और हिंसा का यह सहमेल शीतयुद्ध में चरमोत्कर्ष पर पहुंचा। इसमें खास किस्म की धारावाहिकता है। समाजवाद के पराभव के बाद भी अस्मिताजनित हिंसा थमने का नाम नहीं ले रही।

एक और आयाम है जिसे ध्यान में रखें, वह है 1857 का संग्राम या युद्ध। इस संग्राम के साथ अस्मिता के सवालों का जन्म होता है लेकिन इसके साथ जुड़ी हिंसा को हमने कभी गंभीरता से नहीं देखा। कहने का आशय यह कि भारत में अस्मिता और हिंसा में चोली-दामन का साथ है। अस्मिता के साथ संस्कृति का विकास कम होता है हिंसा का विकास ज्यादा होता है। यह संयोग की बात है कि सतीप्रथा के विरोध के साथ भारत में स्त्री अस्मिता का सवाल सबसे पहले उठता है लेकिन इस सवाल के साथ जो हिंसाचार जुड़ा था उसकी हमने कभी पड़ताल ही नहीं की। सतीप्रथा में स्त्री के प्रति जो हिंसा निहित है, वह हमारे लिए चिंता नहीं बनी। अस्मिता के सवाल उठेंगे तो हिंसा होगी। यह हिंसा पहले हो या बाद में लेकिन हिंसा होगी।

अस्मिता के बारे में बहस करते समय हिंसा के आयाम को हमारे आलोचकों ने कभी गंभीरता से नहीं लिया। यही दशा जातिप्रथा और दलित साहित्य की है। जातिप्रथा, दलित साहित्य और अस्मिता के अंतस्संबंध में जो भी बहस चल रही है उसमें जाति हिंसाचार को लेकर गंभीर भाव नहीं है। अस्मिता के साथ हिंसा की जुगलबंदी देखनी हो तो श्रीलंका को देखें जहां महात्मा बुद्ध के अनुयायी सिंहलियों ने अपनी अस्मिता की रक्षा के लिए जातीय हिंसा के सभी रिकॉर्ड तोड़ दिए। हजारों तमिलों की हत्या कर दी। इसी तरह इस्लाम मानने वाले पाक में बंगालियों पर जमकर हमले किए और अंत में बांग्लादेश का जन्म हुआ। आज धर्मप्रधान देशों में हिंसाचार कॉमन फिनोमिना है। एक बात और देखने की है अस्मिता की हिंसा में मरने वालों की संख्या क्रमशः बढ़ी है। अस्मिता को हिंसा से पृथक करने के लिए जरूरी है कि अस्मिताओं का लोकतंत्रीकरण किया जाए और उनकी एक-दूसरे पर निर्भरता को बढ़ाया जाए। स्वायत्तता और परनिर्भरता में संतुलन पैदा किया जाए।

मजेदार बात यह है कि भारत में लोकतंत्र है और अस्मिता में अ-लोकतंत्र

है। फलतः अस्मिता जब भी लोकतंत्र में आवाज उठाती है तो इन दोनों का संघर्ष लोकतंत्र बनाम अ-लोकतंत्र की जंग में तब्दील हो जाता है। लोकतंत्र बनाम अ-लोकतंत्र की जंग से बचने का सबसे सही मार्ग यह है कि अस्मिताएं आत्मनिर्भर बनें। अस्मिताएं आत्मनिर्भर तब ही बन सकती हैं जब वे अन्य की कीमत पर जिंदा रहने का खयाल त्याग दें। मसलन हिंदी आत्मनिर्भर बने लेकिन अंग्रेजी के खिलाफ संघर्ष करके नहीं। अन्य रहेगा, अन्य को खत्म करके अस्मिता को मजबूत नहीं बनाया जा सकता। इसी तरह स्त्री आत्मनिर्भर बने लेकिन अपनी कीमत और शक्ति के आधार पर। पुरुष की शक्ति और कीमत के आधार पर नहीं। अस्मिता बनाम अन्य के संघर्ष और तनावों से बचा जाना चाहिए। इस क्रम में हमें अस्मिता के लिए शांति की भावना से जुड़े नए विचारों को निर्मित करना होगा। उन विचारों को त्यागना होगा जो अशांति पैदा करते हैं। इस क्रम में अस्मिता के सकारात्मक पहलुओं को उभारना होगा, उन पक्षों की चर्चा ज्यादा करनी होगी जो अस्मिता-बोध में इजाफा करें। इस क्रम में अस्मिता में निहित प्रतिस्पर्धी भाव को खत्म करना होगा। अस्मिता का प्रतिस्पर्धी भाव अंततः तनाव और संघर्ष पैदा करता है। उन क्षेत्रों की पहचान की जानी चाहिए जहां पर तनाव है या हो सकता है। फिर उन उपायों के बारे में सोचना चाहिए जिनसे तनाव कम किए जा सकें।

अस्मिता में एक नहीं अनेक किस्म के तनाव एक ही साथ रहते हैं। अस्मिता को उन्मादी भाषा से सबसे पहले बचाने की जरूरत है। उन्मादी भाषा और विज्ञापन की भाषा अंततः हंगामे से आगे चीजों को विकसित होने नहीं देती। दूसरा, अस्मिता को अन्य की नैतिकता के सवालों से बचाने की जरूरत है। अस्मिता पर जब भी बातें होती हैं नैतिक प्रश्न सामने आकर खड़े हो जाते हैं। अस्मिता के सवाल नैतिकता के सवाल नहीं हैं। इसे न्यायपूर्ण सामाजिक विकास के परिप्रेक्ष्य में देखा जाना चाहिए।

अस्मिता में हिंसाचार तब दाखिल होता है जब हम न्यायपूर्ण तरीकों और विवेकवादी नजरिये को मानना बंद कर देते हैं या फिर रेशनल सांस्थानिक फैसलों को नहीं मानते। मसलन युद्ध से लेकर स्त्री-अस्मिता तक सभी सवालों पर हमें अंतर्राष्ट्रीय और राष्ट्रीय न्यायपूर्ण उपायों और संस्थानों के फैसलों को शांतिपूर्ण ढंग से मान लेना चाहिए। न्यायपूर्ण सांस्थानिक फैसलों के उल्लंघन से भी अस्मिता में तनाव पैदा होता है। इसके अलावा अस्मिताधारियों में शांतिपूर्ण समाधान की ललक हो। शांतिपूर्ण समाधान समय खाते हैं। इस पद्धति से काम करने में समय ज्यादा खर्च होता है।

अस्मिता के सवालों को शॉर्टकट के जरिये हल नहीं करना चाहिए। इस क्रम में हमें 'स्व' की चिंताओं के साथ 'अन्य' की समस्याओं के प्रति भी हमदर्दी होनी चाहिए। 'स्व' की शांति तब ही संभव है जब 'अन्य' भी शांति से रहे। 'अन्य' को अशांत करके 'स्व' को शांति नहीं मिल सकती। मसलन नामवर सिंह ने 'स्वत्व' के बहाने खड़ीबोली हिंदी की समस्याओं को तो सामने रखा और उन पर विचार किया, लेकिन अवधी, भोजपुरी आदि भाषाओं की समस्याओं की उपेक्षा की, इससे समस्या का समाधान कम हुआ। हिंदीभाषी क्षेत्र की भाषाओं और बोलियों को आत्मनिर्भर बनाने के साथ ही खड़ीबोली हिंदी आत्मनिर्भर बन सकती है। यह संभव नहीं है हिंदीभाषी क्षेत्र की अन्य भाषाएं पिछड़ी रह जाएं और खड़ी बोली हिंदी तरक्की कर जाए। वही अस्मिता अपना विकास करती है जो अन्य की उपेक्षा न करे। अन्य के प्रति समानता और संतुलन के नजरिये से पेश आए।

हिंसा के बिना अस्मिता का विमर्श लिखा नहीं गया है। हालत इस कदर बदतर रहे हैं कि अस्मिता के नाम पर जनसंहार से लेकर सांप्रदायिक हिंसा तक होती रही हैं। अस्मिता में जो लोग आनंद की खोज कर रहे हैं, विकल्प खोज रहे हैं। वे असल में अस्मिता में निहित संभावित खतरों की अनदेखी करते हैं और अंत में खतरों में फंसते हैं। अस्मिता का प्रत्येक विवाद संदर्भ विशेष से जुड़ा है। लेकिन उसकी परिस्थितियां हमेशा बहुआयामी खतरों से भरी होती हैं। ये परिस्थितियां राजनीतिक-आर्थिक-सांस्कृतिक और व्यक्तिगत कारणों से जुड़ी हुई हैं। अस्मिता के सवाल जब भी उठते हैं उनसे व्यक्तिगत और सामाजिक हिंसा किसी न किसी रूप में जुड़ी नजर आती है। स्त्री, दलित, हिंदू, प्रांतीयता, सांप्रदायिकता और पृथकतावाद आदि के प्रसंग में यह बात एकदम खरी साबित हुई है।

एक अन्य पहलू है जिसे ध्यान में रखना होगा वह है–अस्मिता की अंतर्राष्ट्रीयता। अस्मिता के स्त्री, दलित, भाषा, जातीयता, नवजागरण आदि के जितने भी विवाद हैं वे स्थानीय के साथ अंतर्राष्ट्रीय हैं। मसलन नवजागरण और जाति (नेशनलिटी) का विवाद अंतर्राष्ट्रीय है। यही हाल बाकी विवादों का भी है। इस विवाद में अस्मिता को समुदाय के रूप में देखना और समुदाय को सुपर पावर के रूप में पेश करने का प्रबल भाव है। हिंदी जाति को समुदाय के रूप में रामविलास शर्मा ने पेश किया और फिर उसकी शक्तियों का विस्तार के साथ खुलासा किया है। साथ ही, हिंदी जाति को अंतर्राष्ट्रीय स्तर पर घट रहे परिवर्तनों से जोड़ा। फलतः वे हिंदी समुदाय की रूपांतरण की क्षमता को रेखांकित करने में सफल रहे। यही हाल नवजागरण का है। इसे भी स्थानीय रूप में खोलते हुए अंतर्राष्ट्रीय प्रक्रियाओं के साथ जोड़ने

की पद्धति का नामवर सिंह-रामविलास शर्मा ने विकास किया है। स्त्रियों पर लिखते समय तो यह काम इन दिनों धड़ल्ले से हो रहा है।

अस्मिता का सवाल मानवाधिकारों के दायरे में आता है। यह अस्मिता की स्वतंत्रता और स्वायत्तता का सवाल भी है। इस क्रम में हमें मूलभूत संवैधानिक स्वतंत्रताओं को सुनिश्चित बनाना होगा। न्याय और समानता के आधार पर मसलों के शांतिपूर्ण ढंग से समाधान खोजने होंगे। सहअस्तित्व, सद्भावना और सहमेल को बढ़ावा देना होगा। सन् 1857 के प्रथम स्वाधीनता संग्राम में सैनिकों में अभूतपूर्व एकता नजर आई। इस एकता की तरह-तरह से व्याख्या की गई लेकिन उल्लेखनीय बात यह है कि '57 के संग्राम में जो एकता है वह हमेशा युद्ध के समय ट्राइवल यूनिटी के रूप में व्यक्त होती है। इसी तरह की एकता सन् 1914 के प्रथम विश्वयुद्ध के समय भी देखने को मिली थी।

युद्ध के समय राष्ट्रीय एकता की तुलना में सामुदायिक एकता ज्यादा नजर आती है। हिंदीभाषी क्षेत्र की जनता इस संग्राम पर एकजुट थी, इसके विपरीत बंगाल के बुद्धिजीवी एकदम भिन्न ढंग से सोच रहे थे। युद्ध के दौरान अस्मिता की राजनीति का यह विशिष्ट लक्षण है कि वहां सामुदायिक चेतना ज्यादा मुखर रूप में व्यक्त होती है। इस तरह के युद्ध में सामुदायिक एकता और सामुदायिक कुर्बानी को रेखांकित करने की जरूरत है। यहां पर राष्ट्र अपने को समुदाय के रूप में व्यक्त करता है। सिपाही विद्रोह की खासियत यह थी कि यह आरंभ हुआ सिपाही विद्रोह से लेकिन इसने जल्द ही हिंदू-मुस्लिम एकता की शक्ल अर्जित कर ली और कालांतर में इस सीमा का भी अतिक्रमण कर गया। यह सामान्य मानवीय इच्छा होती है कि वह सीमाओं का अतिक्रमण करे और सन् 1857 का संग्राम भी यही करता है। यह महज सिपाही विद्रोह नहीं रहता और प्रथम स्वाधीनता संग्राम में तब्दील हो जाता है। यह चंद सैनिकों की समस्या की अभिव्यक्ति न रहकर, प्रथम मुक्ति संग्राम बन जाता है। यह सैनिकों का व्यक्तिगत मसला नहीं रह जाता। जबकि यह आरंभ हुआ था सैनिकों की व्यक्तिगत समस्या से। इस प्रक्रिया में कालांतर में प्रत्येक सैनिक एक बड़ी राष्ट्रीय इकाई का अंग नजर आने लगा। उनमें यह सचेतनता स्वतःस्फूर्त ढंग से पैदा हुई। आरंभ में यह सैनिक समस्या के रूप में सामने आया, बाद में यह समस्या समुदाय और राष्ट्र की समस्या बन गई।

आरंभ में गाय के चमड़े के कारतूस के इस्तेमाल के खिलाफ सैनिकों ने प्रतिवाद किया। इस प्रथम मुक्ति संग्राम के आरंभ और एकता की अभिव्यक्ति के केंद्र में पशु (गाय) आया। समाजशास्त्री दुर्खीम ने इस पक्ष की ओर ध्यान खींचा है कि

सामुदायिक (ट्राइबल यूनिटी) एकता पशु, पेड़-पौधे, पृथ्वी, स्वर्ग आदि के रूप में व्यक्त होती है। वहीं दूसरी ओर सैनिकों में एक खास किस्म का बागी भाव नजर आता है। वे अपने आत्मविश्वास को खोते नहीं हैं बल्कि पूरे जोशो-खरोश के साथ अपनी एकजुटता व्यक्त करते हैं और अन्य बटालियनों से भी मदद लेते हैं। अपनी छावनी के संघर्ष को बाहर की छावनियों तक फैला देते हैं। एक तरफ ये सैनिक बाहर के सैनिकों से जोड़कर अपना अलगाव कम करते हैं, वहीं दूसरी ओर भगवान से भी अपना संबंध-संपर्क जोड़ते हैं। इस तरह वे आधुनिकता के साथ आए अलगाव का एक समाधान निकाल लेते हैं और व्यापक एकता निर्मित करने में सफल हो जाते हैं। सीमित समस्या से आरंभ हुए विद्रोह को व्यापक अनंत संग्राम से जोड़ देते हैं। कालांतर में इस संग्राम को लेकर तरह-तरह के नाम रखे गए लेकिन उनकी मंशा एकदम साफ थी।

सन् '57 के संग्राम ने सामाजिक एकता पैदा करने, विचारधारा के आधार पर एकजुट होने का संदेश दिया। इस क्रम ने व्यक्ति और समाज के बीच में नए किस्म की एकता को जन्म दिया। साथ ही, इसकी प्रामाणिकता असंदिग्ध थी। प्रथम स्वाधीनता संग्राम ने सामाजिक लगाव और हिंदीभाषी बौद्धिकों में आवयविक एकता पैदा की। समाज में सामंती चेतना के खिलाफ पूंजीवादी सचेतनता पैदा की। पहली बार धर्म और ईश्वर के विकल्प के तौर पर राष्ट्रप्रेम और राष्ट्रवाद का जन्म हुआ। संस्कृति के क्षेत्र में विकल्प की संस्कृति के साथ, बुर्जुआ संस्कृति ने जन्म लिया।

उल्लेखनीय है प्रत्येक युद्ध अंततः सांस्कृतिक परिवर्तनों को जन्म देता है। सांस्कृतिक परिवर्तन के जरिये सत्ताधारी वर्ग अपना वर्चस्व बनाए रखने की कोशिश करते हैं। शिक्षा में खासकर नए परिवर्तन जन्म लेते हैं। प्रेस में नई संस्कृति व्यापक तौर पर अभिव्यक्ति पाती है और नए विधा रूप के तौर पर उपन्यास का जन्म होता है। हिंदी का *परीक्षागुरु* अंग्रेजी के नॉवेल के पैटर्न का उपन्यास है यह बात आचार्य शुक्ल की तरह नामवर सिंह ने भी रेखांकित की है। ब्रिटिश शासकों की ओर से सचेत ढंग से संस्कृति, परंपरा, भाषा और साहित्य की नई बुर्जुआ व्याख्याओं का जन्म होता है, प्राच्यवाद का स्कूल पैदा होता है जिसका प्रधान लक्ष्य था प्राचीन-मध्यकालीन संस्कृति की व्याख्या करना। इस समूची प्रक्रिया में नए किस्म की ब्रिटिशपरस्त अनुभूति और संवेदनशीलता पैदा होती है।

सन् '57 को लेकर हिंदी में उत्सवधर्मी भाव है, इसके बहाने बार-बार जनता की साझा विरासत, साझा कुर्बानी और साझा समस्याओं पर खूब लिखा गया है।

अधिकांश लेखकों और आलोचकों का इस घटना की ओर लौटना इस बात का संकेत है कि इस घटना से कम से कम सामुदायिक एकता और सांप्रदायिक सद्‌भाव का संदेश जरूर मिलता है। इसी प्रसंग में उल्लेखनीय है कि युद्ध को जब भी याद करते हैं तो सामुदायिकता की भावना, राष्ट्रभक्ति और राष्ट्रवाद की बातें खूब करते हैं। युद्ध की निंदा करते हैं। इस अर्थ में युद्ध हमेशा प्रेरक ऊर्जा का काम भी करता है। कुछ आलोचकों का मानना है शांति की तुलना में युद्ध ने हमेशा सर्जनात्मक प्रेरक की भूमिका अदा की है। सृजन के जरिये युद्ध की पीड़ा से मुक्ति पाते हैं। युद्ध के बाद हमेशा समाज को नए सिरे से ऊर्जस्वित करने में मदद मिलती है। इस संदर्भ को ध्यान में रखकर यदि सन् '57 के युद्ध को देखा जाए तो युद्धजनित परिस्थितियां ज्यादा सर्जनात्मक नजर आएंगी।

पूंजीवाद ने जब से अपने को साम्राज्यवाद के रूप में स्थापित किया और महाशक्ति बनाया उसका एक असर यह हुआ कि महाशक्ति कहलाने वाले देशों में जो भी कुछ घटता था उसका सीधा असर गुलाम दुनिया पर पड़ता था। यह बात 19वीं सदी में जितनी सच थी, आज 21वीं सदी में भी उतनी ही सच है। इसके अलावा धर्म और धार्मिक तत्ववाद का इस्तेमाल करने की परंपरा भी सबसे पहले महाशक्ति कहे जाने वाले देशों में ही दिखाई देती है। खासकर ईसाई फंडामेंटलिज्म का जमकर प्रचार-प्रसार हुआ। ब्रिटेन में उस जमाने में ईसाई कठमुल्लों को विभिन्न तरीकों से सत्ता का संरक्षण प्राप्त था। बाद में यह संरक्षण अन्य धार्मिक संकीर्णतावादियों को भी दिया गया। धर्म के आधार पर राजनीति करने वालों को ब्रिटिश शासकों ने खुला संरक्षण दिया। इसके गर्भ से ही 19वीं सदी में पुनरुत्थानवाद और कालांतर में सांप्रदायिक राजनीति करने वाले संगठनों का जन्म होता है। यह समूची प्रक्रिया हिंदू-मुस्लिम विभाजन और भारत-पाक विभाजन तक ले जाती है। ताकतवर पश्चिमी देशों का स्वाभाविक रुझान मुस्लिम फंडामेंटलिस्टों की ओर रहा है। ब्रिटेन ने सन् '57 के संग्राम के बाद सचेत रूप से सामाजिक सुधारों की प्रक्रिया को भारत में तिलांजलि दे दी। नवजागरण पर विचार करते समय उसके पुनरुत्थानवादी आयाम को समग्रता में समझने की जरूरत है।

इसी तरह नामवर सिंह ने भारतेंदु साहित्य के बहाने जिस अस्मिता की बात कही है वह व्यक्तिगत अस्मिता नहीं है बल्कि सामुदायिक अस्मिता है। इसे व्यक्तिगत अस्मिता के सवालों के साथ गड्डमड्ड नहीं करना चाहिए। रामविलास शर्मा ने जिस तरह हिंदी जाति को पहचान के परम या अंतिम रूप में पेश किया है। पहचान का यह रूप स्वीकार्य नहीं है। अस्मिता में परम या अंतिम पहचान जैसी चीज नहीं

होती। हिंदी जाति को या भाषा को आधार बनाकर अस्मिता की बात जब भी की जाएगी तो उसके गर्भ में से क्या निकलता है यह देखने की जरूरत है। अस्मिता पर बहस करते हुए यदि अस्मिता पर ही पहुंचते हैं तो अस्मिता की यह चक्राकार परिक्रमा अंततः हमें कहीं नहीं ले जाएगी। इसमें एक ही वृत्त में घूमते रहने की संभावनाएं ज्यादा हैं। जैसाकि रामविलास शर्मा ने किया है और नामवर सिंह भी 'स्वत्व' के नाम पर जिस अस्मिता की बात करते हैं वह चक्राकार है। वह भाषायी अस्मिता से आरंभ होती है और उसी पर खत्म होती है। यह भी कह सकते हैं कि वह एक ही संदर्भ में एक स्थिर रूप में भाषायी अस्मिता को देखते हैं जबकि अस्मिता कभी स्थिर नहीं रहती, वह संदर्भ के साथ बदलती रहती है। वह धुरी पर नहीं घूमती। वह एक ही विषय या लक्ष्य पर केंद्रित नहीं रहती। अस्मिता में एक अवधि के बाद अन्य की अस्मिता में घुल-मिल जाने की प्रवृत्ति होती है। अस्मिता हमेशा कनवर्जन करती है। हिंदी जाति की अस्मिता 19वीं सदी से लेकर आज तक एक ही स्थिर अवस्था में बरकरार नहीं रही है।

सवाल यह है कि हिंदी जाति की अस्मिता का किन अस्मिताओं में रूपांतरण हुआ है ? इसे तुलनात्मक तौर पर हमेशा अन्य अस्मिता रूपों के संदर्भ में देखना चाहिए। मसलन 19वीं सदी के संदर्भ में स्त्री अस्मिता को भारतेंदु महत्वपूर्ण नहीं मानते, वे भाषा की अस्मिता को महत्वपूर्ण मानते हैं। लेकिन आज भाषायी अस्मिता महत्वपूर्ण नहीं है, स्त्री अस्मिता महत्वपूर्ण है। आधुनिक पूंजीवादी विकास और जनमाध्यमों के विकास के कारण भाषायी अस्मिता धीरे-धीरे गौण बन जाती है और अन्य अस्मिताएं उभरकर केंद्र में आ जाती हैं। यहां तक कि प्रगतिशील आंदोलन के दौरान भाषायी अस्मिता के बजाय वर्गीय अस्मिता को प्रधान माना गया। इसका अर्थ यह भी है कि अस्मिताओं में समानता स्थापित नहीं की जा सकती। एक अस्मिता से दूसरी अस्मिता में भेद है, इनके दायरे अलग हैं, प्रभावक्षेत्र अलग हैं। मसलन स्त्री के सवालों पर बंगाल के संदर्भ में जो तर्क दिए गए और संघर्ष हुए वैसे संघर्ष हिंदीभाषी क्षेत्र में नहीं हुए। यही हाल महाराष्ट्र के रैनेसां का है। उसके तर्क और संघर्षों के साथ हिंदीभाषी क्षेत्र की तुलना नहीं की जा सकती।

हिंदी की आलोचना में सबसे बड़ी कमी यह है कि यहां विचारों से विचारों की तुलना की जाती है। मसलन, यह संभव है एक समान विचार हों लेकिन समाज एक जैसा न हो। यह बात बंगाल और हिंदीभाषी क्षेत्र को देखकर आसानी से समझ सकते हैं। नवजागरण मात्र विचार नहीं है बल्कि नया समाज है। एक क्षेत्र में रैनेसां के विचार जो हैं, वे हो सकता है अन्य जातीयक्षेत्र में भी मिल जाएं लेकिन वहां

रैनेसां न हो। रैनेसां कोई विचारों का खेलभर नहीं है। रैनेसां एक खास भौतिक परिस्थितियों में सामाजिक-आर्थिक-राजनीतिक संघर्ष के साथ नए वर्गों की सामाजिक भूमिका की भी मांग करता है।

नामवर सिंह ने अपने नवजागरण के खेल में विचारों के साम्य के आधार पर नवजागरण की परिभाषा और स्थितियों को देखा है। विचार के आधार पर स्थितियों को देखना भाववादी तरीका है इससे मार्क्सवादी नजरिये का कोई संबंध नहीं है। हिंदीभाषी क्षेत्र की 19वीं सदी की परिस्थितियां बंगाल और महाराष्ट्र से एकदम भिन्न थीं। यहां न तो फुले जैसा आंदोलन था और न राजा राममोहन राय के नेतृत्व जैसा सतीप्रथा-विरोधी आंदोलन था। अतः यहां के बुद्धिजीवियों में वैसी चेतना और उस चेतना के सामाजिक संप्रसार की भी संभावनाएं नहीं थीं। इसके अलावा हिंदी में पूंजीवाद और मध्य वर्ग का उस तरह विकास नहीं हुआ जिस तरह बंगाल में हुआ था। हिंदी जातीय क्षेत्र की बौद्धिक और भौतिक परिस्थितियां बंगाल और महाराष्ट्र से एकदम भिन्न थीं। महज विचारों की तुलना के आधार पर नवजागरण का आधार नहीं बनता। एक जैसे विचार यह संकेत देते हैं कि बहुत सीमित दायरे में बंगाल-महाराष्ट्र के नवजागरण के विचारों का असर था। यह असर व्यक्तिगत ज्यादा है, सामाजिक तो एकदम नहीं है। इस नजरिये से देखें तो भारतेंदु मंडल के लेखकों के यहां जो भी नवजागरण संबंधी विचार मिलते हैं वे लेखकों के व्यक्तिगत विचार हैं और उनका हिंदीक्षेत्र की परिस्थितियों के साथ बहुत कम संबंध है।

इसी प्रसंग में निजभाषा की उन्नति और 'स्वत्व' या अस्मिता के सवाल को ही गंभीरता से लें और देखें कि निज भाषा को लेकर हिंदीभाषी बुद्धिजीवी और समाज का रवैय्या क्या बंगाल के बुद्धिजीवी और समाज की तरह ही है? बंगाल, महाराष्ट्र और तमिलनाडु में जातीय भाषायी अस्मिता को लेकर जो सामाजिक संघर्ष चला है वैसा कोई भी आंदोलन हिंदीभाषी क्षेत्र में न तो 19वीं सदी में चला और न ही 20वीं सदी में चला। 20वीं सदी में हिंदीभाषी क्षेत्र के बुद्धिजीवी वर्ग ने सचेत रूप से हिंदी से अपने को अलगाया है और अंग्रेजी भाषा के साथ जोड़ा है। जबकि बंगाल, महाराष्ट्र, तमिलनाडु में ऐसा कुछ भी नहीं हुआ। बंगाल में मध्य वर्ग ने सचेत रूप से बांग्ला भाषा का सामाजिक आधार बनाया। इस तरह का आधार हिंदीक्षेत्र में नहीं बन पाया। बंगाली मध्यवर्ग ने सचेत रूप से बंगाली भद्रजन की भाषा को आम जनता की भाषा में रूपांतरित किया लेकिन हिंदीक्षेत्र में अभिजन की भाषा को हम जनभाषा में रूपांतरित नहीं कर पाए हैं। आज भी हिंदीभाषी क्षेत्र में स्थानीय

बोलियों का बोलबाला है। खड़ीबोली हिंदी और उससे जुड़ी शिक्षित वर्ग की संस्कृति और सभ्यता को आमजन की संपदा में रूपांतरित नहीं कर पाए हैं।

मसलन दिल्ली से 60 किलोमीटर दूर हरियाणा में हिंदी की अभिजन संस्कृति का कोई असर दूर-दूर तक नजर नहीं आएगा, इसके विपरीत बंगाल में एक अभिजन जिस भाषा को बोलता है वही भाषा एक झोंपड़पट्टी में रहने वाला गरीब बंगाली भी बोलता नजर आएगा।

आम अभिजन जिस तरह भाषा में गालियां अथवा असभ्य शब्दों के प्रयोग से नफरत करता है वैसी ही नफरत आपको आम गरीब बंगाली के यहां भी देखने को मिलेगी। लेकिन हिंदी में ऐसा आज तक नहीं हो पाया है। भाषा में 'स्वत्व' हासिल करें इसके लिए जरूरी है कि अभिजन की भाषा को आमजन की भाषा में तब्दील किया जाए। अभिजन की भाषा के संस्कार, मूल्य और आदतें आमजन में पैदा किए जाएं। लेकिन हिंदी में ऐसा अभी तक नहीं हो पाया है। उसका सामाजिक वास्तविकता से कोई संबंध नहीं है। भाषायी अस्मिता की लड़ाई यहां के इलाकों में कभी लड़ी ही नहीं गई। इसके कारण यहां के मध्य वर्ग में अंग्रेजी के प्रति स्वाभाविक आकर्षण नजर आता है। वह अपनी भाषा, उसके मूल्य, साहित्य आदि को लेकर वैसा दीवानापन नहीं है जैसा दीवानापन बंगाली या मराठी या तमिल में है।

यह कहना ज्यादा सही होगा कि हिंदी में नवजागरण नहीं हुआ। नवजागरण हुआ होता तो बहस के मुद्दे कुछ और होते। मसलन नवजागरण के साथ पूंजीवादी मूल्यों और आर्थिक विकास के सवाल इन इलाकों में बहस के केंद्र में होते। बंगाली और मराठी बुद्धिजीवियों ने नवजागरण के दौरान पूंजीवादी विकास को लेकर जिस तरह की गंभीर बहसें चलाई हैं और अर्थव्यवस्था पर लिखा है वैसा लेखन 19वीं सदी में हिंदी में दूर-दूर तक नजर नहीं आता। नवजागरण कोई साहित्य-कला मूल्य नहीं है, उसका अर्थशास्त्र और विज्ञान भी है। हिंदी में कभी पूंजीवादी अर्थशास्त्र को खोलकर विश्लेषित करने की व्यापक कोशिश नजर नहीं आती। यही हाल विज्ञान के क्षेत्र में नजर आता है। इसके अलावा सबसे बड़ी कमी नजर आती है, वह है शिक्षित भाषायी मध्य वर्ग का विकसित न हो पाना। हिंदीभाषी क्षेत्र में शिक्षित मध्यवर्ग का विकास एकदम भिन्न ढंग से होता है।

हिंदी आलोचना के नवजागरण संबंधी विमर्श को गंभीरता से देखें तो पाएंगे कि यहां पर आलोचक पहले एक हाइपोथीसिस बनाता है और फिर उसके आधार पर तर्कों का पहाड़ खड़ा करता है और अनुकूल विचारों और मूल्यों को क्रमशः रखता चला जाता है। वह यह परखने की कोशिश ही नहीं करता कि क्या उसके

बताए विचार सामाजिक वास्तविकता से मेल खाते हैं ? इस तरह वह आलोचना को विचारों के अनुमान के आधार पर विकसित करने लगता है। इस क्रम में हम भूल ही गए हैं कि आलोचना कोई हाइपोथीसिस नहीं है। हाइपोथीसिस से बात आरंभ हो सकती है लेकिन अंततः तो सामाजिक यथार्थ की कसौटी पर हाइपोथीसिस की परीक्षा की जानी चाहिए। भाषा के 'स्वत्व' का सवाल बड़ा सवाल है लेकिन देखना होगा कि इसकी वास्तव जमीन किस तरह की है। मजेदार बात यह है कि हिंदी आलोचकों ने नवजागरण के समय के साहित्य के आधार पर भाषासंबंधी निष्कर्ष निकाले हैं लेकिन समाचारपत्र और पत्रिकाओं में छप रही हिंदीभाषा को विचार के केंद्र में नहीं रखा। दूसरी महत्वपूर्ण बात यह कि प्रेस (मीडिया) को एक संस्थान के रूप में कभी विश्लेषित करने की कोशिश नहीं की। इसके विपरीत यह देखा गया कि लोकप्रिय प्रेस को हिकारत की नजर से देखा गया। मुश्किल यह है कि लोकप्रिय प्रेस को खोले बगैर नवजागरण समझ में नहीं आएगा।

नवजागरण विमर्श मात्र साहित्य विमर्श नहीं है बल्कि उसमें मीडिया और दूरसंचार की भी बड़ी भूमिका है। हिंदी आलोचक न तो शिक्षा की स्थिति का आकलन करता है और न पूंजीवाद का आकलन करता है, न प्रेस और दूरसंचार का आकलन करता है ऐसी स्थिति में वह बहुत कम सामग्री के साथ नवजागरण के प्रसंग में सिर्फ साहित्य के एक दायरे को खोलता है। यहां पर भी बाजारू साहित्य और श्रेष्ठ साहित्य का भेद साफ नजर आता है। श्रेष्ठ साहित्य में भी उसका दायरा भारतेंदु मंडल के लेखकों तक ही सीमित है। वे भारतेंदु के पहले के हिंदीप्रेस में प्रकाशित साहित्य और गद्य पर बातें नहीं करते। *परीक्षागुरु* उपन्यास पर बातें करते हैं लेकिन देवकीनंदन खत्री के उपन्यासों पर बात नहीं करते। कहने का अर्थ यह है कि लोकप्रिय उपन्यास, लोकप्रिय कम्युनिकेशन, लोकप्रिय प्रेस के बिना नवजागरण की प्रकृति समझ में नहीं आ सकती। नामवर सिंह के नवजागरण विमर्श में ये सब क्षेत्र कहीं पर भी उल्लेख योग्य स्थान नहीं पाते। सवाल यह है कि अस्मिता का निर्माण क्या पॉपुलर की उपेक्षा करके संभव है ?

कल्चर और पॉपुलर कल्चर के बिना नवजागरण की परतें नहीं खुल सकतीं। हिंदी समीक्षक को कल्चर पसंद है, पॉपुलर कल्चर नहीं। साहित्य आज भी हिंदी में कल्चर का हिस्सा है, पॉपुलर कल्चर का हिस्सा नहीं है। पॉपुलर कल्चर से आज भी हिंदी समीक्षक दूरी बनाए हुए है और पॉपुलर कल्चर को हेय दृष्टि से देखता है। जबकि सच यह है कि वह दैनंदिन जिंदगी तो पॉपुलर कल्चर में जीता है। यह संस्कृति उसके दिलो-दिमाग पर गहरा असर डालती है। नवजागरण के लेखकों की

अधिकतर आदतें पॉपुलर कल्चर से जुड़ी हैं और उन आदतों का उनके व्यक्तित्व से गहरा संबंध है। नामवर सिंह से सवाल किया जाना चाहिए क्या लेखक की आदतें उसके भाषा और साहित्य संबंधी संस्कार बनाती हैं या नहीं ? भारतेंदु मंडल के लेखकों की आदतें पूंजीवादी थीं या सामंती ? या उनके व्यक्तित्व में उन दोनों का मिला-जुला रूप था? क्या इसका उनके साहित्य और समाज पर कोई असर था ?

नवजागरण बुर्जुआ खेल है। बुर्जुआ विचारों और मूल्यों के सृजन में इसकी केंद्रीय भूमिका रही है। हिंदी में जो आलोचक नवजागरण के दीवाने हैं और इसे परम पुण्य-साहित्य-सलिला के रूप में देखते हैं, उनके यहां नवजागरण परम सत्य है। हिंदी आलोचकों में जिन लोगों ने नवजागरण पर विचार किया है उनमें मार्क्सवादी समीक्षकों की बड़ी भूमिका है। सवाल यह है कि नवजागरण की परंपरा बुर्जुआ साहित्य परंपरा है तो फिर उसमें समाजवादी या अन्य रेडीकल साहित्य लेखकों को रखने की कोशिश क्यों की जाती है? नवजागरण का प्रकल्प समाजवादी प्रकल्प नहीं है। वे लेखक जो समाजवाद की परंपरा में आते हैं उनको नवजागरण की परंपरा में रखना सही नहीं है। नवजागरण यदि बुर्जुआ प्रकल्प है तो भारतेंदु मंडल के लेखकों का लेखन भी बुर्जुआ लेखन की कोटि में आता है। भारतेंदु उदार पूंजीवादी विचारों और मूल्यों के सर्जक के रूप में हिंदी साहित्य में अवतरित होते हैं। फलतः भारतेंदु की परंपरा में उन लेखकों को नहीं रखा जा सकता जिन लेखकों ने बुर्जुआ मूल्यों से भिन्न विकल्प का रास्ता चुना है। मसलन भारतेंदु की परंपरा में प्रेमचंद, निराला, नागार्जुन, केदारनाथ अग्रवाल आदि को नहीं रखा जा सकता।

इसी तरह हिंदी आलोचना में रामचंद्र शुक्ल और हजारीप्रसाद द्विवेदी की आलोचना परंपरा बुर्जुआ आलोचना परंपरा है। उसमें रामविलास शर्मा और नामवर सिंह को नहीं रखा जा सकता। हमें बुर्जुआ आलोचना और मार्क्सवादी आलोचना परंपरा में अंतर करना होगा। पहली परंपरा और दूसरी परंपरा के नाम पर जो विभाजन किया गया है वह अवैज्ञानिक है। सवाल यह है कि परंपरा का नामकरण विचारधारा के आधार पर होना चाहिए या अवधारणा या प्रवृत्ति के आधार पर? आलोचकों से सवाल किया जाना चाहिए कि क्या रामविलास शर्मा सच में रामचंद्र शुक्ल की परंपरा में आते हैं? क्या नामवर सिंह को हजारीप्रसाद द्विवेदी की परंपरा में रख सकते हैं?

हिंदी आलोचना में इकहरे ढंग से सोचने की आदत है। भारतेंदु युग, महावीर प्रसाद द्विवेदी युग आदि के नामकरण के पीछे सब कुछ को एक ही परंपरा या एक ही नजरिये की शृंखला में पिरोकर देखने की आदत रही है। सच है कि हिंदी में

एक नहीं, कई साहित्य परंपराएं हैं। एक नहीं, अनेक दृष्टिकोण हैं। मसलन भारतेंदु की परंपरा में दलित साहित्य या स्त्री साहित्य की परंपरा को नहीं रखा जा सकता। साथ ही ये दोनों परंपराएं नवजागरण के प्रति मार्क्सवादी और गैर-मार्क्सवादी आलोचकों के नजरिये से अपने को अलगाती हैं। इन दोनों साहित्य परंपराओं का सामाजिक आधार भी भारतेंदु मंडल के लेखकों से भिन्न है।

हिंदी आलोचना में नवजागरण की खोज और विमर्श में नवजागरण की खोज पर जितना जोर दिया गया उससे ज्यादा नवजागरण की परंपरा के साथ जुड़ने और नवजागरण के असली वारिस बनने पर जोर दिया गया। इसके कारण मार्क्सवादी आलोचना अपने को बुर्जुआ आलोचनादृष्टि से अलगाने के बजाय बुर्जुआजी के वैचारिक खेल में फंसकर रह गई। आलोचना के बुर्जुआ खेल में फंसने के कारण मार्क्सवादी आलोचना अपना स्वतंत्र वैचारिक अवधारणात्मक आधार निर्मित नहीं कर पाई।

मार्क्सवादी आलोचना में बुर्जुआ खेल किस तरह चलता रहा है उसका आदर्श नमूना है नामवर सिंह का आलोचना लेखन। नामवर सिंह ने आलोचना में नवजागरण के बारे में अपने विचार ऐसे समय व्यक्त किए जब हिंदी आलोचना में नवजागरण की चर्चा तकरीबन बंद हो गई थी। इस चर्चा को नए सिरे से उठाते हुए उन्होंने नवजागरण के प्रसंग में अस्मिता की अवधारणा पर जोर दिया, भारतेंदु के प्रसंग में निजभाषा के सवाल को 'स्वत्व' और अस्मिता का सवाल बनाया। अस्मिता का सवाल बुर्जुआ विचारधारा का शीतयुद्धीय राजनीति का सबसे प्रिय सवाल है। अस्मिता के सवाल को उठाते हुए वे परंपरागत आलोचना के दायरे सें बाहर नहीं निकल पाते। अस्मिता को राजनीतिक स्वाधीनता या स्वाधीनता से जोड़ते हैं।

उल्लेखनीय है अस्मिता का सवाल आज जिस रूप में उठ रहा है नवजागरण के दौरान उसी रूप में नहीं उठा था। नवजागरण के समय अस्मिता को सामाजिक पहचान के रूप में उठाया गया था। वहां व्यक्ति की निजता, स्वायत्तता और स्वतंत्रता को प्रमुखता नहीं मिल पाई थी। व्यक्ति की स्वायत्तता को नवजागरण के दौर में बहस तलब ही नहीं समझा गया। व्यक्ति की निजता और स्वायत्तता को परिवार के ढांचे के साथ बांधकर रखा गया था। इसी तरह भाषा की स्वायत्तता और विकास को समानता के नजरिये से नहीं देखा गया। निज भाषा के विकास की बातें अमूर्त रूप में ही सामने आती हैं। निज भाषा के विकास का कोई राष्ट्रीय परिप्रेक्ष्य उस समय स्पष्ट रूप में सामने नहीं था। अस्मिता की अवधारणा को व्याख्यायित करते हुए सबसे प्रमुख हिंदी समीक्षकों ने अंतर्वस्तु समीक्षा को आधार बनाया है। साथ ही

पूंजीवाद की प्रकृति की भी समीक्षा की है। इस क्रम में कई जगह तुलना से काम लिया है। तुलना करके इकसार अंतर्वस्तु को स्थापित करना और उसके आधार पर अवधारणा बनाना सही पैमाना नहीं कहा जा सकता। मसलन इटली के रैनेसां के साथ आए बुद्धिवाद और भारत के बुद्धिवाद के बीच तुलना करना सही नहीं होगा। इसी तरह यूरोप के नवजागरण के साथ भारत की तुलना करना भी सही नहीं है। अवधारणा तय करते समय तुलना की अवधारणा का इस्तेमाल करना सही नहीं होगा। इसी प्रकार जातीय भाषाओं के बीच में तुलना के आधार पर निष्कर्ष निकालना भी सही नहीं है। प्रत्येक भाषा के विकास की प्रक्रिया अलग है और उसकी समस्याएं भी एक जैसी नहीं हैं। भाषा की अस्मिता के आधार पर तुलनात्मक तौर पर अस्मिता को स्थिर करने का काम हिंदी में ज्यादा हुआ है और उसमें जातीयता और जातीय भाषा की अवधारणा का इस्तेमाल तुलनात्मक तौर पर किया गया है।

जातीय भाषा को आधार बनाकर दिए गए तर्क अपने आपमें मुश्किलें खड़ी करते हैं। इसमें पहली मुश्किल है भाषा को परम तत्व मान लेने की। कोई भी भाषा परम नहीं है। निष्पन्न नहीं है। प्रत्येक भाषा की विकास परंपरा और सामाजिक आधार या बोलने वाली जनता के साथ उसका रिश्ता भिन्न रूप में निर्मित होता है। यह बोलने वाले की चेतना, सामाजिक संबंधों की स्थिति, कम्युनिकेशन के स्तर और कम्युनिकेशन संस्थानों की अवस्था आदि पर निर्भर होती है जो प्रत्येक समाज में एक जैसी नहीं होती। मसलन तमिल और बांग्ला भाषा की तरह खड़ी बोली हिंदी का विकास नहीं हुआ है। इनके बोलने वाले और संस्थान भिन्न रहे हैं फलतः तमिल या बांग्ला जाति भाषा की तरह खड़ीबोली हिंदी के विकास को देखना सही नहीं होगा। उसी तरह यूरोप या सोवियत संघ की जातीय भाषा और जातीयता की अंतर्वस्तु के साथ जोड़कर देखना भी सही नहीं होगा। हमारे यहां सामाजिक समूहों की संरचना जातिप्रथा पर आधारित है और इसके कारण भाषा और उसका विकास भी प्रभावित हुआ है। यहां के जातिसमूहों को यूरोप के सामाजिक समूहों की तरह परिभाषित नहीं किया जा सकता। भारत में शूद्रों को परिभाषित करते समय ब्राह्मणों को परिभाषित करना जरूरी है। सवर्ण के बिना असवर्ण की पहचान तय नहीं कर सकते। इसी तरह इन दोनों की शैक्षणिक स्थिति को भी ध्यान में रखना होगा।

जिन लोगों की अभिव्यक्ति का माध्यम जनभाषा है वे लोग और जिनकी अभिव्यक्ति की भाषा स्टैंडर्ड या सत्ताधारियों की भाषा है, उनके बीच में भाषिक तुलनाएं करना सही नहीं होगा। यह एक सच्चाई है खड़ीबोली हिंदी शिक्षितों की

भाषा थी और व्यापारियों (खत्री व्यापारियों) के यहां इसका उपयोग होता था। इसके विपरीत मैथिली, अवधी, भोजपुरी, ब्रजभाषा आदि की स्थिति एकदम भिन्न थी, ये जनभाषाएं थीं। इसी तरह हिंदी क्षेत्र में अभिजन और आम आदमी के भाषिक संसाधन अलग-अलग थे। इसके कारण भाषा के स्तर पर सत्य को समझना और व्याख्यायित करने का रूप भिन्न था। एक ही सत्य को खड़ीबोली हिंदी बोलने वाला जिस रूप में देख रहा था जरूरी नहीं है जनभाषा बोलने वाला व्यक्ति भी वैसे ही देखे ? क्योंकि सत्य के वाक्य-विन्यास की स्थितियां एक जैसी नहीं रहेंगी। यह भी संभव है जो सत्य खड़ीबोली हिंदी लेखक को नजर आ रहा हो वह जनभाषी को नजर ही न आए।

दो भाषाओं में तुलना करते समय यदि सत्य को व्यक्त करने की भाषा एक जैसी है तो इसका यह अर्थ नहीं है कि उसकी ज्ञानमीमांसात्मक चेतना भी एक जैसी होगी। मसलन स्त्री के आधुनिक रूप की बात भारतेंदु मंडल के यहां भी है और बांग्ला लेखकों और विचारकों के यहां भी है लेकिन क्या सामाजिक स्तर एक जैसा है? आज भी बांग्लाभाषी स्त्री और हिंदीभाषी स्त्री का यथार्थ एक जैसा नहीं है। चेतना का स्तर एक जैसा नहीं है। 19वीं सदी के बंगाली बुद्धिजीवी और हिंदी बुद्धिजीवी के विचार अनेक मामलों में मिलते हैं लेकिन सामाजिक धरातल पर, सत्य के धरातल पर विराट अंतराल है। बांग्ला बुद्धिजीवी के लिए सतीप्रथा एक समस्या है लेकिन हिंदी प्रांतों में यह समस्या नहीं है। इस समस्या को लेकर कोई सामाजिक हलचल नहीं है। यह संभव है दो जातीय भाषाओं में किसी विषय पर एक जैसे विचार व्यक्त किए गए हों लेकिन सामाजिक स्तर पर चेतना और सत्य को लेकर व्यापक अंतर हो। कुछ लोगों के लिए जातिसूचक नामों का प्रयोग करना जातिवाद प्रतीत हो सकता है लेकिन किसी अन्य जाति में यह भावना ही न हो। मसलन हिंदीभाषी क्षेत्र में जातिसूचक नाम के प्रयोग जातिभेद को व्यक्त करते हैं लेकिन बांग्ला में यह भेद नवजागरण के दौरान ही खत्म हो गया।

अंतर्वस्तु समान होने से अवधारणा नहीं बनती। इसके समानांतर अर्थ के आधार पर भी अर्थ सुनिश्चित नहीं किया जा सकता। सवाल यह है कि नवजागरण के संदर्भ में जिन अवधारणाओं की बात की जाती रही है वे क्या सामाजिक यथार्थ से मेल खाती हैं ? हिंदी में सामाजिक यथार्थ (शिक्षित-अशिक्षित दोनों का) के साथ अवधारणा का व्यापक अंतराल है। कोई भी अवधारणा वैज्ञानिक रूप में तब ही स्थापित होती है जब उसका सामाजिक ऑब्जेक्ट के साथ साम्य हो।

नवजागरण में विवेकवाद और बुद्धिवाद है लेकिन क्या वास्तव में हिंदी के शिक्षित

वर्ग की उस दौर की चेतना और व्यवहार के साथ ये तत्व मेल खाते हैं ? अवधारणा तब तक नहीं बनती जब तक विचार विशेष और ऑब्जेक्ट के बीच में साम्य स्थापित न हो जाए।

अस्मिता में समत्व के विचार के आधार पर जब भी अस्मिता बनाई जाएगी उसमें समस्याएं रहेंगी। समत्व के आधार पर बनाई गई अधिकांश धारणाएं ऑब्जेक्ट के साथ मेल नहीं खातीं। फलतः अवधारणा और यथार्थ में मेल नजर नहीं आता। सामाजिक चेतना और सामाजिक विकास के बीच में फांक नजर आती है। भाषा और उसके सामाजिक आधार के बीच में अंतराल नजर आता है। भाषा के बारे में सचेतनता जितनी बढ़ती जाती है उसी अनुपात में वैचारिक समझ भी बढ़ती जाती है। हमारे अनुमान करने की क्षमता में भी इजाफा होता जाता है। साथ ही, भाषा की ज्ञानमीमांसा और व्याख्या में भी बदलाव आता है। इसके अलावा भाषा की व्याख्या बार-बार बदलती है। कल तक जिसे जातीय भाषा कहते थे जरूरी नहीं है वह आज जातीय भाषा के रूप में न जानी जाती हो। हिंदी आज कॉमन कम्युनिकेशन की राष्ट्रीय-ग्लोबल भाषा है। मूल बात यह है कि भाषा में व्याख्या के स्तर पर फ्रैगमेंटेशन स्वाभाविक चीज है। भाषा में सम्मिश्रण स्वाभाविक चीज है। यदि अस्मिता की अवधारणा का सामाजिक यथार्थ से मेल नहीं हो पाता है तो वैसी स्थिति में अवधारणा के असफल हो जाने या अप्रासंगिक हो जाने का खतरा रहता है। हिंदी में नवजागरण की अवधारणा की तकरीबन यही स्थिति है।

हिंदी नवजागरण की सबसे बड़ी मुश्किल है कि हमने हिंदीभाषी क्षेत्र के अन्य हिस्सों को विस्तार के साथ कभी खोलने की कोशिश ही नहीं की। नवजागरण हो तो इसके लिए जरूरी है कि उसके समूचे क्षेत्र को विस्तार से खोला जाए। हिंदी नवजागरण तब ही संभव है जब हम हिंदी अस्मिता को मानें और हिंदी अस्मिता पूरी तरह निर्मित तब ही होती है जब हिंदी क्षेत्र के बृहत्तर हिस्सों को खोला जाए। हिंदी जाति और अन्य जातियों के बीच के संबंध को भी रेखांकित किया जाए। अस्मिता जहां एक ओर अपने को विवेचित करती है वहीं दूसरी ओर अन्य को जन्म भी देती है। अतः पहले हमें यह देखना चाहिए कि हिंदी जाति अपना वर्णन कैसे करती है और किस तरह अन्य सामाजिक इकाइयों के प्रति रिएक्ट करती है।

अस्मिता विमर्श को जिन लोगों ने निर्मित या प्रचारित किया है उनकी अन्य अस्मिताओं के विमर्श में कोई खास दिलचस्पी नहीं देखी गई। मसलन भाषा की अस्मिता पर नामवर सिंह ने जोर दिया लेकिन स्त्री और दलित अस्मिता के सवाल उनके लिए हाशिये के सवाल भी नहीं रहे हैं। यही हाल रामविलास शर्मा का है।

उनके लिए अस्मिता के रूप में हिंदी जाति का सवाल प्रमुख है लेकिन उन्होंने कभी अन्य अस्मिताओं के सवालों पर विचार ही नहीं किया। रामविलास शर्मा ने समूचे लेखन से यह आभास मिलता है कि हिंदी जाति का सवाल मार्क्सवादी चिंतन का हिस्सा है और स्त्री या दलित अस्मिता के सवाल उसका हिस्सा नहीं हैं। सच यह है कि अस्मिता विमर्श अंततः परंपरागत मार्क्सवादी पैराडाइम का अंग नहीं है। यह कम्युनिस्ट पार्टियों के विमर्श का हिस्सा भी नहीं है। अस्मिता के रूप में हिंदी भाषा को आधार बनाकर आज हम जब बहस करते हैं और 19वीं सदी को याद करते हैं और उसकी स्मृतियों में डूबकर गोते लगाते हैं तो यह भूल ही जाते हैं कि हिंदीभाषी जनता में अस्मिता के रूप में भाषा को आधार बनाएंगे तो इसमें अनेक उलझनों में फंस सकते हैं। मसलन जो खड़ीबोली हिंदी को अपनी अस्मिता मान रहे हैं उनकी भाषायी अस्मिता किसी अन्य भाषा से जुड़ी हो सकती है। हिंदीभाषी क्षेत्र में एक व्यापक मध्य वर्ग पैदा हुआ है वह अपनी भाषायी अस्मिता को हिंदी से नहीं, अंग्रेजी से जोड़ता है। अन्य ऐसे भी लोग हैं जो अन्य भाषायी अस्मिताओं से अपने को जोड़ते हैं।

अस्मिता पर बात करते समय एक ही अस्मिता को एक समय में निर्धारक बनाया जा सकता है। अन्य अस्मिताएं गौण हो जाती हैं। लेकिन समय और परिस्थितियां बदलने के साथ अस्मिता भी बदलती है। यह संभव है जो अस्मिता पहले गौण नजर आ रही हो वह आज सक्रिय और प्रधान अस्मिता बन जाए। हिंदी जाति की बहस में असल समस्या यह है कि हिंदी जाति अमूर्त नजर आती है। हिंदी जाति की अमूर्तता का प्रधान रूप तब सामने आता है जब हिंदी जाति की अन्य जातियों के साथ तुलना की जाती है। जब आप एक जाति के साथ दूसरी जाति की तुलना करते हैं तो अमूर्त अस्मिता बनाते हैं। लक्षणों के आधार पर साम्य स्थापित जब भी करेंगे तो अमूर्तता पैदा होगी। मसलन, रामलाल की रामलाल वर्मा के साथ तुलना करके एक जैसा अर्थ व्यंजित करने या एक जैसा अर्थ खोजने की जब भी कोशिश की जाएगी अस्मिता अमूर्त शक्ल ग्रहण कर लेगी। एक प्रोफेसर की दूसरे प्रोफेसर के साथ पद के आधार पर तुलना की जाएगी तो अमूर्त अस्मिता जन्म लेगी। इसी तरह एक भाषा की दूसरी भाषा के साथ, एक जाति की दूसरी जाति के साथ लक्षणों के आधार पर तुलना मुश्किलें खड़ी करती है और इससे अमूर्त अस्मिता का जन्म होता है। दूसरी महत्वपूर्ण बात यह कि भाषा के आधार पर जब भी अस्मिता बनेगी वह अमूर्त ही होगी। अमूर्त अस्मिता का खतरा अन्य अस्मिता-रूपों के साथ भी हो सकता है। मसलन ज्योंही

हिंदीभाषी औरत और बंगाली औरत की तुलना करते हुए लक्षण साम्य खोजने की कोशिश की जाएगी तो अमूर्तन पैदा होगा।

नामवर सिंह ने 'स्वत्व' के बहाने जिस अस्मिता की बात की है उसे वे मानवाधिकारों से जोड़कर नहीं देखते। भाषायी अस्मिता का सवाल हो या निजी या सामाजिक अस्मिता के सवाल हों–ये सभी सवाल मानवाधिकार के दायरे में आते हैं। सवाल यह है कि नामवरसिंह मानवाधिकार के परिप्रेक्ष्य में रखकर क्यों नहीं सोचते ? वे जानते हैं कि अस्मिता को मानवाधिकार के दायरे में रखकर देखा जाना चाहिए। लेकिन वे मानवाधिकार के परिप्रेक्ष्य में रखकर नहीं सोचते फलतः वे जिस अस्मिता की बात करते हैं उसकी राजनीति और विचारधारा दोनों के अतर्विरोधों को छिपाते हैं। अस्मिता का सवाल मानवाधिकार का सवाल है। यह महज साहित्य-प्रपंच नहीं है। भारतेंदु के दौर में मानवाधिकार की समझ नहीं थी लेकिन आज तो है। भारतेंदु नहीं जानते थे, लेकिन नामवर सिंह जानते हैं। आलोचना में मानवाधिकारों की प्रतिष्ठा के बिना आलोचना का लोकतंत्रीकरण संभव नहीं है। आलोचना की आंतरिक प्रक्रिया पारदर्शी नहीं बनती।

नामवर सिंह को आलोचना में फतवे देने में मजा आता है। आलोचना में फतवेबाजी वस्तुतः आलोचना का अंत है। आलोचना में सरलीकरण करना भी आलोचना का अंत है। दुर्भाग्य से नामवर सिंह ने अपने नवजागरण लेखन में यही किया है। वे फतवे देते हैं। निष्कर्ष देते हैं। वे कभी किसी मुद्दे को गंभीरता के साथ विश्लेषित नहीं करते। 'स्वत्व' को यदि वे अस्मिता से जोड़ते हैं तो यह भी देखें कि क्या खड़ीबोली हिंदी का हिंदीभाषी क्षेत्र की बोलियों और भाषाओं के साथ भाईचारा और आंतरिकता बढ़ी है या घटी है? क्योंकि अस्मिता की राजनीति भावनात्मक बंधनों को मजबूत करती है। लेकिन विगत 65 सालों का अनुभव बताता है कि हिंदीभाषी क्षेत्र की भाषाओं और बोलियों के साथ खड़ीबोली की दूरी बढ़ी है। हिंदीभाषी क्षेत्र में खड़ीबोली के अलावा अन्य भाषाओं और बोलियों के पठन-पाठन और प्रकाशन में ह्रास आया है। खासकर अकादमिक स्तर पर यह खाई व्यापक रूप में नजर आती है। यह अचानक नहीं है कि नामवर सिंह ने हिंदी भाषी क्षेत्र की खड़ीबोली से इतरभाषाओं और बोलियों के साहित्य पर कुछ भी नहीं लिखा।

अस्मिता की पहचान हमेशा अपने सामाजिक समूह से भावनात्मक तौर पर जुड़ी रहती है। उसके दमित, वंचित सामाजिक समूहों को अभिव्यक्ति देती है। हिंदी में यह देखना मजेदार होगा कि किसानों और मजदूरों पर कितना कथासाहित्य या काव्य लिखा गया? ये वे वर्ग हैं जो बृहत्तर सामाजिक समुदाय और भाषाओं के

दायरे को समेटते हैं। हिंदी का अधिकांश साहित्य मध्य वर्ग केंद्रित रहा है। यह वर्ग हिंदी का बड़ा भोक्ता भी है। यहां तक कि दलितों और स्त्रियों का भी अधिकांश लेखन मध्य वर्ग केंद्रित है। इस वर्ग के चित्रण में एक खास फिनोमिना नजर आता है कि वहां पर बार-बार यह दरशाने की कोशिश की जा रही है कि मध्य वर्ग बदल रहा है, वह पहले जैसा था अब वैसा नहीं है। यानी मध्यवर्ग के रूपांतरित रूपों की चर्चा खूब हो रही है। यह भी चर्चा खूब हो रही है कि एक अस्मिता का दूसरी अस्मिता किस तरह शोषण कर रही है। किस तरह का सांस्कृतिक वर्चस्व एक-दूसरे पर स्थापित करने की कोशिश की जा रही है। दलित और स्त्री साहित्य के संदर्भ में खूब लिखा जा रहा है। इस क्रम में अस्मिता पर हो रहे हिंसाचार, शारीरिक शोषण, उत्पीड़न, अलगाव, शक्तिहीनता आदि के सवालों पर जमकर बहस हो रही है। यह भी कहा जा रहा है कि अस्मिता के सवाल इसलिए उठाए जा रहे हैं जिससे संबंधित अस्मिता की चेतना को ऊंचा उठाया जाए, उसे अभिव्यक्ति मिले।

नामवर सिंह के 'स्वत्व' मॉडल की एक अन्य मुश्किल यह है कि उसमें लोकतंत्र के लिए कोई स्थान नहीं है। वे स्वाधीनता के भावबोध के अभाव की भारतेंदुयुग में चर्चा करते हैं। लेकिन लोकतंत्र की नहीं। लोकतंत्र के बिना अस्मिता नहीं बनती और स्वाधीनता की भावना भी पैदा नहीं होती। अस्मिता और लोकतंत्र अन्योन्याश्रित हैं। लोकतंत्र जितना समृद्ध होगा अस्मिता चेतना भी उतनी ही समृद्ध होती जाएगी। लोकतंत्र का जिन क्षेत्रों में विस्तार होगा उन क्षेत्रों में अस्मिता के सवाल तेजी से सामने आएंगे। लोकतांत्रिक चेतना के कारण अस्मिता चेतना और अस्मिता की राजनीति का विकास होता है। लोकतंत्र के विकास के कारण साझा भावबोध की धारणा फैलती है। शिरकत की भावना का विकास होता है। अस्मिता के प्रसार के लिए ये दोनों चीजें बेहद जरूरी हैं। अस्मिता के विकास के कारण विभिन्न जातियों, समुदायों, हाशिये के समूहों के आत्मनिर्भर होकर विकास करने की संभावनाओं के द्वार खुलते हैं। अस्मिता के आधार पर जब देखना आरंभ करते हैं तो साहित्य के आधार के रूप में मनुष्य पदबंध अपदस्थ हो जाता है। पहले मनुष्य के रूप में देखते थे।

भारतेंदुयुग में मनुष्य की प्रतिष्ठा हुई है, अस्मिता की नहीं। अस्मिता की धारणा कालांतर में जन्म लेती है और बहस के केंद्र में आती है। पहले 'मनुष्य' की मांगें थीं अब अस्मिता के आधार पर मांगें पेश की जा रही हैं। पहले सार्वभौम मनुष्य के आधार पर सोचने और चित्रित करने का रिवाज था। नया अस्मितायुग लिंग, जाति,

धर्म, भाषा, संप्रदाय, नस्ल, जातीयता आदि अस्मिता रूपों के आधार पर चित्रण और मांगें पेश कर रहा है। भारतेंदु युग में खड़ीबोली हिंदी के विकास के साथ भाषा के 'स्वत्व' की बात उठी जरूर है लेकिन वे 'स्वत्व' को मनुष्य के पैराडाइम पर रखकर देखते हैं, अस्मिता के पैराडाइम पर रखकर नहीं देखते।

बहुलतावाद, धर्मनिरपेक्षता और नामवर सिंह

हिंदी आलोचना इन दिनों गंभीर संकट से गुजर रही है। विधा के रूप में देखने के बजाय इवेंट के रूप में समीक्षा लिखी जा रही है। आलोचना इवेंट नहीं है। वह समाचार भी नहीं है। आलोचना महिमामंडन या महोत्सव भी नहीं है कि आलोचक को नायक के रूप में पेश किया जाए। लेकिन फिलहाल आलोचना में यह खेल खूब चल रहा है। आलोचना की धुरी है अवधारणा। लेकिन अधिकांश आलोचकों ने अवधारणा में सोचना और लिखना बंद कर दिया है अथवा आलोचना से तदर्थ रिश्ता बना लिया है। फलतः आलोचना में विभ्रमों की बाढ़ आ गई है। आत्मज्ञान और कॉमनसेंस के आधार पर ज्यादा लिखा जा रहा है। इस प्रवृति को विश्लेषित करने के लिए मेरे सामने दो अवधारणाएं हैं 'वर्ग संघर्ष' और 'बहुलतावाद'।

सन् 2001 में नामवर सिंह ने कहा, 'कभी-कभी बड़े आलोचक भी आत्मरति के शिकार हो जाते हैं और उनके भी कई अंधबिंदु होते हैं। डॉ. रामविलास शर्मा ने सुमित्रानंदन पंत पर जो लिखा, वह 'आत्मरति' ही था। इसी प्रकार कार्ल मार्क्स के लिए 'वर्ग संघर्ष' एक ऐसा अंधबिंदु है, जिससे परे वे कुछ और देख ही नहीं सके। दुर्भाग्यवश भारत में कई मार्क्सवादियों ने भी उनके 'अंधबिंदु' को ज्यों-का-त्यों उठा लिया। वे मजदूर के शोर में किसान को और वर्ग के शोर में जाति और वर्ण को भूल गए।'

सवाल यह उठता है क्या मार्क्स के यहां 'वर्ग संघर्ष' 'आत्मरति' या अंधबिंदु है? यह सच है हिंदी आलोचना ने और खासकर प्रगतिशील आलोचना ने जाति और वर्ण के सवाल की घनघोर उपेक्षा की है। दलितों के लेखन की उपेक्षा की है।

लेकिन 'वर्ग संघर्ष' की अवधारणा को समीक्षा में स्थापित करने में एक जमाने में आलोचकों को अतिरिक्त जोर देना पड़ा। उनके लिए यह धारणा नई थी और समीक्षा में इसको कोई मानता नहीं था। मुश्किल यह है कि समीक्षकों ने 'वर्ग संघर्ष'

की धारणा को राजनीतिक अर्थशास्त्र को समझे बिना इस्तेमाल किया। जबकि राजनीतिक अर्थशास्त्र के बिना 'वर्ग' और 'वर्ग संघर्ष' को समझा नहीं जा सकता।

मार्क्स के यहां यह 'अंधबिंदु' नहीं है। इंग्लैंड में किस तरह का पूंजीवादी समाज विकसित हो रहा था और औद्योगिक सभ्यता में किस तरह के अंतर्विरोध पैदा हो रहे थे, उनकी मीमांसा करते हुए वर्ग की अवधारणा सामने आती है। *कम्युनिस्ट घोषणापत्र* का आरंभ ही वर्ग संघर्ष की धारणा से होता है।

मार्क्स वर्ग और वर्ग संघर्ष के परे किसी भी समाज को नहीं देखते। वर्गों के आगमन के साथ ही वर्ग संघर्ष पैदा होता है। वर्गीयचेतना का उदय होता है। मार्क्स के लिए 'वर्ग संघर्ष' की धारणा मात्र भाषायी पदबंध नहीं है जिसे मनमाने ढंग से बदला जाए या तोड़मरोड़ कर पेश कर दिया जाए। उनके लिए यह दृष्टिकोण का अंग है। वर्ग संघर्ष की धारणा के बिना मार्क्सवादी विश्वदृष्टिकोण नहीं बनता। यह सामाजिक परिवर्तन के नियमों का पता करने की कुंजी है।

वर्गीयसमाज है तो वर्ग संघर्ष भी होगा। एक मार्क्सवादी की यह जिम्मेदारी है कि वर्ग संघर्ष के रूपों, देशज विशिष्टताओं और जटिलताओं की खोज करे। यह दुर्भाग्य की बात है हिंदी समीक्षा में वर्ग संघर्ष की धारणा का कई समीक्षकों ने यांत्रिक रूप में और बिना समझे इस्तेमाल किया है। जबकि मार्क्स-एंगेल्सं के लिए यह एक क्रिएटिव धारणा है वे इसे लेकर किसी भी किस्म की अंतिम राय नहीं देते। यह शोषक-शोषित का संघर्ष मात्र नहीं है बल्कि उसके अनेक आयाम हैं। यह बंद धारणा नहीं है, बल्कि खुली धारणा है। कालांतर में इससे जुड़े नए रूपों का जन्म हुआ। वर्ग संघर्ष और वर्ग की धारणा में भी बदलाव आया।

दूसरी बात यह है अर्थशास्त्र, राजनीति, दर्शन और कलाओं में वर्ग संघर्ष और वर्ग-संबंधों की प्रकृति एक जैसी अभिव्यक्त नहीं होती, मसले भी एक जैसे नहीं होते। नामवर सिंह ने कहा है साहित्य में हाशिया बहुत महत्वपूर्ण होता है। यह बात वर्ग संघर्ष की धारणा पर भी लागू होती है। मार्क्स ने जब वर्ग संघर्ष की धारणा का प्रतिपादन किया था तो उस समय यह हाशिये पर थी, आज भी हाशिये पर है।

नामवर सिंह अधिकांश समय सिर्फ सवाल उठाते हैं। किसी भी समस्या पर ठहरकर विचार नहीं करते। घटनाओं, वस्तुओं, कृति, कृतिकार आदि के प्रति उनकी चलताऊ टिप्पणियां समीक्षा को हलका बनाती हैं। इससे 'आलोचना' का 'समाचार' में रूपांतरण हुआ है। आलोचना सनसनीखेज खबर बनी है। अब लोग आलोचना नहीं पढ़ते बल्कि नामवर ने क्या कहा, यह देखते हैं। इससे आलोचना का खबर में रूपांतरण हुआ है।

आलोचक का काम सनसनी पैदा करना नहीं है। हिंदी समीक्षा में 'वर्ग' और 'वर्ग संघर्ष' की अवधारणा का जिन आलोचकों ने जमकर इस्तेमाल किया है वे भारतीय पूंजीवाद की मीमांसा के प्रति उदासीन रहे हैं और कम्युनिस्ट पार्टी के बयानों से ही पूंजीवाद की समझ बनाते रहे हैं। लंबे समय तक कम्युनिस्ट पार्टी के नेताओं की भी भारतीय पूंजीवाद को लेकर कोई सुसंगत समझ नहीं थी। खासकर सन् 1947 के पहले तो एकदम सुसंगत समझ नहीं थी। आजादी के बाद भी सन् 1970 के बाद ही कुछ गंभीर काम हुआ।

प्रगतिशील आलोचकों ने अपनी पहल पर न तो कभी पूंजीवाद को जानने की कोशिश की और न ही कभी राजनीतिक अर्थशास्त्र के साथ वर्ग संघर्ष की धारणा के सर्जनात्मक संबंध को भारत के संदर्भ में विश्लेषित किया। वे सरलीकरणों का इस्तेमाल करते रहे हैं। मसलन, पूंजीवाद लुटेरी व्यवस्था है। फलतः शोषण, उत्पीड़न, असमानता आदि के अलावा वे किसी और चीज को देख ही नहीं पाए। वे पूंजीवाद पर एकायामी नजरिये से विचार करते हैं। जबकि सच यह है पूंजीवाद एक समग्र व्यवस्था है और उसके पास समाज, संस्कृति, राजनीति, जीवनशैली आदि के बारे में गतिशील और रूढ़िबद्धताहीन नजरिया है। इसे संशय और अविश्वास के आधार पर नहीं समझा जा सकता। इकहरे ढंग से या अछूत भाव से पूंजीवाद को समझना मुश्किल है। पूंजीवाद को समझने के लिए सरलीकरणों से बचने की जरूरत है। जो लोग सरलीकरणों में लिख रहे हैं वे ही इसे लेकर संशय और अविश्वास के शिकार भी हैं। संशय और अविश्वास का भाव हमेशा अज्ञान या पल्लवग्राही ज्ञान से पैदा होता है। हिंदी आलोचक इन दिनों पल्लवग्राही ज्ञान से काम चला रहे हैं। बिना सोचे- समझे अधकचरे ढंग से अवधाणाओं का इस्तेमाल कर रहे हैं इससे आलोचना की व्यापक क्षति हुई है। इस संवृत्ति को समझने के लिए एक और उदाहरण देखें।

नामवर सिंह ने लिखा है, 'बहुलतावाद सेक्युलर होने की गारंटी नहीं है। इस बहुलतावाद में जातियों और संप्रदायों का पदानुक्रम था तथा हर युग में विशेषाधिकार संपन्न एक धर्म और संप्रदाय का वर्चस्व था। लेकिन बहुलतावाद के बिना सेक्युलर होना संभव नहीं है।'

नामवर सिंह की बहुलतावाद को लेकर बुनियादी समझ ठीक नहीं है। वे बहुलतावाद को सामाजिक संरचनाओं के संदर्भ में देख रहे हैं। यदि बहुलतावाद को सामाजिक संरचनाओं के संदर्भ में देखेंगे तो समाजवाद के बाद भी जातियां रहेंगी और उनके बीच में अंतर भी रहेगा। पदानुक्रम भी रहेगा। इसके अलावा नए

किस्म का विशेषाधिकार संपन्न वर्ग के रूप में कम्युनिस्ट पार्टी रहेगी। ऐसा सोवियत संघ में रहा है। रूसी जाति का वर्चस्व वहां सबसे बड़ी इल्लत थी।

भारत में बहुलतावाद सिर्फ जातियों के स्तर पर ही नहीं है बल्कि धर्म, राजनीति और संस्कृति के स्तर पर भी है। समाज में यह संभव नहीं है कि सामाजिक संरचनाओं में बहुलतावाद हो और कला, राजनीति, धर्म, दर्शन में न हो। सोवियत संघ के पराभव के अनेक कारणों में से एक बड़ा कारण है विचार, राजनीति और कलाओं में कम्युनिस्ट पार्टी द्वारा बहुलतावाद का खात्मा। वे समाज में बहुलतावाद मानने को तैयार थे लेकिन जीवन के अन्य क्षेत्रों में नहीं। फलतः सोवियत संघ बिखर गया।

बहुलतावाद को मानने का अर्थ है समाज से लेकर कलाओं तक इसकी भूमिका को नए सिरे से परिभाषित करना। हमारे देश में बहुलताबाद हर स्तर पर है लेकिन इसे नए सिरे से परिभाषित करने की जरूरत है। संविधान निर्माताओं ने आज से 65 साल पहले बहुलतावाद को भारत की विविधता को परिभाषित करते हुए खोला था। इधर के सालों में बहुलतावाद को लेकर अनेक किस्म के नए सोच भी सामने आए हैं। इनमें नामवर सिंह की भी एक राय है जो एकदम अवैज्ञानिक है। नामवर सिंह की समझ में कई बुनियादी गड़बड़ियां हैं, वे मानते हैं 'बहुलतावाद सेक्युलर होने की गारंटी नहीं है।'

असल में सार्वजनिक जीवन में सेक्युलर सभी धर्मों को समानता का दर्जा देता है। धार्मिक कामकाज में राज्य हस्तक्षेप नहीं करता। राजनीति में धर्म को हस्तक्षेप नहीं करने देता। ठीक बहुलतावाद यही काम करता है, वह विभिन्न संस्कृतियों को स्वायत्त सांस्कृतिक परिवेश प्रदान करता है, सांस्कृतिक विकल्पों के लिए स्थान देता है। विभिन्न मान्यताओं और नीतियों को समान स्थान देता है। इच्छानुसार संगठन बनाने की स्वतंत्रता की गारंटी करता है। नागरिक को विकल्प चुनने का मौका देता है। विविध किस्म के अनुभव देता है।

भारत में बहुलतावाद का आधार है उदार पूंजीवाद। इसमें पदानुक्रम और भेदभाव रहेगा। इसके कारण बहुलतावाद में भी भेदभाव, शोषण, असमानता है। बहुलतावाद की खूबी है कि इसमें आप पुराने और नए ढंग से एक साथ सोच सकते हैं और जी सकते हैं। मसलन ऐसे लोग भी रहेंगे जो जाति मानते हैं और ऐसे लोग भी रहेंगे जो जाति नहीं मानते। नई और पुरानी संरचनाओं में अंतर्विरोध बना रहेगा। इससे मुक्ति संभव नहीं है क्योंकि उदार पूंजीवाद ने हमारे देश में पर्सुएशन के आधार पर अंतर्विरोधों को हल करने का मार्ग अपनाया है। इस नजरिये से देखें तो

भारतीय बहुलतावाद का पश्चिमी बहुलतावाद से गहरा अंतर है। इसी तरह जाति के सवालों को भी पर्सुएशन और समानता के आधार पर हल करने के प्रयास होते रहे हैं। इसीलिए जाति के प्रति नए-पुराने दोनों ही रूप सक्रिय हैं।

बहुलतावाद की पश्चिम में धुरी है नए का दबाव और सत्ता की नए के प्रति पक्षधरता। इसके विपरीत भारत में बहुलतावाद की धुरी में दबाव जैसा तत्व नहीं है। यहां पर पर्सुएसन से काम लेते हैं। मसलन यहां पर अधिकांश लोग आज़ भी जाति को मानते हैं, समाज में छोटा तबका है जो जाति को नहीं मानता। संविधान में इन दोनों के लिए स्थान है और पर्सुएशन के आधार पर जाति उन्मूलन के प्रयास किए जा रहे हैं। बहुलतावाद के प्रति दबाव के बजाय पर्सुएशन पर जोर देना वस्तुतः लोकतांत्रिक भाव है। आप भगवान और विज्ञान दोनों को एक साथ मान सकते हैं और ये दोनों समाज में एक साथ रह सकते हैं। समाज में खाप पंचायतें और पंचायतें एक साथ रह सकती हैं। विभिन्न नागरिकों को समान अधिकार हैं, साथ ही अनेक समुदायों के निजी अधिकारों को भी संविधान संरक्षण देता है और उनमें हस्तक्षेप नहीं करता।

सामाजिक समूहों की निजता और सामूहिकता के बीच में पर्सुएशन के आधार पर संतुलन बनाने पर जोर है। विभिन्न जातियों को अपनी मान्यताओं, रीति-रिवाजों, मूल्यों आदि को बरकरार रखने का हक है। संविधान उनसे वंचित नहीं करता। इस समूची प्रक्रिया में उदारतावादी पूंजीवादी मूल्यों का धीमी गति से प्रचार-प्रसार हुआ है। धीमी गति और प्रच्छन्न तरीकों से वैचारिक, सांस्कृतिक और जीवनशैलियों को बदला गया है। मसलन स्त्रियों के पहनावे में आए रेडीकल परिवर्तनों को देखें। बिना किसी राजाज्ञा के सभी औरतों के वस्त्रों का रूपांतरण हुआ है, इस रूपांतरण में विज्ञापन की पर्सुएशन कला की केंद्रीय भूमिका है।

बहुलतावाद को पूंजीवादी गतिशीलता तब मिलती है जब वह जाति, संस्कृति या धर्म की सीमाओं का अतिक्रमण करता है। यह अतिक्रमण विभिन्न कारणों से संभव है। कभी यह अतिक्रमण स्वतः होता है, कभी परिस्थितियां अतिक्रमण करने को मजबूर करती हैं, कभी राज्य की नीतियों के कारण होता है और कभी जीवनशैली में आए बदलाव के कारण होता है। बहुलतावाद को यदि जड़ या स्थिर केटेगरी मानेंगे तो स्थितियां समझ में नहीं आएंगी।

मसलन धर्म में मौजूद वैविध्य और उसकी सामाजिक भूमिका में भी बदलाव आया है। धर्म को संविधान के पैरामीटर के दायरे में रहकर काम करना होता है। जातियों को भी संविधान की लक्ष्मण रेखा माननी होती है। पूर्व-आधुनिक व्यवस्थाओं

में बहुलतावाद था लेकिन उसका नियामक और नियमित करने वाला साझा आधार नहीं था। पूंजीवादी उत्पादन संबंधों और पूंजीवादी राज्य व्यवस्था आने के साथ संविधान के पैरामीटर के आधार पर बहुलतावाद को व्याख्यायित किया गया।

संविधान ने समानता और व्यक्ति की स्वतंत्रता को आधार बनाकर बहुलतावाद और धर्मनिरपेक्षता दोनों की व्याख्या की है और इन दोनों को लोकतंत्र का अपरिहार्य अंग माना है। आधुनिक पूंजीवादी राज्य के उदय के पहले भी धार्मिक-सांस्कृतिक और सामाजिक बहुलतावाद था लेकिन उसको कभी व्यक्ति की स्वतंत्रता और समानता के आधार नहीं देखा गया। व्यक्ति की स्वतंत्रता और समानता के आधार पर देखने की परंपरा पूंजीवादी राज्य व्यवस्था के आगमन के साथ आरंभ हुई।

इस प्रसंग में समाजवाद की भी मुश्किलें सामने आई हैं। वहां समानता तो है लेकिन व्यक्ति स्वतंत्रता नहीं है। फलतः बहुलतावाद को समाजवाद में सत्ता के दमन और दबाव का सामना करना पड़ा।

बहुलतावाद और धर्मनिरपेक्षता के लिए समानता ही काफी नहीं है बल्कि व्यक्ति की स्वतंत्रता और अभिव्यक्ति की आजादी भी चाहिए। धर्मनिरपेक्षता यदि इन दोनों के बिना होगी तो उसके अधिनायकवाद या सर्वसत्तावाद में तब्दील हो जाने की संभावनाएं हैं। धर्मनिरपेक्षता को प्रभावी होना है तो उसे व्यक्ति की स्वतंत्रता, समानता और अभिव्यक्ति की आजादी को आधार बनाना होगा। खाली समानता और न्याय के आधार पर परिभाषित धर्मनिरपेक्षता वस्तुतः अधिनायकवादी धर्मनिरपेक्ष राज्य को जन्म देती है। यही वजह है कि आपातकाल में भारत के संविधान के आमुख में धर्मनिरपेक्ष और समाजवाद पदबंध जोड़े गए। यह वह दौर था जब राजनीतिक बहुलतावाद को अस्वीकार किया गया।

समाज में सामाजिक-धार्मिक-सांस्कृतिक बहुलतावाद रहे इसके लिए यह जरूरी है कि राजनीतिक बहुलतावाद भी रहे। समानता और न्याय पर आधारित धर्मनिरपेक्षता में राजनीतिक बहुलतावाद के खत्म कर दिए जाने की संभावनाएं हैं। आपातकालीन भारतीय अनुभव और समाजवादी देशों का अनुभव इस धारणा को पुष्ट करता है। अतः धर्मनिरपेक्षता के लिए समानता और न्याय ही काफी नहीं है इसके साथ व्यक्ति की स्वतंत्रता और अभिव्यक्ति की आजादी भी जरूरी है। इससे राजनीतिक बहुलतावाद और लोकतंत्र को बचाए रखने में मदद मिलती है, पर्सुएशन से दिल जीतने वाली नीति के लिए भी वातावरण बनाने में मदद मिलती है।

समाजवाद, सर्वसत्तावाद या अधिनायकवादी शासन व्यवस्थाएं धर्मनिरपेक्षता को तो मानती हैं लेकिन व्यक्ति की स्वतंत्रता, अभिव्यक्ति की स्वतंत्रता और पर्सुएशन

की नीति को नहीं मानते। दबाव और वर्चस्व की नीति बहुलतावाद का निषेध है। उदार पूंजीवाद में पर्सुएशन एक बड़ा उपकरण है जिसके जरिये आधुनिकीकरण की प्रक्रिया संपन्न होती है। बहुलतावाद को उन समाजों में क्षति पहुंची है जहां दबाव की राजनीति रही है।

भारत का संविधान सभी जातियों और धर्मों के मानने वालों की प्राइवेसी मानता है और निजी संस्कारों की सुरक्षा की गारंटी देता है। संविधान में विभिन्न समुदायों के निजी कानूनों को भी मान्यता दी गई है।

सरकार निजी मान्यताओं, मूल्यों और संस्कारों में तब तक हस्तक्षेप नहीं कर सकती जब तक कोई शिकायत न करे। शिकायत करने पर समस्या का समाधान संविधान सम्मत आधार पर होता है। यहां तक कि सरकार पुरानी सड़ी-गली रीतियों और रिवाजों के मामले में भी हस्तक्षेप नहीं कर सकती। पूंजीवादी राज्य का यह लिबरल रूप समाज के तानेबाने को पर्सुएशन के आधार पर बदलने में विश्वास करता है। राज्य चाहे तो जबर्दस्ती कर सकता है लेकिन उससे राज्य का लिबरल ढांचा बुरी तरह प्रभावित हो सकता है। यहां तक कि सड़ी-गली मान्यताओं और कुरीतियों के खिलाफ जन आक्रोश जब व्यक्त होता है या उनके खिलाफ कोई नागरिक शिकायत करता है तो राज्य सक्रिय होता है।

नामवर सिंह जिस आधार पर सेक्युलरिज्म को परिभाषित करते हैं उनको यही लगता है कि अभी भारतीय समाज में सेक्युलरिज्म को 'वर्क-आउट' करना बाकी है। सच यह है भारतीय संदर्भों में धर्मनिरपेक्षता संवैधानिक तौर पर परिभाषित है और राज्य कमोबेश उसका पालन कर रहा है। लेकिन राजनीतिक दलों के आचरण में इसका अभाव है।

नामवर सिंह की यह चिंता जायज है कि 'केवल राज्य के सेक्युलर होने से हमारा काम नहीं चल सकता, समाज को सेक्युलर होना पड़ेगा।' सवाल यह है इसके लिए क्या करें ? इसकी कोई परिकल्पना नामवर सिंह नहीं देते।

सवाल यह है धर्मनिरपेक्ष समाज की परिकल्पना क्या है ? क्या मानवाधिकारों को दरकिनार करके धर्मनिरपेक्ष समाज संभव है? मानवाधिकारों की चेतना और उनके आधार पर विभिन्न स्तरों पर संगठनों का निर्माण ही धर्मनिरपेक्ष समाज को पुख्ता बना सकता है। हमें शीतयुद्ध और समाजवाद के नजरिये से बाहर निकलकर धर्मनिरपेक्षता, वर्ग संघर्ष और बहुलतावाद के बारे में सोचना चाहिए।

नामवर सिंह और साठोत्तरी युवा लेखन

नामवर सिंह को युवा लेखन पसंद है। युवाओं को प्रोत्साहित करना उनके स्वभाव का सामान्य अंग है। लेकिन युवा संस्कृति को वे सरलीकरणों के जरिये व्याख्यायित करते हैं। युवाओं को सरलीकरणों के जरिये नहीं समझा जा सकता। युवाओं के साहित्य को परिवार, स्कूली शिक्षा के दर्शन, मासकल्चर और मासमीडिया के प्रभाव के बिना नहीं समझा जा सकता।

युवामन का सारा ताना-बाना परिवार और शिक्षा के मूल्यों से गुजरते हुए बनता है। इसको पूंजीवादी आग्रहों-पूर्वग्रहों के जरिये गति मिलती है। वह एक व्यापक जटिल लोकतांत्रिक प्रक्रिया में समझ में आ सकता है। विद्रोही युवामन को फार्मूलों से नहीं समझा जा सकता। नामवर सिंह का एक महत्वपूर्ण लेख 'युवा लेखन पर बहस' (1968) हमारे सामने है। यह युवा फार्मूलेबाजी के आधार पर लिखा गया आदर्श लेख है। नेट पर यह *पाखी* पत्रिका के नामवर सिंह विशेषांक में उपलब्ध है। यह लेख 1968 में लिखा गया। यानी नामवर सिंह उस समय युवा थे। इस लेख में नामवर सिंह ने कई महत्वपूर्ण बातों की ओर ध्यान खींचा है। पहली मार्के की बात यह कही है कि 'बहुतों के लिए आज भी युवा पीढ़ी 'काल्पनिक' नहीं तो 'अमूर्त' अवश्य है।' लेकिन युवाओं के बारे में अमूर्तन तो इस लेख में भी है।

सवाल यह है कि यह अमूर्तबोध कहां से आता है ? यह अमूर्तबोध युवाओं के यथार्थजगत अज्ञान से पैदा होता। युवाओं के प्रति अमूर्तनता का गहरा संबंध बच्चे के प्रति पिता-माता के उपेक्षाभाव से है। यह उपेक्षाभाव हिंदीभाषी परिवारों में बच्चे के प्रति बचपन से ही व्यक्त होना शुरू हो जाता है। जिस जमाने में नामवर सिंह ने यह लेख लिखा था उस समय हिंदीभाषी समाज में बच्चों के प्रति उपेक्षा का भावबोध चरम पर था। आज भी है। हिंदीभाषी परिवार बच्चे की देखभाल सही ढंग से नहीं करते। बच्चा रामभरोसे बड़ा होता है। घनघोर उपेक्षा और प्यार का अभाव

हिंदी युवा मानस को किस रूप में बनाता होगा इस ओर नामवर सिंह ने एकदम ध्यान नहीं खींचा है।

हमारे युवा लेखकों की मनोदशाएं परिवार और स्कूली शिक्षा के ढांचे से गहरे प्रभावित हैं। युवामन कैसा होगा, यह फैसला इस आधार पर होगा कि परिवार और स्कूली शिक्षा का बच्चे के प्रति नजरिया क्या है ? जिन युवा विद्रोही लेखकों की नामवर सिंह ने विवेचना की है। आश्चर्य की बात है उनके विद्रोह के भावबोध में स्कूली शिक्षा और परिवार की भूमिका को नामवर सिंह एकदम भूल गए। क्या यह भूलना अनायास है ?

हमें यह बात कभी नहीं भूलनी चाहिए कि व्यक्तित्व निर्माण में परिवार और स्कूली शिक्षा की बड़ी भूमिका होती है। हिंदी आलोचना की मुश्किल यह है कि वह कहानी से कहानी, कविता से कविता की ओर विचरण करती है। नामवर सिंह की समूची सैद्धांतिकी रूपवादी है। वह एक विद्रोही भाव से दूसरे विद्रोही भाव की ओर विचरण करती है। उसमें युवाओं के बारे में सरलीकरण और पॉपुलिज्म एक साथ चले आया है। युवाओं की पीठ थपथपाकर, प्रशंसा करके या महज उनके लिखे के आधार पर नहीं समझा जा सकता। युवा के मन की संरचनाओं का परिवार और स्कूली शिक्षा के ताने-बाने और मूल्यबोध के साथ गहरा संबंध है।

किसी भी लेखक को जानने के लिए बचपन बहुत बड़ा आईना है। बागी लेखक उन्हीं परिवारों में जन्म लेते हैं जहां बच्चे उपेक्षा के शिकार हैं या जहां पर शिक्षा से बच्चे को मानसिक संतोष और सुख नहीं मिलता। शिक्षा जब अशांत रखती है तो बागी भावबोध पैदा होने की संभावनाएं ज्यादा होती हैं। अतः प्रत्येक कवि की अलग-अलग विवेचना की जानी चाहिए। इस मामले में सरलीकरण से काम नहीं लेना चाहिए।

हमारी स्कूली शिक्षा बच्चों को स्मार्ट कम और भोंदू ज्यादा बनाती है। साठोत्तरी दौर के लेखकों की स्कूली शिक्षा पर ध्यान दें, उस जमाने में शिक्षा में हुनर नहीं सिखाया जाता था। सत्तर के बाद के वर्षों में हुनर की शिक्षा का तंत्र व्यापक पैमाने पर सामने आता है। विभिन्न लेखक अलग-अलग पृष्ठभूमि से आए हैं, इसका उनकी भाषा, विचार, आचार-संहिता आदि पर भी असर पड़ा।

मध्यवर्गीय परिवार और गरीब परिवार के बच्चे की मनोदशा एक जैसी नहीं होती। इनका व्यक्तित्व विकास भी भिन्न ढंग से होता है। प्रत्येक बच्चा अपने साथ परिवार के सांस्कृतिक वातावरण से बनता है। यदि एक जैसी पृष्ठभूमि से दो लेखक आ रहे हैं तो उनकी व्यक्तिगत क्षमताएं और सर्जनात्मकता तय करेगी कि

कौन किससे बेहतर है, कितनी लंबी रेस का घोड़ा है।

हमारी स्कूली शिक्षा छोटे-बड़े, अमीर-गरीब के भेद को बच्चों के जेहन में बिठाती है। वर्गीय पूर्वग्रहों और वर्गीय प्रवृत्तियों को जीवन का अंग बनाती है। कुलीन, खेत मजदूर, किसान, ज्ञानी, अज्ञानी आदि में विभाजित करके देखने की बुद्धि देती है। बच्चों में आरंभ से ही अहंकारबोध पैदा किया जाता है। स्कूली शिक्षा में संघर्ष भावना का एकसिरे अभाव है। गरीब और निम्न मध्यवर्ग के बच्चों को हमेशा सहिष्णुता का पाठ पढ़ाया जाता है। इस सहिष्णुता से वास्तव जिंदगी का कोई मेल नहीं है।

हमारी स्कूली शिक्षा बच्चे में प्रश्नाकुलता पैदा नहीं करती। वह बच्चों को अधीनता और आलोचनारहित भावना की शिक्षा देती है। स्कूलों में इतिहास के नाम पर छद्म-देशभक्ति का पाठ पढ़ाया जाता है। लोकतंत्र का पाठ कम, उपयोगितावाद का पाठ ज्यादा पढ़ाया जाता है। देश को देने के बजाय पाने की भावना पैदा की जाती है। यही वह परिवेश है जो हिंदीलेखक के मनोजगत को मथता रहा है।

लोकतंत्र हमेशा बच्चों की शिक्षा में उपदेशधर्मी भाव से पढ़ाया जाता है। निषेध एक स्थायी भाव है, यह करो और यह न करो। बच्चे के मन में आरंभ से एक ही शिक्षा दी जाती है कि वह अधीन है। कहा जाता है वह माता-पिता के अधीन है, शिक्षक के अधीन है। अधीन भावबोध को पैदा करने में स्कूली मास्टर का अनुशासन सबसे बड़ा स्रोत है। बच्चे को कोई ऐसी चीज करने नहीं दी जाती जो वह करना चाहता है, क्योंकि वह अधीन है।

असल में बच्चा ऐसी सामग्री है जिसके जरिये राज्य अपने काम पूरे करेगा और उसे लूटेगा। यही वह स्कूली शिक्षा का पुराना परिवेश है जिसमें साठोत्तरी युवा लेखन पैदा हुआ है। साठोत्तरी युवा लेखकों में अधिकतर गैर-अभिजन पृष्ठभूमि से आए थे। उनके अंदर जो आक्रोश था वह देशज शैक्षणिक और पारिवारिक अंतर्विरोधों की देन था।

नामवर सिंह के अनुसार, 'कहने की आवश्यकता नहीं कि प्रायः हर दशक बाद साहित्यों में एक नई पीढ़ी का उदय होता है। युवा-सुलभ विद्रोह भर पीढ़ी में दिखता है। विद्रोह के ये अंदाज भी उतने ही जाने-पहचाने हो चले हैं जितने प्रतिरोध के प्रयास, जैसे परंपराद्रोह, विदेशी अनुकरण, असाहित्यिकता, असामाजिकता अश्लीलता आदि। आरोप-प्रत्यारोप का ढांचा वही रहता है, मुहावरे अलबत्ता बदल जाते हैं। मजा उस ढांचे को दुहराने में नहीं, नए मुहावरों में है, क्योंकि हर पीढ़ी के साथ साहित्य में जो कुछ नया आता है वह इन्हीं मुहावरों के सहारे समझा जा सकता है।'

'युवा लेखन के संदर्भ में इस्तेमाल किए जाने वाले विद्रोह, आक्रोश, अस्वीकृति, असहमति, आक्रामकता आदि अमूर्त भाव वाचक संज्ञाए इसी प्रकार के नए मुहावरे हैं। इतिहास में जिस प्रकार युवा पीढ़ी के साथ ये नए मुहावरे आए उनसे और कुछ नहीं तो इतना तो स्पष्ट हो ही जाता है कि सोचने-समझने की दिशा में परिवर्तन हो रहा है।'

नामवर सिंह साठोत्तरी पीढ़ी को पुराने किस्म के वर्गीकरण में बांधकर देखते हैं। वे पीढ़ियों का अंतर देखते हैं इसमें पुरानी पीढ़ी वह है जो आजादी की जंग में तपकर आई थी, नई पीढ़ी आजादी के बाद आई है। नामवर सिंह ने लिखा है, 'नाम' की तलाश से स्पष्ट है कि यह युवा पीढ़ी भी हर पीढ़ी की तरह अपनी भिन्नता और विशिष्टता के लिए आग्रहशील है। विभिन्नता का आग्रह यदि पहले से अधिक है तो इसलिए कि इतिहास में उसकी स्थिति पहले की सभी पीढ़ियों से नितांत भिन्न है यदि औरों का एक पांव आजादी के पहले भारत में है तो युवा पीढ़ी ने एकदम आजादी के बाद के भारत में ही आंखें खोलीं। और मामूली मालूम होने वाला यह अंतर मानसिक गठन के स्तर पर बहुत बड़ा अंतर डाल देता है। व्यक्ति के रूप में युवा लेखकों का मानस-संस्कार स्वातंत्र्योत्तर भारत में बना तो इतिहास के रूप में फैलने को मिला साठोत्तरी युग-परिवर्तन! व्यक्तित्व भी भिन्न, परिवेश भी भिन्न। परिवेश और व्यक्तित्व का यह विशिष्ट घात-प्रतिघात ही युवा लेखन की भिन्नता का आधार है।

इस अमूर्त पीढ़ी भेद में सबसे मूल्यवान चीज है लोकतंत्र और स्वाधीनता का वातावरण। नामवर सिंह लोकतंत्र का उल्लेख नहीं करते। नई पीढ़ी के पास लोकतंत्र का माहौल था। लोकतंत्र में मानसिक गठन एकदम भिन्न किस्म का होता है। लोकतंत्र अभिव्यक्ति, कार्य-व्यापार, साहित्य आदि में असंख्य विकल्प देता है। प्रतिवाद उसका अंतर्ग्रथित हिस्सा है। लोकतंत्र में उनके लिए भी जगह है जो उसे स्वीकारते हैं, और उनके लिए भी जगह है जो उसे अस्वीकार करते हैं। खासकर अल्पसंख्यकों को, जिनमें लेखक भी आता है, उसे लोकतंत्र इफरात में स्थान देता है। अभिव्यक्ति के अनंत चैनल और मीडियम प्रदान करता है।

भारत के लोकतंत्र का वातावरण पुराने साम्राज्यवादी शासन से एकदम भिन्न था। वहां परायेपन का माहौल था, इसलिए उस समय हर व्यक्ति देश खोज रहा था। अपने लिए जगह खोज रहा था। लोकतंत्र में यह माहौल बुनियादी तौर पर बदल जाता है। आजादी के भारत पुराने भारत से भिन्न रूप में सामने आता है। नया संविधान, नई आजादी, नई स्वाभिमान की भाषा, नए किस्म का औद्योगिक

विकास और नए किस्म का कल्याणकारी पूंजीवादी राज्य, स्वतंत्र मीडिया और न्यायपालिका।

लोकतंत्र के माहौल ने सामाजिक जीवन में एक छलांग का काम किया है, व्यक्ति के विवेक और परिवेश को बुनियादी रूप से बदला है। साठोत्तरी प्रतिवादी साहित्यिक तेवर, लोकतंत्र के बदले माहौल के साथ युवा लेखक की कशमकश की देन हैं। यह कशमकश कमोबेश उन लेखकों में भी है जो बतर्ज नामवरजी पुरानी पीढ़ी के हैं। युवा लेखकों ने नए बदले लोकतांत्रिक माहौल को जल्दी समझा और उसके साथ सामंजस्य बिठाया है बनिस्पत पुरानी पीढ़ी के।

लोकतंत्र और लोकतांत्रिक माहौल बुनियादी प्रस्थानबिंदु है साठोत्तरी साहित्य का। सारी मुठभेड़ें लोकतंत्र से हैं और लोकतंत्र के साथ एडजस्टमेंट या सामंजस्य-विरोध के आधार पर विकसित हुई हैं। साठोत्तरी साहित्य का प्रस्थानबिंदु लोकतंत्र है यह बात नामवरजी स्पष्ट ढंग से नहीं मानते बल्कि गोलमोल बातें कहते हैं। यहां वे पीढ़ियों का संघर्ष देखते हैं। लिखा है, 'यह व्यक्तिगत दुर्घटना नहीं बल्कि एक ऐतिहासिक अंतर है, जिसे स्वीकार किए बिना परिस्थिति को समझना असंभव है। इसी तरह साठोत्तरी युग-परिवर्तन को लेकर उलझना भी कठमुल्लापन है।'

नामवर सिंह ने साठोत्तरी साहित्य के प्रस्थानबिंदु का निर्धारण करते हुए लिखा है, 'युवा लेखक के मिजाज को समझने का एक तरीका यह हो सकता है कि उसमें सम्मूर्तित आदमी की ठोस तस्वीर से शुरू किया जाए, जैसे कुछ लोगों ने 'लघु मानव' के द्वारा 'नई कविता' को परिभाषित करने का प्रयास किया। इस दृष्टि से इतना तो तुरंत कहा जा सकता है कि युवा लेखन उस 'लघु मानव' का साहित्य नहीं है। केदारनाथ सिंह ने इस दिशा में एक संकेत दिया है कि 'आज के कवि का 'मैं' एक वचन उत्तम पुरुष का 'मैं' न होकर 'हम' की तरह अमूर्त और व्यापक हो गया है। और ऐसा किसी बड़े आदर्श के प्रति आग्रह के कारण नहीं, बल्कि अमानवीयकरण की एक बृहत्तर प्रक्रिया के अंतर्गत अपने आप और बहुत कुछ कवि के अनजान में ही हो गया है।' कहानियों में यही 'मैं' व्याकरण की दृष्टि से उत्तम पुरुष एकवचन होते हुए भी अर्थ की दृष्टि से प्रायः अन्य पुरुष एकवचन 'वह' के रूप में आता है। हर हालत में नियामक है अमानवीकरण की प्रक्रिया। 'महामानव', 'साधारण मानव' और 'लघु मानव' की परंपरा को आगे बढ़ाते हुए चाहें तो इसे 'नगण्य मानव' भी कह सकते हैं। कविता हो या कहानी—अधिकांश युवा-लेखन में निहित मानव में गहरे स्तर पर अपनी नगण्यता का बोध बद्धमूल है। आत्मदया, असहायता, आक्रोश, जिज्ञासा, उदासीनता आदि सभी मनःस्थितियां

इस नगण्यता से ही उत्पन्न और परिचालित होती हैं।'

असल में नई पीढ़ी को आजादी मिलते ही लगा कि देश आजाद हुआ है तो अब तो सारी जिम्मेदारी राज्य उठाएगा जबकि लोकतंत्र में राज्य कभी व्यक्ति का बोझ नहीं उठाता बल्कि व्यक्ति को अपने जीवन को अपने आप तैयार करना होता है। कहीं न कहीं यह धारणा थी कि आजादी मिलते ही दूध-घी की नदियां बहने लगेंगी। राज्य संस्कृति और सभ्यता की रक्षा करेगा। कला और साहित्य को फलने-फूलने का आधार प्रदान करेगा। इस काल्पनिक धारणा का लोकतंत्र के माहौल से कोई संबंध नहीं था। लोकतंत्र मनुष्य को संघर्ष के लिए लंबे पंजे और तेज दांत प्रदान करता है। व्यक्ति को अपना व्यक्तित्व प्रतिस्पर्धी, पैना और धारदार बनाना होता है। लोकतंत्र में हर चीज अर्जित करनी होती है यहां तक कि अपनी पहचान भी अर्जित करने के लिए संघर्ष करना होता है। लोकतंत्र में न तो शिक्षा अपने आप मिलती है, न नौकरी मिलती है और न मान-सम्मान मिलता है और न लेखक की पहचान ही अपने आप मिलती है। हर चीज पाने के लिए पहल और संघर्ष करना होता है।

लोकतंत्र में कोई भी चीज खैरात में नहीं मिलती। लोकतांत्रिक हक या लोकतांत्रिक माहौल धर्मादा दान-पुण्य में भी नहीं मिलते। वे मात्र सदिच्छा या आशीर्वाद या काव्य लेखन से भी नहीं मिलते। उन्हें संघर्ष करके अर्जित करना पड़ता है। हिंदी लेखकों की बड़ी संख्या इस तथ्य से उस समय तक अनभिज्ञ थी।

एक चीज और वह यह कि लोकतंत्र नारेबाजी या विचारधारा या आंदोलन मात्र से अर्जित नहीं होता आपको अपना निजी कौशल पेशेवराना ढंग से विकसित करना होता है। व्यक्तित्व को सजाना-संवारना होता है। व्यक्तित्व को सजाए-संवारे बिना और परजीविता को त्यागे बिना यदि कोई लोकतंत्र में पाना चाहता है तो उसे असफलता मिलने के चांस ज्यादा हैं।

दूसरी एक बड़ी आयरनी यह थी कि युवा लेखकों में बुर्जुआ लोकतंत्र को लेकर व्यापक असंतोष था वे इसमें कोई भी सकारात्मक तत्व देख ही नहीं पा रहे थे। इस असंतोष के तीन प्रधान कारण हैं। पहला, लेखकों पर शीतयुद्धीय राजनीति के तहत समाजवादी विचारों का प्रभाव और दूसरा लोकतंत्र के अनुरूप निजी संसार को रूपांतरित करने में असमर्थता, तीसरा, शॉर्टकट में हासिल करने का नजरिया। लोकतंत्र में कोई चीज शॉर्टकट से नहीं मिलती। लोकतंत्र शॉर्टकट नहीं है बल्कि एक प्रक्रिया है। इस प्रक्रिया में यदि आप अधीर हो जाएंगे तो गहरी निराशा, कुंठा, पराजय-बोध आदि की भावना पैदा होगी। साठोत्तरी युवा लेखकों में ये तीनों लक्षण मिलते हैं।

साठोत्तरी दौर के युवा लेखन में नगण्यता-बोध खूब है। नामवर सिंह ने लिखा है, 'नगण्यता का यह बोध युवा लेखन के संदर्भ को देखते हुए बेमेल नहीं लगता। यह तथ्य है कि युवा पीढ़ी को न तो आजादी की लड़ाई में हिस्सा लेने का मौका मिला और न स्वाधीन भारत के निर्माण में योग देने की सुविधा ही मिली। अतीत से बाहर वर्तमान से बाहर और भविष्य तो अनिश्चित होने के कारण यों भी बाहर है। इस प्रकार युवा पीढ़ी इतिहास से 'बाहर' रही। बाहर मैं कर दिया गया हूं, भीतर पर भर दिया गया हूं—निराला की यह पंक्ति जैसे आज के युवक की ओर से ही कही गई है। बाहर कर दिए जाने के कारण ही वह भीतर से भर दिया गया है। यही नहीं, बल्कि वह इतिहास के बाहर रहकर ही इतिहास में हिस्सा भी ले रहा है। इतिहास में वह बाहर से शरीक है। नितांत 'बाहरी' होने की यह मनःस्थिति युवा लेखन के हर स्तर पर सक्रिय दिखाई पड़ती है। अपने-आपको 'फालतू पुर्जा' और बाकी साथियों को भी एक ही भाग के फालतू पुर्जों का ढेर समझना इसी बोध का सूचक है। जो 'अंदर' है और जो काम में लगे हैं उनकी नजर में यह स्थिति भले ही अजीब हो, लेकिन जिस राष्ट्र के निर्माण कार्य में भाग लेने से समूची जनता को बाहर रखा गया हो और जिसमें बेकार तो बेकार, राजकाज की मशीन में काम से लगे पुर्जे भी किसी स्पष्ट उद्देश्य के अभाव में अपने-आपको बेकार समझ रहे हों, यह मनःस्थिति अनपहचानी नहीं हो सकती।'

इस प्रसंग में पहली बात यह कि लोकतंत्र में देश-निर्माण का जज्बा पैदा करने में शासक वर्ग को सफलता तब तक नहीं मिलती जब तक वह शिक्षा की आधारभूत संरचनाएं तैयार न कर दे। साठोत्तरी दौर में जिस चीज ने तकलीफ पैदा की है और पुराने पिछड़े मानसिक सोच को बनाए रखा, वह है फैक्ट्री और उससे जुड़े तंत्र का विरोध। पंडित नेहरू ने आह्वान किया था नए भारत के लिए हमें ज्यादा से ज्यादा इंजीनियर, कुशल कारीगर और पेशवर लोग चाहिए। उनकी नजर तकनीकी प्रगति पर थी। मुश्किल यहां पर है कि तकनीकी प्रगति का अर्थ हमने वैज्ञानिक प्रगति लगा लिया बल्कि होता यह है कि तकनीकी प्रगति, वैज्ञानिक प्रगति का प्रतिवाद करती है। नेहरू युग में जो शिक्षातंत्र खड़ा किया गया उसका लक्ष्य था बुर्जुआ सामाजिक प्रतिस्पर्धा के लिए जुझारू व्यक्ति तैयार करना। मसलन जब एक बच्चे से पूछा गया कि आप पढ़ते क्यों हैं तो उसका जवाब होता है कि 'मैं विश्वविद्यालय में दाखिला ले सकूं', 'विश्वविद्यालय में दाखिला किसलिए ?', 'ताकि आवश्यक पद पा सकूं।' यानी शिक्षा को आसानी से पद पाने में मदद करनी चाहिए। यानी व्यक्ति इस या उस पद को पाने के लिए प्रयास करता रहता है। पद पाने के लिए

शिक्षा की उपाधियों के तमगे हम अपने सीने पर लगाए घूमते रहते हैं। यह एक तरह नागरिक चेतना से उलट चेतना है। भारत में शासक वर्ग ने एक ओर उपाधियों और पदों की भूख पैदा की तो दूसरी ओर ऐसे व्यक्ति का निर्माण किया जो नागरिक चेतना से शून्य है। इस प्रक्रिया में लोकतंत्र तो फला-फूला लेकिन बगैर लोकतांत्रिक नागरिक चेतना के।

नामवर सिंह ने सही लिखा है, 'नगण्यता के इस बोध ने जागरूक युवक लेखक को नगण्य-से-नगण्य वस्तु और व्यक्ति को देख सकने की क्षमता दी है। यदि बारीक-से-बारीक ब्यौरे की दृष्टि से युवा लेखन समृद्धतर है तो इसी क्षमता के कारण। इसे यथार्थ-चित्रण और वस्तु-अंकन की दिशा में विकास कहा जाएगा। इस लेखन में गली-कूचे, खेत-खलिहान के मामूली आदमी अपनी सारी नगण्यता के साथ सजीव रूप में जिस प्रकार आए हैं वह इसी दृष्टि का परिणाम है। वैसे, ये प्रतिमाएं पिछले प्रगतिशील दौर में भी दिखाई पड़ी थीं किंतु इनके निर्माण में प्रायः 'दृष्टि' से ज्यादा 'कोण' उभर जाता था।'

'पहले के लेखक जहां सत्य की तलाश में सतह पर तैरने वाली वस्तुओं और घटनाओं को पार करके तल में डुबकी लगाते थे, युवा-लेखक तथाकथित सतही वस्तुओं और घटनाओं को ही सत्य की व्यंजकता में समर्थ मानते हैं। पूर्ववर्ती लेखकों के मानस में वेदांत का मायावाद कुछ इस तरह बद्धमूल था कि उनके लिए 'तत्व तल से ही निकलता' था तथा सोने वाली मछली निस्तल जल में ही रहती थी और प्रयोग का 'मोती' लाने के लिए गोताखोर पनडुब्बी होने की आवश्यकता महसूस होती थी। इसके विपरीत युवा लेखक सतह पर सुलभ वस्तुओं को ही सत्य का वाचक मानता है और इस दृष्टि से युवा लेखन 'सुपरफिशलिटी' या 'सतहीपन' का सार्थक साहित्य है। कहने वाले इस आधार पर इसे एकदम सतही और 'सुपरफिशल' भी कह सकते हैं और ऐसी व्याख्या के लिए रोक कौन सकता है।'

'नगण्यता-बोध का प्रभाव युवा-लेखन की भाषा पर भी देखा जा सकता है। अनेक कृतियों में नगण्य-से-नगण्य शब्दों से सारी रचना का विधान किया गया है। कभी-कभी शब्दों की उस नगण्यता को 'कृत्रिमता' की हद तक भी पहुंचा दिया जाता है—एक विशेष प्रकार का प्रभाव उत्पन्न करने के लिए। यह प्रवृत्ति कविता और कहानी दोनों क्षेत्रों में देखी जा सकती है। इसके साथ ही प्रभामंडित बड़े शब्दों से परहेज भी साफ है। निश्चय ही सर्वत्र ऐसा नहीं हो सका है, लेकिन जहां ऐसा हुआ है वहां नगण्य शब्दों के जरिये भी ऐसे भयावह वातावरण की सृष्टि कर दी गई है जो बड़े-बड़े शब्दों के भी वश से बाहर है। छोटे-से-छोटे शब्द द्वारा बड़े-से-बड़ा

विस्फोटक प्रभाव उत्पन्न करके युवा लेखकों ने दिखला दिया कि साहित्य के अंदर भी परमाणु युग आ गया। कहते हैं कि युवा-लेखकों ने शब्द और अर्थ का संबंध तोड़ दिया। हुआ यह कि जिंदगी में जिन शब्दों का संबंध अपने अर्थ से टूट गया था और फिर भी उनके जुड़े होने का ढोंग किया जाता था, उस ढोंग को इन लेखकों ने तोड़ दिया। उन्होंने कुछ पूर्ववर्ती लेखकों की तरह शब्द में नए अर्थ भरने के नाम पर मुलम्मा चढ़ाने का काम नहीं किया। इसी से भाषा में यथातथ्यता की भी प्रवृत्ति बढ़ी है, यहां तक कि तथ्य ही भाषा बन गया।'

साठोत्तरी लेखकों में सेक्स एक प्रमुख विषय है। नामवरजी ने सेक्स के चित्रण को लेखकों के इतिहास से पलायन और आदिम मनोभाव से जोड़ा है। लिखा है, 'अपने इतिहास से बाहर रहने के कारण ही कुछ युवा लेखकों में इतिहास से एकदम बाहर चले जाने की आकांक्षा दिखाई पड़ती है। संपूर्ण परंपरा को एकदम नकार देने के मूल में यही आकांक्षा है। उधर भविष्य का दरवाजा पहले ही से बंद है, इसीलिए इतिहास से बाहर जाने की चेष्टा अदबदाकर उन्हें 'आदिमपन' में ला छोड़ती है। जब इतिहास एक व्यर्थ का भार है और सभ्यता एक अभिशाप तो आदिम अवस्था ही काम्य बच रहती है। इस आदिम मनोदशा में सारा संसार जंगल मालूम होता है और सारे आदमी पशु। कवि का मन 'चिड़ियों का व्याकरण' सीखने के लिए बेचैन हो उठता है। इसी मनोदशा का एक रूप है 'अपनी जड़ों की खोज', जिसका संकेत 'आरंभ'-2 के इस उद्धरण में देखा जा सकता है 'आज इस वक्त की कविता अपनी जड़ों की खोज की बेचैन कविता है।' इस दृष्टि से युवा-लेखन को 'मूलगामी' कहा जा सकता है। शायद हर नई शुरुआत के लिए एक बार जड़ों में जाने की जरूरत पड़ती है। इतिहास की अभीष्ट व्याख्या करने के लिए मार्क्स ने भी इतिहास से बाहर छलांग लगाई थी और प्रागैतिहासिक साम्यवादी समाज के मूल तत्वों की खोज की, इतिहास के बाहर एक बार अतीत की दिशा में तो दूसरी बार भविष्य की दिशा में किंतु उनके पांव बराबर इतिहास के अंदर वर्तमान की ठोस जमीन पर टिके रहे। 'आदिमपन' की दिशा में युवा लेखन का मूलगामी प्रयास भी बहुत-कुछ वर्तमान का ही सृजनात्मक रूपांतर है और इससे सृजन के धरातल पर निश्चय ही नई संभावनाएं व्यक्त हुई हैं।'

साठोत्तरी कवि की सेक्स अभिव्यक्तियां, सेक्सुअल अंग-प्रत्यंगों का अभिव्यक्ति के उपकरण के रूप में इस्तेमाल विभिन्न किस्म की व्याख्याओं की संभावनाएं पैदा करता है। इस प्रसंग में पहली बात कि यह सेक्स और कामुक अंगों और क्रीड़ाओं की ओर हिंदी का लेखक पहली बार नहीं आया बल्कि पहले भी मध्यकाल में हिंदी

और संस्कृत में इसका विषय के रूप में खूब प्रयोग मिलता है।

सेक्स का सर्जना में सार्वजनिक प्रयोग एक ओर अवचेतन को अभिव्यक्त करता है तो दूसरी ओर सामाजिक जीवन में ऐहिकतामूलक नजरिये को विस्तार देता है। इसे आज की भाषा में धर्मनिरपेक्ष नजरिया कहते हैं। मध्यकालीन शृंगार साहित्य की इसी ऐहिकतामूलक भूमिका की ओर आचार्य हजारीप्रसाद द्विवेदी ने ध्यान खींचा है। सेक्स की ओर जाने का अर्थ है आदिम मन या आदिम गुफाओं में जाना नहीं है और न यह इतिहास से पलायन है। सेक्स की थीम रवींद्रनाथ टैगोर की सबसे प्रिय थीम थी। उन्होंने 60 साल की उम्र के बाद कई हजार न्यूड चित्र बनाए और स्त्री के मांसल शरीर का सबसे सुंदर कलात्मक चित्रण किया।

सेक्स पर लिखने का अर्थ है स्त्री के शरीर को सार्वजनिक बहस के केंद्र में लाना, उस पर पड़े हुए सामंती पर्दों को उठाना। सेक्स के प्रति अकुंठित भावबोध पैदा करना। सेक्स पर खुली बहस लोकतांत्रिक मनोभावों के पुष्ट होने का संकेत है। यह लोकतंत्र का बाइ-प्रोडक्ट है। सेक्स के चित्रण के बहाने युवा लेखकों ने कविताओं में सेक्स का प्रसार नहीं किया। कविता या कलाओं में सेक्स जैसी कोई चीज नहीं होती।

सेक्स जब कविता या नाटक या चित्रकला में अपने को व्यक्त करता है तो वह सेक्स नहीं रह जाता। सेक्स का रूपांतरण हो जाता है। नामवर सिंह की मुश्किल यह है कि सेक्स को एक विषय के रूप में यांत्रिक तौर पर देखते हैं। सेक्स के सर्जना के क्षेत्र में आने का एक अर्थ यह भी है कि परिवार, शादी, शारीरिक संबंध आदि को लेकर सामाजिक संस्कारों में बदलाव आ रहा है। सेक्स की थीम का प्रवेश सामाजिक एटीट्यूट में आ रहे बदलाव की सूचना है। यह इतिहास से पलायन नहीं है बल्कि सेक्स के प्रति धर्मनिरपेक्ष-लोकतांत्रिक भावबोध की अभिव्यक्ति है। रवींद्रनाथ टैगोर ने यह काम पेंटिंग के जरिये किया, साठोत्तरी कवियों ने कविता के जरिये किया।

सेक्स का चित्रण प्रकारांतर से कंजरवेटिव राजनीति को सीधे चुनौती देता है। उल्लेखनीय है सेक्स का चित्रण करने वाले अधिकांश युवा लेखक धर्मनिरपेक्षता में आस्था रखने वाले थे।

नामवर सिंह का मानना है, 'सेक्स-चित्रण में अतिरिक्त रुचि इसी आदिम मनोदशा का दूसरा परिणाम है। 'एलिएनेशन' अथवा निर्वासन के परिणामों का वर्णन करते हुए मार्क्स ने लिखा है कि 'निर्वासन की स्थिति में जब तमाम सामाजिक और मानवीय संबंध व्यर्थ प्रतीत होने लगते हैं तो जो पाशव है वही मानवीय हो

जाता है और मानवीय पाशव। इसलिए संभोग की शारीरिक क्रिया-जैसा 'पाशव' कर्म एकमात्र ऐसा कर्म बच रहता है जिसमें निर्वासित व्यक्ति अपने-आपको 'मानव' समझता है, अगर्चे स्तर गिरकर पशुता तक पहुंच जाता है।' युवा लेखन में जहां नग्न सेक्स-चित्रण दिखाई पड़ता है, उसका रहस्य यही है।

इसका एक अन्य पहलू भी है जिस पर ध्यान देने की जरूरत है। साठोत्तरी लेखक बड़े पैमाने पर सामाजिक-पारिवारिक संबंधों में आ रहे तनाव और टूटन को दर्ज करते हैं। वे सेक्स के चित्रण को आदिम जिज्ञासा या अलगाव के कारण नहीं उठाते। यदि ऐसा ही है तो साठोत्तरी लेखक को जितना सामाजिक अलगाव झेलना पड़ रहा था आज तो उससे कई गुना ज्यादा सामाजिक अलगाव है जो लेखक से लेकर नागरिक सभी झेल रहे हैं। लेकिन सेक्सुअल विषयों पर कोई भी कविता नहीं लिख रहा और न कहानी या उपन्यास में सेक्स की बाढ़ आई है।

सेक्स के विषय का सामाजिक अलगाव से कम और लोकतंत्र के विस्तार और सेक्स के ऊपर से पर्दा हटाने के सामंतवाद विरोधी भावबोध से ज्यादा संबंध है। जिस समाज में लोकतंत्र नए परिवेश को बनाने का प्रयास करेगा वहां पर सेक्स एक प्रमुख थीम बनेगा। लोकतंत्र में नए एटीट्यूट और नए कम्युनिकेशन के रूपों का जब भी प्रवेश होगा सेक्स प्रधान थीम बनेगा। कम्युनिकेशन की छटपटाहट और बेचैनी या अवरोध, सेक्स की थीम की ओर ठेलते हैं, फलतः नई कलात्मक ऊर्जा की बाढ़ आ जाती है।

हिंदी में सेक्सुअल औपनिवेशिकता को तोड़ने में साठोत्तरी लेखकों की बड़ी भूमिका है। कायदे से यह काम काफी पहले होना था लेकिन, खैर, बाद में हुआ जो सही था। वे अपनी रचनाओं के माध्यम से कामुक औपनिवेशिकता, दमनात्मक भावबोध और सीमित कामुक प्राथमिकताओं के प्रचलित टेबुओं को नष्ट करते हैं। यह सारी प्रक्रिया इतिहास से भागे हुए आदिम मनोभाव की देन नहीं है बल्कि लेखक की टेबुओं से लड़ने की मनोकांक्षा की अभिव्यक्ति है। वह सेक्स की थीम पर रचनाएं लिखकर शारीरिक औपनिवेशिकता से मुक्ति चाहता है। वे यह भी संदेश दे रहे हैं कि कामुकता नियंत्रण की चीज नहीं है।

साठोत्तरी सेक्स चित्रण को नैतिकता के आधार पर भी नहीं देखा जाना चाहिए। सेक्स में नैतिक-अनैतिक, श्लील-अश्लील की दीवारों को इन लेखकों ने नष्ट किया है। वे हिंदी कविता में सेक्स क्रांति की पहली पीढ़ी के नायक हैं। वे अवसाद, हताशा या अलगाव के कारण सेक्स की ओर मुखातिब नहीं हुए बल्कि सेक्स चित्रण के माध्यम से बताना चाहते हैं कि सेक्स उनका लोकतांत्रिक हक है और यह

सार्वजनिक विवाद-विमर्श का विषय है।

पहले सेक्स अंदर की चीज था। सार्वजनिक बहस का विषय नहीं था। यह समझ कामुक गुलामी के ताने-बाने से जुड़ी है। साठोत्तरी लेखक एक ही झटके में इस ताने-बाने को तोड़ देते हैं। एक अन्य चीज जिसे नामवर सिंह से लेकर राजकमल चौधरी तक नोटिस ही नहीं लेते, वह यह कि कविता में सेक्स का मतलब यांत्रिक तौर पर सेक्स का रूपायन नहीं है। कविता में सेक्स की अभिव्यक्ति सेक्स को रूपांतरित करती है।

कला में सेक्स का रूपायन सेक्स की नहीं, स्वतंत्रता की अभिव्यक्ति है। वहां सेक्स का स्वतंत्रता में रूपांतरण होता है। नियंत्रणों का निषेध है। सेक्स की खुली अभिव्यक्ति को यांत्रिक रूप में देखेंगे तो गलत निष्कर्ष निकलने का खतरा है। ऐसा ही एक पत्र नामवर सिंह ने राजकमल चौधरी का अपने लेख में उद्धृत किया है।

नामवर सिंह ने लिखा है, 'खुले सेक्स-चित्रण के लिए 'बदनाम' राजकमल चौधरी ने इसी प्रकार के एक अन्य युवतर लेखक श्रीराम शुक्ल को 1.7.66 के पत्र में लिखा था, 'स्त्री-शरीर बहुत स्वास्थ्यप्रद वस्तु है—लेकिन कविता के लिए नहीं, संभोग करने के लिए। कविता में स्त्री-शरीर अन्य सभी विषयों की तरह मात्र एक विषय है—कविता का कारण या कविता का प्रतिफल नहीं, मैं ऐसा ही मानता हूं। ...अब कविता के लिए हमारी राजनीतिक, आर्थिक और सामाजिक मान्यताएं अधिक आवश्यक विषय हैं। स्त्री-शरीर को राजनीतिज्ञों, सेठों, बनियों और इनके प्रचारकों ने अपना हथियार बनाया है—हम लोगों को अपना क्रीतदास बनाए रखने के लिए। बेहतर हो, हम पत्रिकाओं के कवर पर छपी हुई, कैलेंडरों पर छपी हुई अधनंगी स्त्रियों और अपने पब्लिक सेक्टर और प्राइवेट सेक्टर के मालिकों के लिए हमारा ईमान, हमारा जेहन, हमारी ताकत खरीदकर हमें नपुंसक बनाने वाली अधनंगी स्त्रियों को अब अपने साहित्य में उसी प्रकार प्रश्रय नहीं दें, न आत्मरति के लिए और न पर-पीड़ा के लिए! मैं श्लील-अश्लील नहीं मानता हूं, लेकिन हम कवि हैं, हमें न तो नपुंसक और न स्त्री-अंगों का वकील बनना चाहिए' (*युयुत्सा,* अगस्त, 67, पृष्ठ 187-88)।

नामवर सिंह का यह भी मानना है, 'वैसे, सेक्स-नैतिकता के मामले में सामान्यतः आज के युवा लेखक पूर्ववर्ती पीढ़ियों की तुलना में अधिक वर्जना-मुक्त हैं। युवा लेखकों के इस दावे में काफी सच्चाई है कि उनमें अपने पूर्वजों का-सा ढोंग नहीं है। औरों ने जो किया लेकिन कहा नहीं, उसे स्वीकार करने का साहस आज के युवक में है, क्योंकि वह ढोंग को अनैतिक कार्य-विशेष से भी अधिक अनैतिक

मानता है। अतिरिक्त साहसिकता और आत्म-प्रदर्शन के बावजूद यह मानसिक खुलापन कुल मिलाकर साहित्य के लिए स्वास्थ्यप्रद है।'

सवाल उठता है साठोत्तरी कविता में तथाकथित रेडीकल भावबोध, सेक्स चित्रण के साथ या उसके बाद ही क्यों आया ? पहले कभी यह रेडीकल भावबोध व्यक्त क्यों नहीं हुआ। सेक्स चित्रण की सामान्य विशेषता है जिसे नामवर सिंह पुराने लेखकों की तुलना में 'स्वास्थ्यप्रद' मानते हैं। यह 'स्वास्थ्यप्रद' मनोदशा निर्मित करने और बड़े सामाजिक-राजनीतिक सवालों की ओर ठेलने में सेक्स चित्रण की बड़ी भूमिका रही है।

सेक्स बुरी और खतरनाक चीज नहीं है। सेक्स पर लिखना और बात करना भी बुरा और खतरनाक नहीं है। सेक्स हिंदी में टेबू था और उसे तोड़ने का अर्थ यह भी था कि स्त्री शरीर को सार्वजनिक बहस के केंद्र में लाया जाए। स्त्री शरीर को केंद्र में लाए बिना लोकतंत्र के बड़े कैनवास का विकास नहीं होता। कामुक औपनिवेशिकता वस्तुतः राजनीतिक औपनिवेशिकता का अंग है। 15 अगस्त 1947 को राजनीतिक औपनिवेशिकता से मुक्ति मिली लेकिन कामुक औपनिवेशिकता से साठोत्तरी साहित्य ने मुक्ति दिलाई। इस अर्थ में साठोत्तरी साहित्य दूसरी आजादी का साहित्य है।

एक अन्य पहलू ध्यान में रखें, स्त्री को चित्रित किए बिना महान रचनाओं का जन्म नहीं होता। कालिदास की कामुक कल्पनाएं और संभोग का चित्रण *अभिज्ञान शाकुंतलम्* और *कुमारसंभव* जैसी महान रचनाओं को जन्म देता है। संभोग के चित्रण के बिना *कुमारसंभव* लिखा नहीं जा सकता। शरीर और कामाग्नि की पीड़ा ने बिंदास वर्णन के बिना *अभिज्ञानशाकुंतलम्* में शकुंतला का सौंदर्य चरमोत्कर्ष पर नहीं पहुंचता।

साठोत्तरी युवा लेखक सेक्स लेखक नहीं है बल्कि प्रतिवादी लेखक है, यह ऐसा लेखक है जिसके अंदर लोकतंत्र को लेकर विभ्रम है, जो लोकतंत्र को संशय की नजर से देखता है। लेकिन यह लेखक इस दौर में पैदा हुए राष्ट्रवाद, भाषायी उन्माद, अंधक्षेत्रीयतावाद, हिंदीवाद से तकरीबन मुक्त है। वह देश की बृहत्तर समस्याओं को उठाता है लेकिन उन्माद के सवालों से दूरी रखता है। उसकी भाषा और मुहावरे में एकदम ताजगी है और लोकतांत्रिक बेचैनी है। साठोत्तरी कवियों की जिन कविताओं में पूंजीवाद और लोकतंत्र विरोध की अनुगूंज सुनाई देती है वे कविताएं मूलतः लोकतांत्रिक भावबोध और स्वस्थ बुर्जुआ परिवेश की मांग करने वाली कविताएं हैं।

संस्कृत आलोचना के अनुत्तरित सवाल और नामवर सिंह

इन दिनों प्रशंसा महान है और आलोचना गुम ! आलोचना के गुम होने की स्थिति में उन पक्षों को देखना जरूरी है जिनके कारणों से आलोचना गुम हुई है। आलोचना गुम तब होती है जब समाज पर साहित्यकार-आलोचक की पकड़ ढीली पड़ जाती है अथवा आलोचना रूपवादी मार्ग पर चल निकले। आधुनिक काल में आलोचना का रूपवादी मार्ग सीधे सर्वसत्तावाद तक ले जाता है। जिन देशों में रूपवादी आलोचना आई वहां पर आगे-पीछे सर्वसत्तावाद या अधिनायकवादी शासन भी आया, रूपवादी आलोचना के राजनीतिक आयामों को हमने कभी खोलकर देखने की कोशिश ही नहीं की। रूपवादी समीक्षा का श्रेष्ठतम रूप देखना हो तो हमें संस्कृत काव्यशास्त्र की यात्रा करनी चाहिए। आलोचना के ह्रास के मर्म को समझने में संस्कृत काव्यशास्त्र का पुनर्मूल्यांकन हमारी बेहतर ढंग से मदद कर सकता है। इससे हमें उन विचार-सरणियों को समझने में भी मदद मिलेगी जिन पर चलकर संस्कृत काव्यशास्त्र का मूल्यांकन विगत दो सौ सालों में विकसित हुआ है।

भरत कृत *नाट्यशास्त्र* और समाज

संस्कृत काव्यशास्त्र को देखने के कई दृष्टिकोण मिलते हैं। पहला, विंटरनित्स, मैक्समूलर, कीथ आदि पाश्चात्य भारतविदों का नजरिया है, जिसमें बद्धमूल धारणाओं के आधार पर संस्कृत परंपरा को देखने की कोशिश की गई है। इन लोगों ने भारत के अतीत को अत्यधिक सहानुभूति के रूप में देखा। प्रजातिगत श्रेष्ठता और आध्यात्मिक श्रेष्ठता के आधार पर आदर्श समाज के तत्वों को संस्कृत परंपरा में खोजने की कोशिश की और इन्हीं लोगों ने आर्य जाति की परिकल्पना भी पेश की।

इन लोगों ने पुराने समाज में वर्ग संघर्ष और तनाव देखने के बजाय आपसी मेलजोल को प्रमुखता से पेश किया। प्राच्यविदों ने तुलनात्मक भाषा के सिद्धांत का निर्माण किया, भाषा को प्रजाति से जोड़ा। इस क्रम में आर्य-अनार्य, आर्य-द्रविड़ का भेद पैदा किया। एक ऐसा यूटोपिया निर्मित किया जिसमें सांस्कृतिक पुनरुत्थानवाद और धार्मिक पुनरुत्थानवाद के बीज छिपे थे। दूसरा, संस्कृत काव्य परंपरा को रूपवादी नजरिये से देखने का दृष्टिकोण है। ये लोग सिर्फ अवधारणाओं की व्याख्याओं में मशगूल हैं। वे अवधारणाओं के साथ जुड़ी सांस्कृतिक प्रक्रियाओं की एक सिरे से उपेक्षा करते हैं। वे समाज और आलोचना के अंतस्संबंध को नहीं मानते। वे बौद्धिक उत्पादन और भौतिक उत्पादन के अंतस्संबंधों की ओर ध्यान ही नहीं देते। इन लोगों ने एक खास किस्म का सुविधावाद विकसित कर लिया है। इस सुविधावाद का आदर्श लेखन राममूर्ति त्रिपाठी के लेखन में मिलता है। इस संबंध में उनकी आदर्श कृति है *भारतीय काव्यशास्त्र के नए क्षितिज*।

संस्कृत काव्यशास्त्रीय आलोचना का आरंभ भरत कृत *नाट्यशास्त्र* से माना जाता है। जिस दौर में यह रचना लिखी गई वह दौर बहुत ही रोचक है और महान कृतियों के सृजन से भरा है। सतह पर देखें तो यह दौर सामाजिक विकास की दृष्टि से पिछड़ा हुआ है। लेकिन इस दौर में बेहतरीन रचनाओं का जन्म हुआ है। यहीं पर हमें साहित्य और समाज के अंतस्संबंध के आधार पर देखने की यांत्रिक दृष्टि की असफलता नजर आती है, समाज के अनुरूप यदि साहित्य की अभिव्यक्ति होती है तो हमें इस सवाल का उत्तर खोजना होगा कि पिछड़े समाज में बेहतरीन कलारूप और साहित्य का जन्म क्यों और कैसे हुआ ? और यहीं हमें कार्ल मार्क्स सबसे प्रासंगिक लगते हैं। जिस दौर में *नाट्यशास्त्र* का जन्म होता है उसी दौर में *रामायण* और *महाभारत* जैसे महाकाव्य रचे गए। मजेदार बात यह है कि इन तीनों रचनाओं ने कालांतर में रचना और आलोचना को सैकड़ों साल तक प्रभावित रखा। *नाट्यशास्त्र* में रंगमंच से जुड़े सभी पहलुओं पर विचार किया गया, इसे 'पंचमवेद' कहा गया, वहीं पर *महाभारत* सभी के लिए संबोधित रचना है और इसे भी 'पंचमवेद' कहा गया जबकि *रामायण* शहरीजनों को संबोधित रचना है।

नाट्यशास्त्र को उत्तर-वैदिककाल की रचना माना जाता है। इसका रचनाकाल ईसापूर्व दूसरी सदी से लेकर ईसा की दूसरी शताब्दी के मध्य का माना जाता है। यह वह दौर है जब वैदिक समाज टूट रहा था, वैदिक धर्म और ब्राह्मण धर्म के खिलाफ संघर्ष तेज हो चुका था। लोहे की उत्पत्ति, धान की रोपाई और अतिरिक्त धन की उत्पत्ति के कारण अनेक किस्म के व्यवसायी वर्गों का उदय हो चुका था।

निजी संपत्ति का उदय हो चुका था और कबीलाई समाज का अंत हो रहा था। अनेक विशेषाधिकार प्राप्त वर्गों का जन्म हो चुका था। ये वे वर्ग थे जो अतिरिक्त उत्पादन का उपयोग करते थे तथा राजनीति से लेकर समाज तक उनका वर्चस्व था। वहीं दूसरी ओर पैदावार के साधनों को नियमित करने के लिए धर्मशास्त्रों की मदद ली जा रही थी।

उल्लेखनीय है कि ईसापूर्व पांचवीं शताब्दी के आसपास 'राज्य' का उदय हुआ और इसी के आसपास धर्मशास्त्र रचे गए। इसी युग में *नाट्यशास्त्र*, कौटिल्य कृत *अर्थशास्त्र* (ईसा की पहली शताब्दी), पाणिनी कृत *अष्टाध्यायी* (ईसापूर्व पांचवीं शताब्दी), ईसा पूर्व दूसरी शताब्दी में *पतंजलि भाष्य*, *मनुस्मृति* (ईसा की पहली या दूसरी शताब्दी) आदि ग्रंथ आ चुके थे, इसके अलावा अनेक महत्वपूर्ण रचनाएं लिखी जा चुकी थीं।

भरत का *नाट्यशास्त्र* जिन परिस्थितियों में रचा गया वे परिस्थितियां बेहद तनावपूर्ण और अंतर्विरोधपूर्ण थीं। 'तनाव' और 'अंतर्विरोध' का भरत पर गहरा असर था, इसीलिए उन्होंने 'सहमेल' की धारणा पर जोर दिया। भरत पर कौटिल्य के *अर्थशास्त्र* का ज्यादा असर था। भरत ने जिस दृष्टिकोण को *नाट्यशास्त्र* में व्यक्त किया वह सम्राट अशोक के नजरिये से काफी मेल खाता है। क्योंकि जब इस कृति की रचना हुई है उस समय अशोक का शासन समाप्ति की ओर था या समाप्त हो चुका था। अशोक ने सभी वर्गों के 'सहमेल' पर जोर दिया, भरत ने भी सभी वर्गों के 'सहमेल' पर जोर दिया। डी.डी. कोसंबी ने *प्राचीन भारत की संस्कृति और सभ्यता* में लिखा, 'जिस युग में 'समन्वय' की धारणा आई, वह युग खेत-मजदूरों, दासों, छोटे किसानों का था, जिसमें अधिकतर शूद्र थे। दूसरी ओर प्रभुवर्गों के रूप में प्रभावशाली तबका सामने आ चुका था। इन दोनों के बीच में गहरा तनाव था, जिससे बचने के लिए 'समन्वय' की प्रक्रिया राज्य ने शुरू की। प्रजा को नए दृष्टिकोण से देखा गया। नए प्रयत्नों को सार्वभौमिक अर्थ देने वाले 'धम्म' पदबंध का चलन भी इसी दौर में आरंभ हुआ।'

नाट्यशास्त्र में उस दौर के संकट के संकेत मिलते हैं। मसलन, उस समय नाटकों में देव-दानव संघर्ष पर केंद्रित रचनाएं ही लिखी जाती थीं और उनका ही मंचन होता था। ऐसी ही एक घटना का जिक्र वहां पर है जिसमें नाटक देखते समय दर्शकों में जबर्दस्त प्रतिक्रिया हुई और वे देव-दानव संघर्ष केंद्रित नाटक का विरोध करने लगे, मंचन के दौरान हंगामा हो गया। इस विषय की रचनाओं में आमतौर पर देवता जीतते थे और दानव हारते थे और यही बात दर्शकों को नागवार

लगी। तथ्य बताते हैं कि देव-दानव संघर्ष केंद्रित रचनाओं का विरोध करने वाले लोग वे थे जो वंचित थे, वे लोग परेशान थे कि आमतौर दानव ही नाटक में हारते हुए दिखाए जाते हैं। इस तरह की एक प्रस्तुति और हंगामे का भरत ने वर्णन किया है, जिसमें जनता भड़क उठी थी और काबू के बाहर हो गई, बाद में इंद्र के हस्तक्षेप और प्रहारों के बाद जनता नियंत्रण में आई। यही वह संदर्भ है जिसको ध्यान में रखकर भरत ने लिखा कि भविष्य में नाटक देव-दानव संघर्ष पर ही नहीं लिखे जाएंगे बल्कि त्रैलोक्य के सभी विषयों पर लिखे जाएंगे। उन्होंने नाट्यकारों से अपील की है कि वे देव-दानव संघर्ष पर रचना न लिखें बल्कि इस प्रवृत्ति से बचना चाहिए। नाट्यकारों को त्रैलोक्य के विषयों को अपने लेखन का आधार बनाना चाहिए। असल में देव-दानव संघर्ष पर जब नाटककार लिखता था तो वह स्वयं तो देवताओं का पक्षधर होता ही था, दर्शकों को भी देवताओं का पक्षधर बनाता था। आम जनता में इसे लेकर गंभीर प्रतिक्रिया हुई। इस तनाव को दूर करने के लिहाज से भरत ने त्रैलोक्य को अभिव्यक्ति का आधार बनाने पर जोर दिया। पहले नाटककार देवताओं का पक्षधर था इससे जनता रुष्ट थी। जनता की नाराजगी को दूर करने के लिए त्रैलोक्य के विषयों पर लिखने की अपील की गई। इससे जनता और रंगमंच के नए रिश्ते की शुरुआत हुई। भरत ने लिखा नाटककार को विभिन्न वर्गों के शुभ-अशुभ कर्मों का रूपायन करना चाहिए। जनता के उत्तम-मध्यम और अधम स्वभावों को भी नाट्यकला की परिधि में रखना चाहिए। इससे रंगकर्म का ही नहीं बल्कि साहित्य का भी दायरा बढ़ा। इससे कला और समाज के अंतस्संबंध की शुरुआत हुई। इस परिप्रेक्ष्य में देखें तो पाएंगे कि संस्कृत काव्यशास्त्र के उदय के पीछे ठोस भौतिक परिस्थितियां सक्रिय थीं। दूसरी बात यह कि संस्कृत काव्यशास्त्र का प्रेरक कोई 'विचार' या 'भगवान' नहीं है बल्कि सामाजिक उत्प्रेरणा के गर्भ से ही इसका जन्म हुआ। आमतौर पर संस्कृत काव्यशास्त्र पर जब भी चर्चा होती है तो उसे समाज से काटकर पेश किया जाता है। समाज और आलोचना के बीच की अंतर्क्रियाओं पर हमने कभी गंभीरता से विचार ही नहीं किया।

संस्कृत काव्यशास्त्र और लिंग दृष्टि

संस्कृत काव्यशास्त्र वस्तुतः पुंस साहित्यशास्त्र है, इसमें स्त्री हाशिये पर है। आलोचना पुंसत्व के आधार पर देखने की परंपरा पहले नहीं थी, पहली बार पुंसत्व के आधार पर आलोचना का श्रीगणेश होता है। काव्यशास्त्र में पुंसत्व का संबंध तत्कालीन पशुपालक अवस्था से है। पशुपालक समाजों में रचितशास्त्र में पुंसवाद का प्रभुत्व

सहज और स्वाभाविक लगता है। पशुपालन और युद्ध ये दो महत्वपूर्ण काम थे जिनकी धुरी पुंसवाद है, इनके साथ अंतर्क्रियाएं करते हुए नाट्यकर्म से लेकर काव्यशास्त्र तक का समूचा आलोचना ढांचा पुंसवादी पैमानों के आधार पर खड़ा किया गया, यह उस समय की व्यवस्था की संगति में सबसे बेहतर विकल्प था। आलोचना के पुंसवादी चरित्र के विकास में कालांतर में जाति और वंश पर आधारित संरचनाओं ने भी मदद की।

कबीलाई सरदार तंत्र वस्तुतः असमान तंत्र था। इस तंत्र की धुरी है राजन्। राजन् यानी चमकने वाला। राजन् को ही उस समय समस्त उपहार आदि दिए जाते थे। समाज में श्रम-विभाजन का विकास हुआ लेकिन राजन् की सत्ता अक्षुण्ण रही। संस्कृत काव्यशास्त्र के विकास का लोहे के विकास की प्रक्रिया से भी संबंध बनता है। लोहे की तकनीक इस दौर में विकसित हुई और लोहे से बने तमाम नए उपकरणों का उदय हुआ। लोहे के उपकरणों के जन्म और संस्कृत काव्यशास्त्र के रिश्ते पर हम कभी गौर करें कि संस्कृत काव्यशास्त्र उस दौर में ज्यादा जनप्रिय और प्रासंगिक रहा है जब समाज पूरी तरह लोहे के यंत्रों पर निर्भर था, अन्य धातुओं के उदय के बाद जो उपकरण सामने आए उन्होंने धीरे-धीरे संस्कृत काव्यशास्त्र को हाशिये पर ठेला। इसने संस्कृत काव्यशास्त्र को ही नहीं बल्कि व्याकरण को भी प्रभावित किया। पाणिनि का व्याकरण वैचारिक तौर पर पुंसवाद के वर्चस्वशाली दृष्टिकोण का आदर्श नमूना है। इसी तरह रस के प्रसंग में जितनी भी बहस है कहने को नव रस हैं, लेकिन अधिकांश संस्कृत साहित्य शृंगार रस केंद्रित है, जिसमें पुंसवादी विचारधारा का वर्चस्व है।

रस के पुंसवादी चरित्र का मूलाधार है रस-निष्पत्ति में लिंग की अनुपस्थिति, खासकर स्त्रीलिंग की अनुपस्थिति खासतौर पर उल्लेखनीय है। भरत जब रस को लिंगरहित बनाकर पेश कर रहे थे तो वस्तुतः स्त्री को अदृश्य बना रहे थे। मजेदार बात यह है रस की भरत की अवधारणा को लेकर सभी आलोचक एकमत हैं। भरत ने लिखा, 'न रसाद् ऋते कश्चिदर्थःप्रवर्त्तते', यानी रस से रहित कोई काव्यार्थ नहीं होता। लेकिन रस का आस्वाद लिंगाधारित है, वह इकसार नहीं है। पुरुष को जिस चीज में रस आता है स्त्री को उसमें रस नहीं आता। यदि रस का आधार लिंग-निरपेक्ष मानकर चलेंगे तो इससे स्त्री की अनुभूतियों का मूल्यांकन नहीं हो पाएगा। भरत ने कहा, 'रस्यते (आस्वाद्यते) इति रसः' यानी जो आस्वाद का विषय हो, वह रस है। काव्य में स्थायी भाव ही आस्वाद्य होता है, अतः वही रस है।

भरत ने *नाट्यशास्त्र* में संरचनात्मक तौर पर जिस रंगमंच संरचना और रस संरचना को अपने ग्रंथ का मूलाधार बनाया उसमें दो चीजों पर विचार करने की जरूरत है, पहली समस्या यह है कि रस और रंगमंच के लिए किस तरह के मॉडल को वैचारिक तौर पर आधार बनाया जाए ? समाज में संप्रेषण के दो तरह के मॉडल हैं एक तरफ माध्यम केंद्रित मॉडल है तो दूसरा समाजकेंद्रित मॉडल है। भरत ने कला संचार के लिए माध्यम केंद्रित मॉडल को चुना और समाजकेंद्रित मॉडल को छोड़ दिया। माध्यमकेंद्रित मॉडल चुनते हुए नाटक को आधार बनाया गया और उसमें ही विभिन्न स्तरों पर संरचनात्मक परिवर्तनों की खोज की। रंगमंच के नए उपकरणों की खोज पर जोर दिया। कालांतर में इससे जो काव्यशास्त्र पैदा हुआ वह भी काव्य के आंतरिक तत्वों, शैली, रूपतत्व और बाह्य उपकरणों के विकल्पों की खोज में व्यस्त हो गया। इसका परिणाम यह निकलला कि समूचा काव्यशास्त्र रूपतत्वों की खोज का पुंज बनकर रह गया।

सवाल उठता है कि संस्कृत काव्यशास्त्र के रूपवादी चिंतन की पद्धति क्या है? इसमें आलोचक-लेखक के स्वतःस्फूर्त चिंतन के लिए कोई जगह नहीं है। यहां 'शिल्पी' या 'गढ़िया' रूप की प्रतिष्ठा पर जोर है। कवि या आलोचक की स्वतः स्फूर्तता का यह विरोध करता है। यहां अलंकार और भाषायी चमत्कारों को दिखाने पर जोर है। यही वजह है आरंभ में *नाट्यशास्त्र* में चार अलंकार थे जो बढ़ते-बढ़ते 300 से ऊपर हो गए। दूसरी बात यह कि संस्कृत का लेखक-आलोचक अपने भावों को व्यक्त करने के लिए वास्तविक घटनाओं, अभिव्यक्ति रूपों और विषयों की मदद नहीं लेता, वास्तविक घटनाओं से प्रेरित होकर रचना नहीं करता। वह तो भावहीन शिल्प साधना को श्रेष्ठतम उपलब्धि मानता है। सवाल उठता है कि रस के क्षेत्र में स्थायी भाव को आधार बनाकर जो शास्त्र रचा गया उसके पीछे मंशा क्या है ? क्या जीवन और साहित्य में स्थायी भाव जैसी कोई चीज होती है ? स्थायी भाव के आधार पर ही शाश्वत साहित्य, शाश्वत चिंतन, शाश्वत विचार, शाश्वत धर्म, शाश्वत राजा के विचार का प्रतिपादन किया गया। शाश्वत को सामान्य, स्वाभाविक और अपरिवर्तनीय बनाकर पेश किया गया। यहां शास्त्र निर्माण का जो तरीका चुना गया वह अपने आपमें विलक्षण और रोचक है। पहली बार बारीकी से 'विचार' से 'विचार', 'शैली' के गर्भ से 'शैली' का जन्म होता है। विचार या शैली की हूबहू नकल करने और उसके ही विभिन्न विकल्पों की सृष्टि पर जोर दिया गया। प्रिफॉर्मेंश के यांत्रिक रूपों की काव्यशास्त्र में एक तरह बाढ़ पैदा कर दी। नाटक में शास्त्र बनाते समय इस बात जोर दिया गया कि 'टिपिकल'(प्रतिनिधि पात्र) और

'यूनिवर्सल'(सार्वभौम) पात्र का निर्माण किया जाए। मसलन, राजा को राजा की ही तरह बोलना चाहिए, दिखना चाहिए। उसी तरह कृपण को कृपण की तरह ही दिखना चाहिए। इसी का लगातार अनुसरण करते हुए महान साहित्य के सृजन की कल्पना की गई। रंगमंच में सार्वभौम प्रकृति का बार-बार अनुकरण करने का यह दुष्परिणाम निकला कि चरित्र स्टीरियोटाइप होते चले गए, विचार और प्रस्तुतियां रूढ़िबद्ध होती चली गईं। 'सार्वभौम' को स्थापित करने के पीछे यह धारणा काम कर रही थी कि 'सार्वभौम' तो सब समय और सभी तरह के समाजों में अच्छा होता है। इसका दुष्परिणाम यह निकला कि रचना से यथार्थ ओझल होता चला गया। 'सार्वभौम' को चित्रित करने के क्रम में यह भी संकट पैदा हुआ कि जो सामाजिक यथार्थ, युग की संगति में न आए उसे खारिज करो। इससे मनुष्य की भिन्न स्थिति, भिन्न विचार, भिन्न अनुभूति आदि की प्रस्तुतियों का लोप होता चला गया। साहित्य से विविधता का लोप होता चला गया। कहने के लिए साहित्य में नौ रस हैं, लेकिन अधिकांश रचनाएं श्रृंगार रस पर ही लिखी गईं, कहने के लिए वायदा किया गया था कि त्रैलोक्य के विषयों पर लिखा जाएगा लेकिन अंततः लेखकों ने देव-दानव संघर्ष पर ही अधिकांश रचनाएं लिखीं। रचनाओं में विषयों का वैविध्य गायब हो गया। 'सार्वभौम' और 'प्रातिनिधिकता' की धारणा का आदर्शीकरण किया गया और इसने साहित्यिक रूढ़ियों के निर्माण में महत्वपूर्ण भूमिका निभाई। इसी क्रम में प्राकृतिक न्याय, प्राकृतिक अधिकार, प्राकृतिक अध्यात्म आदि धारणाएं सामने आईं जिनके कारण मनुष्य की 'अन्य स्थिति' की उपेक्षा हुई। साथ ही कला-साहित्य का नैतिक मूल्यों से संबंध भी कट गया। यही वह प्रस्थानबिंदु है जहां पर पितृसत्ता का कलाओं में वर्चस्व स्थापित हुआ और 'अन्य' की उपेक्षा हुई। साहित्य में 'सार्वभौम' की स्थापना का अर्थ है स्त्री की उपेक्षा। साहित्य में आदर्श रूपों की स्थापना का अर्थ है वैविध्य का अस्वीकार, बनाव-श्रृंगार पर जोर और स्त्री का अदृश्य हो जाना। नैतिक और सामाजिक मूल्यों से आलोचना और साहित्य को परे ले जाना। आलोचक और रचनाकार का इस प्रक्रिया के दौरान समाज में घट रहे परिवर्तनों, ज्ञान-विज्ञान, राजनीति, अर्थनीति आदि से संबंध पूरी तरह कट गया।

रसशास्त्रियों से लेकर काव्यशास्त्रियों तक सभी ने 'सामान्य मानवीय प्रकृति' को संबोधित करने की पद्धति के तहत मनुष्य को एक तरह अमूर्त बना दिया। इस मनुष्य को 'सार्वभौम' मनुष्य न समझा जाए। यहां जिस मनुष्य को लेखक संबोधित करता है वह तो लेखक का पसंदीदा व्यक्ति है, वह तो एक तरह स्वयं है। इसमें बहुसंख्यक जनता के वैविध्य की अनदेखी की गई है। रंगकर्म में अभिरुचि

के आधार पर चित्रण करने और संबोधित करने की जो प्रक्रिया शुरू हुई उसने नए किस्म के निर्वैयक्तिक सौंदर्यबोध को पैदा किया।

सहृदय या लक्ष्यीभूत श्रोता

भरत ने 'लक्ष्यीभूत श्रोता' की अवधारणा पेश की जो इन दिनों प्रचलित 'क्रिटिकल ऑडियंस' की अवधारणा से मिलती-जुलती है। सामान्य तौर पर उसे 'सहृदय' कहते हैं। इस श्रोता को भाषा, शिल्प, कला, छंदशास्त्र, शब्दशास्त्र आदि का ज्ञान होना चाहिए और इसकी इंद्रियां दुरुस्त हों। भरत यह भी मानते थे कि सभी में ये गुण नहीं होते, इसमें फर्क होता है, रुचिभेद भी होता है, पर इनमें से अधिक से अधिक गुण श्रोता-दर्शक में होने चाहिए। *नाट्यशास्त्र* रुचिभेद स्वीकार करता है और आशा करता है कि प्रेक्षक इतना सहृदय होगा कि अभिनय के अनुकूल अपने को रसग्राही बना सकेगा। फिर भी एक बात साफ है कि *नाट्यशास्त्र* सुशिक्षित-प्रबुद्ध को ही लक्ष्यीभूत श्रोता मानता है।

'लक्ष्यीभूत श्रोता' की अवधारणा के विकास की प्रक्रिया को हजारीप्रसाद द्विवेदी ने सही रेखांकित किया है कि सन् ईसवी की चौथी-पांचवीं शताब्दी तक के संस्कृत काव्यों के अध्ययन से यह बात जाहिर होती है कि कविगण अपनी कविता के लक्ष्यीभूत श्रोता के 'समझदार' होने की बात तो करते थे लेकिन उसके पंडित या शास्त्रज्ञ होने का दावा किसी ने पेश नहीं किया। लेकिन कालांतर में मध्यकालीन कवियों में पाठक के शास्त्र निष्णात होने का दावा उत्तरोत्तर बढ़ता चला गया। जिस सहृदय की परिकल्पना भरत या कालिदास ने की थी उसे 'समग्रानरलक्ष्मी' के नाम से संबोधित किया गया। यानी भारवि तक 'समग्र मनुष्य' की धारणा आलोचना के केंद्र में थी। लेकिन बाद के वर्षों में यह धारणा निरंतर खंडित होती चली गई। अब 'समग्र मनुष्य' के बजाय 'खंडित मनुष्य' का रस के साथ विवेचन होने लगा। उल्लेखनीय है कि रस विवेचन में जिन दो महत्वपूर्ण धारणाओं की केंद्रीय भूमिका थी उन पर हमने कम विचार किया, ये हैं कामदेवता और सहृदय। दिलचस्प बात यह है भरत द्वारा प्रतिपादित सहृदय की अवधारणा को वात्स्यायन के *कामसूत्र* ने अपदस्थ कर दिया। इन धारणाओं का शृंगार रस संबंधी विमर्श में बहुत बड़ा योगदान है।

भारवि के बाद परवर्ती काव्यों में लक्ष्यीभूत श्रोता वह सहृदय है जिसे छंदों और अलंकारों का अच्छा ज्ञान हो, वात्स्यायन की बताई विधियों की जानकारी हो, नागरिक जीवन का ठीक-ठीक ज्ञान हो, *रामायण* और *महाभारत* के आदर्शों की ग्राहकता

हो, साथ ही उसकी रुचियां परिष्कृत हों।

भरत के यहां जो 'सहृदय' है, कालिदास के यहां वह 'सचेता' है। 'सहृदय' बहुत अधिक संवेदनशील तो था, साथ ही रूप, वर्ण, प्रभा, आभिजात्य, विलासिता, माल्य, वस्त्र, उपलेपन आदि का निपुण जानकार भी होता था। सबसे बड़ी बात यह कि इसमें अधिकांश रसिक युवा वर्ग होता था, इसके कारण ही साहित्य में शृंगार रस पर केंद्रित सबसे ज्यादा रचनाएं लिखी गईं। यही समुदाय शृंगार रचनाओं का मुख्य सामाजिक आधार है। राममूर्ति त्रिपाठी ने अभिनवगुप्त के यहां सहृदय की अवधारणा का विवेचन करते हुए लिखा है परात्रींशिका या परात्रिशिंका में अभिनवगुप्त ने कहा है कि 'वीर्यविक्षोभात्मा हि सहृदयता', शुक्र शरीर के स्तर पर मूल शक्ति का ही सार है—काव्यानंद की अभिव्यक्ति उसके निष्क्रिय होने में नहीं, उत्तेजित होने में नहीं, अपितु 'चल' (स्पंदित) होने में है। यह स्थिति संयम से ही संभव है। सवाल यह है संयम का उपदेश किस वर्ग को दिया जा रहा है ?

संस्कृत काव्य के संदर्भ में एक पहलू गुलामों की भूमिका से भी जुड़ा है। मध्यकाल में गुलाम न होते तो संस्कृत और संस्कृति का महान वैभव निर्मित न होता। दासों के श्रम और शोषण की इस संस्कृति के निर्माण में बहुत बड़ी भूमिका है। आमतौर पर कवियों-लेखकों-विचारकों-दार्शनिकों के योगदान की बात की जाती है लेकिन मध्यकाल में गुलामों की भूमिका की अनदेखी हुई है। यह समूची प्रक्रिया यूनान के सांस्कृतिक वैभव से काफी हद तक मिलती-जुलती है।

फ्रेडरिक एंगेल्स ने *ड्यूहरिंग मत-खंडन* में लिखा है, 'दासप्रथा न होती तो यूनानी राज्य, कला और विज्ञान भी न होते। दासप्रथा न होती तो रोमन साम्राज्य कभी अस्तित्व में न आता। और यदि यूनानी कला तथा रोमन साम्राज्य उसकी नींव न डालते तो आधुनिक यूरोप भी न होता। हमें यह भी कभी नहीं भूलना चाहिए कि हमारा समस्त आर्थिक, राजनीतिक और बौद्धिक विकास एक-सी अवस्था की नींव पर खड़ा हुआ है, जिसमें दासप्रथा उतनी ही आवश्यक थी, जितनी उसे सार्वत्रिक मान्यता प्राप्त थी। इसी अर्थ में हमें यह कहने का भी अधिकार है कि प्राचीन काल में दासप्रथा न होती तो आधुनिक काल में समाजवाद भी न होता।'

हजारीप्रसाद द्विवेदी ने *मध्यकालीन बोध का स्वरूप* में रेखांकित किया है कि 'नाट्य में वस्तु, नेता और रस को नाटक का आवश्यक अंग माना है, इसमें रस को ही प्रधानता दी गई है। रससिद्धि के लिए ही वस्तु और नेता की योजना की जाती है। रस आकाश में टिका नहीं रहता। उसके लिए ठोस आधार चाहिए। विभाव, अनुभाव और संचारी के संयोग से नेता या नायक के चित्त में रस का संचार होता

है।' बाद में अनेक आचार्यों ने इस बात पर विचार किया है कि रस की स्थिति वस्तुतः कहां होती है—कथा नायक में, अभिनेता में या दर्शक में। इस क्रम में उठी आलोचनाओं में यह मान लिया गया कि रसानुभूति में पाठक या श्रोता आवश्यक उपादान है जोकि पहले नहीं था।

राममूर्ति त्रिपाठी के अनुसार, भरत ने यह भी कहा कि नाट्यानुभूति का कोई स्वायत्त संसार नहीं होता। पर, अभिनवगुप्त ने 'नाट्यानुभूति या काव्यानुभूति' को सर्वथा स्वायत्त सिद्ध किया। सवाल यह है कि ऐसा परिवर्तन क्यों घटित हुआ ? इसकी प्रक्रिया क्या थी ? राममूर्ति त्रिपाठी ने लिखा है, 'काव्य या नाटक अपनी प्रस्तुति प्रक्रिया और परिणति में सर्वत्र, अर्जन, विसर्जन, प्रवण व्यावहारिक अनुभूति से सर्वथा भिन्न है। उनको व्यवहार तथा शास्त्रसिद्ध किसी भी अनुभूति के खाने में नहीं रखा जा सकता। भरत ने जहां रस को 'आस्वाद्य' कहकर वस्तुगत कहा था, वहां अभिनव ने 'आस्वादनात्मानुभवः रसः काव्यार्थ इष्यते' कहकर उसे आत्मगत बताया। सवाल उठता है जो वस्तुगत धारणा थी वह आत्मगत धारणा में रूपांतरित कैसे हो गई ? इसके पीछे कौन सा दार्शनिक मतवाद था जो प्रेरक के रूप में काम कर रहा था। अभिनवगुप्त आदर्शवादी दार्शनिक नजरिये में विश्वास करते थे तथा कश्मीरी शैवागम के अद्वैतवादी प्रत्यभिज्ञा प्रस्थान के आचार्य थे। त्रिपाठी के अनुसार उन्होंने 'वस्तुसत्ता एवं आत्मसत्ता में पृथकत्व को नहीं माना।'

शृंगार ही सर्वस्व है

छठी शताब्दी के आसपास जब देश में सामंतवाद का आरंभ होता है तो उसके समानांतर संस्कृत काव्यशास्त्र का भी उदय होता है। जिस समय इस आलोचना का जन्म होता है वह वस्तुतः संस्कृत साहित्य का ह्रासकाल है। सामंतवाद के पहले चरण (300-650 ईस्वी) की सामाजिक स्थिति को इतिहासकार रामशरण शर्मा ने *सामंतवाद* में रेखांकित किया है, 'सामंतवाद की कुछ मोटी-मोटी विशेषताएं गुप्तकाल और विशेषकर गुप्तोत्तर काल में दिखाई देने लगी थीं। वे विशेषताएं इस प्रकार थीं—परती और आबाद दोनों ही तरह की जमीनें अनुदान में देना, अनुदान में दी गई भूमि के साथ-साथ किसानों का हस्तांतरण, बेगारी प्रथा का प्रसार, किसानों, शिल्पियों और व्यापारियों के अपनी इच्छानुसार जहां चाहें वहां जाकर बसने पर रोक लगाना, मुद्रा का अभाव, व्यापार का ह्रास, राजस्व व्यवस्था तथा दंड प्रशासन का धार्मिक अनुदान भोगियों के हाथों सौंप दिया जाना, अधिकारियों को वेतन स्वरूप अलग क्षेत्रों के राजस्व सौंप देने की प्रवृत्ति का प्रारंभ और सामंती दायित्वों का विकास।' सामंतवाद

के बाद के दौर में (750-1000 ईस्वी) में इन सब बातों के अलावा जो चीजें सामने आती हैं, वह है राजाओं और राज कर्मचारियों की उपाधियों का सामंतीकरण, राजधानियों में बहुधा परिवर्तन, पुराने गांवों का राजपूत परिवारों के बीच विभाजन आदि।

रामशरण शर्मा के अनुसार, पूर्व-मध्यकालीन अर्थव्यवस्था में चार प्रमुख विशेषताएं दिखाई देती हैं। प्रथम, भूमि पर राजकीय तथा सामुदायिक स्वामित्व का ह्रास, व्यक्तिगत स्वामित्व का विकास। दूसरा, उपसामंतीकरण, बेदखली, नए-नए करों का आरोपण तथा बेगार के कारण किसानों की दशा का दासवत होते जाना। तीसरे, व्यापार और शिल्प, कारीगरी आदि से होने वाली आमदनी से कुछ लोगों की जागीर का बनना। चौथा, आत्मनिर्भर आर्थिक जीवन। यानी ग्रामीण लोगों के भूमि विषयक तथा सामुदायिक अधिकारों का ह्रास और उसके परिणामस्वरूप निजी अधिकारों का विकास, शिल्प उद्योग तथा व्यापार का सामंतीकरण और मुद्रा का अभाव आदि।

राममूर्ति त्रिपाठी ने सवाल उठाया है कि कालिदास के कवित्व का उत्कर्ष शृंगार में है या करुण में ? फिर उन्होंने इस सवाल का जवाब भी दिया है और लिखा है कि वे शृंगार रस के रचयिता हैं। साथ ही उन्होंने बताया है कि 'रस' शब्द बिना किसी विशेषण की अपेक्षा रखे, सहज ही कोई अर्थ देता है तो वह है शृंगार। सवाल यह है कि आखिरकार शृंगार को ही रस का पर्याय क्यों बनाया गया ? इसके पीछे प्रमुख कारण तो 'सहृदय युवक का रसिक और शृंगार प्रिय होना है', प्रत्येक कवि अपनी वाणी को सरस बनाने के लिए ऐसे प्रयोगों की ओर अभिमुख हुआ जो शृंगार के द्योतक थे। दूसरा सवाल यह है कि शृंगार क्या है ? हजारीप्रसाद द्विवेदी ने इस सवाल के जवाब में *मध्यकालीन बोध का स्वरूप* में लिखा है कि शृंग का अर्थ है मन्मथोद्भेद अर्थात कामदेव नामक अशरीरी देवता का सक्रिय होना। शृंगार उस देवता की प्रभावशाली शक्ति को व्यक्त करने वाला रस ही है। भारतीय परंपरा में कामदेवता के दो रूप मिलते हैं एक रूप वैरागी का है तो दूसरा रूप भोगी का है, कालिदास के यहां दोनों रूप हैं, लेकिन उनको भोगी रूप ज्यादा पसंद है। कामदेवता के रूपायन के दो वैचारिक आयाम हैं, पहला है, सामाजिक, इस रस के अधिकांश भोक्ता वे हैं जो उस युग के अभिजन हुआ करते थे। शृंगार का भोगी रूप इन अभिजनों को ही संबोधित है। दूसरा, इसमें सामाजिक नियमों के अवहेलना की भावना भी निहित है। इसके विपरीत रस को लेकर दूसरी परंपरा वह है जिसे जनकवियों ने बनाया। इन कवियों ने रस और सरसता को हरि स्मरण के बहाने भगवान की ओर मोड़ दिया। दरबारी सभ्यता के असर के कारण साहित्य में लंबे समय तक पहले शृंगार रस प्रमुख रहा बाद में उसके अंग के रूप में वीर रस ने अपना प्रसार

किया। अपभ्रंश और परवर्ती लोकभाषाओं की कविताओं में वीर रस की दर्पोक्तियां प्रायः प्रेमिका या वीर पत्नियों द्वारा कराई गई हैं या फिर वीर रस की योजना अनूढ़ा रूपवती कन्याओं के हरण के लिए की गई है। *पृथ्वीराज रासो* की अधिकतर लड़ाइयों के मूल में यही प्रेम है। इसके कारण संस्कृत साहित्य और समाज, संस्कृत रचनाकार और समाज, संस्कृत आलोचना और समाज के बीच में क्रमशः दूरी बढ़ती चली गई। यही वजह है संस्कृत साहित्य से लेकर संस्कृत आलोचना तक कहीं पर सम-सामयिक ज्वलंत सामाजिक समस्याओं का कोई जिक्र नहीं मिलता। इससे साहित्य में रूपवादी दृष्टिकोण का पल्लवन हुआ।

राममूर्ति त्रिपाठी ने श्रृंगार बनाम करुण रस की बहस में जो तर्क रखे वे बड़े ही दिलचस्प और एकांगी हैं। खासकर वाल्मीकि के संदर्भ में वे एकांगी हैं और समस्या के मूल सिरे से काफी दूर हैं। त्रिपाठी का मानना है आदिकाव्य *रामायण* करुण रस की अपेक्षा क्रोध से सीधे उत्पन्न हुआ था। इस समूचे प्रसंग में पहली बात यह कि वाल्मीकि की रचना के उद्देश्य को नैतिकतावादी नजरिये से नहीं देखा जाना चाहिए और न ही उसे रस विशेष के खाने में रखकर देखा जाना चाहिए। वाल्मीकि कृत *रामायण* को लिखने के पीछे महत्तर साहित्यिक उद्देश्य था, यह उद्देश्य क्या था ? इस सवाल का सही जवाब हजारीप्रसाद द्विवेदी ने खोजा है। *मध्यकालीन बोध का स्वरूप* में द्विवेदीजी के अनुसार वाल्मीकि ने प्रथम अध्याय में नारद से पूछे गए प्रश्न में उन्होंने कहा कि वे महान और उदात्त चरित्र को अपनी रचना का विषय बनाना चाहते थे, वे किसी आदर्श व्यक्तित्व की तलाश में थे, जिसमें 'समग्रानरलक्ष्मी' (संपूर्ण मनुष्य) का निवास हो। वे पूरे मनुष्य का चित्रण करना चाहते थे। ऐसा उदात्त व्यक्तित्व संपन्न मनुष्य जो विपत्ति में म्लान न हो, संपत्ति में इतरा न उठे, विजय दर्प में क्षमा करना न भूल जाए, शक्ति पाने पर विनम्र होने में न चूके और जीवन के ऊपरले तल की सफलताओं से अभिभूत होकर जीवन के अतल गांभीर्य में बहने वाली चरितार्थता की धारा की उपेक्षा न कर बैठे। यही वह मूल उद्देश्य था। न कि करुण या वीर या श्रृंगार इत्यादि रस से प्रेरित होकर लिखना। अगर हम यदि करुण या क्रोध को वाल्मीकि की *रामायण* का मूल प्रेरक तत्व मानेंगे तो नैतिकतावादी दृष्टिकोण के शिकार होकर रह जाएंगे।

हजारीप्रसाद द्विवेदी के अनुसार वाल्मीकि ने रस संचार को जीवन से जोड़ा, नायक की खोज की। नायक उनके यहां 'नरचंद्रमा' है जिसमें मनुष्य की 'समग्रानरलक्ष्मी' निवास करती है। वाल्मीकि पहले लेखक हैं जो नायक की खोज करते हैं। यही उनका प्रेरक है। संस्कृत साहित्य में छठी शताब्दी के बाद इस 'संपूर्ण

मनुष्य' का लोप हो जाता है। रचना के स्तर पर ह्रासशील प्रवृत्तियों की शुरुआत होती है। आलोचना में रूपवादी अवधारणाओं की बाढ़ आ जाती है। संस्कृत साहित्य में मनुष्य के प्रति उपेक्षा भाव के कारण समाजरहित रस और आनंद की सृष्टि का जो सिलसिला आरंभ हुआ उसने नए किस्म के समाजरहित साहित्य, साहित्यबोध और आलोचनात्मक विवेक को जन्म दिया। फलतः संस्कृत साहित्य का सामाजिक आधार संकुचित होने लगा। संस्कृत भाषा उच्च वर्ग की भाषा बनकर रह गई। इसे शिक्षित लोग ही समझ पाते थे। इस भाषा में दी जाने वाली शिक्षा पर ब्राह्मणों का ही अधिकार था। इस भाषा में लिखे ग्रंथों के आधार पर उच्च वर्ग-उच्च वर्ण के लोगों में सांस्कृतिक एकीकरण की प्रक्रिया को संचालित करने में मदद मिली। इससे वर्गभेद और वर्ग-व्यवस्था को बनाए रखने में मदद मिली। आदिवासियों के संस्कृति, पूजा, व्रत- उपवास आदि के तौर-तरीकों से सवर्णों और अभिजन वर्ग को दूर रखने में मदद मिली। समाज और साहित्य में वर्ग संरचनाओं और वर्गभेद का तेजी से विकास हुआ।

वाल्मीकि के यहां मनुष्य की 'समग्रानरलक्ष्मी' और प्रकृति की 'समग्रानरलक्ष्मी' का सम्मिश्रित रूप देखने को मिलता है। इसी के गर्भ से नए रस का जन्म हुआ। इसके पहले एक ही रस की चर्चा मिलती है। लेखक जब एक ही रस को केंद्र में रखकर लिखते थे तब रचना के केंद्र में संपूर्ण मनुष्य नहीं था। द्विवेदीजी के अनुसार यह समग्र मनुष्य का ऐसा उद्‌बोध नहीं है जो उदात्त रूप में समाज का प्रतिनिधित्व करता हो और उसका उन्नयन करता हो। उसमें मनुष्य द्वारा उद्‌भावित शास्त्रज्ञान प्रमुख स्थान ग्रहण करता चला गया और 'भावविशेष' की प्रबलता जीवन के विविध क्षेत्रों को अभिभूत कर लेती है। यद्यपि इस भाव विशेष की पुष्टि को ब्रह्मानंद सहोदर कहा गया। पर, परब्रह्म के उस रूप की जो प्रकृति और जगत के अनेक तत्वों में अद्वय तत्व खोजने की धारणा को जिससे रस बनता है, भुला दिया गया। कालिदास तक यह भुलाया नहीं गया था, पर बाद में भुला दिया गया। कालांतर में 'ब्रह्म' ही प्रमुख हो गया तथा मनुष्य उपेक्षित। साहित्य के क्षेत्र में मनुष्य के प्रति उपेक्षा भाव ने एक ऐसे साहित्य के जन्म को संभव बनाया, जिसमें जीवन की समस्याओं एवं स्पंदन की गूंज दिखाई नहीं देती पर मानवीय जीवन के उदात्त मूल्यों का रूपायन मिलता है। समाज से बेखबर संस्कृत का रचनाकार लगातार अपनी रचनाओं में आनंद एवं रस की सृष्टि करता रहा पर इस सृष्टि का आभिजात्यवर्गीय सौंदर्याभिरुचि के साथ संबंध था। यही वह परिप्रेक्ष्य है जिसमें संस्कृत काव्यशास्त्र का आरंभ हुआ। इसी प्रसंग ये सवाल भी उठे हैं कि रचनाकार और आलोचक किस तरह के मनुष्य

को संबोधित करके लिख रहा है ? तथा साहित्य में किस तरह के मनुष्य की स्थापना करना चाहता है ? रचनाकार का लक्ष्य क्या है ? अपने अभीप्सित लक्ष्य को प्राप्त करने के लिए रचनाकार कहीं समाज से दूर तो नहीं जा रहा ? भरत की धारणाओं और छठी शताब्दी से आए संस्कृत काव्यशास्त्र की धारणाओं में रस क्या है ? 'समग्रानरलक्ष्मी' का ह्रास क्यों और कैसे हुआ? आदि सवालों के उत्तर हमें खोजने चाहिए।

नामवर सिंह और रसशास्त्र

रस पर इन दिनों तकरीबन बातें नहीं हो रही हैं। जबकि रसशास्त्र ने अठारह सौ साल तक रचना और आलोचना को प्रभावित किया, हमारे सौंदर्यबोध के निर्माण में महत्वपूर्ण भूमिका अदा की। सवाल यह है कि वह अचानक गायब कैसे हो गया? क्या रस आज भी प्रासंगिक है ? क्या रसशास्त्र के जरिये नाटक, साहित्य और समाज का नया मूल्यांकन संभव है ? बकौल नामवर सिंह 'रसः जस का तस या बस ?' हमें इस लक्ष्मणरेखा का मूल्यांकन करना चाहिए। अनेक बार अकादमिक आलस्य के कारण हम परंपरा में जाना बंद कर देते हैं और यही बड़ी वजह है कि रस पर हमने बातें बंद कर दी हैं।

सवाल उठता है रचना लिखने के बाद और रचना लिखने के दौरान लेखक अपनी रचना का आनंद लेता है या नहीं ? कुछ कह रहे हैं रचना लिखने के बाद रचना स्वायत्त हो जाती है। यह भी कहा जा रहा है कि रचना कभी स्वायत्त नहीं होती, वह पाठक से हमेशा जुड़ी रहती है, पाठक के आत्मगत बोध से जुड़ी रहती है। सृजन के बाद लेखक से रचना अपने को स्वायत्त कर लेती है, लेखक अपनी रचना का लिखने के दौरान आस्वाद भी लेता है लेकिन असल आस्वाद तो पाठक लेता है। लेखक को तो लिखकर ही शांति मिलती है, सुख मिलता है। रचना कैसी है यह तो पाठक ही बेहतर ढंग से बता सकता है। संस्कृत कवि कहते हैं कवि को तो सहृदय की अवस्था में ही आनंद की प्राप्ति होती है। लेखक लिखता जरूर है लेकिन लेखन के सार का आनंद तो सहृदय लेता है। इस नजरिये से देखें तो संस्कृत का कवि रचना को 'एक तैयार माल' मानकर चलता है। इससे रचना का गतिशील आनंद उपेक्षित होता है। मसलन, इसमें भोक्ता के आनंद का तो महत्व है लेकिन कवि के आनंद का कोई महत्व नहीं है। जबकि लेखक लिखते समय आनंद लेता है और रचना के संपूर्ण होने के बाद भी आनंद लेता है। इस प्रक्रिया में रचना के गतिशील पक्ष की उपेक्षा होती है और रचना के बाह्य स्थिर या जड़

उपकरणों के साज-संवार पर लेखक ज्यादा जोर देने लगता है।

आज लेखक के सामने सामाजिक सरोकारों को व्यक्त करने की चुनौती है, लेकिन इस तरह की कोई चुनौती रसयुग में नहीं थी, रसयुग में तो रचनाकार का एकमात्र लक्ष्य था रसग्राही सहृदय जुगाड़ करना और लेखक को अजर-अमर बनाने के सूत्रों की खोज करना। इसलिए उसने रचना बाह्य उपकरणों के सजाने-संवारने पर ज्यादा ध्यान दिया। नए विषयों की खोज पर कम ध्यान दिया। फलतः रचना में बड़े पैमाने पर अभिव्यक्ति के नए उपकरणों का सृजन तो हुआ लेकिन नई विषयवस्तु का प्रवेश नहीं हो पाया। इसने रचना के उपकरणों का निर्वैयक्तिक तंत्र निर्मित किया। यह ऐसा तंत्र है जिसका सतह पर समाज से कोई संबंध नजर नहीं आता लेकिन गहराई में जाकर देखें तो रचना के उपकरणों के निर्वैयक्तिक तंत्र का गहरा संबंध वस्तुतः राज दरबार, राजस्तुति, सुभाषित और समाज की अगतिशीलता के साथ है। इस प्रक्रिया में सर्जना के गतिशील पक्ष की ओर लेखक ने ध्यान देना ही जरूरी नहीं समझा। यही वह बिंदु है जहां से खड़े होकर कवि के निरंकुश भावबोध का जन्म होता है। कवि निरंकुश होता है यह धारणा जन्म लेती है।

रचना में बाह्य उपकरणों, रूढ़िगत प्रतिमानों और सरस विषयों का आग्रह रहेगा तो कवि के निरंकुश होने की संभावनाएं ज्यादा होंगी। खासकर जब लेखक भावविशेष पर ही केंद्रित होकर बार-बार रचना लिखेगा तो उसके रूपवादी होने की संभावनाएं बढ़ जाती हैं। कहने के लिए नौ रस थे लेकिन लिखा गया श्रृंगार रस पर ही, खोज-खोज कर उससे संबंधित विषयों पर नई शैली, नई भाषा, नए अलंकारों में रचनाएं लिखी गईं इसके कारण आलोचना में रूपवादी रुझानों का आरंभ हुआ। साहित्य और समाज के बीच में अलगाव की सृष्टि हुई। लेखक और प्रकृति में अलगाव का आरंभ हुआ। 'समग्रानरलक्ष्मी' की अवधारणा से क्रमशः लेखक दूर होता चला गया। आरंभ में समग्र व्यक्ति के बोध पर जोर था लेकिन बाद में व्यक्ति के भावविशेष पर जोर दिया गया। शास्त्रज्ञान पर जोर दिया गया। पहले प्रकृति को जानने और चित्रित करने पर जोर था, बाद में शास्त्र जानने पर जोर दिया गया। इसके कारण आलोचना में रूपवादी तत्वों की जमकर सृष्टि हुई।

पहले लेखक के लिए प्रकृति प्रमुख थी, बाद में लेखक को ब्रह्मानंद सहोदर कहा गया, बाद में इन सबसे दूर निकलकर लेखक ने स्थिर विषयों और परब्रह्म के रूपों पर लिखना आरंभ करना दिया। इस क्रम में मनुष्य उपेक्षित हो गया परंपराएं निर्जीव हो गईं और रचना के बाह्य उपकरण प्रमुख हो गए। रचनाकार के अंदर आए इन बदलावों का रचनाकार के सामाजिक नजरिये से गहरा संबंध है। रचनाकार

पहले प्रकृति से जुड़ने के कारण समाज से जुड़ा हुआ था, बाद में ज्योंही उसने दरबार की ओर रुख किया वह प्रकृति से कट गया और अभिव्यक्ति के लिए उसने रूढ़िबद्ध रूपों को अपना लिया, साहित्य में यहीं से स्टीरियोटाइप चीजों का प्रवेश होता है। उसके इस तरह के रुख का एक अन्य कारण था लेखक का मूल्यबोध और सामाजिक सरोकारों का अभाव। यह भी सच्चाई है कि संस्कृत में कोई विद्रोही कवि नहीं हुआ और न विद्रोही साहित्य ही लिखा गया। इन दोनों के अभाव के कारण के रूप में हजारीप्रसाद द्विवेदी ने अंधविश्वास, कर्मफल के सिद्धांत और पुनर्जन्म की धारणा के असर को जिम्मेदार ठहराया।

सवाल यह है इन मूल्यों और विचारों का लोकभाषा के साहित्य और कवियों पर असर क्यों नहीं पड़ा ? जनभाषाओं में ऐसे लेखक हैं जिनकी रचनाओं में अंधविश्वास, कर्मफल के सिद्धांत आदि का न्यूनतम असर है। जबकि संस्कृत के लेखकों में व्यापक असर है। उन लेखकों पर इन मूल्यों का ज्यादा असर था जिन्होंने अपने लिए विषयवस्तु *रामायण* और *महाभारत* से चुनी। क्योंकि इन दोनों महाकाव्यों में अंधविश्वास आदि से जुड़ी बातें बड़ी संख्या में नजर आती हैं। इस प्रसंग में हमें देखना चाहिए कि लेखक रचना के लिए विषय कहां से चुनता है ? लोकभाषाओं के अनेक लेखकों ने साहित्यिक रूढ़ियों और रूढ़िगत प्रतिमानों का जमकर विरोध किया और अभिव्यक्ति के लिए संस्कृत परंपरा से भिन्न विकल्पों की खोज की, *रामायण* और *महाभारत* जैसे महाकाव्यों से विषय न चुनकर जीवन से विषय चुने। यही वजह है उनके साहित्य में संस्कृत साहित्य की तुलना में सर्जनात्मकता का विकास बेहतर ढंग से हुआ। उनके साहित्य को आम जनता में जनप्रियता मिली। इसके विपरीत संस्कृत साहित्य शिक्षित संस्कृत समाज तक ही सीमित रहा। इसका एक आशय यह भी है कि संस्कृत के लेखकों पर अंधविश्वास, पुनर्जन्म और कर्मफल के सिद्धांत का ज्यादा असर था। यही वजह है कि वहां साहित्यिक रूढ़ियों का व्यापक रूप में विकास हुआ।

इसके अलावा संस्कृत के अधिकांश लेखक आस्तिक थे, फलतः उनमें स्वतंत्र चिंतन के प्रति कोई आग्रह या पहल नजर नहीं आती। साहित्य में स्वतंत्र चिंतन, नए विषय पर लिखने की इच्छा का लेखक के स्वतंत्र भावबोध से गहरा संबंध है। लोकभाषाओं के लेखकों ने स्वतंत्र चिंतन का परिचय देते हुए कविता के फॉर्म से जुड़े रूपों को चुनौती दी। यह भी कह सकते हैं कि लोकभाषा के कवियों में संस्कृत काव्य के फॉर्म से बाहर निकलकर लिखने की जो छटपटाहट है वह असल में उनके अंदर सामाजिक और दार्शनिक बंधनों से बाहर निकलने की स्वतंत्र चिंतन की

प्रक्रिया से जुड़ी है। इनमें अनेक लेखक ऐसे भी हैं जो ईश्वर के परंपरागत रूप को सीधे चुनौती देते हैं।

संस्कृत काव्य लेखकों को धर्मशास्त्र प्रभावित कर रहा था जबकि लोकभाषा के लेखकों में धर्मशास्त्र के प्रति बगावत के भाव नजर आते हैं। धार्मिक और सामाजिक रूढ़ियों के प्रति बगावत नजर आती है। वे ईश्वर और राजा की सत्ता बनाए रखते हैं लेकिन काव्य जगत में परिवर्तन की लहर पैदा कर देते हैं। कहने का अर्थ यह है कि संस्कृत साहित्य के लेखक और लोकभाषा साहित्य के लेखक के नजरिये में बुनियादी अंतर है। इसका अर्थ यह भी है मध्यकाल में साहित्य की कई परंपराएं थीं। इन परंपराओं में गहरे वैचारिक अंतर्विरोध हैं, इन परंपराओं से जुड़े लेखकों के नजरिये, साहित्य प्रयोजन, सामाजिक आधार और सामाजिक सरोकार भिन्न हैं।

संस्कृत लेखक की बौद्धिक-सांस्कृतिक संरचना और लोकभाषा लेखक की बौद्धिक-सांस्कृतिक संरचना की धुरी है उनकी समाजदृष्टि। संस्कृत लेखक हमेशा राजा को इकाई मानकर लिखते रहे। जबकि जनभाषा के लेखकों ने भगवान को आधार बनाकर लिखा। इसलिए राजा बनाम भगवान का द्वंद्व वहां सहज ही देख सकते हैं। संस्कृत लेखकों ने राजा की आड़ में सामाजिक-दार्शनिक अंतर्विरोधों को छिपाने की कोशिश की, वहीं जनभाषा के लेखकों ने भगवान के बहाने सामाजिक-दार्शनिक अंतर्विरोधों और सामाजिक पीड़ाओं को चित्रित किया। संस्कृत के लेखक का नजरिया रस और काव्यनियमों से संचालित है।

रस और काव्यनियम वस्तुतः धर्मशास्त्रीय मूल्यों और मान्यताओं के आवरण का काम करते हैं। रस के नाम पर वही वस्तुतः मध्यकालीन रूढ़ियों का पल्लवन हुआ। खासकर 5वीं शताब्दी के बाद से यह प्रवृत्ति ज्यादा प्रबल रूप में सामने आती है। इसके कारण संस्कृत लेखकों का साहित्य-बोध और साहित्यशिल्प दोनों प्रभावित हुए। साहित्य को शाश्वत मानने की धारणा बलवती हुई। अधिकांश कवियों ने कविता के शिल्प पर इस कदर जोर दिया कि लेखक के विचारों में स्वतंत्र पहलकदमी एकदम खत्म हो गई, अब लेखक गढ़िया होकर रह गया। यह गढ़िया लेखक भावहीन शिल्प-साधना में निरंतर बढ़ता चला गया। फलतः अभिव्यक्ति के वास्तविक रूपों और विषयों के ऊपर से उसकी पकड़ एक सिरे से खत्म हो गई। यह ऐसा लेखक है जिस पर जीवन की यथार्थ घटनाओं का कोई असर नजर नहीं आता। वह जीवन की सच्चाई को न तो देखता है और न उससे प्रभावित ही होता है।

संस्कृत के लेखकों ने जिन विषयों पर लिखा है उससे कुछ समय तक पाठक का मनोरंजन तो होता है लेकिन इस तरह के साहित्य का समाज पर कोई असर

नहीं पड़ता। इस तरह के साहित्य को ही वे लोग 'शाश्वत साहित्य', 'शाश्वत चिंतन' और 'शाश्वत मूल्य' कहते हैं। इन लेखकों ने बड़े पैमाने साहित्यिक और कलात्मक रचनाओं के सिद्धांत, नियम और संरचना की विधियों को खोजने का प्रयत्न किया। आंचलिक, व्यक्तिपरक, देशज सांकृस्तिक रूपों का बहिष्कार किया। रचनाओं में 'प्रतिनिधि' और 'सार्वभौम' की बड़े पैमाने पर सृष्टि की। सामान्य चरित्रों को न्यूनतम स्थान दिया। मसलन, राजा जिस भाषा में बोलता है वह उसी में बोलेगा, आमजन जिस भाषा में बोलते हैं, वे उसी भाषा में बोलेगा। राजा को राजा की तरह और रंक को जनभाषा में बोलना चाहिए। यह भी धारणा रही है कि 'प्रतिनिधि' और 'सार्वभौम' चरित्रों के रूपायन से ही महान साहित्य की सृष्टि होती है। इसी समझ ने शास्त्रीय रचनाओं के अनुकरण करने पर जोर दिया। फलतः सामाजिक यथार्थ से संस्कृत साहित्य का संपर्क कट गया। यही वह परिप्रेक्ष्य है जिसमें रस सिद्धांत का जन्म और विकास हुआ।

नामवर सिंह ने 'रसः जस का तस या बस?' इस शीर्षक से एक संपादकीय *आलोचना* (जनवरी-मार्च 1990) में लिखा था, यह उनकी किताब *कविता की जमीन और जमीन की कविता* (2010) में शामिल है। उल्लेखनीय है *कविता के नए प्रतिमान* में नामवरजी ने 1968 में पहली बार रस पर विचार किया था उसके बाद 1990 में उनकी नजर रस पर पड़ी। देखना यह है कि उनके नजरिये में रस के प्रसंग में क्या बदलाव आया ? *कविता के नए प्रतिमान* में नामवरजी ने प्रतिमान के रूप में रस की पुनव्याख्या या पुनरुद्धार को अप्रासंगिक माना है, महत्वपूर्ण माना है आस्वाद प्रक्रिया और कविता की अर्थमीमांसा को। क्या आस्वाद के सवाल बदले हैं ? क्या आस्वाद की प्रक्रिया में बदलाव आया है ? क्या कविता वही है जो 1968 में थी? कविता के चरित्र में किस तरह का परिवर्तन आया है ? क्या 1968 में नामवरजी के जो विचार थे वे 1990 में बने रहे या बदल गए ? नामवरजी ने अभिनवगुप्त की रस संबंधित समझ का व्यापक उपयोग किया है और भरत वर्णित रसों से भिन्न शांतरस की ओर ध्यान खींचा है, लेकिन लिखा नहीं।

'रसः जस का तस या बस?' शीर्षक लेख में नामवरजी ने कई महत्वपूर्ण बातें कही हैं। उनमें पहली बात यह कि 'चिंतन के क्षेत्र में पूर्वजों से उऋण होने का एक तरीका यह है कि उनकी मान्यताओं की पुनः प्रस्तुति स्वयं उनकी प्रस्तुति से बेहतर की जाए।' इस क्रम में नामवरजी ने प्रो. अशोक रामचंद्र केलकर के *प्राचीन भारतीय साहित्य मीमांसा* में प्रस्तुत रस संबंधी विचारों को पेश किया है। नामवरजी के लेख के शीर्षक में प्रश्नवाचक चिह्न अर्थपूर्ण है। यह अनेक रास्ते

खोलता है। इस लेख में केलकरजी के विचारों को जस का तस रख दिया गया है, वहीं दूसरी ओर संभावनाओं के लिए रास्ता खुला छोड़ा गया है। नामवरजी ने लिखा है, 'बेडेकर ने रस-विमर्श की उस प्रचलित प्रवृत्ति पर प्रहार किया था, जिसमें रस की चर्चा एक 'मनोवैज्ञानिक सिद्धांत' के रूप में की जा रही थी। इसके विपरीत बेडेकर ने इस प्रस्थानबिंदु से अपनी चिंतन-यात्रा का प्रारंभ किया कि रस-व्यवस्था 'कलास्वरूप शास्त्रों' का भारतीय प्रमेय है और विशिष्ट सांस्कृतिक संदर्भ में ही उसके सच्चे स्वरूप की पहचान संभव है'(*कविता की जमीन और जमीन की कविता*, 2010, पृ.11)।

नामवरजी ने केलकर के विचारों को अधूरे ढंग से पेश किया है उसके कारण रस पर सुसंगत नजरिया बनाने में मदद कम मिलती है। लेकिन नामवरजी की स्वयं की टिप्पणियां काफी महत्वपूर्ण हैं। नामवरजी ने लिखा, 'कहने की आवश्यकता नहीं कि अन्य कल्पकथाओं की तरह नाट्योत्पत्ति की इस देवासुर-कथा में भी 'नाट्यवेद' निहित है। नाट्यवेद अर्थात नाट्य सिद्धांत। इसलिए समस्या एक 'मिथक' के ऊपर दूसरा 'मिथक' गढ़ने की नहीं बल्कि उसी 'मिथक' को उधेड़ने की है। कल्पसृष्टि एक और पुनर्निर्माण नहीं चाहती, मीमांसा मांगती है। आज की भाषा में कहें तो 'रिकंस्ट्रक्शन' नहीं, 'डिकंस्ट्रक्शन'। असंगतियों के बीच सुसंगति लगाने से कहीं ज्यादा जरूरी है सुसंगत प्रतीत होनेवाली रचना में छिपी हुई असंगतियों का उद्घाटन' (वही, पृ. 15)।

सवाल यह है नाटक हो या यज्ञ हो, देवासुर संग्राम पर कल्पसृष्टि हो या रसों के सृजन की समस्या हो इसका लक्ष्य क्या है ? यदि हम 'डिकंस्ट्रक्शन' करें तो इसके केंद्र को खोला जा सकता है। रस शास्त्र की समूची चर्चा के केंद्र में दो बातें सबसे महत्व की हैं। पहली है चीजों को देखने और प्रस्तुत करने की पद्धति और दूसरा है लक्ष्य। दि.के. बेडेकर ने *प्राचीन साहित्य मीमांसा* नामक अपनी लेखमाला में इन दो बातों को रेखांकित किया है इनमें से एक का नामवरजी ने जिक्र किया है यानी पद्धति का जिक्र किया है लेकिन लक्ष्य को वे छिपा गए। नामवरजी ने लिखा है 'बहरहाल यह 'यज्ञ-नाट्य' देवासुर-कथा ही है और बेडेकर ने विस्तृत विश्लेषण के द्वारा दिखला दिया कि भरत-निर्दिष्ट आठ रसों का अधिष्ठान देवासुर-द्वंद्व में स्थित है।' उन्हीं के शब्दों में, 'मनोविज्ञान को एकतरफ रखकर स्थायित्व का अर्थ आठ रसों के स्थिर संबंध ही लगाना चाहिए। इसी प्रकार इन आठ रसों के पीछे जाकर शृंगारादि रस-चतुष्ट्य पर ध्यान केंद्रित करना चाहिए। शृंगारादि चतुष्ट्य का पुनः शृंगार-वीर और रौद्र-वीभत्स ऐसा द्वंद्व ध्यान में रखना चाहिए। यह द्वंद्व

देव और असुर द्वंद्व का नाट्यमय रसात्मक स्वरूप है। यह निश्चित रूप से जान लेने पर भरत प्रणीत रस-व्यवस्था का सब अर्थ अच्छी तरह लग जाता है' (पृ. 16-17)।

रस-निष्पत्ति' के प्रसंग में नामवरजी ने लिखा, 'इसी प्रकार 'रस-निष्पत्ति' की प्रक्रिया यज्ञ की प्रक्रिया के अनुसार समझाई गई है। 'रस-निष्पत्ति' के स्वरूप की चर्चा में अन्य विद्वान जहां 'षाडव रस' तथा 'पानक रस' में उलझे रहे, बेडेकर की निर्भ्रांत दृष्टि *नाट्यशास्त्र* की इस पंक्ति पर गई—

'शरीरं व्याप्यते तेन शुष्कं काष्ठमिवाग्निना।'

लकड़ी में सुप्त अग्नि मंथन-प्रयोग से व्यक्त होती है और उस लकड़ी को ही व्याप्त कर लेती है। यज्ञ की अग्नि पुराकाल में (और परंपरा-निर्वाह के लिए आज भी) इसी विधि से पैदा की जाती थी। लकड़ी में सुप्त अग्नि को लकड़ी की ओखली में दूसरी लकड़ी की मथानी घुमाने से व्यक्त किया जा सकता है। यज्ञ-क्रिया में ऐसी ही सिद्ध अग्नि ही काम में लाते थे। एक प्रकार से देखें तो देवासुर-कथा का द्वंद्व यहां भी सक्रिय है। रस-व्यवस्था के मूल में द्वंद्व है। बेडेकर की क्रांतिकारी खोज यही थी' (पृ. 17)। कहने का आशय यह कि नाटक में 'द्वंद्व' के नजरिये के जनक भरत हैं। 'द्वंद्व' के बिना सृजन नहीं होता। यह हमारी परंपरा का सबसे मूल्यवान नजरिया है और पद्धति भी है। यह आज भी सृजन के लिए प्रासंगिक है। रही बात काठ के घर्षण से अग्नि पैदा करने की तो अग्नि तो लकड़ी में होती है। घर्षण उसे जन्म देता है। इसे तीव्र भावोर्मि कह सकते हैं, रचना के निर्माण में भावोर्मि की महत्वपूर्ण भूमिका होती है। जब कोई विषय लेखक को उद्वेलित करता है तब ही रचना की पहली चिंगारी फूटती है। वहीं से लेखक के भावानुभवों की सृष्टि होती है। यही चीज बाद में रचना के रूप में प्रकाश पाती है।

नामवरजी ने बेडेकर की धारणाओं का विस्तार से विवेचन करने के बाद लिखा, 'सारी युक्ति का सार यह है कि नाट्य प्रयोग न देवों की विजय प्रदर्शित करता है, न असुरों की पराजय। वह तो त्रैलोक्य का भावानुकीर्तन है। अभिनव ने इस भावानुकीर्तन का एक लंबा-चौड़ा दर्शन पेश कर दिया है, जिसे भारतीय साहित्य मीमांसा का अमर सिद्धांत समझा जाता है।'

आगे लिखा, 'किंतु क्या यह काव्य-सिद्धांत 'जर्जर' का ही दूसरा रूप नहीं है? जो कार्य बड़े डंडे से न सधे, उसे साधने के लिए सिद्धांत का सहारा लिया जाए तो उस सिद्धांत को क्या नाम दिया जाएगा ? इस संदर्भ में अभिनवगुप्त के दो वाक्य उल्लेखनीय हैं। *नाट्यशास्त्र* के 1070वें श्लोक में अभिनवगुप्त अपनी ओर से

जोड़ते हैं—'एवं राज्ञा सिद्धिविघातका दण्डया इति'। अर्थात इस प्रकार राजा को नाट्य सिद्धि में विघ्न डालने वालों को दंड देना चाहिए। *नाट्यशास्त्र* के 1099 श्लोक में ब्रह्मा द्वारा शांतिपूर्वक समझाने के प्रसंग पर—'नाशक्तस्य सामाङ्गीकरोति दुर्जन इति पूर्वरक्षाकरणम्'। अर्थात अशक्त के साम को दुर्जन नहीं मानता इसलिए (साम से पहले) रक्षा-विधान दृढ़ कर लिया जाए। तात्पर्य यह कि ब्रह्मा के मुख से कहलाया गया 'नाट्यदर्शन' 'शक्त का साम' अर्थात् ताकतवर का शांति-पाठ है। इस प्रकार क्या रस का दर्शन शक्ति का प्रदर्शन नहीं लगता ? आजकल जिसे 'आइडियोलॉजी' कहते हैं वह और क्या होती है ? क्या रस-सिद्धांत ने शुरू से ही एक 'आइडियोलॉजी' अथवा 'दिट्ठ' की भूमिका नहीं निभाई है।'

नामवरजी ने बेडेकर का विवेचन करने के साथ ही अंत में यह भी लिखा, 'आशंका सिर्फ यही है कि नया आकलन भी कहीं इसी लंबी शृंखला की एक कड़ी न साबित हो ! बेडेकर ने शायद इसीलिए सभी संभाव्य संस्करणों को संदिग्ध समझा और रस को संग्रहालय में सुरक्षित रखने का प्रस्ताव रखा। इसीलिए आज भी यह प्रश्न है कि 'रसः जस का तस अथवा बस?' ' दिलचस्प बात यह है नामवरजी रस की विचारधारा के पहलू को खोलते ही नहीं हैं और सवाल उठाकर छोड़ देते हैं। रस की विचारधारा का पहलू तब खुलता है जह हम शांत रस के अंदर प्रवेश करते हैं। बेडेकर ने शांतरस का जिक्र तक नहीं किया और नामवरजी जिक्र तो करते हैं लेकिन विवेचन से कन्नी काटते हैं। अभिनवगुप्त ने शांतरस का शृंगार के साथ अंतर्विरोध दिखाकर रस की विचारधारा में निहित जनविरोधी भावों को उद्‌घाटित किया है। सवाल यह है शांत रस क्या है और उसे कैसे देखें ?

शांतरस पर जोर देकर अभिनवगुप्त ने असल में रस के समूचे ढांचे और विचारधारा को निशाना बनाया है। अभिनवगुप्त जिस समय लिख रहे थे उस समय समाज में कला, साहित्य, संस्कृति आदि विभिन्न क्षेत्रों में ह्रासशील प्रवृत्तियां चरम पर थीं। रस की सृष्टि और संरचना ने ह्रासशील प्रवृत्तियों को जमकर बढ़ावा दिया, कलाएं सामाजिक उन्नति के बजाय समाज में अवरोध पैदा करने का काम कर रही थीं। रसों की संरचना और विचारधारा पर विचार करें तो पाएंगे कि रसों में गहरा अंतर्विरोध है। मसलन, रति है तो वैराग्य भी है। रसों में एक-दूसरे के विरोधी भावों का होना यह दर्शाता है कि रसों का चरित्र अंतर्विरोधपूर्ण और ह्रासशील है, यह चित्तवृत्तियों का शमन नहीं करता बल्कि उनको तनावयुक्त बनाता है। यह संभव नहीं है कि शत्रु पर विजय प्राप्त करने के लिए उत्साहित भी हों और शत्रु से डरें भी। लेकिन इस तरह के अंतर्विरोध रसों में हैं। रसों में अंतर्निहित अंतर्विरोधों की

अभिनवगुप्त ने *नाट्यशास्त्र* की *अभिनवभारती टीका* में विस्तार से चर्चा है।

भरत वर्णित 8 रसों के इस समूचे ढांचे से बाहर निकले बिना रस के प्रति नए नजरिये और नई भूमिका का विकास संभव नहीं है। यह आयरनी है कि अभिनवगुप्त की रस संबंधी आलोचना को संस्कृत कवियों और आलोचकों ने गंभीरता से ग्रहण नहीं किया। भरत के यहां रस के अंतर्विरोध से निकलने का उपाय है एक रस से निकलो और दूसरे की शरण लो। इसके लिए 'ऐकाधिकरण्य' की पद्धति के प्रयोग पर जोर दिया, ऐकाधिकरण्य का अर्थ है एक आश्रय से संबंध होना। अभिनवगुप्त ने लिखा है भय और उत्साह का एक आश्रय में सहभाव दूषित होता है। किंतु उनके आश्रय बदल देने से उनका विरोध जाता रहता है। इसके लिए एकाश्रयत्व में निर्दोष और नैरंतर्य पर जोर दिया गया। इससे रसों में व्याप्त अंतर्विरोधों का समाधान नहीं हुआ।

उल्लेखनीय है अभिनवगुप्त ने नागानंद का उदाहरण दिया है और उसके संदर्भ में शृंगार और शांत रस के अंतर्विरोध का विश्लेषण करते हुए शांतरस की स्थापना की है। अभिनवगुप्त के मूल्यांकन यह वह बिंदु है जहां पर भोगवाद, पुंसवाद और रस के अंतस्संबंध को वे निशाना बनाते हैं। इस अंतस्संबंध को समझाने के लिए उन्होंने सांख्यदर्शन के दो तत्वों 'चित्तवृत्ति का प्रसार' और 'लिंगशरीर' की अवधारणा का इस्तेमाल किया है। वे विस्तार के साथ नागानंद की कथा का विवेचन करते हैं और इन दोनों धारणाओं का खुलासा करते हैं।

साहित्य में शृंगार को रसराज कहा गया और उसका साहित्य में वर्चस्व था। अभिनवगुप्त ने इस वर्चस्व को चुनौती देने के लिए शांतरस की सृष्टि की। शृंगार और शांत के अंतर्विरोध पर जोर डाला। शृंगार रस का मूलाधार है तृष्णा, जबकि शांतरस का मूलाधार है तृष्णाक्षय। तृष्णाक्षय में जो आनंद है वह किसी और में नहीं है। रसों की भूमिका रही है तृष्णा पैदा करने की और अभिनवगुप्त ने इसी को आधार बनाकर समूची सामंती व्यवस्था और शृंगार रस का विरोध किया। तृष्णाक्षय आज के युग के लिए भी बहुत महत्वपूर्ण तत्व है। यह सामाजिक विकास का सकारात्मक तत्व है। भरत के आठ रसों में तृष्णा जगाकर रसनिष्पत्ति होती है जबकि अभिनवगुप्त के शांतरस में तृष्णाक्षय के जरिये रसनिष्पत्ति और आनंद की सृष्टि की है। शृंगारादि रसों के जरिये विषयाभिलाष पैदा किया जाता था उसका अभिनवगुप्त ने विरोध करते हुए विषयाभिलाष के निर्वेद पर जोर दिया है, उस निर्वेद में अभूतपूर्व आनंद होता है। निर्वेद ही शांतरस का स्थायीभाव है। जब उसका परितोष आस्वाद में हो जाता है तभी शांतरस होता है। ठेस भाषा में इसे वैराग्य यानी नागरिक चेतना कहते हैं।

रसों के विकल्प के रूप में वैराग्य यानी नागरिक चेतना की वकालत वस्तुतः दरबारी सभ्यता-संस्कृति और उनके साथ जुड़े कलारूपों का निषेध है, यह संन्यासवाद नहीं है। यह लोकचेतना है। तृष्णा और लोकचेतना या नागरिक चेतना में अंतर्विरोध है। उल्लेखनीय है जनभाषा के लेखकों ने शृंगारादि रसों और काव्य के नियमों के आधार पर काव्य-सृजन का भी विरोध किया था। काव्य-सृजन के नियम और रस ये दोनों एक-दूसरे से अभिन्न रूप से जुड़े हैं। अभिनवगुप्त ने रसों के मूलाधार पर प्रहार करते हुए जब तृष्णाक्षय की स्थापना की तो उन्होंने वस्तुतः लोक कामना से साहित्य को जोड़ने पर जोर दिया। रसों का आधार तृष्णा होने के कारण भरत वर्णित आठ रसों पर आधारित समूचा साहित्य क्रमशः लोक से कटता चला गया। अभिनवगुप्त जब शृंगार का विरोध कर रहे थे तो वस्तुतः साहित्य को नागरिकचेतना से जोड़ने पर जोर दे रहे थे। उन्होंने लिखा है—

> यच्च कामसुखं लोके यच्च दिव्यं महत्सुखम्।
> तृष्णाक्षयसुखस्यैते नार्हतःषोडशीं कलाम्।।

यानी लोक में कामना से जो सुख प्राप्त होता है और जो स्वर्गीय महान सुख होता है, वे दोनों प्रकार के सुख तृष्णाक्षय से उत्पन्न होने वाले सुख का सोलहवां भाग भी नहीं होते। इस प्रसंग में भरत के पक्षधरों का मानना है भरत ने शांत को कभी अस्वीकार नहीं किया बल्कि भरत के यहां तो शांतरस सभी रसों के मूल में रहता है। सभी रसों की शांतावस्था ही शांतरस कहलाती है। असल में मामला इतना सरल नहीं है। अभिनवगुप्त ने रेखांकित किया है कि रसों के पक्षधर और भरत के यहां रस के आने के पहले शांतरस रहता है उसके बाद अन्य रस पैदा होते हैं। यानी तृष्णाभाव के पहले शांत भाव रहता है और रसों के जरिये उस भाव को नष्ट करके तृष्णाभाव पैदा होता है, इसके विपरीत अभिनवगुप्त के नजरिये से तृष्णाभाव को नष्ट करके शांतरस पैदा होता है। यानी वीतराग या वैराग्य वह है जहां तृष्णा का विध्वंस हो जाए। सवाल यह है क्या आज के उपभोगतावादी समाज में हमें शांतरस चाहिए या नहीं ? अथवा रस चाहिए ? नामवरजी जब रस की हिमायत करते हैं तो वे शांतरस में निहित इस समूचे दृष्टिकोण को भूल जाते हैं। *कविता के नए प्रतिमान* में कहने के लिए वे नगेंद्र की आलोचना करते हैं लेकिन वस्तुतः वे नगेंद्र के साथ ही खड़े रहते हैं। नगेंद्र के नजरिये में रस-सिद्धांत शाश्वत और सार्वभौम सिद्धांत है, वहीं नामवरजी के लिए भरत की रस संबंधी धारणा में प्रसंगानुकूल प्रतिमान मिल जाते हैं। इस प्रसंग में वे रस के आंतरिक तत्वों की विवेचना करके

नगेंद्र के मत का खंडन करते हैं लेकिन वैचारिक तौर पर दोनों एक ही धरातल पर खड़े रहते हैं। यहां तक कि 1990 में भी उनके बुनियादी विचारों में कोई परिवर्तन नहीं आता।

अभिनवगुप्त ने एक अन्य महत्वपूर्ण पहलू की ओर ध्यान खींचा है वह है रस का चरम। सवाल है क्या रस का चित्रण करते हुए उसको चरम तक चित्रित करें? भरत चरम तक चित्रण के पक्षधर हैं लेकिन अभिनवगुप्त ऐसा नहीं मानते, शांतरस के पक्ष, विपक्ष, स्थायीभाव आदि का *अभिनव भारती टीका* में विस्तार के साथ विश्लेषण किया है। मसलन रौद्र रस का चरम तो हत्या है लेकिन उसकी प्रस्तुति से बचा जाना चाहिए, प्रतीत हो कि हत्या हो गई। इसलिए 'प्रतीति' और 'प्रतीयमान अर्थ' इनका बड़ा महत्व है। इसी प्रकार भरत ने वीररस के तीन उपभेदों का जिक्र किया है, ये हैं, दानवीर, धर्मवीर और युद्धवीर। इसी प्रसंग में अभिनव ने कहा है कि दयावीर को शांतरस का प्रभेद तब मान सकते हैं जब उसमें सब प्रकार के अहंकार का अभाव हो। यदि उत्साह के साथ अहंकार आ जाता है तो दयावीर को शांतरस का प्रभेद नहीं मान सकते। इसी तरह कुछ लोग शांतरस को वीभत्सरस में समाहित करके देखते हैं लेकिन अभिनवगुप्त ने इसका भी खंडन किया है। क्योंकि शांतरस का मूलाधार या स्थायीभाव घृणा नहीं है। वह तो व्यभिचारी भाव है। अंत में सबसे बड़ी बात जो शांतरस से जुड़ी है वह है उसका लक्ष्य। भरत वर्णित आठ रसों का लक्ष्य है आनंद और रस की सृष्टि करना, लेकिन शांतरस का लक्ष्य है मोक्ष प्रदान करना। आठ रसों के लिए पुरुषार्थ की जरूरत है लेकिन शांतरस के लिए लोकनिष्ठा और नागरिकचेतना होनी चाहिए।

रस के प्रसंग में बुनियादी सवाल यह है कि रस किसके लिए ? आनंद के लिए या दुःख के लिए ? नाटक किसके लिए आनंद के लिए या दुःख के लिए ? रस को मानें या न मानें लेकिन कलाओं के प्रसंग में यह सवाल तो हमेशा उठा है कि कलाओं का लक्ष्य क्या है ? रसों की जब सृष्टि हुई तब भी यह प्रश्न केंद्र में था, नामवरजी इस सवाल से कन्नी काटकर निकल जाते हैं। इस प्रसंग में आर.बी. पाटणकर की कृति *सौंदर्य मीमांसा* में विस्तार के साथ विचार किया है। पाटणकर मराठी साहित्य के प्रमुख आलोचक हैं और उनकी कृति *सौंदर्य मीमांसा* को साहित्य अकादमी ने 1975 में पुरस्कृत भी किया है। नामवरजी ने बेडेकर के बहाने रस की सृजन प्रक्रिया के सवालों पर विचार किया है लेकिन रस का संबंध तो आस्वाद से है और कला के क्षेत्र में सृजन प्रक्रिया से ज्यादा व्यापक फलक आस्वाद प्रक्रिया का है। आस्वाद प्रक्रिया के सवाल कला-साहित्य के बुनियादी सवाल हैं उनसे हिंदी

के मार्क्सवादी आलोचक भागते रहे हैं। रस हमारे ऐंद्रिय सुख से जुड़ा है। यही विमर्श का प्रमुख बिंदु है जिसके जरिये रचना के विमर्श को अमूर्तन में ले जाने से रोक सकते हैं।

नाटक या कला या साहित्य का लक्ष्य है 'आनंद', और रस का भी लक्ष्य है 'आनंद'। 'आनंद' के बिना कला रूप अपना विकास नहीं करते। 'आनंद' से हमें 'सुख' मिलता है यही वजह है कि 'आनंद' और 'सुख' को पर्यायवाची समझना चाहिए। मराठी साहित्य में भी अनेक बड़े विद्वानों ने 'आनंद' और 'सुख को पर्यायवाची माना है। *नाट्यशास्त्र* में यह भी माना गया है कि रचना में वैयक्तिक दुःख और सुख का अनुभव करने से रसनिष्पत्ति में बाधा पड़ती है।

नाट्यशास्त्र पर विचार विमर्श के दौरान अमूमन अभिनवगुप्त लिखित भाष्य का बार-बार जिक्र होता है। अभिनवगुप्त ने *नाट्यशास्त्र* के रचे जाने के सात-आठ सौ वर्ष के बाद *अभिनव-भारती* नामक टीका लिखी, इसे सबसे प्रामाणिक टीका माना जाता है। अपनी टीका में अभिनवगुप्त ने अनेक बातें अपनी कही हैं उन बातों का भरत के *नाट्यशास्त्र* से कोई संबंध नहीं है। इस पहलू को टी.जी.माईणकर ने *दि थियरी ऑफ संधीज एंड संध्यंगाज* (1960) नामक कृति में विस्तार के साथ रेखांकित किया है। रा.भा.पाटणकर ने सवाल भी उठाया है कि क्या 'सुख' को सौंदर्यानुभव का आवश्यक घटक माना जा सकता है ? दूसरा प्रश्न यह कि ऐसा सुख लौकिक है या अलौकिक है ? क्या रचनाएं भावनाओं पर प्रभाव डालती हैं ? अथवा कलास्वाद का भावना और भावनात्मकता से संबंध है ? क्या रचना पढ़ते समय भाव जाग्रति होती है ? भावना और भावनात्मकता को क्या भावनात्मक मनोदशाओं या मूड से अलग रखा जा सकता है ? मनोदशाएं कितनी अवधि तक टिकी रहती हैं ? क्या इस सबका भावनात्मक स्वभाव वैशिष्ट्य से संबंध जुड़ता है? पाटणकर के अनुसार 'भावनात्मक स्वभाव वैशिष्ट्य प्रायः जीवन-भर हमारा साथ देते हैं। वे हमारे व्यक्तित्व का भाग बनते हैं। जब हम किसी व्यक्ति को, निराशावादी और दूसरे को आशावादी कहते हैं, तब हमारे मन में उन मनुष्यों के स्वभाव वैशिष्ट्य ही होते हैं। लेकिन इसका अर्थ यह तो नहीं कि निराशावादी मनुष्य सारे समय के लिए म्लान पड़ा रहता है और आशावादी सदैव उछल-कूद करता रहता है' (*सौंदर्य-मीमांसा*, पृ. 238)।

दिलचस्प बात यह है कि अभिनवगुप्त जब रस पर विचार कर रहे थे तो उनके नजरिये के केंद्र में 'सुख' या 'आनंद' नहीं था बल्कि 'मोक्ष' था। यही वजह है कि लिखा 'मोक्षफलत्वेन चायं परमपुरुषार्थनिष्ठत्वात् सर्वरसेभ्यः प्रधानतमः।' कहने

का आशय यह कि शांतरस का फल मोक्ष होता है जो कि सबसे बड़ा फल है। अतएव इस रस की निष्ठा पुरुषार्थ में भी सबसे अधिक होनी चाहिए।

रस पर विचार करते समय तीन तत्वों की खूब चर्चा होती है–1. स्थायीभाव, 2. व्यभिचारी या संचारी भाव, और 3. सात्त्विक भाव। कई आलोचकों ने इस विवेचन के लिए मनोविज्ञान का सहारा लिया है। इस समूचे प्रसंग में यही कहना समीचीन होगा कि स्थायी भावों का संबंध रंगमंच से है, दृश्य अभिनय में इनकी भूमिका है। वाच्य में इनकी भूमिका नही होती। रा.भा. पाटणकर ने लिखा है स्थिरभावों के लिए भावनात्मक भाषा की जरूरत होती है जिसे अभिनय में बेहतर ढंग से व्यक्त किया जा सकता है। मसलन, क्रोध का वर्णन करने से वह व्यक्त होगा ? उसका वर्णन किया जा सकता है। यह सही है। लेकिन जिस अर्थ में दांत, ओंठ चबाना, मुट्ठियां भींचना, आंखें लाल होना आदि के जरिये क्रोध व्यक्त होता है उस अर्थ में किसी कृति के जरिये क्रोध व्यक्त नहीं होगा। भावनात्मक भाषा का स्थान वर्णनात्मक भाषा नहीं ले सकती। नाटक में भावों को वाच्य के स्तर पर नहीं दिखाया जाता बल्कि उसकी अभिव्यंजना करनी होती है। नाटककार भावों की अभिव्यंजना के लिए विभावादि का उपयोग करता है। यहां भावों का वर्णन नहीं होता। भावों की अभिव्यंजना साधी जाती है। इसलिए नाटक में भाव व्यंजक भाषा और विभावादि का इतना महत्त्व है। यदि विभावादि का नाटक में महत्व है तो यह तय है ये चीजें दृश्य अभिनय के माध्यमों के प्रसंग में आज भी प्रासंगिक हैं। हमारे साहित्यालोचकों की मुश्किल यह है कि वे नाटक को केंद्र में रखकर लिखे शास्त्र को काव्य आदि विधाओं पर लागू करके उसकी प्रासंगिकता पर विचार करते रहे हैं, खासकर नामवरजी ने भी इस कृति पर काव्यादि के संदर्भ में ही विचार किया है जो सही नहीं है। दृश्य माध्यम की सैद्धांतिकी पर लिखी धारणाओं को मुख्य रूप से दृश्य माध्यमों के संदर्भ में ही पढ़ा जाना चाहिए।

रस के विवेचन के क्रम में एक सवाल यह भी उठा है कि रस का किस वर्ग के साथ संबंध था ? रस के जो वर्गीकरण आठ रसों में भरत ने किए उसके पीछे क्या कोई वर्गीयदृष्टि थी या फिर मनमौजी ढंग से वर्गीकरण कर दिया गया था। वर्गीय दृष्टिकोण के सवाल पर इसलिए भी विचार करना चाहिए कि रसों के सामाजिक आधार को तय करने में मदद मिलेगी। रस का गहरा संबंध दरबारी सभ्यता के साथ था और रस कभी भी गैर-अभिजन वर्ग के उपभोग की चीज नहीं था, इसलिए जितनी भी बार रस पर बहस हुई है तो वह उसकी प्रशंसा और गुणों पर ही केंद्रित रही है। उसके वर्गीय चरित्र को लेकर चर्चाएं नहीं हुई हैं। रस के समाज से कटे

होने का बड़ा कारण यह था कि यह जन्म से अभिजन का शास्त्र रहा है। अभिजन के वैचारिक वर्चस्व को स्थापित करने का शास्त्र रहा है, यही वजह है आमजन ने कभी भी रसों को अपनी काव्याभिव्यक्ति या नाट्याभिव्यक्ति का आधार नहीं बनाया।

रस को दरबारी लेखकों ने अपनी रचनाओं में सबसे ज्यादा इस्तेमाल किया और अभिजनों की अभिरुचि निर्मित करने के लिए उसके तमाम उपकरण निर्मित किए। इसके कारण रस के अंदर एक खास तरह की अगतिशीलता या अपरिवर्तनीयता भी है। फलतः रस के मूल अवधारणात्मक ढांचे में कोई परिवर्तन सैकड़ों सालों से नहीं हुआ। रस में अभिरुचि के स्तर पर सौंदर्यबोधीय विभाजन भी है जो लंबे समय से अपरिवर्तनीय है। इसका अर्थ है कि रस में ज्ञान का विकास नहीं हुआ। यह सच भी है कि *नाट्यशास्त्र* में वर्णित रसों के बारे में नई चीज तब आई जब अभिनवगुप्त ने *अभिनव भारती* नामक टीका लिखी, लेकिन रस की पूर्वधारणाओं को पूरी तरह खारिज करने की उनकी भी हिम्मत नहीं हुई।

रस पर दार्शनिक तौर पर आदर्शवादी दर्शन का असर था जिसके कारण रस की व्याख्याएं तो हुईं लेकिन मूलगामी परिवर्तन नहीं हुआ। अभिनवगुप्त के पहले तक तकरीबन 1000 साल तक आठ रस ही प्रचलन में रहे, अभिनवगुप्त ने कहा कि नया रस शांतरस हो सकता है। लेकिन अभिनवगुप्त के बाद तो फिर से रस जगत में सन्नाटा पसरा हुआ है। इससे पता चलता है कि रसों के उपभोक्ता के रूप में अथवा सर्जक के रूप में या रस के लेखक के रूप में जो लोग काम करते रहे हैं उनमें नई अवधारणाएं निर्मित करने की क्षमता ही नहीं थी, इस दृष्टि से रस एक तरह का बांझ शास्त्र है। उसमें नए को रचने की क्षमता नहीं है जबकि कायदे से रस के ढांचे से नाभिनालबद्ध वर्ग को नए के खोज की दिशा में प्रयास करना चाहिए, लेकिन यह न हो सका। सवाल रस की व्याख्या का नहीं है बल्कि रस को बदलने का है रस जैसा है उसे वैसा ही रखने का अर्थ है कि रस की अपरिवर्तनीयता को मानना। जबकि सच यह है कि रस की उत्पत्ति जब हुई तब से लेकर आज तक तकरीबन दो हजार साल का लंबा सफर गुजर चुका है इसके बावजूद हमने नए की खोज का काम आरंभ नहीं किया है। रस का संरचनात्मक ढांचा इस तरह का है कि उसमें नए की खोज नहीं कर सकते। वह अपरिवर्तनीय उत्पादन संबंधों से बंधा है।

रस में एक खास किस्म का यांत्रिक संरचनात्मक ढांचा है जिसमें रंगमंच काम करता रहा है। इसमें बाह्य हस्तक्षेप की संभावनाओं का अभाव है। रस हमारे पुराने प्राचीनकालीन सामूहिक कलात्मक अनुभवों का हिस्सा है। स्थिर भाव, स्थिर दर्शक

और अगतिशील अभिनेता ये तीन इसके संरचनात्मक साथी हैं। फलतः इसकी ह्रासशील सामंती समाज में आकर भूमिका पहले की तुलना में और भी खराब हुई।

सवाल यह है कि रस को आधार बनाकर कोई मुक्तिकामी या परिवर्तनकामी नाटक क्यों नहीं लिखा गया ? रस का चूंकि नाटक के क्षेत्र में इस्तेमाल होता था अतः रस ने सार्वजनिक स्पेस और निजी स्पेस का विकास क्यों नहीं किया ? मध्यकाल में नाटक या रंगमंच हमारे समाज में जनमंच क्यों नहीं बन पाया ? समस्त नाटक उन्हीं वर्गों पर लिखे गए जो दरबारी सभ्यता से जुड़े थे। रस में विभिन्न किस्म के भावों का वस्तुगत वर्गीकरण मिलेगा और मंचन में इनकी वस्तुगत प्रस्तुतियों पर ही जोर रहा। वस्तुगत प्रस्तुतियां समाज के ऊपर आवरण डाले रखने का काम करती हैं, इस तरह की प्रस्तुतियों के कारण समाज की नाटक में यथार्थ प्रस्तुति नजर नहीं आती। समाज पर छद्म आवरण पड़ा रहता है। इस तरह की प्रस्तुतियां शोषित और शोषक के बीच के संबंध को छिपाए रखती हैं। दबे-कुचले लोगों और अभिजन के बीच के अंतर्विरोधों को छिपाए रखती हैं। प्रस्तुतियों में मिथकीय चरित्रों के वर्चस्व की वजह से नाटकों के जरिये युगीन समाज को समझना बेहद मुश्किल है। यानी रसों के आधार पर ऐसा साहित्य रचा गया जो सतह पर देखने में सुंदर था लेकिन अंदर से प्राणहीन था। वह रहस्यों के आवरण में बंधा था।

रस को यदि मोक्ष का शास्त्र बनना है तो उसकी पहली सीढ़ी है नाटक में यथार्थ विषयों का प्रवेश हो। रस के नायक के तौर पर कथानक में सामान्यजन की प्रतिष्ठा हो। ऐसे लोगों की प्रतिष्ठा हो जो समाज में हाशिये के लोग कहलाते हैं। यह विलक्षण संयोग है कि रस केंद्रित नाटकों का समूचा चरित्र सवर्णवादी है। कथानक के मूल पात्र सवर्ण हैं और वे कथानक की धुरी हैं। असवर्ण पात्र सिर्फ दिल बहलाने के लिए दाखिल होते हैं। वे सारवान गतिविधियों में शामिल नहीं होते।

भरत के *नाट्यशास्त्र* में रस की चर्चा रंगमंच के प्रसंग में है लेकिन कालांतर में काव्यशास्त्रियों और आलोचकों ने इसे साहित्य की विभिन्न विधाओं और खासकर काव्य के मूल्यांकन के संदर्भ में विस्तार दे दिया। इसने रसों के बारे में सबसे ज्यादा विभ्रम खड़े किए। रसों का संबंध यदि नाटक से है और नाटक का संबंध अभिनय से है, अभिनय का भाव-भंगिमाओं से और भाव-भंगिमाओं का सामयिक यथार्थ से संबंध है। इस नजरिये से देखें तो नाटक-रस और यथार्थ के अंतस्संबंध को समझने में मदद मिलेगी। लेकिन हमने पद्धति पुरानी चुनी, हम रसों की धारणाओं

की मीमांसा कर रहे हैं और उसके आगे देखने को तैयार नहीं हैं। इसके बाद तो रस और बस ही निकलेगा !

रस, भाव-भंगिमाएं और यथार्थ के रिश्ते में रसमीमांसकों ने रसों पर खूब काम किया लेकिन यथार्थ के साथ उसके अंतस्संबंध को छोड़ दिया। फलतः रसमीमांसा में भाष्य ही प्रमुख हो गए, व्याख्याएं ही प्रमुख हो गईं। इस प्रसंग में वाल्टर बेंजामिन याद आते हैं, वह कहते हैं भाव-भंगिमाएं तो यथार्थ में होती हैं। वे तो आज के यथार्थ में अवस्थित हैं। मसलन, आपको ऐतिहासिक नाटक लिखना है तो अतीत की घटना का वहीं तक निर्वाह करना है जहां तक उसे आज की भाव-भंगिमाओं के साथ संयोजित करके पेश करने में सफलता मिले। इसका मतलब यह भी है कि ऐतिहासिक नाटक में अनुकरणात्मक भाव-भंगिमाएं तब तक अर्थहीन होती हैं जब तक वे भाव-भंगिमा की साधारण प्रक्रिया का उद्‌घाटन न करें। ये भंगिमाएं एक्शन की हो सकती हैं या फिर एक्शन का अनुकरण हो सकता है। यदि भाव-भंगिमाओं की पुनरावृत्ति होती है तो वे कृत्रिम रूप ग्रहण कर लेती हैं। वस्तुगत तौर पर देखें तो हमारी भाव-भंगिमाएं अत्यंत उदार माहौल में बनती-बिगड़ती हैं। अगर कोई व्यक्ति सामाजिक भूमिका के दौरान भाव-भंगिमाओं में हस्तक्षेप करता है या उनका इस्तेमाल करता है तो उसे ज्यादा से ज्यादा सर्जनात्मक ढंग से भाव-भंगिमाओं को सृजित करने की जरूरत पड़ती है।

भरत के *नाट्यशास्त्र* में रंगमंच और रस के अंतस्संबंध को जिस तरह विश्लेषित किया उसमें पाठकेंद्रित रसनिष्पत्ति पर जोर है और उससे रस का सर्जनात्मक विकास नहीं होता। यह दृष्टिकोण ठहरे हुए समाज में तो ग्राह्य है लेकिन जो समाज गतिशील है वहां यह संबंध अप्रासंगिक हो जाता है, यही वजह है रसशास्त्र अगतिशील अवस्था में तो ध्यान खींचता है लेकिन समाज ज्यों ही विकास की अगली दशा में दाखिल हुआ उसकी ओर अधिकांश लेखकों का ध्यान ही नहीं गया अथवा जिन लेखकों ने रसकेंद्रित होकर लिखा उनको अप्रासंगिकता का सामना करना पड़ा।

रस में आए ठहराव का एक बहुत बड़ा कारण है उसकी समाजनिरपेक्ष परिकल्पना और अवधारणाएं। समाज निरपेक्ष अवधारणाएं उन नाटकों में सही प्रतीत होती हैं जिन नाटकों का कोई सामाजिक लक्ष्य नहीं होता, जो मात्र मनोरंजन या आनंद के लिए लिखे गए हैं। अभिनवगुप्त ने जब भरत वर्णित रसों से भिन्न शांतरस को स्थापित किया तो उनके जेहन में यही धारणा रही होगी। रस का काम है लोकचेतना से जोड़ना, यानी नाटक में पात्रों की सामाजिक भूमिका में बार-बार व्यवधान पैदा किया जाए, व्यवधान के लिए ही ज्यादा से ज्यादा गानों की जरूरत महसूस की

गई। रस के प्रसंग में भरत जिस रंगमंच की परिकल्पना पेश करते हैं वहां पाठ के विस्तार पर जोर है उसी पर केंद्रित अभिनय पर जोर है। लेकिन अभिनेता का काम पाठ को मंच पर हू-ब-हू उतारना नहीं है बल्कि उसका काम है हस्तक्षेप करना, व्यवधान पैदा करना, क्रमभंग करना। कलाकार रससृष्टि करे इसके लिए जरूरी है कि वह भाव-भंगिमा और परिस्थितियों के द्वंद्वात्मक संबंध को उद्घाटित करे। इसी क्रम में अभिनेता के एटीट्यूट और पाठ के प्रति उसके रवैय्ये से बहुत कुछ तय होगा। इस प्रसंग में सबसे महत्वपूर्ण है पाठ पर अभिनेता का अधिकार। पाठ को अभिनेता जितनी गहराई में जाकर आत्मसात करेगा उतना ही बेहतर सृजन कर पाएगा। इसके कारण ही वह दर्शक के साथ बेहतर संबंध भी बना पाएगा।

भरत ने *नाट्यशास्त्र* में नाटक में रस की भूमिका पर ही मूलतः केंद्रित किया है। उनके लिए रस और उसकी रंगमंचीय प्रक्रिया ही महत्वपूर्ण है। *नाट्यशास्त्र* की समूची व्याख्या इसी पहलू के इर्द-गिर्द घूमती है। इसके जरिये जहां एक ओर नाटक की समीक्षा का पेट भरा गया वहीं काव्यशास्त्र के नाम पर आलोचना की क्षतिपूर्ति करने की कोशिश की गई। इससे शास्त्र तो निर्मित हुआ लेकिन रंगमंच समृद्ध नहीं हुआ। रंगमंच की समृद्धि के लिए जरूरी है नाटक खेले जाएं, अफसोस है कि *नाट्यशास्त्र* के प्रभाववश नाटक कम खेले गए, लिखे खूब गए। नाटक खेले गए होते तो रंगमंच का शास्त्र आज अभावग्रस्त न होता। सवाल उठता है जहां *नाट्यशास्त्र* रचा गया वहां नाटक की आधुनिक समीक्षा का विकास क्यों नहीं हो पाया ? जिस क्षेत्र में *नाट्यशास्त्र* रचा गया उस क्षेत्र में नाटक कम क्यों खेले गए?

भरत का *नाट्यशास्त्र* अभिनेता को दर्शक से भिन्न इकाई के रूप में देखता है। दर्शक से अभिनेता को काटकर देखने के कारण हमारे यहां रंगमंच दुर्दशाग्रस्त हुआ। दर्शक से अभिनेता को काटने का अर्थ है शरीर से प्राण निकाल लेना। जीवंत रंगमंच तब ही संभव है जब अभिनेता और दर्शक का संबंध बना रहे। फलतः संस्कृत साहित्य में विधा रूप में नाटक है लेकिन फॉर्म से ज्यादा उसकी कोई भूमिका नहीं है। विधागत रूप से ज्यादा उसकी कोई भूमिका नहीं है। यह ऐसा नाटक है जो पाठ केंद्रित है, लेकिन उसमें सामयिक सामाजिक परिस्थितियों की अभिव्यंजना कहीं पर भी नजर नहीं आती। यह ऐसा नाटक है जिसका रचयिता दरबारी है। इस तरह नाटक पूरी तरह दरबारी ताकतों के नियंत्रण में है। इसी संदर्भ में यह सवाल उठता है कि नाटक पर किसका नियंत्रण है ? संयोग की बात है कि संस्कृत नाटकों पर राज्य एपरेटस का नियंत्रण था और उसकी ओर कभी समीक्षकों ने ध्यान ही नहीं दिया। इस प्रसंग में दूसरी समस्या यह पैदा हुई कि आलोचकों ने नाटक

को साहित्य की अन्य विधाओं के साथ जोड़ दिया। हम सब जानते हैं नाटक दृश्य माध्यम है जबकि अन्य विधाएं दृश्यमाध्यम नहीं हैं। वे श्रव्यमाध्यम हैं। इसलिए काव्य या साहित्य के साथ नाटक को जोड़कर देखना सही नहीं है. नाटक के शास्त्र को काव्यालोचना बनाना उचित नहीं है।

भरत ने *नाट्यशास्त्र* की जो परिकल्पना पेश की उसमें पाठ तैयार करना महत्वपूर्ण है, नाटक का सार्वजनिक प्लेटफॉर्म तैयार करना लक्ष्य नहीं है। रंगमंच का सार्वजनिक प्लेटफॉर्म बनाना लक्ष्य होता तो नाट्यशास्त्र की विचारधारात्मक भूमिका-भी होती लेकिन नामवरजी ने उसकी व्यापक विचारधारात्मक भूमिका खोज ली जोकि गलत है। भरत के लिए नाटक रसव्यंजना की विधा है, नाटक उनके लिए विश्व को व्यंजित करने का मंच नहीं है। वे अभिनय की कलात्मक व्याख्या पेश करते हैं लेकिन अभिनय तो कलात्मक व्याख्या नहीं है। अपितु यथार्थ नियंत्रण है। भरत के यहां पाठ ही निर्धारक है लेकिन अभिनय में पाठ निर्धारक नहीं है, वहां से आरंभ जरूर होता लेकिन वहां तो यथार्थ का सृजन करना लक्ष्य होता इस क्रम में ब्याज में पाठ का दायित्व पूरा हो जाता है, साथ में, अभिनय भी हो जाता है। कहने का अर्थ है अभिनेता कठपुतली नहीं होता। वह पाठ की देन नहीं है, बल्कि सृजन की देन है।

भरत जिस रंगमंच की परिकल्पना करते हैं उसके प्रसंग में सवाल उठता है कि दर्शक जब नाटक देखने जाता है तो क्या उसे नाटक के बारे में पहले से जानकारी होती है ? प्राचीन और मध्यकाल में जिस तरह के महाकाव्यात्मक नाटक लिखे गए उनमें मूल कथानक की दर्शक को पहले से जानकारी हुआ करती थी। इस प्रसंग में बर्तोल्त ब्रेख्त का स्मरण करना समीचीन होगा, उनका मानना है कि ऐतिहासिक घटनाओं पर केंद्रित नाटकों में रंगकर्मी को यह लाइसेंस दिया जाना चाहिए कि वह अपने महान निर्णय कुछ इस तरह पेश करे कि लगे कि वे इतिहास की मुख्यधारा के अनुरूप हैं। साथ ही, 'ऐसा भी हो सकता था, वैसे भी हो सकता था', इस फ्रेमवर्क को न भूले। उसका अपनी रचना से वैसा ही संबंध होना चाहिए जैसा नृत्य शिक्षक का अपने शिष्य से होता है। उसका पहला लक्ष्य होता है उसके बंधनों को जहां तक संभव हो ढीला करे। उसे ऐतिहासिक-मनोवैज्ञानिक रूढ़ियों से मुक्त करे। ब्रेख्त का मानना है परिस्थितियों को स्वयं बोलने दो, इसी से वे एक-दूसरे से द्वंद्वात्मक मुठभेड़ करती हैं। नाटक के तत्व तार्किक ढंग से एक-दूसरे के खिलाफ संघर्ष करते हैं।

अभिनवगुप्त ने जब भरत वर्णित आठ रसों से भिन्न नौवां शांतरस पेश किया तो प्रकारांतर से रसों के लक्ष्य पर ही प्रश्न लगाया। भरत का लक्ष्य था आनंद की

सृष्टि करना, इसके विपरीत अभिनवगुप्त का लक्ष्य था वैराग्य यानी लोकचेतना पैदा करना। शांतरस को पेश करके अभिनवगुप्त ने रसों की प्रामाणिकता पर भी प्रश्नचिह्न लगाया था। साथ ही, रसविशेषज्ञ की भूमिका को सवालों के दायरे में खड़ा कर दिया। उनके लिए रसविशेषज्ञ या क्रिटिक की आलोचना में चली आ रही वरीयता का भी कोई महत्व नहीं था। रसविशेषज्ञों की राय साहित्य में लगातार अप्रासंगिक बनी रही, इसका प्रधान कारण है रस का समाज से कटा होना। रस के नाम पर या काव्यशास्त्र के ज्ञाता या विशेषज्ञ के नाम पर जो आलोचक सामने आया वह समाज से पूरी तरह कटा हुआ था। यही वजह है कि उसका समाज पर कोई असर नहीं हुआ।

भरत के *नाट्यशास्त्र* में पारदर्शिता पर जोर है लेकिन इसे सरल प्रस्तुति न समझा जाए। पारदर्शिता वस्तुतः सरलता का विलोम है। पारदर्शिता में निर्माता की वास्तविक कलात्मक क्षमता का उद्घाटन होता है। भरत के लिए दर्शक की भूमिका मात्र देखने तक है, वे इसके आगे सोचते ही नहीं है। यह ऐसा दर्शक है जो नाटक देखने पर ही कुछ क्षण के लिए सोचता है। इस तरह के नाटक का लक्ष्य जनता के भावों, विचारों और भावनाओं को अभिव्यक्त करना नहीं है। संस्कृत नाटकों में चिंतनशील हीरो नहीं मिलेगा बल्कि विस्मयकारी हीरो मिलेगा। संस्कृत नाटकों में जो कथानक होता है वह परिस्थितियों को खोलने पर जोर नहीं देता। परिस्थितियां वहां सिर्फ संदर्भ के रूप में ऊपर से चिपकाई हुई प्रतीत होती हैं। नाटककार परिस्थितियों को जब तक खोलता नहीं है तब तक वह समाज का उद्घाटन नहीं कर पाता। समाज का उद्घाटन किए बगैर यह संभव ही नहीं है सामाजिक परिवर्तन हो।

'अंधेरे में' नामवर सिंह!

मुक्तिबोध के बारे में बातें हों और नामवर सिंह का जिक्र न हो यह हो नहीं सकता। मुक्तिबोध को आलोचना और रचना के केंद्र में लाने में जिन कृतियों की महत्वपूर्ण भूमिका है, उनमें नामवर सिंह की कृति *कविता के नए प्रतिमान* (1968) का नाम सबसे ऊपर है। इस किताब में पहली बार लंबी कविता के मूल्यांकन के प्रतिमान सामने आए। यह मूल्यांकन इसलिए भी महत्वपूर्ण है कि इस किताब में मुक्तिबोध को पहली बार 'नए मूल्यों की खोज' का आधार बनाया गया। यह किताब 'वाद शैली' का पहला विलक्षण प्रयोग है। यह किताब छायावादी आग्रहों के साथ मार्क्सवादी पूर्वग्रहों से लड़ने की कोशिश का हिस्सा है। नए प्रतिमानों की खोज के लिए इस किताब के केंद्र में मुक्तिबोध को रखा गया है। नामवर सिंह ने पहले संस्करण की भूमिका में 'ईमानदार व्यक्ति' और 'आलोचक' को आधार बनाकर प्रामाणिक आलोचना और उनके प्रतिमान की खोज का काम आरंभ किया। भूमिका में नामवर सिंह ने लिखा, 'मूल्यवान है एक भी ऐसे आलोचक का होना जो किसी भी चीज को तब तक अच्छा न कहे जब तक उस निर्णय के लिए वह अपना सबकुछ दांव पर लगाने को तैयार हो।' यही 'ईमानदारी का प्रतिमान' आधुनिक कविता में खासकर मुक्तिबोधयुगीन कविता में यथार्थ का आधार बनता है।

'अंधेरे में' कविता का मूल्यांकन करते हुए नामवर सिंह ने इस कविता के मूल कथ्य को 'अस्मिता की खोज' कहा। 'अस्मिता की खोज' को उन्होंने परिवेश से जोड़कर पेश किया और लिखा, 'इस कविता का मूल कथ्य है अस्मिता की खोज; किंतु कुछ अन्य व्यक्तिवादी कवियों की तरह इस खोज में किसी प्रकार की आध्यात्मिकता या रहस्यवाद नहीं बल्कि गली-सड़क की गतिविधि, राजनीतिक परिस्थिति और अनेक मानव-चरित्रों की आत्मा के इतिहास का वास्तविक परिवेश है। आज के व्यापक सामाजिक संबंधों के संदर्भ में जीने वाले व्यक्ति के माध्यम से

ही मुक्तिबोध ने 'अंधेरे में' कविता में अस्मिता की खोज को नाटकीय रूप दिया है' (*कविता के नए प्रतिमान,* तृतीय संस्करण, 1982, पृ. 211)। इस क्रम में नामवर सिंह ने *देरिदियन बायनरी अपोजीशन* के आधार लिखा, 'नाटकीय कौशल के लिए कविता का 'मैं' दो व्यक्ति-चरित्रों में विभक्त कर दिया गया है : एक है काव्य-नायक 'मैं' और दूसरा है उसका प्रतिरूप 'वह'। यह विभाजन वस्तुतः एक नाटकीय कौशल मात्र नहीं बल्कि इसका आधार 'आत्म-निर्वासन' (सेल्फ-एलिएनेशन) है। 'अंधेरे में' का काव्य-नायक एक आत्म-निर्वासित व्यक्ति है, जिसके आत्म-निर्वासन का प्रतीक है उसका गुहावास' (वही, पृ. 211-212)।

'अंधेरे में' कविता में 'अंधकार, गुहावास, फैंटेसी, स्वप्न-कथा, दुःस्वप्नकथा, परिप्रेक्ष्यबोध, मानवता, काव्य संरचना में विरोधी भाव चित्रों का धूप-छांही मेल नामवर सिंह ने खासतौर पर रेखांकित किया है। असल में यह कविता पूंजीवाद का और खासतौर पर भारत के कल्याणकारी पूंजीवाद का कच्चा चिट्ठा है। यह कविता अस्मिता की खोज के लिए नहीं लिखी गई है, न ही यह आत्म-निर्वासन की कविता है। यह कविता वस्तुतः कल्याणकारी राज्य की विभिन्न सामाजिक-सांस्कृतिक- राजनीतिक परतों को कलात्मक ढंग से पेश करती है। कल्याणकारी राज्य के पीछे सक्रिय बर्बरता, दमन, विस्थापन, आत्मसंहार, उत्पीड़न और पूंजीवादी विकास के मॉडल को चुनौती देने वाली कविता है। यह कविता महज अभिव्यक्ति नहीं है। यह शिल्प, कल्पना, फैंटेसी के समूचे ताने-बाने को सही राजनीतिक परिप्रेक्ष्य के साथ पेश करती है। नामवर सिंह ने मुक्तिबोध मूल्यांकन के क्रम में यह लिखा, 'मुक्तिबोध ने अपनी रचनाओं में खासतौर से इस 'अलगाव' पर दृष्टि केंद्रित की है, किंतु उनके सम्मुख इस 'अलगाव' का प्रमुख आलंबन निम्न मध्यवर्ग है' (पृ. 224)। अलगाव, आत्म-निर्वासन, भय और प्रीति, अस्मिता, रहस्यवाद आदि अचानक कविता में क्यों आए ? इनके कविता में आगमन के स्रोत की ओर नामवर सिंह एकदम ध्यान नहीं देते। नामवर सिंह सिर्फ संकेत छोड़ते चले जाते हैं। मसलन, लिखा है 'भय और प्रीति का यह नाटकीय द्वंद्व ही इस आत्म-निर्वासित मन का मुख्य आकर्षण है' (पृ. 212)। लेकिन यह द्वंद्व आया कहां से ? इसका सामाजिक आधार क्या है ? इसी तरह 'नाटकीयता' के फॉर्म का इस्तेमाल क्यों किया गया ? अपने विश्लेषण में नामवर सिंह ने शुद्ध रूपवादी शैली का इस्तेमाल करते हुए मुक्तिबोध का विश्लेषण किया है। लिखा है, 'निस्संदेह 'अंधेरे में' सामान्य स्वप्न-कथा नहीं बल्कि दुःस्वप्न का कथालोक है, जिसमें हर चीज प्रायः कुछ विकृत, कुछ अन्यथा रूप में दृष्टिगत होती है, किंतु काव्य-नायक की असाधारण मनःस्थिति को देखते हुए यह असंगत

नहीं लगता। काव्य-नायक के मन पर परिस्थितियों का इतना गहरा दबाव है कि वह अतिरिक्त भयाक्रांत है। उसने अपने बहुमूल्य भावों और विचारों को उपचेतन के तलघर में छिपा दिया है। एकाकीपन में उसे अपनी ही आकृति भूतों जैसी दिखाई पड़ती है। उसके मन में हर समय किसी-न-किसी दुर्घटना की आशंका है। हर समय उसके मन में यह खटका लगा हुआ है कि कोई उसका पीछा कर रहा है।' सवाल यह है वे परिस्थितियां कौन सी हैं जिनका काव्य-नायक के मन पर प्रभाव है ? उनका खुलासा या विवेचन नामवर सिंह कहीं पर भी नहीं करते।

एक अन्य पहलू है वह है अभिव्यक्ति की खोज का। नामवर सिंह के अनुसार, 'कवि मुक्तिबोध के लिए अस्मिता की खोज व्यक्ति की खोज नहीं बल्कि अभिव्यक्ति की खोज है। एक कवि के नाते उनके लिए परम अभिव्यक्ति ही अस्मिता है। भाषा स्वभावतः इस अभिव्यक्ति का आधार है' (पृ. 217-18)। उन्होंने यह भी लिखा कि 'मुक्तिबोध के लिए भाषागत अभिव्यक्ति जीवन की अभिव्यक्ति से अभिन्न रूप से जुड़ी हुई है।' हम क्रमशः उन सवालों का मूल्यांकन करेंगे जिनको नामवर सिंह ने उठाया है।

अस्मिता बनाम संप्रेषण—सवाल यह है मुक्तिबोध क्या अस्मिता के सवाल को उठाते हैं ? क्या वे वैसे ही सोचते हैं जैसाकि नामवर सिंह ने लिखा है, अथवा उससे भिन्न नजरिये से सोचते हैं ? नामवर सिंह के साथ मुश्किल यह है कि वे 'अभिव्यक्ति' को अस्मिता मानकर चल रहे हैं, जबकि मुक्तिबोध के लिए 'अभिव्यक्ति' तो 'संप्रेषण' या 'संचार' है। इसे अस्मिता के रूप में देखना एक सिरे से गलत है। नामवरजी के कहने के बाद हिंदी जगत में अस्मिता का ढोल खूब बजा है। इससे यह पता चलता है कि हिंदी आलोचना किस तरह भीड़ की मनोदशा का अनुसरण करती है। दिलचस्प है कि नामवर सिंह ने *कविता के नए प्रतिमान* में पूरी किताब में अस्मिता पर न तो अध्याय लिखा और न उसकी अवधारणात्मक व्याख्या ही पेश की है।

मुक्तिबोध के लिए कविता, उसका रूप-विन्यास, शैली, भाषा आदि संप्रेषण के तंत्र का अंग हैं। वे उसे अस्मिता के अंग के रूप में कहीं पर भी विश्लेषित नहीं करते। मुक्तिबोध विस्तार के साथ कविता में जाते हैं निजी अनुभव को सामने लाते हैं, साथ ही, अस्तित्व के लिए जो नए संकट या चुनौतियां आ खड़ी हुई हैं उनके बारे में ध्यान खींचते हैं। इस क्रम में वे अपना सामाजिक दुःख-दर्द, रेटोरिक, सघन अनुभूतियां, नए किस्म की काव्यशैली और मानसिक-संरचनाओं के रूपों को उद्घाटित करते हैं। यह कविता जहां उनकी निजी जागरूकता को सामने लाती है

वहीं दूसरी ओर जीवन में चल रहे संघर्षों की ओर भी ध्यान खींचती है, उन अंतर्विरोधों की ओर ध्यान खींचती हैं जिनके कारण सामाजिक दर्द पैदा हो रहा है और वे उस दर्द से मुक्ति के रास्ते की तलाश भी करते हैं। मुक्तिबोध के शब्दों में अभिव्यक्ति क्या है–

'वह रहस्यमय व्यक्ति
अब तक न पाई गई मेरी अभिव्यक्ति है
पूर्ण अवस्था वह
निज संभावनाओं, निहित प्रभावों प्रतिभाओं की
मेरे परिपूर्ण का आविर्भाव,
हृदय में रिस रहे ज्ञान का तनाव वह,
आत्मा की प्रतिमा
किंतु, वह फटे हुए वस्त्र क्यों पहने है ?
उसका स्वर्ण-वर्ण मुख मैला क्यों ?
वक्ष पर इतना बड़ा घाव कैसे हो गया ?
उसने कारावास-दुख झेला क्यों ?
उसकी इतनी भयानक स्थिति क्यों है ?
रोटी उसे कौन पहुंचाता है ?
कौन पानी देता है ?
फिर भी, उसके मुख पर स्मित क्यों है ?
प्रचंड शक्तिमान क्यों दिखाई देता है ?

ये सारे सवाल वस्तुतः सचेत मनोदशा से जुड़े हैं। ये सचेत मनोविज्ञान के सवाल भी हैं। इन सवालों के जरिये मुक्तिबोध सम-सामयिक समाज की थाह लेना चाहते हैं। साथ ही अवचेतन में पड़े पहलुओं को भी सामने लाना चाहते हैं। वे जानना चाहते हैं इन सवालों का निर्धारक कौन है ? वे कौन सी सामाजिक शक्तियां हैं जो इन सवालों को तय कर रही हैं ? इस क्रम में मिथ, रूपक, अभिव्यक्ति शैली के रूपों से जुड़ी समस्याओं को भी फिनोमिना के रूप में सामने लाते हैं। मुक्तिबोध एक बात की ओर इशारा करते हैं कि हम नए बदले हुए हालातों को मुश्किल से समझ रहे हैं, अधिकतर की पकड़ से वर्तमान गायब है। एक लेखक के नाते पहली समस्या है यथार्थ को जानने की, उसके बाद यथार्थ के अनुभव से गुजरने की, ये दो काम किए बिना यथार्थ के साथ संवाद संभव नहीं है, अभिव्यक्ति संभव नहीं है।

मुक्तिबोध ने 'अंधेरे में' नाम इसलिए रखा कि वे यथार्थ को जानना चाहते थे, उसके ऐतिहासिक विकास क्रम को समझना चाहते थे। जिससे वे प्रामाणिक सघन अनुभूतियों को सृजित कर सकें। इस कविता में 'अंधेरे' पदबंध का अनेक बार इस्तेमाल किया गया है। यथार्थ को जानकर ही उसका उपयोग करना संभव है। खासकर बुद्धिजीवीगण भारत के यथार्थ को जानें और फिर उसका इस्तेमाल करें। यहां वे अपने निजी और सामाजिक दोनों किस्म के अनुभवों को सार्वजनिक उपभोग के लिए कविता में पेश करते हैं। मुक्तिबोध ने इस कविता में 'जानना' और 'बौद्धिकों के उपयोग' इन दोनों ही बातों के प्रति संतुलन बनाकर पूरी कविता लिखी है। इसमें आंतरिक मित्रों को मुक्तिबोध के आंतरिक पहलुओं को भी विश्लेषित करने का अवसर मिला है। इस कविता में अभिव्यक्ति के लिए जिन पदबंधों का प्रयोग किया गया है उनको खासतौर पर समझने की जरूरत है। जिस तरह 'अंधेरे' का प्रयोग हुआ उसी तरह 'सांकल' पदबंध का बड़ा ही सुंदर प्रयोग मिलता है। 'सांकल' का प्रयोग देखें—'सूनापन सिहरा/ अंधेरे में ध्वनियों के बुलबुले उभरे/ शून्य के मुख पर सलवटें स्वर की/ मेरे ही उर पर, धंसाती हुई सिर/ छटपटा रही हैं शब्दों की लहरें/ मीठी हैं दुःसह !! अरे, हां, सांकल ही रह-रह/ बजती है द्वार पर।' एक जगह वे लिखते हैं 'अरे भाई , मुझे नहीं चाहिए शिखरों की यात्रा/ मुझे डर लगता है ऊंचाइयों से;/ बजने दो सांकल!!

मुक्तिबोध 'अंधेरे' में क्यों गए इसका उत्तर वे कुछ इस प्रकार देते हैं, 'क्या करूं, क्या नहीं करूं मुझे बताओ;/ इस तम-शून्य में तैरती है जगत-समीक्षा/ की हुई उसकी/ (सह नहीं सकता)/ विवेक-विक्षोभ महान् उसका/ तम-अंतराल (सह नहीं सकता)/ अंधियारे मुझमें द्युति-आकृति-सा/भविष्य का नक्शा दिया हुआ उसका /सह नहीं सकता !' मुक्तिबोध की खूबी यह है कि वह अंधेरे को छोड़ने को तैयार नहीं हैं क्योंकि 'अंधेरे के ओर-छोर टटोल-टटोलकर/ बढ़ता हूं आगे/ पैरों से महसूस करता हूं धरती का फैलाव/ हाथों से महसूस करता हूं दिशाएं/ सांसों से अनुभव करता हूं दुनिया/ मस्तक अनुभव करता है आकाश/ दिल में तड़पता है अंधेरे का अंदाज/ आंखें ये तथ्य को सूंघती सी लगतीं/ केवल शक्ति है स्पर्श की गहरी/ यानी वे 'अंधेरे' के रूपक के जरिये यथार्थ को जानना और महसूस करना चाहते हैं जिससे यथार्थ को अभिव्यक्त कर सकें। नए यथार्थ की विशेषता है 'दूरियां' और 'फासले'। नए यथार्थ को जानने के लिए दूरियों को पाटना जरूरी है। नई चुनौती है 'खोज' करने और 'शोध' करने की। यह भी लिखा 'उसको तू खोज अब/ उसका तू शोध कर !'

मुक्तिबोध इस कविता में कई स्तरों पर काम करते हैं, पहला स्तर है समस्या की खोज करना, दूसरा स्तर है उस समस्या को गतिशील वस्तुगत यथार्थ से प्रतीकात्मक रूप में जोड़ना, इसके बाद उससे जुड़े मूल्य और निजी अनुभव को चित्रित करना। मसलन हिंदी में नया लेखक-बुद्धिजीवी किस तरह का आ रहा है, इस पर मुक्तिबोध की पंक्तियां पढ़ें- '...ओ मेरे आदर्शवादी मन/ ओ मेरे सिद्धांतवादी मन/ अब तक क्या किया ?/ जीवन क्या जिया !!/ उदरंभरि बन अनात्म बन गए/ भूतों की शादी में कनात से तन गए/ किसी व्यभिचार के बन गए बिस्तर/ असंग बुद्धि व अकेले में सहना/ जिंदगी निष्क्रिय बन गई तलघर/ अब तक क्या किया/ जीवन क्या जिया/ बताओ तो किस-किस के लिए तुम दौड़ गए/ करुणा के दृश्यों से हाय ! मुंह मोड़ गए,/ बन गए पत्थर;/ बहुत-बहुत ज्यादा लिया, / दिया बहुत-बहुत कम;/ मर गया देश, अरे, जीवित रह गए तुम !!'

नामवर सिंह की दृष्टि में 'अंधेरे में' स्वप्न-कथा है। 'स्वप्न-शैली में कथा कहने के कारण 'अंधेरे में' कविता में काफी मितव्ययिता और सघनता आ गई है और वर्णन के अनावश्यक विस्तार से अपने-आप ही निजात मिल गई। स्वप्न-शैली के कारण एक ओर कथा अनिवार्यतः चित्रात्मक हो गई तो दूसरी ओर एक से अधिक कथाओं के क्रमबद्ध संयोजन में भी लाघव आ गया, क्योंकि स्वप्न-प्रकृत्या अतार्किक और विपर्यासधर्मी होता है। स्वप्न-शैली के साथ एक सुविधा यह भी है कि आवश्यकतानुसार देश और काल की दृष्टि से नितांत असंबद्ध तथा दूर की वस्तुओं को भी एकत्र रखा जा सकता है। 'अंधेरे में' के अंतर्गत टॉलस्टॉय, तिलक और गांधी इसी जादू की छड़ी से बुला लिए गए हैं।'

नामवर सिंह ने सही लिखा है, 'निस्संदेह 'अंधेरे में' सामान्य स्वप्न-कथा नहीं, बल्कि दुःस्वप्न का कथालोक है, जिसमें हर चीज प्रायः कुछ विकृत, कुछ अन्यथा रूप में दृष्टिगत होती है, किंतु काव्य-नायक की असाधारण मनःस्थिति को देखते हुए यह असंगत नहीं लगता। काव्य-नायक के मन पर परिस्थितियों का गहरा इतना दबाव है, वह अतिरिक्त भयाक्रांत है। उसने अपने बहुमूल्य भावों और विचारों को उपचेतन के तलघर में छिपा दिया है। एकाकीपन में उसे अपनी ही आकृति भूतों जैसी दिखाई पड़ती है। उसके मन पर हर समय किसी-न-किसी दुर्घटना की आशंका है। हर समय उसके मन में यह खटका लगा हुआ है कि कोई उसका पीछा कर रहा है। वह प्रत्येक दुर्घटना का कारण अपने-आपको मानता है : 'मानो मेरे कारण ही लग गया मार्शल-लॉ वह/ मानो मेरी निष्क्रिय संज्ञा ने संकट बुलाया/ मानो मेरे कारण ही दुर्घट हुई यह घटना।' ऐसी मनःस्थिति में दुःस्वप्नों का आना अस्वाभाविक नहीं।'

नामवर सिंह ने यह भी लिखा, 'किंतु ये दुःस्वप्न उन्हीं लोगों को अवास्तविक लग सकते हैं जो बड़ी-से-बड़ी दुर्घटना के अभ्यस्त हो चुके हैं और जिनकी खाल मोटी हो चुकी है। क्या वह मशाल जुलूस अवास्तविक है, जिसमें रात को वे ही पत्रकार, कवि, आलोचक, मंत्री, उद्योगपति आदि शहर के कुख्यात केंद्रों और घरों में मिलकर षड्यंत्र करते हैं ? एक फासिस्ट खतरे का आभास देने वाला यह जुलूस कैसे अवास्तविक कहा जा सकता है, जबकि दंगों में इससे भी भयावह अनुभव से हम गुजर चुके हैं ? इसी प्रकार सैनिक प्रशासन भी यथार्थ से अधिक अतिरंजित नहीं।'

नामवर सिंह का मानना है कि 'कवि मुक्तिबोध के लिए अस्मिता की खोज व्यक्ति की खोज नहीं बल्कि अभिव्यक्ति की खोज है। एक कवि के नाते उनके लिए परम अभिव्यक्ति ही अस्मिता है। भाषा स्वभावतः इस अभिव्यक्ति का आधार है।' यह भी लिखा 'भाषागत अभिव्यक्ति जीवन की अभिव्यक्ति से अभिन्न रूप से जुड़ी हुई है।'

नामवर सिंह ने 'अंधेरे में' कविता के काव्य-संसार को 'खौफनाक संसार' कहा है। हमें इस 'खौफनाक काव्य-संसार' की नए सिरे से यात्रा करनी चाहिए। मुक्तिबोध के सारे मूल्यांकन अस्मिता और उससे जुड़े वाद-विवाद और मूल्यांकन तक सीमित रहे हैं। स्वयं नामवर सिंह ने 'अंधेरे में' 'पुनश्च' लिखकर 'अस्मिता' के सवाल पर जो बातें कही हैं उन पर गंभीरता से विचार करने की जरूरत है। ये बातें उन्होंने 'अस्मिता की खोज' के सवाल पर आई आलोचनाओं के प्रत्युत्तर में कही हैं। इस समूची बहस में नामवर सिंह 'मैं' और 'अभिव्यक्ति' को आधार बनाकर 'अस्मिता' की अवधारणा पर विचार करते हैं। ये दोनों ही पैमाने 'अस्मिता' के लिहाज से सटीक नहीं हैं। उन्होंने 'अस्मिता' को 'आत्मनिर्वासित व्यक्ति' कहा। बाद में इसे 'अस्मिता के लोप' और 'आत्मनिर्वासन' की धारणाओं से जोड़कर विश्लेषित किया। आगे जाकर 'एलियनेशन' और 'री-इफिकेशन' के साथ जोड़ा, व्याख्या करते हुए उसे 'अलगाव और आत्मनिर्वासन' से जोड़कर पेश किया।

नामवर सिंह के अनुसार, ' 'अस्मिता के लोप' और 'आत्मनिर्वासन' की चर्चा *1844 की आर्थिक और दार्शनिक पांडुलिपि* के युवा मार्क्स ने ही नहीं, बल्कि *पूंजी* के लेखक प्रौढ़ मार्क्स ने भी की है। मार्क्स ने निस्संदेह ये धारणाएं हेगेल से ली थीं और हेगेल के द्वंद्ववाद की तरह ही उन्होंने इन धारणाओं को भी भाववादी खोल से मुक्त कर भौतिकवादी अर्थ से युक्त करने का प्रयास किया।' वे यह भी मानते हैं कि 'इस प्रकार 'अंधेरे में' कविता का मूल कथ्य हर तरह के 'अलगाव के विरुद्ध'

है—'अस्मिता की खोज' इसी अलगाव-विरोध का दूसरा नाम है।' नामवर सिंह का यह मानना है उन्होंने 'अस्मिता की खोज' को मार्क्सवादी धारणा की पृष्ठभूमि में रखकर विवेचित किया है।

'अस्मिता का लोप' किस तरह 'अलगाव' और 'वर्ग-चेतना' से जुड़ा है इसे मार्क्सवादी परिप्रेक्ष्य में लिखा, 'इस 'अलगाव' की प्रक्रिया से मुक्त होने का उपाय, मार्क्स की दृष्टि में, 'वर्ग-चेतना' है; क्योंकि वर्ग-चेतना के लोप से ही मजदूर वर्ग 'अलगाव' का अनुभव करता है, जिसका दूसरा नाम 'मिथ्या चेतना' है। मोटे तौर से इस 'वर्ग-चेतना' के लिए चार बातें आवश्यक हैं—1. व्यक्ति-विशेष के द्वारा वर्ग की सदस्यता का बोध; 2. व्यक्ति अपने-आपको जिस वर्ग का सदस्य समझता है, उस वर्ग के तात्कालिक हितों का बोध; 3. वर्ग के हितों को आगे बढ़ाने का संकल्प; तथा 4. वर्ग के तात्कालिक हितों से आगे बढ़कर उसके सार्वभौम हितों के लिए आवश्यक साधनों की पहचान। वस्तुतः ये चारों बातें वर्ग-चेतना के चार स्तर हैं और कहने की आवश्यकता नहीं कि ये चारों परस्पर संबद्ध हैं। मार्क्सवादी दृष्टि में मजदूर वर्ग को तब तक वर्ग-चेतन नहीं कहा जा सकता, जब तक वह यह न समझ ले कि पूंजीवाद की समाप्ति में ही उसके वर्ग का वास्तविक हित है। इस बोध के अभाव में मजदूर मिथ्या-चेतना का शिकार माना जाता है।...'अस्मिता का लोप' इस मिथ्या-चेतना का ही दूसरा नाम है और इसके विपरीत वर्ग-चेतना को 'अस्मिता की खोज' कहा जा सकता है। 'यह 'अस्मिता' का सरलीकरण है। सवाल यह है कि क्या 'अस्मिता' का मार्क्सवादी परिप्रेक्ष्य इस तरह बनाया जा सकता है? क्या मार्क्सवादी आलोचना में 'अस्मिता' की अवधारणा है ?

'अस्मिता' पर बात करते समय यह खयाल रखें कि वह अनियंत्रित या अनुशासनरहित होती है। उसे किसी एक सिस्टम या व्यवस्था या किसी एक विचारधारा के आधार पर विश्लेषित नहीं कर सकते। जबकि 'वर्ग' अनुशासित है, उसका सिस्टम है, व्यवस्था है। 'वर्ग' के लिए सार्वभौम परिप्रेक्ष्य चाहिए जबकि 'अस्मिता' में 'स्थानीयता' का परिप्रेक्ष्य प्रमुख है। दूसरी बात यह कि 'परम अभिव्यक्ति' जैसी कोई चीज नहीं होती, इससे हमें बचना चाहिए। यह एक तरह से 'असंभव' को 'संभव' बनाने की मांग है जो कि गलत है, अवैज्ञानिक है। मुक्तिबोध की कविता हमें 'असंभव' को 'संभव' बनाने या अमूर्तन में नहीं ठेलती बल्कि वह ठोस वास्तविकता के आधार पर अपना सर्जनात्मक विकास करती है। असल में नामवर सिंह ने 'अस्मिता' में 'अभिव्यक्ति' को जोड़कर मजेदार काम किया है, उन्होंने 'अभिव्यक्ति' को 'अस्मिता' की अभिव्यक्ति बना दिया है। यह वस्तुतः

दर्शन में प्रचलित 'अस्मिता की अस्मिता' के तर्ज पर गढ़ा फार्मूला है, अवधारणा है।

लेकिन मुक्तिबोध जो रास्ता चुनते हैं वह 'अस्मिता' के मार्ग से भिन्न है। वे द्वंद्ववादी मार्ग ग्रहण करते हैं। वे चित्रण के बहाने जिन चीजों और विषयों को चुनते हैं उनमें विभाजन करते हैं, उनको अलग-अलग नेरेटिव में बांधते हैं यानी पहले वे विषय को 'खास' या 'विशिष्ट' में चित्रित करना आरंभ करते हैं फिर उसे 'सार्वभौम' में रूपांतरित करते हैं। इस तरह वे 'विशिष्ट' से 'सार्वभौम' की ओर प्रयाण करते हैं। इस क्रम में वे 'विशिष्ट' के सभी भेदों को खत्म नहीं करते बल्कि उनको एक विचार में बांधने की कोशिश करते हैं। इस क्रम में वे वस्तुतः नामवर सिंह जिस बात को कह रहे हैं उसका निषेध करते हैं। वे वस्तुतः 'अस्मिता की अभिव्यक्ति है अस्मिता' इस धारणा का निषेध करते हैं।

मुक्तिबोध जब 'अंधेरे में' कविता में विषय को विभिन्न छोटे-छोटे आख्यानों में विभाजित करते हैं तो यह लगता है कि कविता बिखर जाएगी, सभी आख्यान अपनी-अपनी दिशा में चले जाएंगे, लेकिन वे प्रत्येक आख्यान को बिखरने नहीं देते। वे उनको एक तरह से 'अंधेरे' के रूपक में अंतर्भूत कर लेते हैं। यह एक तरह आख्यान का बाह्य-आंतरिक द्वंद्ववादी रूप है। आख्यान की यह द्वंद्ववादी प्रक्रिया अस्मिता में संभव नहीं है।

नामवर सिंह ने लिखा है, ' 'अभिव्यक्ति की खोज' करते हुए उसे परम अभिव्यक्ति की अस्मिता मानते हुए उसका आधार भाषा को मानते हैं यानी वे अंततः भाषा को अस्मिता का आधार बनाते हैं।' सवाल यह है क्या भाषा के आधार पर समग्रता में अस्मिता की पहचान स्थिर कर सकते हैं ? वे जब भाषा और अभिव्यक्ति को अस्मिता का आधार बनाते हैं तो एक तथ्य की सूचना देते हैं। भाषा और अभिव्यक्ति तो तथ्य है, वह मूल्य नहीं है। ऐसी स्थिति में नामवर सिंह एक विलक्षण उलझन में फंसते हैं। उनका सरोकार तथ्य तक सीमित है और इस तरह वे अपने को मूल्य से काट लेते हैं। ऐसी स्थिति में क्या अस्मिता के बारे में कोई टिकाऊ या स्थिर समझ बनाई जा सकती है ? तथ्य के आधार पर अस्मिता का निर्माण करने का उनका जो ढांचा है वह अनुमानाधारित है। इसलिए इसमें अस्मिता का अभाव है। अनुमानाधारित तरीके अस्मिता के अभाव को अभिव्यक्त करते हैं। क्योंकि इसकी वे कोई आंतरिक संरचनाओं या तंत्र का विवरण पेश नहीं करते। मसलन, अभिव्यक्ति की खोज है अस्मिता, तो इसके समूचे आंतरिक ढांचे या संरचना को तो बताना चाहिए। इसी तरह जब वे 'अंधेरे में' कविता की व्याख्या करते हुए

पूंजीवाद से जोड़कर व्याख्यायित करते हैं तो दूसरी उलझन में फंसते हैं। अस्मिता को राज्य से जोड़ना या राज्य के परिप्रेक्ष्य में देखने से अस्मिता की अधूरी और विकृत समझ पैदा होती है। मसलन, मुक्तिबोध के जमाने में संवैधानिक तौर पर अभिव्यक्ति का संकट नहीं था। अभिव्यक्ति का अधिकार हमें संवैधानिक तौर पर मिल चुका था। जो अधिकार संवैधानिक तौर पर मिल जाता है फिर वह हमारी मांग का हिस्सा नहीं रहता। भाषा के आधार पर अस्मिता को देखना एक तरह अनुमानाधारित अस्मिता है जिसमें अनेक जोखिम शामिल हैं। मसलन, यह सार्वभौम बनाम देशज सार पर केंद्रित नहीं है। इसमें आत्मगत तत्व ज्यादा हैं।

भाषा को अस्मिता का आधार बनाने का अर्थ है कि आप जीवन के सार को अस्मिता का आधार नहीं बना रहे बल्कि ऊपरी तत्व को आधार बना रहे हैं जबकि अस्मिता का आधार तो जीवन का एशेंस ही होता है। इस प्रसंग में यह उल्लेखनीय है कि अस्मिता का आधार जब भी भाषा, धर्म या राष्ट्र आदि को बनाया जाएगा तो ऐसी अस्मिता हमेशा अधूरी और विकृत होगी। इसका सार्वभौम के साथ नकारात्मक संबंध होगा। साथ ही, सार्वभौम विचारों को इसके जरिये स्थानीय स्तर पर ग्रहण करने में समस्या आएगी, इसमें सार्वभौम और स्थानीय का नकारात्मक संबंध बनेगा। मसलन, हम मान लेते हैं कि मुक्तिबोध ने अभिव्यक्ति के संकट को अस्मिता का आधार माना था, सवाल यह है अभिव्यक्ति का संकट तो उस समय न तो साहित्य में है और नहीं जीवन या राजनीति में ही है। अभिव्यक्ति का यदि संकट है तो हमें यह संकट ठोस रूप में नजर तो आना चाहिए। उस संकट की ठोस अंतर्वस्तु तो नजर आनी चाहिए। स्थानीय और सार्वभौम में अंतर्विरोध या तनाव तो नजर आए। इस प्रसंग में यह भी जरूरी है कि स्थानीय अपने ढंग से सार्वभौम को अस्वीकार करे। सार्वभौम ऐसी चीज नहीं है जिसकी स्थानीयता अनदेखी कर सके बल्कि सच यह है कि स्थानीयता तो सच की अनदेखी कर ही नहीं सकती। क्योंकि आज के जमाने में सार्वभौम तो यथार्थ है। इसकी उपेक्षा करके अस्मिता का निर्माण संभव ही नहीं है। इस दौर में तो हर चीज यथार्थ है और यथार्थ के ही रूप में उसे ग्रहण कर रहे हैं, उसे ही सार मान रहे हैं, साथ ही, यह विषय भी है। इस सार की अंतर्वस्तु शृंखलाबद्ध असफलताओं और विकृतियों से भरी है और इनके जरिये ही हम सार को पहचानने की कोशिश करते हैं। यही कारण है कि पूंजीवाद जीवन के दैनंदिन उत्पीड़न के रूप, सामान्य बोध से जुड़े आत्मगत पहलू विकृत या अधूरे रूपों में कविताओं में अभिव्यक्त हुए हैं। इसके बारे में लेखक के द्वारा यही कहा गया है कि सार ही विषय है। इसका अर्थ है असत्य तो सत्य में अंतर्भुक्त है। सवाल यह

है कि अभिव्यक्ति का संकट पूंजीवादी तत्व है या समाजवादी ? अभिव्यक्ति का संकट इनमें किसी भी किस्म के सार का अंग हो, लेकिन है असत्य। वस्तुतः यह अस्मिता के अभाव को अभिव्यंजित करता है।

'अंधेरे में' कविता का यथार्थ से अलगाव इस हद तक है कि लेखक को संविधान प्रदत्त अभिव्यक्ति की स्वतंत्रता नजर नहीं आती। वह तयशुदा विचारों की रोशनी में अभिव्यक्ति के संकट को सुलझाने की कोशिश करता है। इसलिए लेखक कहता है, समझ न पाया कि चल रहा स्वप्न या जागृति शुरू है। समूची कविता में किसी अनपेक्षित असंभव घटना का भयानक संदेह हमेशा अभिव्यंजित हुआ है।

नामवर सिंह के अनुसार इस कविता में यदि अभिव्यक्ति की खोज का आधार भाषा है और वह अस्मिता का आधार है तो हमें यह समझना चाहिए कि भाषा की भी सीमा होती है। अस्मिता की भी सीमा होती है। अभिव्यक्ति का घेरा या बाउंड्री क्या है और सीमा क्या है ये दोनों चीजें हमें परिभाषित करनी होंगी। इसी तरह अस्मिता भी एक घेरे के अंदर सीमाबद्ध होती है। यह सीमा तो स्व की सीमा में बंधी है और उसके दायरे में ही अभिव्यक्त होती है। मनुष्य के स्व का अस्मिता अंश है, संपूर्ण नहीं है। इसलिए अंश के परिप्रेक्ष्य में न देखकर, स्व के परिप्रेक्ष्य यानी मनुष्य के परिप्रेक्ष्य में चीजों को देखें तो ज्यादा बेहतर होगा। इससे अस्मिता की सीमाओं और विकृत रूपों को भी साफ-साफ देख पाएंगे। स्व का अंश होने के कारण अस्मिता की सीमा होती है और उस सीमा का निर्धारण स्व करता है। इस क्रम में अस्मिता और स्व के बीच द्वंद्वात्मक तनाव पैदा होता है। अस्मिता बार-बार सीमाएं तोड़ती है, इससे मनुष्य की नई पहचान जन्म लेती है। इसे ही हेगेल ने बाउंड्री और सीमा के द्वंद्व के रूप में व्याख्यायित किया है। सीमा और बाउंड्री के बीच का तनाव द्वंद्वात्मक रूप में विकास करता है। यह विकास अनंत रूपों में होता है। इससे बाउंड्री को बार-बार तोड़ना पड़ता है। इसके क्रम में ही मानव सभ्यता का विकास भी हुआ है। इस प्रक्रिया में बाउंड्री ही बार-बार सीमा बन जाती है और उसे तोड़ना होता है। फलतः अस्मिता प्राप्ति की जो संभावना है वही क्रमशः अस्मिता प्राप्ति की असंभावना में रूपांतरित हो जाती है। भाषा की अस्मिता की बात जब नामवर सिंह ने की तो यह स्वयं में सीमा है इससे बाहरी बाउंड्री का अतिक्रमण कैसे किया जाए। भाषा की अस्मिता की बात करने का अर्थ है देश की बाउंड्री में भाषा की आंतरिक सीमाओं में आबद्ध करना। मसलन, भाषायी अस्मिता के आधार पर हम जब हिंदीभाषी को बांग्ला, मलयालम या मराठी से भिन्न स्थापित करने की कोशिश करते हैं तो हमें फिर यह भी सोचना होगा कि हिंदीभाषियों में मेरी अस्मिता

किस तरह के हिंदीभाषी से मिलती है ? क्या मेरी अस्मिता किसान हिंदीभाषी से मिलती है या फैक्ट्री मजदूर या दिहाड़ी मजदूर या किसान या खेत मजदूर हिंदीभाषी से मिलती है या हरियाणवी या मैथिली या अवधी के हिंदीभाषी से मिलती है ? सवाल यह है कि मुक्तिबोध किस तरह के हिंदीभाषी से अपनी अस्मिता को जोड़ते हैं ? इस क्रम में अस्मिता के क्षेत्र में अचानक क्रांति नजर आने लगेगी। यही वह बिंदु है जहां पर अस्मिता का खेल असंपूर्ण और विकृतिपूर्ण नजर आने लगेगा।

नामवर सिंह कह सकते हैं कि उन्होंने अपने अध्याय में जो लिखा है वह तो स्वयं मुक्तिबोध ने कहा है, इसलिए इसमें गलत क्या है और गलत कुछ है भी तो इसकी जवाबदेही उनकी नहीं, मुक्तिबोध की होगी। लेकिन क्या यह सच है कि लेखक जिस रूप में देख रहा है, आलोचक भी उसी रूप में देखे ? अथवा यह भी हो सकता है आलोचक भिन्न स्थान से देखे ? सवाल इसी निर्णय का है, सवाल यह है कि क्या अभिव्यक्ति का संकट व्यंजित हुआ है, 'अंधेरे में' कविता में क्या समाज में अभिव्यक्ति पर कोई खतरा था ? क्या उस दौर में अभिव्यक्ति या परम अभिव्यक्ति की समस्या किसी और लेखक को भी नजर आई ?

राहुल सांकृत्यायन : दर्शन, इतिहास और आत्मकथा की समस्याएं

हिंदी के विकास में जिन महापुरुषों का महान योगदान है उनमें राहुल सांकृत्यायन प्रमुख हैं। नामवर सिंह ने अपने तरीके से उनको याद किया है और उनके बारे में जो बातें कही हैं वे काफी मूल्यवान हैं। नामवर सिंह ने उनकी तीन विशेषताएं बताई हैं, प्रथम, पुनर्जन्म की धारणा में अविश्वास, दूसरा, निरंतर कर्म की धारणा में गहरी आस्था, तीसरा, वे कभी उत्तेजित नहीं होते थे, हमेशा शांत, धीर और सहज बने रहते थे। इसी प्रसंग में राहुल की किताब *मेरी जीवन यात्रा* के आरंभ में उद्धृत बुद्ध के वचन का नामवर सिंह ने जिक्र किया है। वचन इस प्रकार है–'कुल्लुपमं देसेस्यामि वो भिक्खवे धम्मं / तरणत्थाय नो गृहणत्थाय।' अर्थात् 'हे भिक्षुओ! यह धर्म मैं छोटी सी नाव के समान दे रहा हूं पार उतरने के लिए। पार उतरने के बाद, सिर पर रखकर ढोने के लिए नहीं।' नामवरजी ने इस पर लिखा, 'अपने विचारों के बारे में हम लोगों को कितना आग्रह-दुराग्रह होता है। बुद्ध सिर्फ इसलिए बड़े थे कि उन्होंने उतना बड़ा क्रांतिकारी धर्म दिया। सद्-धर्म दिया बुद्ध ने। यह 'सद्-धर्म' उस नाव के समान है जिस नाव के द्वारा, नदी पार की, उसे वहीं छोड़ दिया। यह नहीं कि पार गए, रेती पर आप चल रहे हैं फिर भी उसे, उस भारी नाव को सिर पर उठाए हुए, दबे हुए चले जा रहे हैं कि फिर हम इसका इस्तेमाल करेंगे। उन्होंने कहा छोड़ दो इसे। जब सब कुछ क्षणिक है तो यह धर्म ही कौन मरत्व पीकर आया है। इसे भी छोड़ दो। जिस हद तक काम आए, इस्तेमाल करो। काम जब न आए, छोड़ दो उसको। जो बेहतर चीज हो, उसे ले लो' (*आलोचना और विचारधारा*, पृ. 260-61)।

राहुल पर विचार करते समय हमें व्यापक फलक पर रखकर सोचना होगा,

उन्होंने जिस तरह का काम किया है उसके बारे में सीमित दायरे में सोचने से बचना होगा। नामवरजी ने *वोल्गा से गंगा, कनैला की कथा* को पढ़ने पर जोर दिया और लिखा कि इन दोनों किताबों से सहज ही राहुल समझ में आ सकते हैं। नामवरजी ने लिखा है, 'लेकिन उस पांडित्य की सहजता देखनी हो और उनके विचारों को समझना हो तो उसके लिए मैं आपसे निवेदन करूंगा कि केवल दो ही ग्रंथ पढ़ें।' ये दो ग्रंथ हैं, *वोल्गा से गंगा* और *कनैला की कथा*। हम कहना चाहते हैं कि 1. *विश्व की रूपरेखा,* 2. *मानवसमाज,* 3. *दर्शन-दिग्दर्शन,* 4. *वैज्ञानिक भौतिकवाद,* 5. *कनैला की कथा,* 6. *वोल्गा से गंगा,* 7. *भागो नहीं, दुनिया को बदलो,* इन किताबों को कायदे से पढ़ा जाना चाहिए।

इसके अलावा जिस तरह जीवनी साहित्य और आत्मकथा साहित्य सामने आया है उसकी ओर भी ध्यान देने की जरूरत है। राहुल ने कई बड़ी विभूतियों की जीवनी और अपनी आत्मकथा लिखकर जो पैमाना इस विधा का बनाया है उसे भी समझने की जरूरत है।

नामवरजी ने रेखांकित किया है, 'निरंतर गतिशीलता और खुलापन सिर्फ एक बुद्धिजीवी-विचारक-लेखक के लिए ही नहीं, साधारण जन के लिए भी जरूरी है। साधारण जन को राहुलजी ने यही संदेश दिया था' (वही, पृ. 262)। नामवरजी ने राहुल के बहाने कई मूल्यवान बातों का जिक्र किया है, उन्होंने लिखा है, 'हमारे यहां माना जाता है कि आप बात क्या कहते हैं, जितनी महत्वपूर्ण है उससे ज्यादा महत्वपूर्ण है कि बात कौन कह रहा है ? वह अधिकारी है या नहीं ? हमारे यहां उस अधिकारी का बहुत महत्व है' (पृ. 265)।

नामवर सिंह ने राहुल पर विचार करते समय जिन बातों को मूल रूप से रेखांकित किया है उनमें सबसे महत्वपूर्ण बात है अपने अतीत, अपने धर्म के अतीत, अपने परिवार के अतीत और अपने गांव के अतीत के प्रति उनका आलोचनात्मक विवेक। यह विवेक उनके लेखन में बार-बार उभरकर सामने आया है। नामवरजी ने इस नजरिये पर लिखा कि 'सत्य कथन भले ही हमारे विरुद्ध जाए, लेकिन हम सच ही बोलेंगे। झूठ नहीं बोलेंगे। राहुलजी की यह सत्यनिष्ठा थी जिसने कनैला गांव की कथा लिखते हुए सच बताया।'

कनैला की कथा के बहाने गांव के इतिहास, परंपरा, संस्कृति-बोध और उदात्त मानवीय पहलुओं को उजागर किया। नामवरजी ने इस कृति का मूल्यांकन करते हुए लिखा, 'राहुलजी का कहना था कि हर गांव अपनी ही परंपरा देखे।'

राहुलजी ने *कनैला की कथा* (1957) में विभिन्न कहानियों के जरिये सामाजिक

इतिहास के उन पहलुओं पर रोशनी डाली है जिनको हम भूल गए हैं या अप्रासंगिक मानते हैं या जिन परंपराओं पर आए दिन हमले करते रहते हैं। खासकर बीसवीं सदी में मिश्रित संस्कृति, मिश्रित समाज और मिश्रित भाषा को विभिन्न तरीकों से निशाना बनाया गया। इन पर पुनरुत्थानवादियों से लेकर फंडामेंटलिस्टों के हमले हुए हैं। इस कृति की सभी कहानियों के केंद्र में मिश्रित समाज और बहुलतावाद को बचाने का लक्ष्य प्रमुख रूप से व्यक्त हुआ है। इस कृति के प्राक्कथन में राहुलजी ने लिखा, 'सत्य कल्पना से भी अधिक सुंदर होता है।' यही वह प्रस्थानबिंदु है जहां से वे चीजें देखते हैं। वे कथा साहित्य का कल्पना के साथ-साथ सत्य को बताने के लिए इस्तेमाल करते हैं। उनके लिए सत्य महत्वपूर्ण है। 'त्रिवेणी' कहानी में लिखा, 'भूमि पर पहले आने से कोई सदा के लिए अपना अधिकार कायम नहीं रख सकता। अधिकार का फैसला हथियार करता है' (*कनैला की कथा,* पृ. 5)। हथियारों के बल पर किरातों को निषाद हरा देते हैं और उनके पशुधन और अन्य चीजों पर कब्जा कर लेते हैं।

नामवरजी ने सही लिखा है, 'राहुल के विचारों या उनकी किताबों से ज्यादा महत्वपूर्ण है—राहुल का जीवन, जीवन-यात्रा, जीवन-संघर्ष' (पृ. 276)। नामवरजी ने आधुनिकता के प्रसंग में राहुलजी के लेखन का विश्लेषण करते हुए कई महत्वपूर्ण सवाल उठाए हैं। लिखा है, 'आजकल परंपरा बनाम आधुनिकता पर बहुत बहस होती है और ज्यादातर वे आधुनिकतावादी होते हैं, जिनका परंपरा से ठीक-ठाक परिचय तक नहीं है, फिर भी सबसे ज्यादा परंपरा के विरुद्ध मुखर वे ही दिखाई पड़ते हैं। किंतु हमारी एक परंपरा रही है जिसमें राहुलजी आते हैं।'

'राहुलजी उन लोगों में थे जिनकी जड़ें परंपरा में गहरी थीं, इसलिए उनके लिए संभव हो सका, जिसे हम विद्रोह कहते हैं। वह उस परंपरा के भीतर से पैदा हुआ। विद्रोह और विरोध के द्वारा ही उन्होंने परंपरा का पुनर्गठन किया। पूरे सम्मान के साथ, सादर के साथ, श्रद्धा के साथ। यही वजह है उनकी वाणी में शक्ति थी।'

नामवरजी ने सही लिखा है, 'आधुनिक हिंदी कविता में नीत्से की सुनी-सुनाई बातों के आधार पर बहुत से लोग इसकी चर्चा करते हैं कि ईश्वर मर गया। जिसने ईश्वर का जीना नहीं जाना, वह ईश्वर के मरने की पीड़ा भी नहीं समझ सकता। उसी तरह जिसने परंपरा को नहीं जाना, वह परंपरा के विरुद्ध एक खोखली आवाज उठाता है, तो उसका कोई अर्थ नहीं। इसलिए राहुलजी का विद्रोह परंपरा के भीतर से था और वे स्वतंत्र बुद्धि को प्राप्त करने की कोशिश कर रहे थे। उस स्वतंत्र बुद्धि को प्राप्त करने में राहुल ने निर्ममता के साथ अपना मूर्तिभंजन भी किया है।'

राहुलजी का नजरिया पूरी तरह लोकतांत्रिक था इसलिए उन्होंने समानता और न्याय में न्याय को चुना। नामवरजी ने लिखा है, 'आगे जाने के लिए, जब वे *जय यौधेय* और *भागो नहीं, (दुनिया) बदलो* लिख रहे थे, तो उस सूत्र को कभी भूले नहीं, जिसका उल्लेख उसी *जीवन यात्रा* में किया है, 'हमें इस समाज को बदलकर ऐसे समाज की स्थापना करनी है जिसका आधार न्याय और भ्रातृभाव है।' किसी दर्शन से उन्होंने कलेश या कलीश या जार्गन शब्दजाल नहीं लिया। उन्होंने कहा—सामाजिक-न्याय, राजनीतिक-न्याय, आर्थिक न्याय, न्याय के अनेक रूप हैं। इसलिए ध्यान दें कि राहुलजी ने इसमें कहीं भी समानता का जिक्र नहीं किया है।' नामवरजी ने लिखा, 'राहुलजी ने बेहतर बनाने का जो मूल आधार रखा था उसमें एक है न्याय और दूसरा है भ्रातृभाव प्रवृत्ति। ऐसी बात वही कह सकता था, जो आदमी स्वतंत्रचेता हो। स्वतंत्रता ही इन तमाम चीजों की नींव है—बुनियाद है। मोटे तौर से राहुलजी फ्रांसीसी क्रांति का जो मूल दर्शन था, विचार था, उस भाषा में बात करते थे, लोक-सामान्य, लोक-समझ, साम्यवादी भाषा में बात करते थे।'

राहुलजी का मूल्यांकन करते हुए नामवरजी ने बहुत ही महत्वपूर्ण पहलू की ओर ध्यान खींचा है और यह पहलू अब तक सभी की आंखों से ओझल रहा है। नामवरजी ने लिखा है कि 'सरहप्पा के विवेचन और उद्‌घाटन के क्रम में राहुलजी ने विद्रोह पर नहीं' करुणा को रेखांकित किया है। सरहप्पा के नजरिये की धुरी है करुणा।' नामवरजी के अनुसार, 'राहुलजी के समस्त साहित्य में देखें, जो आदमी न्याय और भ्रातृभाव के लिए संघर्ष कर रहा है, उस मनुष्य के हृदय में अगाध करुणा थी। लेकिन दुश्मनों के लिए नहीं थी। उसके लिए घृणा थी। क्रोध था। वह करुणा थी साधारण जनों के लिए, उनके उद्धार के लिए, उनकी मुक्ति के लिए, उनके उत्थान के लिए। इसलिए *भागो नहीं, (दुनिया) बदलो* यह नारा अंततः उस मानवीय करुणा में परिणत होता है, जिस करुणा के बिना किसी भी प्रकार का विद्रोह, किसी भी प्रकार की क्रांति बंध्या होती है, बंजर होती है, शुष्क होती है, क्योंकि वह अमानवीय होती है, अमानुषिक होती है।'

नामवरजी ने सही रेखांकित किया है कि राहुल ने 19वीं सदी के नवजागरण में बौद्ध आयाम जोड़ा। करुणा को जोड़ा। 'करुणा केवल आंसू बहाने वाली नहीं है—न अपने पर, न पराए पर। बल्कि यह वह करुणा है जिसका गहरा सूत्र वाल्मीकि के उस श्लोक से जुड़ा हुआ :

मा निपाद प्रतिष्ठाम् त्वमगमः शास्वतीः समाः।
यत्क्रौंचमिथुनादेकमवधीः काममोहितम् ॥
(*रामायण*, बालकांड, द्वितीय सर्ग, श्लोक 15)

दार्शनिक दृष्टिकोण के सवाल

राहुल सांकृत्यायन के दार्शनिक नजरिये के बारे में हिंदी में कभी कोई गंभीर विमर्श सामने नहीं आया, जबकि उन्होंने *दर्शन दिग्दर्शन* जैसी महत्वपूर्ण कृति लिखी। यह कृति 1942 में हजारीबाग के सेंट्रल जेल में लिखी गई और 1944 में इसका पहला संस्करण प्रकाशित हुआ। इस पुस्तक का मार्क्सवादी दार्शनिक नजरिये कोई संबंध नहीं है। इसमें उन्होंने अध्ययन की जो प्रणाली चुनी है उसका तरीका कुछ इस प्रकार है—दार्शनिक के जीवन का संक्षिप्त परिचय, उसके मूल विचारों का उल्लेख और कहीं-कहीं उन पर आलोचनात्मक तौर पर संक्षिप्त टिपण्णियां, इस तरह यह किताब विभिन्न दर्शनों का ब्यौरेबार लेखा-जोखा है। इस तरह की पद्धति कहीं से न तो ऐतिहासिक है और न ही द्वंद्वात्मक है। इस कृति की मूल्यवान समझ यह है कि इसमें दर्शन को धर्म से पृथक करके विवेचित किया गया है। साथ ही, दर्शन और विज्ञान के संबंधों, दर्शन और सामाजिक वर्गों के संबंधों का संक्षिप्त जिक्र भी मिलता है। इसके अलावा दर्शन को वे राष्ट्रीय के बजाय विश्व परिप्रेक्ष्य में रखकर विवेचित करते हैं।

इस कृति का महत्व यह है कि इसमें राहुल ने प्रच्छन्नतः हेगेल के नजरिये को चुनौती दी है। हेगेल का मानना था कि पूर्वी देशों में दर्शन और धर्म में सहमेल है। राहुल सांकृत्यायन इस नजरिये को एक सिरे से खारिज करते हैं। यही हाल सर्वपल्ली राधाकृष्णन का था उन्होंने *भारत में दर्शन* नामक कृति में दर्शन को आध्यात्मिकता से जोड़ा है। एम. हिरियन्ना ने *भारतीय दर्शन की रूपरेखा* में इसी पर विचार करते हुए लिखा, 'भारतीय दर्शन का लक्ष्य तर्क से परे पहुंचना है।' वे दर्शन को 'विचार प्रणाली' न मानकर, 'जीवन प्रणाली' मानते हैं। इसके अलावा अनेक विचारकों ने भारतीय दार्शनिक प्रणाली को अपरिवर्तनीय माना है। यह भी माना कि भारत में तो अपरिवर्तनीय विचार परंपरा रही है। राहुल सांकृत्यायन ने इस नजरिये का *दर्शन-दिग्दर्शन* में खंडन किया है। इसी तरह सांप्रदायिक और पुनरुत्थानवादी ताकतें भारतीय दर्शन की श्रेष्ठता, शुद्धता एवं अपरिवर्तनीयता पर बार-बार जोर देती रही हैं। उनका भी इस कृति में खंडन मिलता है। इसके अलावा भारत में दर्शन की भाववादी व्याख्या करने वालों की भी

लंबी सूची है। इसका भी इस कृति में जगह-जगह खंडन मिलता है। पर, वर्णन अधिकतर आदर्शवादियों का ही किया है।

आज हम भारतीय दर्शन की परंपरा का मूल्यांकन करते हैं तो सबसे महत्वपूर्ण प्रश्न यह उठता है कि दर्शन की कौन सी धारणा हमारे लिए प्रासंगिक है। खासकर धर्मनिरपेता, बुद्धिवाद और विज्ञानोन्मुख दृष्टिकोण के निर्माण में दार्शनिक परंपरा के कौन से तत्व आज भी हमारी मदद कर सकते हैं। इस प्रश्न को राहुल सीधे संबोधित नहीं करते। कौटिल्य के अनुसार वास्तविक दर्शन को 'आन्वीक्षिकी' कहते हैं। इसका अर्थ है कि दर्शन तर्कबुद्धि से संबद्ध है, वह बुद्धिसंगत विश्लेषण के लिए प्रत्यक्ष अनुभूति द्वारा प्रस्तुत आधार सामग्री को ही स्वीकार करता है। कौटिल्य के यहां वास्तविक दर्शन की दूसरी पहचान है धर्मनिरपेक्षता। वे मानते हैं कि दर्शन ब्रह्मविज्ञान में नहीं है। वह धर्मशास्त्र अथवा वेदज्ञान नहीं है। वह पूर्णरूपेण ज्ञान की एक स्वायत्त शाखा है। दर्शन की शाखा में कौटिल्य ने सांख्य, योग और लोकायत को रखा है। पर, बौद्ध, जैनमत, वेदांत और मीमांसा पर वे चुप हैं।

राहुलजी ने जब धर्म और दर्शन में पार्थक्य स्थापित किया था तो सीधे भारतीय समाज में प्रचलित दार्शनिक प्रतिक्रियावाद को चुनौती दे रहे थे। दर्शन और धर्म में पार्थक्य का कारण यह है कि दर्शन अपनी संज्ञानात्मक क्रिया में, अर्थात् यथार्थ रूप में वह सदैव विश्व के साथ समावेशन के साथ जुड़ा हुआ है। विश्व के वैचारिक समावेशन से आशय है प्रकृति, समाज एवं चिंतन के वस्तुगत संज्ञान तथा ऐसे संज्ञान पर आधारित सिद्धांतों का निर्माण करना। इसी तरह सिद्धांत सामान्यीकृत अनुभव है, मनुष्य का सामान्यीकृत व्यवहार तथा उत्पादन का व्यवहार सामाजिक-ऐतिहासिक गतिविधि है।

दर्शन-दिग्दर्शन का मूल लक्ष्य है आधुनिक काल में मध्ययुगीनता के खिलाफ हस्तक्षेप करना। मध्ययुगीन भावबोध के मानने वाले बुद्धि को विश्वास के मातहत करके देखते हैं। उनके लिए बुद्धि से ज्यादा महत्वपूर्ण है विश्वास या आस्था। इसके विपरीत राहुल ने इस कृति में बुद्धि को आस्था से पृथक करके पेश किया है। दर्शन को धर्म से मुक्त किया है। वे दार्शनिक गलतियों को ज्ञानमीमांसीय परिघटना के रूप में देखते हैं। वे दार्शनिक गलतियों को दर्ज करने के साथ-साथ गलती की ऐतिहासिक रूप से अनित्य आवश्यकता, उसकी ज्ञानमीमांसीय जड़ों और वास्तविक अंतर्वस्तु के अध्ययन की पूर्वकल्पना को पेश करते हैं।

दर्शन-दिग्दर्शन से हमें राहुल सांकृत्यायन की भारतीय दर्शन परंपरा की अधूरी समझ का पता चलता है। मसलन, 'जिसे हम दर्शन कहते हैं, वह वैदिक काल में

दिखलाई नहीं पड़ता।' उनके यहां दर्शन की परंपरा उपनिषद काल से आरंभ होती है और शंकर तक आकर खत्म हो जाती है जबकि यह परंपरा नव्य-न्यायकाल तक जारी रहती है। यानी नव्य न्यायकाल के प्रतिनिधि गदाधर और उसके टीकाकारों तक यह परंपरा सत्रहवीं और 18वीं सदी के पूर्वार्द्ध तक जारी रहती है। उल्लेखनीय है कि भारतीय दर्शन परंपरा में राहुल ने *श्रीमद्भगवतगीता* का जिक्र तक नहीं किया है। इसी तरह विशिष्टाद्वैत और द्वैत, शैव और शाक्त दर्शन, एकेश्वरवादी दर्शन और भक्ति आंदोलन के दार्शनिक चिंतकों का जिक्र नहीं करते। जबकि उपनिषदों, चार्वाक, गौतमबुद्ध, अजितकेशकंवल, मक्खलिगोशाल, काश्यप, प्रकुध, कात्यायन, वेलाट्ठिपुत्त, वर्धमान महावीर, कपिल, नागसेन, कणाद, गौतम अक्षपाद, जैन धर्म, पतंजलि, जैमिनी, बादरायण, असंग, धर्मकीर्ति, दिंगनाग, नागसेन, गौड़पाद एवं शंकर के दार्शनिक मत का विवेचन किया है। वेदांत के भाष्यकारों में उन्होंने शंकर, रामानुजीय, निंबार्क, मध्व, राधाबल्लभी संप्रदायों एवं भाष्यकारों मात्र नामोल्लेख किया है। इस तरह की प्रस्तुति में अनेक असुविधाएं हैं। मसलन, वेदांत की ये प्रणालियां—रामानुजाचार्य का विशिष्टाद्वैत, मध्व का द्वैत, निंबार्क का द्वैताद्वैत और बल्लभाचार्य का शुद्धाद्वैत—ब्रह्म को ही इस जगत का अंतिम कारण मानती हैं। ये सभी आदर्शवादी दार्शनिक प्रणालियां हैं। किंतु शंकराचार्य द्वारा प्रतिपादित दर्शन की आदर्शवादी प्रणाली से ये मूलतः भिन्न हैं। इन सभी प्रणालियों का उदय शंकराचार्य के अद्वैत वेदांत—जिसमें केवल ब्रह्म को यथार्थ माना गया था—के विरोध में हुआ है। दूसरे शब्दों में शंकराचार्य का अद्वैत वेदांत जहां मनोवादी आदर्शवाद है, वहां ये सभी प्रणालियां वस्तुवादी आदर्शवाद पर आधारित हैं। इसके अलावा बौद्धदर्शन के पतन के संदर्भ में तंत्र की भूमिका को भी राहुलजी ने रेखांकित नहीं किया।

इसी तरह *दर्शन-दिग्दर्शन* में यूरोपीय परंपरा के विवेचन में भी काफी बड़ा असंतुलन है। मसलन, वहां पर सत्रहवीं शताब्दी से दार्शनिकों का विवरण दिया है। इससे पूर्व की परंपरा का कोई विवरण नहीं है। भारतीय दर्शन मध्यकाल से आगे नहीं बढ़ता, वहीं पर यूरोपीय दर्शन में 17वीं शताब्दी के पहले का जिक्र नहीं है। यूरोपीय दर्शन परंपरा के विवरण में भी राहुल ने सुसंगत नजरिये का परिचय नहीं दिया है। मसलन, देकार्त पर उन्होंने लिखा है, 'दकार्त पूरा लोकोत्तरवादी, ईश्वर के इशारे पर जड़-चेतन को नचाने वाला मानता था..., गंभीर विचारक होते हुए भी दकार्त मध्ययुगीन मानसिक बंधनों से अपने को आजाद नहीं कर सका था। और अपने दर्शन को सर्वप्रिय रखने के लिए भी वह धर्मवादियों का कोपभाजन नहीं बनना चाहता था। स्वयं दकार्त के अपने वर्ग का स्वार्थ इसी में था कि धर्म और

उसके साथ प्राचीन समाज व्यवस्था को न छेड़ा जाए।' राहुल सांकृत्यायन की इस धारणा का खंडन देकार्त की मुख्यकृतियों *विधि के विषय में तर्कणा* (1637) और *दर्शन के सिद्धांत* (1644) से होता है। वह तर्कबुद्धिवाद का प्रणेता था। उसने प्रकृति के बारे में भौतिकवादी मत प्रतिपादित किया, प्रकृति के विकास के सिद्धांत, भौतिक शरीरक्रियाविज्ञान एवं उनकी यंत्रवादी विधि की धर्मशास्त्र से शत्रुता थी। उसने नए युग के भौतिकवादी दृष्टिकोण का प्रतिपादन किया। यांत्रिकी के क्षेत्र में उसने गति और अविचलता की सापेक्षता लक्षित की, क्रिया और प्रतिक्रिया के सामान्य नियम को निरूपित किया। ब्रह्मांडोत्पत्ति के क्षेत्र में सौरमंडल के नैसर्गिक विकास का विचार दिया, जो विज्ञान के लिए नया था। गणित के क्षेत्र में वह विश्लेषणात्मक ज्यामिति के प्रवर्तकों में से एक है। वह मानता था कि कणों की भ्रमित गति अंतरिक्षीय भूतद्रव्य की गति का मुख्य रूप है, जो संसार की संरचना तथा आकाशीय पिंडों की उत्पत्ति निर्धारित करती है। उसकी प्राक्कल्पना ने प्रकृति की द्वंद्वात्मक समझ की प्रेरणा दी। हालांकि वह इसे यांत्रिक ढंग से ही समझता था। देकार्त का भौतिकवादी शरीर क्रियाविज्ञान अभौतिक आत्मा-विषयक उसके दृष्टिकोण के विपरीत है। राहुल सांकृत्यायन ने देकार्त की इन मूलभूत बातों का मूल्यांकन करते हुए उपेक्षा की है। बेकन और देकार्त को मुक्ति की धारणा का सर्वप्रथम वैज्ञानिक प्रणेता भी माना जाता है। मुक्ति की समस्या दर्शन की मुख्य समस्या रही है।

राहुल सांकृत्यायन ने दर्शन के विवेचन के लिए विवरणात्मक पद्धति का इस्तेमाल किया है। इसमें वे दर्शन की अवधारणाओं को रूपवादी ढंग से सरलीकृत रूप में पेश करते हैं। इससे इन धारणाओं के साथ समाज के अंतस्संबंध को समझने में असुविधा होती है। वे इस क्रम में सिद्धांत चर्चा तो करते हैं लेकिन ऐतिहासिक प्रक्रिया की अनदेखी करते हैं। इससे सभी अवधारणाएं एक-दूसरे से स्वायत्त और संपूर्ण नजर आती हैं। यहां धारणाओं का सर्वसंग्रहवाद पेश कर दिया गया है। इससे दर्शन की युगीन बहस और अंतर्विरोध नजर नहीं आते, और किसी भी अवधारणा के बारे में कोई सुसंगत समझ नही बन पाती।

मार्क्सीय नजरिये के अनुसार सिद्धांत बनी-बनाई धारणाओं तक सीमित नहीं होता। अपितु धारणाएं अध्ययन, सामाजिक विकास और विचारधारात्मक संघर्ष की प्रक्रिया में तेजी से बदलती भी हैं। उनमें भेद नजर आता है, साथ ही जोड़ने वाला कारक भी नजर आता है। इस क्रम में धारणाएं अपनी संरचना का निर्माण करती हैं। प्रणाली बनाती हैं। वे अन्य चिंतन प्रणाली के रूपों के साथ समन्वयन, अधीनीकरण, बहिर्वेशन, सामान्यीकरण और विकास करती हैं। दर्शन का मार्क्सीय अनुसंधान नई

परिघटनाओं, नियमों और संज्ञान के विषयों की खोज करता है और नए प्रवर्गों और उनकी प्रणालियों को निर्मित करता है।

दर्शन-दिग्दर्शन देखकर यह महसूस होता है कि दर्शन तो भ्रांतियों का भंडार है। लेकिन इस विशाल भंडार का अपना निजी वैशिष्ट्य है। राहुलजी ने कौशल के साथ विभिन्न दर्शनों में मौजूद अंतर को रेखांकित किया है। साथ ही, यह रेखांकित करने की कोशिश की है कि विभिन्न दर्शनों का उदय किसी एक दर्शन के गर्भ से नहीं हुआ है। वे यह भी नहीं मानते कि सभी दर्शन सही हैं। दर्शनों के बीच में अंतर दर्शाने के लिए उन्होंने संक्षिप्त ढंग से ऐतिहासिक विधि का यांत्रिक ढंग से इस्तेमाल किया है। कहीं पर दार्शनिक और गैर-दार्शनिक अध्ययन और क्रियाकलाप को एक-दूसरे के विरोध में खड़ा करने की बजाय अंतर्ग्रथित रूप में पेश करते हैं और इस तरह वे भाववादी नजरिये की आलोचना करने में सफल हो जाते हैं। वे प्रत्येक अदार्शनिक चीज को दर्शन की उपज नहीं मानते। दिलचस्प बात है राहुल के यहां दर्शन का इतिहास नहीं है लेकिन दर्शन का वैविध्य और विकास जरूर मिलता है। यह वस्तुतः बुर्जुआ नजरिया है। दर्शन के विकास के लिए दर्शन की पुरानी समस्याओं का पुनरुज्जीवन महत्व रखता है। इससे दर्शन के विकास में मदद मिलती है। *दर्शन-दिग्दर्शन* का महत्व यह है कि उसमें सरल हिंदी में दार्शनिक अवधारणाओं को पेश किया गया है।

दर्शन में सरलीकरण करने से दर्शन में निहित संश्लिष्टता और जटिलता का बोध नहीं होता। दर्शन की परंपरा के मूल्यांकन में कालविभाजन, वर्गीकरण एवं तदनुरूप जीवंत एवं मृत दार्शनिक तत्वों का बोध महत्वपूर्ण स्थान रखता है। एक मार्क्सवादी को इसके लिए ऐतिहासिक एवं तार्किक दोनों ही विधियों का प्रयोग करना होता है। इस पद्धति को राहुल ने गंभीरता के साथ लागू नहीं किया है। *दर्शन-दिग्दर्शन* में वे दार्शनिक विचारों का संग्रह तैयार करने की दिशा में चले गए। इसके लिए भी वे सरलीकरण से काम लेते हैं। इसके कारण वे विभिन्न भौतिक विचारकों के बीच अंतर नहीं कर पाते। वे लोकायत, न्याय-वैशेषिक, सांख्य, मीमांसक, वैभाषिक, सौत्रांतिक और जैन दर्शनों के आदर्शवाद के विरोध में अंतर नहीं कर पाए हैं। आदर्शवाद के प्रतिपक्ष की परंपरा को सुसंगत रूप में पेश करने में असमर्थ रहे हैं। 'दर्शन-दिग्दर्शन' देखकर यही लगता है कि भारतीय दर्शन परंपरा में आदर्शवादी चिंतकों का ही वर्चस्व रहा है और उनका प्रतिपक्ष कमजोर रहा है। जबकि हकीकत इसके विपरीत है। औपनिषदिक चिंतकों, महायानी बौद्धों और अद्वैत वेदांतियों के एक हिस्से को छोड़कर भारतीय दर्शन में आदर्शवाद का किसी ने भी समर्थन नहीं

किया। इसका अर्थ नहीं है कि आदर्शवादियों की शक्ति और लोकप्रियता कम रही है। हां, यह शक्ति और लोकप्रियता उन्हें राजनीतिक संरक्षण और वित्तीय समर्थन के कारण प्राप्त थी।

भारतीय दर्शन परंपरा का जो वर्गीकरण डी.पी. चट्टोपाध्याय किया है वह हमारी मदद कर सकता है। मसलन, आदर्शवाद-विरोधी दार्शनिकों में चार्वाक या लोकायत, कपिल, जैमिनी, उलूक, कणाद, गौतम अक्षपाद, श्रीलाभ, बांधव सौत्रांतिक, कात्यायनी पुत्र, महान उमास्वति, ईश्वरकृष्ण, शबर, वात्स्यायन, प्रशस्तपाद, शुभगुप्त, अकलंद, प्रभाकर, कुमारिल, उद्योतकर, जयंतभट्ट, वाचस्पति मिश्र, उदयन, गंगेश, गदाधर आदि के नाम उल्लेखनीय हैं। इसी तरह आदर्शवाद-विरोधी इन दार्शनिकों को दो वर्ग में रख सकते हैं। पहली श्रेणी उन दार्शनिकों की है जो ठोस रूप में आदर्शवाद का विरोध करते हैं। इनमें प्रमुख हैं—लोकायत, न्याय-वैशेषिक और सांख्य दर्शन। दूसरी श्रेणी में वे दर्शन आते हैं जो आदर्शवाद के विरोध की परिधि पर हैं, ये हैं, मीमांसक, वैभाषिक, सौत्रांतिक, जैन आदि। दार्शनिक आदर्शवाद का विरोध करने में इनकी उपेक्षा नहीं की जा सकती।

राहुलजी के विवरण की यह विशेषता है कि वे जिसे पसंद करते हैं उसके सिर्फ सकारात्मक पक्ष को ही बताते हैं और उसकी कमजोरियों को नजरअंदाज करते हैं। मसलन, कुमारिल के बारे में राहुलजी का कहना है, 'कुमारिल ने मीमांसा दर्शन में कोई खास तत्व का विकास नहीं किया बल्कि जैमिनि के सिद्धांतों को युक्ति और न्याय से पुष्ट करना चाहा' (*दर्शन-दिग्दर्शन*, 616)। इस तरह के निष्कर्ष की पहली समस्या यह है कि इसके साथ कुमारिल के दार्शनिक विचारों का विवरण नहीं है। उनके विचारों का जिक्र धर्मकीर्ति के विचारों के खंडन के प्रसंग में आया है। सच यह है कि कुमारिल पुरोहितों के विचारों का पक्ष लेने के बावजूद आदर्शवाद के खंडन में महत्वपूर्ण योगदान किया।

इसी तरह राहुलजी ने कणाद के बारे में जो विवेचन प्रस्तुत किया है वह भी समस्यामूलक है। परमाणुवादी कणाद को राहुलजी ने आत्मवादी कहा है, साथ ही, यह भी लिखा है उनकी 'विवेचना का मुख्य लक्ष्य है धर्म के प्रति होती शंकाओं को युक्तियों से दूर कर फिर से धर्म की धाक स्थापित करना' (*दर्शन-दिग्दर्शन*, 585)। राहुलजी का मानना है कि धर्म की प्रामाणिकता का अर्तर्थ है वेद की प्रामाणिकता को स्थापित करना। यह भी लिखा कणाद के 'वैशेषिक सूत्र' का लक्ष्य है धर्म की व्याख्या या मानक वैदिक परंपरा में श्रद्धा पैदा करना। इससे भिन्न देवीप्रसाद चट्टोपाध्याय का मानना है 'वैशेषिक सूत्र' का वेदों की दार्शनिक धारा से कोई संबंध

नहीं है। 'वैशेषिक सूत्र' में मुख्यतः द्रव्य, गुण आदि छह पदार्थों या तत्वों पर विचार विमर्श है। जिनके अंतर्गत जगत की सभी ज्ञात और अभिधेय वस्तुओं को वैशेषिक दर्शन के अनुसार वर्गीकृत करने का प्रयत्न किया गया है। बीच-बीच में पुरोहितों की महिमा एवं विशेषाधिकारों की सराहना कर दी गई है। इस ग्रंथ में जो कुछ भी कहा गया है, वह प्रारंभ में घोषित उसके उद्देश्य से एकदम विपरीत है। यह कुल मिलाकर ऐसा ही है कि 'सागर की ओर जाने की घोषणा करके हिमालय की ओर चल देना।' राहुलजी ने आरंभिक घोषणा को गंभीरता से लिया है जबकि देवीप्रसाद चट्टोपाध्याय ने इसे वाक्-छल के अलावा कुछ नहीं माना है। चट्टोपाध्याय का मानना है कि यह वाक्-छल अनावश्यक नहीं है, क्योंकि ऐसा न करने पर ग्रंथ अधार्मिक घोषित कर दिया जा सकता है। कणाद, जैसे भी, ऐसी स्थिति से बचना चाहते हैं। साथ ही धर्मशास्त्र प्रणेताओं और निहित स्वार्थी तत्वों के संभावित आक्रमण से अपने विज्ञान की रक्षा करना आवश्यक था और उसका सबसे आसान तरीका यही था कि आधिकारिक रूप से स्वीकृत अंधविश्वासों की मोहर उस पर लगा दी जाए।

दर्शन-दिग्दर्शन में व्यक्ति केंद्रित दर्शन परंपरा की प्रस्तुति है जबकि मूल्यांकन को दार्शनिक तत्व केंद्रित होना चाहिए। राहुलजी की मुश्किल यह है कि वे गौतम अक्षपाद को बुद्धिवादी और कणाद को अध्यात्मवादी मानते हैं जबकि वास्तविकता यह है कि न्याय-वैशेषिक दर्शन की मुख्य चिंता तर्कशास्त्र और परमाणुवाद से जुड़ी है। यह दर्शन पूर्णतः धर्मनिरपेक्ष दृष्टिकोण को व्यक्त करता है। इसी तरह अक्षपाद गौतम के बारे में राहुलजी ने लिखा है वे कर्मकांड समर्थक थे। ईश्वर की सत्ता मानते थे। पुनर्जन्म या परलोक में विश्वास करते थे। यह कहना ठीक है कि *न्यायसूत्र* में वेदों की प्रामाणिकता को स्वीकार किया गया है। पर देखना होगा कि किस तरह वेदों की प्रामाणिकता को वे स्वीकार करते हैं। अक्षपाद गौतम के *न्यायसूत्र* पर वात्स्यायन ने भाष्य लिखा है, वात्स्यायन ने रेखांकित किया है वैदिक कर्मकांडों के प्रति उनकी श्रद्धा का सारतत्व बड़ा ही खोखला है। देवीप्रसाद चट्टोपाध्याय ने लिखा है कि तर्कविज्ञान और वैदिक कर्मकांड, पुनर्जन्म, अंधविश्वासों आदि को एक ही साथ पेश करने के पीछे एकमात्र प्रमुख कारण यही था कि तर्कबुद्धिवाद के लिए दंडित होने से बचा जाए। वस्तुतः वैदिक निष्ठा का नाम लेकर उन्होंने तर्कशास्त्र की रक्षा की।

देवीप्रसाद चट्टोपाध्याय ने 'भारतीय दर्शन में क्या जीवंत है और क्या मृत' में रेखांकित किया है कि कणाद और गौतम वेद के प्रति जो श्रद्धा भाव प्रकट करते हैं उसमें वास्तविक वैदिक दर्शन—मिसाल के तौर पर याज्ञवल्क्य और दूसरों के द्वारा

प्रतिपादित उपनिषदों में वर्णित दर्शन के बारे में वे कुछ भी नहीं लिखते। क्योंकि वे जानते थे कि वे जिस दर्शन को मानते हैं उसका उपनिषद आदि के दार्शनिक नजरिये से अंतर्विरोध है।

राहुलजी ने *दर्शन-दिग्दर्शन* में धर्मकीर्ति के प्रति भी अपने एकांगी दृष्टिकोण को व्यक्त किया है। एकांगी इस अर्थ में कि धर्मकीर्ति के नजरिये में सबसे प्रमुख धारणा है 'सहोपालंभ-नियम', लेकिन राहुलजी ने उसका जिक्र तक नहीं किया है। साथ ही धर्मकीर्ति के अंतर्विरोधों के बारे में भी राहुलजी चुप हैं। वे धर्मकीर्ति के विचारों की आलोचनाओं का जिक्र तक नहीं करते। मसलन, दिंगनाग को राहुलजी ने बौद्धदर्शन को भारत में प्रतिष्ठित करने वालों में से एक माना है। लेकिन दिंगनाग की तर्कप्रणाली में बौद्ध जैसी कोई चीज नहीं है। देवीप्रसाद चट्टोपाध्याय ने लिखा है कि उनकी प्रणाली से तर्कशास्त्र और तत्वमीमांसा की एक नई प्रणाली का बोध होता है। दिंगनाग ने अपनी रचना *आलंबन-परीक्षा* में इस तरह की शैली अपनाई है जिसे प्रत्यक्ष जांच-पड़ताल द्वारा पदार्थ की अवधारणा को विलुप्त कर देने वाली शैली कह सकते हैं। धर्मकीर्ति ने दिंगनाग की कृति *प्रमाण समुच्चय* की व्याख्या करते हुए ही *प्रमाण वार्तिक* का निर्माण किया। वे मौलिक चिंतक हैं, राहुलजी ने उनकी तुलना हेगेल से की है। स्तचेर्बात्स्की ने उन्हें भारतीय कांट कहा है लेकिन उनकी तुलना बर्कले से करना समीचीन होगा।

धर्मकीर्ति अपने युग के सबसे मेधावी दार्शनिक हैं। उनका तर्कविज्ञान में महत्वपूर्ण योगदान है। इसका उनके युग के विज्ञान और तकनीकी विकास से गहरा संबंध है। उनके नजरिये में आदर्शवादी पूर्वग्रह और तर्कविज्ञान के मध्य अंतर्विरोध व्यक्त हुआ है, जिसकी ओर राहुलजी ने ध्यान नहीं दिया। धर्मकीर्ति के भाष्यकारों में विनीतदेव और धर्मोत्तर का नाम प्रमुख है। विनीतदेव का भाष्य सरल और धर्मोत्तर का भाष्य पंडिताऊ है। विनीतदेव ने लिखा, धर्मकीर्ति का प्रमाण-विषयक लेखन दृढ़ प्रतिज्ञ आदर्शवादी के दृष्टिकोण को सामने नहीं लाता। देवीप्रसाद चट्टोपाध्याय ने *भारतीय दर्शन में क्या मृत और क्या जीवंत* ग्रंथ में धर्मकीर्ति के प्रमाण के बारे में लिखा कि यह विवेचन मोटे तौर पर विभ्रमों के आम ढांचे में विवेचन है। ठेठ आदर्शवादी दृष्टिकोण से तर्क सिद्धांत की सार्थकता भ्रांति की सीमाओं के अंतर्गत ही है। धर्मकीर्ति के विचारों की गंभीर आलोचना के अध्ययन के लिए कुमारिल, शुभगुप्त और अकलंक की कृतियां महत्वपूर्ण स्थान रखती हैं। इन दार्शनिकों ने 'सहोपालंभ-नियम' की आलोचना की है। इस प्रसंग में शुभगुप्त के *बाह्यार्थ सिद्धि*, एम.जे. शाह के *अकलंकस क्रिटिसिज्म ऑफ धर्मकीर्तिज फिलॉसफी* और कुमारिल

के *सर्वास्तिवाद* नामक ग्रंथ में विस्तार से इस अवधारणा पर विचार किया है।

यहां पर राहुलजी के मूल्यांकन की सीमाओं का उद्घाटन करने लिए दो अवधारणों और व्यक्तित्वों का विवेचन पेश कर रहे हैं। ये हैं धर्मकीर्ति और नागार्जुन।

सहोपालंभ नियम

धर्मकीर्ति के दार्शनिक नजरिये का मूलाधार है 'सहोपालंभ नियम'। इसके कई पहलू हैं जिनको ध्यान में रखा जाना चाहिए। खासकर अवधारणात्मक धरातल पर उसका विश्लेषण करना जरूरी है। देवी प्रसाद चट्टोपाध्याय ने इस अवधारणा पर विस्तार से विचार किया है। 'सहोपालंभ नियम' का शाब्दिक अर्थ है तत्क्षणिक (सह) बोध (उपालंभ)। यानी विचार और वस्तु दोनों का अनिवार्यतः एक साथ बोध होने के कारण—वस्तु के रूप में वस्तु का स्वतंत्र ज्ञान न होने के कारण—उसी वस्तु रूप में वस्तु के अस्तित्व का कोई प्रमाण नहीं मिलता। इस तरह के प्रमाणाभाव के कारण यह स्वीकार करना होगा कि विचार से पृथक कथित वस्तु की कोई सत्ता नहीं। इसका आशय है कि विचार और उस वस्तु में कोई अंतर नहीं। दार्शनिकों के यहां 'सह' पदबंध की व्याख्याएं भिन्न-भिन्न रूपों में व्यक्त हुई हैं। शुभगुप्त ने *बाह्यार्थ सिद्धि* में तर्क दिया है कि बोध और साथ ही बोध की वस्तु का चेतना में एक ही क्षण (सह) उदय होता है। लेकिन दोनों की समरूपता सिद्ध नहीं होती। कोई वस्तु किसी अन्य वस्तु के साथ घटित होती है; दो भिन्न तत्वों की सह-उपस्थिति को स्वीकार किए बिना सहगामिता की अवधारणा निरर्थक है। केवल एक तत्व का ही अस्तित्व स्वीकार करने पर सहगामिता की चर्चा करना एकदम अर्थहीन हो जाता है। शुभगुप्त ने 'सह' शब्द के 'तादात्म्य' अथवा 'एकार्थ' के 'अभिप्राय' से की गई व्याख्याओं का भी खंडन किया है। जैन दार्शनिक अकलंक ने इसी प्रसंग में लिखा कि 'सह' शब्द को 'समरूपता' अथवा 'एकार्थ' के अर्थ में स्वीकार करने से इसमें द्विरिक्त दोष पैदा हो जाता है।

एन.जे. शाह ने *अकलंकस क्रिटिसिज्म ऑफ धर्मकीर्तिज फिलॉसफी* में लिखा की अकलंक मानते हैं कि वास्तव में यह उद्दिष्ट निष्कर्ष और इसे प्रमाणित करने के अभिप्राय से प्रस्तुत आधार दोनों के बीच में कोई अंतर नहीं रहने देता। कुमारिल ने धर्मकीर्ति की 'सहोपालंभ नियम' अवधारणा की आलोचना करते हुए लिखा ज्ञान की पड़ताल ज्ञात वस्तु से स्थापित नहीं की जा सकती, क्योंकि दोनों में लाक्षणिक भिन्नता है। दर्शवादी दार्शनिक मानते हैं कि सब कुछ भाव मात्र अथवा ज्ञान मात्र है, कोई भी वस्तु ऐसी नहीं, जो ऐसी न हो। ऐसी हालत में ज्ञाता और ज्ञात क्या

हैं? आदर्शवादी दृष्टिकोण से स्वयं ज्ञान ही कभी ज्ञाता और कभी ज्ञात के रूप में दिखाई पड़ता है। कुमारिल ने *सर्वास्तिवाद* में लिखा कि यदि ज्ञान, ज्ञाता और ज्ञात में कोई वास्तविक अंतर नहीं तो इस दावे का कोई विशेष अर्थ नहीं होगा कि ज्ञान कभी ज्ञाता के रूप में और कभी ज्ञात के रूप में प्रकट होता है। वे कहते हैं कुछ न कुछ अंतर जरूर होता है।

फणिभूषण तर्कवागीश ने *न्यायदर्शन* में लिखा कि प्रथमतः ज्ञात के साथ ज्ञान की एकात्मकता का वास्तव में कोई प्रमाण नहीं। आदर्शवादी तर्क प्रस्तुत करता है कि ज्ञान से भिन्न ज्ञानात्मक वस्तु की चेतना संभव नहीं अथवा ज्ञात से संबंधित चेतना अनिवार्यतः और निरपवाद रूप से मात्र ज्ञान की चेतना होती है। लेकिन यह सब कुछ कल्पना मात्र है, तथ्य नहीं। इसके विपरीत अनुभव का निर्णय यह है जो कुछ भी ज्ञात है, वह ज्ञान से भिन्न रूप में ज्ञात है। और ज्ञानात्मक तथ्य के वास्तविक स्वरूप के विश्लेषण से इस निर्णय की पूर्णतया पुष्टि होती है। ज्ञान प्राप्त करना अनिवार्यतः एक प्रकार की क्रिया है, और जिसे ज्ञात किया जाना है वह इस क्रिया का लक्ष्य होता है। किसी क्रिया के लक्ष्य को स्वयं क्रिया से समीकृत नहीं किया जा सकता। जिस प्रकार काटने की क्रिया खुद अपने को काट नहीं सकती; ठीक उसी प्रकार ज्ञान प्राप्ति की क्रिया स्वयं ज्ञान नहीं हो सकता। कोई एक आदमी लकड़ी का टुकड़ा इसीलिए काट सकता है, क्योंकि लकड़ी, काटने की क्रिया से भिन्न होती है। इसी भांति कोई आदमी किसी वस्तु को इसीलिए जान पाता है, क्योंकि ज्ञात वस्तु ज्ञान प्राप्ति की क्रिया से भिन्न होती है।

धर्मकीर्ति के आदर्शवादी दृष्टिकोण के खंडन में अकलंक ने कहा कि विष के ज्ञान या भाव से ही मृत्यु नहीं हो जाती। यदि गरल की कोई बाह्य सत्ता नहीं; बल्कि वह चेतना अथवा भाव का ही एक स्वरूप है तो उसका पान करने से शरीरपात कैसे हो सकता है? विष का नाम मात्र लेने से ही किसी की मृत्यु नहीं हो जाती। शुभगुप्त ने लिखा कि कोई आदमी स्वप्न देखता है कि उसका शरीर टुकड़े-टुकड़े कर दिया गया है। यह वास्तव में एक आत्मपरक भाव है और किसी वस्तुपरक यथार्थ से इसकी संगति नहीं बैठती। वे यह भी तर्क देते हैं कि जब कोई इस विचार का स्वागत करता है कि अकेले मन सत्य है, तब वह कैसे दान आदि जैसे प्रारंभिक कर्तव्यों का पालन करता है ? जब कोई बारंबार दान-चिंतन (अर्थात निपट चिंतन के रूप में दान का, अथवा और भी सरल शब्दों कहें तो, दान के मात्र विचार का) सहारा लेता है तो इससे कभी दरिद्रता दूर नहीं होती। अतः अकेले भाव या विचार को सत्य नहीं माना जा सकता जो कि धर्मकीर्ति के दृष्टिकोण की धुरी है।

शून्यवाद

नागार्जुन की 'शून्यवाद' की अवधारणा के बारे में राहुलजी ने लिखा है, 'नागार्जुन का दर्शन–शून्यवाद–वास्तविकता का आलाप करता है। दुनिया को शून्य मानकर उसकी समस्याओं के अस्तित्व को इनकार करने के लिए इससे बढ़कर दर्शन नहीं मिलेगा।' शून्यवाद की यह नकारात्मक समझ है। शून्यवाद को बहुधा यह समझा जाता है कि यह शुद्ध निषेधवाद का ही एक रूप है जो वास्तविकता को पूर्णतः अस्वीकार करता है। लेकिन यह धारणा सही नहीं है। देवीप्रसाद चट्टोपाध्याय के अनुसार, शून्य अथवा 'अभाव' की धारणा (तथा शून्य से बने भाववाचक शब्द शून्यता) का उनके दर्शन में, निस्संदेह एक निर्णायक स्थान है। फिर भी, स्वयं उनके अपने दृष्टिकोण से यह एक कठिन अवधारणा है जिसे बड़ी आसानी से गलत समझ लिया जा सकता है। वस्तुतः शून्य-सिद्धांत से उनका आशय और कुछ नहीं बल्कि वही है जो *माध्यमकशास्त्र* ने अपने दर्शन में व्यक्त करने का प्रयास किया है। इसके अनुसार निरपेक्ष अथवा परमतत्व, भौतिक जगत अथवा मात्र दृश्य जगत से बिलकुल परे है, अतः हमारी उन ऐहिक अभिव्यक्तियों की दृष्टि से, जो दृश्य जगत के उपयुक्त है, वह अनिर्वचनीय है। किसी अधिभौतिक अथवा रहस्यात्मक अभिज्ञान के आधार पर ही से समझा जा सकता है।

नागार्जुन ने शून्य अथवा अभाव की धारणा का प्रयोग, एक महत्वपूर्ण अर्थ में, वास्तव में आभास और वास्तविकता जैसे दो भिन्न दृष्टिकोणों से किया है। आभासमूलक दृष्टिकोण से इसका अर्थ यह है कि भौतिक जगत की प्रत्येक वस्तु बिलकुल शून्य अथवा असार है। दूसरे शब्दों में, प्रकृति एक सूने छायाभास से अधिक कुछ भी नहीं है। लेकिन इसके साथ ही परम तत्व अथवा ब्रह्म को भी शून्यता की संज्ञा प्रदान की गई है। जिसका अर्थ है कि वह समृद्धि, अभिव्यक्ति, विविधता और भिन्नता से रहित (प्रपंचशून्य) है। समृद्धि, अभिव्यक्ति, विविधता और भिन्नता से प्रतीति जगत की ही विशेषताएं प्रकट होती हैं। इन विशेषताओं से पूर्णतः रहित मानने पर वास्तविक सत्ता को भी शून्यता की संज्ञा दी जा सकती है। इसका सीधा अर्थ है कि हम अपनी ऐहिक भाषा में ब्रह्म अथवा परमतत्व को व्यक्त ही नहीं कर सकते। हमारे ऐहिक चिंतन की सभी धाराओं से परे है। इसे रहस्यात्मक चेतना से ही समझा जा सकता है। इसे प्रज्ञापारमिता या इंद्रियातीत सर्वोच्च ज्ञान कह सकते हैं। इसकी प्राप्ति का अर्थ है असत्य भौतिक जगत से मुक्ति या निर्वण। नागार्जुन के यहां इसके लिए दूसरा शब्द है शून्यता। यहां पर यह कहना प्रासंगिक

होगा कि दर्शन के इतिहास के लिए परिप्रेक्ष्य का प्रश्न बेहद महत्व का प्रश्न है। परिप्रेक्ष्य का अर्थ किसी दार्शनिक की धारणाओं का विवरण नहीं होता। और न ही किसी दार्शनिक विशेष की मूल धारणा का सरलीकृत प्रस्तुतीकरण ही परिप्रेक्ष्य कहलाता है। इसी तरह दर्शन में पक्षधरता का प्रश्न भी महत्वपूर्ण है। साथ ही, दार्शनिकों पर विचार करते समय राज्यों, सामंतों पर आर्थिक निर्भरता को भी देखा जाना चाहिए। दर्शन में पक्षधरता सामाजिक प्रगति की द्वंद्वात्मकता और सामाजिक विकास के वस्तुगत व्याघातों से उद्भूत होती है। दर्शन में सत्य के वस्तुगत ज्ञान से यह पक्षधरता सुसंगत ढंग से उद्भूत होती है।

प्राचीन समाज के मूल्यांकन की कमजोरियां

राहुलजी ने मार्क्सवाद का यांत्रिक प्रयोग करते हुए वेदों के निर्माण के युग में 'प्रभुताशाली सामंती राज्य' खोज लिया। साथ ही 'वर्ण' या जातियां भी खोज लीं। जबकि वैदिक धर्म वर्गों के उदय के पहले आर्यों के समाज में प्रचलित धर्म था। यह प्रकृतिपूजा का आदिम रूप है। वे यह भी मानते हैं कि 'वैदिक ऋषि धर्म और देववाद में विश्वास करते थे।' असल में, वेदों में सीधे-सादे भौतिकवाद और आदर्शवाद का सूक्ष्म सम्मिश्रण है। वैदिक देवता मूलतः प्रकृति की शक्तियों का मूर्त रूप थे। देवताओं की मूलतः तीन श्रेणियां मिलती हैं। 1. खगोलीय, 2. वायुमंडलीय, 3. भौमिक। यहां न शिव है, न देवीमाता है और न लिंग पूजा ही है। के. दामोदरन ने *भारतीय चिंतन परंपरा* में लिखा है कि वैदिक युग 'विकास की आदिम कम्युनिस्ट अवस्था का सामाजिक संगठन गणों और गोत्रों-कुलों और कबीलों पर आश्रित था। इस ढांचे में बहुत से परिवर्तन हुए और एक ही क्षेत्र की सीमाओं के अंदर बहुत से वर्गों को संयुक्त करने वाले सामाजिक वर्गों का उदय हुआ। राहुलजी का वैदिक ऋषियों का मूल्यांकन भी सही नहीं है। वैदिक युग के ऋषिगण अपने रहन-सहन की परिस्थितियों को सुधारने के साधनों की खोज में व्यस्त रहते थे। वे जीवन की पूर्णता और विविधता को स्वीकार करते हैं। उन वस्तुओं को वे ठुकराते नहीं थे जो सांसारिक थीं। रहस्यपूर्ण चिंतन-मनन और संन्यास उनके हथियार नहीं थे। उनके हथियार थे तीर-कमान और दूसरे तेज हथियार। वे आत्मनिष्ठ नहीं, ठोस आदर्शवादी थे। राहुलजी का मानना है, 'वैदिक ऋषि धर्म और देववाद में विश्वास करते थे', इसके विपरीत रवींद्रनाथ टैगोर का मानना है कि वैदिक स्तुतियां 'अस्तित्व के प्रति आश्चर्य और श्रद्धा की उन लोगों की सामूहिक प्रतिक्रिया की काव्यात्मक वसीयत हैं जिनकी कल्पना सभ्यता के उषःकाल में अत्यंत शक्तिसंपन्न और अकृत्रिम थी

तथा जो जीवन में निहित अक्षय रहस्य की भावना से अभिभूत थे। यह उनकी सहृद, सरल आस्था थी जिसने प्रकृति के हर तत्व और हर शक्ति पर देवत्व आरोपित किया। किंतु यह अत्यंत साहसपूर्ण और उल्लासपूर्ण आस्था थी। इसमें देवताओं के प्रति भय को उन्हीं के प्रति विश्वास संतुलित करता था और रहस्यमयता की भावना उसे किंकर्तव्यविमूढ़ता के बोझ के नीचे दबाती नहीं थी बल्कि और भी सम्मोहक बना देती थी।'

इसी तरह उपनिषदों की रचना ऐसे समय हुई थी जब वर्गों का उदय हो रहा था और कबीलों को संगठित करके राज्यों का निर्माण किया जा रहा था। बहुदेववाद की जगह एकेश्वरवाद जन्म ले रहा था। राहुलजी ने उपनिषद काल को 4 भागों में विभाजित किया है। पहला युग 700 ई. पूर्व, दूसरा युग 600-500 ई. पू., तीसरा युग 500-400 ई. पू. चौथा काल 200-100 ई. पू. रखा है।

दर्शन में वर्गीकरण और प्रणाली की समस्याएं

राहुलजी ने दर्शन के वर्गीकरण के लिए जो नाम दिए हैं वे मार्क्सीय आधार पर ठीक नहीं जंचते। मसलन, ईश्वरवादी, अनीश्वरवादी, आत्मवादी, ब्रह्मवादी आदि इन नामों के माध्यम से दर्शनों का वैज्ञानिक वर्गीकरण संभव नहीं है। मार्क्सीय नजरिये से दर्शन का इतिहास लिखने के लिए मूलतः दो पद्धतियां अपनाई जा सकती हैं। पहली पद्धति यह हो सकती है कि दर्शनों का आदर्शवाद और भौतिकवाद के आधार पर वर्गीकरण किया जाए। आदर्शवाद में भी आत्मगत और वस्तुनिष्ट दो वर्ग हैं। भौतिकवाद के वर्गीकरण को 4 भागों में वर्गीकृत कर सकते हैं—(1) प्राचीन दार्शनिकों का स्वतःस्फूर्त भौतिकवाद, (2) 16वीं से 19वीं सदी के पूर्वार्द्ध के विचारकों का आध्यात्मिक भौतिकवाद, (3) 19वीं सदी के प्रजातंत्रवादियों का भौतिकवाद, (4) द्वंद्वात्मक भौतिकवाद। पिछले तीन हजार वर्षों के दर्शन का इतिहास आदर्शवाद और भौतिकवाद के मध्य संघर्ष का इतिहास है। इन तीनों रूपों का ऐतिहासिक एवं द्वंद्वात्मक विकास है मार्क्स की द्वंद्वात्मक पद्धति। यह संज्ञान की पद्धति है तथा सामाजिक जीवन का क्रांतिकारी रूपांतरण है। इसे द्वंद्वात्मक भौतिकवाद कहते हैं। इस पद्धति का आध्यात्मिक पद्धति से विरोध है। दर्शन के इतिहास में वर्गीकरण के लिए यह पद्धति उपयोगी है।

दर्शन के इतिहास में विवरणात्मक और परिचयात्मक लेखन को द्वंद्ववादी पद्धति का विकल्प नहीं बनाया जा सकता। *दर्शन-दिग्दर्शन* मूलतः विवरणात्मक पद्धति के आधार पर लिखी गई किताब है। इस किताब का ऐतिहासिक महत्व है। पर

इसे मार्क्सीय दृष्टिकोण से लिखी किताब नहीं कह सकते। यह किताब मूलतः पुनरुत्थानवादी नजरिये का विरोध करने लिए लिखी गई। स्वाधीनता संग्राम के दौरान जो विवेकवादी नजरिया विकसित हुआ उसकी इसमें अभिव्यक्ति नजर आती है। विवेकवाद और बुद्धिवाद को प्राथमिकता देना इस किताब का मूल लक्ष्य है। राहुलजी के युग में दर्शन के इतिहास के अधिकांश अध्ययन सिद्धांतों के बीच बढ़ते अंतर्विरोधों पर जोर देते हैं। राहुलजी ने इस भिन्नता में व्याप्त तादात्म्य को खोजा है। वे दर्शनों में व्याप्त सह-अस्तित्व, संघर्ष और अंतर्विरोधों की भी चर्चा करते हैं।

मार्क्सीय दृष्टि से दर्शन के इतिहास में प्रणाली का महत्व है। प्रणाली से रहित तत्व निरूपण में कोई भी वैज्ञानिकता नहीं हो सकती। सही दार्शनिक प्रणाली की दूसरी मूल विशेषता है उसके संघटक सिद्धांतों की एकता। यह एकता वहीं तक संभव है जहां तक विशिष्ट, पृथक सिद्धांत निरपेक्ष न माने जाएं तथा इस वजह से वे एक-दूसरे के मुकाबले में रखे नहीं रखे जा सकते। प्रणाली की धारणा को सबसे पहले मार्क्स ने खोजा। प्रणाली की पूर्व-मार्क्सवादी अवधारणाओं का महत्व बहुत ही सीमित तथा अन्वेषणात्मक था, क्योंकि वे इस कल्पना से आगे नहीं बढ़ीं कि अपरिवर्तनीय तत्वों का अस्तित्व है। प्रणाली अध्ययन को अपरिवर्तनीय संघटकों के संभव संयोजनों के विश्लेषण के रूप में समझा गया। माना जाता था कि समष्टि को दूसरे तत्व निर्धारित करते हैं। लेकिन संघटक अंगों की स्थिति में परिवर्तनों अर्थात संरचनात्मक परिवर्तनों ने उन्हें कोई नया गुण प्रदान नहीं किया। प्रत्येक प्रणाली विशेष के तत्वों की संख्या को भी सदा के लिए अपरिवर्तनीय तथा स्थापित मान लिया गया। अतः प्रणाली को भी संतुलित मान लिया गया। प्रणाली के विकास के बारे में अवधारणा प्रणाली की अवधारणा बेमेल प्रतीत हुई। प्रणाली की उत्पत्ति के प्रश्न को यदा-कदा ही उठाया गया। वर्तमान समय में प्रणाली की अवधारणा ने सार्विक महत्व प्राप्त कर लिया है। अतः इसे सभी दर्शनों पर लागू किया जाना चाहिए।

परंपरागत दार्शनिक प्रणालियों तथा सामान्य दर्शन का मार्क्सवादी निषेध एक नए किस्म की दार्शनिक प्रणाली का आधार है। इसे द्वंद्वात्मक भौतिकवादी प्रणाली कहते हैं। मार्क्सवादी दर्शन सत्तामीमांसा तथा किसी भी ज्ञान की व्याख्या ज्ञानमीमांसीय ढंग से करता है और उसके जरिये इसे जड़सूत्र नहीं बनने देता तथा इसके आगे के विकास को प्रोत्साहित करता है। साथ ही, मार्क्सवादी दर्शन निरपेक्ष ज्ञान को अस्वीकार करता है, पर निरपेक्ष ज्ञान और निरपेक्ष सत्य यानी मूर्त ज्ञान के बीच भेद करता है, जिसका विषय न केवल विशेष, सार्विक भी हो सकता है।

विश्वदृष्टिकोण की वैज्ञानिक प्रणाली के रूप में मार्क्सवाद वैज्ञानिक ज्ञान की प्रणाली के रूप में मार्क्सवाद वैज्ञानिक ज्ञान की प्रणाली में दर्शन के स्थान में गुणात्मक परिवर्तन को स्वीकार करता है। इस क्रम में वह विज्ञान का सहयोग भी लेता है। इसी अर्थ में मार्क्सीय दर्शन इतिहासलेखन संपूर्णता का बोध पैदा करता है और सामाजिक परिवर्तन का मार्ग दिखाता है। राहुलजी की कृति *दर्शन-दिग्दर्शन* को उपरोक्त नजरिये से देखें तो पाएंगे कि दर्शन की परंपरा के मूल्यांकन का उनका नजरिया गैर-मार्क्सवादी है। जबकि सर्जनात्मक साहित्य में वैज्ञानिक नजरिये के करीब हैं, वहीं साहित्यालोचना में यांत्रिक मार्क्सवादी हैं, पर समाज के इतिहासलेखन की दृष्टि पूर्णतः मार्क्सवादी है और यही उनकी इतिहासदृष्टि का सार है।

देवीप्रसाद चट्टोपाध्याय के अनुसार भारतीय प्रणाली में सबसे पहले 'वाकोवाक्य' की प्रणाली मिलती है जिसमें प्रश्नोत्तर के रूप में विवाद करते हैं। यह प्रणाली यूनानी पदबंध 'डायलेक्टिक' से मिलती-जुलती है। कालांतर में चिकित्साशास्त्र में यह पद्धति सुरक्षित रही। दर्शन में *न्यायसूत्र* कृति में इसका विकास हुआ। यह इस पद्धति से लिखी पहली कृति है। इसकी रचना ईसापूर्व दो सौ साल पहले हुई थी। इसके रचयिता गौतम अक्षपाद थे। इसकी विस्तृत व्याख्या पांचवीं शताब्दी में वात्स्यायन ने की। किसी दर्शन की 'अंतिम जांच-पड़ताल' विवेचनात्मक नजरिये से करनी चाहिए। जब हम किसी कृति या दर्शन की परीक्षा करें तो 'संदेह' को आधार बनाएं। 'संदेह' के बिना विश्लेषण संभव नहीं है। इसे हिंदी में 'विमर्श' या 'संशय' भी कहते हैं। वात्स्यायन के अनुसार 'संदेह' पांच किस्म के होते हैं, जिनमें तीसरा रूप है—'विप्रतिपत्ति'-जन्य-संशय' अर्थात अंतर्विरोधी आग्रहों से उत्पन्न संदेह, यह दार्शनिक जांच की पहली शर्त है। वात्स्यायन ने लिखा है कि 'विवेचनात्मक परीक्षण' और कुछ नहीं संदेह उत्पन्न करने वाले पक्ष और प्रतिपक्ष के टकराव के माध्यम से 'अंतिम-जांच-पड़ताल' है। भारतीय दार्शनिक अध्ययन विधि में सबसे पहली समस्या है औचित्य प्रतिपादन की। औचित्य प्रतिपादन के बाद तर्क-वितर्क होता है, इस क्रम में समस्या के संबंध में सही संशय को उजागर किया जाता है अर्थात यह प्रस्तुत किया जाए कि दो परस्पर विरोधी स्थितियां विद्यमान हैं। ये स्थितियां पक्ष (थीसिस) और विपक्ष (एंटीथीसिस) कहलाती हैं। राहुलजी ने इस पद्धति का प्रयोग नहीं किया और न ही मार्क्सीय पद्धति का ही प्रयोग किया है।

आत्मकथा और जीवनी साहित्य के मानदंड

नामवर सिंह ने बड़े ही तरीके से राहुलजी पर लिखते समय 'आत्मकथा' विधा के

बुनियादी मानदंड को उद्घाटित किया है। वह मेरे खयाल से इस विधा के मूल्यांकन का प्रस्थानबिंदु हो सकता है। इसमें तीन महत्वपूर्ण बिंदु हैं। 1. ऐतिहासिकता, 2. सत्य, 3. आत्मालोचक भावबोध। इन तीन तत्वों का राहुल सांकृत्यायन ने जीवनी और आत्मकथा लेखन में बड़े पैमाने पर इस्तेमाल किया है। वे जब भी किसी व्यक्ति पर लिखने जाते हैं तो इन तीन तत्वों का खासतौर पर खयाल रखते हैं। यहां तक कि स्वयं पर लिखते समय भी इन तीनों तत्वों का भरपूर इस्तेमाल करते हैं। इस क्रम में उन तमाम तत्वों की गहरी छानबीन करते हैं, मूल्यांकन करते हैं, जिनका व्यक्तित्व निर्माण की प्रक्रिया से संबंध है। नामवरजी ने उनके व्यक्तित्व से संबंधित जिन तीन बातों के बारे में लिखा है, वे तो महत्वपूर्ण हैं ही, इसके अलावा भी कई बातें हैं जिनका नामवरजी ने जिक्र किया है। नामवरजी ने लिखा है, 'अनेक स्मृतियां हैं पर केवल तीन बातें उनके व्यक्तित्व के बारे में कहना चाहूंगा। आज के संदर्भ में उनका व्यक्तित्व ही बहुत प्रासंगिक है। जब भी मैं उनसे मिलने गया, उन्हें काम करते देखा। पूछने पर उन्होंने कहा, 'पुनर्जन्म में तो विश्वास है नहीं। एक ही जन्म मिला है। इसलिए इस जन्म में जो करना है, कर लो। किसी को हिसाब देना हो, न देना हो स्वयं अपने सामने तो देना है।' उन्होंने एक जगह कहा है, 'मैं हर सेकेंड का तो नहीं, लेकिन हर मिनट का हिसाब दे सकता हूं।' 'दूसरी बात मैंने राहुलजी से सीखी है–निरंतर कर्म की।'...'तीसरी बात सीखी वह यह कि कभी उनको उत्तेजित नहीं पाया।'

नामवरजी ने राहुल के विचारधारात्मक नजरिये का मूल्यांकन करते हुए निष्कर्ष निकालते हुए लिखा, विचारधारा 'जिस हद तक काम आए, इस्तेमाल करो। काम जब न आए, छोड़ दो। जो बेहतर चीज हो, उसे ले लो।' अपने नजरिये के बारे में इस तरह का अनासक्त भाव उनकी सबसे बड़ी शक्ति थी और इसे उन्होंने महात्मा बुद्ध की शिक्षाओं से ग्रहण किया था। राहुलजी के इस नजरिये की धुरी हैं महात्मा बुद्ध, *मेरी जीवन-यात्रा* के आरंभ में उन्होंने जो कहा है उसे नामवरजी ने उद्धृत किया है। राहुलजी ने बुद्ध का एक वचन पालि में उद्धृत किया है–

कुल्लुपमं देसेस्यामि वो भिक्खिवे धम्मं
तरणत्थाय नो गृहणत्थाय॥

'हे भिक्षुओ ! यह धर्म मैं छोटी सी नाव के समान दे रहा हूं पार उतरने के लिए। पार उतर जाने के बाद, सिर पर रखकर ढोने के लिए नहीं।'

राहुल की जीवनी के पहलुओं पर रोशनी डालते हुए नामवरजी ने बहुत मार्के

की बात कही है, यह बात इन दिनों डॉ. तुलसीराम का आत्मकथा पर चल रही बहस के प्रसंग में भी महत्व रखती है। नामवरजी ने लिखा है, 'साधारण जनों के लिए राहुल के विचारों या उनकी किताबों से ज्यादा महत्वपूर्ण है–राहुल का जीवन, जीवन-यात्रा, जीवन-संघर्ष।' राहुल के क्रांतिकारी व्यक्तित्व या फिर कहें कि किसी भी लेखक के व्यक्तित्व निर्माण में बचपन की घटनाओं की बहुत बड़ी भूमिका होती है। नामवरजी के अनुसार, 'राहुलजी ने घर से भागने, उसे छोड़ने के सिलसिले में लिखा है। 1904 की गरमियों में जब राहुलजी की उम्र 11 वर्ष की थी, अचानक काफी बहसा-बहसी के बाद तिलक हुआ, शादी हुई। राहुलजी ने लिखा है, 'उस वक्त 11 वर्ष की अवस्था में मेरे लिए यह तमाशा था।' और फिर उसके बाद पहली उड़ान उन्होंने भरी। उन्होंने *जीवन-यात्रा* में लिखा है कि 16 वर्ष की उम्र (1909) में पहली बार घर छोड़ा। लिखते हैं, 'जब मैं सारे जीवन पर विचारता हूं, तो मालूम होता है, समाज के प्रति विद्रोह का प्रथम अंकुर पैदा करने में इसने ही पहला काम किया। ...1909 के बाद घर शायद ही कभी जाता था, 1913 के बाद से तो मैं गृहत्याग का बाकायदा अभ्यास करने लगा।...1909 के बाद घर शायद ही कभी जाता था, 1913 के बाद तो वह भी खत्म-सा हो गया और 1917 की प्रतिज्ञा के बाद तो आजमगढ़ जिले की भूमि पर पैर तक नहीं रखा।' यह स्थिति लगभग 1943 तक थी। बार-बार घर छोड़कर कभी कलकत्ता गए, कभी हरिद्वार गए, लगातार घर से जो भागते रहे और इस भागने की प्रक्रिया में वह क्षण जब उन्होंने व्रत लिया, 'ये कहना ही काफी नहीं है कि घर नहीं जाऊंगा। जिस आजमगढ़ जिले में घर है उसकी सीमा पार करने में भी खतरे हैं।' आप जानते हैं कि घर से लोग भागकर जाते हैं और खींच लिए जाते हैं। वह मार्मिक प्रसंग राहुलजी ने लिखा है। पिता के साथ अंतिम घटना। आर्यसमाज के प्रचारक के नाते उस समय मिर्जापुर के पास अहिरौरा नाम की जगह में थे वहां से आर्यसमाज के प्रचार कार्य के लिए अन्यत्र जाने वाले थे। पिता पता लगाते हुए पहुंचे और जैसे ही पिता आए तो वे देख करके उसी समय वहां से भागे। स्टेशन पर देखा कि लगभग 9-10 मील तक गोवर्धन पंडित दौड़ते हुए स्टेशन पर पहुंचे और स्टेशन पर पहुंच करके जोर-जोर से विलाप करने लगे, क्यों मुझे मारने पर तुले हुए हो। स्वयं राहुलजी के शब्दों में उस घटना का एक चित्र आपके सामने देना चाहता हूं, 'जिसका डर था, आखिर वही बात हुई। अभी टिकट बंटने न पाया था कि पिताजी प्लेटफॉर्म पर पहुंच गए। वह हांफ रहे थे। उन्होंने 9-10 मील की यात्रा बिना सांस लिये दौड़ते या तेजी से चलते तय की थी, नहीं तो इतनी जल्दी कैसे पहुंच सकते थे ?...वह मुझे देखते ही

फूट-फूटकर रोने तथा उलाहना देने लगे। प्लेटफॉर्म पर लोग जमा हो गए। वह चिल्ला रहे थे—क्यों मुझे मार रहे हो ? मुझे भी अपने साथ ले चलो आदि। उनकी बातों में पिछले साल की अर्धविक्षिप्तता का भी हलका-सा असर था, नहीं तो रोने और चिल्लाने में अपनी स्वाभाविक गंभीरता का परित्याग कर वह उतने अधीर और कातर न बनते। मैंने एक बार हिम्मत बांधकर कहा—आखिर, कब तक आप मुझे इस प्रकार बांधकर रखेंगे...। मैंने महेशपुरा की ओर यात्रा स्थगित की और दो टिकट लेकर बनारस की ओर रवाना हुआ। ट्रेन में और उससे भी ज्यादा बनारस स्टेशन पर मैंने ठंडे दिल से समझाना शुरू किया—मैं आपके भावों को, आपकी बेकरारी को समझता हूं, किंतु साथ ही मेरा जीवन भी किसी भविष्य की लालसा रखता है, जिसकी अस्फुट झांकी मुझे मिल रही है, उसके कारण जबर्दस्त से जबर्दस्त खतरे, मृत्यु के साक्षात दर्शन तक भी अब मुझको अपने पथ से विचलित नहीं कर सकते। मैं कनैला के अयोग्य हूं, मैं आपके काम का नहीं रहा। यदि ऐसा ही करना था तो मुझे गाय-भैंस की चरवाही में लगा दिए होते, मेरी दुनिया कनैला की सीमा में परिसीमित हो जाती। अब जोर देने का भयंकर परिणाम होगा, आपको मेरे जीवन से हाथ धोना होगा। मैंने इन बातों को धीरे-धीरे उन्हें बोलने का मौका देते हुए कहा। इसका उनके दिल पर असर हुआ। अंतिम उत्तर जिस तरह उनके मुख से यकायक निकला, उसकी मुझे आशा नहीं हो सकती थी। उन्होंने कहा—अब मैं तुम्हारे रास्ते में बाधक नहीं होऊंगा, किंतु साथ ही मैं भी कनैला न जाकर यहीं बनारस ही में अपने जीवन को बिता दूंगा अपने वचन के पूर्वार्द्ध का उन्होंने ठीक से पालन किया। यही उनका अंतिम दर्शन था। मैंने प्रतिज्ञा की—अब से पचास वर्ष की उम्र खत्म होने तक फिर आजमगढ़ जिले की सीमा के भीतर कदम न रखूंगा' (*आलोचना और विचारधारा*, पृ. 277-78)।

यहां पर हम उदाहरण के रूप में *अकबर* नामक कृति में चित्रित कुछ व्यक्तित्वों का मूल्यांकन पेश कर रहे हैं।

सम्राट अकबर के मायने

अकबर के शासन में भारत की जो इमेज बनी वह हम सबके लिए गौरव की बात है। एक शक्तिशाली राष्ट्र के रूप में भारत को निर्मित करने में अकबर का अतुलनीय योगदान था। भारत को शक्तिशाली राष्ट्र बनाकर अकबर ने भारतीय जनता की जो सेवा की है उसके सामने सभी मुस्लिम विरोधी आलोचनाएं धराशायी हैं। भारत के मुसलमान कैसे हैं और कैसे होंगे अथवा भारतीय नागरिक कैसे होंगे, यह तय

करने में अकबर की बड़ी भूमिका थी। राहुल सांकृत्यायन ने लिखा है, 'अकबर के जमाने में हिंदू जितने रूढ़िवादी और कूपमंडूक थे, उसकी तुलना में मुसलमान उदार हुआ करते थे। मसलन, हिंदुओं में इक्का-दुक्का लोग ही विदेश जाते थे जबकि मुसलमानों में बहुत बड़ा हिस्सा हज करने के बहाने मक्का यानी विदेश जाता था। अकबर के जमाने में भारत में यूरोपीय लोग गुलाम की तरह बिकते थे, यह रिवाज अकबर को नापसंद था। उसने अनेक यूरोपीय गुलामों को मुक्ति दिलाई और उनको पोर्तुगीज पादरियों के हवाले कर दिया, इनमें अनेक रूसी थे। दुखद पहलू यह है अकबर के बाद जो शासक सत्ता में आए उनमें वैसी अक्ल और विवेक नहीं था, फलतः अकबर के जमाने में पैदा हुई अनेक परंपराएं आगे विकसित नहीं हो पाईं।

अकबर को इस बात का श्रेय जाता है कि उसने पहली बार जनाना बाजार की अवधारणा साकार की, मीना बाजार का निर्माण किया। अकबर यह भी चाहता था कि भारत में बहुपत्नी प्रथा बंद हो और एकपत्नी प्रथा आरंभ हो। लेकिन वह इस मुतल्लिक कानून बनाने में असफल रहा। अकबर की धारणा थी कि भारत की औरतें आजाद खयाल हों और उन पर कोई बंधन न हो। मीना बाजार के बहाने अकबर ने पहली बार औरतों को पर्दे, महलों और घरों की बंद चौहद्दी से बाहर निकाला। मीना बाजार में औरतें खूब आती थीं, एक-दूसरे से मिलती थीं, औरतें ही दुकानें चलाती थीं। जिस दिन जनाना बाजार लगता था उसे 'खुशरोज' (सुदिन) कहा जाता था। मीना बाजार में यदि कोई लड़की पसंद आ जाती थी तो लड़का-लड़की में प्रेम हो जाता था। जैन खां कूका की बेटी पर यहीं सलीम आशिक हो गया था, लड़की की शादी नहीं हुई थी, मालूम होने पर अकबर ने खुद शादी कर दी। अकबर के जमाने में बाजार में प्रेम की परंपरा की नींव पड़ी, अकबर ने इसे संरक्षण दिया और आज यह परंपरा युवाओं में खूब फल-फूल रही है। पर्दा प्रथा की विदाई हुई।

अकबर की विशेषता थी कि वह दासता का विरोधी था। उसने अपने दासों को मुक्त कर दिया था। अबुल फजल के अनुसार अकबर ने सन् 1583 में दासमुक्ति का आदेश दिया। लेकिन समाज में दासों की समस्या बनी रही। अकबर के रूढ़िवादी रूप का आदर्श रूप था उसका दाढ़ी विरोधी नजरिया। अकबर और उसका बेटा दाढ़ी नहीं रखते थे। दाढ़ियों से अनेक रूढ़ियां चिपकी हुई थीं, इसलिए अकबर ने दाढ़ी को निशाना बनाया। अकबर और उसके शाहजादे ने दाढ़ी नहीं रखी। जहांगीर ने सारी जिंदगी दाढ़ी नहीं रखी। लेकिन शाहजहां और उसके बाद के जमाने में दाढ़ी लौट आई। अकबर के दाढ़ी न रखने का आम जनता में व्यापक असर पड़ा और हजारों लोगों ने अपनी दाढ़ियां मुंडवा दीं।

अकबर का दिमाग पूरी तरह आधुनिक था उसने भारत में व्यापक स्तर पर बारूद का इस्तेमाल किया। बारूदी हथियारों का प्रयोग किया जबकि बाबर ने ईरान के शाह इस्माइल के सहयोग से बारूद और तोपों के इस्तेमाल की कला सीख ली थी। तोपों का सबसे पहले प्रयोग किया। अकबर पहला ऐसा शासक था जिसको मशीनों से प्रेम था, मशीनों के जरिये आविष्कार करना उसे पसंद था। जेस्वित साधु पेरुश्ची के अनुसार, 'चाहे युद्ध संबंधी बात हो या शासन संबंधी बात हो या कोई यांत्रिक कला, कोई चीज ऐसी नहीं है, जिसे वह नहीं जानता या कर नहीं सकता था।' राहुल सांकृत्यायन ने लिखा है 'अकबर ने महल के अहाते के भीतर भी कई बड़े-बड़े मिस्त्री खाने कायम किए थे, जिनमें वह अकसर स्वयं अपने हाथ से हथौड़ी-छिन्नी उठाने से परहेज नहीं करता था। उसने हथियारों और यंत्रों में कई आविष्कार किए थे, जिनका उल्लेख *आईन अकबरी* में अबुल फजल ने किया है। चित्तौड़ के आक्रमण के समय उसने अपनी देख-रेख में आध-आध मन के गोले ढलवाए। बंदूक चलाने में वह बड़ा ही सिद्धहस्त था शायद ही उसका कोई निशाना खाली जाता था।'

सैयद महम्मद जौनपुरी

यह एक मिथ है कि भारत के मुसलमान फंडामेंटलिस्ट हैं, यहां मुसलमानों में कोई धर्मनिरपेक्ष परंपरा नहीं है। सब कुछ शरीअत के हिसाब से होता रहा है। मुसलमानों के बारे में ये सभी बातें एक सिरे से बेबुनियाद हैं। मुगल सल्तनत के जमाने में भारत में मुस्लिम बुद्धिजीवियों की निडर धर्मनिरपेक्ष परंपरा रही है और उसकी मध्यकाल में बहुत ही महत्वपूर्ण भूमिका रही है। ये वे लोग हैं जो न तो शरीअत से खौफ खाते थे, न खुदा के नाम से डरते थे, इनका हिंदुस्तान की जनता से गहरा लगाव था। मजेदार बात यह है कबीर आदि भक्ति आंदोलन के कवि जिस समय सामाजिक न्याय की काल्पनिक बयार बहा रहे थे उस समय मुसलमानों में तीन बहुत बड़े कद के महापुरुष हुए हैं, ये हैं, सैयद महम्मद जौनपुरी, मियां अब्दुल्ला नियाजी और शेख अल्लाई। हिंदी के महापंडित राहुल सांकृत्यायन ने इन तीनों को मुस्लिम साम्यवादी कहा है।

राहुल सांकृत्यायन ने *अकबर* (1957) में लिखा है, 'क्या यह आश्चर्य की बात नहीं है कि हिंदू नहीं बल्कि ये मुस्लिम सल्तनतें हमारे प्रादेशिक साहित्य के निर्माण में सबसे पहले आगे आईं। इस्लाम-प्रभावित हिंदी अर्थात उर्दू का साहित्य बहमनियों के समय शुरू हुआ। बंगाल की भी यही बात है। जौनपुर की शर्की-सल्तनत

ने हमें कुतुबन, मंझन और जायसी जैसे रत्न प्रदान किए। जौनपुर ने हमारी धरती में बहुत नीचे तक घुसने की कोशिश की। 15वीं सदी में, एक सौ साल ऊपर तक, वर्तमान उत्तर प्रदेश और बिहार की सांस्कृतिक और राजनीतिक राजधानी जौनपुर रही। उसके महत्व को बहुत कम लोग समझते हैं। इसी जौनपुर में सैयद महम्मद जौनपुरी का जन्म हुआ था। इनकी मृत्यु 1505-6 ई. (हिजरी 911) में हुई। जान पड़ता है, यह 15वीं शताब्दी के मध्य पैदा हुए। उनकी जवानी के समय देश की अवस्था बड़ी ही दयनीय थी। चारों ओर बदअमनी छाई हुई थी। जौनपुर ने काफिरों के साथ अपना घनिष्ठ संबंध जोड़कर कुफ्र की ओर एक कदम उठा लिया था। हिंदू-मुस्लिम शासक या धर्माचार्य पसंद नहीं करता था। चावल-उड़द की तरह उनका मेल हो, इसके मानने वाले भी बहुत नहीं थे तो भी उसका उतना विरोध नहीं होता था। शेरशाह ने जौनपुर में हिंदू-मुसलमान की एकता देखी, वहीं उसका बचपन बीता था। यही शेरशाह प्रायः हर बात में अकबर का मार्ग-प्रदर्शक रहा।'

यही वह माहौल है जिसमें पहला मुस्लिम साम्यवादी सैयद महम्मद जौनपुरी जन्म लेता है और नए विचारों की रोशनी मशाल लेकर सामने आता है। वह कबीर का समकालीन था। उस समय शासकों के खिलाफ धर्म की आड़ में बगावत का साहित्य लिखा गया। यही बाद में अंत-ए-मेहदी (तू मेहदी है) के नाम से मशहूर हुए। राहुल ने लिखा है, 'मेहदी का शब्दार्थ शिक्षक या अंतिम है। इस्लाम में हजरत मुहम्मद के बाद आने वाले सबसे अंतिम पैगंबर को मेहदी कहा जाता है। मेहदी का इस्लाम में वही स्थान है जोकि हिंदुओं में कल्कि अवतार का। मुल्लों के लिए यह बड़ी कड़वी घूंट थी। सौभाग्य से सैयद महम्मद दिल्ली में नहीं, जौनपुर में पैदा हुए जहां अधिक खुलकर सांस ली जा सकती थी।'

अतीत की इन बातों की ओर ध्यान दिलाना इसलिए भी जरूरी है जिससे हम यह समझ सकें कि भारत में इस्लाम की परंपरा वही नहीं है जिसको शरीअत के कट्टरपंथी व्याख्याकारों ने बनाया है बल्कि भारत में इस्लाम की परंपरा भिन्न रही है बल्कि कई परंपराएं रही हैं।

राहुलजी ने लिखा है, 'मेहदी के प्रचार का ढंग और उनकी बातें ऐसी थीं कि लोग उनकी तरफ आकृष्ट होने लगे। अनुयायियों को बढ़ते देख इस्लाम के झंडेबरदार चुप कैसे रह सकते थे ? जौनपुर में उनका रहना असंभव हो गया। वह वहां से चलकर गुजरात पहुंचे। गुजरात में भी दिल्ली से बागी होकर जौनपुर की तरह की ही एक सल्तनत कायम हुइ थी। वहां मेहदी के उपदेशों का प्रभाव केवल मुस्लिम जनसाधारण पर ही नहीं पड़ा बल्कि अबुल फजल के अनुसार सुल्तान महमूद स्वयं

उनका अनुयायी हो गया। बहुत दिनों तक वहां भी वह टिक न सके। अंत में वहां से अरब गए। मक्का-मदीना देखा। घूमते-घामते ईरान में निकल गए। वहां पर भी उनके पास भक्तों की भीड़ लगने लगी। शाह इस्माइल ने ईरान की राष्ट्रीयता को उभाड़ने के लिए और उसके द्वारा अपने राजवंश को मजबूत करने के लिए शिया धर्म को राजधर्म स्वीकृत किया था। शिया धर्म ने कट्टर इस्लाम की बहुत-सी बातें छोड़ दी थीं। मेहदी जौनपुरी वहां एक और शाख लगाना चाहते थे। यह न पसंद कर शाह इस्माइल ने कड़ाई की। सैयद को ईरान छोड़ना पड़ा। ईरान के मज्दक के अनुयायी जिंदीक के नाम से उस समय भी मौजूद थे, इसलिए अपने विचारों को मेहदी जौनपुरी के मुंह से सुनकर वह यदि उनकी शिष्यमंडली में शामिल होने लगे तो आश्चर्य नहीं। और पीछे भी मेहदी से मिलती-जुलती विचारधारा यदि ईरान में मौजूद रही तो उसका श्रेय मेहदी को नहीं बल्कि मज्दकी कुर्बानियों को देना होगा।'

नामवर सिंह और उत्तर-आधुनिकता का पुनर्पाठ

साहित्य में अवसरवादी नजरिया वस्तुतः साहित्यिक भ्रष्टाचार है। साहित्यिक भ्रष्टाचार के रूपों को देखना हो तो नामवरजी की आलोचना में इसे पग-पग पर देख सकते हैं। मसलन नामवरजी, अपनी समूची साहित्यालोचना में 'आधुनिकता' पदबंध का इस्तेमाल नहीं करते। लेकिन उनकी साहित्यालोचना की किताबें इस बात की गवाह हैं कि वे आधुनिकता की अनेक बातों, संवृत्तियों आदि का विस्तार से इस्तेमाल करते हैं। सवाल उठता है क्या आधुनिक काल का कोई भी साहित्यांदोलन आधुनिकता के प्रति अपना रवैय्या तय किए बिना विकास कर सकता है ? भारतेंदुयुग से लेकर प्रयोगवाद और बाद में आई साहित्यिक प्रवृत्तियों तक नामवरजी को आधुनिकता पदबंध के इस्तेमाल से परहेज है। सिर्फ उत्तर-आधुनिकता के प्रसंग में वे आधुनिकता के पदबंध का इस्तेमाल करते हैं। जिन लेखकों-आलोचकों की धारणाओं का वे इस्तेमाल करते रहे हैं फिर उन लेखकों-विचारकों के नाम का उल्लेख क्यों नहीं करते ? विचार के सर्जक का उल्लेख किए बिना उसके विचार का इस्तेमाल करना साहित्यिक भ्रष्टाचार है, यह मौलिकता कतई नहीं है। इस प्रसंग में *कविता के नए प्रतिमान* तो आदर्श उदाहरण है।

साहित्यिक अवसरवाद वस्तुतः आलोचना की हत्या है और समीक्षा में विभ्रम की स्थिति निर्मित करना भी है। नामवरजी ने जिन धारणाओं को लेकर आलोचना में स्पष्टता के बजाय विभ्रम पैदा किया है उनमें उत्तर-आधुनिकतावाद को लेकर उनकी धारणाएं खासकर उल्लेखनीय हैं। इस संदर्भ में उनके दो निबंध हैं जिनको कायदे से पढ़ा जाना चाहिए। पहला है, 'साहित्य की मुक्ति या कछुआ धर्म?' (*हिंदी का गद्य पर्व,* में संकलित) और दूसरा है, 'सृजनशीलता का सवाल : उत्तर आधुनिकता और मार्क्सवाद', (*जमाने से दो दो हाथ,* में संकलित)। मजेदार बात है कि एक ही लेखक के ये दो निबंध हैं और इनमें दो तरह का नजरिया मौजूद है। इन दोनों

निबंधों से उत्तर-आधुनिकतावाद समझ में कम आता है लेकिन नामवरजी के मन की दुविधाएं ज्यादा सामने आती हैं। उल्लेखनीय है नामवरजी की आलोचना दुविधाएं आधुनिक आलोचना के संदर्भों में ज्यादा सामने आई हैं। खासकर स्वातंत्र्योत्तर समीक्षा मानदंडों के प्रसंग में वे सबसे ज्यादा दुविधा के शिकार हुए हैं।

नामवरजी 'साहित्य की मुक्ति या कछुआ धर्म? (1992) निबंध में उत्तर-आधुनिकतावाद की तकरीबन सभी प्रमुख धारणाओं की व्यंग्य में तीखी आलोचना करते हैं। उन्होंने देरिदा की 'लेखन' की धारणा पर अनैतिहासिक नजरिये से हमला किया और व्यंग्य करते हुए लिखा, 'किंतु हर मुक्ति की तरह साहित्य की यह मुक्ति भी विडंबनापूर्ण सिद्ध हुई। जिस स्वायत्तता के लिए मुक्ति संघर्ष हुआ, वही स्वायत्तता मुक्ति मिलने पर गायब हो गई। सिद्धांत के जनतंत्र में घोषणा हुई कि सभी शब्द-निर्मित विधाओं का सिर्फ एक नाम है लेखन (राइटिंग)। जैसे और 'टेक्स्ट' वैसे साहित्य' (*हिंदी का गद्य पर्व*, पृ. 54)। आगे इसी को उन्होंने 'साहित्य की मुक्ति का पहला शापमय वर' कहा। इसी बहस को आगे बढ़ाते हुए देरिदा की 'रीडिंग' की धारणा को निशाना बनाया। इस प्रसंग में पहली बात यह कि नामवरजी ने 'लेखन' और 'रीडिंग' की धारणाओं को देरिदा के 'विखंडनवाद' के समग्र परिप्रेक्ष्य से निकालकर पेश किया है और 'विखंडनवाद' का जिक्र तक नहीं किया है। नामवरजी को देरिदा से परेशानी इसलिए है कि वे जिस मानक को आधार बनाकर साहित्यालोचना लिखते हैं, देरिदा ने उस मानक को एक सिरे से खारिज किया है। मसलन नामवरजी ने विषय विशेष को 'केंद्र' बनाकर लिखा है और देरिदा के यहां विखंडनवाद या डिकंस्ट्रक्शन में 'केंद्र' की अवधारणा को ही खारिज किया है। देरिदा मानते हैं कि पाठ के अर्थ का कोई 'केंद्र' नहीं होता।

देरिदा के यहां रीडिंग के पहले चरण में पाठ में निहित सामान्य अर्थों को खोला जाता है। उनसे बहस चलाई जाती है। रीडिंग के दूसरे चरण में पाठ में निहित विभेद (डिफरेंस) या अंतर्विरोधों का उद्‌घाटन किया जाता है। इसी बिंदु पर आकर अर्थ का एकत्व लुप्त हो जाता है। अर्थगत अनिश्चयात्मकता पूरी तरह सामने आ जाती है। कहने का अर्थ यह है प्रत्येक पाठ स्वयं को विस्थापित करने की संभावना अपने अंदर समेटे होता है और विरचनावादी अध्ययन उन अंतर्विरोधों अथवा अर्थ की अनिश्चयात्मकता को अनावृत्त करता है। इस समूची प्रक्रिया में शब्द का केंद्रत्व बचा रहता है। सवाल किया जाना चाहिए विरचनावाद इस शब्द-केंद्रत्व का विखंडन क्यों नहीं करता ? विरचनावाद शब्द को तहस-नहस नहीं करता, मात्र अर्थ की केंद्रहीनता को प्रकट करता है।

देरिदा का मानना है भाषा पर तो वश नहीं है, किंतु रीडिंग तो वश में है। वह पाठ को 'बंदी पाठ' के रूप में पढ़ने के विरुद्ध है। देरिदा के अनुसार पाठ की रीडिंग के दौरान अर्थ के सकल छोर खुले रहने चाहिए। देरिदा के विरचनावाद का पहला धरातल है अर्थ बाहुल्य और दूसरा धरातल है अनिश्चयात्मकता। ये दोनों परस्पर विन्यस्त हैं, अन्योन्याश्रित हैं।

देरिदा ने 'दि इस्ट्रेंज इंस्टीट्यूशन कॉल्ड लिटरेचर' (1989) नामक साक्षात्कार में साहित्य की नई धारणा दी। उसने लिखा साहित्य एक ऐतिहासिक संस्थान है। इसकी परंपरा, नियम आदि हैं। साथ ही, यह फिक्शन का भी संस्थान है। यह सब कुछ कहने की शक्ति देता है। यह नियमों को तोड़ता है, उन्हें अपदस्थ करता है, नियमों को बनाता है, उनकी खोज करता है, यहां तक कि प्रकृति और संस्थान, प्रकृति और इतिहास के बीच के परंपरागत भेदों पर संदेह करता है, यहीं पर हमें न्यायिक और राजनीतिक सवाल उठाने चाहिए।

पश्चिम में तुलनात्मक तौर पर साहित्य संस्थान नए रूप में आया है। इसका संबंध इस बात से है कि प्रत्येक बात कही जा सकती है अथवा यह प्रत्येक बात कहने को वैधता प्रदान करता है। निस्संदेह इसका जनतंत्र के आधुनिक विचार से गहरा संबंध है। इसे जनतंत्र से अलग नहीं किया जा सकता। यह जनतंत्र के खुलेपन के अर्थ में एकदम खुला है। देरिदा से जब यह पूछा गया कि आप साहित्य को विलक्षण संस्थान क्यों कहते हैं ? इसके जवाब में उसने कहा इसका अर्थ है कि लेखक को सब कुछ कहने का हक है अथवा वह जो कुछ कहना चाहता है कह सकता है। उसके ऊपर किसी भी किस्म की सेंसरशिप संभव नहीं है, चाहे धार्मिक सेंसरशिप हो या राजनीतिक सेंसरशिप हो।

देरिदा के अनुसार साहित्य और जनतंत्र के अंतस्संबंध पर सोचने की जरूरत है। यहां कल आने वाले जनतंत्र पर नहीं, और न भावी जनतंत्र पर विचार करने की जरूरत है बल्कि उस अनुभव के वायदे पर गौर करने की जरूरत है जिसे लेखक जी रहा है। वर्तमान के अनुभव को व्यक्त करने का सवाल है। वर्तमान के अनुभव अंतहीन हैं।

नामवरजी के उत्तर-आधुनिकतावाद संबंधी नजरिये में अतार्किकता है। 'साहित्य की मुक्ति या कछुआ धर्म?' निबंध में वे उत्तर-आधुनिकतावाद से जुड़ी धारणाओं की खिल्ली उड़ाते हैं, वहीं दूसरी ओर 'सृजनशीलता का सवाल : उत्तर-आधुनिकता और मार्क्सवाद में' निबंध में हठात उत्तर-आधुनिकतावाद की अनेक धारणाएं उनको सकारात्मक और मार्क्सवादी नजर आने लगती हैं। इस निबंध में वे आधुनिकतावाद

की अनेक धारणाओं का खंडन करते हैं और आधुनिकतावाद के साथ तुलना करते हुए उत्तर आधुनिकतावाद के सर्जनात्मक पक्षों को रेखांकित करते हैं। नामवरजी के नजरिये में यह मूलगामी बदलाव क्यों आया इसका वे खुलासा नहीं करते। असल में जिस बात को छिपाते हैं वह यह कि 1992 के 'साहित्य की मुक्ति या कछुआ धर्म' निबंध के बाद हिंदी में उत्तर-आधुनिकतावाद पर मैंने और सुधीश पचौरी ने उसके विविध पहलुओं पर बहुत विस्तार से लिखा। इस क्रम में उत्तर-आधुनिकता संबंधी आलोचकों के विचारों में परिवर्तन आया। नामवरजी ने आधुनिकतावाद और उत्तर-आधुनिकतावाद की बहस के क्रम में अपने निबंध में जिन बातों को उठाया उनको सबसे पहले मैंने अपनी किताब *आधुनिकतावाद और उत्तर-आधुनिकतावाद* (1994, सहलेखन) में विस्तार से उठाया था, यह हिंदी में उस समय इस विषय की पहली किताब थी। हिंदी आलोचक उस समय उत्तर-आधुनिकतावाद का उपहास उड़ाया करते थे, बाद में उनके नजरिये में बदलाव आया और ठहरकर, सोचकर ये लोग उत्तर-आधुनिकतावाद को स्वीकार करने लगे।

नामवर सिंह के नजरिये की मुश्किल यह है कि किसी भी अवधारणा पर विस्तार के साथ विचार नहीं करते। संक्षेप में और निष्कर्षात्मक या व्यंग्यात्मक ढंग से संक्षेप में कहकर निकल जाते हैं। पता नहीं, उनको किसी काम की इतनी जल्दी है कि उनको कोई भी धारणा ठहरकर सोचने, विचार करने और विस्तार से लिखने के लिए प्रेरित नहीं करती। उत्तर-आधुनिकतावाद का भी उन्होंने यही हाल किया और समीक्षा में नाम-जप करके निकल लिए। समीक्षा में नाम-जप करना समीक्षा को नारेबाजी में तब्दील करना है। समीक्षा नारेबाजी नहीं है, वह मार्केटिंग रणनीति का नारा नहीं है कि उसे कुछ भी शब्द बोलकर उछाल दिया जाए। नामवरजी का मूल भाव समीक्षा को नारेबाजी में बदलने का रहा है। यहां हम थोड़ा ठहरकर विचार करें कि उत्तर-आधुनिकता क्या है और उसके साथ किस तरह के सवाल जुड़े हैं।

फ्रेडरिक जेम्सन ने कहा, 'उत्तर-आधुनिकता परवर्ती पूंजीवाद का सांस्कृतिक तर्क है।' यानी यह न बुरा है और न अच्छा है बल्कि यह तो एक अवस्था है जिसमें सबको रहना है और इसे लेकर सबको राय जाहिर करनी है।

भारत और यूरोप में उत्तर-आधुनिक परिस्थितियों में बुनियादी अंतर है। यूरोप में उत्तर-आधुनिकता आई है, सत्तर के बाद के वर्षों में वहां पर द्वितीय विश्वयुद्ध के बाद यूरोप के निर्माण की प्रक्रिया शिखर पर थी, जापान के निर्माण का काम खत्म हो चुका था। पूंजीवादी विकास शिखर पर था। मुद्रा स्थिर थी। बाजार सामानों से भरे पड़े थे। अमेरिका वियतनाम में करारी हार के कगार पर था। अमेरिकी समाज

में जबर्दस्त आंदोलन थे। महंगाई थी। विकास एक जगह जाकर ठहर गया था। कर्ज बढ़ रहे थे। डेविड हर्वे के शब्दों में कहें तो पूंजी को 'डी रेगुलेट' किया गया, सार्वजनिक क्षेत्र के संस्थानों का निजीकरण किया गया। मुद्रा का अवमूल्यन हुआ। मजदूरों के हकों पर हमले बढ़े।

इसके विपरीत भारत की स्थिति थी। यहां पर बैंकों का राष्ट्रीयकरण हुआ। पाक से 1971 में हम युद्ध जीते। शानदार रेल हड़ताल हुई। बड़े पैमाने पर 1974-75 में आंदोलन हुए। आपातकाल आया। इंदिरा हारी। इंदिरा की वापसी हुई। लेकिन 1980-91 तक आते-आते देश गहरे संकट में फंस गया और मनमोहन अर्थशास्त्र का जन्म हुआ। बेकारी और महंगाई के साथ सरकारी खजाने में बहुत कम मुद्रा थी। आपातकाल में उपग्रह छोड़ा गया। राजीव युग में कंप्यूटर क्रांति हुई। टीवी का विकास हुआ। सन् 1980 के बाद धीरे-धीरे कुछ ऐसा घटा जिसको देखकर लगता था कि लोग इतिहास से बदला लेने पर आमादा हैं। मसलन ओबीसी आरक्षण, राममंदिर आंदोलन, असम और पंजाब के आंदोलन आदि की एक ही धुन थी कि इतिहास में जो गलतियां की गई हैं उनको दुरुस्त करना है। दलित साहित्य और स्त्री साहित्य में भी इसे लेकर बगावत दिखाई दी। वे भी साहित्य में इतिहास के खिलाफ थे। इतिहास को नहीं मानते थे।

पहले रेगुलेशन पर जोर था, अब डी रेगुलेशन पर जोर था। पहले लाइसेंस राज था अब लाइसेंस राज का खात्मा कर दिया गया। हर क्षेत्र में डी रेगुलेशन को लागू किया गया। काम के घंटे बढ़ा दिए गए। पूरे सिस्टम का कंप्यूटरीकरण आरंभ हुआ। प्रिंट युग से कंप्यूटर युग में आ गए। बाजार से मॉल के दौर में आ गए। महिलाओं, अल्पसंख्यकों, किसानों, मजदूरों और आदिवासियों पर हमले तेज हुए। जातीय घृणा में इजाफा हुआ। कल्याणकारी राज्य का चरित्र बदलने का प्रयास किया गया। बहुराष्ट्रीय कंपनियों का कारोबार अंधाधुंध गति से बढ़ा। विश्व व्यापार संगठन के ढांचे और नियमों से हमने अपने को बांध लिया और देश में सभी क्षेत्रों में डी रेगुलेशन या विनिमयन को लागू कर दिया। सार्वजनिक संपदा और संसाधनों की खुली लूट हुई और उसे औने-पौने दामों पर निजी क्षेत्र को सौंप दिया गया। एक तरह से सार्वजनिक संपदा और कृषि भूमि के खिलाफ कॉरपोरेट युद्ध की घोषणा कर दी गई। समूचे देश में नव-धनाढ्यों की आंधी आ गई। देखते ही देखते हर शहर में असंख्य करोड़पति पैदा हो गए। मध्य वर्ग के लोग करोड़पति हो गए। यह नए किस्म के फ्लेगजिबिल, फ्री फ्लोटिंक और सामंजस्यवादी यथार्थ का आगमन था।

मसलन, पहले कार वाला अमीर था और अमीर से हम नफरत करते थे, लेकिन नई वास्तविकता यह है कि हर मध्यवर्गीय व्यक्ति के पास कार है और कार अब अमीरी का प्रतीक नहीं रह गई है। कलर टीवी अमीरों की चीज थी लेकिन अब नहीं है। फोन बड़े लोगों के यहां हुआ करता था, आज सबके हाथ में है। हर स्तर पर सर्जनात्मक क्रांति हुई है। विज्ञापन से लेकर पुस्तक प्रकाशन तक सर्जनात्मक सौंदर्य की वर्षा हो रही है। नए किस्म की ग्लोबल अस्मिता ने पैर फैला दिए हैं। पहले पूंजी का सौंदर्य पर प्रभाव सीमित क्षेत्र तक था लेकिन नई स्थितियों में पूंजी के वैभव ने आम जीवन पर असर डालना आरंभ कर दिया है। सब्सिडी पर हमले हो रहे हैं। ग्लोबल स्तर पर चीन का पूंजीवादी बाजार के रूप में उदय बहुत बड़ी परिघटना है। इसने बहस के समूचे आधार को ही बदल दिया है। मजेदार बात यह है हमारा हिंदी का लेखक अब भी नक्सलबाड़ी आंदोलन में फंसा है या शीतयुद्ध के मानकों में उलझा पड़ा है।

नए युग की खूबी है तकनीक, वह हमारे संचार, राजनीति, संस्कृति आदि का निर्धारण कर रही है। समाजवाद का विघटन और कम्युनिस्ट पार्टियों के जनाधार में जबर्दस्त गिरावट ने मेहनतकश जनता को असहाय अवस्था में छोड़ दिया है। महाख्यान का अंत हुआ है। बाजार में भयानक प्रतिस्पर्धा जन्म ले चुकी है और इससे राजनीति भी प्रभावित हुई है। अमेरिकी वर्चस्व में गिरावट आई है। चीन का महाशक्ति के रूप में उदय हुआ है। नई परिस्थितियों में राज्य के पास पूंजी निवेश को नियंत्रित करने का अधिकार नहीं रहा। राज्य जब निवेश को नियंत्रित नहीं कर सकता तो वह सूचना को भी नियंत्रित नहीं कर सकता। किसी एक नरेटिव पर लोगों की नजर नहीं टिकी है बल्कि लोग अलग-अलग किस्म के नरेटिव में ध्यान लगाए हैं। यही महाख्यान का अंत है। नव्य आर्थिक उदारीकरण के दौर में व्यक्ति के निजी हितों को तरजीह दी गई। सामाजिक हित के सवालों को पीछे छोड़ दिया गया।

फ्रेडरिक जेम्सन ने उत्तर-आधुनिकता को परवर्ती पूंजीवाद का सांस्कृतिक तर्क कहा। लेकिन इसे नव्य आर्थिक उदारीकरण की विचारधारा भी कह सकते हैं। यह कोई आकाश से टपकी धारणा नहीं है बल्कि ऐतिहासिक तौर पर विकसित हुई अवधारणा है। बाजार से लेकर व्यक्ति तक मेकओवर का ग्लोबल रूप देखने में आ रहा है। इस पर सोचने की जरूरत है। हिंदी में 'उत्तर-आधुनिकतावाद' नाम सुनकर ही समीक्षक भड़क जाते हैं। मैं तो स्वयं यह गुस्सा अनेक बार देख चुका हूं। नाम सुनकर राय बनाना और फिर उलटी-सीधी राय बनाना यह हिंदी में आम बात है और दुर्भाग्यजनक बात यह है कि यह काम समीक्षकों ने किया है। समस्या नामकरण

की नहीं है समस्या बदले हुए यथार्थ को समझने और उसकी सही समझ बनाने से जुड़ी है। हिंदी समीक्षा इसकी अनदेखी कर रही है। यहां किसी भी अवधारणा पर कोई गंभीर लेखन नहीं हो रहा। ठोस धारणाओं के निर्माण और विमर्श का काम नहीं हो रहा। जो काम हुआ है वह हमें अवधारणाओं की सही समझ नहीं देता।

मसलन हमने आलोचना में आधुनिकतावाद, रैनेसां, उद्योगीकरण, प्रगतिशील साहित्य, लोकतंत्र, भारत विभाजन, भूमंडलीकरण आदि को लेकर कोई गंभीर अवधारणात्मक विवेचन नहीं किया है। हमारे यहां तात्कालिक या सांगठनिक या मित्रतावश या उत्सवधर्मी आलोचना है इसमें वस्तुगतता का भयानक अभाव है।

साहित्य समीक्षा के अनेक मार्ग हैं। किसी को रैनेसां का मार्ग पसंद है। किसी को भक्ति आंदोलन का मार्ग पसंद है। किसी को 1917 की अक्टूबर क्रांति से प्रभावित मार्ग पसंद है। किसी को प्रतिवाद का नक्सलबाड़ी मार्ग पसंद है। कोई आधुनिकता तो कोई दलित साहित्य या स्त्री साहित्य के मार्ग से गुजरना चाहता है। किसी को विवेकवादी परंपरा का मार्ग पसंद है किसी को राष्ट्रवादी परंपरा का मार्ग पसंद है। यानी साहित्य समीक्षा में हम एक नहीं, अनेक मार्गों से यात्रा करते हैं। कोई अस्मिता के मार्ग से समीक्षा की यात्रा कर रहा है तो कोई समुदाय या वर्ग के मार्ग से साहित्य समीक्षा के मार्ग पर चल पड़ा है। इन सभी मार्गों में अंतर्क्रियाएं हैं जिनकी हमें अनदेखी नहीं करनी चाहिए। साहित्य की आलोचना के जिस मार्ग से भी यात्रा करें सवाल यह है कि जाना कहां है ? किस तरह के साहित्य के जरिये जाना चाहते हैं और अंततः क्या करना चाहते हैं ? साहित्य समीक्षा में रमण करते समय अंतर्क्रियाएं और प्रक्रिया महत्वपूर्ण हैं। यदि अंतर्क्रियाओं और प्रक्रिया की उपेक्षा करेंगे तो यह संभव है कि समीक्षा अविवेकवाद के टीले पर खड़ी मिले।

मसलन, दलित साहित्य या स्त्री साहित्य पर बातें करते समय अन्य साहित्य रूपों और विचारधाराओं के साथ चल रही अंतर्क्रियाओं और प्रक्रिया की अनदेखी न करें वरना स्त्री साहित्य के नाम पर समीक्षा में अविवेकवाद पैदा होगा और इससे स्त्री साहित्य का स्वाभाविक विकास और साहित्य बोध बाधित होगा। इससे साहित्यिक अधिनायकवाद पैदा होगा। उत्तर-आधुनिक नजरिये से देखें तो पाएंगे कि हम सब असंपूर्ण साहित्य परंपरा में जी रहे हैं। किसी मार्ग विशेष के जरिये साहित्य का समग्र नजरिया बनाना कठिन हो गया है।

साहित्य में दृष्टियों की अंतर्क्रियाओं को हमें सिद्धांततः मानना पड़ेगा और अंतर्विषयवर्ती पद्धति से काम लेना होगा। प्रधान और गौण के वर्गीकरण के बाहर निकलकर बहुलतावादी नजरिये से देखना पड़ेगा। उत्तर-आधुनिक अवस्था और समाज

को जानने के लिए नई संवेदना और नई चेतना की जरूरत है। यह ऐसा समाज है जिसमें लोग तमाशा देखते हैं, हस्तक्षेप नहीं करते। अराजक राजनीतिक आंदोलन पैदा हो जाते हैं। समूचे समाज में पूंजीवाद का बोलबाला है। साहित्य में नई प्रवृत्तियों ने जन्म लिया है। आधुनिकतावादी रूपों के प्रति असंतोष व्यापक तौर पर व्यक्त हो रहा है। रूढ़िबद्धता, बोरियत और नकली आशाओं का संचार में वर्चस्व है। स्थानीय स्तर पर पश्चिमी संस्कृति के प्रति गुस्सा कम और प्रेम ज्यादा है। मीडिया से लेकर स्थापत्य तक और संस्कृति से लेकर परफॉर्मिंग आर्ट तक बड़े मूलगामी परिवर्तन हुए हैं। लोकतंत्र और लोकतांत्रिक संरचनाओं के विकास के साथ तीव्रगामी भूमंडलीय कम्युनिकेशन नेटवर्क का विकास हुआ है।

आधुनिक काल आने के साथ जो कला रूप विकसित होते हैं वे पुराने कला रूपों को रूपांतरण के लिए मजबूर करते हैं। कम्युनिकेशन की तकनीक की संगति में भाषा, कला और साहित्य रूपों का तेजी से विकास होता है। सामान्यतौर पर हमने कम्युनिकेशन तकनीक एवं कलाओं के अंतस्संबंध की अनदेखी की है। लेकिन उत्तर-आधुनिक अवस्था हमें साहित्य और कम्युनिकेशन तकनीक के अंतस्संबंध पर विचार के लिए मजबूर करती है। रेल, दूरसंचार, प्रेस, रेडियो और फिल्म के आने के साथ कला एवं साहित्य रूपों में किस तरह के बदलाव आए हमने कभी गंभीरता से उनका विश्लेषण नहीं किया। कम्युनिकेशन तकनीक के नए रूपों ने कला और साहित्य में स्टाइल या शैलियों की बाढ़ पैदा की है। स्टाइल में जितने प्रयोग इस दौर में हुए हैं उतने पहले कभी नहीं हुए। आधुनिक काल में नए प्रयोगों की आधार स्थली है उपन्यास विधा। कम्युनिकेशन तकनीक और आम संचार के रिश्ते में बुनियादी बदलाव आया है। आधुनिकता के साथ आम लोगों में 'औचक' भाव से चीजों को देखने की प्रवृत्ति बढ़ी है। हर क्षेत्र में 'नए' की मांग बढ़ी है। 'नए' के पदबंध का हर क्षेत्र में उपयोग बढ़ा है।

ल्योतार के अनुसार उत्तर-आधुनिकतावाद का मतलब यथार्थवाद का अंत नहीं है बल्कि इसका मतलब है कि लेखक को समुदाय के रूप में देखें और समुदाय के रूप में स्वीकृति प्रदान की जाए अथवा उसे बीमार मानकर उसका उपचार किया जाए। हमारे बीच ऐसे अनेक लेखक हैं जिनके पास आधुनिकतावाद या प्रगतिवाद की कोई विरासत नहीं बची है। इसके कारण वे आधुनिकतावाद या प्रगतिवाद की परंपरा या दायरों का अतिक्रमण गए हैं। लेखक के वैचारिक अतिक्रमण को कभी गंभीरता से विश्लेषित नहीं किया गया। इसके कारण न तो कभी लेखक की मदद कर पाए और नहीं समझ ही पाए, उलटे उसके प्रति संदेह बढ़ा। उस पर हमले

किए। विगत चालीस सालों में यथार्थ के नाम पर जो बहसें चलीं उससे सामयिक यथार्थ को समझने में मदद कम मिली। दूसरी ओर बुर्जुआजी की इतिहास में प्रतिष्ठा बढ़ती चली गई। यथार्थवाद के बहाने या यथार्थ रूपांतरण के बहाने सिस्टम के जो चित्र पेश किए गए उनसे यथार्थ कम और कृत्रिम यथार्थ ज्यादा सामने आया। नए तकनीकी जगत ने इतिहास के हर क्षण को मूल्यवान बना दिया। एक फोटो के हजार फोटो, हर क्षण के फोटो आदि की प्रक्रिया ने इतिहास में हर अनुभव और संवेदना को सुरक्षित करने और दर्ज करने की संभावनाएं पैदा की हैं। अब भाषा के हर रूप और सभी किस्म के वाक्यों के संरक्षण की संभावनाएं पैदा हो गई हैं। इस क्रम में कम्युनिकेशन की नई संहिता या कोड भी पैदा हुआ है। आप यदि इस कोड को खोलना जानते हैं तो यथार्थ समझ पाएंगे।

इधर के दौर में 'यथार्थ' और 'अस्मिता' पर केंद्रित खूब लिखा गया है। लेकिन यह युग इनके लिए पाठकों या दर्शकों की गारंटी नहीं देता। अब साहित्य में 'सौंदर्य क्या है ?' पर बात नहीं हो रही बल्कि 'कला में क्या कहा जा रहा है' इस पर बातें हो रही हैं। फलतः यथार्थ के सवालों की जमकर उपेक्षा हो रही है और अकादमिक मांग-पूर्ति या उपयोगितावादी या नारेबाजी का साहित्य खूब लिखा जा रहा है। आम जनता में समस्याओं को लेकर बेचैनी है लेकिन वह रेडीमेड समाधान चाहती है। जनता के अनुभवों में अवसाद ने बड़ी जगह घेर ली है। जनता चाहती है कि सरल ढंग से कहा जाए। इस बीच में जनता की जीवनशैली बदली है और उपभोग की डिक्टेटरशिप ने हमारे जीवन में आधिपत्य स्थापित कर लिया है। मनोरंजन की धारणा बदली है और 'खाली समय' की धारणा लोकप्रिय हुई है। 'यथार्थ की नब्ज' से लेखक की पकड़ से छूट गई है जिसे वह संकीर्ण किस्म के ऐतिहासिक विवरण और ब्यौरों के जरिये भर रहा है। इसका परिणाम यह निकला है कि वह जो लिख रहा है उसमें सामयिक यथार्थ की कहीं से गंध नहीं मिलती फलतः उसका पाठक और समाज से अलगाव भी बढ़ा है। यह नीत्शे के शब्दों में एक तरह का निहिलिज्म है।

उत्तर-आधुनिक दशा हो या आधुनिकता हो वहां पर दर्द और आनंद का द्वंद्वात्मक संबंध और अंतर्क्रियाएं साफ नजर आती हैं। आनंद के जितने भी विषय हैं वे व्यक्ति के निजी दर्द से ही पैदा हुए हैं। उत्तर-आधुनिक लेखन में ऐसा बहुत-सा लेखन आ रहा है जिसमें समीक्षकों के अनुसार सौंदर्य नहीं है। ऐसा भी लेखन आ रहा है जो 'रूपरहित रूप' से गढ़ा हुआ है। नया फिनोमिना है रूपरहित, संवेदनारहित प्रस्तुतियों पर जोर और वर्तमान के प्रति अंधप्रेम। उत्तर-आधुनिक अवस्था के कारण

लेखक नियमरहित लेखन पर जोर दे रहे हैं। यह वह दौर है जब चीजें घट जाने के बाद नियम बनते हैं। हमने क्या किया उसके बाद नियम बनते हैं। लेखन में शब्द इवेंट की तरह आ रहे हैं। ये वे इवेंट हैं जो लेखक के जेहन में बहुत देर से आए हैं। या यों कहें जिनको बहुत देर से साहित्य में व्यंजित होने का मौका मिला है। उत्तर-आधुनिक लेखन हमेशा विडंबनाओं के गर्भ से खासकर भविष्य की बिडंबनाओं के गर्भ से पैदा होता है। ल्योतार का मानना है हमारा काम यथार्थ सप्लाई करना नहीं है बल्कि ऐसी कल्पनाओं की सृष्टि करना है जो पहले कभी लेखक के मन में नहीं आईं। या कभी पेश नहीं की गईं। इस प्रसंग में हम दलित और स्त्री साहित्य देख सकते हैं।

उत्तर-आधुनिक भाषा खेल को समझें, इस खेल की खूबी है कि यह रूपांतरणकारी है। नया नारा है 'सीमाएं तोड़ो अंतराल भरो', लोग विभिन्न रूपों में सीमाएं तोड़ रहे हैं। यह नारा आलोचना से लेकर विधा तक सबकी सीमाएं तोड़ रहा है। साहित्य और सामाजिक यथार्थ के जटिल संबंधों की ओर ध्यान गया है। इन दिनों साहित्य के पाठकों पर वैचारिक या राजनीतिक प्रभाव की व्यापक चर्चा हो रही है। परंपरागत समीक्षा ने श्रेष्ठ और बाजारू साहित्य का अंतर किया था लेकिन उत्तर-आधुनिकों ने इस विभाजन को नहीं माना। 'डिफरेंस' और 'हाइब्रीडिटी' पर जोर दिया गया। विधाओं में मिश्रण से लेकर पॉपुलर कल्चर तक के प्रयोगों पर जोर दिया। ल्योतार ने लिखा, उत्तर-आधुनिकतावाद का अर्थ है स्थानीय परिस्थितियों को सीमित संदर्भ में देखा जाए। इसमें व्यक्ति के स्तरों को खोजा जाए। बौद्रिलार्द के अनुसार यह युग इमेज और सूचना के उत्पादन का युग है। पहले भौतिक वस्तुओं के उत्पादन पर जोर था। उत्तर-आधुनिकता में स्थानीय अवस्था पर जोर है और सार्वभौम का निषेध है।

उत्तर-आधुनिक अवस्था में अस्मिता की राजनीति केंद्र में आ गई है। रीतिवादी ढंग से इसके रूपों की सृष्टि हुई है। अस्मिता पर बहस कम और सृजन पर जोर ज्यादा है। अस्मिता के लेखक ठहरकर संवाद नहीं करना चाहते, वे उसके मसलों पर बहस करने के बजाय मनवाने पर जोर ज्यादा दे रहे हैं। यानी अस्मिता है और मानो। जो नहीं मानता उसको अछूत भाव से देखा जा रहा है। इसने अस्मिता की राजनीति का आतंक पैदा किया है। वस्तुगत तौर पर देखें तो अस्मिता की राजनीति का अस्मिता से ही पंगा है। अस्मिता की उपयोगिता के सवाल बड़े सवाल हो गए हैं। संवादहीन अस्मिता विमर्श वस्तुतः अस्मिता का रीतिवाद है। यह अस्मिता के प्रति आलोचनात्मक नजरिये से वाद-विवाद-संवाद का निषेध करता है। इसकी अस्मिता

के जड़ इतिहास में दिलचस्पी है। अस्मिता के गतिशील और रूपांतरित पक्षों में कोई दिलचस्पी नहीं है। दलित और स्त्री आत्मकथाओं पर चल रही बहसों में हम इसे साफतौर पर देख सकते हैं।

साहित्य में सार्वभौम भाषा या साहित्यांदोलन की भाषा के प्रयोग की परंपरा रही है। लेकिन उत्तर-आधुनिक लेखकों ने सार्वभौम भाषा का निषेध किया है। इसके विकल्प के तौर पर निजी (प्राइवेट) भाषा, 'निजी शैली' या 'निजी मैनरिज्म' पर जोर दिया। सामाजिक जीवन के चित्र सार्वभौम भाषा में पेश करने के बजाय निजी भाषा में पेश किए हैं। आज बड़े पैमाने पर दलित साहित्य या स्त्री साहित्य में जिस भाषा का प्रयोग हो रहा है वह 'निजी भाषा' है। विलक्षण बात यह है कि पेशेवर लोगों में यह भाषा आ गई है। आज लेखक इस तरह लिख रहा है गोया वह किसी अन्य द्वीप का बाशिंदा हो। वह ऐसी भाषा बोल रहा है जो उसे सबसे भिन्न बनाती है। यह वह भाषा है जिसे विविधता के नाम पर पढ़ें और भूलें। 'निजी भाषा' का आर्थिक निजीकरण की प्रक्रिया से गहरा संबंध है। इसके अलावा 'मृतभाषा' के जमकर प्रयोग हो रहे हैं। खासकर नेताओं के भाषणों में यह भाषा खूब इस्तेमाल की जा रही है। 'मृतभाषा' की शुरुआत आपातकाल के साथ होती है। सन् 1977 के बाद यह परवान चढ़ती है और राममंदिर आंदोलन, आरक्षण आंदोलन, पृथकतावादी आंदोलन और आतंकी आंदोलन में यह मांसल बनती है और सोनिया, माया, मुलायम, अन्ना हजारे आदि इसके नायक हैं। यह भाषणकला से बेहतरीन गद्यभाषा की विदाई की सूचना भी है।

उत्तर-आधुनिक अवस्था के आने के साथ 'व्यक्तिवाद' और 'व्यक्ति' का एक विषय के रूप में साहित्य में अंत हो जाता है। खासकर विगत 40 सालों में आई आत्मकथाओं में इसे आसानी से देखा जा सकता है। दलित और स्त्री की आत्मकथाओं में 'व्यक्ति' के तौर पर कम और समूह या समुदाय के सदस्य के रूप पर ज्यादा जोर है। आधुनिकता के दौर में व्यक्ति और व्यक्तिवाद एक महत्वपूर्ण फिनोमिना के तौर पर पैदा होता है, वहीं पर 'मैं' और 'निजी अस्मिता' की अभिव्यक्ति पर भी जोर था। उत्तर-आधुनिकता के आते ही पुराने व्यक्तिवाद और व्यक्ति का अंत हो जाता है। भाषा में समय भी होता है। इसमें सामाजिक समय, मानवीय समय, अतीत, भविष्य और स्मृति भी समाहित होती है। इसमें निजी अस्मिता भी होती है। ये सब समय के साथ बदलते रहते हैं। भाषा में समय की अनुभूतियां भी होती हैं। वाक्य स्थिर नहीं होते। वे 'समय' के साथ चलते हैं। इसलिए भाषा और समय को एक साथ रखकर देखना चाहिए। नई उत्तर-आधुनिक भाषा में एक पहलू उन्मादी भाषिक

अनुभव का भी है। यह ऐसी भाषा है जो लेखक के भौतिक आधार से पूरी तरह कटी है। निजी अस्मिता को नहीं जानती। 'मैं' को नहीं जानती। वह लेखन को 'अन्य' के लेखन से जोड़कर नहीं देखती। उसके साथ अंतर्क्रिया नहीं करती। यह संवृत्ति दलित और स्त्री लेखन में है जबकि पुराने मध्यकालीन स्त्री और दलित लेखन में यह नहीं है। यह उत्तर-आधुनिक लेखक समय पर सवारी करने की कोशिश में है जोकि असंभव कार्य है। वह ऐसे यथार्थ को रच रहा है जिसमें आनंद नहीं है बल्कि आनंद का विलोम ज्यादा व्यक्त हुआ है।

भारत में पब्लिक स्फेयर का असमान विकास हुआ है। हिंदी में तो यह जगह एक सिरे से गायब है। हेबरमास के अनुसार पब्लिक स्फेयर वह जगह है जहां पर लोग संवाद के जरिये समस्याओं के हल तलाशते हैं। यह वह जगह है जहां पर जनता अपने साझा सवालों पर सांस्थानिक तौर पर संवाद करती है। यह वह जगह है जो राज्य की जगह से भिन्न है। यह वह जगह है जहां पर वाद-विवाद-संवाद के जरिये चीजों का प्रचार प्रसार होता है। यह वह जगह है जहां पर राज्य के प्रति क्रिटिकल नजरिया व्यक्त होता है। यह बाजार और अर्थव्यवस्था से भिन्न जगह है। यहां पर बाजार के साथ संबंध बनाकर विमर्श नहीं होता। जैसा विज्ञापन कंपनियों या मीडिया में होता है। यह वाद-विवाद की जगह है, खरीद-फरोख्त की जगह नहीं है। यह राज्य की संरचनाओं (लोकसभा आदि), बाजार से भिन्न लोकतांत्रिक संगठनों की जगह है। इसे पब्लिक स्फेयर कहते हैं, इसका हम निर्माण नहीं कर पाए हैं। निजी और सार्वजनिक वातावरण के अभाव में समाज में स्वायत्तता पैदा नहीं हो पाई है।

उत्तर-आधुनिक अवस्था में लोकतंत्र का अराजक ढंग से विकास होता है। भारत में लोकतंत्र में अराजकता का आरंभ आपातकाल से होता है। लोकतंत्र में अराजकता के कारण ही विभिन्न रंगत के विभाजनकारी आंदोलन समाज में उठ खड़े हुए और समाज को नए रूपों में बांटने की कोशिशें हुई हैं। इन आंदोलनों को हम पृथकतावाद, सांप्रदायिकता, नए राज्यों की मांग आदि के रूप में देख सकते हैं। आज नए सिरे से लोकतंत्र को पुनर्परिभाषित करने की जरूरत है। हमारे यहां लोकतंत्र है लेकिन पब्लिक स्फेयर नहीं है। राज्य संरचनाएं है, लेकिन लोकतांत्रिक वातावरण गायब है। राज्य और राजनीति का हर चीज में दखल है। राज्य और राजनीति विभिन्न तरीकों के जरिये जनता की राय को मेनीपुलेट कर रहे हैं। जनता और राज्य के बीच में मीडिया सेतु के तौर पर राय के मेनीपुलेशन का काम कर रहा है। इन दिनों हर आदमी और प्रत्येक विचारधारा अपने को वैध मानकर चल रही है। वैधता

की कसौटी पर हर आदमी वैध नहीं हो सकता और प्रत्येक विचारधारा वैध नहीं हो सकती। कायदे से हमें वैधता की रेशनल कसौटियां खोजनी होंगी। कसौटी शाश्वत नहीं होती यही वजह है कि हर चीज और विचार के पुनर्मूल्यांकन की जरूरत रहती है। वैधता पर विचार करते समय पूर्व-पूंजीवादी मूल्यबोध के दायरे के बाहर निकलना होगा। खासकर सामंती नैतिकता के दायरों को तोड़ना होगा।

वैधता के सवालों पर बात करते समय हमें मूल्यों के विवेकवादी विमर्श को सामने लाने की जरूरत है। हमने इन दिनों आमफहम बातचीत को ही ज्ञान विमर्श बना लिया है और विवेकवादी मूल्य विमर्श को ठंडे बस्ते में डाल दिया है। मूल्यों के नाम पर जो भी विमर्श आ रहा है, राजनीतिक अर्थशास्त्र के साथ यांत्रिक संबंध बनाकर आ रहा है। चूंकि यह दौर नव्य आर्थिक नीतियों का है तो विवेकवादी पड़ताल किए बिना यांत्रिक ढंग से भूमंडलीकरण पर सरलीकरणों के जरिये बातें हो रही हैं। इस समूची प्रक्रिया में राजनीति, भूमंडलीकरण और मूल्य व्यवस्था के बीच में अंतराल पैदा हुआ है। विकास चाहिए लेकिन भूमंडलीकरण के बिना, मॉल चाहिए या नई जीवनशैली चाहिए लेकिन नए मूल्यबोध के बिना। अनेक इलाकों में ड्रेसकोड, मोबाइल आदि के साथ लड़कियों के संबंधों को लेकर सवाल उठे हैं। इस क्रम में परंपरागत कम्युनिकेशन और जनसंचार के बीच में तनाव पैदा हुआ है।

परंपरागत कम्युनिकेशन पुरानी नैतिकता के आधार पर प्रसारित हो रहा है जबकि जनसंचार नई पूंजीवादी अबाध संचार नीति के आधार पर संप्रेषित कर रहा है। इस तरह के संचार रूपों के जरिये हम जनता की इच्छाओं की सही ढंग से पड़ताल नहीं कर सकते। पुरानी नैतिकता या सामंती हेकड़ियों के आधार पर नैतिकता को संप्रेषित करने को वैध नहीं माना जा सकता। उसी तरह अबाध कम्युनिकेशन भी इस तनाव को दूर करने का समाधान नहीं है। कम्युनिकेशन के इन दोनों रूपों के बीच तनाव पैदा हुआ है। जनता को 'अ-राजनीतिक' बनाया गया। यही जनता सामाजिक विकास में मेनीपुलेशन और करप्शन का सामाजिक स्रोत बनी है।

पहली चुनौती यह है कि अ-राजनीतिक माहौल खत्म किया जाए। अ-राजनीतिक माहौल के कारण सांस्कृतिक क्षय की ओर हम ध्यान ही नहीं दे पा रहे हैं। अ-राजनीति की सीमाओं को गिराए बिना कोई भी बड़ा परिवर्तन समाज में लाना संभव नहीं है। जब भी महंगाई आदि आर्थिक सवाल आते हैं तो हमेशा राज्य के हस्तक्षेप की मांग उठती है या फिर न्यायालयों से हस्तक्षेप की मांग करते हैं। जनता के हस्तक्षेप के कहीं पर भी दर्शन नहीं होते। राज्य की भूमिका वैध है या नहीं, जरूरी है या नहीं, यह प्रश्न फिर से उठ खड़ा हुआ है। आम आदमी पार्टी के नेता अरविंद

केजरीवाल ने बयान दिया है राज्य का काम है प्रशासन चलाना। राज्य को व्यापार और आर्थिक उत्पादन के कामों से अलग कर दिया जाना चाहिए। वे यह भी मानते हैं कि नौकरी देना निजी क्षेत्र का काम है और व्यापार करना भी निजी क्षेत्र का काम है। यह धारणा बुनियादी तौर पर राज्य की आर्थिक क्षेत्र में भूमिका पर ही सवाल खड़े करती है, ऐसे में हमें विचार करना चाहिए कि राज्य की आर्थिक क्षेत्र में भूमिका हो या न हो ? राज्य की आर्थिक नियमन में जो भूमिका रही है उसके क्या परिणाम निकले? विगत 65 साल का अनुभव बताता है कि आर्थिक नियमन में राज्य की भूमिका जरूरी है। इसके कारण बड़े पैमाने पर सार्वजनिक क्षेत्र में नौकरियां पैदा हुईं और सार्वजनिक क्षेत्र से जो लाभ हुआ उसका आर्थिक विकास के अन्य क्षेत्रों में जमकर इस्तेमाल हुआ। यहां तक कि विभिन्न आर्थिक मंदी के दौरों में राज्य के आर्थिक नियमन के कारण निजी क्षेत्र को अनेक बार राहत मिली। शिक्षा, सड़क, परिवहन, दूरसंचार आदि के विकास में जितनी छलांगें हमारे देश ने लगाई हैं उनमें राज्य के आर्थिक नियमन की वैधता बार-बार पुष्ट हुई है।

नियोजित पंचवर्षीय योजनाओं का विकास सीमित मात्रा में ही सही लेकिन नीचे तक पहुंचा है और बड़े पैमाने पर मध्य वर्ग-निम्न मध्यवर्ग और मजदूर वर्ग का निर्माण हुआ है। दैनिक आय में बढ़ोतरी हुई है। आर्थिक परिवर्तन के फल झोंपड़ियों तक पहुंचे हैं। मोबाइल, टीवी और रेडियो ये सर्वव्यापी हो गए हैं। निजी क्षेत्र और सार्वजनिक क्षेत्र के बीच का अंतर समझना हो तो शिक्षा को देखें। केंद्र और राज्य सरकार नियंत्रित या सहायता प्राप्त शिक्षा संस्थानों में जितनी आधारभूत सुविधाएं हैं, वैसी सुविधाएं निजी क्षेत्र के संस्थानों के पास नहीं हैं। यहां तक कि निजी क्षेत्र के संस्थानों के पास न्यूनतम सुविधाएं तक नहीं हैं। निजी क्षेत्र में वे ही क्षेत्र लाभ दे रहे हैं जो कल तक राज्य के अधीन थे या राज्य की संपत्ति थे और जिनको नव्य आर्थिक नीतियों के विकास के मॉडल के तहत निजी क्षेत्र को सौंप दिया गया। मसलन दूरसंचार, बिजली, तेल और रसायन आदि। राज्य यदि विभिन्न आर्थिक मंदी के दौरों में आर्थिक मदद न करता तो हमारे देश के पूंजीपति दिवालिया हो गए होते। राज्य मदद तब करेगा जब उसके पास आर्थिक शक्ति होगी और आर्थिक शक्ति महज प्रशासन चलाने और टैक्स वसूली से नहीं आती। राज्य की आर्थिक उत्पादन में भूमिका होगी तब ही राज्य शक्तिशाली होगा। दूसरी बात यह कि निजी क्षेत्र की मुनाफे बढ़ाने में तो दिलचस्पी है लेकिन अन्य विकास कार्यों में कोई खास दिलचस्पी नहीं है। समाज में ऐसे अर्थशास्त्रियों की बाढ़ आई हुई है जो आए दिन राज्य को आर्थिक नियमन से मुक्त रखने के फार्मूले सुझाते रहते हैं।

पहली समस्या यह है कि राज्य की आर्थिक शक्तियों का विवेकपूर्ण और समानतावादी नजरिये से कैसे विकास करें। दूसरी समस्या यह है कि पूंजीवाद के असमान विकास को कैसे खत्म करें। तीसरी समस्या यह है कि बुनियादी औद्योगिक उत्पादन के क्षेत्रों को किस तरह और भी व्यापक तौर पर निर्मित करें। 'क्रोनी कैपीटलिज्म' की जितनी भी कहानियां या घोटाले आए हैं वे सब राज्य की संपत्ति की अंधाधुंध लूट और खासकर नव्य आर्थिक उदारीकरण के दौर में ही सामने आए हैं। नव्य आर्थिक उदारीकरण की वे नीतियां जो राज्य की संपदा के विनिमयन को लागू करती रही हैं उन नीतियों को बदलने की सख्त जरूरत है।

असमान आर्थिक विकास को नव्य आर्थिक उदारीकरण ने बढ़ावा दिया है। गांवों से शहरों की ओर पलायन और बेदखली या ग्रामीणों के भूमिहीन होने की प्रक्रिया को तेज किया है। देखना चाहिए कि इस प्रक्रिया में बेदखल लोग किसानी जिंदगी से बेदखल होकर कहां जा रहे हैं ? किस वर्ग में शामिल हो रहे हैं ? गांवों से पलायन और बेदखली के शिकार लोग बड़ी तादाद में आवारा मजदूर बन रहे हैं या असंगठित क्षेत्र में ठेल दिए गए हैं या फिर महानगरों की गंदी बस्तियों में ठेल दिए गए हैं। शहरों में गंदी अवैध बस्तियों का संसार एक ऐसा संसार है जिसकी ओर आंखें उठाकर देखने की किसी के पास फुरसत नहीं है। मुंबई की धारवी बस्ती की कहानी इस मामले में बहुत कुछ बयां करती है। ये बस्तियां अपराध, समानांतर अर्थव्यवस्था का केंद्र हैं। कायदे से बड़ी पूंजी और गंदी बस्ती के बीच के रिश्ते की मीमांसा करने की जरूरत है। जो व्यक्ति गांव में अपनी जमीन से बेदखल हो रहा है वह जमीन से ही बेदखल नहीं होता बल्कि संस्कृति और निजी परिवेश से भी बेदखल होता है। ऐसे करोड़ों लोग हैं जो पलायन और बेदखली के कारण शहरों में आकर बस गए हैं और जिनको न्यूनतम नागरिक सुविधाएं और नागरिक अधिकार तक प्राप्त नहीं हैं और राज्य इनकी घनघोर उपेक्षा कर रहा है।

विगत 65 सालों में हमारे देश में मलिन या गंदी बस्तियों या झुग्गी-झोंपड़ी वाले समानांतर क्षेत्रों का विकास हुआ है या कमी आई है ? महानगरों में सच्चाई है कि जितने लोग झुग्गी इलाके में रहते हैं उतने लोग पक्के घरों में नहीं रहते। इन इलाकों को मैं समानांतर शहर कहना पसंद करूंगा। ये वे शहर हैं जहां राज्य का शासन प्रवेश ही नहीं करता। यहां किसी तरह का कानून नहीं है। नागरिक सुविधाएं नहीं हैं। यहां राज्य की किसी अपील और दलील का कोई असर नहीं होता। इन इलाकों के मुखिया वे हैं जो समानांतर अर्थव्यवस्था चलाते हैं। इन समानांतर शहरों में राज्य की वैधता कहीं नजर नहीं आती। इन इलाकों में सभी किस्म के

अवैध धंधे होते हैं और सभी किस्म के अपराधकर्मी पाए जाते हैं। कोई घर ऐसा नहीं है जो इन धंधों में शामिल न हो। अपराध एक तरह वैध कर्म की तरह नजर आता है। यह वह क्षेत्र है जहां अभी तक राज्य पहुंचा नहीं है। हमने अपने देश में जिस तरह का पूंजीवाद विकसित किया है उसकी खूबी है कि उसने उपभोग की आकांक्षाओं को चरमोत्कर्ष पर पहुंचा दिया है। इसके कारण राज्य से आम लोगों को ज्यादा से ज्यादा वस्तुएं मुहैय्या कराने की मांग पैदा कर दी है। उपभोग की मांग बढ़ने के कारण लोग यह उम्मीद रखते हैं कि राज्य का काम है वस्तुओं की सप्लाई बनाए रखना। यदि राज्य वस्तुओं की सप्लाई बंद कर देता है तो आम लोगों के लिए राज्य की कोई भूमिका ही नहीं रह जाती। बाजार के संदर्भ में राज्य की भूमिका सप्लाई लाइन बनाए रखने तक सीमित होकर रह गई है।

नव्य आर्थिक उदारीकरण के पहले सरकार का काम था कि वह उत्पादन और उपभोग दोनों को नियमित करती थी। लेकिन नव्य आर्थिक उदारीकरण के कारण जो परिवर्तन आए उनमें यह भूमिका खत्म कर दी गई। अब बाजार की शक्तियां तय करने लगी हैं कि उत्पादन और उपभोग का स्तर क्या हो? उपभोग को अनियंत्रित ढंग से विकसित होने दिया है। नियमन का काम पहले राज्य करता था अब पूंजीपति वर्ग करता है। उपभोग को पूंजीपति वर्ग किसी भी रूप में नियंत्रित करने के पक्ष नहीं है। पूंजीवादी विकास का जो मॉडल हमने चुना है वह संरचनात्मक तौर पर हिंदूवादी है। औद्योगिक विकास का लाभ बड़े पैमाने पर हिंदुओं तक सीमित रहा। मुस्लिम, आदिवासी और अनुसूचित जनजाति के लोग पूंजीवादीकरण की प्रक्रिया के बाहर रहे। खासकर निजी क्षेत्र में यह फिनोमिना भयानक रूप में नजर आता है। सार्वजनिक क्षेत्र में आरक्षण के कारण कुछ लोग नौकरी पाए हैं। लेकिन आमतौर पर पूंजीवाद ने बहिष्कृतों का बहिष्कार ही किया। इसके कारण अल्पसंख्यकों, आदिवासियों और अनुसूचित जातियों में पूंजीवादी मूल्यों और मध्यवर्ग का सही रूप में विकास ही नहीं हो पाया। सामाजिक विकास की दौड़ में ये लोग पिछड़ गए। पूंजी का केंद्रीकरण सवर्णों में बढ़ा। गैर सवर्ण जातियों और अल्पसंख्यकों में पलायन, बेदखली और दंगों के कारण आर्थिक पामाली कई गुना बढ़ी है। इस पामाली को पूंजीवाद अभी तक संबोधित नहीं कर पाया है। आर्थिक पामाली ने सांस्कृतिक पामाली को कई गुना बढ़ा दिया है। ये वर्ग पहले से ही सांस्कृतिक पामाली में थे नए समानांतर समाज में ठेल दिए जाने के बाद इन वर्गों की सांस्कृतिक पामाली में इजाफा हुआ है। राज्य की वैध भूमिका आर्थिक पामाली से बचाने के लिए आरक्षण और विशेष आर्थिक सुविधाएं देने के पैकेज से आगे नहीं जा पाती। राज्य ने मान

लिया है कि सांस्कृतिक तबाही से बचाने का उसका दायित्व नहीं है।

पूंजीवाद हमेशा से उत्प्रेरक की भूमिका अदा करता रहा है। खासकर जिन समूहों को वह संबोधित करता है उनको प्रेरणा देने का काम करता है। लेकिन जिन समूहों तक वह नहीं पहुंच पाया है वहां पर सामाजिक डाह पैदा करता है। सांस्कृतिक तौर पर अंतर बनाए रखता है। हमारे देश में एक वर्ग वह है जो पूंजीवाद से प्रेरित है और दूसरा वह वर्ग है जिसके दरवाजे तक पूंजीवादी प्रेरणाओं ने अभी दस्तक तक नहीं दी है। जिन वर्गों तक पूंजीवादी प्रेरणाएं नहीं पहुंची हैं उनको पूंजीवाद पूरी तरह नष्ट करने की कोशिश कर रहा है। अराजक संस्कृति-विहीन बना रहा है। यह वह बिंदु है जहां से पूंजीवाद अनैतिकता का महान सर्जक बनकर सामने आता है। आज जिस ईमानदारी और नैतिकता की खोज की जा रही है वह दुर्लभ है क्योंकि पूंजीवाद और पूंजीपति वर्ग ने समान आर्थिक-सांस्कृतिक विकास की जिम्मेदारी अन्य के कंधों पर डाल दी है।

हमारे देश में लोकतंत्र का विकास हुआ, लोकतांत्रिक संरचनाओं का निर्माण हुआ लेकिन लोकतांत्रिक मनुष्य का निर्माण नहीं हो पाया। जिस मनुष्य का निर्माण हुआ है उसकी मूल्य मीमांसा हमने अभी तक नहीं की है। हमने वोट डालना और सरकार चुनना तो सीखा लेकिन नागरिक चेतना विकसित नहीं कर पाए। हमने विकास किया लेकिन मानवाधिकार चेतना और नजरिया विकसित नहीं कर पाए। हमारे यहां लोकतंत्र है और संविधान में नागरिक हक भी दिए गए हैं लेकिन जीवन में नागरिक हकों की सामाजिक चेतना नहीं है। नागरिक चेतना के बिना लोकतंत्र वस्तुतः सर्वसत्तावादी होता है। यही वजह है कि हमारे मध्य वर्ग को अधिनायकवाद या सर्वसत्तावाद हमेशा अपील करता है। दादा टाइप लोग अपील करते हैं। ताकतवर लोग अपील करते हैं। हमें लोकतंत्र के तौर-तरीकों के बजाय समानांतर अर्थव्यवस्था के तौर-तरीकों और सामंती तौर-तरीकों का पालन करना सही लगता है, यही वह क्षेत्र है जहां से भ्रष्टाचार हमारे जीवन में दाखिल होता है। भ्रष्टाचार वहां आता है जहां रेशनल लोकतंत्र नहीं है। पूंजीवादी वैधता की जो लोग हिमायत करते हैं वे उसकी गैर जिम्मेदारी के क्षेत्रों की ओर कभी ध्यान क्यों नहीं देते। पूंजीवाद और पूंजीपति वर्ग की सांस्कृतिक नाकामी के क्षेत्रों की व्यापक मीमांसा की जानी चाहिए।

पूंजीवाद की सबसे बड़ी सांस्कृतिक नाकामी है कि उसने भाषा और रोजगार, भाषा और पहचान, भाषा और संस्कृति का अंतस्संबंध पूरी तरह तोड़ दिया। संस्कृति के नाम पर मास कल्चर की भट्टी में झोंक दिया। देशज भाषा, देशज संस्कृति और देशज भावबोध को पूरी तरह तबाह किया है। साथ ही, इनके प्रति घृणा पैदा की

है। सांस्कृतिक भेदभाव को बढ़ावा दिया है और संस्कृति संरक्षण के नाम पर संस्कृति का अपराधीकरण किया है। स्थानीय स्तर पर सांस्कृतिक माफिया पैदा किया है जो तय कर रहा है कि कौन लेखक है और कौन लेखक नहीं है, किससे शादी करोगे, कैसे शादी करोगे, किस तरह की किताब बिकेगी या लिखी जाएगी, क्या पहनोगे और क्या नहीं पहनोगे। किस तरह की फिल्म चलेगी और किस तरह की नहीं चलेगी, फिल्म का नाम क्या होगा और क्या दिखाया जाएगा और क्या नहीं दिखाया जाएगा इसे सेंसरबोर्ड के बजाय सांस्कृतिक माफिया तय कर रहा है।

सांस्कृतिक माफिया हमेशा रेशनल पर हमला करता है, इरेशनल पर हमला कभी नहीं करता। मसलन इनको प्रेमविवाह पर आपत्ति है, दहेज प्रथा के आधार पर शादी करने वालों के खिलाफ ये लोग कभी बयान तक नहीं देते। इनको सेंसरबोर्ड से पास की गई फिल्म पर आपत्ति होती है लेकिन पोर्नोग्राफी के खिलाफ ये कभी आवाज नहीं उठाते। कहने का तात्पर्य यह है कि रेशनलिज्म इन दिनों खतरे में है और यह खतरा स्थानीय है लेकिन मूलतः यह ग्लोबल खतरे का हिस्सा है। समूची दुनिया में इरेशनल संस्कृति की बाढ़ आई हुई है और हम इसकी गिरफ्त में आ चुके हैं। हमारे लोकतंत्र में रेशनलिज्म कम और इरेशनलिज्म ज्यादा अपील करता है। मसलन, लोकतंत्र में जाति या धर्म इरेशनल तत्व है, नागरिक की पहचान रेशनल तत्व है। लोकतंत्र में हमारे सारे कम्युनिकेशन का आधार इरेशनल है। लोकतंत्र में भ्रष्टाचार की शुरुआत इसी इरेशनल से होती है। लोकतंत्र और राज्य की वैधता को हमें रेशनल की कसौटी पर कसना होगा। राज्य के लिए रेशनल क्या है और इरेशनल क्या, इस पर विस्तार से विचार विमर्श करने जरूरत है। इसी तरह राजनीति और संस्कृति में रेशनल क्या है और इरेशनल क्या है, इस पर बहस की जानी चाहिए। परिवार, वर्ग, समूह या समुदाय की भूमिकाओं को नए सिरे से परिभाषित करने की जरूरत है। भारतीय समाज में अब भी नैतिकता के पुराने सामंती मूल्यों का बोलबाला है। यानी विश्वास, सत्य, ईमानदारी आदि पर जोर देते हैं। कुछ नए परिवर्तन नजर आ रहे हैं। मसलन हमारे देश में पूंजीवादी विकास का जो मॉडल लागू किया गया उसके कारण धार्मिक मूल्यों के साथ सामंजस्य पैदा हुआ है। धार्मिकता का विकास हुआ है धार्मिक मूल्यों का क्षय हुआ। निहित स्वार्थ बड़ा हो गया है। पूंजीपति वर्ग और मध्य वर्ग ने सामाजिक हितों के सवालों पर सोचना बंद कर दिया है।

आमतौर पर लोग 'उपलब्धि' और 'नसीब' पर ध्यान दे रहे हैं। इसे भगवान और धर्म से जोड़कर देखा जा रहा है। नसीब के खेल में लोग लगे रहें इसके लिए जरूरी है कि इसेंटिव दिए जाएं। यही वजह है कि पूंजीवाद इनसेंटिव पर काम कर

रहा है। वे ही प्रेरित करते हैं। बुर्जुआजी का लक्ष्य है चेतना की दमनकारी ताकतें या सत्तातंत्र को बनाए रखना और व्यक्तिगत उपलब्धियों पर जोर देना, जिससे बाहरी तौर पर सुपर ईगो की संरचना काम करे और निचले वर्गों में परंपरागत नैतिकता काम करती रहे। इससे दोहरे स्तर पर काम लिया जा रहा है। एक तरफ तो अर्थ व्यवस्था के साथ संबंध बनाए रखा जाए, दूसरी ओर निजी पहचान और खासकर व्यक्तियों के बीच में पहचान बनाने पर जोर दिया जाए। इस तरह अस्मिता और वैधता ये दोनों एक ही साथ काम करते हैं। काम के क्षेत्र में जाति और क्षेत्रीयता या जातीयता को आधार बनाकर बातें की जा रही हैं। कॅरियर, आनंद और उपभोग पर जोर दिया जा रहा है जिसके जरिये निजी संतोष और सुख को महान रूप में पेश किया जा रहा है। यह निजीकरण जब प्रबल होता है तो राजनीतीकरण की प्रक्रिया का क्षय आरंभ हो जाता है। अब वोट डालना ही महान राजनीतिक कर्म माना जाने लगा है। अब जनता को समर्थक बनाने पर जोर दिया जा रहा है, उसकी शिरकत पर जोर नहीं दिया जा रहा। जरूरत इस बात की है कि इसे बदला जाए।

उत्तर-आधुनिक अवस्था ने संचार क्रांतिजनित कम्युनिकेशन को प्रतिष्ठित किया और परंपरागत कम्युनिकेशन का इसे विकल्प बनाने की कोशिश की है। जरूरत इस बात की है कि परंपरागत कम्युनिकेशन को बनाए रखा जाए। परंपरागत कम्युनिकेशन मनुष्य की शक्ति है और उसे सामाजिक अभाव की पूर्ति करता है। यह काम मोबाइल या इंटरनेट कम्युनिकेशन नहीं करता। इंटरनेट या मोबाइल पर मिलने से ज्यादा मूल्यवान है निजी तौर पर मिलना। मिलेंगे तो जुड़े रहेंगे। सामाजिक होने की पहली शर्त है समाज से जुड़े रहना।

उत्तर-आधुनिकतावाद के अवसान की बेला में उसकी ओर एक बार देख लेना, उसका पुनर्पाठ कर लेना समीचीन होगा। वे कौन से मुद्दे थे जो विवाद के केंद्र में रहे और अंत में हम उन पर विवाद करते हुए कहां पहुंचे ? उत्तर-आधुनिकतावाद में कुछ बातें साझा हैं जिन पर सहमति है, वे हैं—उत्तर-आधुनिकतावाद का संचार क्रांति से गहरा संबंध है। कंप्यूटर केंद्रित संचार क्रांति सामाजिक-आर्थिक और डिजिटल असमानता पैदा करती है। उत्तर-आधुनिकतावाद ने संशय, अविश्वास और बेगानेपन को बुलंदियों पर पहुंचाया है। राजनीति से लेकर संस्कृति और मासकल्चर से लेकर लोकसंस्कृति को ग्लोबल-लोकल (ग्लोकल) बनाया है।

उत्तर-आधुनिकतावाद एक्शन में लोकल है, नीति में ग्लोबल है। साहित्य की भाषा, शैली आदि के मामले में लोकल है अंतर्वस्तु और विवाद के विषयों में ग्लोबल है। फिसलन, विपर्यय और मूल्यगत प्रतिगामिता इसके प्रमुख फिनोमिना हैं। उत्तर-

आधुनिकतावाद किसी भी देश में स्वाभाविक रूप में विकसित नहीं हुआ। यह निर्मिति है। इसकी भाषा, विषयवस्तु, मुहावरे, नारे, विचार, विमर्श आदि सब कुछ संस्कृति और संचार उद्योग की निर्मिति हैं। इसका अमेरिकी विदेश नीति से गहरा संबंध है। उत्तर-आधुनिकतावाद को अमेरिकी विदेश नीति से काटकर नहीं पढ़ा जा सकता। यही वजह है कि उत्तर-आधुनिकतावाद राजनीतिक है।

इतिहास का अंत

उत्तर-आधुनिकों ने बार-बार 'इतिहास के अंत' का नारा दिया है। इसके पक्ष-विपक्ष में बहुत कुछ लिखा गया है। पहली बात यह कि इतिहास का किसी भी रूप में अंत संभव नहीं है। हम इतिहास को न मानें इससे इतिहास का अंत नहीं होता। इतिहास के नियम व्यक्तियों और संस्थानों की शक्ति के बाहर सक्रिय रहते हैं। इतिहास हमारे बीच में प्रतीक रूप में बना रहता है। वह कभी दिखता है, कभी नहीं दिखता। लेकिन प्रतीक के रूप में इतिहास रहता है। प्रतीक जिस तरह अपना अर्थ नहीं खोते इतिहास भी अपना अर्थ नहीं खोता। इतिहास के अंत की जो घोषणा कर रहे थे वे असल में 'इतिहास' की एक विषय के रूप में अंत की बात नहीं कह रहे थे बल्कि प्रतीक रूप में इतिहास के अंत की बात कह रहे थे। इतिहास का एक संदर्भ मूल्य है और वह किन्हीं खास ऐतिहासिक परिस्थितियों में ही अवस्थित होता है।

बौद्रिलार्द के अनुसार परिस्थितियां ऐसी बन गई हैं जिनमें ऐतिहासिक परिस्थितियां खत्म हो गई हैं। ऐतिहासिक परिस्थितियों के अभाव में इतिहास अनुपस्थित रहेगा। प्रतीक नहीं होगा। सिर्फ प्रतिकृति या नकल होगी। ऐतिहासिक परिस्थितियों के अवसान को देखने वाले उत्तर-आधुनिकतावादी यह भूल गए कि ऐतिहासिक परिस्थितियों के गायब हो जाने की धारणा के प्रचार से वे गायब नहीं हो जातीं, सिर्फ उत्तर-आधुनिक विचारकों ने ऐतिहासिक परिस्थितियों को देखना बंद कर दिया था। कोई भी चीज रूपांतरणकारी तब ही होती है जब वह ऐतिहासिक परिस्थितियों से गुजरती है। ऐतिहासिकता के बिना प्रत्येक चीज, वस्तु, घटना, फिनोमिना आदि खोखले होते हैं। इतिहास को प्रतीकों में एक प्रतीक के रूप में नहीं देखना चाहिए। वह सिर्फ प्रतीक मात्र नहीं है उसके पास अंतर्वस्तु भी होती है। जो किसी भी प्रतीक को संदर्भ और निश्चित सांस्कृतिक अर्थ प्रदान करती है। ऐतिहासिक परिस्थितियां सांस्कृतिक मूल्य और संस्थान को अर्थ प्रदान करती है। जैसे प्रेम और शादी, ये सिर्फ औपचारिकता मात्र नहीं हैं बल्कि इसके विभिन्न

समाजों में भिन्न अर्थ हैं। प्रेम और शादी का एक सांस्कृतिक अर्थ है यह विभिन्न समाजों में अलग किस्म के संस्कारों, सांस्कृतिक अभ्यास और आचार-व्यवहार पर आधारित है। इसके आधार पर ही ये दोनों चीजें सांस्कृतिक अर्थ प्राप्त करती हैं। यदि 'इतिहास का अंत' हो गया है तो कबीर की कविता महज कविता की संरचना मात्र रह जाएगी। उसमें निहित मूल्य और भावबोध का लोप हो जाएगा, लेकिन ऐसा संभव नहीं है। प्रत्येक रचना का मूल्य उसमें निहित रहता है। रचना उस मूल्य को ऐतिहासिक तौर पर अलग नहीं कर सकती। कबीर की कविता से उसका मूल्य निकाल देंगे तो कविता खत्म हो जाएगी।

मनुष्य है तो उसका इतिहास और मूल्य भी उससे जुड़े हैं। रचना का रूप उसके अस्तित्व के कारकों से अभिन्न रूप से जुड़ा है। आप कबीर की नई व्याख्या कर सकते हैं, उसकी कविता पर फिल्म बना सकते हैं, नृत्य तैयार कर सकते हैं, संगीत तैयार कर सकते हैं, वर्चुअल फिल्म बना सकते हैं। लेकिन कबीर को मूल्यहीन नहीं बना सकते। कबीर का लोप नहीं कर सकते। उसे नई चीजों के उदय के साथ जोड़कर सजा सकते हैं। लेकिन यह नहीं कह सकते कि कबीर मूल्यहीन हो गए हैं। कबीर के नए किस्म के पाठ को बना सकते हैं, उसकी नए किस्म की रीडिंग के तरीके ईजाद कर सकते हैं। इससे कबीर का सौंदर्यबोध बढ़ेगा।

प्रसिद्ध मार्क्सवादी आलोचक टेरी इगिलटन के अनुसार, 'उत्तर आधुनिकतावाद के कई स्रोत हैं वास्तविक आधुनिकतावाद, तथाकथित उत्तर-उद्योगीकरण, नई शक्तिशाली राजनीतिक शक्तियां, सांस्कृतिक अवांगार्द का पुनः प्रभाव बढ़ना, वस्तु रूप द्वारा सांस्कृतिक जीवन में पैठ, कला के लिए घटता हुआ 'स्वायत्त' स्थान, कतिपय पुराशास्त्रीय बुर्जुआ सिद्धांतों की समाप्ति आदि। लेकिन यह और जो कुछ भी हो, निश्चित ही राजनीतिक पराजय की उत्पत्ति है।'

इगिलटन के अनुसार, 'उत्तर-आधुनिकतावादी संस्कृति ने कलाओं के संपूर्ण क्षेत्र में एक समृद्ध, साहसी और उल्लसित कलाकृति का निर्माण किया है तथा उत्सर्जन-योग्य भावुकता और परिहासपूर्ण कला या साहित्य की एक अच्छी-खासी मात्रा का भी सृजन किया है। इसने कई आत्मसंतुष्ट निश्चितताओं के नीचे से आधार हटा दिए हैं, कुछ विक्षिप्त समग्रताओं को कौतूहलपूर्ण ढंग से खोल दिया है, जोशपूर्ण ढंग से बचाकर सुरक्षित रखी कुछ शुद्धताओं को दागदार कर दिया है; कुछ दमनकारी प्रतिमानों को मोघ है, और कुछ अपेक्षाकृत मजबूत दिखने वाली बुनियादों को हिला दिया है। इसमें राजनीतिक रूप से अशक्तकारी संदेहवाद, एक भड़कीला जनवाद, ओजपूर्ण नैतिक सापेक्षवाद तथा एक किस्म के वितंडावाद के

आगे समर्पण की भी प्रवृत्ति है। इसके लिए हम भी स्वतंत्र दुनिया के उन मूल्यों की पुष्टि कर सकते हैं चूंकि सभी परंपराएं स्वैच्छिक हैं। अपने राजनीतिक विरोधियों की निश्चितताओं के नीचे से आधार हटाने के क्रम में इस उत्तर-आधुनिक संस्कृति ने प्रायः अपने ही आधार को हटा दिया है और इसके पास कोई तर्क नहीं रहा है कि हमें फासीवाद का विरोध क्यों करना चाहिएं, सिवाय इस कमजोर व्यावहारिक तर्क के कि फासीवाद वह तरीका नहीं जिसके जरिये हम ससेक्स या सैक्रेमेंटो में काम करते हैं। अपने विनोदपूर्ण, पैरोडी भाव से इसने उच्च संस्कृति के भयावह आत्मसंयम को निम्न बना दिया है और इस प्रकार वस्तु रूप के अनुकरण में बाजार स्थल के व्यर्थकारी संयमों को पुनः बहाल करने में सफल रहा है।'

टेरी इगिलटन ने आगे लिखा है कि, 'इसने स्थानीय, प्रादेशिक, क्षेत्रीय शक्ति को निर्मुक्त किया है साथ ही साथ, विश्व को और अधिक शुष्क समान स्थल बनाने में योगदान दिया है। 'सत्यता' जैसी अवधारणाओं के सम्मुख इसकी घबराहट ने बिशपों (धर्मगुरुओं) को चौकन्ना कर दिया है और व्यावसायिक कार्यकारियों को मोह लिया है। विश्व की यथातथ्य व्याख्या की संभावना से यह लगातार इनकार करता है और उतनी ही निरंतरता से यह अपने आपको ऐसा करते पाता है। यह सार्वभौम नैतिक निर्देशों से परिपूर्ण है, जैसे बहुलता से व्यक्तिपरकता श्रेष्ठ है, समानता से विविधता, एकरूपता से विषमता श्रेयस्कर है और यह इस प्रकार के सभी सार्वभौमवाद को दमनकारी मानकर निंदा करता है। यह एक ऐसे मनुष्य का स्वप्न देखता है जो कानून और बंधन से मुक्त हो, जो एक 'विषय-स्थिति' से दूसरी स्थिति में अस्पष्ट रूप से सरल रहा हो और उस मनुष्य को सांस्कृतिक शक्तियों के एक निश्चित परिणाम से अधिक नहीं मानता है। यह शैली और आनंद में विश्वास करता है और आम तौर पर वैसे पाठ का सृजन करता है जिसका संयोजन कंप्यूटर द्वारा तथा इस पर किया गया हो।'

उत्तर-आधुनिकों ने मार्क्सवाद पर जमकर हमले किए हैं, समाजवादी व्यवस्था के पराभव को उत्तर-आधुनिकता की विचारधारात्मक विजय कहा है। मार्क्सवाद की अप्रासंगिकता को इतनी बार प्रचारित किया है कि इस क्रम में वे स्वयं अपनी प्रासंगिकता से हाथ धो बैठे हैं। मार्क्सवादी विचारकों की विशेषता है कि वे उदार पूंजीवाद के बिना मार्क्सवाद की कल्पना तक नहीं कर सकते। इसी प्रसंग में टेरी इगिलटन ने लिखा है कि मार्क्सवादी मानते हैं कि 'प्रबुद्ध बुर्जुआ उदारवाद की समृद्ध विरासत के बिना कोई प्रामाणिक समाजवाद नहीं हो सकता। उत्तर-आधुनिकतावादी बहुलवाद, परिवर्तन, निष्प्रयोजनता के आत्मघोषित समर्थक हैं फिर

भी हमेशा मानववाद, उदारवाद, प्रबोधन केंद्रित विषय तथा शेष की निंदा करते हुए देखे जाते हैं। लेकिन बुर्जुआ प्रबोधन सामाजिक वर्ग के समान है : इससे मुक्ति के लिए पहले आपको इससे होकर मार्ग निकालना होगा। शायद इसी बिंदु पर मार्क्सवाद और उत्तर-आधुनिकतावाद के बीच सबसे अधिक अनबन है।'

उत्तर-आधुनिकों ने विडंबना पर ज्यादा जोर दिया है लेकिन इस चक्कर में विडंबना को ही भूल गए। इगिलटन ने उत्तर-आधुनिकों की इसी वैचारिक फिसलन पर लिखा है, 'उत्तर-आधुनिकतावाद की आंखें विडंबना के प्रति बहुत सजग हैं लेकिन लगता है, विडंबना ऐसी है जो इसकी आंखों से भी बच निकली है। ठीक उसी समय जब यह क्रांति के प्रत्यय को 'पराभौतिक' मानकर इसकी निंदा कर रहा था, 'सामूहिक विषय' की धारणा का तिरस्कार कर रहा था और समग्रता के खतरों पर जोर दे रहा था, उन जगहों पर क्रांति आरंभ हो गई जहां इसकी सबसे कम संभावना थी। किसी प्रकार के 'सामूहिक विषय' ने उत्तर-पूंजीवादी नौकरशाहों के 'संपूर्ण तंत्र' पर आघात किया था। जाहिर है उस परिवर्तन के वर्तमान परिणाम वे नहीं हैं जिन पर समाजवादी धैर्यपूर्वक विचार कर सकें; लेकिन पूर्वी यूरोप के नाटकीय उथल-पुथल उत्तर-आधुनिक पश्चिम की कई नई चलन की पूर्वकल्पनाओं को झुठलाते हैं। जबर्दस्त रूप से अजनबियाने के अंदाज में वे उत्तर-आधुनिकतावाद का उदार-पूंजीवादी बुद्धिजीवी वर्ग के विचित्र रूप से थके हुए पराजयवादी समूह की विचारधारा के रूप में पर्दाफाश करते हैं, जिसने गलती से अपनी स्थानीय कठिनाइयों को ठीक सार्वभौमवादी विचारधाराओं, जिनकी यह निंदा करता है, के समान ही सार्वभौम मानवीय स्थिति समझ लिया है। लेकिन यद्यपि इसके पूरब में जो भी हुआ है उससे उत्तर-आधुनिकवाद को उपयोगी रूप से 'विमुख' किया गया हो, लेकिन यह निश्चित ही उस पतन से उत्पन्न नहीं हुआ है। उत्तर-आधुनिकतावाद साम्यवाद के पराजय (जोकि हर हाल में इससे पहले हुआ) की प्रतिक्रिया कम है। बनिस्बत इसके यह, कम-से-कम अपने प्रतिक्रियावादी संस्करणों में, पूंजीवाद की 'सफलता' का प्रत्युत्तर है। इसलिए यहां एक और विडंबना है। संकटग्रस्त 1990 के दशक में पूंजीवादी सफलता को प्रकृति का सामान्य और अपरिवर्तनीय नियम मानना कुछ ज्यादा ही अजीब लगता है। यदि यह ठीक उसी प्रकार की गैर-ऐतिहासिक निरपेक्षतावाद नहीं, जिसे उत्तर-आधुनिकतावादी उग्रता से अस्वीकार करते हैं तो यह समझना कठिन है कि यह आखिर क्या है।'

साहित्य का अंत

साहित्य का वर्तमान बदला रूप अधिकतर लोगों की समझ में नहीं आ रहा। इन दिनों भाषिक प्रयोगों और मध्यकालीन विषयवस्तुओं की प्रासंगिकता नजर आ रही है। कुछ हैं जो अभी प्रगतिशील आंदोलन के प्रयोगों के आगे नहीं बढ़े हैं। इसमें कुछ ऐसे हैं जो अब भी छायावादी भावबोध में जी रहे हैं। यही हाल कथा साहित्य का है। किसी को *कथासरित्सागर* की कहानियों का फारमेट अच्छा लगता है तो कुछ के लिए प्रेमचंद का कथा रूप अपील करता है। कुछ ऐसे हैं जो राजेंद्र यादव के दीवाने हैं तो कुछ को उदय प्रकाश में कथा के जादुई यथार्थ के दर्शन होते हैं। तात्पर्य यह है कि हिंदी में साहित्य के नाम पर प्राचीन से लेकर नवीन सब कुछ चल रहा है। हिंदी में इन दिनों अतीत से लेकर अत्याधुनिक वर्तमान शिल्प के प्रयोगों का तांता लगा है। यही हाल पॉपुलर कल्चर का है। उसमें भजन से लेकर भांगड़ा तक, पॉप संगीत से लेकर शास्त्रीय संगीत तक सबमें फ्यूजन चल रहा है। बगैर किसी सिद्धांत और मकसद के पुरानी से लेकर नई शैलियों और देशी-विदेशी सिद्धांतों की खिचड़ी परोसी जा रही है। सिर्फ अंतर्वस्तु पर बहस कम से कम हो रही है। अतीत की शैलियों से लेकर अत्याधुनिक शैलियों का मनमाना प्रयोग इस बात का संकेत है कि कलाओं में नियम रहित अतीत का संगम हो रहा है। शैलियों को संतुलित कर देने, एक ही धागे में पिरो देने की इस प्रवृत्ति ने खास किस्म का सर्वसंग्रहवाद पैदा किया है।

साहित्य पुनर्सृजन है। वह वास्तव के बजाय कल्पना का खेल है लेकिन कथाकार उसे वास्तव के रूप में व्याख्यायित करने में लगे हैं। दूसरी ओर वास्तव घटनाओं का नकली रूप टीवी चैनलों से नाट्य रूपांतरण के जरिये आ रहा है। कुछ ऐसे विचारक भी हैं जो बता रहे हैं कि वेदों की ऋचाएं, लोकगीत, महाकाव्यों की कविताएं आदि सब कुछ सच था। वे उन्हें किसी न किसी वास्तव घटना से जोड़ रहे हैं और उनकी वैधता की तलाश कर रहे हैं। यानी साहित्य सच है, सच के अलावा कुछ भी नहीं है। कलाओं में सच के पूजकों की ऐसी भीड़ पहले कभी नहीं देखी गई। वे बता रहे हैं कि सब कुछ उपभोग के लायक है। सब कुछ आत्मसात किया जा सकता है। 'सब कुछ कला और सब कुछ यथार्थ' के नारे के नाम अतीत से लेकर वर्तमान तक की विलक्षण खिचड़ी पक रही है और उसे हम अनालोचनात्मक ढंग से खा रहे हैं। 'सब कुछ कला है' के नारे के मानने वालों को साहित्य में कैसे प्रतिष्ठित किया जा रहा है और सब की रचनाओं को एक पदबंध में कैसे बांधा जा

सकता है इसका साहित्यिक खेल *नया ज्ञानोदय* के हाल ही में प्रकाशित 'प्रेम' और 'बेबफाई' विशेषांकों को देखकर लग सकता है। संपादक महोदय ने उपरोक्त पदबंधों के आधार पर अतीत से लेकर वर्तमान तक की साहित्यिक रचनाओं को वर्गीकृत करके पेश किया है और अच्छे जनप्रिय अंक प्रकाशित किए हैं। इन विशेषांकों में शामिल रचनाओं को समझने के लिए किसी परिप्रेक्ष्य, ऐतिहासिक संदर्भ, कल्पना आदि के वैविध्य आदि को समझने की जरूरत नहीं है। यह तो 'प्रेम' और 'बेवफाई' का सर्वसंग्रह है।

विचार विशेष पर इस तरह के संग्रहों के प्रकाशन का हिंदी की साहित्यिक पत्रिकाओं में खूब चलन है। यह साहित्य में नए और पुराने का सर्वसंग्रहवाद है। इस तरह के सर्वसंग्रहवाद के पीछे इस तरह के संग्रहों को निकालने वालों की अपनी साहित्यिक समझ रही है जिसके आधार पर वे इस तरह के खिचड़ी साहित्य की साहित्यिक प्रासंगिकता पर रोशनी डालते हैं। उनके पास अपने सर्वसंग्रहवाद के लिए सुंदर तर्क हैं। पुराने और नए को एक ही साहित्यिक परिप्रेक्ष्य में प्रस्तुत करने का साहित्य सिद्धांत पिटा हुआ उत्तर-आधुनिक सिद्धांत है। इसके अलावा 'सब कुछ साहित्य है और यथार्थ है' और 'प्रत्येक चीज प्रासंगिक है', ये दोनों साहित्यिक नारे हमारे साहित्यिक क्षय को व्यंजित करते हैं। कलाबोध को नष्ट करते हैं। इन दो नारों के तहत प्रस्तुत सामग्री उपभोक्तावाद से संचालित है। इसका साहित्य से कम संबंध है। उपभोक्तावाद के लिए सब कुछ जरूरी है। सब कुछ बिक सकता है। वहां कचरा और कूड़ा भी प्रासंगिक है। जिस तरह बाजार में रीसाइकिलिंग की गई वस्तुओं और प्लास्टिक के मालों की बाढ़ आई हुई है वैसे ही साहित्य में भी नए किस्म का रीतिवाद आ गया है। इसमें पुराने रीतिवाद के लक्षण भी शामिल हैं। रीतिवाद की विशेषता है सृजन के केंद्र में नकली यथार्थ और निर्मित साहित्य का आना। कहानी, उपन्यास से लेकर आत्मकथाओं तक निर्मित साहित्य की बाढ़ आई हुई है। साहित्य के बजाय निर्मित साहित्य ने अंधानुकरण को बढ़ावा दिया है। यह साहित्य का स्टीरियोटाइप है।

जिस तरह रीसाइकिल से बनी सामग्री का निजी जीवन छोटा होता है। वैसे ही स्टीरियोटाइप साहित्य की भी उम्र कम होती है। वह स्मृति में टिकता नहीं है। साहित्यिक विवादों के केंद्र में जमा नहीं रहता। हमारे बीच में साहित्यिक प्रवृत्तियों की रीसाइकिलिंग हो रही है। साहित्यिक रीसाइकिलिंग में एक खास किस्म की मनोदशा या प्रवृत्ति या विचार को लेकर विशेषांक निकाले जा रहे हैं। इनका साहित्य के ऐतिहासिक अतीत और परिप्रेक्ष्य से कोई संबंध नहीं है। *नया ज्ञानोदय* के संपादक

खुश हैं कि उन्होंने जो विशेषांक निकाले उनके कई संस्करण छापने पड़े हैं। एक जमाने में *आलोचना* पत्रिका के फासीवाद विरोधी अंक के भी कई संस्करण निकले हैं। सर्वसंग्रह खूब बिकता है। वह वस्तु को उसके अतीत से विच्छिन्न कर देता है। उसे तात्कालिक खपत से जोड़ देता है। इसे साहित्य का उपयोगितावाद कहते हैं। यह 'टाइम पास' करने वाले साहित्य की प्रवृत्ति है।

मीडिया मालों का आस्वाद लेते हुए हम आज कृत्रिम यथार्थ के अभ्यस्त हो गए हैं। यथार्थ और कृत्रिम यथार्थ का अंतर भूल गए हैं। साहित्य और गैर-साहित्य का भेद भूल गए हैं। सामयिक और ऐतिहासिक परिप्रेक्ष्य का अंतर करना भूल गए हैं। अब हम चीजों को अनालोचनात्मक या संशयवादी की तरह देखते हैं। स्वाभाविक और आलोचनात्मक ढंग से देखने और परखने की कला हमारे जीवन से चली गई है। हमें वास्तव घटना से ज्यादा निर्मित घटना अपील करती है। वास्तव की तुलना में कृत्रिम सुंदर लगने लगा है। वास्तव खबर नकली और नकली खबर वास्तव लगने लगी है। *नया ज्ञानोदय* ने 'प्रेम' और 'बेवफाई' पर जो विशेषांक निकाले हैं उनमें उत्तर-आधुनिकतावादी साहित्य की 'कट एंड पेस्ट' पद्धति का कौशलपूर्ण इस्तेमाल किया गया है। जब कोई संपादक 'कट एंड पेस्ट' की पद्धति का इस्तेमाल करता है तो वह प्रवृत्ति या विचार विशेष का अंधानुकरण करता है। उस विषय को पैरोडी बनाता है। या किसी शैली विशेष का अनुकरण करता है। वह अपने ऊपर विशेष विषय, शैली, भाषा, मनोभाव आदि का मुखौटा लगा लेता है। वह विषय के साथ खिलौने की तरह खेलता है। वह जिस भाषा में बोलता है वह मरी हुई भाषा है।

किसी भी साहित्य पत्रिका के विषय विशेष पर प्रकाशित विशेषांक वस्तुतः व्यक्ति की एक विषय के रूप में अंत की घोषणा है। वे बताते हैं कि कुछ नया कर रहे हैं लेकिन वे असल में मृतभाषा में बयान कर रहे होते हैं। आप इन विशेषांकों में जीवंत व्यक्ति को नहीं देख सकते, उसके दुख-सुख को नहीं देख सकते। उनके लिए व्यक्ति की एक विषय के तौर पर उपस्थिति का अंत हो चुका है। अब मनोदशा, प्रवृत्ति या विचार विशेष पर केंद्रित अधिकांश विशेषांक व्यक्तिरहित रूप में आए हैं। वास्तव व्यक्ति से रहित 'प्रेम' और 'बेवफाई' कैसी हो सकती है इसका आदर्श उदाहरण हैं *नया ज्ञानोदय* के ये दो विशेषांक। यह बात जितनी इस पत्रिका पर लागू होती है, उतनी ही अन्य पत्रिकाओं के विशेषांकों पर भी लागू होती है। साहित्य में व्यक्ति के अवसान का जो पाठ उदीयमान बुर्जुआजी ने बनाया था उसकी ही चरम अभिव्यक्ति हैं ये विशेषांक। इन विशेषांकों में परवर्ती पूंजीवाद में पैदा हुए प्रतिस्पर्धी पूंजीवाद की कहीं पर भी छाया नजर नहीं आती। 'प्रेम' और 'बेवफाई'

पर विभिन्न लेखकों को एक ही धागे में पिरोने के चक्कर में संपादक ने जिस चीज की हत्या की है, वह है व्यक्तिवाद। दूसरी जो चीज नदारद है वह है संपादकीय नजरिया। संपादक का काम क्या अतीत को पुनः प्रस्तुत कर देना है ? जो छपा है उसे दोबारा छाप देना है ? तो निश्चित तौर पर यह साहित्य में बुरे दिनों के आगमन की सूचना है। फ्रेडरिक जेम्सन के शब्दों में यह 'नए की असफलता और अतीत की कैद है।'

थीम पर केंद्रित अंक इस बात की सूचना है कि हिंदी जगत गहरे अवसाद से गुजर रहा है। फ्रेडरिक जेम्सन के शब्दों में थीम पर केंद्रित होकर बातें तब ही होती हैं जब बहुराष्ट्रीय कंपनियों अथवा परवर्ती पूंजीवाद के प्रति समाज अवसाद में डूबा हुआ हो। जो अवसाद में डूबे हैं उनके लिए 'प्रेम' और 'बेवफाई' विशेषांक अपील कर रहे हैं। साथ ही दार्शनिक तौर पर यह व्यक्ति को चर्चा के केंद्र से हटाने की कोशिश है। अब प्रेम और बेवफाई पर बातें हो रही हैं। व्यक्ति के सामयिक संसार पर बातें नहीं हो रही हैं। इसी अर्थ में यह उत्तर-आधुनिक साहित्यिक प्रयास है जिसमें व्यक्ति के अंत की घोषणा कर दी गई है। साहित्य और साहित्यिक पत्रकारिता में थीम का महत्वपूर्ण होना स्वयं में समस्यामूलक है। हिंदी की अनेक साहित्यिक पत्रिकाओं ने फासीवाद, प्रेम, बेबफाई, सांप्रदायिकता, आतंकवाद, भूमंडलीकरण आदि पर विशेषांक निकाले हैं। इन सभी विशेषांकों का एक ही साझा संदेश है कि हम विषय के बारे में, अपने बारे में कितना जानते हैं। इससे थीम केंद्र में आई है और व्यक्ति का स्थानांतरण हुआ है। थीम के हिमायती भूल गए हैं कि साहित्य का थीम के आधार पर प्रसार नहीं होता। इससे अनुकरण, पैरोडी और साहित्यानुकरण होता है। एक पत्रिका ने युवा रचनाकार विशेषांक निकाला तो बाकी पत्रिकाएं अनुकरण करके युवा लेखन पर विशेषांक निकाल रही हैं। किसी ने स्त्री या दलित पर विशेषांक निकाला तो बाकी पत्रिकाएं उससे बेहतर विशेषांक निकाल रही हैं। इस विशेषांक संस्कृति ने थीम को प्रतिष्ठित किया है, विषय और व्यक्ति को अपदस्थ किया है। साहित्य में इस बहाने व्यक्ति का बहिष्कार हुआ है। विषय का अंत हुआ है।

पहले साहित्य और साहित्यिक पत्रिकाओं में लेखक के विज्डम और मासकल्चर के रूपों पर जोर था। इन दिनों साहित्य में आकर्षक, इकसार और रूढ़िबद्ध विषयों का महिमामंडन चल रहा है। मसलन यदि किसी दलित ने एक खास अंदाज में अपनी आत्मकथा में कुछ खास पक्षों को उठाया है तो हठात दलित आत्मकथाओं में मिलते-जुलते चित्रों की बाढ़ आ गई है। दलित और स्त्री आत्मकथाओं में एक खास किस्म का अंधानुकरण साफतौर पर देख सकते हैं। एक जमाना था साहित्य

में विषय की विशिष्टता थी। विशिष्टता की जगह इन दिनों अंधानुकरण हो रहा है। विषय से लेकर समस्या के ट्रीटमेंट तक इकसारता के कारण साहित्य से व्यक्ति की विदाई और विशिष्टता का अंत हो गया है। पहले पाठ का संबंध ऑब्जेक्ट के साथ था इन दिनों ऑब्जेक्ट की जगह फैशन ने ले ली है। थीम ने ले ली है। इन दिनों साहित्य थीम से थीम की ओर बढ़ रहा है। थीम से पैदा होने वाला साहित्य स्टीरियोटाइप और बोगस होता है चाहे उसे कितने ही बड़े लेखक ने लिखा हो। साहित्य का आधार अब जीवन नहीं, थीम है और यही वह बिंदु है जहां साहित्य का अंत हो जाता है। दूसरी प्रवृत्ति निर्धारणवाद की है। इसमें स्त्री, युवा, दलित आदि को निर्धारणवादी ढंग से पेश किया जा रहा है। अब कोई भी रचना मर्दवाद के आतंक- उत्पीड़न, वर्णाश्रम व्यवस्था के उत्पीड़न, भूमंडलीकरण के उत्पीड़न के बिना नहीं लिखी जा रही।

साहित्य को 'स्पेस' के संदर्भ में देखें तो ऐसी रचनाएं ज्यादा आ रही हैं जिनमें 'घर' का चित्रण ज्यादा है। व्यक्तिगत, करीबी बातों और लोगों का चित्रण ज्यादा हो रहा है। अब ऐसी रचनाएं कम लिखी जा रही हैं जिनमें सार्वजनिक स्पेस हो। साहित्य की स्टाइल के बजाय खास अंचल या भौगोलिक क्षेत्र पर बातें हो रही हैं। एक जमाना था, हिंदी में लेखकगण समय पर बातें करते थे, युग पर बातें करते थे, अब समय को स्थान ने अपदस्थ कर दिया है। स्पेस का विकृतीकरण हो रहा है। इसे घर, बाहर, शहर, कामकाजी स्थान आदि के संदर्भ में देख सकते हैं। स्त्री और दलित पर लिखी रचनाओं में स्टाइल के रूपों में पुरानी पितृसत्तात्मक अभिव्यक्ति शैली को चुनौती दी जा रही है। पुरानी पितृसत्तात्मक शैली और नई शैली में क्या अंतर है इस पर बातें नहीं हो रही हैं। इसी तरह दलित लेखन में कामुकता और वर्चस्व की स्मृतियों की व्यापक अभिव्यक्ति हुई है। उनके विभिन्न आख्यान या रूपक सामने आए हैं। कामुकता और वर्चस्व की स्मृतियों का आना इस बात का संकेत है कि हमारा लेखक मीडिया इमेजों से गहरे प्रभावित है। मीडिया इमेजों के प्रभाव के कारण ही स्मृतियों को साहित्य में अभिव्यक्ति के लिए प्रेरित करता हैं। स्मृतियों का साहित्य मीठा होता है और उसकी खपत आसानी से हो जाती है। साहित्य में चीजों को माल बनाकर पेश करने की प्रवृत्ति ने उसकी खपत बढ़ा दी है। इस क्रम में संस्कृति और यथार्थ का अंतर मिटा है।

खासकर स्त्री और दलित केंद्रित आत्मकथाओं में यथार्थ और संस्कृति का अंतर खत्म हो गया है। इन आत्मकथाओं के जरिये स्त्री के यथार्थ के बजाय संस्कृति पर ज्यादा बातें हो रही हैं। चित्रण में भी यथार्थ गौण है, संस्कृति प्रमुख है। साहित्य

के चित्रण में यथार्थ की जगह संस्कृति और विचार विशेष का आना और यथार्थ का गायब हो जाना साहित्य के वस्तुकरण की प्रक्रिया को सामने लाता है। इस तरह के साहित्य की रूपांतरणकारी भूमिका नहीं होती। वह बिकता ज्यादा है, उसकी खपत ज्यादा होती है, वह आलोचनात्मक नजरिये से रहित होता है। साहित्य का वस्तुकरण वस्तुतः परवर्ती पूंजीवाद के सांस्कृतिक तर्कों की विजय है।

फ्रेडरिक जेम्सन ने लिखा है कि नए युग की विशेषता है कि हमारे कानों में इतिहास की आवाजें आनी बंद हो जाती हैं। इतिहास के प्रति बहरापन एक सामान्य फिनोमिना है। नए युग का विचारशास्त्र संस्कृति में सत्य की खोज कर रहा है। संस्कृति के परे सत्य के किसी भी आयाम को ये लोग नोटिस ही नहीं लेते। सार्वजनिक इतिहास से हमारा संबंध कमजोर हुआ है और नए किस्म की निजी सामयिकता से उसे जोड़ दिया गया है। इसके कारण एक खास किस्म की उन्मादी भाषा का प्रयोग हो रहा है। साहित्य और मीडिया में शुद्ध भौतिक अनुभवों को उभारा जा रहा है। साहित्य में दैनंदिन जीवन के सतही मनो अनुभवों और स्पेस केंद्रित सांस्कृतिक भाषा के वैविध्यपूर्ण चित्रों की बाढ़ आई हुई। बैचैनी के चित्र यथार्थ के बिना आ रहे हैं। नई संचार तकनीक का साहित्य पर गहरा असर हुआ है। नई तकनीक पुनरुत्पादन की तकनीक है। फलतः साहित्य सृजन कम और उसका पुनरुत्पादन ज्यादा हो रहा है।

उत्तर-आधुनिक अवस्था में 'साहित्य के अंत' की भी घोषणा की गई है। इसका वास्तव में क्या अर्थ है इस ओर हमारे समीक्षकों ने कभी गंभीरता से ध्यान नहीं दिया। लेकिन एक परिवर्तन आया है साहित्य को विधाओं में वर्गीकृत करके पढ़ने की परंपरा का अंत हुआ है। साहित्य के पुराने वर्गीकरण और मानक अप्रासंगिक हो गए हैं। मसलन एक जमाना था साहित्य की कोटि में अखबार का लेखन नहीं आता था। लेकिन इधर यह नहीं कह सकते। सवाल उठता है, स्व. प्रभाष जोशी का लेखन हिंदी गद्य साहित्य का हिस्सा है या नहीं ? इसी तरह बड़े पैमाने पर साहित्येतर समस्याओं पर हिंदी में लिखा जा रहा है वह साहित्य का हिस्सा है या नहीं ? विधाओं के दायरे भी टूटे हैं, साहित्य में आए दिन नई विधाएं जन्म ले रही हैं। कल तक जिस लेखन को विधा नहीं मानते थे, उसे अब विधा मानते हैं। मसलन, निजी पत्र साहित्य का हिस्सा नहीं थे। लेकिन रामविलास शर्मा ने *निराला की साहित्य साधना* में पत्रों का इस्तेमाल किया और पत्रों का ही एक खंड बना दिया। अपनी आत्मकथा में भी उन्होंने यही पद्धति अपनाई। इसी तरह नवजागरण संबंधी बहस में भी उन्होंने *महावीर प्रसाद द्विवेदी और हिंदी नवजागरण* नामक किताब

लिखकर बड़े पैमाने पर साहित्येतर विषयों को साहित्य बना दिया। यही काम अपने तरीके से नामवर सिंह ने *आलोचना* पत्रिका के पुनर्प्रकाशन के साथ किया और उन्होंने आलोचना का फासीवाद-विरोधी विशेषांक निकाला। कहने का तात्पर्य है कि साहित्य अब पुराने अर्थ को त्याग चुका है। नए रूप में साहित्य को लेखन के नाम से जाना जाता है। इसमें अब साहित्य और साहित्येतर का भेद नहीं रह गया है। विधाओं का वर्गीकरण नहीं रह गया है। विधाओं का भी लेखन की अवधारणा में विलय हो चुका है। अब सब कुछ लेखन है।

पहले साहित्य की सीमाएं थीं, आज साहित्य की कोई सीमा नहीं है। अब साहित्य में सब कुछ शामिल है। साहित्य में यह परिवर्तन नई संचार तकनीक आने के साथ आया है। कंप्यूटर के आने साथ आया है। जिस तरह कंप्यूटर में उससे पहले के सभी माध्यमों का विलय हो गया है, कनवर्जन हो गया, ठीक वैसे ही लेखन में सब विधाओं का विलय हो गया है। पहले रचना का एक ही अर्थ होता था, यही कहा जाता था लेखक का काम है सत्य की खोज करना। लेकिन अब किसी भी रचना का एक अर्थ नहीं है बल्कि अनेक अर्थों की चर्चा हो रही है। एक सत्य की नहीं, एकाधिक सत्य की चर्चा हो रही है। एक व्याख्या नहीं व्याख्याओं का अनंत आकाश खुल गया है। इस पूरी प्रक्रिया में आलोचना, सत्य, व्याख्या आदि के संदर्भ में 'सापेक्षतावाद' घुस आया है। अब हम सापेक्ष रूप में विचार करते हैं। सत्य, कथ्य और व्याख्या की एकाधिक अस्मिताओं पर जोर दिया जा रहा है। इस परिप्रेक्ष्य में देखें तो पुराने साहित्य की धारणा का अंत हो गया है। 'साहित्य के अंत' की प्रक्रिया में 'साहित्य' पर नहीं, साहित्य के सवालों पर बहस हो रही है। 'साहित्य' पर जब बातें कर रहे थे तो साहित्य समीक्षा के आधार पर लगातार कृति का विवेचन कर रहे थे, समीक्षा या आलोचना का विकास कर रहे थे। साहित्य के नियमों को लागू करते हुए बता रहे थे कि साहित्य की सीमा क्या है और रचना में साहित्येतर क्या है ? साहित्य को साहित्येतर से दूर रखने में आलोचना मदद कर रही थी। लेकिन अब ऐसा नहीं हो रहा।

हमारे साहित्यिक बंधु साहित्य के सवालों पर चर्चा करते हुए साहित्यालोचना के दायरे के बाहर चले गए हैं। अब साहित्य और साहित्येतर का विभाजन खत्म हो गया है। यह विभाजन और किसी ने नहीं साहित्य के दो महान आलोचकों रामविलास शर्मा और नामवर सिंह ने किया है। जब आप साहित्य के बजाय साहित्य के सवालों पर चर्चा कर रहे होते हैं तो साहित्य की सीमाओं को खत्म करते हैं। इस क्रम में साहित्य की अपनी कोई निजी पहचान नहीं रह जाती। अब तक यह

कहा जाता था कि साहित्य की अपनी पहचान या अस्मिता होती है। लेकिन यह पहचान अब खत्म हो गई है। अब हम नहीं जानते कि साहित्य की अस्मिता क्या है ? पहचान क्या है ? यही वह जगह है जहां पर साहित्यालोचना की जगह साहित्य सैद्धांतिकी आ गई है। अब ज्यादा से ज्यादा साहित्यालोचना नहीं साहित्य की थ्योरी के आधार पर चर्चाएं हो रही हैं। पहले 'आलोचना' लिखी जाती थी अब 'परिप्रेक्ष्य' की बातें हो रही हैं। आलोचना को परिप्रेक्ष्य ने अपदस्थ कर दिया है। इसका गहरा असर हुआ है। अब साहित्य में अनेक परिप्रेक्ष्यों के आधार पर मूल्यांकन किया जा रहा है, जैसे मार्क्सवाद, संरचनावाद, उत्तर-आधुनिकतावाद, स्त्रीवाद आदि।

मजेदार बात यह है कि हिंदी में आलोचना के मसलों को पूरी तरह दुरुस्त भी नहीं कर पाए थे कि अचानक आलोचना को परिप्रेक्ष्य ने अपदस्थ कर दिया। अब परिप्रेक्ष्य के आधार पर साहित्य में व्यक्त सत्य को तय किया जा रहा है। परिप्रेक्ष्य अलग हैं तो सत्य भी भिन्न होगा। इसके कारण दुनिया भी अलग दिखाई देगी। दुनिया का अलग-अलग हिस्सा दिखाई देगा। मसलन स्त्रीवादी और मार्क्सवादी परिप्रेक्ष्य को ही लें, इसके मानने वाले 'लिंग' और 'वर्ग' के अलावा और किसी भी बात पर ध्यान नहीं देते। वे अन्य पक्षों की अनदेखी करते हैं। व्यवस्था में 'लिंग' और 'वर्ग' के अलावा भी चीजें हैं जिन्हें हमें देखना चाहिए। वे साहित्य को 'लिंग' और 'वर्ग' के सीमित दायरे में रखकर देखते हैं, साहित्य का दायरा बहुत बड़ा है, स्त्री साहित्य और मार्क्सवादी साहित्य या दलित साहित्य के दायरे की तुलना में। फलतः साहित्य में टुकड़ों या अंशों पर बातें हो रही हैं, समग्रता में साहित्य पर बातें नहीं हो रहीं। इसी अर्थ में साहित्य का अंत हुआ है। परिप्रेक्ष्य में देखने की यह खूबी काफी पहले से चली आ रही है इसमें उत्तर-आधुनिकतावाद के आने से मामला दूसरी दिशा में चला गया है। जितने भी परिप्रेक्ष्य प्रचलन में हैं उनमें राजनीति गहरे समाई हुई है। राजनीति के बिना इन पर बातें करना संभव नहीं है।

इस समूची प्रक्रिया का साहित्य के पठन-पाठन पर भी गहरा असर हुआ है। अब साहित्य के विभाग नहीं होते बल्कि उनकी जगह साहित्यिक अध्ययन के विभाग होते हैं। साहित्यिक अध्ययन विभाग बनते ही अनुसंधान और अध्ययन के क्षेत्र में हिंसा, दमन, उत्पीड़न, विभाजन आदि राजनीतिक केटेगरी का अध्ययन प्रमुख हो गया है। अब कोई शोध ऐसा नहीं होता जिसका ठोस आधार राजनीति न हो। अब प्रत्येक निर्णय राजनीतिक आधारों पर हो रहा है। राजनीतिक आधार पर सोचने का परिणाम निकला है कि अब कोई चीज निश्चित नहीं है। टिकाऊ नहीं है। राजनीति के अलावा अन्य पहलुओं को छिपाया जा रहा है।

जब कोई चीज निश्चित नहीं है तो अब अनुमानाधारित दर्शन, काल्पनिक साहित्य और रेडिकल गणित पर जोर दिया जा रहा है और इसी क्रम में गेम या खेल की सैद्धांतिकी सामने आई है। गेम थ्योरी के आधार पर खास सीमा के बाद ज्ञान, विचार, अनुभव आदि को ठेल दिया जाता है। लेकिन राजनीतिक एक्शन को लक्ष्य से नहीं हटाया जा सकता। चूंकि चीजें राजनीति से जुड़ी हैं अतः संदर्भ को वास्तव होना चाहिए। बिना वास्तव संदर्भ के राजनीति की व्याख्या संभव नहीं होती। इस क्रम में वास्तव पर संदेह नहीं किया जा सकता अथवा यह भी कह सकते हैं कि कुछ सवाल उठाए ही नहीं जा रहे। ऐसी स्थिति में जो भी मूल्यांकन करेंगे उसके लिए वास्तव के बाहर जाने की जरूरत पड़ेगी। हमें चलताऊ तुलनाओं, प्रतिगामी उपेक्षाभाव, अतार्किकता, सांस्थानिकता, बौद्धिकता विरोध, अराजनीति आदि से बचना होगा। वास्तव पर निर्भर आलोचना लिखेंगे तो राजनीति और स्कॉलरशिप दोनों में संतुलन बना रहेगा। इस संतुलन को डिस्टर्ब न किया जाए। इन दिनों वास्तव और अवास्तव, व्यक्ति और अव्यक्ति, जीवन और मृत्यु, उपस्थित और अनुपस्थित आदि के बारे में सवाल नहीं किए जाते। जो कुछ भी कहा जाता है वह खास सीमा में रहकर ही कहा जाता है। इसी प्रसंग में देरिदा की प्रसिद्ध किताब *स्पेक्टेटर ऑफ मार्क्स* का जिक्र करना समीचीन होगा। इस किताब में देरिदा ने बड़े ही मार्के की बात कही है।

देरिदा ने लिखा है कि ऐसे विद्वान अब नहीं रहे जो वास्तव अर्थ में विद्वान हों और विद्वान की तरह ही भूत के बारे में बता सकें। परंपरागत विद्वान भूत में विश्वास नहीं करते थे और न ही इसे वर्चुअल स्पेस का नजारा ही कह सकते हैं। अब ऐसे विद्वान नहीं रहे जो बता सकें कि यथार्थ और अयथार्थ में अंतर क्या है, वास्तव और अवास्तव में अंतर क्या है। जीवित और मृत में अंतर क्या है। व्यक्ति और अव्यक्ति में अंतर क्या है। उपस्थित और अनुपस्थित में अंतर्विरोध बताने वाले विद्वान नहीं रहे। देरिदा इस किताब में, वास्तव और अवास्तव के अलावा कोई तीसरा आयाम भी हो सकता है, इसकी खोज करते हैं। यह मूलतः 'है' और 'नहीं' के बीच में किसी तीसरे की खोज का काम है। यह 'और' है। वे इसे भूत के रूपक के जरिये खोजने की कोशिश करते हैं।

मसलन अस्मिता की धारणा को ही लें। अस्मिता का आधार पिता है। फलां का पिता दलित था अतः बेटा भी दलित होगा। मजेदार बात यह है कि पिता मर गया है। मरे की पहचान को हम जिंदा की पहचान के रूप में देख रहे हैं। अतः जो अस्मिता जी रहे हैं वह जिंदा है लेकिन जो नाम अस्मिता को दिया गया है वह

मृत है। यहां पर पिता का भूत पीछा कर रहा है। पिता रूपी भूत वास्तव बेटे से काल्पनिक दूरी बनाए रखता है। दिक्कत यह है कि अस्मिता भूत है और वर्तमान भी है। यह ऐसा शरीर है जो कभी था और आज भी है। यहां अन्य के संदर्भ से अस्मिता पहचान बनाती है और फिर अन्य में ही तब्दील हो जाती है। अन्य से अन्य का जन्म, अन्य के आधार पर स्व की पहचान, विषय और व्यक्ति की पहचान, चेतना, स्प्रिट आदि का निर्धारण करने लगते हैं। देरिदा के यहां पर जो 'भूत' है वह परंपरागत किस्म के सोच को चुनौती देता है। वह जीवित और मृत के बीच के विरोध में आश्वासन का काम करता है। वह स्व की पहचान, समय और स्थान की धारणा को भी चुनौती देता है।

आमतौर पर हम यही कहते हैं कि हमने कल भूत देखा था या उस घर में भूत है। देरिदा ने सवाल किया है भूत के साथ बीता कल कैसे जुड़ गया ? जबकि भूत तो वह है जो समय और स्थान के परे है। समय के तीन रूप हैं भूत, भविष्य और वर्तमान। भूत इनमें से किसी के दायरे में नहीं आता। जब हम कहते हैं कि मैंने उस घर में भूत देखा तो हम भूल ही जाते हैं कि भूत घर में नहीं रहता। ज्योंही हम भूत को खोजने जाएंगे वह नहीं मिलेगा। ज्योंही भूत को खोजेंगे कि वह कहां है और कब देखा था, उसका वास्तव में पता नहीं चलेगा। यही वह भूत है जो हमें अन्य के विमर्श में मिलता है और अन्य का विमर्श अंततः शून्य के विमर्श में विलीन हो जाता है। भूत हमेशा 'कोई है' और 'कोई अन्य है' यहां इन दोनों में समानता है। हमारे बीच में उत्तर-आधुनिकता ने जितने भी विमर्श फेंके हैं वे सब भूत विमर्श हैं, ऐसे विमर्श हैं जो जीवन में हैं भी और नहीं भी। इनमें कौन सा विमर्श कब आरंभ हो जाए कहना मुश्किल है। विमर्श की अनिश्चितता ही है तो किसी भी चीज को उत्तर-आधुनिक चंचल अवस्था में रखती है। उत्तर-आधुनिक विमर्श कब आरंभ होता है और किस तरह आरंभ होता है और किससे बंधा या जुड़ा है ? ये तीनों चीजें ध्यान देने योग्य हैं। इन पर ही राजनीतिक और साहित्यिक निर्णय निर्भर करता है।

उत्तर-आधुनिकों ने वंचितों को केंद्र में रखकर कोई गंभीर काम नहीं किया है। अथवा भूत ने कभी उत्पीड़ितों को संबोधित नहीं किया है। उत्तर-आधुनिक सवालों पर हमेशा बहस बहुआयामी स्थितियों और अर्थों को जन्म देती है। प्रत्येक उत्तर-आधुनिक साहित्य समस्या राजनीतिक अभिव्यक्ति से भरी होती है। चूंकि उत्तर-आधुनिक का अर्थ अनिश्चित होता है अतः उसकी राजनीति भी निश्चित नहीं होती है। आलोचना जिस चीज को देखती है वह वास्तव और अवास्तव का

अस्थिर रूप है। फलतः यथार्थ और अयथार्थ में जीवंत और मृत के बीच में अंतर करना मुश्किल है। इसके कारण राजनीतिक और साहित्यिक फैसले लेना असंभव हो जाता है। यानी उत्तर-आधुनिकता का स्थायी भाव है दुविधा। देरिदा ने *स्पेक्टर्स ऑफ मार्क्स* में इतिहास की भिन्न धारणा का इस्तेमाल किया है। वैसे गौर से देखें तो इतिहास की परंपरागत धारणा का इस्तेमाल करने के कारण फुकुयामा और ल्योतार 'इतिहास के अंत' की थ्योरी पर एकमत हो जाते हैं जबकि देरिदा भिन्न तरीके से देखते हैं। वैसे इन दोनों में कोई भी साझा तत्व नहीं है। ऐतिहासिक घटनाओं को देखने की परंपरागत धारणा के अनुसार इतिहास मृत है। प्रत्येक चीज एक-दूसरे के खिलाफ खड़ी है। कोई भी धड़ा अपनी समझ के बारे में, उसके परिणाम के बारे में पुनर्विचार करने को तैयार नहीं है।

उत्तर-आधुनिकतावाद हमेशा नीचे से आता है। यह राजनीति के दोनों ओर होता है। वह अपना नीचे के बरक्स बचाव करता है। उत्तर-आधुनिकतावाद राजनीतिक सिक्के के दोनों ओर के अनुमानों को काटता है। राममंदिर आंदोलन के संदर्भ में भाजपा और कांग्रेस की भूमिका इस संदर्भ में आदर्श नमूना है। दलित साहित्य प्रसंग, अस्मिता राजनीति और बहुजन समाज पार्टी का बदला हुआ नारा और मुहावरा, जनगणना में जाति की गणना का फैसला और पश्चिम बंगाल सरकार द्वारा मुसलमानों को नौकरियों में दिया गया 10 प्रतिशत आरक्षण इसके आदर्श उदाहरण हैं।

उत्तर-आधुनिकतावाद ने प्रगतिशील या रेडीकल या क्रांतिकारी परिभाषा को भी बदला है। उत्तर आधुनिक जमाने में मीडिया और उत्तर-आधुनिक विचारकों का रेडीकल उसे कहा जो फंडामेंटलिस्ट होता है। जबकि प्रगतिशील या क्रांतिकारी को कठमुल्ला कहा। इसके कारण राजनीतिक अवधारणाओं के अर्थ का बड़े पैमाने पर विपर्यय हुआ और उत्तर-आधुनिकतावाद ने अराजनीतीकरण में बड़ी भूमिका अदा की। अराजनीतिक को महान प्रगतिशील घोषित किया गया। प्रगतिशील और कंजरवेटिव दोनों ही अपने-अपने कारणों से उत्तर-आधुनिकतावाद का प्रतिवाद कर रहे हैं।

उत्तर-आधुनिकतावाद के संदर्भ में साहित्य में क्या घटा है इसके बारे में देरिदा ने बेहतर रोशनी डाली है। मार्क्स और *हेमलेट* का मूल्यांकन करते हुए लिखा है इस युग में साहित्य के सवाल राजनीति के सवालों को खोल रहे हैं। यही स्थिति राजनीति की है। आप राजनीति के सवाल उठाते हैं तो उससे साहित्य के सवाल खुलते हैं यानी साहित्य और राजनीति में एक-दूसरे के बरक्स सवाल उठ रहे हैं। इसी तरह साहित्य में जो सवाल उठे हैं या उठाए जा रहे हैं वे निज या सेल्फ को उद्घाटित करने वाले हैं। वे ही बातें लिखी जा रही हैं जो अस्मिता की संगति में

आती हैं। निज की संगति में आती हैं। अपने से मिलते-जुलते विचारों को जब आप साहित्य में उठाते हैं तो आपको सैद्धांतिकी की कोई जरूरत नहीं होती। साहित्य में अब आप अपने विचारों के जरिये विचारों की यात्रा करते हैं। जब आप अपने जरिये या अस्मिता के जरिये विचारों की यात्रा करते हैं तो आप अस्मिता के जितने भी लक्षण हैं उन सब पर सवालिया निशान लगाते जाते हैं और इस प्रकार अस्मिता पर ही सवाल खड़े कर देते हैं। अस्मिता पर सवाल वे ही खड़े करते हैं जो अस्मिता की सबसे ज्यादा वकालत करते हैं। वे आत्म के बारे में सवाल खड़े करते हैं।

राममंदिर आंदोलन, दलित साहित्य, स्त्री साहित्य, आरक्षण आदि उत्तर आधुनिक प्रसंगों में यह सब घटता रहा है। उत्तर-आधुनिकता के कारण साहित्य में अस्थिर करने वाले सवाल या नजारे के सवाल उठते रहे हैं। हाल ही में साहित्य में उठता 'राय-कालिया' विवाद नजारे का सवाल है। नजारे के सवालों का साहित्य से कोई संबंध नहीं होता। मौजूदा 'राय-कालिया' प्रकरण का साहित्य और साहित्यालोचना से कोई संबंध नहीं है।

बी.एन. राय के बयान को साहित्य मानकर चलना गलत होगा। चाहे वह बयान साहित्यिक पत्रिका में ही क्यों न छपा हो। बयान तो बयान है वह साहित्य या आलोचना कैसे हो सकता है ? मुंह से निकली प्रत्येक बात आलोचना नहीं होती। लेखक का प्रत्येक कथन साहित्य नहीं होता। ऐसी स्थिति में हमें बयान, विचार और साहित्य के बीच में अंतर करना चाहिए। इन दिनों यह गलतफहमी हमारे बड़े-बुजुर्गों को भी हो गई है। मसलन नामवर सिंह जैसे बड़े आलोचक भी यह मानकर चल रहे हैं कि उनका प्रत्येक वाक्य साहित्य होता है। उनके भक्त भी यही मानकर उनके बोले को साहित्य बनाने में लगे हैं। अरे भाई यदि ऐसा ही होगा तो डॉक्टर का प्रत्येक कथन मर्ज का उपचार माना जाएगा। गीतकार का प्रत्येक वाक्य गीत, संगीतकार का प्रत्येक कदम संगीत और शिक्षक का प्रत्येक कथन तो अकादमिक धरोहर की कोटि में रखना पड़ेगा। यह मूलतः विभ्रम है। विभ्रम में ज्ञान, तमीज, तहजीब, साहित्य खोजना विभ्रम से विभ्रम की ओर जाना है। इसका सर्जनात्मकता से कोई संबंध नहीं है।

कुछ उत्तर-आधुनिकवादी मानते हैं, साहित्य और साहित्य सिद्धांत में कोई भेद नहीं है, जबकि सच यह नहीं है। साहित्य का उदय ऐतिहासिक प्रक्रिया में होता है और पहले वह महज संयोग या दुर्घटनावश जन्म लेता है। यह कहना सही नहीं है कि साहित्य आता है तो उसके पीछे आलोचना भी चली आती है। भक्ति आंदोलन का महान साहित्य जब लिखा जा रहा था तो उस समय भक्ति आंदोलन की आलोचना

पैदा नहीं हुई थी। इसी तरह रैनेसां के समय हमारे लेखक नहीं जानते थे कि यह रैनेसां काल है। यह तो 1940 के बाद नामकरण किया गया कि भारतेंदु युग रैनेसां युग है। यही स्थिति अन्य काव्यांदोलनों की भी है। कहने का आशय यह है कि साहित्य और साहित्यालोचना या सैद्धांतिकी में साम्य मानना गलत है। साहित्य का संदर्भ और साहित्यालोचना के संदर्भ में हमेशा बड़ा अंतर रहा है। भारतेंदुयुग में साहित्य के जो प्रश्न हैं वैसे सवाल आलोचना ने नहीं उठाए हैं। वहां तो भाषा के और सामान्य सवाल उठाए गए हैं। साहित्य समीक्षा वहां नहीं लिखी गई है। भारतेंदु युग के लेखक निबंध लेखक हैं आलोचक नहीं हैं। मसलन भारतेंदु के नाटकों पर जितना आजादी के बाद काम हुआ है वैसा लेखन भारतेंदु युग के आलोचकों के यहां नहीं मिलता। यही हाल छायावाद का है।

साहित्य और साहित्यालोचना के विशेष संदर्भ में दो फार्मूले घटे हैं। पहला फार्मूला है जो साहित्य में 'अंदर-बाहर' का संबंध मानकर चलता है। दूसरा फार्मूला है जो साहित्य में सत्य और व्यवहार के अंतस्संबंध पर जोर देता है। भारतेंदु युग के आलोचक 'अंदर-बाहर' के संबंध को नहीं मानते थे। इस संबंध पर ध्यान 1930-31 के बाद गया और यही वजह है छायावाद से छायावादियों का मोहभंग हुआ। भारतेंदु युग में साहित्य की पत्रिकाओं में छपने वाली प्रत्येक सामग्री साहित्य के रचनात्मक दायरे में शामिल नहीं की गई। उनके यहां सर्जनात्मक साहित्य और गैर सर्जनात्मक साहित्य का अंतर था। यह स्थिति लंबे समय तक बनी रही। इससे साहित्य का दायरा सीमित हुआ। हमारी अस्मिता का सीमित रूप उजागर हुआ। उस समय सर्जनात्मक पाठ पर जोर था लेकिन यह चीज ज्यादा दिनों तक चलने वाली नहीं थी। सन् 1960 के बाद से हिंदी आलोचना में मूलगामी बदलाव आता है और खुले पाठ की धारणा का प्रवेश होता है। अब साहित्य के आगे-आगे आलोचना चलने लगी। रामविलास शर्मा, मुक्तिबोध, नामवर सिंह आदि की आलोचना में यह लक्षण साफ दिखते हैं। नई कहानी के प्रसंग में नामवर सिंह ने खासतौर पर आलोचना को साहित्य के आगे चलने वाली मशाल बना दिया, बाकी लेखक भी यह काम कर रहे थे। इस संदर्भ में देखें तो ये लोग साहित्य को खुले पाठ की तरह देख रहे थे। उसे एक क्रमबद्ध व्यवस्था की तरह देखने के बजाय मनमाने क्रम में रखकर देख रहे थे। नई कहानी आंदोलन का सबसे बड़ा योगदान यह था कि उसने साहित्य के आगे आलोचना या साहित्य सैद्धांतिकी को रख दिया था। ऐसा करते हुए उन्होंने साहित्य की अस्मिता पर ही प्रश्नचिह्न लगा दिया। अब तक साहित्य की अस्मिता प्रधान थी, लेकिन नई कहानी के समय आलोचना की अस्मिता प्रधान हो गई।

साहित्य की पहचान को, नई कहानी की पहचान पर ही सवाल खड़े किए गए। बाद में इसको साहित्य ने हजम कर लिया। अब साहित्यालोचना उन कृतियों की ओर चली गई जिन लेखकों के बारे में हम कम जानते थे, जिनको स्थापित करने की जरूरत थी, जो अपने को उपेक्षित महसूस करते थे। यह काम स्वयं नामवर सिंह ने किया, उन्होंने 'कहानी-नई कहानी' लिखने के बाद उन कवियों पर लिखा जो प्रगतिशील थे लेकिन आलोचना में स्थापित नहीं किए गए थे। इस तरह के लेख उनकी किताब *कविता के नए प्रतिमान* और *कविता की जमीन और जमीन की कविता* में देख सकते हैं। वे इस क्रम में 'अंदर-बाहर' की थ्योरी का इस्तेमाल करते हैं और कविता के जरिये साहित्य की अस्मिता को पुष्ट करते हैं।

इस क्रम में एक और फिनोमिना सामने आया है जो 'अंदर-बाहर' की सैद्धांतिकी का अतिक्रमण करता है। वह है 'बाहर से बाहर की ओर' यात्रा। इस मॉडल के प्रसंग में नामवर सिंह की दो किताबें *प्रेमचंद और भारतीय समाज* और *जमाने से दो-दो हाथ* को रखा जा सकता है। इन किताबों में शामिल निबंध ऐसे समय में लिखे गए जब साहित्य में 'अंदर और अंदर' जाने की बातें की जा रही थीं। उस समय साहित्य में 'बाहर से बाहर' का मॉडल लागू किया गया। इस मॉडल में पुनरावृत्ति के चांस ज्यादा होते हैं, अतः नामवर सिंह के विचारों में पुनरावृत्ति दिखाई देती है। ये किताबें 'साहित्य' और 'राजनीति' के बीच में गंभीर विभ्रम की सृष्टि करती हैं। खासकर *जमाने से दो-दो हाथ* के बारे में यह तय करना मुश्किल है कि यह साहित्य की किताब है या राजनीति की। इस किताब के संपादक और प्रकाशक को भी यह तय करने में मुश्किल आई है कि इस किताब को किस केटेगरी में रखे। नामवर सिंह की किताबों *कविता की जमीन और जमीन की कविता, प्रेमचंद और भारतीय समाज, हिंदी का गद्य पर्व* और *जमाने से दो-दो हाथ* में लेखक और संपादक यह मानकर चल रहे हैं कि प्रत्येक चीज साहित्य है। यही वह बुनियादी समझ है जिसके तहत इन किताबों को साहित्यालोचना के नाम पर प्रसारित किया जा रहा है। 'प्रत्येक चीज साहित्य है' का दावा असल में 'हर चीज राजनीतिक है', नारे की तर्ज पर गढ़ा गया है। प्रत्येक चीज साहित्य है, के नाम पर ही बेवकूफियों, लफंगई और बेहयाई को भी साहित्य की कोटि में रखा जा रहा है। 'प्रत्येक चीज साहित्य है' के नारे का साहित्य के अंदर के संसार से कोई संबंध नहीं है। 'सब कुछ राजनीति या साहित्य है' के नाम पर जो विभ्रम चल रहा है उसने यह समस्या भी पैदा की है कि प्रत्येक पाठ की राजनीतिक रीडिंग की जा सकती है। इस धारणा के पीछे यह समझ है कि साहित्य में राजनीतिक कल्पनाओं के अतिक्रमण की क्षमता होती है। इसके

अलावा यह भी कह सकते हैं कि राजनीति से बच नहीं सकते बल्कि साहित्य में राजनीति संभव है। ऐसे भी आलोचक हैं जो प्रत्येक साहित्यिक कृति को राजनीतिक नजरिये से नहीं पढ़ते। वे मानते हैं कि कुछ पाठ ऐसे हैं जो राजनीति के बाहर हैं जैसे *रामचरितमानस* आदि।

उत्तर-आधुनिक आंदोलनों का दिशाहीन अंत

उत्तर-आधुनिकतावाद को भारत में वामपंथी साहित्यकारों ने नकारात्मक रूप में देखा है। वे इसे साहित्य के लिए जहर मानते हैं बल्कि प्रतिगामी ताकतें जैसे भाजपा आदि उत्तर-आधुनिकतावाद को सामाजिक बीमारी का समाधान मानकर चल रहे हैं। राममंदिर आंदोलन का लक्ष्य था मध्यकाल में हिंदुओं पर हुए अत्याचारों को दुरुस्त करना, इसलिए वे बाबरी मस्जिद की जगह मंदिर बनाना चाहते थे। वे बीमारी के उपचार के रूप में राममंदिर आंदोलन को प्रचारित करते रहे। उनका ऐसा करना अंतर्विरोधी कदम था। उन्होंने दुरुस्त करने के चक्कर में बाबरी मस्जिद को गिरा दिया, उसका उत्सव मनाया, कोर्ट का अपमान किया, संविधान का उल्लंघन किया।

इसी प्रसंग में धर्मनिरपेक्षता और हिंदुत्व के बीच में ध्रुवीकरण हो गया और धर्मनिरपेक्षता के नाम पर संघ परिवार ने वाम को निशाना बनाया। अब एक-दूसरे पर दोषारोपण का अंतहीन सिलसिला चल निकला। इस परिप्रेक्ष्य में देखें तो कोई भी राजनीतिक जिम्मेदारी उठाने के लिए तैयार नहीं था। राममंदिर का शिलान्यास किया धर्मनिरपेक्ष राजीव गांधी ने, अयोध्या से ही अपने चुनाव अभियान का आरंभ किया। इसी तरह भाजपा और संघ परिवार के संगठनों ने बाबरी मस्जिद तोड़ी और राममंदिर के नाम पर सारे देश में मुस्लिम-विरोधी उन्माद पैदा किया गया। मजेदार बात यह है कि इसका उन्होंने राजनीतिक लाभ उठाया लेकिन राजनीतिक जिम्मेदारी उठाने से कन्नी काटते रहे। जब राजनीतिक जिम्मेदारी नहीं उठाते तो अराजनीतीकरण होता है और इसी अर्थ में उत्तर-आधुनिकतावाद अराजनीतीकरण को जन्म देता है। इसी तरह अन्य उत्तर आधुनिक आंदोलनों पर भी विचार करना चाहिए। यह आयरनी है कि जिस आंदोलन के लिए लोग पागलपन की हद तक दीवाने थे, गलियों-मुहल्लों में वैचारिक मुठभेड़ें हो रही थीं और चारों ओर लग रहा था कि यह आंदोलन मूलगामी परिवर्तनों का वाहक बनेगा। एक अवधि के बाद पाते हैं कि वही आंदोलन और उससे जुड़ा विचार गायब है। मेरा संकेत रामजन्मभूमि-बाबरी मस्जिद विवाद आदि विषयों को लेकर उठे उत्तर-आधुनिक आंदोलनों की ओर है। आरएसएस जैसा अनुशासित संगठन जिस आंदोलन का आधार हो और संगठित कार्यकर्ताओं की

जिसके पास फौज हो, ऐसी फौज जो कभी भी कुछ भी कर सकती हो, ऐसे नेता जो सोई हुई जनता को जगा सकते हों, जिनके पास हिंदुत्व का प्रखर विचार हो। अकाट्य तर्क प्रणाली हो। हिंदुत्व पर जान देने वालों की पागलों जैसी संगठित शक्ति हो। ऐसे आंदोलन जब गायब हो जाते हैं तो सोचने के लिए बाध्य होना होता है कि उत्तर प्रदेश और देश में यह आंदोलन कहां गुम हो गया ? सारे देश में हिंदुत्व और राममंदिर का बिगुल बजाने वाले संत-महंत-तोगड़िया-आडवाणी-अटलजी जैसे नेता कहां गायब हो गए ?

मूल सवाल यह है कि राममंदिर या उसके जैसे उत्तर-आधुनिक आंदोलनों का अंत कैसे हो जाता है ? कल तक जो जनांदोलन लग रहा था वह अचानक कहां गायब हो गया ? जो विचार कल तक भौतिक शक्ति नजर आ रहा था अचानक मुर्दा विचार में तब्दील कैसे हो गया ? क्या जे.पी. आंदोलन में कम ऊर्जा थी ? लेकिन वह भी गायब हो गया। पंजाब के सिख राज्य के आतंकी आंदोलन, असम के छात्र आंदोलन, मेधा पाटकर के नर्मदा बचाओ आंदोलन, चंडी भट्ट के उत्तराखंड में चले पेड़ बचाओ-पहाड़ बचाओ आदि आंदोलन कहां गायब हो गए ? इनके साथ जुड़े विचार क्यों असरहीन हो गए ? ये सब उत्तर-आधुनिक आंदोलन हैं। उत्तर-आधुनिक आंदोलनों के नायक और उनके विचार जीते जी क्यों निरर्थक हो जाते हैं ? क्या इन आंदोलनों से जुड़े लोग कभी गंभीरता के साथ इनके जवाब देंगे?

क्या अमेरिका-इस्राइल के अंधभक्त बताएंगे कि उनके आतंकवाद विरोधी आंदोलन को सारी दुनिया की जनता में लगातार अलगाव क्यों झेलना पड़ रहा है? इराक में सद्दाम हुसैन के खिलाफ सारी दुनिया के मीडिया और सेना की शक्ति झोंकने के बावजूद इराक की जनता का दिल जीतने में अमेरिका और उसके मित्र राष्ट्र असफल क्यों रहे हैं ? इराक पर हमला करने के पक्ष में दिए गए उनके सारे दावे और प्रमाण क्यों गलत साबित हुए हैं ? क्या वजह है कि अफगानिस्तान और इराक की जनता का विश्वास जीतने में अमेरिका असफल रहा है, उसके सैन्य मिशन असफल रहे हैं। सारी दुनिया में समाजवादी व्यवस्था को गिराकर ग्लोबलाइजेशन के नाम पर खुशहाली का नारा अब अपनी प्रासंगिकता खो चुका है। उत्तर-आधुनिक सपने क्यों बिखर गए ? आज इन आंदोलनों की धारणाएं गलत लग रही हैं और इनके विचार बिखर चुके हैं। क्या कोई वामपंथी आलोचक बताएगा कि उत्तर-आधुनिक आंदोलन क्यों गायब हो गया ? ये सभी आंदोलन सिर्फ पुरातात्विक महत्व के होकर रह गए हैं।

आज उत्तर-आधुनिक आंदोलनों की भाषा मर गई है। उसके विचार भी मर गए हैं। उत्तर-आधुनिक आंदोलनों की भाषा अब अटपटी लगने लगी है। ऐसा क्यों हुआ कि अधिकांश उत्तर-आधुनिक आंदोलन अंततः दक्षिणपंथी राजनीति की ओर ही गए। कुछ ऐसे सिरफिरे भी हैं जो माओवाद के नाम क्रांति की तलाश करते हुए क्रांतिकारी कतारों को ही काट रहे हैं और अपने युग के कालिदास बने बैठे हैं। उत्तर-आधुनिक आंदोलन कालिदासों का आंदोलन था। वे कालिदास की तरह जिस डाल पर बैठे थे उसी को काट रहे थे। थोड़ा और विवाद को आगे बढ़ाएं और सोचें कि हाशिये और केंद्र के संघर्ष का क्या हुआ ? व्यवस्था को चुनौती देने वाली शक्तियां कहां चली गईं ? हाशिये के लोगों को आरक्षण मिल गया, उन्होंने जश्न मनाया, लेकिन विषमता का क्या हुआ ? विषमता घटने के बजाय क्यों बढ़ती चली गई ? यदि ग्लोबलाइजेशन से सारी जनता को लाभ मिलता है, हाशिये के लोग सबसे ज्यादा लाभान्वित होते हैं तो आरक्षित जातियां अब भी पिछड़ी क्यों हैं? अधिकांश इलाकों में सामाजिक-सांस्कृतिक और आर्थिक वैषम्य क्यों बढ़ा है ? जो लोग अल्पसंख्यकों और बहुसंख्यकों की हिमायत करते थे वे इन दोनों समुदायों में विषमता कम करने में असफल क्यों हुए हैं ? कहने का तात्पर्य यह है कि जो आंदोलन कभी व्यापक, केंद्रीय तथा सृजनात्मक था वह अब कुल मिलाकर सक्रिय नहीं रहा। कल तक जो आंदोलन और उसकी धारणाएं प्रासंगिक थीं अब निरर्थक हो गई हैं। अब वे विरोधाभासी लगने लगी हैं। यही उत्तर-आधुनिकता के अंत की घोषणा है। वह दूसरों को नष्ट करते-करते स्वयं को ही नष्ट कर बैठा। यह निर्मित यथार्थ, निर्मित राजनीति और निर्मित विमर्श की स्वाभाविक परिणति है।

शहर

शहर का आख्यान जीवन की सही समझ और सही सैद्धांतिक फ्रेमवर्क से बनता है। सवाल यह है एक शहर को कहां से और कैसे देखते हैं ? शहर विभिन्न रंगत, विभिन्न संस्कृतियों और विभिन्न 'एथनीक' समूहों से बनता है, वे ही उसकी धुरी हैं। हम देखें शहर में मूल निवासी कितने हैं और बाहर से कितने लोग आए हैं, उनके जाति, धर्म, भाषा, बोली, साहित्यिक अभिरुचियां, लोकसंस्कृति, खान-पान की आदतें, संस्कार और रोजगार की अवस्था किस तरह की हैं। इससे शहर के एथनिक चरित्र को परिभाषित करने में मदद मिलेगी। एथनिक समूह की सम-सामयिक अवस्था और सांस्कृतिक चेतना को समझने में मदद मिलेगी। इसी क्रम में शहर में व्यक्ति की 'निजी एथनिसिटी' और 'सामाजिक एथनिसिटी' की स्वायत्त सत्ता और

अंतर्क्रियाओं को देखना चाहिए। इस तरह के मूल्यांकन की मुश्किल यह है कि इसमें ऐतिहासिकता का निषेध अंतर्निहित है। यह मॉडल किसी भी एथनिक समूह के ऐतिहासिक विकास के परिप्रेक्ष्य की अनदेखी करता है। इसमें एथनिक पुनरुत्थानवाद का खतरा भी है।

समाजशास्त्रियों के एक वर्ग में यह मान्यता है कि दो विश्वयुद्धों ने आदिवासीवाद, राष्ट्रवाद और नस्लवाद इन तीनों को खत्म कर दिया। लेकिन वास्तविकता इस दावे को पुष्ट नहीं करती। आमतौर पर सहमति है दुनिया बहुलता केंद्रित है। इसके बावजूद धार्मिक समूहों की पहचान का सवाल हठात विवादों के केंद्र में आ गया है, पेरिस से लेकर न्यूयॉर्क, मुंबई से लेकर कोलकाता तक यह समस्या फैली हुई है। शहरों में मुस्लिम समुदाय के सदस्य को आसानी से मकान भाड़े पर नहीं मिलता। पेरिस में हाल ही में जो आतंकी हमला हुआ उसके बाद से आपातकाल लगाया जा चुका है और खासकर मुसलमानों पर ही सत्ता के हमले हो रहे हैं। महानगरों की चकाचौंध में एथनिक अंतर्विरोध और जातिगत घृणा छिपी रहती है, लेकिन संकट की घड़ी में सतह पर उभर आती है। आज शहरों में मुसलमान या अछूत को सवर्ण हिंदू अपने इलाके में घर खरीदने नहीं देते, भाड़े पर घर नहीं देते। आधुनिक राष्ट्र-राज्य इस अंतर्विरोध को हल नहीं कर पाया है। शहरीकरण के कारण पुरानी पहचान, मूल्य, संस्कार, आदतें खत्म कम हुए हैं, लेकिन पूरी तरह खत्म नहीं हुए, नए संस्कार, आदतें और जीवनमूल्य धीमी गति से निर्मित हो रहे हैं। आज स्थिति यह है शहरों में पुरानी पहचान के रूप चुनौती बनकर खड़े हैं। जो लोग गांवों से शहरों की ओर 'माइग्रेट' करके आ रहे हैं उनकी मुश्किल यह है कि वे अपनी जड़ों से कटकर आ रहे हैं। लेकिन कुछ अवधि के बाद उनमें पुरानी पहचान के रूप धीरे-धीरे विकृत रूप में फिर से पैदा होने लगते हैं। इस प्रक्रिया में एकसमूह है जिसका रूपांतरण हो रहा है लेकिन एक छोटा समूह है जो रूपांतरण नहीं कर पा रहा है, उसी के साथ नए किस्म की एथनिक टकराहट नजर आ रही है। पहले सोचा गया शहरीकरण से जातिप्रथा नष्ट होगी, लेकिन शहरों के असमान विकास ने एक ही शहर में दो शहर पैदा कर दिए, इनमें एक शहर वह है जिसे हम झुग्गी-बस्ती इलाका कहते हैं, यहां पर 'माइग्रेट' लोगों का जमघट मिलेगा, इनके इलाके में नगरपालिका से लेकर नागरिक सुविधाओं तक सबका अभाव मिलेगा। ये इलाके समानांतर अर्थव्यवस्था के गढ़ भी हैं, फलतः एथनिसिटी के साथ जाने-अनजाने अपराध जुड़ गया है। यहीं पर बड़ी संख्या में पिछड़ी और अंत्यज जातियां विस्थापित होकर गांवों से आकर बसी हैं। इनके इलाकों में सामान्य नागरिक सुविधाएं उपलब्ध नहीं हैं। ये नागरिक

नहीं, स्लमवासी हैं। इनके पास न सुरक्षा है, न कानून है और न नगरपालिका की सुविधाएं हैं। ये बस्तियां शहर के अंदर एक और शहर हैं। यहां नए किस्म का नरक दिखता है। यह नरक हमारे सभ्य शहरी विमर्श के बाहर है। इसलिए एथनिसिटी के साथ शहरी आख्यान को निर्मित करने लिए जाति और विस्थापन इन दो तत्वों का नागरिक परिप्रेक्ष्य में नए सिरे से अध्ययन करने की जरूरत है। सवाल यह है नया शहर किस तरह का स्पेस या स्थान रच रहा है। स्थान कोई मूल्यहीन तत्व नहीं है बल्कि वह अर्थपूर्ण संरचना है। स्पेस में निजी और सामूहिक स्थान, निजी और सार्वजनिक परिवेश को सम-सामयिक परिप्रेक्ष्य में देखना चाहिए।

'नगर' के आख्यान की खोज में हमें बहुत सारी बातें बुनियादी तौर पर अपने जेहन में साफ रखनी होंगी। मसलन, 'नगर', 'नगरपालिका' और 'नागरिक चेतना' आदि। अब 'नगर' की जगह 'शहर' ने ले ली है, 'नगर' का 'शहर' में रूपांतरण अपने आपमें बहुत कुछ कहता है, 'शहर' हैं और उसमें 'शहरी' हैं और 'शहरी चेतना' है। इन पदबंधों के प्रयोग में ही बहुत कुछ बदल गया है, यह बदलाव वह है जो हमारे जीवन में आया है। इस प्रसंग में मुझे प्रो. मोहम्मद हसन की बात याद आती है। उन्होंने लखनऊ पर केंद्रित अब्दुल हलीम 'शरर' की किताब *पुराना लखनऊ (गुजिश्ता लखनऊ)* की भूमिका में शहर के मूल्यांकन के प्रसंग में नगर के परिप्रेक्ष्य के साथ सभ्यता को जोड़कर देखा और लिखा है, 'सभ्य का मजाक उड़ाना आसान है लेकिन सभ्यताओं की विभिन्न परतें पहचानना और उनकी आत्मा तक पहुंचना आसान नहीं। सभ्यता सिर्फ रखरखाव, अभिवादन, रस्म-रिवाज और शिष्टाचार का नाम नहीं, वेशभूषा, खानपान या मनोरंजन के साधन और मेले-ठेले भी सभ्यता नहीं—ये तो मात्र सभ्यता के बाह्य लक्षण हैं और इनके माध्यम से किसी युग की सभ्यता की आत्मा तक पहुंचने की कोशिश करनी चाहिए।'

शहर का आख्यान पढ़ते समय सभ्यता की परतों को खोलना चाहिए। हर सभ्यता अपने साथ नए किस्म का सौंदर्य-बोध लेकर आती है और उसके सौंदर्य-बोध के अनुरूप शहरीजनों की मनोदशा धीरे-धीरे ढलती चली जाती है। मसलन एक जमाना था शहरों में अभिवादन का तरीका धार्मिक संबोधन से शुरू होता था, आज भी अनेक शहर है जहां अभिवादन के लिए लोग धार्मिक संबोधन का इस्तेमाल करते हैं। मसलन, मथुरा चले जाइए एक वर्ग ऐसा मिलेगा जो 'राधे-राधे', 'जयश्रीकृष्ण' या 'जै माईजी की' कहता मिलेगा। लखनऊ में एक जमाने में 'सलाम अलैक', 'सलाम अलैकुम' आदि धार्मिक संबोधन चलते थे, जिनको लखनवी सभ्यता ने 'आदाब', 'तसलीम' और 'कोरनिस' आदि संबोधनों के जरिये अपदस्थ किया।

कालांतर में सामाजिक जीवन में गुडमॉर्निंग, गुड ईवनिंग, हलो, हाय, नमस्ते आदि का जन्म हुआ। मिसाल के तौर पर धार्मिक संस्कार और सांस्कृतिक पर्वों का शहरी लोगों के जीवन में महत्व होता था, मसलन, पहले मुहर्रम मुसलमानों का और वसंत हिंदुओं का त्योहार होता था, बाद में ये त्योहार कुछ इस तरह मनाए जाने लगे कि ये सामाजिक त्योहार में तब्दील हो गए, उसी तरह 'होली' शूद्रों का त्योहार था लेकिन आज वह सामाजिक त्योहार है। इसी तरह शहर की सजावट, बनावट, नफासत आदि का संबंध भी सभ्यता के साथ जुड़ा है। इसलिए शहर पर बात हो तो सभ्यता की परतों, सभ्यता और संस्कृति के मिश्रित रूपों को खोजना चाहिए, साथ ही सभ्यता के नीचे चल रहे अंतर्विरोधों और टकरावों पर भी नजर रखनी चाहिए।

पुराने जमाने में शहरों पर बात होती थी तो सभ्यता के रूपों पर भी बात होती थी लेकिन आजकल शहरों के आख्यान की जब खोज करते हैं और बात करते हैं तो सभ्यता पर कम सतह के सवालों पर ज्यादा बातें करते हैं, सभ्यता के इकसार रूप की चर्चा अधिक करते हैं। नगर सभ्यता में जब नगर के आख्यान को खोजते हैं तो सभ्यता में प्रवेश करते हैं लेकिन नए शहर का आख्यान खोजते हैं तो तात्कालिक या सामयिक स्वरूपों तक सीमित रहते हैं। सम-सामयिकता आख्यानों में हावी रहती है। यानी शहर का आख्यान शहर की सभ्यता की स्मृतियों से विच्छिन्न होकर हमारे सामने आता है। नगर के आख्यान का भोक्ता नगर के गौरव में रहता था, संस्कृति के बांकपन में जीता था, देशज विशेषताओं में जीता था। नया शहरी इसके विपरीत संस्कृतिहीन उपभोक्ता की तरह जीता है। आज के शहरी के पास अपने को सजाने-संवारने के बहुत सारे उपकरण हैं, ऊपरी साजो-सामान है, लेकिन सभ्यता नहीं है, वह अपने शहर की विरासत से नावाकिफ है। हर शहर की अपनी सभ्यता है, उसके कुछ प्रमुख लक्षण हैं, सांस्कृतिक उपलब्धियां हैं, शिष्टता और लोकाचार की कुछ खूबियां हैं जिनको खोजने की जरूरत है।

अब्दुल हलीम 'शरर' के अनुसार शहर के आख्यान को पढ़ने के लिए हमें कुछ पहलुओं पर गौर करना चाहिए, ये हैं, 1.मकान, 2. फर्नीचर, 3. वेशभूषा, 4. शिष्टाचार, 5. शालीनता, 6. अभिवादन, 7. संबोधन और कुशल-क्षेम पूछना, 8. हास्य का ढंग, 9. शादी-गमी की महफिलें, 10. मजलिसें, 11. धार्मिक आयोजन।

घर कैसा है ? इससे अंदाजा लग सकता है कि शहर किस संस्कृति में ढल रहा है। एक जमाना था जब दिल्ली-लखनऊ के पुराने शहरों में 'बाह्य प्रदर्शन' और 'शानदारी' सिर्फ शाही महलों और प्रासादों तक सीमित थी। पुराने जमाने में अमीर व्यापारी जो मकान बनवाते थे वे अंदर से कैसे भी विशाल हों लेकिन बाहर से

देखने में साधारण होते थे। बाहर से मामूली मकान लगते थे, इसका प्रधान कारण यह था कि बाहर से भव्य-सुंदर दिखने वाले मकान पर शाही खानदान कब्जा कर लेता था। इसलिए पुराने जमाने में सिर्फ महल ही बढ़िया होते थे लेकिन आम लोगों के मकान एकदम साधारण और बाहर से देखने में साधारण हुआ करते थे। दूसरा कारण यह था कि यदि जनता का शानदार मकान बनवाना शाही परिवार के खिलाफ बगावत मानी जाती थी। इन मकानों में रहने वालों का शाही परिवार अमन-चैन के साथ जीना मुश्किल कर देता था। यही वजह है दिल्ली में मकबरे और महल तो सुंदर हैं लेकिन आम जनता का कोई सुंदर मकान नजर नहीं आएगा।

यूरोप के मकान और भारतीय मकानों में उस जमाने में एक और अंतर था, यूरोप के लोग कोठीनुमा मकानों में रहते थे, भारत के लोग इससे भिन्न किस्म के मकानों में रहते थे, यूरोप की कोठी में आंगन नहीं होता था, क्योंकि यूरोप में औरतों को पर्दा नहीं करना पड़ता था बाहर जाने की मनाही नहीं थी, भारत में इसके विपरीत पर्दाप्रथा थी और औरतों के बाहर घूमने पर पाबंदी थी, इसलिए घरों में आंगन हुआ करते थे। आंगन इसलिए होते थे जिससे औरतें घर में ही खुली हवा का लुत्फ उठा सकें। इसी तरह हिंदुओं के आंगन छोटे और मुसलमानों के आंगन बड़े हुआ करते थे। हिंदुओं में इमारत की ऊंचाई बढ़ाते चले जाने का रिवाज था, इसके विपरीत मुसलमानों में हवादार मकान बनाने की परंपरा थी। इस काम में कारीगरों की बड़ी भूमिका होती थी। शहर कैसा होगा यह इस पर निर्भर करता है कि मकान बनाने वाले कितने कुशल कारीगर उपलब्ध हैं।

शहरी आख्यान की दूसरा तत्व है मकानों का फर्नीचर। यह वह सामान है जिससे मकान सजाए जाते हैं। इनकी प्रकृति में गुणात्मक बदलाव आया हैं। शहरी आख्यान का तीसरा तत्व है वेशभूषा, शहर में रहने वालों की वेशभूषा के सलीके और वैविध्य को देखकर आप सहज ही अंदाजा लगा सकते हैं कि इस शहर में आजादी का क्या रूप है! सभ्यता के विकास के साथ शहरियों के औपचारिक-अनौपचारिक ड्रेसकोड में बदलाव आया है। खासकर औरतों के पहनावे में जितना खुलापन होगा, वैविध्य होगा, शहर में उतना ही खुलापन होगा। औरत के कपड़े स्वतंत्रता की प्राचीर हैं। किसी शहर में औरतों को मनमाफिक कपड़े पहनने और मनमाकिफ ढंग से उन कपड़ों को सार्वजनिक स्थलों पर प्रदर्शन करने की जितनी छूट होगी वहां पर स्वतंत्रता का उतना ही विस्तार होगा।

स्वतंत्रता के विस्तार के रूप का एक अन्य सतही पहलू है बालों की कटिंग के फैशन। सामाजिक जीवन में आप कितने स्वतंत्र हैं और तरक्की पसंद हैं यह

इस बात से भी पता चलता है आप बाल किस तरह कटवाते हैं या फिर किस तरह के बाल रखते हैं। एक जमाना था मजहबी लोग, विद्वान, संयमी आदि हजरत मोहम्मद साहब के देशानुसार दाढ़ी बिलकुल छोड़ दिया करते थे। यहां तक कि मूंछों को मुंडा डालते थे। सबसे पहले अकबर ने दाढ़ी मुंडवाई, बाद में देखेंगे तो जहांगीर के भी दाढ़ी नहीं थी, उन्होंने भी दाढ़ी मुंडवा ली। अब्दुल हलीम 'शरर' ने लिखा है, 'लखनऊ में दरबार कायम होने के बाद दाढ़ी में कमी आनी शुरू हुई और होते-होते अकसर लोगों के मुंह से दाढ़ी गायब हो गई। शायद इसका कारण यह हो कि एक ही मजहब के होने से यहां के दरबारों पर ईरानियों का असर पड़ रहा था और वहां सफविया वंश के बादशाहों के काल से बादशाहों और अमीरों में दाढ़ी का महत्व नहीं रहा था जो इस्लाम के प्रादुर्भाव के समय से चली आती थी। या तो मुसलमानों में लंबी दाढ़ी थी, किसी की दाढ़ी मूंड देना सजा देने या उसका अपमान करने के लिए था या ईरान के नैशापुरी खानदान के पहले संस्थापक नवाब बुरहान-उल-मुल्क के मुंह पर लंबी दाढ़ी थी, शुजाउद्दौला ने दाढ़ी मुंडवाई और उसके बाद से यहां के तमाम अमीर और बादशाह दाढ़ियां मुंडाते रहे। इसका लाजिमी नतीजा यह था कि आम शीओं से दाढ़ी का रिवाज उठ गया, फिर बाद के जमाने में बहुत से सुन्नियों ने भी दाढ़ियां कतरवाईं या मुंडवा डालीं। दाढ़ी मुंडाने का शौक पैदा होने के बाद तरह-तरह के फैशन निकलने लगे। किसी के कानों के नीचे छोटी-छोटी कलमें निकालीं, किसी ने ठेके रखवाए, किसी ने बड़े-बड़े गलमुच्छे रखे, लखनऊ के आसपास के कस्बों के रहने वालों और बाज शहर के सुन्नियों ने भी यह फैशन अपनाया कि दाढ़ी रखते मगर राजपूतों और हिंदी पठानों की रुचि के अनुसार दाढ़ी के बीच में ठुड्डी के पास मांग निकालकर दोनों तरफ के बालों को कानों की तरफ चढ़ाते और दाढ़ी को इसी फैशन में बनाए रखने के लिए घंटों ढांटा बांधे रहते, फिर उसी चढ़ी हुई दाढ़ी के साथ मूंछें भी कंघी करके और बांध-बांध कर ऊपर के रुख पर चढ़ाई जातीं। चुनांचे यही फैशन यहां और सारे हिंदुस्तान में सिपहगरी और बहादुरी का प्रतीक समझा जाता था। सिर के बारे में हजरत मुहम्मद साहब के काल में आम दस्तूर था कि सिर पर बड़े-बड़े बाल होते थे जो हज के जमाने में मुंडवाए या कटवा दिए जाते।'

इसके विपरीत हिंदुओं में सिर पर बाल रखने का रिवाज था। यह रिवाज मुसलमानों को पसंद आया और उन्होंने अपना लिया। कालांतर में अंग्रेजों के आने पर अंग्रेजी कटिंग के बाल रखने का चलन आरंभ हुआ। इसका औरतों और पुरुषों पर व्यापक असर हुआ।

शहरी संस्कृति में पहले हर शहर में अपने किस्म का शिष्टाचार हुआ करता था। सामान्य लोगों में शिष्टाचार देखकर आप उस शहर की संस्कृति का सहज ही अंदाजा लगा सकते हैं। यह शिष्टाचार राष्ट्रीय सभ्यता का पैमाना माना जाने लगा। आजकल लोग शिष्टाचार को दिखावा या पाखंड कहते हैं। जबकि यह पाखंड नहीं है बल्कि इस तरह की बातें वे लोग करते हैं जिनको शिष्टाचार नहीं आता या जिनके पास इनसानी संस्कृति नहीं है। गौर करो तो इंसानियत ही दिखावा है। अच्छा पहनना, अच्छा खाना, अच्छी जीवन-सामग्री रखना, सफाई से रहना ये सब चीजें शिष्टाचार में आती हैं। सवाल उठता है हमारे बीच से शिष्टाचार कब गायब हो गया ?

अब्दुल हलीम 'शरर' ने *पुराना लखनऊ* में लिखा है, 'शिष्टाचार का पहला सिद्धांत यह है कि मेल-जोल में एक-दूसरे को हर प्रकार की सुख-सुविधा की बात में अपने ऊपर तरजीह दी जाए और आपको उसके पीछे और उससे निचले स्तर पर रखा जाए।' शिष्टाचार से व्यक्ति में 'त्याग और बलिदान' का भाव पैदा होता है, वह इस बात के लिए तैयार रहता है कि दोस्तों के साथ हर तरह के व्यवहार में स्नेह और सहानुभूति दिखाए।' शिष्टाचार दिखावा नहीं है बल्कि हौसलामंदी है। यह आपकी सामर्थ्य का प्रतीक है। इसी तरह शालीनता का भी महत्व है। शालीनता को इन दिनों फूहड़ता ने अपदस्थ कर दिया है। 'शरर' ने लिखा, 'शालीनता की बुनियाद अमीरी, रईसी और हुकूमत में पड़ी है। हुकूमत और रियासत बताती है कि छोटों को बड़ों से और बड़ों को छोटों से किस तरह मिलना चाहिए और बराबर वालों से कैसा बर्ताव करना चाहिए। मगर व्यापारी वर्ग को अमीरी के इन चोंचलों और आचार-संबंधी कष्टों से दुश्मनी है। व्यापार तो लेन-देन और स्वार्थपरता के बल पर पनपता है और सेल्फ-सेक्रिफाइस यानी अपने वक्त और अपने रुपये, अपने हुनर और अपनी दौलत का कारण ही किसी पर निछावर कर देने को मूर्खता बताता है। इसके विपरीत रईसी की विशेषता यह है कि निःस्वार्थता के साथ अपने तरफदार या योग्य लोगों को सुख-सुविधाएं दी जाएं और उसका यह लाजिमी नतीजा है कि जहां व्यापार की प्रगति होगी और व्यापारियों की संस्कृति समृद्ध सामंतों और अभिजात वर्ग की संस्कृति पर हावी हो जाएगी वहां कोई नैतिक सिद्धांत बाकी नहीं रह सकता।' कायदे से शिष्टाचार का पालन करना चाहिए, उसका मजाक नहीं उड़ाना चाहिए। शिष्टाचार से पता चलता है आपकी सभ्यता कितनी विकसित है।

भारत में शहरी संस्कृति के विकास के साथ होटल-रेस्टोरेंट का व्यापक प्रसार हुआ। लेकिन क्लब संस्कृति का विकास नहीं हो पाया। शहरों में क्लब हों और

हर स्तर के लोगों के क्लब हों, इन दिनों जो क्लब हैं वे सिर्फ अमीरों के हैं, गैर-अमीर सामाजिक तबकों के लिए गलियों-मुहल्लों में क्लब संस्कृति का प्रसार करना बेहद जरूरी है। यह नए किस्म का समाजीकरण है।

नव्य-आर्थिक उदारीकरण आने के पहले पुराने शहर की संस्कृति को नव्य-आधुनिक शहरी संस्कृति ने ध्वस्त किया, लेकिन पुराने किस्म की बसावट के रूपों को ध्वस्त नहीं कर पाई। महानगरीय संस्कृति विकसित हुई लेकिन उसमें पुराने जाति, धर्म, क्षेत्र आदि की सीमाएं बनी रहीं, कुछ महानगरों में ये सीमाएं टूटीं, इसको तोड़ने का तरीका विलक्षण रहा, दलितों-अल्पसंख्यकों को महानगरों में घेटो में घेर दिया गया, बार-बार उनको शहर के बाहर ठेला गया, झुग्गी-बस्तियों में ठेला गया। शहरों का विकास हुआ लेकिन पड़ोसी संस्कृति खत्म हो गई। नया स्थापत्य आया, बहुमंजिला इमारतें और फ्लैट घर की संस्कृति आई, इसने आभिजात्य और अधिनायकवादी परिप्रेक्ष्य में अपना विकास किया। नए किस्म का सामाजिक विभाजन पैदा हुआ, अमीरों के इलाके अलग, मुहल्ले या कॉलोनी अलग, गैर-अमीरों और गरीबों के इलाके अलग।

फ्रेडरिक जेम्सन के अनुसार इस दौर के शहरी व्यक्ति में नई संस्कृति का मूलाधार है 'मैं नहीं जानता', यानी शहर में रहते हैं, फ्लैट में रह रहे हैं, संरक्षित माहौल में रह रहे हैं, लेकिन 'मैं नहीं जानता' का एटीट्यूट समूचे शहर में छाया हुआ है। यही एटीट्यूट उसके सामाजिक संबंध का आधार है। शहरों में नई जीवनशैली आई, लेकिन यह 'इंस्टिंक्ट एस्थेटिक्स' (सहजजात सौंदर्य) पर आधारित है यह सहजजात वस्तुकरण पर आधारित है। इसके कारण सबके घर एक जैसे सजे मिलेंगे। सबको फास्ट फूड या जंक फूड का खाने की आदत मिलेगी। फास्टफूड के इकसार रूपों को लासवेगास से लेकर गुड़गांव तक एक ही स्वाद में पा सकते हो। नया स्थापत्य भी इस तर्क पर आधारित है कि 'मुझे क्या लेना-देना', सभी शहरों में नई इमारतें इसी नजरिये पर आधारित हैं। ये मुक्त इमारतें हैं, इनमें रहने वाले एक-दूसरे से बेखबर, अपरिचित, संबंधहीन ढंग से रहते हैं। ये इमारतें सीमेंट का ढेर हैं।

फ्रेडरिक जेम्सन के अनुसार नए शहर का स्थापत्य पूरी तरह कंप्यूटर फोटोग्राफ की जीरोक्स कॉपी लगता है। अंदर जाएंगे तो घर की सजावट और बाहरी स्थापत्य देखकर घर में रहने वाले की निजी देशज जीवनशैली, मूल्यबोध, संस्कृति आदि का अंदाजा लगाना संभव ही नहीं है। घर के अंदर जाएंगे तो वहां कंप्यूटरजनित सूचनाएं इधर-उधर बिखरी नजर आएंगी। घर एक तरह से फिल्मी शूटिंग का सैट नजर आएगा। ज्यादातर घरों की डिजायन 'फोटोग्राफी' के आधार पर तैयार की गई है।

उल्लेखनीय है आरंभ में ये घर 'फोटोग्राफी' के लिए बनाए गए थे, इन घरों का फोटोग्राफी मूल्य था। वस्तुतः शहर में हम जिस स्थापत्य का उपयोग कर रहे हैं वहां 'फोटोग्राफिक उपकरणों' का उपयोग है। इसमें आप 'ऑब्जेक्ट' का उपयोग नहीं करते बल्कि फोटोग्राफिक उपकरणों की इमेजों का उपभोग करते हैं। अब एक ही जैसे फ्लैट होते हैं, उनमें स्थापत्य की दृष्टि से कोई वैविध्य नहीं होता।

फ्रेडरिक जेम्सन के अनुसार नए शहरी स्थापत्य ने 'रूम' यानी 'कमरा' की धारणा बदल दी है। रूम का अब कम से कम उपयोग करते हैं। रूम के साथ नई भाषा और वांक्य-संरचना आई है उस पर गौर करने की जरूरत है। निजी रूम, पब्लिक रूम, ऑफिस रूम आदि विभिन्न नाम प्रचलन में हैं। नए घर का स्थापत्य पुराने स्थापत्य से एकदम भिन्न है। पहले वाले घर में दाएं-बाएं, ऊपर-नीचे, आगे-पीछे आना-जाना होता था। लेकिन नए घर में यह सब देखने को नहीं मिलेगा। अब तो बस घर में रूमहीन एक खुली लॉबी है जिसमें विभाजन करके कमरे बना दिए गए हैं। इस विभाजन के पीछे मूल मंत्र है 'सब कुछ अलग से है', इसमें एक ही सपाट स्पेस में विभाजन करके सोने का कमरा, डाइनिंग कमरा, बाथरूम, रसोईघर आदि हैं। यह वह स्थापत्य है, इसमें न परिवार है, न राष्ट्र है और न पड़ोस है न शहर है। यह अमूर्त स्पेस है। जेम्सन के अनुसार, यह अंतर्राष्ट्रीय मोटल के चैन का हिस्सा दिखता है या फिर एयरपोर्ट के टर्मिनल की तरह दिखता है जिसमें सारी चीजों को एक साथ देख सकते हैं। पहले वाले घर का स्थापत्य निजी संपत्ति पर आधारित था नया स्थापत्य बहुराष्ट्रीय कंपनी या बड़े पूंजीपति के संरक्षण पर आधारित है।

नए स्थापत्य में 'सतह' महत्वपूर्ण है। अब हम सतह को ही देखते हैं, गहराई को नहीं देखते। इसके कारण सतहीपन सब जगह छा गया है। सतहीपन वस्तुतः फोटोग्राफी की देन है। सतहीपन ने इमोशनल ऑब्सेशन भी पैदा किया है। अब जीवन की अंतर्वस्तु को लेकर हमें बेचैनी नहीं होती। नई इमेज की खूबी है कि हम उसे देखते हैं, लेकिन महसूस नहीं करते, वह हमारी अनुभूतियों को स्पर्श नहीं करती, फलतः इमेज है लेकिन संवेदना और अनुभूतियां गायब हैं। नई अवस्था यह है जिसमें 'दर्द' है लेकिन दर्द की अनुभूति गायब है। यानी शब्दों को उनसे अर्थ से विच्छिन्न कर दिया गया है। अब संप्रेषण है लेकिन नाटकीय रूप में। अब हम अपनी आंतरिक अनुभूतियों को भी नाटकीय ढंग से पेश करते हैं। ऐसी अवस्था में 'सत्य' क्या है यह तय करना बेहद मुश्किल काम है। ऐसी स्थिति में सत्य को तो भूल ही जाइए।

इन दिनों व्यक्ति की पीड़ा, अहं, निजता, साझा पीड़ा, अवसाद आदि को अ-केंद्रित कर दिया है। आज मनुष्य है, उसमें बेचैनी भी है, लेकिन यह सब नजर नहीं आएगा। नया मनुष्य बेचैनी से मुक्त है। सभी किस्म की अनुभूतियों और संवेदनाओं से मुक्त है, वह अब भीड़ की संवेदनाओं, मीडिया निर्मित संवेदनाओं और मीडियाजनित उन्माद में जीता है। अब सत्य वह नहीं है जो मनुष्य भोग रहा है बल्कि सत्य वह है जो मनुष्य को मीडिया बता रहा है, फलतः हम मनुष्य के सत्य को देख ही नहीं पाते। अब मीडियानिर्मित रूढ़ियों और शैलियों में बंधकर रह गए हैं। कैसे खाएं, कैसे बोलें, कैसे चलें, कैसे व्यवहार करें, इन संबको मीडिया निर्मित कर रहा है, इसके कारण व्यक्ति की निजता और निजी विशिष्टताओं का लोप हुआ है।

सामान्य चेतना यह है कि स्थापत्य की कोई विचारधारा नहीं होती लेकिन यह सच नहीं है। स्थापत्य की विचारधारा होती है। स्थापत्य के निर्माण में सामाजिक परिस्थितियों, परिवेश, मौसम और राजनीतिक अर्थशास्त्र आदि की भूमिका होती है। स्थापत्य महज कारीगर के दिमाग की पैदाइश नहीं है। आजादी के बाद सामने आए नए शहरी स्थापत्य पर प्रसिद्ध स्थापत्यविद रोमी खोसला ने 'इनक्लुडिंग आइकोनोग्राफी एंड इमेजेज इन आर्कीटेक्चर' (1984) लेख में विस्तार से लिखा है। खोसला के अनुसार भारतीय स्थापत्य कला की खूबी है कि इसमें वैविध्य है। एकरूपता का अभाव है। यह मूलतः बहुलतावादी है। पूरी तरह खुला हुआ और भारतीय यथार्थ से पूरी तरह जुड़ा हुआ। आजादी के बाद अनेक ऐसी इमारतें बनी हैं जिनका आधार अवांगार्द है अथवा पश्चिमी है। इस प्रवृत्ति ने हमारी स्थापत्य कला को भी प्रभावित किया है। मसलन, दिल्ली में एम्स, कोलकाता में टाटा सेंटर आदि की बिल्डिंग को ही लें। इसमें भारतीय स्थापत्य के किसी भी तत्व का इस्तेमाल नहीं किया गया। इस तरह की इमारतों में अमूर्तन हावी रहता है। इस तरह की इमारतों का परायापन बंद बक्से और कंकरीट के ढेर की तरह दिखाई देता है।

रोमी खोसला के अनुसार इस तरह की इमारतों का अग्र भाग बोरियत पैदा करता है। इसमें गणितीय चतुष्कोण एवं रेक्टेंगिल्स की पुनरावृत्ति मिलती है। प्रत्येक मंजिल चौकोर योजनाबद्ध संकलनों का बंडल नजर आती है। डिजायन कला इस तरह तैयार की जाती है कि प्रत्येक हिस्सा स्वायत्त नजर आता है और उसकी स्वतंत्र भूमिका होती है। इस तरह की इमारतों में स्थापत्य की तकनीकी श्रेष्ठता दूर-दूर तक नजर नहीं आती। इसके विपरीत स्थापत्य कला के तर्क की अमूर्त इमेज नजर आती है। मजबूती और ऊंचाई ही इनका वैशिष्ट्य है। ऐसी इमारतों का स्थापत्य

पूरी तरह तथ्यों और आंकड़ों में बातें करता है। बौद्धिक 'ऑब्जर्वेशन' से इसका कोई संबंध नहीं होता। स्थापत्य भावबोध को ये इमारतें अस्वीकार करती हैं। यह शुद्ध अमूर्तन की कला है। इसकी खूबी है जटिलता को छिपाना, इकसार सतह, छतों का लोप, किसी भी तरह के मूर्ति प्रतीकों एवं विश्वासों से इसका कोई संबंध नहीं है। यह अजनबीपन की कला है। यह ऐसे मनुष्य की कला है जिसका आशय समझना मुश्किल है। इसका हमारी परंपरा से कोई संबंध नहीं है।

भारतीय स्थापत्य कला का आधार है 'प्रतिमा विद्या', यह ऐसी विद्या है जो हमारे चिह्नों, प्रतीकों, संस्कार और दर्शन में घुली हुई है। हमारे यहां हजारों प्रतिमाएं हैं उनकी हजारों इमेज हैं। इन इमेजों से व्यक्ति के सोचने का पता चलता है। रोमी खोसला का मानना है जब किसी घर की परिकल्पना की जाती है तो उसके विभिन्न अंगों के साथ इमेज को जोड़ने की कोशिश की जाती है। असल में स्थापत्य को प्रतिमा विद्या को रूपायित करने वाली संरचना मात्र नहीं समझना चाहिए और प्रतिमा विद्या को सजाने वाले तत्व के रूप में भी विश्लेषित नहीं करना चाहिए।

शहर के आख्यान के सिलसिले में यह सवाल भी उठा है कि हमें 'शहरीकरण' (अर्बनाइजेशन) को आंख बंद करके मान लेना चाहिए या फिर शहरीकरण पर सवाल भी खड़े करने चाहिए ? शहरीकरण के गंभीर खतरे भी हैं जिनकी ओर हमने कभी ध्यान ही नहीं दिया। नए किस्म का शहरीकरण आज अपने चरम पर पहुंच गया है। इसे शहरीकरण का अंत कहें तो बेहतर होगा। शहरीकरण के कारण मूल मुद्दों पर बहस नहीं हो रही है। मसलन, रीयल स्टेट पॉलिसी, गृहहीन लोगों की दशा आदि के सवाल गायब हैं। अब कहा जा रहा है 'बाजार' ही यथार्थ है, वही नियामक है। इस प्रसंग में रिम कोल्हास की किताब *दि ग्रेट लीप फार्वर्ड* याद आ रही है। इस किताब में कोल्हास ने शंघाई के विकास का भव्य वर्णन करते हुए देंग शियाओ पिंग के नजरिये का व्यापक विश्लेषण किया है। शंघाई में 9 हजार से ज्यादा बहुमंजिला इमारतें 1992 के बाद बनी हैं। कोल्हास ने लिखा, साम्यवाद के गोपन रूप का आदर्श है लाल। यह लाल के यूटोपिया से भागने की कोशिश भी है। क्योंकि उस समय 'लाल' पर चारों ओर से हमले हो रहे थे। जब दुनिया विध्वंस और दुःखों के ऊपर मुनाफा कमा रही हो तो 'रेड' नहीं, 'इन्फ्रारेड' जरूरी है। यह सुधार की विचारधारा है। इस तरह का प्रचार अभियान साम्यवादी यूटोपिया के अंत के समय चलाया गया। इस प्रकल्प का लक्ष्य था 19वीं सदी के आदर्शों को 21वीं सदी के यथार्थ के आवरण में छिपाना। जो कह रहे थे 'बाजार' ही यथार्थ है, वे बाजार की वास्तविकता को ठीक से समझ ही नहीं पाए। वे देंग की रणनीति समझ नहीं पाए।

'बाजार' के पक्षधर मानते हैं पूंजीवाद को मानो या विध्वंस के लिए तैयार रहो। लेकिन 'बाजार' तो टूट चुका है। स्थापत्य की दृष्टि से देखें तो चीन में हजारों इमारतें बनाई गईं लेकिन उनमें कोई किराएदार नहीं है। ये इमारतें पूंजीवादी अवस्था के लिए कोई कीमत नहीं दे रहीं। इन इमारतों की मौजूदगी को सिर्फ बाजार के तर्क के आधार पर नहीं देख सकते। पश्चिम बंगाल के कोलकाता के पास में राजारहाट ऐसा ही प्रयोग है जहां पर सैकड़ों इमारतें बना दी गईं लेकिन सब खाली पड़ी हैं। नोएडा से लेकर मुंबई तक दो लाख मकान बनकर तैयार खड़े हैं लेकिन उनके खरीदार नहीं हैं।

मॉल

भारत में मॉल का आरंभ सन् 1997 में हुआ। यह नव्य-उदार आर्थिक नीतियों के गर्भ से उपजा उपभोग का प्रतीक है। सतह पर यह स्थापत्य है, लेकिन वास्तव अर्थ में यह उपभोग के आनंद का प्रतीक है। यहां हम दमित भावों के उपभोग का भी आनंद लेते हैं। पूर्व-मॉल युग में सादगी के बहाने उपभोग का वस्तुकरण नहीं कर पाते थे, लेकिन नए स्थापत्य ने विलक्षण आकर्षण पैदा किया है, यह स्थापत्य का आकर्षण ही उसकी धुरी है। नई शहरी सभ्यता में इसने 'आकर्षण' को प्रमुख बनाया है। नया नारा है जो आकर्षित है वह स्वाभाविक है। अपना 'स्पेस' तैयार करती है। अब जोर इस बात पर है कि इस तरह सजाओ कि आकर्षित लगे। यह नई 'शॉपिंग' संस्कृति है। इसने 'उपभोग' के सवालों को प्रमुख बना दिया है। पहले माल खरीदते थे, अब माल ही नहीं खरीदते बल्कि इच्छाएं, जीवनशैली, एटीकेट की शॉपिंग करके घर आते हैं। पहले बाजार माल की बिक्री की जगह था लेकिन अब अनुभूतियों और इच्छाओं के सृजन का केंद्र है। नए बाजार में नए किस्म का स्पेस पैदा हुआ है जिसे 'कंट्रोल स्पेस', 'जंक स्पेस' आदि विभिन्न नामों से पुकारते हैं। यह 'स्पेस' मानवीय गरिमा और मानवीय यथार्थ से रहित एकदम खोखला 'स्पेस' है। इसका प्रचार की दृष्टि से महत्व है लेकिन मानवीय यथार्थ की दृष्टि से कोई महत्व नहीं है। यह नए किस्म के शहरी यूटोपिया का अंग है।

नए 'स्पेस' में विलक्षण खिचड़ी है। इसमें सब कुछ समाहित कर लेने की क्षमता है, इसमें चीजें एक-दूसरे पर लदी हुई आरोपित नजर आती हैं। इस 'स्पेस' को समझने के लिए हमें 'डि-डिफरेंसिएशन' करना चाहिए। भेदों में भेद करना चाहिए। नई मॉल संस्कृति का जन्म इसलिए संभव हुआ कि पुराने शहर में बाजार में 'स्पेस' ही नहीं बचा था। पुराने शहर में समाहित करने की क्षमता नहीं बची थी,

इसलिए एक तरफ नए उपनगर बसाए गए, नए मॉल बनाए गए। मॉल और उपनगर बसाने का विचार सबसे पहले अमेरिका में सन् 1956 में सामने आया। यह पुराने शहर के ह्रास के साथ उपजी अवधारणा है। इसने समूचे समाज को व्यापक रूप में प्रभावित किया। इसने जीवनशैली से लेकर बाजार तक सबकी प्रकृति बदल दी।

फ्रेडरिक जेम्सन के अनुसार मॉल की पूर्व शर्त है एयरकंडीशनिंग और आंतरिक स्तर पर वैविध्यपूर्ण आंतरिक स्थापत्य संरचना। नए शहरी आख्यान में जिस तरह मॉल आए उसी तरह नए एयरपोर्ट आए। अब एयरपोर्ट बड़े शॉपिंग मॉल की तरह हैं। म्यूजियम की तरह हैं। शहर जैसे हैं। नए शहर में सुपर मार्केट, मॉल, हाउसिंग कॉम्प्लेक्स आदि एक साथ नजर आते हैं। फलतः घर भी मॉल जैसे नजर आते हैं।

मॉल संस्कृति का सबसे बुरा पहलू है शहरों की भूमिका का लोप। मसलन, शहर में आप कभी भी मीटिंग कर सकते थे, नुक्कड़सभा कर सकते थे, राजनीतिक पर्चा बांट सकते थे, राजनीतिक प्रचार कर सकते थे, लेकिन मॉल में यह काम नहीं कर सकते। यानी मॉल ने नागरिक की स्वतंत्र अभिव्यक्ति के 'स्पेस' को छीन लिया है। पहले बाजार स्वतंत्र अभिव्यक्ति के केंद्र हुआ करते थे। लेकिन मॉल में यह संभव नहीं है। वे सिर्फ बाजार हैं। इसमें पुराने बाजार जैसी स्वतंत्रता नहीं है। इसने पुराने बाजार को अपदस्थ कर दिया है। यहां स्थानीयता के बजाय 'सार्वभौम माल संहिता' के तहत सारी चीजें संयोजित की जाती हैं। इसमें स्थानीय या लोकल जैसी कोई गंध नहीं मिलेगी। यहां चीजें एक-दूसरे का दमन कर रही हैं, एक-दूसरे पर हावी हैं। यह लोकल कल्चर के दमन का प्रतीक है।

फ्रेडरिक जेम्सन के अनुसार मॉल कल्चर वस्तुतः समूचे समाज के 'डिजनीफिकेशन' का अंग है। यह सांस्कृतिक हस्तक्षेप है। मॉल ने 'डिजनीफिकेशन' के तत्वों को हमारे जीवन में विस्तार दिया है। 'डिजनीफिकेशन' का लक्ष्य है मुक्त चिंतन और फ्री एक्शन में हस्तक्षेप करना, उपभोग, अनुभूति, श्रम और मशीनीकरण आदि को इकसार बनाना। 'डिजनीफिकेशन' का अर्थ है चीज को उसके मूल या जड़ से अलग करना, घटना को उसके रीयल इवेंट से अलग करना, मूल चरित्र से अलग करना, हर चीज की नए सिरे से पैकेजिंग करना, चीजों को सरल बनाना जिससे समझ में आए। 'डिजनीफिकेशन' ने 'स्पेस' के साथ जुड़े आवयविक संबंध को नष्ट कर दिया। आवयविक संबंध लंबे समय में बनता है जिसे वह खत्म कर देता है। उसकी जगह 'पर्यटकीय स्थान-बोध' पैदा किया है। इसमें 'थीम' का महत्व है, फलतः वे स्थान विशेष को किसी न किसी 'विचार' के साथ जोड़ देते हैं। इसकी खूबी है 'मिश्रित उपभोग, मिश्रित प्रस्तुति', विभिन्न किस्म की चीजों को एक ही

स्थान पर पेश करके उपभोग के नए भावबोध की सृष्टि करना। यहां इमेज और 'लोगोज' के जरिये वस्तुओं और सेवाओं के प्रमोशन का काम किया जाता है। इसकी प्रस्तुतियों में रीयल के बजाय हाइपररीयल का इस्तेमाल किया जाता है।

फ्रेडरिक जेम्सन के अनुसार, 'मॉल' वस्तुतः 'स्पेस' का मनोविज्ञान है। वह वस्तुओं का बगीचा है। यहां हर चीज पर एयरकंडीशनिंग और ऑब्रेसिव भावबोध के आवरण में लिपटी पड़ी है। यह एक तरह 'वर्चुअल जंक स्पेस' है। यह वह जगह है जहां 'स्पेस' के अलावा सब कुछ है। यह ऐसा 'स्पेस' है जिसमें वर्चस्व का बोलबाला है। इसकी भाषा वर्चस्व की भाषा है। यह ऐसा 'स्पेस' है जो स्वयं ही वर्चस्व बनाए रखता है। 'जंक स्पेस' वह है जो 'स्पेस' के लिए उपलब्ध नहीं है। 'जंक स्पेस' में हमेशा 'इन्नोवेशन' चलता रहता है। यहां पुरानी चीजें हटाने से लेकर री-साइकिलिंग आदि चलती रहती है। इस 'स्पेस' में भवन निर्माता की बुद्धि को धता बताते हुए बार-बार परिवर्तन होते रहते हैं। यह असल में इस धारणा से संचालित है कि 'हर चीज को खींचा जा सकता है', इस समूची प्रक्रिया का व्यापक असर हुआ है। फलतः चमकीलेपन ने हठात ध्यान खींचना शुरू कर दिया है।

फ्रेडरिक जेम्सन के अनुसार, 'जंक स्पेस' में 'री' महत्वपूर्ण पदबंध है। जैसे, रिस्टोर, रीअरेंज, रिअसेंबल, रिवेंप, रिन्नोवेट, रिवाइज, रिकवर, रीडिजायन, रिटर्न, रेंट आदि। 'जंक स्पेस' वस्तुतः प्रतिगामी और दमनात्मक है। रूपरहित ढंग से फैलता है। यह सभी नियम, कानून और संसाधनों का दुरुपयोग करते हुए फैलता है। यह वह 'स्पेस' है जहां भेद छिपा लिए गए हैं। 'हायरार्की' को 'एकुमुलेशन' के जरिये अपदस्थ कर दिया गया है। आज 'जंक स्पेस' सब पर हावी है, यह कुपोषित है। इसका स्थानीयता से बैर है। यह स्थानीय और क्लासिक से विच्छिन्न है। इसका अर्थ है मूल या ओरिजनल की मौत।

'डिजनीफिकेशन' के कारण जो मन बन रहा है वह 'स्थानीयता' से पूरी तरह मुक्त है। इसके कारण बच्चों की पहचान, सपने, अनुभूतियां आदि पूरी तरह बदल गए हैं। विविधता का अंत हो गया। यह भूमंडलीकरण का आदर्श रूप है। यह स्थानीय की कीमत पर फलता-फूलता है। इसका लक्ष्य विविधता नहीं है, इकसारता है। इसमें 'प्रभावशाली प्रस्तुति' और 'मुनाफे' पर जोर है। यह मुक्त बाजार की पैदाइश है। यह आईएमएफ और विश्व व्यापार संगठन के बहुस्तरीय पूंजीनिवेश नीति का अंग है।

फिल्म

शहरी आख्यान के तीन बड़े मीडिया स्रोत हैं, पहला, सिनेमा, खासकर हिंदी सिनेमा, दूसरा टेलीविजन सीरियल और तीसरा है विज्ञापन। मीडिया में शहर का आख्यान वस्तुतः सृजन है, यहां इमेज, कल्पना, विचारधारा और भाषायी खेल की बड़ी भूमिका है। फिल्म में शहर के आख्यान का नायक मध्य वर्ग, निम्न-मध्य वर्ग या आवारा निम्न वर्ग है। इन पर केंद्रित फिल्मों में प्रमुखतः दो तरह के मॉडल प्रचलन में हैं एक मॉडल वह है जो मैलोड्रामा केंद्रित है, दूसरा यथार्थ केंद्रित है। इन दोनों मॉडल की वैचारिक धुरी है आधुनिकता। जबकि हिंदी धारावाहिकों ने परिवार, उसके तनाव, मध्यवर्गीय भाव-भंगिमाएं और आकांक्षाओं को अभिव्यंजित किया। शहरी आख्यान में महानगर और उसके समानांतर बसा झुग्गी-बस्ती संसार केंद्र में है।

इसी तरह बांग्ला सिनेमा में पहले ग्रामीण जीवन और उसका यथार्थ केंद्र में था लेकिन इधर के बीस सालों में मध्यवर्गीय आख्यान ने बंगाली सिनेमा को घेर लिया है। इस आख्यान में बंगाल में बदल रही मध्यवर्गीय मनोदशा, राजनीति और बदलते कलाबोध के सवालों को केंद्र में लाकर खड़ा कर दिया है। नए बंगाली सिनेमा ने बंगाली मध्य वर्ग के बदले हुए जीवनमूल्यों को गौतम घोष, ऋतुपर्ण घोष आदि की फिल्मों में सहज ही देख सकते हैं। यह परंपरा सत्यजित राय, मृणालसेन, ऋत्विक घटक की परंपरा से भिन्न है। एक जमाना था उत्तम कुमार बंगाली शहरी का नायक था, यह ऐसा नायक था जिसके पास संस्कृति थी, लेकिन नया शहरी नायक लंपट है। पहले लंपट बंगाली खलनायक था, लेकिन आज वह नायक बन चुका है, उसे सिनेमा के पर्दे से लेकर आम जीवन तक आसानी से देख सकते हैं। इस संदर्भ में उल्लेखनीय फिल्में हैं मिथुन चक्रवर्ती अभिनीत *एमएलए फाटा क्रेष्टो*। इससे भिन्न ऋतुपर्ण घोष की बांग्ला फिल्में हैं–*चित्रांगदा, चोखेर वाली, नौका डूबी, बाड़ी वाली, दोसर, आबहमान, शुभमुहूर्त, उत्सव, हीरेर आंगटी, दहन* और *उन्नीसेर अप्रैल* आदि।

दूसरी ओर हिंदी सिनेमा में शहरी आख्यान के बदलाव का सुंदर नमूना है हीरो की बदली हुई प्रकृति। इसके दो नायक हैं अमिताभ बच्चन और शाहरुख खान। शाहरुख खान नव्य-उदारवाद का नायक है, इसका समूचा ताना-बाना भूमंडलीकरण, आप्रवासी भारतीय और कास्ट अस्मिता से जुड़ा है। यह ऐसा नायक है जिसकी अतीत की स्मृतियां फिल्मी कहानी से गायब हैं। पुराने फिल्मी हीरो के पास अतीत था, बचपन था। उसके पास व्यक्ति की पहचान थी। पुराने हीरो के पास जाति, क्षेत्रीय पहचान नहीं थी, (एकाध अपवाद छोड़कर)। इसके विपरीत नए हीरो के

पास जाति या क्षेत्रीय पहचान है। मसलन नया हीरो शाहरुख खान पंजाबी, समृद्ध और उच्च जाति का है। ये चीजें पुराने हीरो में गायब हैं। पुराने हीरो के नाम देखें, 'मि.अमर', 'मि. आनंद', 'मि. राज', 'विजय', 'जय' 'वीरू' आदि। कुछ फिल्मों में मुस्लिम नाम आए, जैसे *मुकद्दर का सिकंदर, कुली,* ईसाई रूप में *अमर अकबर एंथोनी, नसीब,* हिंदू-मुस्लिम-ईसाई के रूप में *जान जानी जनार्दन* आईं।

आर्थिक उदारीकरण आने के बाद फिल्मों में 'राहुल' और 'प्रेम' जैसे नायकों का चरित्र जाति और क्षेत्रीय पहचान को लेकर आता है, टिपिकल मल्होत्रा और खन्ना सामने आते हैं, समृद्ध पंजाबी के रूप में क्षेत्रीय पहचान सामने आती है। नायिका के रूप में 'सिमरन', 'अंजलि' सामने आती है, उनके साथ ओबेराय और ग्रेवाल जाति की पहचान भी सामने आती है। पुराने हीरो के पास अतीत की स्मृतियां थीं जिनकी उसे जब याद आती थी तो वह प्रतिवाद करता था, बदला लेता था, हिंसा करता था, इसी तरह नायक-नायिका में अमीर-गरीब का बायनरी अपोजीशन भी था। सजनी अमीर साजन गरीब का फार्मूला खूब चला। गरीब हीरो में संपदा के प्रति घृणा का भाव था। हीरो यदि अमीर होता था तो उसकी सहानुभूति गरीबों के प्रति हुआ करती थी। कहने का तात्पर्य यह है कि गरीब और गरीबी का संदर्भ फिल्मी कथानक का अनिवार्य हिस्सा था। लेकिन अब ऐसा नहीं है।

नव्य उदारीकरण के लिए खान बंधुओं की त्रिमूर्ति ने (शाहरुख, आमिर, सलमान) ने नया आख्यान रचा है। इसमें गरीब, किसान, मजदूर और गरीबी गायब है। ये ऐसे नायक हैं जिनका कोई अतीत नहीं है। नया हीरो गुस्सा नहीं करता, प्रतिवाद नहीं करता। 'राहुल' और 'प्रेम' को कभी गुस्सा नहीं आता बल्कि सामंजस्य बिठाने पर ज्यादा जोर है। इन्हें सामाजिक असमानता परेशान नहीं करती। नए नायक का कोई इतिहास नहीं है, बचपन नहीं है। पुरानी स्मृतियां नहीं हैं। वैभव और संपदा से भरी जिंदगी है। चूंकि नए हीरो के पास अतीत की स्मृतियां नहीं हैं अतः उसे गुस्सा भी नहीं आता। उसका कोई इतिहास नहीं है। फलतः इतिहास के प्रति इसके अंदर केयरिंग का भाव भी नहीं है।

द्वितीय विश्वयुद्धोत्तर दौर में भारत का एक बड़ा फिनोमिना है आप्रवासी भारतीय। इसमें विविध किस्म के भारतीय हैं और ये अमेरिका से दक्षिण अफ्रीका मॉरीशस से कैरेबियन देशों, मध्य पूर्व के देशों से लेकर समूचे यूरोप तक फैले हैं। इनमें भारत की जातीय-सांस्कृतिक विविधता साफ नजर आती है। हम यह भी कह सकते हैं कि भारतीय संस्कृति का इन लोगों के कारण विश्वव्यापी प्रसार हुआ है। यही वह बुनियादी कारक है जिसके कारण हिंदी फिल्मों में आप्रवासी एशियाई संस्कृति की

व्यापक अभिव्यक्ति हुई है। आप्रवासी शहरी आख्यान सिनेमा में दाखिल हुआ है। शहरी आख्यान के साथ जुड़े माइग्रेशन और स्थानीयतावादी मूल्यबोध की अभिव्यंजना हुई है।

इन दिनों सिनेमा में पुरानी सामंती हवेली वाले हीरो का अंत हो चुका है। जीवन में भी हवेली संस्कृति का अंत हो चुका है नया हीरो विदेश पलट है। आप्रवासी भारतीय है। ग्लोबल कारोबारी है। *कभी खुशी कभी गम, दिलवाले दुलहनियां ले जाएंगे, माई नेम इज खान* आदि इसी तरह की फिल्में हैं। भारतीय सिनेमा में कई मॉडल प्रचलन में हैं, जैसे, 'विविध सिनेमा मॉडल', 'लोक-संस्कृति मॉडल', 'यह तो पब्लिक है यह सब जानती है मॉडल', प्रतिगामी 'पल्स ऑफ पब्लिक मॉडल'।

नए शहर के जीवन और स्पेस को 'छद्म इवेंट' और 'छद्म अनुभूति' ने घेर लिया है। इस तरह के इवेंट का दर्शक भी छद्म होता है। शहरीजन की समूची चेतना 'इतिहास-पूर्व युग' के मनोभावों से संचालित है। यह ऐसा नागरिक है जो इतिहासशून्य है, इसकी इतिहास में कोई दिलचस्पी नहीं है। वह जिस शहर में रहता है उसके इतिहास, परंपरा, संस्कृति आदि से उसका कोई संबंध नहीं है। दिल्ली, कोलकाता, मद्रास, बंगलौर, गुड़गांव आदि में यह शहरी आसानी से दिख जाएगा। शहरियों में अलगाव बढ़ा है वहीं दूसरी ओर फोटोग्राफिक इमेजों के प्रति आकर्षण बढ़ा है। अब सर्वव्यापक एवं सर्वसंग्रही शारीरिक मुद्राओं की इमेजों ने घेर लिया है।

वहीं दूसरी ओर 'नॉस्टेल्जिया' फिल्मों के माध्यम से लौट रहा है, यह सामूहिक और रूढ़िबद्ध रूपों में अभिव्यंजित हो रहा है। इसे *गांधी, देवदास, जोधा अकबर, बाजीराव मस्तानी* आदि फिल्मों में सहज ही देख सकते हैं। इस तरह की फिल्मों में अतीत का मनमाना प्रस्तुतीकरण नए फैशन रूपों के साथ आ रहा है। इस तरह की फिल्मों के जरिये 'खोया हुआ यथार्थ' पाने की असफल कोशिशें हो रही हैं। इस तरह की फिल्मों के जरिये अतीत, अस्थिरता, जड़ता, राजनीतिक गरमी, समृद्धि आदि को देखा जा सकता है यह एक तरह का सौंदर्यबोधीय उपनिवेशीकरण है। इस तरह की फिल्में करीबी इतिहास, सम-सामयिक इतिहास के विमर्शों की उपेक्षा करती हैं। वे व्यक्तिगत तौर बाह्य स्मृति बनाने का काम करती हैं। इन फिल्मों में इतिहास का जो रूप आ रहा है वह सम-सामयिक समय में चल रही इतिहास संबंधी बहसों, संदर्भों से कोसों दूर है, साथ ही वे इतिहास को 'नाटकीय' बना रहे हैं। वे इतिहास को शैलियों में संकुचित या सीमित करके पेश कर रहे हैं। इस तरह की फिल्मों में अतीत की इमेजों का संग्रहवाद नजर आता है। संग्रहवाद के

नाम पर अतीतपूजा खूब हो रही है। कई फिल्में 'रीमेक' के नाम पर भी आई हैं। 'रीमेक' का मतलब है कि जो पहले बना है उसे हम जानते हैं। इसने विलक्षण की अंतर्पाठीयता' को जन्म दिया है। आज यह हमारे शहरी जीवन और स्पेस का अभिन्न अंग है।

शहर में अब एक पाठ नहीं बल्कि एक-दूसरे में गुंथे हुए अनेक पाठ नजर आते हैं। इस तरह की फिल्मों के माध्यम से नए किस्म के 'अतीत' और 'छद्म ऐतिहासिकता' को मिलाकर पेश किया जा रहा है और उसके माध्यम से 'रीयल' इतिहास को अपदस्थ करने की कोशिश हो रही है। इस तरह के नॉस्टेल्जिया में निर्मित फिल्में 'नायक' केंद्रित नजरिये से तैयार की जा रही हैं। यह वस्तुतः 'हीरो' व्यवस्था है। *संतोषी माता* फिल्म से लेकर *रामायण* सीरियल तक इस सिस्टम को देख सकते हैं। इसी फ्रेमवर्क में 'एंग्री यंगमैन' के नायक के रूप में अमिताभ बच्चन आते हैं। 'अतीत केंद्रित' फिल्में 'सम-सामयिकता' को मद्देनजर रखकर बनाई जाती हैं। इस तरह की फिल्मों का एकमात्र लक्ष्य है दर्शक को 'ऐतिहासिकता' से बाहर ले जाना। 'ऐतिहासिक समय' के परे ले जाना। अतीत को स्टीरियोटाइप रूप में पेश करना। सिनेमा में 'इतिहास' के नाम पर 'कहानी', 'कहानी' के नाम पर 'तयशुदा कहानी' और 'निर्मित कहानी' आ गई है।

सच यह है कि कलाओं में अतीत जब आता है तो नए तथ्यों और तत्वों का उद्‌घाटन करता है। यह प्रवृत्ति ऐतिहासिक उपन्यास में देख सकते हैं। इसके विपरीत ऐतिहासिक घटना या व्यक्ति पर बनी हिंदी फिल्में किसी नए तत्व को उद्‌घाटित नहीं करतीं। इसके विपरीत बांग्ला फिल्में नए तत्व का उद्‌घाटन करती हैं। उदाहरण के रूप में हाल ही में आई *लालन फकीर* और *कादंबरी* फिल्मों को ले सकते हैं। इसी तरह श्याम बेनेगल ने जब *भारत एक खोज* सीरियल बनाया था तो नए तत्वों का प्रत्येक एपीसोड में उद्‌घाटन किया था। अतीत केंद्रित फिल्में स्टीरियोटाइप प्रस्तुति के कारण मुग्ध रखती हैं। अतीत को लेकर दर्शक के मन में सवाल पैदा नहीं करतीं, लेकिन मनमानी व्याख्या का मौका जरूर देती हैं।

नए शहरी आख्यान में 'जोड़-तोड़', 'भय', 'वंचना', 'तुलना' और 'पुनरुक्ति' आदि प्रमुख हो उठे हैं। नया शहरी अवधारणाओं में नहीं सोचता। वह रूढ़िगत भाषा से बंधा है। यह ऐसी भाषा है जो मृत है इसके जरिये व्यक्ति के मर्म को नहीं समझ सकते। इसके कारण जीवन के तथ्य और सत्य दोनों को सही रूप में समझने में असुविधा हो रही है। विश्लेषणात्मक ढंग से सोचने के बजाय फार्मूलाबद्ध ढंग से देखने और सोचने की प्रवृत्ति ने पूरे क्षितिज को घेर लिया है। फार्मूलाबद्धता

'रिचुअल्स' की तरह दाखिल हो रही है। इसके कारण अंतर्विरोधों पर नजर नहीं जाती, अंतर्विरोधों पर बात नहीं होती। खासकर राजनीति में 'तुलना' और 'पुनरुक्ति' का वर्चस्व स्थापित हो गया है।

अब यथार्थ की तुलना में केरीकेचर अच्छा लगता है। संप्रेषण में चिर-परिचित चीजों, अनौपचारिक परिवेश आदि को बार-बार पेश किया जाता है। 'तत्क्षणता' और 'सरलता' पर जोर है। नामों के संक्षिप्त रूपों पर जोर है। भाषा में आलोचना गायब हो गई है। उसकी जगह भाषा में प्रशंसा ने वर्चस्व स्थापित कर लिया है। भय और संशय की भाषा ने शहरी जीवन को पूरी तरह अपने घेरे में ले लिया है। भाषा में 'तत्क्षण पाने', 'सनसनी' और 'रोमांचकता' इन तीनों ने कब्जा जमा लिया है। 'तार्किकता' की जगह 'निजी अनुभव' और 'भावुकता' ने ले ली है। 'अराजकता' आम फिनोमिना है। 'नएपन' के नाम कृत्रिम चीजों ने समूचे स्पेस को घेर लिया है। अब ऐसी संस्कृति उभरकर आई है जो अंतर्विरोधरहित है। नकल, अनुकरण, आत्मसातीकरण आदि प्रवृत्तियों का वर्चस्व स्थापित हो गया है। पहले 'मेनीपुलेशन' को बुरा मानते थे लेकिन इन दिनों उसका जमकर गुण के रूप में प्रयोग हो रहा है। अब मेनीपुलेशन के खिलाफ संघर्ष नहीं होते। 'जिज्ञासा' को 'सूचना' का दास बना दिया गया है। 'सूचना' को आंकड़े में तब्दील कर दिया गया है। फलतः सूचनाएं हैं लेकिन विश्लेषण नहीं है। कॉमनसेंस के जरिये ज्ञान को पूरी तरह अपदस्थ कर दिया गया है। अब कॉमनसेंस ही ज्ञान है, यही सत्ता का भी मंत्र है और यही कॉमनसेंस इन दिनों दमन का औजार है।

कविता, लोकतंत्र, बहुलतावाद और नामवर सिंह

आलोचना का मौजूदा दौर बेहद कठिन और आलोचनात्मक रूढ़ियों से घिरा है। हिंदी के आलोचकों का बड़ा हिस्सा समीक्षा के नाम पर जो कुछ लिख रहा है और प्रचारित कर रहा है उससे आलोचना को समझना मुश्किल है। इस दौर की मुख्य समस्या है अवधारणाओं का विसर्जन या विकृतीकरण। नामवरजी की आलोचनादृष्टि इस दौर में निश्चित रूप से हमारी मददगार साबित हो सकती है। नामवरजी के लेखन पर विचार करते समय हमें उनके साहित्यिक लेखन और गैर-साहित्यिक लेखन में अंतर करना होगा। उनका गैर-साहित्यिक लेखन अनेक किस्म की अवधारणात्मक सरलताओं से भरा हुआ है। उसमें लोकप्रियतावाद का गहरा असर है। गैर-साहित्यिक अवधारणाओं पर उनके विचार मांग-पूर्ति से प्रभावित हैं, साथ ही, उनमें तात्कालिक राजनीतिक दबावों की गहरी भूमिका है। गैर-साहित्यिक अवधारणाओं पर वे खुलकर गैर-मार्क्सवादी विचारकों की तरह पेश आते हैं जबकि साहित्यिक अवधारणाओं के मूल्यांकन के क्षेत्र में उनकी भूमिका मार्क्सवादी के रूप में सामने आती है। आलोचना में उनकी अवधारणात्मक समझ ज्यादा साफ और वैज्ञानिक मानदंडों का अनुसरण करती है। आलोचना में रमण करते समय उनके नजरिये में ठहराव कम है, रवानगी ज्यादा है लेकिन एक खास किस्म का रूढ़िवाद भी है जो प्रगतिशील आलोचना के स्टीरियोटाइप मानदंडों से प्रभावित है।

आलोचना

नामवर सिंह के अनुसार 'आलोचना-कर्म वाद-विवाद-संवाद' है। यह 'लेखक-आलोचक के बीच' चलने वाली प्रक्रिया है। संवाद है ('वाद-विवाद संवाद', *अनभै सांचा,* 1989)। आलोचना का कोई भी विमर्श जनतंत्र के परिप्रेक्ष्य में ही संभव है। इससे आलोचना को सर्जनात्मक बनाने और रूढ़िबद्धता से मुक्त करने मदद मिलती है, साथ ही,

आलोचना को खुला रखने में मदद मिलती है। जनतंत्र के परिप्रेक्ष्य में आलोचना को रखकर देखने का एक सुपरिणाम यह भी है कि आलोचना को मानवाधिकारों के साथ जोड़कर देखने और विकसित करने में मदद मिलती है इससे आलोचना का फलक व्यापक बनता है। आलोचक के फलक का आधार लोकतंत्र बने, यही मूल चिंता नामवर सिंह की आलोचना की है। इसीलिए वे वाद-विवाद-संवाद पर जोर देते हैं। इसमें पूर्वग्रहों, समाजवादी आग्रहों और सामंती आग्रहों से आलोचना को मुक्त करने पर जोर है। साहित्य के दायरे के बाहर सामाजिक दायरे में जाकर आलोचना अपनी भूमिकाओं की तलाश करे यह इसका अंतिम लक्ष्य है।

आलोचना का काम कृति और कृतिकार तक सीमित नहीं है बल्कि उसके सरोकारों का दायरा पाठक तक फैला हुआ है, सामाजिक दायरे तक फैला हुआ है। आलोचना में लोकतांत्रिक नजरिये के आने का अर्थ है आलोचना में वंचितों, हाशिये के लोगों, लोकतांत्रिक अधिकारों से वंचित लोगों के पक्ष में आवाज का उठना। आलोचना को उन वैचारिक आग्रहों को चुनौती देनी है जो आलोचना को अभिजन के आग्रहों, कला रूपों और साहित्यिक सरोकारों से बांधे रखना चाहते हैं। लोकतंत्र में सही राजनीति और सही आचरण वैकल्पिक नजरिये के आधार पर किया जाना चाहिए। लोकतंत्र में यह भी देखें कि 'द्वंद्व' किनके बीच है, मुख्य और तात्कालिक अंतर्विरोध किनके बीच है। लोकतंत्र समद्ध बने इसके लिए जरूरी है कि उदारतावादी समालोचना और मार्क्सवादी समालोचना के बीच में खुलकर संवाद और विवाद हो। उन तमाम समालोचना रूपों की मीमांसा की जाए जो लोकतंत्र में बाधक हैं। खासकर वे रूप जो उदारतावाद और मार्क्सवाद का निषेध करते हैं। लोकतंत्र को समृद्ध करने के लिए आलोचना को उदारतावाद और मार्क्सवाद के साथ मित्रभाव रखना होगा। हमें आलोचना में उत्पादक शक्तियों, हाशिये के समुदायों-वर्गों आदि के हितों और दृष्टि का साहित्य में विकास करना होगा। इसमें मार्क्सवाद की भी एक हद तक लोकतांत्रिक भूमिका है। मसलन उत्पादक शक्तियों, उनके हकों और दायरे को परिभाषित करने में मार्क्सवाद मददगार साबित हो सकता है। इसके अलावा आलोचना को शीतयुद्धीय वर्गीकरण के दायरे के बाहर भी रखना जरूरी है। हिंदी आलोचना में आयातित अमेरिकी नजरिये से भी बचने की जरूरत है।

लोकतंत्र में बहुलतावाद के बहाने शीतयुद्धीय आग्रहों से बचा जाए, साथ ही, यह भी समझने की जरूरत है कि भारत में लोकतंत्र को समृद्ध करना मूल समस्या है, बहुलतावाद मूल समस्या नहीं है। उन तमाम अवधारणाओं से संघर्ष किया जाए जो लोकतंत्र के दायरे को संकुचित करती हैं। लोकतंत्र में बहुलतावाद जितना महत्वपूर्ण

है मार्क्सवाद भी उतना ही महत्वपूर्ण है, प्रगतिवाद जितना प्रासंगिक है कलावाद भी रह सकता है। लोकतंत्र में सबको रहने का हक है, लोकतंत्र में रहने की एक ही शर्त है लोकतंत्र के प्रति आस्था। लोकतंत्र में सांप्रदायिकता, आतंकवाद, माओवाद भी रह सकते हैं, लेकिन ये लोकतंत्र की मूल प्रकृति के विरुद्ध हैं। लोकतंत्र में भिन्नता को स्थान है लेकिन भिन्नता को अन्य को नष्ट करने का हक नहीं है। माओवाद, सांप्रदायिकता आदि रह सकते हैं लेकिन लोकतंत्र को नष्ट करके नहीं, बल्कि एक विचारमात्र के रूप में।

विचारों की बहुलता और सहिष्णुता का नाम लोकतंत्र है। लोकतंत्र उन तमाम शक्तियों को गोलबंद करता है जो लोकतंत्र को मानती हैं और अन्य की सत्ता, महत्ता और सामाजिक हकों को मान्यता प्रदान करती हैं। लोकतंत्र का आधार है वाद-विवाद-संवाद। माओवाद, सांप्रदायिकता, आतंकवाद आदि का वाद-विवाद-संवाद और सहिष्णुता से बैर है। इसके कारण ये प्रवृत्तियां लोकतंत्र के विपरीत भूमिका निभाती हैं। वाद-विवाद-संवाद अंततः उनकी इस भूमिका को उजागर करता है और उनको विमर्श के हाशिये पर ले जाता है जिससे लोकतंत्र के बुनियादी लक्ष्यों का विस्तार किया जा सके।

नामवरजी ने 'वाद-विवाद-संवाद' में अशोक वाजपेयी के नजरिये की आलोचना करते हुए गैर-जरूरी तौर पर बहुलतावाद को निशाना बनाया है। यह सच है कि बहुलतावाद और कलावाद के नाम पर मार्क्सवाद पर हमले हुए हैं लेकिन इसका यह अर्थ नहीं है कि लोकतंत्र में बहुलतावाद को तिलांजलि दे दी जाए अथवा 'सच्चे जनतंत्र' के संघर्ष में बहुलतावाद को त्याग दिया जाए। लोकतंत्र का ढांचा बहुलतावाद के बिना नहीं बनता। इसी तरह आलोचना का ढांचा भी बहुलतावाद के बिना नहीं बनता। नामवरजी के अनुसार, 'बहुलतावाद 'विकल्प' की जगह 'विकल्पों' की हिमायत इसलिए करता है कि सीधे द्वंद्व से बचना चाहता है। विकल्प अनेक हों तो द्वंद्व अनेक शक्तियों में बंटता है और इस प्रकार सत्ता सुरक्षित रहती है। इसीलिए बहुलतावाद व्यक्तिवाद की इतनी वकालत करता है' ('वाद-विवाद-संवाद' *अनभै सांचा*, पृ. 34)।

लोकतंत्र में एक विकल्प नहीं होता बल्कि कई विकल्प होते हैं, उनके अपने अंतर्विरोध भी होते हैं। लोकतंत्र के विकल्पों में मार्क्सवाद भी एक विकल्प है। यह ऐसा विकल्प नहीं है कि उसके आने के बाद विकल्पों का लोप हो जाए। विकल्प, अंतर्विरोध और व्यक्तिवाद की भूमिका सब समय रहती है। यह संभव ही नहीं है कि लोकतंत्र हो और व्यक्तिवाद न हो, समाजवाद हो और व्यक्तिवाद न हो।

व्यक्तिवाद के बिना आधुनिक विकास संभव ही नहीं है। यह सच है व्यक्तिवाद के खिलाफ संघर्ष करना मार्क्सवादियों का लक्ष्य है लेकिन इस क्रम में वास्तविकता की अनदेखी करना क्या सही होगा ? मार्क्सवाद तो व्यक्तिवाद को बनाए रखता है। वह उसका लोप नहीं करता। पार्टीनेता, निजता, लेखक की महानता के नाम पर व्यक्तिवाद बना रहता है। व्यक्तिवाद के बिना न तो बुर्जुआ लोकतंत्र चलता है और न समाजवादी लोकतंत्र ही चलता है। क्योंकि आधुनिक की धुरी है व्यक्तिवाद। व्यक्तिवाद से लड़ना भी एक तरह का व्यक्तिवादी आग्रह है। साहित्य में भी व्यक्तिवादी आग्रह होते हैं। कभी-कभी रूप और अंतर्वस्तु के आग्रह के रूप में ये व्यक्त होते हैं।

नामवरजी की मुश्किलें अनेक हैं, उनको कुछ चीजों से एलर्जी है और वे इसे छिपाते नहीं हैं। वे अपनी आपत्तियां समय-समय पर व्यक्त करते रहे हैं और इन आपत्तियों में सबसे ज्यादा जोर उन्होंने 'उत्तर-आधुनिकता' और 'उत्तर-संरचनावाद' पर दिया है। नामवरजी ने लिखा है, 'व्यक्ति की गरिमा की तरह यह बहुलतावाद 'कृति की अद्वितीयता' के लिए भी आग्रहशील है। वैसे आज का अमेरिकी बहुलतावाद 'कृति की अद्वितीयता' को नहीं मानता। साहित्य में अमेरिकी बहुलतावाद 'उत्तर-आधुनिकता', 'उत्तर-संरचनावाद', 'उत्तर-आलोचना' आदि कई उत्तरारंभी नामों में प्रचलित है' ('वाद-विवाद-संवाद' *अनभै सांचा,* पृ. 35)।

नामवरजी के अनुसार, 'बहुलतावादी स्वयं किसी विचारधारा में आस्था नहीं रखते और इस नाते वे 'बहुलतावाद' को कोई निश्चित विचारधारा भी नहीं मानते। किंतु वस्तुतः बहुलतावाद मताग्रह और विचारधारा दोनों के तत्वों का विलक्षण संकर है इसीलिए बहुलतावादी अंशतः मताग्रही भी होता है और अंशतः विचारधारा का शिकार भी। बहुलतावादी की विडंबना यह नहीं कि वह अपने आपको किसी प्रकार का मताग्रही मानने से इनकार करता है, विडबंना यह है कि उसके इस इनकार की प्रकृति विचारधारात्मक है। इसी वजह से स्वयं बहुलतावादियों की साहित्यिक आलोचना भी स्वायत्त नहीं होती। स्वयं का तो पाठ से स्पर्श नहीं और दूसरों को पाठ पर टिककर आलोचना लिखने का उपदेश' ('वाद-विवाद-संवाद' *अनभै सांचा,* पृ. 37)!

'बहुलतावाद की यह भी विचित्र असंगति है कि रचना की दुनिया में तो वे सच की बहुलता के लिए हठ करते हैं, लेकिन आलोचना के अंतर्गत वे उस सच की बहुवाचक व्याख्या को स्वीकार करने के लिए तैयार नहीं हैं। सुसंगति का तो तकाजा है कि यदि रचना में अनेक सच निरूपित किए जा सकते हैं तो आलोचना में अनेक सच निरूपित किए जा सकते हैं। सवाल यह है कि आलोचक के लिए

कृति का पाठ एक ही क्यों हो ? इससे भी बढ़कर सवाल किया जा सकता है कि पाठ है क्या ? स्थिर वस्तु या प्रक्रिया ? निर्णय कौन करेगा? निर्णय किस प्रकार किया जाएगा ? इत्यादि। पहले मानक पाठ तो एक हो, फिर व्याख्या के एक या अनेक होने का निर्णय होगा' ('वाद-विवाद-संवाद' *अनभै सांचा,* पृ. 37-38)।

'पूर्वग्रह' के केंद्र में हिंदी का संदर्भ है लेकिन वे इसके लिए तर्क विश्वव्यापी देते हैं। आलोचना को वे जब ग्लोबल-लोकल बनाकर देखते हैं तो उनकी चिंताएं बहुत सीमित दायरे में रहती हैं। वे अपने को श्रोताओं तक सीमित करके मूल्यांकन करते हैं जबकि आलोचना का लक्ष्य इससे बड़ा है। यह ठीक है कि भोपाल के दर्शकों को संबोधित किया जाए और अशोक वाजपेयी और *साक्षात्कार* की भूमिका की आलोचना की जाए लेकिन आलोचना के विश्व परिप्रेक्ष्य को ध्यान में रखकर यह काम किया जाए। बहुलतावाद के प्रसंग में उन्होंने आलोचना की जिस भूमिका को रेखांकित किया है उससे कोई भी बहुलतावादी आलोचक सहमत नहीं हो सकता। बल्कि बहुलतावादी आलोचकों ने तो पाठ की परिवर्तनीयता पर मुख्य रूप से जोर दिया है। नामवर सिंह कम-से-कम देरिदा और उत्तर-संरचनावाद की इस बात के लिए आलोचना नहीं कर सकते। देरिदा उन प्रमुख आलोचकों में है जो पाठ की बदलती हुई भूमिका को 'डि-कंस्ट्रक्शन' या रीडिंग के जरिये जोर देता है। वह रीडिंग में निहित विचारधारात्मक बहुलतावाद को भी स्वीकार करता है। यह सच है देरिदा अपने को बहुलतावादी नहीं मानता लेकिन रीडिंग में, खासकर आलोचना में, सच के अनेक रूपों या व्याख्याओं का वह समर्थक है। देरिदा ने अपने समूचे लेखन में सच के एकाधिक मूल्यांकन की संभावनाओं को माना है। बहुलतावाद एक नहीं एकाधिक विचारधाराओं की संभावनाओं के द्वार खोलता है।

नामवर सिंह ने लिखा है, बहुलतावादियों को 'राजनीतिक व्याख्या से डर है', नामवर सिंह का यह निष्कर्ष गलत है। वहां तो जमकर राजनीतिक व्याख्या हुई है। विभिन्न किस्म की राजनीतिक व्याख्याओं को समान नजरिये से देखा गया है। मुश्किलें हैं व्याख्या के रूप और चरित्र को लेकर। बहुलतावादी व्याख्याएं परिवर्तन को जन्म नहीं देतीं। व्याख्याएं चाहे वे मार्क्सवादी ही हों उनसे परिवर्तन नहीं कर सकते। बहुलतावादी दृष्टिकोण महज चित्रण और प्रस्तुति, देखे को बयां करने पर जोर देता है। वे चित्रण और सामाजिक प्रक्रियाओं के बीच चल रही अंतर्क्रियाओं की अनदेखी करते हैं। फलतः व्याख्या महज व्याख्या बनकर रह जाती है। व्याख्या को भौतिकशक्ति में रूपांतरित नहीं कर पाते। परिणामतः साहित्य में व्याख्याओं की बाढ़ आ जाती है। बहुलतावादी नजरिये के लिए सबसे बड़ी चुनौती है व्याख्याओं

की अबाधित बाढ़। आलोचना राजनीतिक हो या अ-राजनीतिक हो, इससे कोई फर्क नहीं पड़ता। आलोचना यदि समाज से अंतस्संबंध बनाती है तो वह समाज को प्रभावित करेगी। चाहे नए नजरिये को व्यक्त करे या पुराने को। परिवर्तन के कारक बहुलतावादी नजरिये में नहीं हैं, परिवर्तन के कारक सामाजिक प्रक्रियाओं में हैं। बहुलतावादी नजरिये की यह सबसे बड़ी बाधा है कि उसका सामाजिक प्रक्रियाओं से संबंध दर्शक का है, वे उसके साथ एकीकृत होकर व्याख्याएं पेश नहीं करते। यही वजह है कि वे व्याख्याओं की बहुलता की बात करते हैं और इससे अभिव्यक्ति की बहुलता का स्वांग चलता रहता है। यह एक तरह फेक व्याख्याएं हैं, कृत्रिम व्याख्याएं हैं। बहुलतावाद का वह रूप सार्थक है जिसका सामाजिक प्रक्रियाओं के साथ गहरा संबंध है। देरिदा इस अर्थ में बड़े आलोचक हैं क्योंकि वे उत्तर-संरचनावाद के तहत दृष्टि और यथार्थ की प्रक्रियाओं को विभिन्न रूपों और विभिन्न स्तरों पर उद्घाटित करते हैं।

नामवर सिंह ने 'आलोचना की स्वायत्तता' निबंध में हिंदी के कलावादियों की सही आलोचना की है। लेकिन 'प्रक्रिया' से आलोचना को जोड़कर देखने में असमर्थ रहे हैं। आलोचना स्वायत्त हो या सापेक्ष हो, हमें उसे साहित्यिक और सामाजिक प्रक्रियाओं के साथ जोड़कर देखना चाहिए। इसके अलावा जब मामला आलोचना की राजनीति का हो तो राजनीतिक प्रक्रियाओं के साथ भी जोड़कर देखना चाहिए। नामवर सिंह इस संदर्भ में 'प्रक्रियाओं' की अनदेखी करते हैं और खासकर राजनीतिक-सामाजिक प्रक्रियाओं के साथ 'साहित्य की स्वायत्तता' और 'बहुलतावाद' की धारणाओं को जोड़कर नहीं देखते। वे इन समस्याओं को बहुत सीमित दायरे में रखकर देखते हैं। वे सिर्फ अशोक वाजपेयी एंड कंपनी के विचारों को धराशायी करने तक सीमित रखते हैं। जबकि 'उत्तर-संरचनावाद' या 'बहुलतावाद' का व्यापक आलोचनात्मक महत्व है। उसमें अनेक किस्म के काम हुए हैं और उनमें कई मार्क्सवादी भी हैं। समस्या यह है नामवर सिंह बहुत जल्दी सरलीकरण बनाने लगते हैं जिससे दर्शकों पर धाक जमाई जाए। वे वकील की तरह तर्क देते हैं जबकि आलोचक वकील नहीं होता। वकील की शैली होती है कि कहीं से भी प्रमाण जुटाओ। नामवर सिंह भी कहीं से भी प्रमाण जुटाओ की आदत के शिकार हैं। वे 'आलोचना की स्वायत्तता' निबंध में, जोकि उनका 1987 में दिए गए भाषण का संशोधित रूप है, इसी शैली का इस्तेमाल करते हैं और आलोचना के प्रमाणों का अनैतिहासिक ढंग से दुरुपयोग करते हैं। इस छोटे भाषण में नई आलोचना, देरिदा, चेस्वाव मिशेल, एफ. आर. लीविस, बहुलतावाद, आई.ए. रिचड्र्स, रेमंड विलियम्स आदि की

अनैतिहासिक यात्रा करते हैं। आलोचना को, लगता है, वे पृष्ठांकित तर्क मानते हैं। आलोचना पृष्ठांकित तर्क नहीं है। आलोचना का लक्ष्य व्याख्या, विवेचन, मूल्य की खोज के साथ-साथ सामाजिक-साहित्यिक-सांस्कृतिक परिवर्तन भी है। आलोचना का लक्ष्य है भौतिक परिवर्तन पैदा करना, लेकिन यह काम वह सामाजिक प्रक्रियाओं के साथ जुड़कर ही कर सकती है। अनैतिहासिक आलोचना तो साहित्य का अलंकार मात्र है। मसलन, एफ.आर. लीविस और देरिदा के नजरिये और संदर्भ में बुनियादी अंतर है, उनको एक ही फ्रेम में पेश नहीं किया जा सकता। रेमंड विलियम्स और देरिदा के दृष्टिकोण में बुनियादी अंतर है। हिंदी में मनोनुकूल उद्धरण जुटाने की जो कोशिशें होती रही हैं वे नामवर सिंह के यहां भी नजर आती हैं। 'आलोचना की स्वायत्तता' के सवाल पर विचार करते समय नामवर सिंह विभिन्न किस्म की विचारधाराओं के नजरिये से लिखने वाले लेखकों को सामने रखकर विश्लेषण करते हैं इनमें एक-दूसरे के विपरीत नजरिये के लेखक भी हैं। इस क्रम में वे सबसे पहले आलोचक और उसके संदर्भ की विदाई करते हैं, बाद में मनोनुकूल अर्थ की सृष्टि करते हैं। इसे आलोचना नहीं, आलोचना का मेनीपुलशन कहते हैं।

'आलोचना की स्वायत्तता' के प्रसंग में नामवर सिंह के तर्क क्या हैं, पहले उनको देख लिया जाए। आलोचना की स्वायत्तता की धारणा में नामवर सिंह एक लंबा षड्यंत्र देखते हैं और उसकी पूरी प्रक्रिया को सामने रखते हैं। इस क्रम में पहले वे 'स्वायत्तता' की मीमांसा पेश करते हैं। मजेदार बात यह है 'पूर्वग्रह' ने आलोचना की स्वायत्तता का नारा दिया था। कायदे से नामवर सिंह को इस नारे के भारतीय संदर्भ और कारकों का खुलासा करना चाहिए लेकिन वे अशोक वाजपेयी एंड कंपनी को नंगा करने के लिए विश्व भ्रमण पर निकल पड़ते हैं। सवाल यह है 'पूर्वग्रह' का नारा भारतीय संदर्भ से जुड़ा है या नहीं ? यदि यह भारतीय संदर्भ से जुड़ा है तो फिर उस संदर्भ को नामवर सिंह क्यों नहीं खोलते ? क्या 'पूर्वग्रह' का नारा पश्चिमी आलोचना के संदर्भ में दिया गया है ? यह सवाल इसलिए उठाया है कि आलोचना की धारणाओं का अपना देशज संदर्भ होता है और उस संदर्भ की हमें खोज करनी चाहिए। हिंदी समीक्षा की मुश्किल यह है कि यहां सवाल देशज होते हैं लेकिन बहस विदेशी होती है। इसीलिए हिंदी की आलोचना आत्मनिर्भर नहीं बन पाई है। हमारे समीक्षक साहित्य हिंदी का पढ़ते हैं, आलोचनात्मक मुठभेड़ें हिंदी में करते हैं लेकिन हिंदी की जमीन को उद्घाटित नहीं करते।

नामवर सिंह ने 'पूर्वाग्रह' के 'आलोचना की स्वायत्तता' की जो आलोचना की है उसका हिंदी संदर्भ गायब है। यहां यह कहना समीचीन होगा कि 'आलोचना की

स्वायत्तता' की सबसे पहले नींव तो *कविता के नए प्रतिमान* में स्वयं नामवर सिंह ने रखी। लेकिन यह काम बड़े कौशल के साथ किया। उस प्रसंग में उनके 'कविता क्या है ?' निबंध को पढ़ें तो चीजें बहुत जल्दी साफ हो जाएंगी।

नामवर सिंह ने 'स्वायत्त आलोचना' का ढांचा बनाने के लिए जगदीश गुप्त, नगेंद्र, विजयनारायण देव साही, अज्ञेय आदि के विचारों की रोशनी में नई कविता की अवधारणा पर विचार किया है। सवाल उठता है नामवर सिंह ने नई कविता की अवधारणा के लिए मुक्तिबोध की मदद क्यों नहीं ली ? क्या मुक्तिबोध ने नई कविता की प्रकृति पर विचार नहीं किया ? दूसरा सवाल क्या मुक्तिबोध के बिना नई कविता और उसकी आलोचना का कोई भिन्न मार्ग नामवर सिंह ने विकसित किया है ? मुक्तिबोध की अस्मिता की खोज में लिखी किताब में कविता के बारे में और खासकर नई कविता के बारे में मुक्तिबोध के विचारों की अनुपस्थिति कई सवाल पैदा करती है। पहला सवाल यह कि क्या नई कविता को संरचना के रूप में देखें ? क्या नई कविता का समानांतर चल रही काव्यप्रवृत्तियों से कोई संबंध है? क्या नई कविता का कोई ग्लोबल काव्य और राजनीतिक आंदोलनों से कोई संबंध है ? इन सवालों की नामवर सिंह उपेक्षा क्यों करते हैं ? क्या इन सवालों पर विचार किए बिना नई कविता की अवधारणात्मक समझ बन सकती है ? आधुनिक काल में किसी भी साहित्य प्रवृत्ति पर बातें करते हुए हमें उसके विश्व सामाजिक संबंधों पर सोचने की जरूरत है। *पूर्वग्रह* पर हमला करते समय नामवर सिंह को विश्व के अनेक समीक्षक याद आते हैं लेकिन कविता क्या है ? पर विचार करते समय विश्व संदर्भ और मुक्तिबोध एकदम याद नहीं आते। यह स्मृति लोप है या आलोचना को स्वायत्त बनाने की योजना है ?

नामवर सिंह की 'स्वायत्त' बनाने की कला को समझें, उन्होंने कविता को अखंड काव्य संस्कार से जोड़ा। यह अखंड काव्य संस्कार क्या है ? संस्कार यहां आदत है, रिवाज है, परिपाटी है या प्रवृत्ति है ? नामवर सिंह यहां कवि के काव्य संस्कार की बात कर रहे हैं या कविता के ? नामवर सिंह ने छायावादी काव्य संस्कार की बात की और नई कविता से उसे अलगाने का प्रयास किया। नामवर सिंह ने लिखा है, 'जब तक नई कविता इस संस्कार को तोड़कर अपने लिए उसमें जगह नहीं बनाती अथवा स्वयं वह संस्कार ही सच्चे अर्थों में अपनी सीमा तोड़कर नई कविता को अंतर्भुक्त करने का प्रयास नहीं करता, तब तक नई कविता बौद्धिक रूप से स्वीकृत होकर भी काव्य-बोध के स्तर पर हिंदी साहित्य के इतिहास में एक तथ्य-मात्र है।' (*कविता के नए प्रतिमान,* 1993, पहला छात्र संस्करण, राजकमल, पृ. 20)

काव्य संस्कार नहीं बदलते तो कविता तथ्य-मात्र है। काव्य-संस्कारों के निर्माण में भौतिक संस्कारों की क्या भूमिका है ? इस सवाल की वे अनदेखी करते हैं? छायावादी कविता और कवियों के काव्य संस्कार के निर्माण का सामाजिक-भौतिक परिवेश और नई कविता का परिवेश बुनियादी तौर पर भिन्न है। काव्य संस्कारों के निर्माण में सम-सामयिक सामाजिक और आर्थिक प्रक्रियाओं की महत्वपूर्ण भूमिका होती है। काव्य-संस्कार का सवाल महज संरचना के बदल जाने का सवाल नहीं है। यह प्रतिमानों के बदलने की प्रक्रिया भी नहीं है बल्कि काव्य संस्कार के निर्माण में लेखक की विश्वदृष्टि की भी महत्वपूर्ण भूमिका होती है। लेखक की विश्वदृष्टि काव्य संस्कार बनाने में केंद्रीय भूमिका अदा करती है। यह संभव है एक ही युग में एक जैसी साहित्यिक प्रवृत्ति पर लिखने वाले लेखकों की विश्वदृष्टि में भिन्नता हो इसके कारण उनके चित्रित यथार्थ में भी अंतर नजर आता है। उनके काव्य संस्कारों में भी अंतर होगा। संस्कार कोई बाहर से धारण करने की चीज नहीं है। लेखक को काव्य संस्कार अर्जित करने होते हैं। लेखक ने किस तरह के काव्य संस्कार अर्जित किए हैं यह समूची प्रक्रिया भौतिक है और भौतिक प्रक्रियाएं ही हैं जो उसके काव्य संस्कार बनाती हैं। काव्य संस्कार का मामला लेखक या समीक्षक के चुनने पर निर्भर नहीं करता। छायावादी कविता से नई कविता का काव्य संस्कार या अनुभूतियां भिन्न हैं तो इसका प्रधान कारण है लेखक का बदला हुआ भौतिक संसार। बदले हुए भौतिक संसार की परतों को खोले बिना काव्य-संस्कार की कोई भी बहस रूपवादी दायरे से बाहर नहीं जाती।

विडंबना यह है नामवर सिंह काव्य संस्कार और अनुभूति के सवाल को संरचना के रूप में देखते हैं और इस तरह वे 'आलोचना की स्वायत्तता' के संसार की सृष्टि करते हैं। नामवर सिंह का मानना है, 'छायावादी काव्य-रचना की प्रक्रिया जहां भीतर से बाहर की ओर है, वहां नई कविता की रचना-प्रक्रिया बाहर से भीतर की ओर है। एक में रूप पर भाव का आरोपण है तो दूसरी में रूप का भाव में रूपांतरण है। ये विपरीत प्रक्रियाएं अनुभूति और विचार के संबंध में भी दृष्टिगोचर होती हैं' (पृ. 24)। आखिर यह भीतर से बाहर और बाहर से भीतर की प्रक्रिया क्यों आई? नामवर सिंह ने लिखा, 'नए कवि अनुभूति से अधिक अनुभूतियों के परिवर्तित संदर्भ पर विशेष बल देते हैं। स्पष्टतः उनका बल रागात्मकता से अधिक रागात्मक संबंधों पर है' (पृ. 25)। यह परिवर्तित संदर्भ क्या है ? उसकी चर्चा से परहेज क्यों? यह भी लिखा, 'कवि-कर्म शास्त्र-निरूपित कुछ गिने-चुने स्थायी या संचारक भावों को उदाहृत करना नहीं बल्कि नई वास्तविकता से उत्पन्न होने वाली वृत्तियां

को उजागर करना है' (पृ. 25)। नामवर सिंह के अनुसार, 'छायावाद के विपरीत नई कविता में जिस प्रकार रूप भाव- ग्रहण करता है, तथ्य सत्य हो जाता है और अंततः अनुभूति निर्वैयक्तिक हो जाती है, उससे स्वयं कविता की 'संरचना' में भी गहरा परिवर्तन आ जाता है' (पृ. 25-26)। नामवर सिंह की आलोचना की स्वायत्तता तब बेहतर ढंग से सामने आती है जब वह कहते हैं, 'औसत नई कविता 'क्रिस्टल' या 'स्फटिक' की सघन संरचना के समान है' (पृ. 26)।

नई कविता के प्रसंग में यह सवाल भी उठा कविता को क्या मानें ? इसे 'अभिव्यक्ति' मानें या 'निर्मिति' मानें? इसे 'अभिव्यक्ति सिद्धांत' के आधार पर देखें या निर्मिति सिद्धांत के आधार पर देखें ? नगेंद्र ने इन दोनों में भेद नहीं माना है सिर्फ बलाबल का भेद माना है। इसकी आलोचना करते हुए नामवर सिंह ने लिखा है, 'काव्य के अभिव्यक्ति-सिद्धांत और निर्मिति-सिद्धांत में भेद केवल बलाबल का नहीं है। बलाबल का भेद वहां होगा जहां काव्य-रचना साध्य-साधन के द्वैतवादी सिद्धांत पर आधारित हो। अभिव्यक्ति-सिद्धांत में इस द्वैत की संभावना हो सकती है; किंतु निर्मिति-सिद्धांत शुरू से ही इस द्वैत का निषेध करता है। जब काव्य-कृति को 'निर्मिति' कहा जाता है तो उसका स्पष्ट अर्थ है कि उनमें वस्तु-तत्व अथवा आत्म-तत्व में से कोई भी 'माध्यम'-मात्र नहीं है। 'स्फटिक' की संरचना पर दृष्टि डालने से यह तथ्य अच्छी तरह स्पष्ट हो सकता है। स्फटिक-संरचना संबंधी विज्ञान के नवीनतम शोधों का तो यहां तक कहना है कि 'स्फटिक' में सब कुछ संरचना ही है, 'तत्व'-जैसी कोई चीज नहीं, क्योंकि चरम विश्लेषण में अंततः कुछ भी अलग से प्राप्त नहीं होता' (पृ. 26)।

नामवर सिंह ने नई कविता को 'संरचना' के रूप में देखते हुए ऊपर जिस 'स्फटिक' का जिक्र किया है और जिस तरह कविता में 'तत्व' की उपेक्षा करते हुए लिखा है, 'स्फटिक' में सब कुछ संरचना ही है, तत्व जैसी कोई चीज नहीं है। 'यही बात तो विश्व समीक्षा के प्रमुख स्वायत्ततावादी समीक्षक भी कहते हैं। 'स्फटिक' के विभ्रम में लेखक तब ही फंसता है जब उसका सम-सामयिकता से संबंध कट जाता है। यह विभ्रम दो स्थितियों में और भी गहरा होता है जब युद्ध हो या आर्थिक मंदी हो। भारत में जिन दिनों नामवर सिंह 'स्फटिक' पर मुग्ध थे तब तक भारत दो युद्ध झेल चुका था, पहला युद्ध 1962 का था और दूसरा 1965 का था। युद्ध की हताशा ने कवि की जीवन से दूरी और भी बढ़ा दी। यही वजह है कि इस दौर में लेखकों के एक बड़े वर्ग में दिशाहीनता का मुखर स्वर सुनाई देता है। यही वह संदर्भ है जिसमें नामवर सिंह ने साफ शब्दों में लिखा, कविता न तो 'अभिव्यक्ति'

और नहीं 'निर्मिति' है। वह तो मात्र 'संरचना' है। यही वह प्रस्थानबिंदु है जिस पर खड़े होकर *पूर्वग्रह* ने 'आलोचना की स्वायत्तता' का सवाल खड़ा किया। संयोग देखें जवाब भी आया तो नामवर सिंह की ओर से और यह बताए बिना कि उन्होंने *कविता के नए प्रतिमान* में 'संरचना' के नाम पर 'आलोचना को स्वायत्त' क्यों बनाया था? उस समय नामवर सिंह को देरिदा, एफ.आर. लीविस, रेमंड विलियम्स याद क्यों नहीं आए ? कविता की मूल समस्या संरचना या 'स्फटिक' या 'संस्कार' की खोज करना नहीं है। मुक्तिबोध के अनुसार, 'कला का संघर्ष वस्तुतः, तत्व का, तत्व के एकत्रीकरण का, तत्व के परिष्कार का, तत्व के विकास का संघर्ष है।'

कविता क्या है? पर विचार करते हुए नामवर सिंह ने साहित्य समीक्षकों की चिंताओं को तरजीह देकर कविता की परिभाषा के निर्माण के काम को बहुत सीमित कर दिया। उनके विवेचन से नई कविता में व्यापक जीवन की झलक नहीं मिलती। काव्य-संरचना की चिंताओं में वे मशगूल रहे और नई कविता में जीवन की चिंताओं को भूल गए। कविता की परिभाषा को जीवन चिंताओं और जीवन की वास्तविक अनुभूतियों में खोजते तो नई समस्याएं सामने आतीं। साहित्य की प्रचलित समस्याओं से बाहर निकलकर नई कविता की अवधारणा बनाने में मदद मिलती। साहित्य पर खासकर नई कविता पर विचार करते समय नामवर सिंह को अनुभूति के सवाल का तो खयाल रहा लेकिन अनुभूति किसकी ? इस सवाल को भूल गए। अनुभूतियों के सामाजिक संदर्भ को खोले बिना यह संभव नहीं है कि कविता की अवधारणा बना सकें ! नई कविता किस सामाजिक सत्य के ताने-बाने से बनी है? क्या यह सवाल बेमानी है? क्या 'संरचना' के आधार पर कविता पर विचार करते समय संरचना के निर्माण के कच्चे माल और प्रक्रियाओं की अनदेखी संभव है ? नई कविता में शामिल कवियों की मनोदशा और मानसिक संरचनाओं के वैविध्य के सवालों को भी खोलने की जरूरत है। नई कविता के कवियों का मानसिक ढांचा एक जैसा नहीं है। उनके सामाजिक संस्कार और ग्लोबल सरोकार एक जैसे नहीं हैं। नई कविता का रूप इकसार नहीं है बल्कि वैविध्यपूर्ण है।

नई कविता की अवधारणा का सामयिक काव्य परिदृश्य से गहरा संबंध है और उस परिदृश्य की नामवर सिंह चर्चा ही नहीं करते ? बिना काव्य परिदृश्य जाने नई कविता के साथ अन्य काव्य रूपों के अंतर को समझने में असुविधा होगी। इस प्रसंग में मुक्तिबोध की समीक्षा हमारी मदद कर सकती है। मुक्तिबोध ने 'आधुनिक काव्य की चिंताजनक स्थिति' (1951) निबंध में लिखा है, 'यह भी सत्य है कि पिछले कुछ सालों से हिंदी-काव्य में ह्रास के लक्षण स्पष्ट दिखाई देने लगे हैं। 'ये

लक्षण क्या हैं ?' पिछले आठ-दस सालों से हमारी जिंदगी में कुछ ऐसी तब्दीली हुई है, और पिछले चार-पांच सालों से उस तब्दीली की रफ्तार इतनी तेज हो गई है कि अलसाई छायाओं के उपवनों के उन्मन वातावरणों से आज हमारी आत्मा की परितृप्ति नहीं हो सकती। न उस टाइप के प्यार को लेकर, उसके अभिप्रायों और वरदानों तथा तत्संबंधी मूक साधनाओं, मरण-त्योहारों और अग्नि-शृंगारों के खिलौने से हमारी जिंदगी में भाव-संपन्नता आ सकती है, बशर्ते कि हमारा काव्य कवि-गोष्ठियों में उठते-बैठते रस बरसाने वाला काव्य न हो। आज हमारी जिंदगी का यथार्थ हमारे साहित्य में अपने पूरे अभिप्राय और आवेग के साथ उतरना चाह रहा है। खेद है कि हिंदी के प्रत्यक्ष काव्य-प्रयास कुछ महत्वपूर्ण अपवादों को छोड़कर उन्हीं पुरानी गूंजों को गुंजा रहे हैं, उसी बासी गंध को फैला रहे हैं जिसका हमारे वर्तमान जीवन के यथार्थ से सामंजस्य नहीं हो पाता।'

कविता के लिए जीवन का यथार्थ और उसके अभिप्रायों की समझ पर चर्चा करना जरूरी है। लेकिन नामवर सिंह उसे महज 'संरचना' में संकुचित करके देख रहे हैं। नई कविता को यदि 'अभिव्यक्ति' न मानकर 'संरचना' के रूप में देखेंगे तो संतुलित समझ नहीं बन पाएगी। नई कविता में ऐसे भी कवि हैं जो 'संरचना' के निर्माण में मशगूल हैं लेकिन ऐसे भी कवि हैं जो जीवन के वैविध्यमय रूपों, जटिलताओं और अंतर्विरोधों के प्रति सचेत हैं। ये सामाजिक संवेदनाओं को कविता में अभिव्यक्ति प्रदान करते हैं। वे पूंजीवाद के ताने-बाने को समग्रता में चित्रित कर रहे हैं। मुक्तिबोध ने लिखा है, 'नई कविता अधिकतर द्वंद्व रूप में स्थित है। इसका यह अर्थ नहीं है कि नई कविता में हृदय का सहज रस या रमणीयता नहीं है।' मुक्तिबोध ने यह भी लिखा, 'नई कविता के भीतर कई स्वर हैं, कई शैलियां हैं, कई शिल्प हैं और कई भाव पद्धतियां। नई कविता एक काव्य-प्रकार का नाम है। उस काव्य-प्रकार के भीतर अनेकानेक व्यक्तिगत शैलियां, शिल्प, रचना-विधान और जीवन-दृष्टियां हैं।'

नामवर सिंह जिस 'संरचना' की बात कह रहे हैं वह असल में उनके अधूरे यथार्थबोध की देन है। 'संरचना' का प्रपंच लेखकों ने नहीं, नामवर सिंह ने खड़ा किया। यह धारणा उनके सामाजिक अलगाव को व्यक्त करती है। मजेदार बात यह है कि जिसे 'संरचना' या 'स्फटिक' कहकर वे विश्लेषित कर रहे हैं वह तो कविता में मौजूद ही नहीं है। इसे जबरिया थोपी गई धारणा भी कह सकते हैं। जिसे वे 'संरचना' कहकर आरोपित कर रहे हैं। उल्लेखनीय है कि *कविता के नए प्रतिमान* में प्रतिपादित नजरिये का हिंदी आलोचना ने एकसिरे से तिरस्कार किया

और उसकी तीखी आलोचना हुई। यहां तक कि स्वयं नामवर सिंह ने भी कविता को 'संरचना' के रूप में विश्लेषित करना बंद कर दिया। नामवर सिंह ने कविता को 'अभिव्यक्ति' और 'निर्मिति' न मानकर 'संरचना' कहा जबकि सच यह है कि किसी भी विषय के कविता में दाखिल होने के लिए पहले उसका सौंदर्यानुभूति में रूपांतरित होना जरूरी है। लेखक जो कुछ महसूस करता है वह सब अभिव्यक्त होकर काव्य रूप नहीं लेता अपितु काव्य-रूप वही तत्व लेता है जो सौंदर्यानुभव में रूपांतरित हो जाता है।

नामवर सिंह ने जिसे 'स्फटिक' या 'संरचना' कहा है उसका किस तरह की सामाजिक-राजनीतिक व्यवस्था से संबंध है ? क्या लोकतंत्र के बिना 'संरचना' का विमर्श तैयार होता है ? वे कौन से कारण हैं जिनकी वजह से नामवर सिंह 'लोकतंत्र' के सवालों से आलोचना और उसकी 'संरचना' को जोड़ ही नहीं पाते। साहित्य में किसी भी किस्म की प्रतिबद्धता की खोज वस्तुतः 'लोकतंत्र' के साथ प्रतिबद्धता से जुड़ी है। आधुनिक लोकतांत्रिक प्रक्रियाओं को जितना खोला जाएगा साहित्य की उतनी ही परतों को खोला जा सकता है। नए आधुनिक परिवेश में लोकतंत्र के बिना साहित्य की परिकल्पना करना संभव नहीं है। लोकतंत्र को खारिज करके या लोक़तंत्र के प्रति आलोचनात्मक रवैय्या विकसित किए बिना साहित्य का नया नजरिया पैदा नहीं होता। मुक्तिबोध इसलिए बड़े लेखक हैं कि वे लोकतंत्र के प्रति अपना आलोचनात्मक संबंध बनाते हैं। लोकतंत्र की आलोचना पेश करते हैं और उसे पुनर्परिभाषित भी करते हैं। लोकतंत्र में साहित्य की भूमिका सिर्फ विकल्प देने की ही नहीं है बल्कि प्रतिरोध करना भी साहित्य का लक्ष्य है। साहित्य सिर्फ रूपों के विकल्पों की खोज नहीं है बल्कि नई अंतर्वस्तु की खोज का काम भी करता है। साहित्य का काम जो दिखता है उसका चित्रण करना ही काम नहीं है बल्कि संभावनाओं की खोज करना भी साहित्य का काम है। लोकतंत्र तो संभावनाओं से भरा संसार है। इसमें जो है और जो हो सकता है इन दोनों की संभावनाएं भरी हैं।

जिस तरह कोई व्यक्ति अपने दल के विचारों के प्रति वचनबद्ध होता है ठीक उसी तरह लेखक भी साहित्य के प्रति वचनवद्ध होता है। लेखन के दौरान वह अपनी वचनबद्धता का उल्लंघन करता है। क्योंकि लेखन या सृजन की यह भूमिका है कि आप जहां से खड़े होकर लिखते हैं रचनाकर्म के दौरान वहां से शिफ्ट कर जाते हैं। नए का सृजन करते हैं। नया सृजित किए बिना साहित्य नहीं बनता। नए के माने अर्थ है कि लेखक अपने वचनबद्ध दायरे के बाहर चला गया।

नामवर सिंह ने कविता के लिए नए प्रतिमान के सवाल को 'संस्कार' से जोड़ा

है। लेखक पुराने संस्कारों से मुक्त हुए बिना नए प्रतिमान नहीं बना सकता। पुराने प्रतिमानों से मुक्त होने के लिए पुराने संस्कारों को जानना जरूरी है और पुराने संस्कारों के स्रोत को भी जानना जरूरी है। नामवर सिंह ने लिखा है, 'नई कविता की आलोचना में प्रायः पुराने प्रतिमान क्यों इस्तेमाल किए गए, यदि इसकी जांच की जाए तो साफ मालूम होगा कि जिन्हें हम 'पुराने प्रतिमान' कहते हैं, वे वस्तुतः पुराने 'संस्कार' हैं। इसलिए नए प्रतिमान की चर्चा करने से पहले इन संस्कारों का विश्लेषण करना जरूरी है' (*कविता के नए प्रतिमान*, 1993, पहला छात्र संस्करण, पृ.28)।

नामवर सिंह ने कविता और कवि के 'संस्कार' को प्रतिमान से जोड़ा, फिर नए मूल्य और कविता पढ़ने की नई पद्धति और भाषा से जोड़ा। छायावाद को प्रस्थानबिंदु मानकर लिखा। सवाल यह है क्या छायावाद को नई कविता या आजादी के बाद की कविता का प्रस्थानबिंदु मानना सही होगा ? असल में यह प्रस्थानबिंदु गलत है। लोकतंत्र में अतीत में लौटना और अतीत से प्रस्थानबिंदु लाकर विमर्श तैयार करना या आलोचना तैयार करना ही गलत है। वर्तमान के संस्कार, मूल्य, भावबोध और पद्धतिशास्त्र को कायदे से खोजा जाना चाहिए।

लोकतंत्र में हर विषय पर बोल सकते हैं। यही वह प्रस्थानबिंदु है जो साहित्य को नई अंतर्वस्तु, नया शिल्प और नया मूल्य सृजित करने की क्षमता प्रदान करता है। छायावाद में विषय की सीमा है। तयशुदा विषय हैं और लेखक उनके इर्द-गिर्द ही अपना रचना संसार बनाता है। लेकिन लोकतंत्र में ऐसा नहीं होता। नई कविता में ऐसा नहीं होता। नई कविता में मार्क्सवाद से लेकर आधुनिकतावाद की प्रवृत्तियों को सहज ही देखा जा सकता है। साहित्य में सब कुछ और सब कुछ के लिए साहित्य, इस धारणा के आधार पर आजादी के बाद की कविता का पूरा ढांचा निर्मित होता है। नामवर सिंह की मुश्किल यह है कि वे लोकतंत्र को हाशिये की परिघटना के रूप में भी नहीं देख पाते, जबकि लोकतंत्र तो आधुनिक अभिव्यंजना की धुरी है। लोकतंत्र के बिना कविता या साहित्य के रूपों और अंतर्वस्तु का कोई भी विमर्श निर्मित नहीं होता। लोकतंत्र के साथ साहित्य के नए रिश्ते की शुरुआत होने का ही परिणाम है कि हर विषय पर कविता लिखी गई। पहले साहित्य में क्या कहा जाएगा और क्या स्वीकार किया जाएगा, इसके पैमाने और दायरे तय थे। लेकिन लोकतंत्र इस तरह के किसी भी वर्गीकरण को नहीं मानता। लोकतंत्र और साहित्य के नए रिश्ते ने यह संभावनाएं पैदा की है कि साहित्य में प्रत्येक विषय अभिव्यंजित हो सकता है और साहित्य में कुछ भी ग्रहण किया जा सकता है। अब साहित्य में

कुछ भी कह सकते हो और कुछ भी स्वीकार कर सकते हो। यही वह बुनियादी अंतर है जो नई कविता, नए समाज और नए मानदंडों को पुराने मानदंडों से अलग करता है।

आजादी के बाद के नए साहित्य, चाहे वह अज्ञेय का लिखा हो या लक्ष्मीकांत वर्मा का लिखा हो, या नागार्जुन या केदारनाथ अग्रवाल का लिखा हो या रघुवीर सहाय या अन्य किसी का भी लिखा हो, वह उपन्यास के फॉर्म में हो या निबंध के फॉर्म में हो, किसी भी विधा में हो, का आधार लोकतंत्र है। 'सब कुछ, सबके लिए' के पैमाने के आधार पर लिखने के कारण ही एक तरफ *झूठा-सच* लिखा गया तो दूसरी ओर *शेखर एक जीवनी*, एक तरफ मुक्तिबोध की कविताएं हैं तो दूसरी ओर मुक्तिबोध-विरोधी धारा भी है। एक अवधि के बाद अकविता, जनवादी कविता, दलित साहित्य और स्त्री साहित्य की अभिव्यंजना भी है। इन सभी रचनाओं में लोकतंत्र को अपने-अपने नजरिये से परिभाषित करने और अर्जित करने के बृहत्तर प्रयासों को साफतौर पर देखा जा सकता है। यहां ऐसा साहित्य है जो प्रतिबद्ध है, सामाजिक सरोकारों की अभिव्यक्ति करता है और ऐसा साहित्य भी है जो किसी के प्रति जिम्मेदार नहीं है। सामाजिक सरोकारों के प्रति उपेक्षा भाव रखता है। सामाजिक सरोकारों और जिम्मेदारियों से भागता है। यहां ऐसे लेखक हैं जो अपने कहे शब्दों के प्रति जिम्मेदार हैं और ऐसे लेखक भी हैं जो अपने कहे शब्दों के प्रति जिम्मेदार नहीं हैं। लोकतंत्र में अभिव्यक्ति की आजादी का अर्थ है कि जो कहा गया है उसके प्रति कहने वाले को जिम्मेदार नहीं ठहरा सकते। इसने साहित्य की प्रकृति को भी प्रभावित किया है। साहित्य में दुविधा और गैर-जिम्मेदारी के भावबोध का विकास किया। लोकतंत्र में सामाजिक अभ्यास महत्वपूर्ण होते हैं और उनके द्वारा लोकतंत्र की आधारभूमि मजबूत बनती है। लोकतंत्र में किस तरह के अभ्यास या आदतें होंगी या संस्कार होंगे यह निर्भर करता है कि लोकतंत्र में सामाजिक इकाई का स्वरूप क्या है ? लोकतंत्र में यदि सामाजिक इकाई का स्वरूप जाति तय कर रही है तो लोकतंत्र में जाति की संरचनाओं, अभ्यासों और आदतों का वर्चस्व होगा। इसी तरह साहित्य भी इससे प्रभावित होगा। जाति की संरचनाओं के अभ्यास न होते तो दलित साहित्य की अवधारणा का जन्म ही नहीं होता।

एक जमाना था 'साहित्य' की धारणा थी, उसका दार्शनिक आधार भी हुआ करता था। लेकिन लोकतंत्र आने के बाद सबसे बड़ा विपर्यय यह घटित होता है कि 'साहित्य' का कोई दार्शनिक आधार नहीं रह गया। आज अनेक किस्म का साहित्य है और अनेक किस्म की व्याख्याएं हैं। लोकतंत्र में जो साहित्य रचा गया

या साहित्यांदोलन आए उनमें आंतरिक लोकतंत्र का अभाव है। मसलन जो लोग क्रांति केंद्रित कविताएं लिख रहे थे उनके यहां गैर-क्रांतिकारी विषयों पर लिखने वाले को प्रति-क्रांतिकारी कहा गया। पूंजीपति या मध्य वर्ग पर लिखने वाले को बुर्जुआ कहा गया। इसी तरह लेखक संघ, पार्टी और साहित्य के अंतस्संबंध की समस्या का जन्म हुआ। पार्टी ने साहित्यकार को उपकरण की तरह इस्तेमाल किया, साहित्य की दलीय नजरिये के अनुरूप व्याख्याओं को जन्म दिया। पहले पार्टी ने साहित्य की उन्नति, तरक्की और सामाजिक-सांस्कृतिक विकास में भूमिका को रेखांकित, साहित्यकार को सम्मानित किया, बाद में वही साहित्य और साहित्यकार के खिलाफ इसलिए खड़ी हो गई कि उसे साहित्य के दृष्टिकोण विशेष से आपत्ति थी। साहित्य का क्षेत्र साहित्यकार का है, वह तय करे कि किस तरह लिखेगा और किन विषयों पर लिखेगा, लेकिन आरंभ में पार्टी इस नजरिये से सहमत थी लेकिन बाद में वह साहित्य और साहित्यकार के नजरिये का निर्धारण करने लगी। यही स्थिति साहित्य और राजनीति के अंतस्संबंध के प्रसंग में भी देखी गई। मसलन जब यह मान लिया गया कि साहित्य और राजनीति में अंतस्संबंध होता है तो यह संबंध सर्जनात्मक होगा, इसे पहले से निर्धारित नहीं किया जा सकता। पार्टी और राजनीतिक लाइन के आधार पर जब नजरिया पहले से तय कर लिया जाता है तो राजनीति और साहित्य के सर्जनात्मक संबंध का अंत हो जाता है। साहित्य और राजनीति में अंततः निर्धारक तत्व साहित्य है, राजनीति नहीं। इसी तरह पार्टी या लेखक संघ के साथ साहित्य के अंतस्संबंध में निर्धारक तत्व साहित्य है, राजनीति नहीं। लेखक की बुनियादी प्रतिबद्धता साहित्य के प्रति होती है पार्टी-राजनीति के प्रति नहीं। वह साहित्य की सर्जनात्मकता से बंधा होता है और उसके बंधनों, रूढ़ियों, दायरों का सृजन के क्रम में अतिक्रमण करता है। इस क्रम में साहित्य के जिन रूपों के प्रति वह वचनबद्ध होता है, उनको भी तोड़ता है। वह साहित्य के जिन रूपों को बनाता है उनको भी बदलता है। बदलाव की यह प्रक्रिया लेखक को पार्टी के स्थिर नजरिये से बंधे नहीं रहने देती, फलतः लेखक और पार्टी के बीच, साहित्य और पार्टी के बीच अंतर्विरोध पैदा होता है।

साहित्य लिखते समय लेखक राजनीतिक कार्यकर्ता नहीं होता, वह सर्जनात्मकता के उसूलों से बंधा होता है, कल्पना उसकी धुरी है और सर्जनात्मकता निरंतर परिवर्तित करती है। इस प्रसंग में दिलचस्प बात यह है कि लेखक ने जब पार्टी या लेखक संगठन या विचारधारा से जुड़ने का फैसला किया तो यह मानकर निर्णय किया था कि यह फैसला उसके लिए प्रेरक की भूमिका अदा करेगा लेकिन व्यवहार में देखा

गया कि लेखक स्वयं अपने लिए फैसले से परेशान हो उठा, तनावग्रस्त हो उठा। कल तक वह अपने नजरिये को संगठन के साथ साझा करता था लेकिन बाद में देखा गया कि वह नजरिये को साझा करने लायक भी नहीं समझा गया। इस समूची प्रक्रिया में साहित्य और राजनीति के बीच द्वंद्व पैदा हुआ और लेखक से यह मांग होने लगी कि वह साहित्य के बजाय राजनीति के प्रति वचनबद्ध हो जाए, जाहिर है, लेखक के लिए यह मानना सहज नहीं था। लेखक की बुनियादी प्रतिबद्धता तो साहित्य के साथ थी, राजनीति उसके लिए गौण थी। यही वह प्रस्थानबिंदु है जहां से लेखक के अंदर राजनीतिक परिवर्तन जन्म लेते हैं। जो लेखक इस तरह के परिवर्तनों के प्रति अनखुला रहता है उसके साहित्य रूपों में रूढ़िबद्धता जन्म ले लेती है। लेकिन जो लेखक साहित्य से बंधा है वह अपने लेखन के जरिये अपने ही लिखे को अस्वीकार करने लगता है, अपने ही रचे पात्रों के नजरिये का अतिक्रमण करने लगता है। स्थिति यह है कि वह अपने रचे यथार्थ और साहित्य के सारतत्व को अपदस्थ कर देता है। यहां तक कि वह जिन चीजों का प्रतिनिधित्व करता है उनको भी अस्वीकार करने लगता है। यही साहित्य का नियम और सत्य है। लेखक ज्योंही अपने लिखे सारतत्व को अपदस्थ करता है तो वह सत्य के दायरे के बाहर चला जाता है। इससे लेखक की पहचान का भी रूपांतरण हो जाता है। लेखक की साहित्यिक प्रतिबद्धता का संबंध सीधे उसकी राजनीतिक सक्रियता के साथ नहीं होता। इसी बिंदु से उसकी अपने लिखे साहित्य के प्रति अनास्था पैदा होती है। सामान्य तौर पर बढ़िया साहित्य वह माना जाता है जो चित्रित राजनीतिक नजरिये के प्रति वफादार हो। लेकिन अमूमन यह देखा गया है कि साहित्य इससे गहरे चल रही सामाजिक प्रक्रियाओं के प्रति वचनबद्ध होता है।

सामान्य तौर पर यह मान लिया गया है कि साहित्य समाज का दर्पण है। लेकिन साहित्य हमेशा दर्पण ही हो यह जरूरी नहीं है। वह समाज से पृथक रूप में भी रह सकता है। समाज से अलगाव या अंतराल रखकर भी रह सकता है। वह उन चीजों को अभिव्यंजित कर सकता है जो समाज से परे हों और सामाजिक सत्य और तथ्य से परे हों। साहित्य की यह खूबी है कि वह सामाजिक सत्य और तथ्य के परे स्थित चीजों को चित्रित करता है। वह दुनिया का विकल्प पेश करता है। साहित्य की खूबी है कि वह जगत से ज्यादा चीजें पेश करता है।

लोकतंत्र में साहित्य एक अधिकार के रूप में, अभिव्यक्ति की आजादी के रूप में अपना विकास करता है। साहित्य के अधिकार के नाते लेखक को सभी विषयों पर बोलने की आजादी तो मिलती ही है, साथ ही, अपने कहे को अस्वीकार

करने की आजादी भी मिल जाती है। लोकतंत्र और साहित्य दोनों हमेशा आलोचकों के सवालों के लिए हमेशा खुले होते हैं। यह संभव ही नहीं है कि इन दोनों के बारे में कोई अंतिम राय बना ली जाए। इन दोनों की बहसों को मौजूदा सांस्थानिक मानकों के दायरे में बांधकर रखना संभव नहीं है। साहित्य उन तमाम क्षेत्रों के लिए अंतहीन रूप में खुला रहता है जिनका कभी साहित्य में प्रतिनिधित्व नहीं हुआ है। यही वजह है कि साहित्य में नई प्रवृत्तियां तेजी से जन्म लेती हैं। साहित्य अहर्निश सामाजिक मान्यताओं और अभ्यासों को चुनौती देता है और यही काम लोकतंत्र भी करता है। वह भी सामाजिक अभ्यासों और मान्यताओं को अंतहीन चुनौतियां देता है। साहित्य हमेशा संस्थानों के दायरे के बाहर ले जाकर समस्याओं के समाधान पेश करता है। वह हमेशा भविष्य के बारे में सोचता है।

देरिदा की मान्यता है कि लोकतंत्र के बिना साहित्य संभव नहीं है और साहित्य के बिना लोकतंत्र संभव नहीं है। लोकतंत्र का अर्थ यह नहीं है कि साहित्यकार की प्रतिबद्धता का लोप हो जाता है बल्कि यों कहें कि प्रतिबद्धता का दायरा बड़ा हो जाता है, पहले पार्टी या संगठन या विचारधारा से लेखक की प्रतिबद्धता थी लेकिन अब समुदाय से प्रतिबद्धता जुड़ी है। समुदाय से प्रतिबद्ध होने के साथ वह संस्थानों की भूमिका में सुधार करता जाता है। हिंदी साहित्य समीक्षा और साहित्यकार की मुश्किलें इसी बिंदु पर आरंभ होती हैं। वह समुदाय के चित्रण के प्रति वचनबद्ध है लेकिन संस्थानों में सुधार का क्या रूप हो इसे आलोचना ने कभी रेखांकित नहीं किया। यहां तक कि लेखक की 'मंशा' पर भी कभी गंभीर बहस नहीं हुई है। लेखक की 'मंशा' और लोकतंत्र के 'संस्थान' इन दो विषयों पर चर्चा ही नहीं हुई। यह आलोचना का अधूरापन है। इसके कारण ही आलोचना का एक विधा के रूप में लोकतंत्र के अनुरूप स्वरूप भी विकसित नहीं हो पाया। लोकतंत्र में लेखक को सब कुछ कहने का हक है और हर किस्म के कठमुल्लेपन या रूढ़िबद्धता के प्रति सवाल खड़े करने का हक है। लोकतंत्र और साहित्य में बुनियादी तौर पर सब कुछ कहने का हक है। खासकर उन बातों पर भी कहने का हक है जो निर्विवाद हैं। 'साहित्य' की अवधारणा आधुनिक खोज है। जिसको आधुनिक साहित्यिक परंपराओं और संस्थानों के परिभाषित दायरे में काम करना होता है। इसके तहत उसे सब कुछ कहने का हक मिला हुआ है। खासकर उन बातों को साहित्य जरूर उठाता है जो गैर-प्रतिबंधित हैं और लोकतांत्रिक स्वतंत्रता के विकास में मददगार हो सकती हैं।

लोकतंत्र का साहित्य के लिए अर्थ क्या है ? क्या साहित्य में लोकतंत्र होता

है ? लोकतंत्र के अर्थ को साहित्य में यदि, सांस्थानिक अभ्यासों के मद्देनजर खोजा जाएगा तो सही परिणाम नहीं निकलेंगे। साहित्य में लोकतंत्र का अर्थ है 'संस्थान' की सीमाओं का अतिक्रमण करना, भविष्य के बारे में सोचना। फलतः साहित्य में लोकतंत्र आता है अथवा साहित्य लोकतांत्रिक भूमिका अदा करता है। जब साहित्य भविष्य के सवालों के जवाब देता है तो लोकतंत्र को व्यक्त करता है। साहित्य और लोकतंत्र का संबंध यांत्रिक नहीं है। जो देखा या सुना वही लिखा इसे लोकतंत्र नहीं कहते बल्कि लोकतंत्र अभिव्यक्त तब होता है जब साहित्यकार 'सांस्थानिक' फ्रेमवर्क के बाहर जाकर भविष्य को चित्रित करे। साहित्य में लोकतंत्र का अर्थ है कि राजसत्ता के सपनों का साहित्य अतिक्रमण करे, साहित्य जब तक राजसत्ता की सीमाओं में रमण करता है, वह सामाजिक परिवर्तन का उपकरण नहीं बन पाता। साहित्य लोकतांत्रिक भूमिका तब निभाता है जब वह वैकल्पिक दुनिया का सपना पेश करता है। जीवन को जब साहित्यकार भिन्न नजरिये से देखता है तो साहित्य में लोकतंत्र की सृष्टि करता है।

देरिदा के अनुसार लोकतंत्र में सब कुछ कहने की आजादी बहुत बड़ा राजनीतिक अस्त्र है। इसके कारण यह बहुत जल्दी अपने को तटस्थ भी बना लेता है। इसके कारण ही इसे राजनीतिक धमकियों और धार्मिक उत्पीड़नों से भी बचाया जा सकता है। इनसे सुरक्षित रखा जा सकता है। साहित्य का काम धार्मिक उत्पीड़न करना या राजनीतिक धमकियां देना नहीं है। साहित्य का काम संवैधानिक जिम्मेदारियां निभाना भी नहीं है। साहित्य कोई राजनीति का अंग नहीं है और न ही वह संविधान का अंग है। संविधान के फ्रेमवर्क में साहित्य-सृजन की मांग करना ही गलत है। उसी तरह साहित्य को सत्ता या पावरगेम का हिस्सा भी नहीं बनाया जा सकता। साहित्य-सृजन पावर-सृजन नहीं है। यह रीतिवाद है। इस समझ का आधुनिक लोकतंत्र से कोई संबंध नहीं है।

लोकतंत्र की धुरी है बेहतर जिंदगी के वायदे करना। लोकतंत्र तो अनंत वायदों से भरा हुआ है। इनमें से अधिकतर वायदे कभी पूरे नहीं होते। अंतहीन वायदों का संसार लोकतंत्र के विकास को संभव बनाता है। लोकतंत्र की खूबी है कि वह अपने लक्ष्यों को कभी हासिल नहीं कर पाता। ठीक इसी तरह साहित्य में भी यह प्रक्रिया चलती रहती है। साहित्य कभी वर्तमान के प्रति जवाबदेह नहीं होता। वर्तमान के प्रति जिम्मेदारी से वह मुक्त होता है। लोकतांत्रिक साहित्य हमेशा स्वयं को ही चुनौती देता है। इस तरह साहित्य यह भी संदेश देता है कि साहित्य अपूर्ण है, साहित्य अपने किए वायदे कभी पूरे नहीं करता, साहित्य में हमेशा अपने ही लिखे

को चुनौती देने की प्रक्रिया चलती रहती है। लोकतांत्रिक व्यक्ति सबसे परे होता है इसी तरह लोकतंत्र भी सबसे ऊपर है। इस प्रक्रिया में लोकतंत्र भी हमेशा अपूर्ण नजर आता है और उसके अंतराल भी नजर आते हैं। लोकतंत्र के खुलेपन का स्वरूप क्रांतिकारी होता है वह किसी भी दिशा में खुल सकता है और किसी भी दिशा में उसका विकास हो सकता है।

साहित्य को बुनियादी अधिकार के रूप में देखें तो अनेक जटिलताएं सामने आ सकती हैं। पहली जटिलता तो यही है कि संविधान और धर्म का निषेध करना लोकतंत्र में अपराध माना जाता है लेकिन साहित्य में इन दोनों का निरंतर अस्वीकार्य चलता रहता है। साहित्य संविधान निर्मित दायरों को नहीं मानता वह तो दायरे तोड़ने और नए दायरे खोजने में यकीन करता है। इसी तरह साहित्य में ऐतिहासिकता का भी लोप हो जाता है। उसे ऐतिहासिक पैमानों से विश्लेषित करने में मुश्किलें आती हैं। इसका प्रधान कारण है कि लोकतांत्रिक साहित्य पैदा वर्तमान में होता है लेकिन उसकी नजर भविष्य पर होती है। लोकतांत्रिक साहित्य की जिम्मेदारी रूपांतरणकारी है इसलिए उसे निर्धारणवादी पैमानों से पढ़ा ही नहीं जा सकता। वह ऐतिहासिक कारकों के साथ जुड़ा नहीं रह पाता अथवा यों कहें कि ऐतिहासिक तौर पर परिभाषित लोकतांत्रिक अधिकारों के आधार पर उसे पढ़ा ही नहीं जा सकता। देरिदा कहते हैं कि साहित्य के ऊपर 'सर्वोच्च जिम्मेदारी' है और यह जिम्मेदारी वह लोकतंत्र के साथ कंधे से कंधा मिलाकर निभाता है। इसके कारण लोकतंत्र भी अपनी ऐतिहासिक सीमाओं का अतिक्रमण कर जाता है। लोकतंत्र पर बातें करते समय लोकतंत्र की अपूर्णता या अधूरेपन को अभाव नहीं समझना चाहिए। लोकतंत्र में कुछ भी संभव है। लोकतंत्र में लेखक को सब कुछ कहने का हक होने के कारण ही उसकी जिम्मेदारी भी सबसे ज्यादा बनती है। लोकतंत्र को लोकतंत्रीकरण की प्रक्रिया के बिना संपन्न नहीं कर सकते। लोकतंत्रीकरण एक तरह लाइसेंस है। इसके आधार पर अनेक किस्म की छूटें और स्वतंत्रताएं मिल जाती हैं।

लोकतंत्र के स्वाभाविक विकास का स्थायी भाव है 'असहमति'। लोकतंत्र में हर चीज की अनुमति है और हर चीज संभव है। अबाधित खुलापन लोकतंत्र की विशेषता है। लोकतंत्र में यह अंतर्विरोध भी है कि वह दबे-कुचले लोगों के साथ बर्बर ढंग से पेश आता है। यहां तक कि सारी दुनिया में लोकतंत्र के नाम पर साम्राज्यवादी हस्तक्षेप और हमले भी हुए हैं और कई राष्ट्रों की संप्रभुता नष्ट हुई है। भूमंडलीय वर्चस्व का विस्तार हुआ है। कानून का शासन टूटा है और अराजकता

का विस्तार हुआ है। लोकतंत्र में अराजकता का आदर्श रूप है सांप्रदायिकता और उससे जुड़े सवालों पर चले आंदोलन। इन सभी आंदोलनों के केंद्र में संविधान प्रदत्त अधिकारों का दुरुपयोग हुआ है। कानून का शासन लोकतंत्र की बुनियाद है लेकिन जब इसी बुनियाद को चुनौती दी जाएगी तो लोकतंत्र कमजोर होता है।

आलोचना का पराभव और नामवर सिंह

हाल ही में राजकमल प्रकाशन के द्वारा नामवर सिंह के विचारों, आलोचना निबंधों, व्याख्यानों और साक्षात्कारों पर केंद्रित चार किताबें आई हैं। चार और आनी बाकी हैं। इन किताबों का 'कुशल' संपादन आशीष त्रिपाठी ने किया है।

ये किताबें आधुनिक युग में विचारों की भिड़ंत के सैलीब्रेटी रूप का आदर्श नमूना है। सैलीब्रेटी आलोचना चमकती है और प्रभावहीन होती है। ये किताबें ऐसे समय में आई हैं जब विचारों से हिंदी की आलोचना भाग रही है। नामवर सिंह ने आलोचना लिखना बंद कर दिया है। उन्हें कम लिखने का आदर्श बना दिया गया है।

यह मिथ है वे कम लिखते हैं और कम लिखने वाला महान होता है, विद्वान होता है। यह मिथ इन किताबों के आने से टूटा है। यह भी पता चलता है कि कई साल पहले आलोचना की विदाई हो चुकी है। नामवर सिंह के हाथों आलोचना का अंत अनिवार्य परिघटना है। मोटे तौर पर 1984-85 के बाद से आलोचना का नामवर सिंह के लेखन में समापन हो चुका है। यही वह दौर है जब कंप्यूटर क्रांति का जन्म होता है और नामवर सिंह साहित्य से गैर-साहित्यिक विषयों की ओर प्रस्थान करते हैं। इसके पहले वे गैर-साहित्यिक विषयों पर कम लिखते थे।

देश में जब सत्ता का फासीज्म आपातकाल में जनता पर हमले कर रहा था नामवर सिंह कुछ नहीं बोले, लेकिन राम जन्मभूमि आंदोलन के बाद संघ परिवार के फासीवाद पर *आलोचना* पत्रिका का पूरा विशेषांक ही निकाल दिया। नामवर सिंह में चेतना के स्तर पर आए ये परिवर्तन संचार क्रांति और 'पावरगेम' की देन हैं।

संचार क्रांति के बाद उन्होंने राजनीतिक और सांस्कृतिक विषयों पर खूब लिखा और बोला है। इस बदलाव को नामवर सिंह या उनके भक्तों को विश्लेषित करना चाहिए और बताना चाहिए कि नामवर सिंह जैसा महापंडति साहित्य से भागकर

राजनीति में क्यों चला आया ? मार्क्सवाद से उत्तर-आधुनिकता की गोद में कैसे चला आया ? पहले वे उत्तर-आधुनिकता को लेकर जो सोचते थे, वही समझ उन्होंने बड़ी चालाकी से क्यों छोड़ दी ? नामवर सिंह के उत्तर-आधुनिक परिवर्तनों और 'पावरगेम' की वैचारिक कलाबाजियां इन किताबों के निबंधों में आसानी से देख सकते हैं।

सवाल उठता है साहित्य की दुनिया से निकलकर फासीवाद, भूमंडलीकरण, सांप्रदायिकता, बहुलतावाद, भारतीयता, अस्मिता, बीसवीं सदी का मूल्यांकन, दुनिया की बहुध्रुवीयता, उत्तर-आधुनिकता और मार्क्सवाद आदि विषयों पर वे उत्तर-आधुनिकता के आने के बाद ही मुठभेड़ क्यों करते हैं ? इन विषयों पर पहले क्यों नहीं लिखा? कंप्यूटर क्रांति के बाद ही उनकी नजर इन विषयों की ओर क्यों गई ? इस क्रम में नामवर सिंह के विचारों में सबसे ज्यादा चंचलता, विचारहीनता और चलताऊ ढंग नजर आता है। उनके विचारों में सबसे ज्यादा लोच इसी दौर में उभरकर आती है। यह सब नामवर सिंह के आलोचक की विदाई का पुख्ता सबूत है। नामवर सिंह से पहले रामविलास शर्मा साहित्य और मार्क्सवाद का मैदान छोड़ चुके थे।

नामवर सिंह के व्यक्तित्व और कृतित्व में सबसे ज्यादा बदलाव 1980-81 के बाद ही आता है। उनके कृतित्व में उत्तर-आधुनिक शब्दावली नहीं मिलेगी लेकिन उत्तर-आधुनिक वैचारिक रपटन मिलेगी जिस पर वे बार-बार फिसलते हैं। वे व्यक्तिगत और सार्वजनिक तौर पर उत्तर-आधुनिक शब्दावली का उपहास उड़ाते हैं लेकिन लेखन में सारे उत्तर-आधुनिक पैंतरों और रणनीतियों का इस्तेमाल करते हैं। यह तो वैसे ही हुआ कि गुड़ खाएं गुलगुलों से बैर।

नामवर सिंह की आलोचना शैली का सबसे खतरनाक पहलू वह है जिसे वे व्यक्तिगत बातचीत में इस्तेमाल करते हैं। किसी भी लेखक या व्यक्ति का भविष्य खराब करने में उनकी यह निजी बातचीत बर्बादी करती रही है। इस कला के आधार पर वे अनेक प्रतिभाओं को गुमनामी की गुफाओं में ले जा चुके हैं।

नामवर सिंह की विश्वदृष्टि सभी किस्म की रूढ़िबद्धताओं और विचारधारा से भी मुक्त है, यह विश्वदृष्टि विश्वसनीय, गतिशील और अनिश्चित है। वे बार-बार भारतीय ज्ञानमीमांसा के क्षेत्र में विश्वदृष्टि के नए रूपों की तलाश में लौटते हैं। उनकी विश्वदृष्टि का आधार है भारतीय सत्ता के हित। वे इस चक्कर में वर्गीय, जातीय, जातिवादी और धार्मिक दायरे के परे जाकर देखते हैं। वे न तो मार्क्सवाद को विश्वदृष्टि का आधार बनाते हैं और न ही किसी अन्य मार्क्सवाद-विरोधी दृष्टिकोण को बल्कि अमेरिकी उपयोगितावाद उनकी विश्वदृष्टि की धुरी है। हिंदी में एक

कहावत है जिसमें उनके उपयोगितावाद को बांध सकते हैं, गंगा गए गंगादास, जमुना गए जमुनादास।

वे दुनिया के साहित्य, दर्शन और समीक्षा को पढ़ते हैं, अपने को अपडेट रखते हैं, लेकिन उसमें बहते नहीं हैं। उपयोगितावादी कुशल तैराक की तरह उसमें तैरते रहते हैं लेकिन उनके विचारों को विश्राम हिंदी साहित्य में मिलता है। इस अर्थ में वे ग्लोबल-लोकल एक साथ हैं।

नामवर सिंह ने अपनी उपयोगितावादी विश्वदृष्टि को सचेत रूप से विकसित किया है, सचेत रूप से 'पावरगेम' का उपकरण बनाया है, फलतः उनके पीछे सत्ताधारी वर्गों की समूची शक्ति काम करती रही है। इसके कारण वे कंपलीट भारतीय बुद्धिजीवी नजर आते हैं। हिंदी साहित्य में उनकी रमी हुई प्रतिभा के सब कायल हैं।

एक जमाने में वे जनता के प्रगतिशील हितों से बंधे थे। साहित्यालोचना को उन्होंने प्रगतिशील शक्तियों के पक्ष में सृजनात्मक तौर पर विकसित किया था। उनके आपातकाल पूर्व के लेखन में यह नजरिया व्यक्त हुआ है। आपातकाल के पहले नामवर सिंह साहित्य के आलोचक थे। आपातकाल के बाद वे सत्ता के समर्थक और 'पावरगेम' का हिस्सा बन गए। इससे साहित्य, समीक्षा और प्रगतिशील शक्तियों की व्यापक क्षति हुई है। आपातकाल के समय से नामवर सिंह ने लेखन में उन्हीं विषयों को उठाया है जो सत्ताविमर्श का हिस्सा हैं।

नामवर सिंह के व्यक्तित्व के अनेक पहलू हैं जिनमें उनकी अस्मिता की दरारें साफ देखी जा सकती हैं। मसलन उनके शिक्षक व्यक्तित्व, शिक्षा प्रशासक, पति, पिता, दोस्त, कॉमरेड, समीक्षक आदि रूपों पर आलोचनात्मक ढंग से विचार किया जाना चाहिए और देखना चाहिए कि एक व्यक्ति के नाते नामवर सिंह किस तरह की सामाजिक भूमिका और व्यवहार का निर्वाह करते रहे हैं। इन सभी रूपों में नामवर सिंह एक जैसे नजर नहीं आते।

नामवर सिंह के साहित्यिक जीवन की समीक्षा के साथ-साथ सामाजिक-अकादमिक जीवन की भी समीक्षा की जानी चाहिए। हिंदी में नामवर सिंह ने अभी तक अपनी अंशतः सामाजिक समीक्षा की है जबकि मुक्तिबोध और रामविलास शर्मा यह काम कर चुके हैं। उनकी विभिन्न किस्म की इमेजों में गहरी दरारें हैं जहां पर उनके व्यक्तित्व के विघटन को साफतौर पर देखा जा सकता है। वे हमेशा 'पावर' और 'साहित्य' के बीच घूमते रहे हैं। उन्होंने अपने को 'सत्ता के खेल' और 'पितृसत्ता' का हिस्सा बनाया है।

'पावरगेम' के पैराडाइम में आलोचना और आलोचक का सामाजिक प्रभाव खत्म

हो जाता है। यही वजह है कि नामवर सिंह हैं लेकिन सामाजिक प्रभाव के बिना। उनकी किताबें हैं लेकिन आलोचना पर कोई प्रभाव नहीं है। नामवर सिंह के पास सत्ता के खेल के सभी झुनझुने हैं, लेकिन आलोचना नहीं है। सत्ता के खेल का अंग बनकर नामवर सिंह ने सब कुछ पाया लेकिन आलोचना उनके पास से चली गई है। अब यह नामवर सिंह और उनकी भक्तमंडली तय करे कि सत्ता के खेल ने नामवर सिंह की आलोचना को महान बनाया या नपुंसक बनाया ? सत्ता के खेल ने उनके आलोचक पद का अवमूल्यन किया है, उन्हें आलोचक के बजाय सैलीब्रेटी बनाया है। मीडिया प्रतीक बनाया है। आज नामवर सिंह जितने प्रभावहीन हैं, उतने पहले कभी नहीं थे।

ये चारों किताबें नामवर सिंह के मार्क्सवादी मिथों को तोड़ती हैं। मिथ बनाना और तोड़ना यह उनकी सामान्य प्रकृति है। अपने कहे को सार्वजनिक तौर पर बदलना अथवा अस्वीकार करना, विचारों की रूढ़िबद्धता को तोड़ने का उनका उपयोगितावादी अस्त्र है। नामवर सिंह की इन किताबों की आलोचनादृष्टि की धुरी है तात्कालिक दबाव, पितृसत्तात्मक नजरिया और सत्ता की जरूरतें।

भूमिका में आशीष त्रिपाठी ने नामवर सिंह को उद्धृत करते हुए लिखा है, 'एक बार मेरे पूछने पर उन्होंने स्पष्ट रूप से कहा था कि 'चाहे निबंध हो या पुस्तक, मुझे उसका प्रकाशन तब ही जरूरी लगता रहा है, जबकि वह मौजूदा परिदृश्य में हस्तक्षेप करे, उसके ठहराव को तोड़े और वाद-विवाद-संवाद की प्रक्रिया को आगे बढ़ाए। मेरी ज्यादातर पुस्तकें अपने समय की बहसों में भागीदार होकर लिखी गई हैं। इसीलिए संग्रह के लिए संग्रह निकालना मेरी प्राथमिकता नहीं रहा है।'

सवाल उठता है फिर ये किताबें क्यों लाई गई हैं ? क्या ये किताबें संग्रह के लिए संग्रह नहीं हैं ? नामवर सिंह जिसे 'हस्तक्षेप' कहते हैं वह शीतयुद्धीय राजनीति का महामंत्र है। मौजूदा दौर 'हस्तक्षेप' का नहीं 'लेखन' का है और उसी का परिणाम हैं ये चार किताबें। 'हस्तक्षेप' से 'लेखन' के पैराडाइम में आना नामवर सिंह का कायाकल्प है। यह एक मार्क्सवादी का 'कछुआ धर्म' में रूपांतरण है। यह मार्क्स के पंथ से देरिदा के पंथ में दाखिल होना है। नामवर सिंह के इन निबंधों के प्रकाशित होने से उनका पैराडाइम शिफ्ट हुआ है। वे अचानक 'आलोचना' से 'विमर्श' में चले आए हैं।

नामवर सिंह की इन किताबों में मूलतः दो मॉडल हैं पहला साहित्यिक मॉडल कृति–व्यक्ति केंद्रित है, दूसरा, अस्मिता मॉडल है, इसमें अस्मिता के उप-पाठ भी शामिल हैं। ये दोनों ही मॉडल उनकी इन चार किताबों में हैं। ये दोनों सत्ता विमर्श

के साहित्यिक मॉडल हैं।

ये किताबें नामवर सिंह की पहले आई किताबों जैसे–*छायावाद, इतिहास और आलोचना, कविता के नए प्रतिमान, दूसरी परंपरा की खोज, वाद-विवाद-संवाद* से बुनियादी तौर पर अलग हैं। ये चारों किताबें नामवर सिंह के विचारों के वैविध्य को सामने लाती हैं। इन किताबों में नामवर सिंह की शीतयुद्धीय धारणाओं का विध्वंस भी देखा जा सकता है।

सवाल उठता है क्या नामवर सिंह के ये चार संकलन किसी नई बहस को जन्म देते हैं ? क्या इनके माध्यम से आलोचना में कोई नई जान फूंकी जा सकती है ? क्या इन निबंधों से आलोचना का कोई नया वातावरण बनेगा ? जी नहीं। इन किताबों से नामवर सिंह के विचारों के बारे में और भी भ्रम पैदा होंगे, आलोचकों और लेखकों में सत्ता की शरण में जाने की मुहिम तेज होगी। आलोचना और भी नपुंसक बनेगी। अराजनीतिक बनेगी।

नामवर सिंह की जो चार किताबें आई हैं वे हैं–*कविता की जमीन और जमीन की कविता, प्रेमचंद और भारतीय समाज, हिंदी का गद्य पर्व* और *जमाने से दो-दो हाथ*। ये चारों किताबें मूलतः आलोचना को पुनः प्रतिष्ठित करने का असफल प्रयास है। इनमें *प्रेमचंद और भारतीय समाज* कथा समीक्षा की महत्वपूर्ण किताब है। जबकि *जमाने से दो-दो हाथ* उत्तर-आधुनिक विषयों पर नामवर सिंह की अधूरी किताब है। इसमें नामवर सिंह वैचारिक रूप से चंचल नजर आते हैं। यही स्थिति *हिंदी का गद्य पर्व* नामक किताब की भी है इसमें नामवर सिंह के शीतयुद्धीय साहित्यिक नजरिये को देखा जा सकता है। हिंदी साहित्येतिहास को लेकर नामवर सिंह की विवादास्पद और कमजोर धारणाएं इसमें व्यक्त हुई हैं।

हिंदी का गद्य पर्व में चार मार्क्सवादियों–जार्ज लूकाच, लुसिएं गोल्डमान, रेमंड विलियम्स और लेनिन–पर नामवर सिंह के लेख सबसे कमजोर लेख हैं। चीजों को सरल बनाकर पेश करने के चक्कर में मार्क्सवादियों के विचारों की अपूर्ण इमेज प्रस्तुत की गई है। 'लेनिन और हम' निबंध में लेनिन को एक बार याद करने के बाद नामवर सिंह ने लेनिन को कभी दोबारा याद नहीं किया। हिंदी के मार्क्सवादियों में रामविलास शर्मा, राहुल सांकृत्यायन और शिवदान सिंह चौहान के उठाए कुछ ही मुद्दों पर उन्होंने लिखा है। बाकी मार्क्सवादियों को इस लायक भी नहीं समझा।

कहने का आशय यह कि हिंदी के मार्क्सवादियों और मार्क्सवाद पर उन्होंने न्यूनतम लिखा है। विदेशी मार्क्सवादियों पर भी न्यूनतम लिखा है। भारत के बाकी मार्क्सवादियों पर कुछ भी नहीं लिखा है। मार्क्सवादी साहित्यालोचना संबंधी धारणाओं

पर कुछ भी नहीं लिखा है। सवाल किया जाना चाहिए कि नामवर सिंह ने मार्क्सवादी सिद्धांतों और भारत के मार्क्सवादियों पर क्यों नहीं लिखा ? जबकि रामविलास शर्मा ने अपने तरीके से यह काम किया है।

मार्क्सवादी सिद्धांत चर्चा से विश्व का कोई भी मार्क्सवादी नहीं भागा सिर्फ नामवर सिंह को छोड़कर। उल्लेखनीय है भारत में मार्क्सवादी सिद्धांत चर्चा समाजविज्ञान, दर्शन और विज्ञान के भारतीय मार्क्सवादियों में खूब हुई है लेकिन नामवर सिंह इससे भागते रहे हैं।

नामवर सिंह का मार्क्सवाद की मूल सिद्धांत चर्चा से पलायन और उनका सारी जिंदगी मार्क्सवाद की बुनियादी बातों पर न बोलना और न लिखना किस बात का संकेत है ?

सच्चाई यह है नामवर सिंह ने मार्क्सवाद पर सबसे ज्यादा पढ़ा है। सबसे बड़ा मार्क्सवादी किताबों का जखीरा उनके पास है। लेकिन मार्क्सवाद पर उन्होंने न्यूनतम भी नहीं लिखा है।

नामवर सिंह का मार्क्सवादी सिद्धांत चर्चा से पलायन का प्रधान कारण है उनकी सामंती मनोवृत्तियां और सत्ताभक्ति। नामवर सिंह तमाम अच्छाइयों और महानता के बावजूद अपने दिमाग की सामंती और सत्तापंथी संरचनाओं को तोड़ने में असमर्थ रहे हैं। सत्ता और सामंत उनके मार्क्सवाद पर भारी पड़े हैं।

मार्क्सवाद की सिद्धांत चर्चा किसी भी बुद्धिजीवी को इरेशनल वैचारिक संरचनाओं से लड़ने, पोजीशन लेने के लिए मजबूर करती है। नामवर सिंह के साथ यह प्रक्रिया जीवन और साहित्य में कभी घटित ही नहीं हुई।

नामवर सिंह मार्क्सवाद की जटिल सिद्धांत चर्चा में हस्तक्षेप करने के लिए कभी अपने को जाग्रत नहीं कर पाए ? नामवर सिंह के लिए मार्क्सवाद सुविधा की चीज है। मार्क्सवाद की बुनियादी सिद्धांत चर्चा में लिखित और वाचिक दोनों ही रूप में उनकी अनुपस्थिति हिंदी में सत्ता, मार्क्सवाद और सामंतवाद के निकृष्टतम गठजोड़ की चरम अभिव्यक्ति है। उल्लेखनीय है मार्क्सवाद की सिद्धांत चर्चा पर रामविलास शर्मा, अमृतराय, शिवकुमार मिश्र, मैनेजर पांडेय आदि ने लिखा है लेकिन नामवर सिंह ने कुछ भी नहीं लिखा है।

इन चार किताबों में वाचिक और लिखित दो तरह के नामवर सिंह हैं। लिखित नामवर सिंह में हिंदी समीक्षा के गद्य सौंदर्य के दर्शन होते हैं जबकि वाचिक नामवर सिंह में जगह-जगह वैचारिक विचलन नजर आता है। कायदे से वाचिक और लिखित दोनों किस्म के नामवर सिंह में भेद करके पढ़ा जाना चाहिए। यह भेद व्यक्ति का

ही नहीं, मीडियम का भी है। नामवर सिंह आलोचक कम और साहित्य के प्रौपेगैंडिस्ट या प्रचारक ज्यादा नजर आते हैं।

हिंदी साहित्य को जनप्रिय बनाने में उनके व्याख्यानों का बड़ा योगदान है, उन्होंने अपने व्याख्यानों से हिंदी साहित्य के प्रति वैसे ही आकर्षण पैदा किया है जिस तरह 19वीं सदी में दयानंद सरस्वती के भाषणों ने हिंदी भाषा के प्रति आकर्षण पैदा किया था।

नामवर सिंह अपने व्याख्यानों में प्रौपेगैंडा की तकनीक का बारीकी से इस्तेमाल करते हैं। इसमें सेंसरशिप भी शामिल है, जिसके तहत वे कुछ सूचनाएं छिपाते तो कुछ सूचनाएं बताते हैं। इस पद्धति के आधार पर ही वे साहित्य में लेखकों को उठाने-गिराने का काम करते रहे हैं।

नामवर सिंह की व्याख्यान कला के चार तत्व हैं—मोहित करना, छिपाना, सरल बनाना और फुसलाना। इन तत्वों के आधार पर नामवर सिंह ऑडियंस और लेखकों की समझ को बदलने और नियंत्रित करने का काम करते हैं। इस पद्धति का इस्तेमाल करते हुए वे लेखक, विचार और संस्थान विशेष की छद्म इमेज भी बनाते हैं।

उनके लेखन में हिंदी के समस्त दोषों का ठीकरा अन्य के सिर फोड़ा गया है। दोष के लिए अन्य दोषी और स्वयं दोषमुक्त। अभिव्यक्ति की यह पद्धति आलोचना की नहीं, प्रौपेगैंडा की पद्धति है। प्रौपेगैंडा पद्धति में झूठ बोलना कला है और कम से कम सूचना देना भी कला है।

नामवर सिंह कम से कम सूचनाएं देकर अभीप्सित प्रचार प्राप्त करते रहे हैं। उनके अधिकांश व्याख्यान प्रगतिशीलों और जनवादियों के बीच ही हुए हैं, अतः उनकी राय को नियंत्रित करने में नामवर सिंह की बड़ी भूमिका रही है। उल्लेखनीय है प्रौपेगैंडा राय को नियंत्रित करता है। हिंदी साहित्य में नामवर सिंह राय बनाने और नियंत्रित करने का काम करते रहे हैं। इस अर्थ में वे कंप्लीट प्रचारक हैं। राय बनाना, राय नियंत्रित करना, सहमति तैयार करना यही उनका मूल लक्ष्य रहा है। यही काम बुद्धिजीवी से सत्ता कराना चाहती है। इसी को कहते हैं सत्ता का खेल।

ये सारे काम आलोचना के कम, प्रौपेगैंडा के ज्यादा हैं। आलोचना का काम सहमति तैयार करना नहीं है बल्कि असहमतियों का उद्‌घाटन करना है। आलोचनात्मक वातावरण बनाना है। नामवर सिंह असहमति और आलोचनात्मक वातावरण तैयार करने का नहीं, सहमति के निर्माण का काम करते रहे हैं। यह प्रौपेगैंडा की पद्धति है, आलोचना की नहीं।

नामवर सिंह को हिंदी में आलोचक कम और 'साहित्य के अधिकारी विद्वान'

के रूप में ज्यादा जनप्रियता हासिल है। यह 'अधिकारी विद्वान' का पद प्रचारक का पद है, आलोचक का नहीं।

वे जब बोलते हैं तो ऑडियंस का खयाल रखते हैं और उन्हीं बातों, विचारों आदि का प्रचार करते हैं जिसको ऑडियंस की स्वीकृति मिले। उनके भाषणों में हिंदी प्रेम, भारत प्रेम, भारतीय परिवार प्रेम, गांव, ग्राम्य दुर्दशा, स्वाधीनता का समर्थन और दर्शक की इच्छाओं का महिमामंडन खूब हुआ है।

नामवर सिंह के अनेक व्याख्यान लेखकों के मनोबल को बढ़ाने के लिहाज से दिए गए हैं। हिंदी में जिसे अपना मनोबल टूटता-सा लगता है, दौड़कर नामवर सिंह के पास जाता है और अनुरोध करता है चलो भाषण दो। यह काम मूलतः प्रौपेगैंडिस्ट का है। वह नैतिक मनोबल बढ़ाने का काम करता है। इस काम में नामवर सिंह अपनी साख और आदर्शों का जमकर इस्तेमाल करते रहे हैं।

नामवर सिंह की साख सबसे ज्यादा है, जिसका वे व्यक्तियों, लेखकों और साहित्य पाठकों के नैतिक मनोबल बढ़ाने के लिए इस्तेमाल करते हैं। इस प्रक्रिया में साहित्य की ग्रहण क्षमता बढ़ाने पर उनका खास ध्यान रहा है।

नामवर सिंह अपने भाषणों से हस्तक्षेप करते हैं, ऑडियंस को एकजुट करते हैं फिर सुनने वालों में एकमत कायम करते हैं। वे अपने व्याख्यानों के जरिये संबंधित विषय पर मतभेदों को कम करते हैं। मतभेदों के दायरे को कम करने के चक्कर में सरलीकरण और विभ्रम भी पैदा करते हैं, लेकिन उनका मूल लक्ष्य विभ्रम पैदा करना नहीं है, वे मतभेद और गुटबाजियां कम करने के लिए व्याख्यान का इस्तेमाल करते हैं। व्याख्यान के अंत में उनकी भविष्य पर नजर होती है और आशा का संदेश देते हैं। भविष्य के प्रति ऑडियंस में जो अज्ञान है उस पर से पर्दा हटाते हैं। यह काम बेहद सतर्क ढंग से करते हैं।

नामवर सिंह अपने विचारों में जिस क्षेत्र या विषय पर बातें करते हैं उस पर समाधान भी सुझाते हैं, वे महज बातें नहीं करते। ऑडियंस उनके समाधानों से सामने सहमत होती है। इसके लिए वे अभिभूत करने की कला का जमकर इस्तेमाल करते हैं। इसी अर्थ में वे साहित्य के महान प्रचारक हैं।

नामवर सिंह के व्याख्यान ऑडियंस को फुसलाते ज्यादा हैं, ज्ञान कम देते हैं। वे साहित्य के प्रति आस्था पैदा करते हैं, साहित्य का ज्ञान कम देते हैं। यही वजह है नामवर सिंह के व्याख्यान पढ़ते हुए साहित्य के प्रति आस्था बनती है, ज्ञान कम मिलता है।

नामवर सिंह की व्याख्यान शैली आक्रामक होती है और इसके जरिये वे किसी

न किसी व्यक्ति के विचारों पर हमला करने के बहाने ऑडिएंस के विचारों पर उच्च नैतिक धरातल से हमला बोलते हैं और फिर उसे अपनी राय मानने के लिए फुसलाते हैं।

हिंदी में आलोचना को प्रतिष्ठित करने में नामवर सिंह की अग्रणी भूमिका रही है और उनके अथक वाचिक प्रयासों ने आलोचना को जनप्रियता दिलाई है। इसके बावजूद इन चार किताबों में नई बातें कम हैं, पुरानी बातें ज्यादा हैं। इन किताबों का महत्व इस लिहाज से ज्यादा है कि इनके जरिये हिंदी आलोचना के बारे में नामवर सिंह के विचारों को पहली बार पेश किया गया है। ये किताबें आलोचना के स्टीरियोटाइप का खंडन-मंडन हैं।

आलोचना के प्रति नामवर सिंह का हमेशा से सर्जनात्मक रवैय्या रहा है। नामवर सिंह ने अपभ्रंश से लेकर जनवादी साहित्य तक जो कुछ भी लिखा है, वह आलोचना का हिस्सा है। इस प्रक्रिया में नामवर सिंह का मुख्य जोर वर्तमान को बेहतर बनाने और नवीन दिशा देने पर है।

वर्तमान को बेहतर बनाने के लिए नामवर सिंह अतीत में नहीं जाते बल्कि वर्तमान में रहकर ही बेहतरी के सत्तापंथी यूटोपिया का निर्माण करते हैं। इसके लिए उन तमाम स्रोतों की मदद लेते हैं जिनसे वर्तमान की सही समझ बने। वर्तमान को बेहतर बनाने के लिए उसकी बेहतर समझ का होना जरूरी है। युगीन अंतर्विरोधों की सटीक समझ पर ही सही समझ निर्भर करती है। सही समझ के आधार पर ही सही दृष्टिकोण का निर्माण संभव है।

आलोचना का लक्ष्य है सटीक अंतर्विरोधों को रेखांकित करना। हिंदी के अधिकांश समीक्षकों की मुश्किल यह है कि वे अपने युग के प्रधान और उप-प्रधान अंतर्विरोधों को नहीं जानते। युगीन अंतर्विरोधों की भ्रामक समझ आलोचना को नष्ट करती है। कहीं न कहीं अंतर्विरोधों की भ्रामक समझ का हिंदी आलोचना के ह्रास में बड़ा योगदान है।

हिंदी में खूब लिखा जा रहा है किंतु अंतर्विरोधों की सही समझ के अभाव, अतिरेक और भ्रष्ट धारणाओं में ज्यादा लिखा जा रहा है। अवधारणाओं का भ्रष्टीकरण जितना हिंदी में हुआ है वैसा अन्यत्र नजर नहीं आता। यह परवर्ती पूंजीवाद की विशेषता है। अवधारणाओं के भ्रष्टीकरण में हिंदी की साहित्यिक पत्रिकाओं और उनमें छपने वाले तथाकथित समीक्षकों की सक्रिय भूमिका रही है। नामवर सिंह की ये चारों किताबें साहित्य में अवधारणात्मक भ्रष्टीकरण में ईंधन का काम कर सकती हैं।

इन किताबों में दो बातें गायब हैं पहली बात जो गायब है वह है नामवर सिंह

के द्वारा उपेक्षित विषय और लेखों का संदर्भ। संपादक को कम से उन विषयों पर नामवर सिंह से बात करनी चाहिए थी जिन पर उन्होंने नहीं लिखा और जो लिखा और बोला है उसके संदर्भ को नामवर सिंह से बातें करके लिखा जाना चाहिए। अथवा आलोचना के उन सवालों पर संपादक को स्वयं लिखना चाहिए जिन पर नामवर सिंह ने नहीं लिखा अथवा ऐसा लिखा है जिस पर संपादक की असहमति है अथवा विवादास्पद लिखा है।

संपादक को महज संवाददाता नहीं होना चाहिए। इससे यह संदेश जाता है कि नामवर सिंह के निबंधों पर लिखने की संपादक की क्षमता नहीं है अथवा नामवर सिंह के साथ समझौते के तहत संकलन तैयार किया गया और हिदायत दी गई कि नामवर सिंह पर कलम नहीं चलाओगे। इस प्रसंग में संपादक ने यदि नामवर सिंह के द्वारा संपादित संकलनों की भूमिकाओं से ही कुछ सबक हासिल किया होता अथवा मार्क्सवादी आलोचकों के द्वारा तैयार किए गए संकलनों की भूमिका से ही कोई सीख ली होती और ठीक से भूमिका लिखी होती तो निबंधों में व्याप्त विभ्रमों, धारणाओं और विवादों पर संपादक के नजरिये का भी अंदाजा लगता।

नामवर सिंह के निबंधों का संकलन व्यापक कालखंड में फैला है, निबंधों में समय का अंतराल है, इसके कारण निबंधों में असंबद्धता भी है। इसमें चुप्पी वाले साल और जिन विषयों को नामवर सिंह ने नहीं उठाया है उनका कारण जानने में मदद नहीं मिलती।

नामवर सिंह मित्र शैली के आलोचक हैं। उनका पसंदीदा मित्र आलोचक-लेखकों के साथ इन निबंधों में संवाद दिखता है। दूसरी महत्वपूर्ण बात यह कि नामवर सिंह व्यक्ति के आलोचक हैं, व्यवस्था के नहीं। जबकि रामविलास शर्मा ने व्यक्ति और व्यवस्था केंद्रित दोनों ही किस्म की आलोचना लिखी है।

नामवर सिंह अकादमिक स्तर पर जितने गंभीर हैं और जिस ठंडे मन के साथ समस्त जटिलताओं के साथ सोचते और लिखते हैं वैसी मनोदशा इन किताबों में एक सिरे से नदारद है। इन किताबों के आधार पर नामवर सिंह के बारे में कोई भी राय नहीं बनाई जा सकती और जो राय बनेगी वह बेहद खराब होगी। ये किताबें उनके द्वारा पहले लिखी किताबों का वस्तुतः निरस्तीकरण है।

नामवर सिंह के लेखन की गंभीरता, स्थिर होकर सोचने और लिखने की विद्वत्तापूर्ण शैली का उनके वाचिक निबंधों में अभाव दिखाई देता है। वाचिक निबंध तात्कालिकता और पॉपुलिज्म की सोच से संचालित हैं। इन किताबों से यह भी पता चलता है

कि नामवर सिंह जो कुछ भी बोलते रहे हैं वह सब तैयारी से नहीं बोलते थे। संपादकीय दबाव, तात्कालिकता और मंचीय दबाव इन वाचिक लेखों में साफ नजर आते हैं। नामवर सिंह के निबंधों में तात्कालिकता और उत्सवधर्मिता के दबावों को भी देखा जा सकता है। ये चीजें नामवर सिंह के धीर-गंभीर अकादमिक व्यक्तित्व के अनुरूप नहीं हैं।

नामवर सिंह के प्रति अनालोचनात्मकता से लड़ना पहली समस्या है। नामवर सिंह को आलोचना के भगवान का दर्जा देकर हिंदी भक्तों ने उनका तो नुकसान किया ही, साथ ही, हिंदी आलोचना का भी गंभीर नुकसान किया है। उन्हें 'कल्ट व्यक्तित्व' बनाया है।

इन चार किताबों से यह पता नहीं चलता कि नामवर सिंह असल में क्या करते रहे हैं और इस तरह का लेखन और वाचन क्यों करते रहे हैं। नामवर सिंह का कहना है कि मैं लेखन के लिए लेखन में विश्वास नहीं करता। यदि यह सच है तो सवाल किया जाना चाहिए कि वे बोलने के लिए बोलने पर क्यों विश्वास करते हैं ? बोलने के लिए बोलना ज्यादा खतरनाक है। नामवर सिंह का अधिकांश संकट यहीं पर है।

उनके विचारों में गंभीर विचलन वाचिक निबंधों में सामने आया है। लिखित निबंधों में विचलन कम है। अतः उनके लिखे और बोले को एक ही ढंग और परिप्रेक्ष्य में नहीं पढ़ा जा सकता। विचारधारा और परिप्रेक्ष्य का संकट उनके वाचिक निबंधों में ज्यादा और लिखित निबंधों में कम है। लिखित निबंधों में नामवर सिंह ज्यादा सुसंगत, बौद्धिक और व्यवस्थित नजर आते हैं। वाचिक निबंधों में भटके हुए नजर आते हैं। सवाल यह है कि वे बोलने के लिए बोलने की कला का इस्तेमाल क्यों करते रहे हैं ?

बोलने के लिए बोलने की कला के कारण वे सामाजिक ज्यादती के भी शिकार हुए हैं या उन्हें शिकार बनाया गया है ? वे प्रतिदिन बोलते हैं, प्रतिदिन भाषण देना जोखिम का काम है। नामवर सिंह नए-नए विषयों पर बोलते हैं और कम-से-कम अथवा कभी-कभी बगैर जाने भी बोलते हैं। वे बौद्धिक रिस्क लेते हैं।

उनके विचारों की फिसलन का स्रोत है बोलने के लिए बोलना। बोलते समय नामवर सिंह 'केजुअल आलोचक' के रूप में सामने आते हैं। पेशेवर आलोचक का रूप लिखित निबंधों में दिखाई देता है। 'केजुअल आलोचक' के रूप में नामवर सिंह ने विषय विशेष पर बोलते हुए संदर्भ, अवधारणा, ऐतिहासिकता आदि चीजों को लेकर घल्लुघारा किया है। यह प्रवृत्ति उनके निबंधों में व्यापक रूप में फैली हुई है।

इस समस्या का दूसरा पहलू ऑडियंस से जुड़ा है। नामवर सिंह की वाह-वाह करने वाली ऑडियंस है। यह क्रिटिकल ऑडिएंस नहीं है। अन-क्रिटिकल ऑडिएंस में अहर्निश भाषण देने के कारण उन्हें यह एहसास नहीं हुआ कि वे क्या सही और क्या गलत बोल रहे हैं। सचेत समीक्षकों की आलोचना पर नामवर सिंह के आलोचक मन ने कभी ध्यान नहीं दिया, सचेत ऑडियंस उन्हें मिली नहीं। इसका प्रभाव इन किताबों में दिखता है। इन किताबों में अनेक भूलें सहज ही देखी जा सकती हैं।

भक्त ऑडियंस में बोलने के कारण नामवर सिंह को कभी अपनी कमजोरियों का एहसास तक नहीं हुआ और वे इस मुगालते में रहे हैं कि वे जो कुछ भी बोल रहे हैं सही बोल रहे हैं। उनके भाषणों से जो चीजें नष्ट हुई हैं वह हैं विषय की शोधपरक गंभीरता, ऐतिहासिकता, जटिलता एवं संश्लिष्टता। इसके कारण अनेक स्थानों पर वे सरलीकरण और कॉमनसेंस के तर्कों का इस्तेमाल करते हैं। यहां हम सिर्फ दो प्रसंगों का जिक्र करना चाहेंगे, ये हैं आपातकाल और स्त्री-पुरुष संबंध।

आपातकाल व्यक्ति-कृति केंद्रित लेखन अंततः अधिनायकवादी राजनीति की ओर ले जाता है। स्त्री के प्रति पितृसत्तात्मक रवैय्या इसकी स्वाभाविक परिणति है। नामवर सिंह की व्याख्यान कला के सभी कायल हैं। लेकिन उनके लेखन में निहित अधिनायकवादी रणनीतियों की ओर कभी ध्यान नहीं दिया गया। अधिनायकवादी रणनीति में संदर्भ, तथ्य और सत्य को सबसे पहले विकृत किया जाता है। उदाहरण के लिए यहां सिर्फ उनके 'सांप्रदायिकता, राष्ट्रवाद और धर्मनिरपेक्षता' लेख को ही लें। यह समूचा लेख ऐतिहासिक भूलों, सरलीकरण और अनैतिहासिकता से भरा हुआ है।

नामवर सिंह ने लिखा है, 'सन् 1975 में जब आपातकाल की घोषणा हुई थी, तब 44वें संशोधन के द्वारा हमारे संविधान में 'स्टेट' को एक 'सेकुलर स्टेट' घोषित किया गया।' यह बात बुनियादी दौर पर गलत है। भारत के संविधान के निर्माण की सारी बहसों में धर्मनिरपेक्ष राष्ट्र की अवधारणा केंद्र में थी, संविधान का अंतर्ग्रंथित हिस्सा है धर्मनिरपेक्ष राष्ट्र की अवधारणा। 'सेकुलर' पदबंध को आपातकाल में 'प्रियंबल' में जरूर शामिल किया गया था, यह कांग्रेस पार्टी के तानाशाही राजनीतिक चरित्र से ध्यान हटाने की बृहद योजना का हिस्सा था।

यहां पर आपातकाल को अधिनायकवादी राजनीति की अभिव्यक्ति देखने के बजाय नामवर सिंह को सत्ता का सांप्रदायिक चेहरा नजर आया। वे आपातकाल को अधिनायकवादी राजनीति के रूप में देखते ही नहीं हैं। वे आपातकाल में तुर्कमान गेट के सफाई अभियान को सत्ता के सांप्रदायिक अभियान के रूप में देखते हैं।

जबकि यह अभियान संजय गांधी के पांच सूत्री कार्यक्रम के सौंदर्यीकरण अभियान का हिस्सा था। आपातकाल मूलतः लोकतंत्र पर हमला था, यह सांप्रदायिक कार्रवाई नहीं है, फासीवाद है। आपातकाल का राष्ट्रवाद से कोई लेना-देना नहीं है।

आपातकाल में सभी किस्म के लोकतांत्रिक अधिकार छीन लिए गए थे। आपातकाल में नामवर सिंह चुप क्यों थे और आपातकाल का उन्होंने समर्थन क्यों किया इसका जवाब उन्हें कम से कम जरूर देना चाहिए। इस दौर के प्रथम विश्व हिंदी सम्मेलन और जेएनयू की कारगुजारियां अब भी पुराने छात्र भूले नहीं हैं। नामवर सिंह के अजनतांत्रिक भाव को इन संग्रहों से समझने में असुविधा होगी। नामवर सिंह के बयानों की सबसे कमजोर कड़ी हैं उनकी राजनीतिक धारणाएं।

इसके अलावा नामवर सिंह के इन वाचिक निबंधों में पितृसत्तात्मक रुझानों को भी आसानी से देखा जा सकता है। यह वाचन की मार्क्सवादी पद्धति नहीं है बल्कि अधिनायकवादी पद्धति है। यह सेंसरशिप की पद्धति है।

साहित्य में सेंसरशिप और आत्म सेंसरशिप के आदर्श हैं नामवर सिंह। वे साहित्य में सेंसरशिप अथवा दिमाग की खिड़कियों को एक ही दिशा में खोलने का काम करते रहे हैं। यह फासिस्ट प्रवृत्ति है। वे साहित्य, कृतियों और कृतिकारों के बारे में तय करके, अघोषित प्रतिबंध लगाकर बातें करते रहे हैं, वे यह भी तय करते रहे हैं कि किस पर अब हिंदी जगत बोले और क्या बोले। यह साहित्य में अधिनायकवाद है, प्रगतिवाद नहीं है।

साहित्य में अधिनायकवादी नजरिया जीवन में कमजोर लोगों को निकट रखने, चाटुकारों को रखने की मनोदशा बनाता है। साथ ही, साहित्य और शिक्षा संस्थानों के प्रति अजनतांत्रिक नजरिया पैदा करता है। अजनतांत्रिक नजरिया वस्तुतः दीमक की मनोदशा है। जिस तरह दीमक जहां रहती है उसे ही खाती है वैसे ही नामवर सिंह का अधिनायकवादी नजरिया साहित्य और शिक्षा संस्थानों से लेकर आलोचना तक को दीमक की तरह खाता रहा है। कभी-कभार घुणाक्षरन न्याय के तहत कुछ अच्छा भी हुआ है। वैसे ही जैसे दीमक काठ खाते-खाते कभी अक्षर भी लिख देती है।

आपातकाल में नामवर सिंह की भूमिका में परिवर्तन आया। वे अधिनायकवादी राजनीति के साथ जा मिले और उन्होंने आपातकाल का समर्थन किया। अपने इस रुख की उन्होंने कभी आत्मालोचना नहीं की, आपातकाल की कोई भी आलोचना नहीं लिखी।

हमें यह भी देखना चाहिए कि अन्य आलोचक जैसे रामविलास शर्मा, हजारी

प्रसाद द्विवेदी आदि आपातकाल में क्या कर रहे थे ? क्या आपातकाल ने हिंदी आलोचना और रचना को बदला है ? यह बदलाव किस रूप में आया है ?

आपातकाल सामान्य राजनीतिक फिनोमिना नहीं है बल्कि असामान्य फासिस्ट फिनोमिना है। इस पर नामवर सिंह का लेखन और व्यवहार चिंता पैदा करता है। यह पहलू उनके लेखन से गायब क्यों है ? उन्होंने कभी आपातकाल में उसके खिलाफ और बाद में विस्तार के साथ क्यों नहीं लिखा ? उन्होंने आपातकाल का समर्थन किया था जबकि अज्ञेय ने आपातकाल का विरोध किया था।

जिस तरह भारतेंदु युग महत्वपूर्ण परिवर्तन का प्रस्थानबिंदु है वैसे ही स्वातंत्र्योत्तर भारत में किसी भी लेखक के नजरिये को परखने के चार प्रस्थानबिंदु हैं, पहला है भारत विभाजन, दूसरा आपातकाल, तीसरा है स्त्री और चौथा है किसान। दुर्भाग्य से नामवर सिंह का आपातकाल और स्त्री के प्रति अलोकतांत्रिक और अवैज्ञानिक नजरिया है। जबकि किसान पर उन्होंने प्रेमचंद के बहाने व्यापक रूप में विचार किया है। इसमें उन्होंने किसान जीवन के जिस सत्य को सामने रखा है, जिस सत्य के छिपाया है, उस पर भी गंभीरता से सोचने की जरूरत है। भारत विभाजन पर कभी विचार ही नहीं किया।

आपातकाल के पहले के साहित्यिक सवाल और आपातकाल के बाद के साहित्यिक सवालों पर नामवर सिंह का रुख एक ही परिप्रेक्ष्य को सामने नहीं लाता। आपातकाल के बाद नामवर सिंह में अतीत में जाने, मृत मुद्दों में रमण करने और एकायामी ढंग से पॉपुलिज्म के दबाव में ज्यादा से ज्यादा राजनीतिक विषयों पर लिखने और बोलने की प्रवृत्ति बढ़ी है।

दुनिया में सभी मार्क्सवादी समीक्षकों ने अपने देश के पूंजीवाद के चरित्र, स्वभाव और सांस्कृतिक-साहित्यिक प्रभावों के बारे में लिखा है, लेकिन नामवर सिंह संभवतः अकेले मार्क्सवादी हैं जो भारत के पूंजीवाद पर अपना कहीं पर भी समग्र मूल्यांकन व्यक्त नहीं करते वे सिर्फ प्रकारांतर या किसी लेखक के बहाने से पूंजीवाद पर छोटी चलताऊ टिप्पणियां करके अपने वास्तविक सोच को छिपाए रखते हैं। उनका पूंजीवाद, कल्याणकारी राज्य और परवर्ती पूंजीवाद के प्रति अनालोचनात्मक नजरिया गंभीर चिंता की चीज है, इसने एक खास किस्म की पूंजीवाद निरपेक्ष प्रगतिशील आलोचना को विकसित किया है जो इन दिनों खूब फलफूल रही है।

स्त्री

फिल्मों से लेकर साहित्य तक स्त्री का जो चित्रण है उसे नामवर सिंह मनमाने ढंग

से पेश करते हैं, गलत तर्क देते हैं और गलत निष्कर्ष निकालते हैं। वे औरत के सामयिक तेवर से परेशान हैं और उसे संयमित होने का उपदेश देते हैं। सवाल यह है कि क्या नामवर सिंह नहीं जानते कि औरतें सैकड़ों सालों से पुरुषों के आक्रामक तेवर की शिकार रही हैं।

स्वयं नामवर सिंह की इतनी घृणित और आक्रामक स्त्री-विरोधी टिप्पणी की हिंदी जगत में कायदे से भर्त्सना होनी चाहिए थी लेकिन हुआ उलटा उसे चार-पांच प्रकाशित प्रगतिशील संकलनों में शामिल किया गया। इससे हिंदी में प्रचलित प्रगतिशील साहित्यकारों के प्रकाशनों में छाई पितृसत्तात्मक विचारधारा की मजबूत पकड़ को देखा जा सकता है।

प्रगतिशील लेखक संघ की पत्रिका *वसुधा* ने भी इस टिप्पणी को छापा था, इससे यह भी पता चलता है कि मार्क्सवाद के नाम पर भारत में पितृसत्ता को बनाए रखने का वैचारिक और सांगठनिक तामझाम नग्नतम रूप में काम कर रहा है। यह टिप्पणी नामवर सिंह के पितृसत्तात्मक नजरिये का आदर्श उदाहरण है यह प्रगतिशील आलोचना के क्षय की भी सूचना है।

अंत में, नामवर सिंह की आलोचना पद्धति पर उनके ही हवाले से कहना चाहता हूं कि नामवर सिंह ने आलोचना टुकड़ों में लिखी है। उन्होंने 'छायावाद' को छोड़कर किसी भी लेखक या आंदोलन पर समग्रता में नहीं लिखा है।

उनका एक चर्चित व्याख्यान है '*गोदान* को फिर से पढ़ते हुए' यह सन् 2009 में प्रकाशित हुआ है, यह उनके नजरिये का ताजा पैमाना है। इसमें नामवर सिंह ने प्रेमचंद के स्त्री और दलित समीक्षकों पर जो कहा है, वह उन पर भी लागू होता है, नामवर सिंह ने कहा है, 'मैं पहली बात उनसे कहना चाहता हूं कि जो लोग *गोदान* में दलित विमर्श देखना चाहते हैं, और जो स्त्री विमर्श देखना चाहते हैं, ये देखना, *गोदान* को टुकड़े में देखना है और संपूर्ण की उपेक्षा करना है। ये मिथ्या चेतना और एक अर्थ में ऑडियोलॉजिकल दृष्टि है। प्रेमचंद में केवल दलित विमर्श ढूंढ़ना और उसे गलत ठहराना या केवल स्त्री विमर्श ढूंढ़ना ऐसा है जैसे अंधों का हाथी देखना। हाथी की पूंछ हाथ लगी तो कहा हाथी ऐसा ही होता है, यह ऑडियोलॉजिकल दृष्टि है। अर्द्धसत्य झूठ से भी ज्यादा खतरनाक होता है। उसी तरह उतना ही खतरनाक होगा–प्रेमचंद को किसी एक दृष्टि से देखना' (*प्रेमचंद और भारतीय समाज*, पृ. 174)।

आश्चर्य की बात यह है नामवर सिंह को प्रेमचंद को समग्रता में देखने का ज्ञान 2009 में हुआ। क्या नामवर सिंह जवाब देंगे कि उन्होंने प्रेमचंद पर टुकड़ों में

विचार करते हुए अपने विचारों को 24 निबंधों में अलग-अलग क्यों व्यक्त किया? उन्होंने प्रेमचंद पर समग्रता में विचार करते हुए एक किताब क्यों नहीं लिखी ? समग्रता में विचार करते हुए कोई निबंध क्यों नहीं लिखा ?

यदि किसी एक दृष्टि का सहारा लेकर लिखना विचारधारात्मक दृष्टि है तो उनकी इन चार किताबों में शामिल निबंधों में विभिन्न विषयों पर लिखे और बोले जिस अर्द्धसत्य को स्वयं नामवर सिंह ने व्यक्त किया है क्या उसे भी खतरनाक मानें ?

वे जवाब दें कि उनके स्त्री के बारे में व्यक्त विचार झूठ से भी ज्यादा खतरनाक हैं या नहीं ? हम चाहेंगे नामवर सिंह स्त्री पर लिखे अपने सबसे घृणिततम लेख में व्यक्त विचारों को सार्वजनिक तौर पर अस्वीकार करें।

नामवर सिंह टुकड़ों में बोल-लिखकर समग्रता में मलाई खाते रहे हैं। क्या उनके प्रेमचंद पर व्यक्त विचारों को समग्रता में व्यक्त विचार मान लें ? क्या वे कह सकते हैं कि उन्होंने जो लिख दिया वह संपूर्ण है, अब भविष्य में प्रेमचंद पर नया सोचा ही नहीं जा सकता ? यदि ऐसा होगा तो हम आलोचना से लौटकर काव्यशास्त्र की दुनिया में पहुंच जाएंगे। फिर व्याख्या और पुनर्व्याख्या का क्या होगा ?

क्या मार्क्स ने समग्रता में पूंजी को देख लिया था ? क्या संचार क्रांति युग के परवर्ती पूंजीवाद का रूप उनके यहां है ? क्या मार्क्स के विचारों के आगे जाकर पूंजी की भूमिका को देखने की जरूरत है या नहीं ?

नामवर सिंह, रामविलास शर्मा, विजयदेवनारायण साही आदि के नजरिये से भिन्न नजरिये से किसी एक दृष्टि से प्रेमचंद को देखना यदि विचारधारा है तो फिर इन आलोचकों में से किसने समग्रता में प्रेमचंद पर विचार किया है ? यदि समग्रता में विचार हो ही गया है तो फिर नामवर सिंह के व्याख्यान की क्या प्रासंगिकता है ? एक सवाल यह भी उठता है नामवर सिंह को अपना सारा लिखा और बोला प्रासंगिक क्यों लगता है ? क्या वे कार्ल मार्क्स, जार्ज लूकाच आदि की अपने लिखे को अस्वीकार करने की परंपरा से कुछ सीख ले सकते हैं ? एक अच्छे मार्क्सवादी में अपने गलत विचारों के अस्वीकार का साहस होना चाहिए। नामवर सिंह अपने गलत विचारों से अपने को अलग क्यों नहीं करते ? वे संस्कृत के काव्यशास्त्रियों की तरह अपने लिखे को परम सुंदर और सही क्यों मानते हैं ? उनकी इन किताबों में बहुत सारा हिस्सा ऐसा है जो अधूरा और विभ्रमों से भरा है, अवधारणात्मक तौर पर गलत समझ से भरा है।

असल में नामवर सिंह स्त्री विमर्श और दलित विमर्श को अप्रासंगिक मानते

हैं। नामवर सिंह बताएं कि औरतें और दलित क्या करें ? क्या वे अपने नजरिये का निर्माण न करें ? क्या स्त्री और दलित के नजरिये से समाज, साहित्य, संस्कृति, राजनीति, अर्थनीति को न देखा जाए ? यदि नामवर सिंह का आशय यह है कि स्त्री और दलित नजरिये से चीजों को न देखा जाए तो यह वर्णाश्रम व्यवस्थापंथी दृष्टिकोण की शरण में वापसी होगी। यह साहित्य की शव साधना है। प्रेमचंद पर नामवर सिंह का 2009 का व्याख्यान प्रेमचंद को सिर के बल खड़ा करने की बुद्धि का आदर्श प्रमाण है।

आधुनिकतावाद और नामवर सिंह

नामवरजी के लेखन की यह विशेषता है कि वे हमेशा ग्लोबल भाव से साहित्य, समाज, संस्कृति, राजनीति आदि पर विचार करते हैं। उनका यह ग्लोबल भाव साहित्य की अनेक नई बहसों को जन्म देता रहा है। खासकर उनका आधुनिकतावाद और उत्तर-आधुनिकतावाद को लेकर जो नजरिया है वह नए विवादों को खड़ा करता है। नामवरजी ने लिखा है, 'कोई भारतीय लेखक, यदि वह सचमुच संवेदनशील और जागरूक है, तो केवल अपने देश की चिंता नहीं कर सकता। संपूर्ण विश्व और सार्वभौम पीठिका में ही भारत की नियति पर विचार किया जा सकता है' (*आलोचना और विचारधारा,* पृ. 122)। लेखकीय संवेदनशीलता को विश्वचेतना से जोड़कर देखने का यह नया नजरिया है। अमूमन लेखकों में स्थानीयतावाद, राष्ट्रीयता आदि का बोध रहता है और उसके ही आधार पर वे साहित्य की समस्याओं पर विचार करते हैं। यदि साहित्य में संकट बोध है तो हमें पता करना चाहिए कि रचनाओं में यह संकट किस रूप में और कितनी गहराई के साथ व्यक्त हुआ है। साथ ही, यह भी देखें कि युगीन प्रगतिशील शक्तियों के साथ लेखक का संबंध किस तरह का है, प्रगतिशील ताकतों को संकट का अहसास है या नहीं, यदि संकट का अहसास है तो उसकी प्रकृति क्या है ? नामवरजी ने लिखा है, 'संकट-बोध संवेदना के स्तर पर कहां है, कितना है, उसमें कितनी गहराई है, इसकी एक व्यावहारिक कसौटी है कि उस काल में लिखे हुए साहित्य का गुणात्मक मूल्य क्या है ?' (वही, पृ. 115) इन सब सवालों पर विचार करने की जरूरत है। सवाल यह भी है कि लेखकों में ग्लोबल चेतना का ह्रास हुआ है या विकास हुआ है। हमें यही लगता है कि लेखकों में ग्लोबल चेतना और ग्लोबल सरोकारों का ह्रास हुआ है। लेखक के सोच का दायरा क्रमशः सिकुड़ा है। हम यदि निर्मल वर्मा को देखेंगे तो लेखक के सोच और चेतना में आए ह्रास को सही ढंग से तय नहीं कर सकते। नामवरजी के मूल्यांकन

की मुश्किल यह है कि वे निर्मल वर्मा को देखते हैं, नीचे जमीनी हकीकत नहीं देखते। उन्होंने कहा है, 'मुझे देखकर खुशी हुई और इसका स्वागत किया जाना चाहिए कि इस ऐतिहासिक घड़ी में जब हिंदी के अनेक लेखक बहुत ही टुच्ची और ओछी चीजों में उलझे हैं, निर्मलजी विवादों की विराट पृष्ठभूमि को केवल हिंदी तक सीमित न करके भारत के संकट को समूचे विश्व के परिप्रेक्ष्य में समझने और देखने की कोशिश कर रहे हैं' (वही, पृ. 112)। सवाल यह है निर्मलजी 'विराट पृष्ठभूमि' के नाम पर किस तरह का परिप्रेक्ष्य परोस रहे हैं ? क्या उस परिप्रेक्ष्य से नामवरजी सहमत हैं ? परिप्रेक्ष्य को बताए बिना यह कैसा विमर्श !

आधुनिकतावाद, उत्तर-आधुनिकतावाद चूंकि ग्लोबल फिनोमिना हैं, अतः उस पर नामवरजी ने ग्लोबल परिप्रेक्ष्य में अपनी स्पष्ट राय दी है। लिखा है, 'वस्तुतः जिसे आधुनिक कविता कहते हैं, उसकी शुरुआत तो बीसवीं सदी में हुई और उसकी तिथि निर्धारित करने में वर्जीनिया वुल्फ ने 1910 कहा, डी.एच. लारेंस ने 1915 कहा। आगे खिसकते हुए आधुनिकतावाद के जो समर्थ रचनाकार माने जाते हैं और अंग्रेजी से जुड़े होने के कारण हिंदी के लोग जिन इलियट-पाउंड का बार-बार नाम लेते हैं, या बाद में चलकर जिस काफ्का की खोज की या मार्शल प्रूस्त की बात करते हैं उनकी अधिकांश रचनाएं और यह *वेस्टलैंड* उन्नीसवीं सदी के अंत की लिखी हुई कविता नहीं है। *वेस्टलैंड* बीसवीं सदी के दूसरे दशक की लिखी हुई कविता है' (पृ. 116)। इसी क्रम में नामवरजी ने साफ कहा कि 'इस बीच आधुनिकता संबंधी जितनी चर्चा हुई है मुझे लगता है कि उसकी ऐतिहासिक तथ्यात्मक मान्यताओं में तो परिवर्तन हो ही रहा है, स्वयं आधुनिकता के स्वरूप को भी चुनौती दी जा रही है।'

नामवरजी ने लिखा, 'मित्रो, इस चर्चा के संदर्भ में मैं केवल यह कहना चाहता हूं कि इस बीच आधुनिकता के बारे में जिस तरह दो खेमे बन गए हैं, ये—स्वयं आप सभी लोग जानते हैं—वैसे ही हैं जैसे उस दौर में बन गए थे जब एक ओर 'आधुनिकतावाद' था और दूसरी ओर 'मार्क्सवाद'। जॉर्ज लूकाच की किताब इनकी बाइबल थी। और किस तरह जॉर्ज लूकाच ने टॉमस मान बनाम काफ्का रख करके टॉमस मान की तारीफ और काफ्का को तिरस्कृत किया; मॉडर्निज्म का पूरा एस्थेटिक्स और उसकी पूरी आइडियोलॉजी को जिस तरह तिरस्कृत किया, वह सर्वविदित है। ऐसा समझा जाता है कि मार्क्सवाद की दृष्टि में मार्क्सवादी आलोचकों की दृष्टि में आधुनिकतावाद एक नितांत प्रतिक्रियावादी, पतनोन्मुख, ह्रासोन्मुख साहित्यिक प्रवृत्ति है। मैं इस संदर्भ में यह कहना चाहता हूं कि स्वयं इस धारा में भी जैसी कि बहुत

सी चीजें इतिहास का अंग हो जाती हैं—आधुनिकता के साथ आधुनिकता की मार्क्सवादी धारणा भी इतिहास का अंग बन गई' (वही, पृ. 120)। नामवरजी का आधुनिकता की मार्क्सवादी समझ के बारे में उपरोक्त निष्कर्ष संतुलित नहीं है।

हिंदी में मुश्किल यह है कि आधुनिकतावाद और आधुनिकता पर उपरोक्त में से किसी ने भी विस्तार के साथ विचार नहीं किया है। नामवरजी रूपवादियों की तरह आधुनिकता-आधुनिकतावाद को देख रहे हैं। मसलन, आधुनिकता और आधुनिकतावाद का आरंभ विज्ञान के विकास के बिना संभव नहीं है। ये कोई साहित्य प्रवृत्ति मात्र नहीं है बल्कि इसका भौतिक विकास की प्रक्रियाओं से गहरा संबंध है। नामवरजी के समूचे विवेचन से यह ध्वनि निकलती है कि यह मात्र साहित्य-कला संबंधी समस्या है, प्रवृत्ति है, फिनोमिना है। आधुनिकता के विकास की पहली शर्त है विज्ञान का उदय, खासकर प्रकृति विज्ञान के विकास के बिना यह संभव ही नहीं था कि सारी दुनिया में कहीं पर भी आधुनिकतावाद का विकास होता। नामवरजी के नजरिये में दूसरी संरचनात्मक गड़बड़ी यह है कि वे बिजली के उदय और उत्पादन को नहीं देखते। बिजली का विकास आधुनिकतावाद के विकास की धुरी है। जहां पर बिजली पहुंची है वहां आधुनिकतावाद भी पहुंचा है। आधुनिक जीवनशैली का भी उदय हुआ है। सामाजिक विकास की नई शक्तियों और नई उत्पादन प्रणाली के रूप में औद्योगिक क्रांति का जन्म हुआ है। प्रेस क्रांति हुई है। इसके अतिरिक्त शहरों की पुराने किस्म की बसावट खत्म हुई है। नए किस्म के शहर, स्थापत्य, बस्तियां आदि का उदय हुआ है। इसके अलावा आधुनिकतावाद के विकास के लिए दूरसंचार प्रणाली और कैमरे की संस्कृति का विकास होना चाहिए। ये सारी चीजें मिलकर आधुनिक जीवनशैली और संस्कारों को जन्म देती हैं, वहीं से आधुनिकता का श्रीगणेश होता है। अफसोस यह है कि नामवरजी, इन सभी पहलुओं की आधुनिकता संबंधी विवेचन में उपेक्षा करते हैं। वे यह भी देखने में असमर्थ रहे हैं कि आधुनिकता व्यक्तिकेंद्रित प्रणाली या विचार नहीं है बल्कि जनोत्पादन केंद्रित और जनोत्पादन के गर्भ से उपजी जीवनशैली है। मास प्रोडक्शन, मास मार्केट और मास कंज्मशन की प्रक्रिया के निर्माण के बिना आधुनिकता का आधार तैयार नहीं होता। इसके अलावा आधुनिकता के निर्माण के लिए सार्वभौम न्याय प्रणाली का होना भी जरूरी है। भारत के संदर्भ में इन सभी पहलुओं को विस्तार के साथ विश्लेषित करने की जरूरत है। हिंदी आलोचकों ने यह काम अभी तक नहीं किया है। भारत में उपरोक्त संरचनाओं का आधे-अधूरे ढंग से विकास हुआ है। इकसार ढंग से इन संरचनाओं के विकास न कर पाने का दुष्परिणाम यह निकला है कि सारे देश में

आधुनिकता और आधुनिकतावाद का असमान विकास हुआ है। मसलन, बंगाली जाति में आधुनिकता बोध का जो स्तर है, वही हिंदीभाषी का नहीं है। आधुनिकता को राजा राममोहन राय जिस तरह देखते हैं उसी तरह भारतेंदु नहीं देखते, रवींद्रनाथ जिस नजरिये से देखते हैं उसी नजरिये से निराला-पंत नहीं देखते। एक आम बंगाली मध्यवर्गीय व्यक्ति के आधुनिकताबोध और एक आम हिंदीभाषी मध्यवर्गीय हिंदीभाषी के आधुनिकता बोध में जमीन-आसमान का अंतर है। सामान्य सामाजिक-राजनीतिक चेतना के स्तर में अंतर है। यह अंतर इन दोनों जातियों और क्षेत्रों के विकास के स्तर से जुड़ा है। कहने का आशय यह है कि आधुनिकता-आधुनिकतावाद एंप्टी कॉन्सेप्ट नहीं है। बल्कि इसका ठोस भौतिक आधार है जिसे खोजना चाहिए। स्वयं मार्क्सवादियों ने सारी दुनिया में आधुनिकता के भौतिक आधार की खोज की है उसके साथ उन्होंने विकसित होने वाले कला रूपों का विवेचन किया है। आधुनिकता वस्तुतः जीवनशैली है और इसका विकास की आधुनिक प्रक्रिया से गहरा संबंध है। जब समाज में आधुनिक भौतिक संरचनाओं जैसे बिजली, दूरसंचार, न्यायप्रणाली, उद्योग आदि का विकास होता है तब ही वहां आधुनिकता का श्रीगणेश होता है। नए वर्गों, नए मूल्यों और नए कलाबोध-साहित्यबोध का उदय होता है। आधुनिक संस्थानों का जन्म होता है। संस्थानगत शिरकत का श्रीगणेश होता। विचारधारा के आधार सामाजिक समूहों और समुदायों में एकजुटता की भावना पैदा होती है। सामाजिक-राजनीतिक समस्याओं के लिए आम जनता एकजुट होना आरंभ करती है। आधुनिकता को मात्र अलगाव के रूप में देखना, वस्तुतः आधुनिकता को संकीर्ण नजरिये से देखना है। आधुनिकता व्यापक अवधारणा है, वह खोखली अवधारणा नहीं है।

नामवरजी के लिए आधुनिकतावाद और उत्तर-आधुनिकतावाद एंप्टी कॉन्सेप्ट है। वे साहित्यालोचना में इस अवधारणा को अस्वीकार करते हैं लेकिन व्यवहार में आधुनितावादी और उत्तर-आधुनिकतावादी अवधारणाओं का इस्तेमाल करते हैं। यह उनके आलोचनात्मक विवेक की विलक्षण आयरनी है। नामवरजी ने लिखा है, 'बौद्धिक स्तर पर चिंतन के स्तर पर पोस्ट-मॉडर्निज्म भी मॉडर्निज्म की तरह एंप्टी कॉन्सेप्ट है' (*आलोचना और विचारधारा*, पृ. 125)। उनके इस पूरे सोच में अनेक असुविधाएं हैं। वे पूंजीवादी विकास की आधुनिक संरचनाओं से पृथक करके इसे देखते हैं। जबकि पूंजीवाद के विकास के साथ जोड़कर देखना चाहिए। हमारे देश में आधुनिकता का विकास ऐसे समय में हुआ जब पूंजीवाद, साम्राज्यवाद के साथ नत्थी था, साम्राज्यवादी नीतियों और प्रपंचों में घिरा था, पूंजीवाद का स्वाभाविक संप्रभु प्रणाली

के रूप में विकास ही नहीं हुआ था। पूंजीवाद के उदय की परिस्थितियों को नामवरजी बहस के केंद्र में ही नहीं लाते। आधुनिकता मात्र जीवनशैली नहीं है बल्कि वह एक नजरिया भी है जिसका विज्ञान के विकास और विज्ञानसम्मत चेतना के विकास के साथ गहरा संबंध है। यहां तक कि पूर्व औद्योगिक समाज में भी विज्ञान के रूपों के विकास के साथ ही आधुनिक भावों का जन्म होता है। जिन समाजों में विज्ञान का जन्म नहीं हुआ वहां आधुनिकतावाद या आधुनिकता का देर से विकास हुआ।

अपनी समूची व्याख्या में नामवरजी नए आधुनिक यथार्थ को देखना ही नहीं चाहते, वे आधुनिकता में अंतर्निहित 'इंटरसब्जेक्टिविटी' को न तो मानते हैं और न ही विश्लेषित करते हैं। समाज़विज्ञानी दीपांकर गुप्ता ने *लर्निंग टु फोरगेट : दि एंटी मेमोरीज ऑफ मॉडर्निटी* (2005) में आधुनिकता की ज्ञानमीमांसा का आधारभूत तत्व 'इंटर सब्जेक्टिविटी' को माना है। आधुनिकता का संबंध आधुनिक सामाजिक संबंधों के उदय के साथ जुड़ा है। सवाल यह है आधुनिकता किस तरह के सामाजिक संबंधों को जन्म देती है ? क्या उसे 'पश्चिम की धारणा' कहकर या 'अधूरा प्रकल्प' कहकर चलताऊ ढंग से टाल सकते हैं ?

दीपांकर गुप्ता के अनुसार, आधुनिकता का अर्थ है शहरीकरण, उद्योगीकरण, संयुक्त परिवार का विघटन और पुरानी सामंती वफादारियों का अंत, पुराने किस्म के आदर-सत्कार, सम्मान आदि के रूपों की विदाई। कुछ लोग शहरीकरण, तकनीकी तरक्की और वयस्क मतदान के अधिकार की अवस्था को आधुनिकता कहते हैं। लेकिन ये तत्व तो किसी अधिनायकवादी या लोकतांत्रिक व्यवस्था में भी पनप सकते हैं। नए किस्म का लोकतांत्रिक शासन धर्म और जाति पर आधारित समाज व्यवस्था को उठाकर फेंक देता है। नए किस्म का औद्योगिक विकास आम जनता के जीवन और विचारों को मूलगामी तौर पर बदल देता है। नए सामाजिक बदलाव की प्रक्रिया सम-सामयिकता केंद्रित होती है। सम-सामयिक आंदोलनों और विचारों पर जोर रहता है, इनके साथ जुड़े आधुनिकता के वैविध्यपूर्ण रूपों को हम देख पाते हैं। इनमें भिन्नताएं भी होती हैं। लेकिन आधुनिकता का एक प्रमुख लक्षण है सम-सामयिकता। सम-सामयिकता के अलावा आधुनिकता में जो तत्व है वह अधिक से अधिक बेचैनी या असंतोष और अधिक चाहत या मांग का बढ़ना। आधुनिकता आम लोगों में ज्यादा से ज्यादा चीजें पाने की मांग या भावना पैदा कर देती है। इसके कारण समाज में विभिन्न किस्म के सम-सामयिक स्तरों का उदय होता है। भारत जैसे देश में यह स्थिति है कि इस प्रक्रिया के दौरान असमान ढंग से आधुनिकता

का विभिन्न राज्यों में विकास हुआ है। विभिन्न राज्यों में सामाजिक-राजनीतिक चेतना के रूपों और स्तरों में भेद है। यह भेद बौद्धिकों की चेतना में भी विभिन्न भेदों में व्यक्त होता है। इस रूप में देखेंगे तो आधुनिकता महज प्रक्रिया मात्र नहीं है बल्कि वह एक धारा वितकासशील धारा है जिसका हर जाति या नेशनलिटी में अपना विकास आख्यान है। इसलिए वह महज आधुनिक संरचनाओं पर ही निर्भर नहीं है बल्कि उपरोक्त तत्वों पर निर्भर है।

दीपांकर गुप्ता के अनुसार, आधुनिकता के आने के पहले के समाज में व्यक्ति और समाज के बीच में अंतर्निर्भरता और अंतस्संबंध का जो रूप था वह बुनियादी तौर पर बदल जाता है। पहले व्यक्ति की समाज पर अंतर्निर्भरता अनिवार्य बंधी हुई थी, लेकिन आधुनिकता के दौर में अंतर्निर्भरता और अंतस्संबंध रहते हैं लेकिन ये संबंध अनिवार्यतः बंधे नहीं होते। आधुनिकता के पहले अंतर्निर्भरता का सामाजिक ढांचे से कम और स्व-विवेक से ज्यादा संबंध था लेकिन आधुनिकता के बाद सामाजिक ढांचे से व्यक्ति का संबंध जुड़ता है व्यक्ति के स्व-विवेक से संबंध खत्म हो जाता है। पहले व्यक्ति एकल रूप में समाज से जुड़ा था लेकिन आधुनिकता आने के बाद व्यक्ति विविध रूप में समाज से जुड़ता है। पहले व्यक्ति का भविष्य भाग्य पर निर्भर था, लेकिन अब व्यक्ति का भविष्य समाज पर निर्भर है। आधुनिकता के गर्भ से जन्मे समाज में सतह पर संयुक्त परिवार टूटता है लेकिन बृहत्तर स्तर पर व्यक्ति का समाज की संयुक्त संरचनाओं से संबंध स्थापित होता है। इसके कारण संयुक्त संबंध की नई सामाजिक संरचनाएं जन्म लेती हैं। पुराने संबंधों और नए सामाजिक संबंधों में एक साझा चीज है, वह है 'हायरार्की' या छोटे-बड़े का संबंध। पहले हायरार्की का एक ही अर्थ था जो सामाजिक हैसियत से जुड़ा था। लेकिन आधुनिकता के बाद हायरार्की के बहुस्तरीय रूपों का जन्म होता है। पहले वाली हायरार्की ने व्यक्ति की गतिशीलता को बाधित किया जबकि नई हायरार्की ने व्यक्ति की गतिशीलता को बढ़ा दिया। स्त्री के सवालों को केंद्र में लाकर खड़ा कर दिया। नई हायरार्की ने संरचनात्मक स्तर पर समानता को प्रमुखा थी, सिस्टम की नजर में सब समान हैं, इस धारणा को बल प्रदान किया। साथ ही साझा जिम्मेदारी, साझा सम्मान, संपर्क करने के मामले में समानता और अभिभावकों की साझा जिम्मेदारी को जन्म दिया। भारत में जाति रही, आधुनिकता के पहले भी जाति थी, लेकिन जाति के कारण गतिशीलता या विकास प्रभावित होता था, लेकिन आधुनिकता आने के बाद जातिगत बाधाएं टूटी हैं, जातियों में गतिशीलता का विकास हुआ है। वे अवसर की तलाश करते हुए सामाजिक स्तर पर आगे जाने में सफल हुई हैं। इसके

लिए दो स्तरों पर काम हुआ है। पहला यह है कि पिछड़ी जातियों के विकास के लिए ठोस उपाय किए गए, मसलन आरक्षण आदि की व्यवस्था की गई, दूसरा, खुले प्रतिस्पर्धी माहौल और खुले बाजार का निर्माण किया गया। पहले सहमति का महत्व था लेकिन आधुनिकता के बाद 'राय' की प्रासंगिकता या 'अन्य की राय' की वैधता का जन्म हुआ। ये वे तत्व हैं जो 'इंटर सब्जेक्टिविटी' को निर्मित करते हैं।

दीपांकर गुप्ता के अनुसार, आधुनिकता के गर्भ से उपजी 'इंटर सब्जेक्टिविटी' केंद्रीकृत है। यहां हर चीज केंद्रीय कमान से संचालित होती है और वही उसे निर्देशित करता है। यही हमारे साझा 'एथिक्स' (नैतिकता) का स्रोत भी है। जब हम एथिक्स की बात करते हैं तो इसका अर्थ यह नहीं है निजी एथिक्स की बातें करें बल्कि सामाजिक एथिक्स की बातें करें। निजी नैतिकता के बजाय सामाजिक नैतिकता की बातें करें। नैतिकता का संबंध अन्य से है। नैतिकता के आधार जब समाज देखेंगे तो स्व को नहीं, अन्य को देखेंगे। अन्य के सरोकारों को देखेंगे। इसे दानी के नजरिये से नहीं देखेंगे बल्कि बुनियादी तौर पर स्व के व्यक्तिकरण की प्रक्रिया के रूप में देखेंगे। 'इंटर सब्जेक्टिविटी' के रूप में चीजें देखने का अर्थ यह भी है कि इस धारणा को अतीत के प्रति पूर्वग्रहरहित होकर देखेंगे। 'इंटर सब्जेक्टिविटी' जब अतीत के प्रति पूर्वग्रहरहित होगी तब ही आधुनिकता की सही अभिव्यक्ति होगी, तब ही हम समझ पाएंगे कि 'इंटर सब्जेक्टिविटी' किस तरह सामाजिक नीतियों में आलोचनात्मक भूमिका अदा करती है। फलतः आधुनिकता निर्वैयक्तिक आधार पर टिकी न होकर, तयशुदा प्रकल्प के रूप में सामने आएगी।

सवाल यह है कि आधुनिकता का आलोचनात्मक मर्म क्या है ? 'स्व' और 'समाज' के प्रति आलोचनात्मक नजरिया आधुनिकता का मर्म है। आधुनिकता मात्र विवरण और ब्यौरे से समझ में नहीं आ सकती। इसी तरह आधुनिकता को अमानवीय कहकर भी पल्ला नहीं झाड़ सकते अथवा सम-सामयिकता को आधुनिकता नहीं कहते। सचेतनता और आलोचनात्मकता के बिना आधुनिकता का निर्माण नहीं होता। 'बहुस्तरीय आधुनिकता' का सवाल भी इस बीच में उठा है। 'आधुनिकता' के आलोचक यह तर्क देते हैं कि देखो यह कैसी 'आधुनिकता है कि भयानक गरीबी है', 'चारों ओर हिंसाचार हो रहा है', 'चारों ओर हृदयहीनता का साम्राज्य है', इन सब बातों को पेश करके वे यह तर्क देते हैं कि आधुनिकता असफल प्रकल्प है या फिर नामवरजी की तरह कहते हैं आधुनिकता एंप्टी कॉन्सेप्ट है। असल में इस तरह सोचने वाले आधुनिकता को सीमित दायरे में रखकर देखते हैं।

नामवरजी आधुनिकतावाद और उत्तर-आधुनिकतावाद को 'एंप्टी' कॉन्सेप्ट जब कहते हैं तो वे इसे किसी भी रूप में विस्तार के साथ परिभाषित नहीं करते बल्कि सरलीकरणों का इस्तेमाल करते हैं। वे सरलीकृत फार्मूलों के जरिये आधुनिकता और उत्तर-आधुनिकतावाद पर बहस करना चाहते हैं। नामवरजी के अनुसार, 'आधुनिकीकरण के बीच आधुनिकता वस्तुतः एक अनुभव है। ऐतिहासिक अनुभव है, जो मध्ययुग में संभव नहीं था। इसी दौर में, मानवीय संबंधों को आना, पाई, कौड़ी में बदल देने वाली उस डिह्यूमनाइजेशन की प्रक्रिया के बीच ये अनुभव संभव था। इसलिए आधुनिकीकरण का ही सत-सार आधुनिकता है। आचार्य शुक्ल कहते थे कि 'वैर क्रोध का अचार या मुरब्बा है' उसी प्रकार 'आधुनिकता आधुनिकीकरण का अचार या मुरब्बा है।' 'धर्म की रसात्मक अनुभूति का नाम भक्ति है।'–आचार्य शुक्ल की ही भाषा में कहूं तो 'आधुनिकता आधुनिकीकरण की रसात्मक अनुभूति है'। मध्ययुग की रसात्मक अनुभूति भक्ति थी, आधुनिक युग की रसात्मक अनुभूति आधुनिकता है' (*इतिहास और आलोचना*, पृ. 122-123)।

नामवरजी ने पेरी एंडरसन की आधुनिकतावाद संबंधी समझ को संगत मानते हुए लिखा है, 'संक्षेप में एंडरसन ने बताने की कोशिश की है और मुझे संगत प्रतीत होती है कि आधुनिकता बोध का उदय, वस्तुतः अर्धसामंती, अर्धपूंजीवादी, अर्धजनतांत्रिक सभ्यता और समाज व्यवस्था के बीच हुआ था। यही वजह है कि इस ऐतिहासिक कंजंक्शन में जो साहित्य पैदा हुआ वह तथाकथित तीसरी दुनिया के अंतर्गत माने जाने वाले देशों में। आधुनिकता वहां ज्यादा प्रासंगिक हुई, जबकि यूरोप में खत्म हो रही है' (वही, पृ. 124)।

नामवरजी के अनुसार, 'आधुनिकतावाद यदि तथाकथित तीसरी दुनिया के देशों में लोकप्रिय हुआ है, हो रहा है तो इसका ऐतिहासिक कारण है। ये देश बहुत-कुछ उसी प्रक्रिया से आज गुजर रहे हैं, जिससे पहले महायुद्ध के बाद और आसपास यूरोप गुजर रहा था। अब भी वही प्रिकैपीटलिस्ट फार्मेशंस हमारे यहां है जिसे हम लोग अर्धसामंती अर्धपूंजीवादी कहते हैं। पूंजीवादी औद्योगिक विकास की प्रक्रिया इन देशों में जहां हो रही है, अपेक्षाकृत बहुत तेज है। और साथ ही स्वलाइज्ड नहीं हुई, कॉन्सालीडेट नहीं हुई है। इस स्थिति में गुजरने वाले मनुष्य के, संवेदनशील रचनाकार के, कलाकार के जो अनुभव हैं, वे ज्यादा अहमियत रखते हैं' (वही)।

नामवरजी का मानना है, 'मॉडर्निज्म-गोथिक की तरह, रैनेसां या वाइजेंटाइन की तरह, बारोख या न्यू-क्लासिज्म की तरह सुनिश्चित कॉन्सेप्ट नहीं है बल्कि सुविधा के लिए तैयार किया गया भ्रामक नारा है और यही वजह है कि मॉडर्निज्म

अपनी इस विचारधारात्मकता के कारण बराबर अनेक विरोधों का शिकार हुआ है' (वही, पृ. 125)।

नामवरजी का मानना है, 'आधुनिकीकरण और आधुनिकता में आपस में कोई संबंध नहीं है। यदि है भी तो परस्पर विरोध का है और एक के तिरस्कार से ही दूसरे की स्थापना हो सकती है।' आगे यह भी लिखा, 'उत्तर-आधुनिकता भी इसी आधुनिकीकरण के विरुद्ध प्रतिक्रिया है' (वही, पृ. 121)।

उत्तर-आधुनिकतावाद को बड़े ही कौशल के साथ नामवरजी ने एपोकैलिप्टिक विजन के साथ जोड़ा है। एपोकैलिप्टिक माने 'जो यहां नहीं है उसे कहीं और पाया जाए। इस लोक में सुख नहीं मिल रहा है तो उस लोक में मिले। इस जन्म में जो सुख नहीं मिल रहा है, वह उस जन्म में मिले। दूसरा जन्म और दूसरा लोक–दूसरे देश और दूसरे काल का पर्याय बन जाते हैं। इसलिए पश्चिमी यूरोप के लिए और विकासशील देशों के लिए तीसरी दुनिया उस एपोकैलिप्टिक विजन के रूप में सामने आया कि क्रांति वहां नहीं हो रही है तो कहीं तो हो रही है' (पृ. 126)!

आधुनिकता और आधुनिकतावाद का रैनेसां से गहरा संबंध है। आधुनिकता के रूपों के निर्माण में बुर्जुआजी की केंद्रीय भूमिका रही है। सवाल यह है कि नवजागरण प्रासंगिक है लेकिन आधुनिकता एंप्टी कांसेप्ट कैसे है ? क्या पूंजीवादी विकास के लिए बुर्जुआजी भी अप्रासंगिक है ? जो लोग प्रगतिशील दृष्टिकोण से आलोचना लिखते रहे हैं उनके लिए बुर्जुआजी हमेशा से समस्यामूलक रहा है, वे उसकी आलोचना करते हैं अथवा उपेक्षा करते हैं। नवजागरण चाहिए, आधुनिक समाज चाहिए, लेकिन बुर्जुआजी नहीं चाहिए, बुर्जुआ मूल्य नहीं चाहिए, बुर्जुआ कलारूप नहीं चाहिए। यह सब कैसे संभव है ? आधुनिक पूंजीवादी समाज का नायक है बुर्जुआजी, इसकी उपेक्षा करके, इसे सामाजिक विकास की प्रक्रिया से बहिष्कृत करके संतुलित सामाजिक विकास करना संभव नहीं है। आधुनिकता और आधुनिकतावाद ने बुर्जुआ को नायक बनाया, जोकि सामाजिक विकास की गति के नजरिये से स्वाभाविक था, उन तमाम कलारूपों की सृष्टि की जो बुर्जुआजी को नायक बनाते हैं, बुर्जुआ मूल्यों का विकास करते हैं, बुर्जुआ सामाजिक-सांस्कृतिक विकास के नजरिये से यह तार्किक है। यह भी सच है कि बुर्जुआ समाज के उदय के साथ बुर्जुआजी का ही उदय नहीं हुआ बल्कि मजदूर वर्ग का भी जन्म होता है। मार्क्सवादी उसे अपना नायक मानते हैं, यही वजह है कि वे जमकर बुर्जुआजी की आलोचना करते हैं और बुर्जुआ कलारूपों की भी तीखी आलोचना करते हैं। सवाल आलोचना का नहीं है, सवाल यह है कि बुर्जुआ समाज को बदला कैसे जाए ?

क्या बुर्जुआजी को अस्वीकार करके, उसकी ऐतिहासिक भूमिका को खारिज करके सामाजिक विकास संभव है ? क्या सामंतवाद की समाप्ति बुर्जुआजी के विकास के बिना संभव है ? जिन समाजों ने सामंतवाद से सीधे समाजवाद में छलांग लगाई और समाजवादी व्यवस्था को स्थापित किया वहां पर आम जनता को समाजवादी बर्बरता के असंख्य रूपों को झेलना पड़ा। समाजवादी व्यवस्था में मानवाधिकारों की चेतना का विकास ही नहीं हो पाया, उलटे मानवाधिकारों का हनन हुआ।

सामंतवाद से समाजवाद में छलांग वस्तुतः सामंतवाद का नवीनीकरण है। भारत के नवजागरण में दो नए वर्ग पैदा होते हैं बुर्जुआजी और मजदूर वर्ग। हमें इस सवाल पर विचार करना चाहिए पूंजीवादी समाज में बुर्जुआ नायक होगा या मजदूर वर्ग? बुद्धिजीवी संप्रदाय किसके साथ रहे ? क्या बुद्धिजीवी वर्ग को साथ लिए बगैर मजदूर वर्ग अपनी विचारवाहिनी का गठन कर सकता है ? क्या विचारों की दुनिया में बुर्जुआजी के विचारों का विकल्प निर्मित कर सकता है? सामाजिक परिवर्तन जनता करती है, वही इसकी तैयारी करती है, इस प्रसंग में यह भी विचार करें कि भारत में सामाजिक परिवर्तनों में बुर्जुआजी की क्या भूमिका होगी ? भारत में अधिकांश सामाजिक परिवर्तनों के लिए कानून बनाने की कोशिश में अग्रणी भूमिका बुर्जुआजी की रही है। यहां तक कि आधुनिकता के रूपों को विभिन्न स्तरों पर सृजित करने में भी बुर्जुआ दृष्टिकोण की केंद्रीय भूमिका रही है।

आधुनिक काल की नई स्थितियों में कांग्रेस के जन्म से लेकर बाद तक, कांग्रेस और बुद्धिजीवियों के बीच में अंतस्संबंध रहा है। आरंभ के वर्षों में समाज सुधार के सवालों पर कांग्रेस भी बुद्धिजीवियों के साथ सक्रिय रही है। लेकिन समाज सुधार के सवाल मजदूर वर्ग के सवाल नहीं रहे। मजदूर वर्ग ने आर्थिक-राजनीतिक सवालों से आगे बढ़कर संस्कृति के सवालों पर अग्रणी भूमिका नहीं निभाई। सवाल यह है कि आधुनिकता के विकास के लिए देश किस तरह की आर्थिक नीति चुने? आर्थिक नीति के चरित्र के साथ आधुनिकता के रूपों का गहरा संबंध है। नामवरजी आधुनिकता की समूची बहस को आर्थिक नीति के साथ जोड़कर नहीं देखते। आधुनिकता पर बातें करते समय सिर्फ प्रचलित कलारूपों-साहित्य के सवालों तक सीमित रहकर ही वे विचार करते हैं। वे पेरी एंडरसन के हवाले से जो कुछ बताने की कोशिश करते हैं, उन्हीं एंडरसन की भी यह सीमा है कि वह आर्थिक नीति के चरित्र को रेखांकित करने में असमर्थ रहे हैं। एक समस्या यह भी है कि साम्राज्यवादी शासन के दौर में आधुनिकता और आधुनिकीकरण की प्रकृति और लाक्षणिक विशेषताएं और स्वतंत्रता प्राप्ति के बाद आधुनिकता और आधुनिकीकरण की प्रक्रिया और

लाक्षणिक विशेषताओं के बारे में हम एक ही पैमाने से नहीं देख सकते। इन दोनों स्थितियों को देखने के पैमाने क्या होंगे ? इनसे जुड़े सवालों पर नामवरजी विचार ही नहीं करते वे सीधे 'एंप्टी कांसेप्ट' कहकर आधुनिकता और आधुनिकीकरण के सवालों से अपना पल्ला झाड़ लेते हैं। आधुनिक साहित्य के मूल्यांकन के क्रम में हिंदी में भारतेंदु युग और 1857 के प्रथम स्वाधीनता संग्राम के बारे में हम बार-बार बहस करते हैं उसके साहित्य के विभिन्न पहलुओं का विवेचन भी किया गया है। इस क्रम में यह रेखांकित किया गया कि साहित्य का राजनीति से गहरा संबंध था। इस क्रम में इस दौर के साहित्य की भाषा, शैली, विधारूप आदि का व्यापक विवेचन किया गया है। इसमें जोर इस बात पर है कि हिंदी में जो आधुनिक है, वह राजनीतिक है और उसकी विचारधारात्मक प्रतिबद्धताएं भी हैं। इसके आलोक में उसे आलोचकों ने वर्तमान के साहित्य के साथ जोड़ने की कोशिश भी की है।

फ्रेडरिक जेम्सन ने *ए सिंगुलर मॉडर्निटी* में लिखा, 'आधुनिकता' की अवधारणा को अमूमन लोग 'आधुनिक' (मॉडर्न) से जोड़कर देखते हैं। जबकि आधुनिक पदबंध का प्रयोग पांचवीं शताब्दी (एडी) पॉप गेलसीयस ने किया था। वे वर्तमान और करीबी अतीत से जोड़कर इसे देखते थे। इन दोनों का संबंध निरंतरता के साथ था जबकि लैटिन में आधुनिक का अर्थ भिन्न है। लैटिन में आधुनिक का अर्थ है 'वर्तमान' या 'ताजा वर्तमान', साहित्यकारों ने पुराने साहित्य का नए साहित्य से अंतर दर्शाने के लिए 'आधुनिक' पदबंध का प्रयोग किया है। जेम्सन ने लिखा है आधुनिकता पर विचार करते समय जो चीज महत्वपूर्ण है वह 'नए' और 'आधुनिक' में भेद। इन दिनों हर आधुनिक चीज नई कहलाती है। लेकिन हर नई चीज जरूरी नहीं है कि 'आधुनिक' ही हो ? यह वह जगह है जहां व्यक्तिगत और सामाजिक या ऐतिहासिक कालक्रम में हमें भेद करना होगा।

जेम्सन ने 'आधुनिक' के दो मॉडलों की चर्चा की है जिनके जरिये इसके अर्थ को महसूस कर सकते हैं। पहला मॉडल, समसामयिक वर्गीकरण से जुड़ा है जो काल से जुड़ा है, जैसे भविष्य, आंतरिक, निष्पन्न अतीत, अधूरा अतीत आदि। दूसरा मॉडल, ऐतिहासिक है, जो विचार के इतिहास से जुड़ा है। इसके जरिये ऐतिहासिक चेतना के विकास को विश्लेषित करने की कोशिश की जाती है। इसमें भौतिक वस्तुओं, प्रतीकों आदि के आधार पर राय बनाई जाती है और जिसका आधार भाषाविज्ञान है। इसमें 'रूपांतरण' को आधार बनाकर बातें कही जाती हैं। इसमें अर्थ सुनिश्चित नहीं होता बल्कि बोलने वाले के नजरिये के आधार पर अर्थ बदलता रहता है। इस 'रूपांतरण' की बहस को गंभीरता के साथ हेगेल ने *फिनोमिनोलॉजी*

ऑफ स्प्रिट में पेश किया है। जेम्सन ने लिखा है इन दोनों मॉडलों में समस्याएं हैं। इन दोनों को निष्पन्न मॉडल नहीं कह सकते।

'आधुनिकता' पर बातें करते समय दो विषयों पर जमकर बातें हुई हैं, पहला परंपरा, और दूसरा है, साहित्यविधाओं के रूप, शैली और भाषा। जो प्रगतिशील हैं वे परंपरा में गए हैं और चक्राकार तरीके से परंपरा को विश्लेषित करने और वर्तमान के साथ उसकी लाक्षणिक विशेषताओं के समान रूपों को खोजन की कोशिश की गई। वहीं दूसरी ओर गैर-प्रगतिशीलों ने भाषा और शैली के सवालों पर, वर्तमान के सवालों तक ही अपने को सीमित रखा। परंपरा में जाने वाले आलोचकों ने साहित्य में सामूहिक भावबोध पर बल दिया। परंपरा पर जोर देने या परंपरा की खोज करने के क्रम में 'युग' पर बल दिया गया। इस क्रम में पुराने साहित्य की श्रेष्ठता को खूब उभारा गया। साथ ही, सामयिक साहित्य को उससे कम श्रेष्ठ रेखांकित किया गया। यह भी कहा गया कि इतिहास का ज्ञान होना बड़ी बात है, क्रांतिकारी चीज है। यहां से ही वर्तमान के साहित्य में उन तत्वों की खोज की गई जो इतिहास में मिले। इसी बिंदु पर हमें पुराने और नए साहित्य के परिप्रेक्ष्य में अंतर भी नजर आया। यह अंतर असल में दो भिन्न ऐतिहासिक प्रस्थानबिंदुओं से जुड़ा है। इस क्रम में 'मध्यकाल' और 'आधुनिक काल' के नाम से वर्गीकरण किया गया। 'मध्यकाल' को 'सृजन' और 'आधुनिककाल' को 'नए' युग के रूप में पेश किया गया। भारतेंदु युग को आधुनिक कहा, जबकि आधुनिकता के अनेक लक्षण मध्यकालीन लेखकों में व्यापारिक पूंजीवाद में साफ नजर आते हैं। इस तरह 'आधुनिक' का प्रारंभ हमारे यहां भारतेंदु युग से ही माना गया। यही वह विवाद की जगह है जिसके कारण 'आधुनिकता' और 'आधुनिकीकरण' को एक-दूसरे के साथ जोड़कर देखने की परंपरा शुरू होती है। यहीं पर हम 'आधुनिकता' में 'निरंतरता' और 'टूट' के तत्व को घटित होता देखते हैं। 'निरंतरता' में आलोचना जब भी दाखिल होती है उसमें विभिन्न किस्म के नए साहित्यिक लक्षण नजर आते हैं, जिनसे कभी-कभी नए बड़े आंदोलन या साहित्यधारा चल पड़ती है। भक्तिकाल में सगुण और निर्गुण भक्ति, इसी तरह रीतिकाल में कई रीतियां, आधुनिककाल में अनेक प्रवृत्तियां विकास करती नजर आती हैं। कहने का तात्पर्य यह कि साहित्य धारा पर विचार करते समय उसके नए बदलाव के क्षण पर नजर रखनी है। नए बदलाव के साथ कौन सी प्रवृत्ति जन्म ले रही है और किस दिशा में अग्रसर हो सकती है, यह विचारणीय है। इससे 'व्यवस्था', 'युग' और 'प्रवृत्ति' के अंतर को समझने में मदद मिलेगी। साहित्येतिहास में अनेक आलोचक हैं जो इन तीनों के अंतर को समझ नहीं पाते।

फलतः 'रूपांतरण' के वैविध्यपूर्ण चरित्र और रूप को समझ ही नहीं पाते। 'रूपांतरण' रहेगा तो मार्क्सवादी पद्धति के अनुसार कालविभाजन करने में मदद मिलेगी। हिंदी में भक्तिकाल का समय पुराने समय से मूलगामी तौर पर भिन्न है। इस दौर में व्यापारिक पूंजीवाद के कारण जो परिवर्तन घटित हुए, साथ ही साहित्य में जिन लक्षणों का आगमन हुआ वे ही कालांतर में साहित्य के प्रमुख सवालों और समस्याओं को जन्म देते हैं। आधुनिक साहित्य की प्रमुख दिशा को तय करते हैं। मसलन, नाथों-सिद्धों के साहित्य को ही लें, इस दौर के साहित्यकारों ने काव्य-सृजन के नियम मानने से इनकार करके एक नए किस्म की कवि मनोदशा को जन्म दिया, ये वे लेखक हैं जो स्वतःस्फूर्त भावों की अभिव्यक्ति पर जोर देते हैं, काव्य निर्माण के तयशुदा नियमों, रस आदि को नहीं मानते, बल्कि जिस भाषा में लेखक को अभिव्यक्ति में सुविधा हो, उसमें लिखने पर जोर देते हैं। कालांतर में यही चीज सामने आती है, समूचा साहित्य इसका अनुसरण करता है। 'रूपांतरण' पर नजर रखेंगे तो भविष्य में किस दिशा में विकास हो सकता है, कौन सी प्रवृत्ति जन्म ले सकती है वह भी तय हो जाएगा। काव्य सृजन में नियमों की पाबंदी हटाने का काम सबसे पहले नाथों-सिद्धों ने किया और उसका कालांतर में बड़े पैमाने पर लेखकों ने इस्तेमाल किया। इसके अलावा दूसरी महत्वपूर्ण चीज है लेखक का नजरिया। साहित्य के मूल्यांकन में लेखक की जीवनशैली महत्वपूर्ण नहीं है बल्कि उसका नजरिया महत्वपूर्ण है। हिंदी के आलोचकों का बहुत बड़ा हिस्सा लंबे समय तक नाथों-सिद्धों के साहित्य के बारे में मूल्यांकन करते समय जीवनशैली के आधार पर साहित्यकार और साहित्य का मूल्यांकन करता रहा है। साथ ही, उनके द्वारा जिन विषयों पर लिखा गया उन विषयों पर लिखी रचनाओं को साहित्य नहीं माना गया। यहां उदाहरण के तौर पर रामचंद्र शुक्ल, रामविलास शर्मा और मुक्तिबोध के लिखे पर ध्यान दें, रामचंद्र शुक्ल ने लिखा, 'उनकी रचनाएं तांत्रिक विधान, योगसाधना, आत्म निग्रह, श्वास-निरोध, भीतरी चक्रों और नाड़ियों की स्थिति, अंतर्मुख साधना के महत्व इत्यादि की सांप्रदायिक शिक्षा मात्र है, जीवन की स्वाभाविक अनुभूतियों और दशाओं से उनका कोई संबंध नहीं। अतः वे शुद्ध साहित्य के अंतर्गत नहीं आतीं। उनको उसी रूप में ग्रहण करना चाहिए जिस रूप में ज्योतिष, आयुर्वेद के ग्रंथ।'

'जनता की दृष्टि को आत्म-कल्याण और लोक-कल्याण विधायक सच्चे कर्मों की ओर ले जाने के बदले उसे वे कर्मक्षेत्र से ही हटाने में लग गए।' यह भी लिखा, 'अपनी रहस्यदर्शिता की धाक जमाने के लिए वे बाह्य जगत की बातें छोड़;

घट के भीतर के कोशों की बात बताया करते थे।'

रामचंद्र शुक्ल ने नाथों-सिद्धों की भाषा पर लिखा, 'सिद्धों की उद्धृत रचनाओं की भाषा देशभाषा मिश्रित अपभ्रंश या पुरानी हिंदी की काव्यभाषा है, यह तो स्पष्ट है। उन्होंने रसिक उसी सर्वमान्य काव्यभाषा में लिखा है जो उस समय गुजरात, राजपूताने और ब्रजमंडल से लेकर बिहार तक लिखने-पढ़ने की शिष्टभाषा थी। पर मगध में रहने के कारण सिद्धों की भाषा में कुछ पूरबी प्रयोग भी मिले हुए हैं। पुरानी हिंदी की व्यापक काव्यभाषा का ढांचा शौरसेनी प्रस्तुत अपभ्रंश अर्थात ब्रज और खड़ीबोली (पश्चिमी हिंदी) का था।' रामचंद्र शुक्ल ने आदिकालीन साहित्य की सांप्रदायिक प्रवृत्ति के बारे में लिखा, 'दूसरी बात है सांप्रदायिक प्रवृत्ति और उसके संस्कार की परंपरा। वज्रयानी सिद्धों ने निम्नश्रेणी की प्रायः अशिक्षित जनता के बीच किस प्रकार के भावों के लिए जगह निकाली यह दिखाया जा चुका है। उन्होंने बाह्यपूजा, जाति-पांति, तीर्थाटन इत्यादि के प्रति उपेक्षा बुद्धि का प्रचार किया; रहस्यदर्शी बनकर शास्त्रज्ञ विद्वानों का तिरस्कार करने और मनमाने रूपकों के द्वारा अटपटी बानी में पहेलियां बुझाने का रास्ता दिखाया; घट के भीतर चक्र, नाड़ियां, शून्य देश आदि मानकर साधना करने की बात फैलाई और नाथ, बिंदु सुरति, निरंतर, ऐसे शब्दों की उद्धरणी करना सिखाया।' शुक्लजी ने यह भी लिखा है, 'ये ही दो बातें दिखाने के लिए इस इतिहास में सिद्धों और योगियों का विवरण दिया गया है। उनकी रचनाओं का जीवन की स्वाभाविक सरणियों, अनुभूतियों और दशाओं से कोई संबंध नहीं। वे सांप्रदायिक शिक्षा मात्र हैं, अतः शुद्ध साहित्य की कोटि में नहीं आ सकतीं। उन रचनाओं की परंपरा को हम काव्य या साहित्य की कोई धारा नहीं कह सकते।' शुक्लजी ने नाथ संप्रदाय पर लिखा, 'गोरखनाथ के नाथ पंथ का मूल भी बौद्धों की यही वज्रयान शाखा है।...पर यह स्पष्ट है कि उन्होंने अपना मार्ग अलग कर लिया। योगियों की इस हिंदू शाखा ने वज्रयानियों के अश्लील और वीभत्स विधानों से अपने को अलग रखा, यद्यपि शिव शक्ति की भावना के कारण कुछ शृंगारमयी वाणी भी किसी-किसी ग्रंथ (जैसे *शिवशक्ति संगम तंत्र*) में मिलती है। गोरख ने पतंजलि के उच्च लक्ष्य, ईश्वर प्राप्ति को लेकर हठयोग का प्रवर्तन किया।'

'यहां पर यह बात ध्यान रखना आवश्यक है कि चौरासी सिद्धों में बहुत से मछुए, चमार, धोबी, डोमन, कहार, लकड़हारे, दर्जी तथा बहुत से शूद्र कहे जाने वाले लोग थे। अतः जाति-पांति के खंडन तो वे आप ही थे। नाथ संप्रदाय भी जब फैला, तब उसमें भी जनता की नीची और अशिक्षित श्रेणियों के बहुत से लोग

आए जो शास्त्रज्ञान संपन्न न थे। जिनकी बुद्धि का विकास बहुत सामान्य कोटि का था।'

रामविलास शर्मा ने लिखा, 'नाथपंथी योगियों की विचारधारा मूलतः प्रतिक्रियावादी थी। वे गृहस्थ जीवन के निंदक थे, सामाजिक जीवन से परांगमुख थे, जाति-पांति का विरोध करते हुए वे लोकधर्म और लोकाचार मात्र के विरोधी बन बैठे थे; वे बाह्यजगत से ध्यान खींचकर उसे कल्पित चक्रों में अटकाते थे, साधारण जनता पर आतंक जमाने के लिए अलौकिक चमत्कारों की डींग हांकते थे।'

योगियों और संतों में समान बातें कौन सी हैं ? शुक्लजी ने दिखाया है कि सिद्धों ने बाह्य-पूजा, जाति-पांति; तीर्थाटन इत्यादि के प्रति उपेक्षा बुद्धि का प्रचार किया; रहस्यदर्शिता बनकर शास्त्रज्ञ विद्वानों का तिरस्कार करने और मनमाने रूपकों के द्वारा अटपटी बनानी में पहेलियां बुझाने का रास्ता दिखाया, घट के भीतर चक्र, नाड़ियां, शून्य देश आदि मानकर साधना करने की बात फैलाई और 'नाद, बिंदु, सुप्रतिष्ठित, निरति', ऐसे शब्दों की उद्धरणी करना सिखाया। यही परंपरा अपने ढंग पर नाथपंथियों ने भी जारी रखी।'

मुक्तिबोध ने *भारत : इतिहास और संस्कृति* में लिखा है, 'भारतीय संस्कृति का यह ह्रास काल था। समाज जड़ीभूत हो रहा था। इस बीच राजपूत राजाओं का अभ्युदय हुआ। किंतु शेष जगत से भारत का संबंध टूट रहा था। ह्रास दशा दर्शन, धर्म, साहित्य सबमें प्रकट हो रही थी।'

'उन दिनों सारा भारतीय समाज ही जड़ीभूत हो गया था। नालंदा, विक्रमशिला जैसे विश्वविद्यालयों में तंत्र, मंत्र प्रधान विषय हो गए थे। पूर्वी भारत में बौद्ध धर्म विकृत होकर वज्रयान का रूप धारण कर चुका था। निषिद्ध समझे जाने वाले व्यवहारों को मुक्ति का मार्ग समझा गया था। तंत्र-मंत्र अब वामाचार बन गया था। यह वामाचार शाक्तों एवं शैवों में घुस गया था।' 'धर्म का सच्चा स्वरूप गौण हो गया; अंधविश्वास ने प्रधान स्थान ग्रहण करके; आंख मूंदकर, गांजा और चरस की दम मारी।'

विस्तार से तीन प्रमुख आलोचकों के नजरिये को पेश करने का प्रधान कारण यह दर्शाना है कि ये तीनों आलोचक नाथों-सिद्धों के साहित्य के बारे में तयशुदा नजरिये से देख रहे हैं और नाथों-सिद्धों के साहित्य के आगमन के साथ जो बदलाव या रूपांतरण आया उसे नजरअंदाज कर रहे हैं। नाथों-सिद्धों ने क्या लिखा इससे ज्यादा महत्वपूर्ण है कि उन्होंने किस तरह का रूपांतरण किया। वे कौन सी चीजें हैं जो रूपांतरण की अगुआ बनीं। सवाल यह है कि लेखक के नजरिये के साथ

उसकी जीवनशैली का संबंध है या कृति के साथ संबंध है ? नजरिया निर्णायक है या जीवनशैली ? लंबे समय तक नाथों-सिद्धों के साहित्य के मूल्यांकन के क्रम में साहित्य समीक्षा इसी जगह उलझी रही है। नाथों-सिद्धों के लेखकीय कर्म की विशेषता थी ये लोग न तो राजदरबार से जुड़े थे और न समाज के परंपरागत ढांचे से ही जुड़े थे। समाज के परंपरागत ढांचे को लेकर इनके पास गहरी आलोचनादृष्टि थी जिसके कारण ये समाज से बहिष्कृत थे। नाथ-सिद्ध पहले लेखक हैं जो समाज की आलोचना पेश करते हैं और साहित्य को उस आलोचना की अभिव्यक्ति का माध्यम बनाते हैं। इसके पहले लेखकों में समाज की आलोचना करने की प्रवृत्ति नजर नहीं आती। यह भी विचारणीय सवाल है कि साहित्य पर कालिदास का असर पड़ा या नाथों-सिद्धों के साहित्य का असर पड़ा? दूसरा सवाल यह है कि लेखकीय अभिव्यक्ति के विकास के लिए समाज की आलोचना का विकास करना जरूरी है या काव्य-उपकरणों का विकास करना जरूरी है। नाथों-सिद्धों ने रेखांकित किया कि अभिव्यक्ति के विकास के लिए समाज की समीक्षा करना जरूरी है, काव्य उपकरण उतने जरूरी नहीं हैं। कालांतर में कवियों और समाज पर नाथों-सिद्धों के नजरिये का असर पड़ा। कल्पना करें, लेखकगण कालिदास से प्रभावित नहीं हुए, *मनुस्मृति* से प्रभावित नहीं हुए बल्कि नाथों-सिद्धों के नजरिये से प्रभावित हुए। साहित्येतिहास के कालविभाजन में यह पहलू बेहद महत्वपूर्ण है, लेकिन हमने कभी इसकी गंभीरता की ओर ध्यान ही नहीं दिया, क्योंकि हमने 'रूपांतरण' के पहलू पर विचार ही नहीं किया। साहित्येतिहास में प्रवहमान धारा के रूप में देखने की दृष्टि के कारण 'रूपांतरण' के बिंदु पर हमारी नजर ही नहीं गई। जबकि आधुनिकता के विकास को समझने के लिए यह पहलू बेहद महत्वपूर्ण है। नाथों-सिद्धों ने जब रीतियों, संस्कारों, रूढ़ियों आदि का विरोध किया तो वे जाने-अनजाने 'आधुनिकता' की नींव रख रहे थे। वे जब समाज की आलोचना कर रहे थे तो 'आधुनिक' का बीजवपन कर रहे थे। कहने का तात्पर्य यह कि किसी भी कालखंड का कालविभाजन करते समय हमें प्रवृत्ति पर ही नजर नहीं रखनी चाहिए बल्कि 'रूपांतरणकारी बिंदु' पर नजर रखनी चाहिए। हमें देखना चाहिए कि 'नया' क्या निर्मित हो रहा है ? क्या वह भविष्य में विकसित हो सकता है ? या भविष्य और वर्तमान के लिए वह प्रासंगिक है? साहित्येतिहास का निर्माण करते समय आलोचकों ने प्रवृत्ति और ग्रंथों की प्रचुरता और प्रेरणा इन दो तत्वों को महत्वपूर्ण माना है जबकि इन दोनों के अतिरिक्त महत्वपूर्ण है वर्तमान और भविष्य के लिए प्रासंगिकता। जो मूल्य, बातें या तत्व वर्तमान और भविष्य के लिए प्रासंगिक नहीं हैं वे 'रूपांतरण' का आधार नहीं हो

सकते। यही वह तत्व है जो साहित्य के कालविभाजन का आधार बन सकता है।

'इतिहास' और 'आलोचना' ये दोनों आधुनिक चीजें हैं और यही वजह है इनमें दखिल होते समय हमें ऐतिहासिक दृष्टिकोण की जरूरत महसूस होती है। हमें यह देखना होगा कि इतिहास में कहां पर बदलाव आ रहा है, वे कौन से पहलू हैं जो बदलाव के रूपों को व्यक्त कर रहे हैं, बदलाव के रूपों को हाइपोथीसिस के आधार पर परखने की भी जरूरत है जिससे बदलाव के विभिन्न आयामों को उद्घाटित किया जा सके।

जेम्सन के अनुसार, आधुनिकता में आत्मचेतना का तत्व प्रमुखता से नजर आता है। सवाल यह है कि भारत में आत्मचेतना का विकास कब से होता है ? खासकर रैनेसां के साथ भारत में आत्मचेतना के विकास और प्रसार की प्रवृत्ति सामने आती है। इसी के साथ आधुनिक विज्ञान का उदय होता है। सामान्यजन से लेकर बौद्धिकों तक औपनिवेशिक जीवनशैली और सामंती जीवनशैली आदि के विकल्पों की खोज का काम आरंभ होता है। इसके ही गर्भ से कालांतर में साम्राज्यवाद-विरोधी चेतना का जन्म होता है। मजदूर वर्ग का उदय होता है और अनेक क्रांतिकारी समूहों का जन्म होता है। इस समूची प्रक्रिया ने विकल्पों की खोज को तेज कर दिया। साथ ही समाज के धर्मनिरपेक्षीकरण की प्रक्रिया भी बल पकड़ती है। समाजवादी विचारों का आम जीवन में प्रवेश होता है।

जेम्सन ने एक महत्वपूर्ण बात की ओर ध्यान खींचा है। उन्होंने लिखा है कि आधुनिकता जब आती है पूरे दलबल के साथ आती है। वह एकल रूप में या एक लक्षण के रूप में दाखिल नहीं होती। भारत में भी यही हुआ। आधुनिकता जब आई तो उसने बहुआयामी रूप में समाज में नई चीजों को जन्म दिया। नई समस्याओं और नए संस्कारों को जन्म दिया। दिलचस्प बात यह है कि 19वीं सदी में आधुनिकता के सभी तर्कों का जन्म मध्यकालीन संदर्भों के गर्भ से हुआ। मसलन, सती-प्रथा, स्त्री-शिक्षा, बेमेल विवाह आदि के खिलाफ जो संघर्ष चला उसमें बड़े पैमाने पर मध्यकालीन पाठों का पक्ष-विपक्ष ने इस्तेमाल किया। इस समूची बहस का समग्रता में समाज की विभिन्न अधिरचनाओं पर असर हुआ। इसने आधुनिकता को स्व-संदर्भ केंद्रित बनाया। जबकि शुरुआत हुई थी मध्यकालीन संदर्भों से, लेकिन इस बहस का रूपांतरण हुआ आधुनिकता को स्व-संदर्भ केंद्रित बनाने में। इससे उसका अतीत से सतह पर संबंध दिखता है बल्कि वास्तव अर्थों में उसने अतीत से अपना संबंध विच्छेद किया। इस प्रक्रिया में नए किस्म का सामाजिक व्यक्तित्व उभरकर सामने आया। इस नजरिये से देखें तो आधुनिकता जो दिखती है या भविष्य में दिखने

वाली थी इन दोनों से भिन्न आधुनिकता नजर आई।

भारत में आधुनिकता के बहुआयामी उदय का सबसे पहला असर औरत पर पड़ा। नए किस्म की स्त्री ने जन्म लिया यह ऐसी नई स्त्री थी जिसको देखकर आनंद और रोमांच की अनुभूति होती थी। यह सीधे संवेदनाओं से जुड़ी हुई थी। इस क्रम में स्त्री की नए किस्म की देहयष्टि निकलकर सामने आई, नई सज-धज के रूप सामने आए। स्त्री के इस नए रूप ने समाज को बिजली की गति के साथ प्रभावित किया। इसने स्त्री को नए रूप को जन्म दिया, उसे बहस के केंद्र में लाकर खड़ा किया। पहली बार आम लोगों के नजरिये को नए समय के साथ जोड़ा। पहली बार व्यक्ति के नजरिये का जन्म हुआ। व्यक्ति और सामुदायिक के आधुनिक से जुड़े रूपों का जन्म हुआ। सामूहिक को एकल फिनोमना में बांध दिया, जबकि व्यक्ति को वैविध्य में बांध दिया। स्त्री-पुरुष संबंधों के नए आख्यान का श्रीगणेश हुआ। इस दौरान जितने भी विषय उठे वे आधुनिक थे या किसी न किसी रूप में आधुनिक विषय की कोटि में आते हैं। फलतः आधुनिक को आत्मचेतस भी कहा गया। आधुनिक वह जिसमें आत्मचेतना हो। इस आत्मचेतना की अभिव्यंजना नई भाषा और नए किस्म की प्रस्तुति में अभिव्यंजित हुई। इसमें सतह पर भौतिक चीजें नजर आती हैं। इसी को जेम्सन ने पैराडाइम शिफ्ट कहा है। आधुनिकता आती है तो पैराडाइम शिफ्ट होता है। भारत में आधुनिकता जब आई तो उस समय ऐसे भी लोग थे जो पश्चिमी संस्कृति और उससे जुड़ी आधुनिकता का प्रदर्शन कर रहे थे, दूसरी ओर ऐसे भी लोग थे जिनके पास भारत की सशक्त आधुनिक परंपरा थी। इस परिप्रेक्ष्य में देखें तो भारत की विभिन्न जातीयताओं में आधुनिकता के विकास की परंपरा अलग-अलग है। साम्राज्यवाद और सामंतवाद के खिलाफ संघर्ष का स्तर भी अलग है। मध्य वर्ग, शिक्षा, बिजली, दूरसंचार, रेडियो, फिल्म और आधुनिक तकनीक के उदय और विकास का स्तर भी अलग-अलग है। इसके कारण भारत में आधुनिकता का असमान विकास हुआ। जेम्सन ने यह भी लिखा है कि आधुनिकता अवधारणा नहीं बल्कि आख्यान की कोटि है। इसलिए हमें आधुनिकता के अवधारणात्मक रूपों को बांधने के बजाय उसे अतीत के पुनर्निर्माण के क्षण के रूप में देखना चाहिए। इस क्रम में वह अतीत आख्यानों को भी नए सिरे से निर्मित करती है जिसके गर्भ से भविष्य के नए आधुनिक आख्यान का उदय होता है।

आधुनिकता के उदय के साथ छापे की मशीन आई, प्रेस आया, साथ ही किताब का नए मीडियम के रूप में जन्म हुआ। मध्यकाल में नाथों-सिद्धों के यहां पोथी विरोधी मनोदशा नजर आती है। वे पोथियों का विरोध इसलिए करते हैं कि अधिकतर

पोथियां मुक्ति का मार्ग नहीं बतातीं, उलटे सामाजिक बंधन का मार्ग बताती हैं। आधुनिक काल में भी किताबों को लेकर यह अनुभूति रही है कि जो किताबें पढ़ता है या किताबों से बंधा है वह ज्यादा बंधनयुक्त है। असल में किताबों और पोथियों से दूर रहने की अपील करने के पीछे मूल भावना यह थी कि भक्ति भावना से दूर रहा जाए। किताबें वस्तुतः भक्तिभावना या अनुयायीबोध में बांधती हैं। नया युग ऐसा है जिसमें सिखाने वालों की कमी नहीं है। बौद्धिक स्तर पर अनेक विकल्प हैं, जबकि पहले एक ही गुरु होता था और उसकी पोथी मार्गदर्शक होती थी। आज यह स्थिति नहीं है। आज हमारे पास मुक्ति के अनेक मार्ग हैं, मुक्ति का मार्ग बताने वाले अनेक गुरु भी हैं। अनेक किस्म के मुक्ति के आख्यान भी हैं। आधुनिकता की सबसे पहली सीढ़ी है आत्मचेतना, दूसरी सीढ़ी आत्मनिर्णय और तीसरी सीढ़ी है आत्मनिश्चय, इन तीनों से गुजरते हुए व्यक्ति मुक्ति के आधुनिक आख्यान को रचता है। मुक्ति के आख्यान को रचने का अर्थ है स्वतंत्रता हासिल करना।

इसी प्रसंग में फ्रेडरिक जेम्सन ने हाइडेगर के सुझाए 'आधुनिकता' के दो आख्यान मॉडलों की चर्चा की है। प्रथम, इस मॉडल के अनुसार आधुनिकता को ऐतिहासिक रूप में देखते हैं। जिसमें मुक्ति के सुनिश्चित आख्यान को संदर्भ सहित विश्लेषित करते हैं। इसमें उसकी व्यावहारिक अंतर्वस्तु की चर्चा करते हैं। इससे व्यवस्था में परिवर्तन होता है। इस मॉडल में हम उत्पादन के एक प्रकार के साधनों की व्यवस्था से दूसरे प्रकार के उत्पादन साधनों की प्रणाली में दाखिल होते हैं। हाइडेगर ने इस मॉडल की असंपूर्णता की ओर ध्यान खींचा है और रेखांकित किया है कि इस मॉडल में 'निरंतरता' का अध्ययन करने के अलावा और कुछ नहीं करते। इसको उद्घाटित करने के बहाने हाइडेगर ने एकल रूप में 'धर्मनिरपेक्षीकरण' के मॉडल की असंतोषजनक अवस्था की विस्तार से चर्चा की है। दूसरा मॉडल वह है जिसमें हम बार-बार उन तत्वों की चर्चा करते हैं जो पुराने मॉडल का अंग हैं। उन्हीं बातों को देस्कार्त की भाषा में देख सकते हैं। सवाल यह है कि आधुनिकता की खोज के क्रम में जिन तत्वों को 'परंपरा' में खोजा गया, 'निरंतरता' के नाम पर जिनकी चर्चा की गई और उसके आधार पर काल विभाजन किया गया उन तत्वों की समाज में चेतना भी है या नहीं ? यदि उन तत्वों की चेतना नहीं है तो उन तत्वों की अभिव्यंजना भी संभव नहीं है। जब किसी तत्व की चेतना होती है तो इसका अर्थ है कि वह तत्व शुद्ध है। उस तत्व की शुद्धता पर हम गौर करते हैं। इस दिशा में असफल होने पर ही हम चेतना को अनुभव के तौर पर देखते हैं। लेकिन अनुभव

को तो सब समय पेश नहीं कर सकते। इसी तरह तत्व को सब समय पेश नहीं कर सकते।

आधुनिकता की सैद्धांतिकी में कोई ऐसा क्षेत्र नहीं है जहां पर 'सब्जेक्टिविटी' की भूमिका न हो। इसलिए जब किसी वस्तु के चेतना में प्रस्तुतीकरण का सवाल उठेगा तो उसमें 'आत्मगतता' का होना जरूरी है। आत्मगतता के बिना आधुनिकता पर कोई बात नहीं हो सकती। मसलन, हम जब स्वतंत्रता की बात करते हैं तो इसकी कुछ अनुभूतियां हमारे मन में काम करती हैं। इसके कारण हमारी चेतना में कुछ बुनियादी किस्म के बदलाव हुए हैं। लेकिन इसके साथ ही हमारी चेतना में समानांतर 'अन्य' या हाशिये के लोगों की अनाधुनिकता भी साथ ही साथ चलती रहती है जिसमें बंधन, संस्कार, आज्ञापालन, गुलाम मानसिकता आदि बने रहते हैं। इसलिए जिसे हम स्वतंत्रता कहते हैं वह असल में बुर्जुआजी निर्मित स्वतंत्रता है वास्तव स्वतंत्रता नहीं है। इसी क्रम में व्यक्तिवादिता से जुड़े सवाल भी उठे हैं। मसलन, आधुनिक लोग अकेले या एकल होते हैं। वह अन्य से मुक्त है या नहीं इस बात का उसके संदर्भ में कोई महत्व नहीं है। इसी तरह हाशिये या 'अन्य' का व्यक्तिवाद के बिना कोई महत्व नहीं है। इस नजरिये से देखें तो व्यक्तिवादिता तो चेतना की अवैध प्रस्तुति है यानी व्यक्तिवादी अवस्था के कारण आप सिर्फ अपनी चेतना में ही स्वतंत्र होते हैं।

जेम्सन ने आधुनिकता पर विचार करते हुए उसके चार लक्षणों को रेखांकित किया है, प्रथम, इसके आधार पर युग-निर्धारण करना संभव नहीं है। दूसरा, आधुनिकता अवधारणा नहीं बल्कि आख्यानात्मक केटेगरी है। तीसरा, आधुनिकता के आख्यान को चेतना और आत्मगतता के इर्द-गिर्द संगठित नहीं किया जा सकता। असल में चेतना और आत्मगतता तो प्रस्तुति से परे हैं। सिर्फ आधुनिकता की परिस्थितियों का आख्यान बताया जा सकता है। चौथा, आधुनिकता की कोई भी धारणा प्रासंगिक नहीं रह गई है, आज आधुनिकता को हाइपोथीसिस के आधार पर उत्तर-आधुनिक ब्रेक या विच्छेद के रूप में आधुनिक के नाम से पुकारते हैं। जेम्सन ने यह भी लिखा कि आधुनिक का वर्तमान में तात्कालिक के अर्थ में प्रयोग किया जाता है, यह सौंदर्यबोधीय कोटि है जिसमें ग्रहण पर बल है, इसमें वर्तमान के अनुभव पर जोर है, इसके लिए ऐतिहासिक उद्भव का कोई अर्थ नहीं है इसलिए हमें कलात्मक आधुनिकता पर ध्यान देना चाहिए।

सवाल उठता है भारत में 'आधुनिकता' और 'आधुनिक' का आरंभ कब से मानें ? क्या रैनेसां से मानें ? भारत में एक नहीं, अनेक किस्म की आधुनिकता

है। विभिन्न जातीयताओं में आधुनिकता के विकास की प्रक्रिया अलग-अलग है। हिंदी में आधुनिकता का आरंभ छापे की मशीन के आगमन से होता है या विश्वविद्यालय शिक्षा के आरंभ से होता है ? आधुनिकता के उन्नायक किनको मानें ? क्या आधुनिक साहित्य के सर्जकों को आधुनिकता का अग्रदूत कहें ? आदि सवालों पर विचार करने की जरूरत है। दूसरी समस्या यह है आधुनिकता को क्या एक बार ऐतिहासिक परिप्रेक्ष्य में देखने से समस्या का समाधान हो जाएगा अथवा उसको बार-बार बदली हुई अवस्था में विवेचित करना चाहिए ? आधुनिकता पर विचार करते समय कई पहलुओं पर नजर रखने की जरूरत है। जेम्सन के अनुसार कभी-कभी बर्बरता भी आधुनिक आंतरिक विकास को बाधित करती है। इससे राष्ट्रीय परंपरा बाधित होती है। हमारे देश में आधुनिकता को बाधित करने का काम भारत विभाजन जैसी त्रासदी ने किया। उसने आधुनिकता के सामान्य विकास के मार्ग को बाधित किया। इसी तरह जेम्सन कहते हैं कि आधुनिकता पर विचार करते समय हमें अछूते पहलुओं पर गौर करना चाहिए। खासकर कलाओं में वे कौन से पहलू हैं जिन पर ध्यान ही नहीं दिया गया। इसी तरह इतिहास के उन पहलुओं की ओर भी ध्यान दें जिनके जरिये आधुनिकता के देशी विकास को तुलनात्मक रूप में रेखांकित किया जा सके। मसलन, भारत में रैनेसां के साथ निरुद्योगीकरण जुड़ा है जबकि ब्रिटेन में औद्योगिक क्रांति हुई। भारत में गुलामी थी और ब्रिटेन में स्वतंत्रता थी। भारत में प्रेस कानून बनने के बाद प्रेस को धर्म की आलोचना करने का अधिकार नहीं था जबकि ब्रिटेन के अखबारों को धर्भ के खिलाफ लिखने की आजादी थी। जेम्सन के अनुसार आधुनिकता तो अधूरे आधुनिकीकरण का बाईप्रोडक्ट है।

समाज में आधुनिकता की प्रकृति कैसी है यह जानने के लिए तीन क्षेत्रों पर केंद्रित ढंग से ध्यान देने की जरूरत है, पहला, स्त्री की अवस्था और स्त्री-चेतना, दूसरा, मजदूर वर्ग की दशा और मजदूर वर्ग की चेतना और तीसरा, अभिव्यक्ति की स्वतंत्रता का स्तर और भूमिका। इन तीन आधारों पर समग्रता में विचार करने की जरूरत है। संयोग की बात है कि इन तीनों में से किसी भी आधार पर नामवरजी नहीं सोचते और न जेम्सन ही सोचते हैं। सवाल यह है आधुनिकता यदि अधूरा प्रकल्प है तो उसकी पूर्णता का आधार क्या होगा ? यह भी सोच सकते हैं कि आधुनिकता 'एंप्टी कांसेप्ट' है तो फिर आधुनिक काल को किस तरह देखें ? क्या आधुनिक काल को 'आधुनिक' कहें या न कहें ? 'आधुनिक' कहें तो फिर उसमें प्रचलित प्रवृत्तियों को 'आधुनिकता' कहें या न कहें ?

जेम्सन ने 'आधुनिकता' की विचारधारा का भी विवेचन किया है। नामवरजी के शब्दों में यदि इसे 'एंप्टी कांसेप्ट' मान लेंगे तो इसकी विचारधारा के सवालों से भी मुक्त हो जाएंगे। इसके अलावा विभिन्न कलारूपों में विचारधारा की भूमिका भी नहीं देख पाएंगे। हमें आधुनिकता को अनैतिहासिक घोषित करने से बचना चाहिए। उसे नई ऐतिहासिक अवस्था के परिप्रेक्ष्य और प्रक्रिया को देखना चाहिए। आधुनिकता में नकारात्मक-सकारात्मक दोनों ही किस्म की चीजें हैं। 'आधुनिकता' एक अच्छा विचार है। दुर्भाग्य यह है इसके बारे में हमने गहराई में जाकर विचार नहीं किया। हमने कभी इसके लक्षणों और विभिन्न नेशनलिटी में विकास की अलग-अलग परंपराओं पर गौर नहीं किया। भारत में आधुनिकता की एक परंपरा नहीं है, बल्कि अनेक परंपराएं हैं।

हमारा मानना है कि भारत में 'आधुनिकता' का आरंभ स्त्री शिक्षा और आधुनिक सार्वजनिक शिक्षा के श्रीगणेश से होता है। खासकर स्त्री शिक्षा को आधार बनाएंगे तो हमें सवर्ण और असवर्ण दोनों में ही इसके [illegible] की चुनौतियों को समझने में मदद मिलेगी। यानी आधुनिकता के प्रकल्प के अध्ययन में स्त्री मूलाधार है और उसके विकास की दो दिशाएं हैं जो सवर्ण-असवर्ण जातियों और सामाजिक समूहों में रूपांतरण की प्रक्रिया को तेज करती हैं। 'आधुनिकता' महज कला, साहित्य, संस्कृति की सौंदर्यबोधीय अवधारणा या प्रक्रिया नहीं है बल्कि उसका सामाजिक रूपांतरण के साथ गहरा संबंध है। 'सबके लिए शिक्षा' और 'स्त्री शिक्षा' ये दोनों बड़े नारे हैं जो रैनेसां की धुरी हैं। आधुनिकता नए के बिना निर्मित नहीं होती, नए का संबंध शिक्षा के साथ जुड़ा है। समाज में नया जन्म तब लेगा जब शिक्षा का प्रसार होता है। शिक्षा के बिना नया पैदा नहीं हो सकता। नया कभी कॉमनसेंस से नहीं जन्मता। बंगाल और महाराष्ट्र के नवजागरण में स्त्री शिक्षा और सबको शिक्षा ये दो साझा तत्व हैं जो आधुनिकता का मूलाधार तैयार करते हैं। आधुनिकता की प्रकृति कैसी होगी ? यह निर्भर करता है कि हमारी शिक्षा और स्त्री शिक्षा की प्रकृति कैसी है ? आधुनिक काल में ही नहीं, किसी भी काल में स्त्री को शामिल किए बिना कोई संतुलित अवधारणा निर्मित नहीं की जा सकती। स्त्री के बारे में पहले तय करना पड़ेगा कि उसके प्रति किस तरह का नजरिया है?

आधुनिकता के बहुआयामी सौंदर्यबोधीय और दार्शनिक रूपों को समझने के लिए यह जरूरी है कि उस सामाजिक इकाई का पहले निर्धारण करें जिसके आधार पर आधुनिकता खुलती है। आधुनिकता को यदि सही परिप्रेक्ष्य में देखना है तो स्त्री को आधुनिकता का आधार बनाना होगा। किस तरह के उत्पादन संबंध होंगे,

उपभोग का स्तर क्या होगा, आधुनिकता की क्या शक्ति, सीमा और संभावनाएं हैं यह इस बात पर निर्भर करेगा कि समाज में मजदूर वर्ग और बुर्जुआजी की क्या स्थिति है, इनमें किस तरह का संबंध है, इन दोनों के विकास की प्रक्रिया क्या है? हिंदी में यूरोपीय मॉडल के आधार पर आधुनिकता को निर्धारित करने की तमाम किस्म की कोशिशें अधूरे प्रयास का आदर्श रूप हैं। आधुनिकता अधूरा प्रकल्प इसलिए लगता है और कहा जाता है कि उसमें जो चार मुख्य निर्धारक तत्व हैं उनको समग्रता में हम कभी नहीं देखते। आधुनिकता की प्रकृति को निर्धारित करने वाले पांच मुख्य तत्व हैं–स्त्री, मजदूर, बुर्जुआजी, जाति और साम्राज्यवाद या बहुराष्ट्रीय निगम। इन पांचों में से किसी भी तत्व को त्यागकर आधुनिकता का समग्र मॉडल नहीं बन सकता। भारत में ये पांचों तत्व आधुनिकता और उत्तर-आधुनिकता के साथ अंतर्ग्रंथित हैं। आधुनिकता और उत्तर-आधुनिकता की संचार प्रक्रियाएं पूरी तरह मीडिया, मासमीडिया और संचार क्रांति पर निर्भर हैं। आधुनिकता के दौर में परंपरागत कला रूपों और संचार रूपों का मासमीडिया के रूपों खासकर प्रेस, रेडियो और फिल्म के साथ गहरा संबंध है। ये हमारे समस्त सांस्कृतिक ढांचे को निर्मित करते हैं। यहां तक साहित्य और अन्य कलाओं को भी प्रभावित करते हैं। हमारी समूची जीवनशैली के नए संचालक के रूप में सामने आते हैं। वहीं उत्तर-आधुनिक दौर में इन माध्यमों की भूमिका तो बनी रहती है साथ ही नए माध्यमों का इसमें समावेश होता है, जिनको टेलीविजन, कंप्यूटर, इंटरनेट आदि के रूप में जानते हैं।

आधुनिकता और उत्तर-आधुनिकता में दो चीजें साझा हैं, इसमें स्त्री का शरीर और मजदूर का शरीर साझे रूप में निशाने पर हैं, इन दोनों की प्रस्तुति, नियंत्रण, संचालन, रखरखाव, जीवनशैली, मूल्य आदि को नियमित करने का काम बड़े पैमाने पर हुआ है। आधुनिकता की विभिन्न परतों को खोलने के लिए जरूरी है कि स्त्री और मजदूर के शरीर से जुड़े समूचे तंत्र को उद्घाटित किया जाए। इन दोनों के शरीर के बिना आधुनिकता, उत्तर-आधुनिकता मिट्टी है। आधुनिकता के नकारात्मक-सकारात्मक रूपों को इन दोनों के परिप्रेक्ष्य में समझा जा सकता है। इसलिए जरूरी है कि स्त्री और मजदूर वर्ग की गहराई में जाकर समझ बनाई जाए, हमारी समझ जितने व्यापक होगी हम उतने ही बड़े फलक पर आधुनिकता, उत्तर-आधुनिकता को खोल सकते हैं।

आलोचना का संकट, मार्क्सवाद और नामवर सिंह

इन दिनों संदर्भमुक्त आलोचना का प्रचलन है, पुस्तक समीक्षा को आलोचना कहने का रिवाज है, प्रशंसा को आलोचना कहने की आदत पड़ गई है या आलोचक, वकील की तरह तर्क करने लगे हैं। उल्लेखनीय है, हेगेल की आलोचना करते हुए कार्ल मार्क्स ने एक बात कही थी कि आलोचक को 'इतिहास में तर्क' की प्रतिष्ठा के साथ काम शुरू नहीं करना चाहिए। उसका काम 'तर्क के इतिहास' का पुनर्निर्माण करना नहीं है। आलोचक का काम रूढ़ियां निर्मित करना नहीं है बल्कि उसका काम है 'सामाजिक पुनरुत्पादन की भौतिक परिस्थितियों का विश्लेषण करना।' इसी तरह आलोचना का काम है 'वस्तुगत सामाजिक यथार्थ' को जानना, उसका उद्घाटन करना और उसके आधार पर आलोचना विकसित करना। सामाजिक यथार्थ को उद्घाटित करने का अर्थ यह नहीं है कि 'समसामयिक' यथार्थ के मात्र चित्र पेश कर दिए जाएं बल्कि उसका काम है सामाजिक यथार्थ से आखिरकार क्या बन रहा है, किस तरह के मूल्य बन रहे हैं आदि का उद्घाटन करना। सामाजिक यथार्थ किस तरह का नैतिक यथार्थ निर्मित कर रहा है यह भी देखना। सामाजिक यथार्थ के चित्र पेश करते समय उसके गर्भ से जन्म लेने वाली नैतिकता की खोज की जानी चाहिए। यह कैसे हो सकता है यथार्थ नया हो लेकिन नैतिक मान्यताएं पुरानी रहें। यथार्थ और नैतिकता एक साथ जन्म लेते हैं। यथार्थ का उद्घाटन करने मात्र से आलोचना के काम की इतिश्री नहीं होती बल्कि आलोचक का काम है आलोचना के जरिये कृति के 'मर्म' और 'रूपांतरण' इन दोनों पर नजर रखना, इन दोनों के द्वंद्वात्मक संबंध को पेश करना।

अधिकांश आलोचक सामाजिक यथार्थ के बाह्य रूपों का वर्णन नियमरहित ढंग से करते हैं। वे प्रत्यक्ष और प्रच्छन्न ढंग से यह नहीं बताते कि आखिरकार किन नियमों या आलोचना मानदंडों के आधार पर लिख रहे हैं। आलोचना को

किन मानकों के आधार पर वैध ठहरा रहे हैं, उनके विवरण और विश्लेषण का आधार क्या है ? वे सामाजिक ज्ञानमीमांसा में प्रवेश करने से कतराते हैं, सामाजिक नियमों की खोज करने से परहेज करते हैं, वे उन नियमों को नहीं बताते जिनके जरिये सामाजिक यथार्थ बन रहा है। आलोचक उन औजारों को नहीं बताता जिनके जरिये वह सामाजिक यथार्थ को जानने की कोशिश कर रहा है। इसके अलावा आलोचक यह भी नहीं बताता कि उसकी प्रेरणा का स्रोत कौन है ? किन सामाजिक शक्तियों से वह प्रेरणा ले रहा है? किन सामाजिक शक्तियों के साथ खड़ा है ? कायदे से आलोचक को अपने विवरण और विश्लेषण के ज्ञानमीमांसात्मक आधार को बताना चाहिए। उन मानकों को बताना चाहिए जिनके आधार पर वह यथार्थ को खोजता है। जिन मानकों पर वह निर्भर है।

आलोचना के कई रूप प्रचलन में हैं, पहला रूप, 'भाष्य या व्याख्या', दूसरा, 'कक्षा के लिए व्याख्या लेखन', तीसरा, 'व्याख्या' और 'मूल्य निर्णय'। चौथा, पुस्तक समीक्षा। 'व्याख्या' वाला रूप प्रचलित तरीकों पर निर्भर होता है, वह उन रूपों में शिरकत करता है। उपलब्ध समीक्षा सामग्री का इस्तेमाल करता है। 'पुनर्व्याख्या' निर्मित करता है, 'कृति' के आंतरिक तत्व की व्याख्या करता है। इस काम में प्रचलित मानकों, सामाजिक मान्यताओं आदि के आधार पर सामाजिक मूल्यों की वैधता पर सवाल खड़े करता है, उनको वैध ठहराता है। जाने-अनजाने 'नए' तत्व की ओर अग्रसर होता है। लेकिन उसे पहले से 'नए' की जानकारी नहीं होती। इस तरह के समीक्षक 'कठमुल्लेपन' से मुक्त होते हैं क्योंकि इस तरह का आलोचक अपनी व्याख्या के जरिये संबंधित समुदाय या भाषा के साहित्य को चित्रित करते समय यथार्थ के संदर्भों से जुड़ा रहता है और प्रामाणिक प्रस्तुति का दावा भी करता है। अवधारणा पर ध्यान नहीं देता, इसके विपरीत मनमाने अर्थ में उसका इस्तेमाल करता है। मसलन, वे कभी नहीं बताते कि 'लिबर्टी' के बारे में फलां सिद्धांतकार या दार्शनिक ने क्या कहा, वे सीधे 'व्याख्या' पर उतर आते हैं।

आलोचना में दूसरा महत्वपूर्ण स्कूल बाजार संचालित आलोचना का है, इसमें शामिल आलोचकगण मांग-पूर्ति के आधार पर लिखते हैं। इनको 'व्यवहारवादी समीक्षक' कहना समीचीन होगा। ये मूलतः छात्रों की खपत का माल तैयार करते हैं। इनके लेखन से व्यापक स्तर पर आलोचना और पाठक प्रभावित हो रहे हैं। मांग-पूर्ति के आधार पर ही गोष्ठी में दिए गए भाषणों का अधिकांश माल आता है। इस स्कूल के समीक्षक सीमित ढंग से सामाजिक ज्ञानमीमांसा के नियमों का

जिक्र करते हैं, उनको सामाजिक व्यवहारों से जोड़ने की कोशिश करते हैं। वे 'अन्य' को भी पेश करते हैं। इस क्रम में बड़े पैमाने पर स्त्री और दलित की समीक्षा आई है, जिसकी सीमाबद्ध उपयोगिता है।

व्यवहारवादी समीक्षक और व्याख्यावादी समीक्षक के नियम, धारणाएं और मान्यताएं भिन्न हैं। इसके बावजूद वे सीमित रूप में ही सही लेकिन सामाजिक यथार्थ और कृति की संक्षिप्त व्याख्या पेश करते हैं। यह वस्तुतः 'लेखन के लिए लेखन' है। यह अपने नजरिये के बदलाव के लिए लेखन नहीं है। इसी तरह इन दिनों मार्क्सवाद पर लिखने वाले अधिकांश आलोचकगण विश्व के मार्क्सवादी आलोचकों का लिखा नहीं पढ़ते, मार्क्सवाद की बहसों से दूर रहते हैं, कम्युनिस्ट पार्टी की बहसों से अनभिज्ञ होते हैं, कम्युनिस्टों के जलसे में नहीं जाते, लेकिन वे मार्क्सवाद पर दावे के साथ विशेषज्ञ के नाते राय जाहिर करते हैं। यहां तक कि मार्क्सवाद के बारे में अनर्गल प्रचार करने में भी ये ही सबसे आगे हैं। इसे 'बोगस मार्क्सवाद' कहना समीचीन होगा।

हिंदी में 'व्याख्यावादी समीक्षा' के आलोचकों में मार्क्सवादी रामविलास शर्मा, नामवर सिंह, शिवकुमार मिश्र, रमेश कुंतल मेघ, चंद्रबली सिंह, मैनेजर पांडेय आदि आते हैं। ये समीक्षा से संबंधित धारणा की ज्ञानमीमांसा करते हैं, ज्ञानमीमांसा के सवालों के जवाब भी देते हैं और ज्ञानमीमांसा और व्याख्या में अंतर्क्रियाएं करते हैं। फलतः मार्क्सवादी विश्वासों की प्रामाणिक व्याख्या पेश करते हैं। जबकि मार्क्सवाद से जुड़े 'व्यवहारवादी समीक्षक' साहित्य सिद्धांत के बजाय सामाजिक व्यवहारों का बार-बार हवाला देते हैं। वे सामाजिक व्यवहार और सामाजिक परिवर्तन में संबंध स्थापित करने की कोशिश करते हैं। ये वे लोग हैं जो व्यवहार में मार्क्सवाद से दूर हैं लेकिन मार्क्सवाद के किताबी ज्ञान के आधार पर उसकी व्याख्या करते हैं। इस प्रसंग में हमें हेबरमास की एक बात ध्यान रखनी चाहिए। हेबरमास ने लिखा है– 'आलोचक को 'मिथ्यावादी' नहीं होना चाहिए। अनुपयुक्त बातें नहीं कहनी चाहिए। जो 'आउटडेटेड' चीजें हैं उनको छोड़कर आगे निकल जाना चाहिए। हमें उन विकल्पों को अपनाना चाहिए जिनसे 'सामाजिक मुक्ति' के लक्ष्य को हासिल करने में मदद मिले। एक अच्छे आलोचक का काम है कि वह झूठ न बोले और झूठ से भरे विवरण और ब्यौरों को हमेशा दृढ़ता के साथ खारिज करे। मात्र व्याख्या या भाष्य से यह काम संभव नहीं है।'

आलोचना का मॉडल जब तक सामाजिक परिवर्तन को अपना लक्ष्य नहीं बनाता तब तक मुक्तिकामी आलोचना का निर्माण करना संभव नहीं है। आलोचना कोई

पौरोहित्य कर्म नहीं है। आलोचना का काम है मार्क्सवादी विश्वासों की प्रामाणिक व्याख्या पेश करना। लेकिन मार्क्सवाद का लक्ष्य तो मात्र व्याख्या करना नहीं है। उसका लक्ष्य है कि चीजों को बदला कैसे जाए? हिंदी में मार्क्सवादी आलोचना मात्र व्याख्या का प्रकल्प क्यों और कैसे बन गई इस पर गंभीरता से सोचने की जरूरत है। आलोचना को हम सामाजिक मुक्ति के प्रकल्प में रूपांतरित क्यों नहीं कर पाए ? बार-बार बुर्जुआजी के संशय, दुविधाएं और अवधारणाएं मार्क्सवाद के नाम पर आलोचना में कैसे दाखिल होते रहे ? मसलन, हिंदी आलोचना में रैनेसां की मार्क्सवादी आलोचकों द्वारा जिस तरह व्याख्या और मीमांसा पेश की गई है उसका मार्क्सवादी दृष्टि से दूर-दूर तक संबंध नहीं है। इसी तरह हिंदीभाषी प्रदेश और भारतीय संस्कृति को लेकर रामविलास शर्मा ने जो लिखा है वह मार्क्सवादी नजरिये से कहीं पर भी नहीं जोड़ता।

आलोचना सामाजिक परिवर्तन की विधा है। आलोचना मुक्तिकामी प्रकल्प बने इसके लिए जरूरी है कि आलोचना के बुनियादी मॉडल को गतिशील और प्रासंगिक दार्शनिक संघर्षों से जोड़ा जाए। आलोचना का काम संशय या दुविधा पैदा करना नहीं है बल्कि आलोचना को संप्रेषणीय होना चाहिए। प्रभावी संप्रेषण के लिए जरूरी है कि आलोचक के पास विश्वदृष्टि हो, उसके बिना सामाजिक रूपांतरण के परिप्रेक्ष्य का निर्माण करना संभव नहीं है। किसी भी आलोचक की क्षमता उसके संप्रेषण रूप पर निर्भर करती है। हमें जानना चाहिए कि सम-सामयिक संदर्भ में आलोचक किस तरह आलोचना और सामाजिक शक्तियों के अंतस्संबंधों को खोलता है। उनके बीच में चल रही रूपांतरण की प्रक्रिया को किस तरह चित्रित करता है। यही वह परिप्रेक्ष्य है जिसकी रोशनी में नामवरजी के आलोचना संबेंधी विचारों का मूल्यांकन किया जाना चाहिए।

नामवर सिंह ने लिखा है, 'आलोचना के इतिहास के बारे में जितनी पुस्तकें लिखी गई हैं, वे अपूर्ण, अधूरी ही नहीं हैं बल्कि उनकी जो मूलदृष्टि है, वह अभावों का दुर्दांत उदाहरण है।' (*आलोचना और इतिहास*, पृ. 139) सम-सामयिक आलोचना का ह्रास इसलिए हुआ कि साहित्य में बातचीत, शास्त्रार्थ, बहस, संवाद बंद है। जो सवाल उठ रहे हैं उनका जवाब कोई नहीं दे रहा। नए जो विश्वविद्यालय बनकर सामने आए उनमें भी संस्थान के रूप में मार्क्सवादी आलोचना का विकास नहीं हो पाया। नामवरजी ने सही रेखांकित किया है 'संस्थानों में ही चिंतन परंपरा बनती है' (वही, पृ. 138)।

नामवरजी के अनुसार, 'आलोचना का एक काम है—इतिहास का, परंपरा का

मर्म समझना-समझाना और से आगे की पीढ़ियों के बीच जीवित रखना है। दूसरा काम है शास्त्र की सीमाओं के बाहर आलोचना को निकालना। आलोचक का काम इंट्रोगेशन करना, जिरह करना या बिना किसी निष्कर्ष पर पहुंचे आगे चल देना नहीं है। आलोचना एक रचनात्मक कर्म है, यह दोयम दरजे का काम नहीं है। यदि आप में सर्जनात्मकता नहीं हैं तो आप आलोचना नहीं कर सकते' (वही, पृ. 150)।

नामवरजी के अनुसार, 'आलोचक की सार्थकता इस बात में है कि समकालीन साहित्य को उसने कितना जांचा-परखा है। आलोचना की मुख्य चुनौती समकालीन रचनाएं ही होती हैं। आलोचना सिद्धांत से पैदा नहीं होती बल्कि अपने पर्यवेक्षण से, देखने-दिखाने से पैदा होती है और यह सारा देखना-दिखाना साहित्य के अंदर ही होता है' (वही, पृ. 150)। आलोचना का संबंधयुगीन साहित्य की प्रधान संवेदना से गहरे जुड़ा होता है। नामवरजी का मानना है, 'आलोचना कर्म संस्थानगत होते हुए भी कहीं न कहीं वैयक्तिक होता है। दूसरे शब्दों में कहें तो किसी कृति में हमें इस प्रकार दिखाई पड़ता है या मुझे ऐसा लगता है, आपको कैसा लगता है? आलोचना ऐसा संवाद है कि पहल आपको करनी होगी। अपना चयन, अपना विवेक, अपनी संवेदना, अपना वैदग्ध्य दिखाकर कहें कि हमें ऐसा लगता है, लेकिन दूसरों को कैसा लगता है, यह भी महत्वपूर्ण बात है। दूसरे कहें कि हम इतनी दूर तक सहमत हैं और आगे हमें नया अर्थ, नया विमर्श सूझता है। आलोचना एक सहयोगी प्रयास है। वह पंचायत नहीं है और आप सरपंच नहीं हैं। आप ऐसे वकील हैं, जो बहस के लिए पहल कर सकते हैं। यह वैयक्तिकता भी है और सामाजिकता भी है' (वही, पृ. 151)।

मार्क्सवादी नजरिये से 'पाठ' के सवाल पर नामवरजी ने जो कहा वह काफी महत्वपूर्ण है। उनके अनुसार, 'अंग्रेजी में Text और Context के निश्चित अर्थ हैं। Text के बारे में यह प्रमाणित हुआ है कि जो संपूर्ण समाज का ताना-बाना है, उस ताने-बाने का एक अंग है–कृति (Text)।' यानी 'संपूर्ण सृष्टि का ताना-बाना है, वह कृति है।'

सवाल यह है आलोचना क्या है ? पियेरी मचेरी (Pierre Macherey) के अनुसार साहित्य को जानना ही आलोचना है। हम आलोचना को साहित्य के करीब जाने के लिए इस्तेमाल करते हैं या ऑब्जेक्ट तक पहुंचने के लिए इस्तेमाल करते हैं। साथ ही हम 'नॉलेज' का अपरिपक्व रूप में इस्तेमाल करते हैं। आलोचना पदबंध 'अस्पष्ट' है। एक तरफ इसमें नकारात्मक तत्व शामिल है, अस्वीकार, खारिज

करना, दोष निकालना शामिल है। तीखी आलोचना शामिल है। दूसरी ओर इसमें सकारात्मक ज्ञान की सीमा भी शामिल है। यह साहित्य की अवस्था एवं गतिविधि की संभावनाओं को भी उजागर करता है। आलोचना के जरिये हम अपने विचारों को एक विधा से दूसरी विधा की ओर आसानी से स्थानांतरित करते हैं।

आलोचना असल में 'अस्पष्टता' में निहित है, उसकी दोहरी भूमिका होती है। वह आलोचक के 'नकारात्मक निर्णय' और 'सकारात्मक ज्ञान' में भेद करती है। इसी अर्थ में आलोचना को 'व्याख्या' कहते हैं। यहीं पर हमें 'प्रशंसा' और 'ज्ञान' में अंतर करना चाहिए। आलोचना को व्याख्या बनाते समय हमें 'प्रशंसात्मक आलोचना' और 'ज्ञान समीक्षा' या 'साहित्य उत्पादन के विज्ञान' में अंतर करना चाहिए। 'साहित्य उत्पादन के विज्ञान' के अपने नियम हैं, जबकि 'प्रशंसात्मक आलोचना' अनुमान पर आधारित है। इसके नियम बनाने होते हैं। इसे कला और तकनीक कहते हैं। जबकि दूसरे को सही रूप में कहें तो विज्ञान कहते हैं। सवाल उठता है कि क्या हम दोनों का एक साथ इस्तेमाल कर सकते हैं ? अथवा इन दोनों में से एक को चुनें? इन दोनों की पद्धति क्या होगी ?

टेरी इगिलटन के अनुसार 'साहित्य', अभिव्यक्ति या यथार्थ की अभिव्यंजना मात्र नहीं है। साहित्य एक प्रक्रिया का उत्पाद है। जिस तरह 'स्कूटर' या 'कार' एक प्रक्रिया की देन है। वह 'प्रोड्यूसर' से स्वतंत्र है। उसी तरह साहित्य भी एक प्रक्रिया की देन है। वह लेखक के दिमाग की देन नहीं है। इसी तरह साहित्य का पुनरुत्पादन नहीं है आलोचना। जीरोक्स कॉपी नहीं है बल्कि रचना का भिन्न विधा में स्थानांतरण है। आलोचना का यह काम नहीं है कि साहित्य में जो है वह बता दे या साहित्य में निहित आत्मचेतना को बता दे। आलोचना काम है स्वयं बोलना। वह सब बताए जिसे साहित्य हर हाल में छिपाता है। आलोचना का काम साहित्य के गूढ़ रहस्यों या गूढ़ तत्वों को बताना नहीं है। गूढ़ सत्यों को बताना भी आलोचना का काम नहीं है। उसका काम है सत्य और नजरिये की खोज करना। इन दोनों को ऐतिहासिक दृष्टि से विश्लेषित करना। उनकी खामियों और संभावनाओं का उद्घाटन करना। आलोचक का काम मात्र यह नहीं है कि विचारधारा की खोज करे। विचारधारा का आधार कृति के विचार नहीं हैं बल्कि वह तो अमूर्त है, वह रचना और रचनाकार के दैनंदिन जीवन में फैली होती है। इन दोनों के दैनंदिन जीवन के 'अनुपस्थित' पक्ष एवं अंतर्विरोधों को उद्घाटित करना विचारधारा है। साहित्य रूपों के जरिये 'अमूर्त' को 'मूर्त' किया जाता है। ऐसा करते समय वह उसकी 'अस्पष्टता' एवं कमियों को उजागर करता है। फलतः साहित्य अपने को

यथार्थ से भिन्न बना लेता है। आलोचना का काम परंपरा में संगति की बिठाना नहीं है, आलोचना की परंपरा का क्रमिक विकास दरशाना नहीं है जैसा कि अमूमन कक्षाओं में पढ़ाते समय किया जाता है। आलोचक का काम है साहित्य में यथार्थ के स्तर पर हो रहे 'विस्थापन', 'रूपांतरण' और 'दरारों' को सामने लाना। इसमें किसी भी एक तत्व को छोड़ा नहीं जा सकता। लेखक की हर रचना पिछली रचना के यथार्थ को विस्थापित करती हुई सामने आती है, यह अकेंद्रित साहित्यिक विस्थापन है। फलतः रचना में तमाम किस्म की दरारें नजर आती हैं। आलोचना का काम है इन दरारों का उद्घाटन करना। आलोचना का काम साहित्य के तत्वों के बीच में सामंजस्य बिठाना नहीं है, मधुर संबंध बनाना नहीं है। आलोचक को 'पाठ' का सर्जक नहीं समझना चाहिए। वह पाठ का मददगार नहीं है। वह पाठ की दरारें भरने का काम नहीं करता। उसका काम पाठ को सहज, सुबोध, सुगम्य बनाना नहीं है। उसका काम है पाठ की विविधता का सैद्धांतिकीकरण करना पाठ में निहित विविध अर्थों का उद्घाटन करना। वह कहता एक बात है और दिखाता दूसरी बात है। वह बोलता एक बात है और उसमें व्यंजना दूसरे किस्म की होती है।

मचेरी के अनुसार आलोचना का काम सिर्फ कृति की अंतर्वस्तु की व्याख्या करना नहीं है बल्कि आलोचना का काम यह भी है कि वह भाषा का अध्ययन करे, उसके नियमों और हाइपोथीसिस की खोज करे। साथ ही भाषा क्या है? इस सवाल का उत्तर खोजे। भाषा के नियमों की खोज के बिना आलोचना का काम पूरा नहीं होता। इसके बिना वह यह खोज ही नहीं सकता कि रचना कैसे रची गई। सवाल यह है भाषा के आलोचनात्मक सवाल आलोचना से कैसे गायब हो गए और किस तरह ये सवाल भाषाविज्ञान का अंग बना दिए गए ? भाषा से विच्छिन्न करके आलोचना का विकास करके हमारे आलोचकों ने भाषा और आलोचना के अंतस्संबंध का अंत कर दिया।

भाषा और आलोचना का अंतस्संबंध जब देखेंगे तो साहित्यिक आलोचना का स्वरूप एकदम भिन्न नजर आएगा इससे आलोचना और भी प्रामाणिक लगेगी। आलोचना में अप्रामाणिकता के आने के कई कारण हैं उनमें से एक कारण यह भी है कि आलोचना ने भाषा की मीमांसा बंद कर दी। इसके कारण आलोचना में जो भी संवाद पैदा हुआ वह प्रामाणिक नहीं था। कृति में अंतर्वस्तु को ही सर्वस्व मान लिया गया। इसी तरह विचारधारा को ही सर्वस्व मानकर जो आलोचना लिखी गई वह स्वयं ही अप्रामाणिक हो गई। आलोचना प्रामाणिक बने इसके लिए जरूरी है भाषा और आलोचना के अंतस्संबंध को देखा जाए। भाषा क्या है ? यह सवाल

उठाते हैं तो लिखित पाठ से पठन की ओर स्थानांतरित होते हैं। यदि पाठ नया है तो पठन के जरिये आलोचना विकसित कर सकते हैं। आलोचना में पहला प्रमुख सवाल है काव्यभाषा का। नामवरजी के अनुसार, 'कोई रचना यदि काव्य होने का दावा करती है अथवा हम उसे काव्य के रूप में स्वीकार करते हैं तो क्या ये काव्यात्मकता द्रव्य है, उसकी भाषा का कोई गुण है। 'काव्य भाषा' शब्द का प्रयोग करके हम कहना चाहते हैं कि काव्यात्मकता उस साहित्य में कम-से-कम भाषा में निहित होती है। भाषा का काव्यात्मक प्रयोग जहां होता हो अथवा वह गुण होता हो जिसके कारण जो ध्वनि वगैरह वाले लोग समझाते हैं। अंग्रेजी में काव्यात्मकता तो भाषा अथवा किसी रचना का एक्शन है पर उसकी अस्तित्व मूलक अंटलॉजिकल विशेषता उसकी प्रकृति में है यानी उसके पदार्थ में ही निहित है या हम किसी चीज को काम के आधार पर कि वह साहित्य काव्य का काव्यात्मक काम करती है, इसलिए वह रचना काव्य हो जाती है यदि नहीं करती तो नहीं होती' (पृ. 164-65)। इसी क्रम में नामवरजी ने 'काव्यात्मकता' क्या है ? सवाल पर भी विचार किया है। लिखा 'काव्यात्मकता नामक चीज ऐसी सरल लगती है कि काव्य शब्द को इस तरह प्रस्तुत किया जाता है जैसे यह भाषा की या किसी कृति का कोई गद्यपरक तत्व है जो उसी में होता है, जबकि सच्चाई यह है कि इसका निर्णय और इसका मूल्यांकन काम के अनुसार किया जाता है। अगर कोई कृति साहित्यिक या काव्यात्मक कार्य संपन्न करती है या सिद्ध करती है तो है, नहीं करती है तो नहीं' (पृ. 165)। यह भी लिखा, 'काव्य जिस रूप में प्राचीन साहित्य में परिभाषित किया गया था और आज किया जा रहा है वह काव्य शुद्ध काव्यात्मक संकल्पना नहीं है। भाषा के आधार पर नहीं। वह एक सामाजिक सत्ता, धार्मिक सत्ता, आर्थिक सत्ता की ताकत है। जो अपने को सहृदय, शिष्ट, अभिजात, सुरुचि संपन्न कहते हैं उनको जो प्रिय हो, पसंद हो, अनुकूल हो वह काव्य है, जो उनके प्रतिकूल हो वह अकाव्य है।'

पठन और लेखन के बीच में अन्यान्याश्रित संबंध होता है। लेखन हमेशा पठन से पैदा होता है। असल में, लेखन तो स्वयं ही पठन का ही एक रूप है। यहीं पर यह देखना चाहिए कि किस तरह की साहित्यिक संरचना का लेखक विकास कर रहा है। जिरा जेनेट के अनुसार आलोचना, रचना के बाहर होती है, वह लेखन पर बोलती है, जबकि लेखन के अंदर वक्तृता रहती है। मचेरी का मानना है कि लेखक और आलोचक एक ही बात को बोलते हैं अथवा यों कहें एक जैसी भाषा में बोलते हैं। लेकिन इसका यह अर्थ नहीं है कि वे एक ही बात कह रहे हैं। उसके दो अर्थ भी हो सकते हैं।

यह लोकप्रिय धारणा है कि लेखक तो स्वयं आलोचक है क्योंकि आलोचक तो लेखक ही होता है। इस धारणा में अनेक समस्याएं हैं जिनकी हम अनदेखी करते हैं मसलन, सर्जनात्मक लेखक और आलोचनात्मक लेखन में अंतर है। लेखक की गतिविधि और आलोचक की गतिविधि में अंतर है। आलोचक का काम वहां से शुरू होता है जहां लेखक छोड़ देता है। आलोचक तो लेखक के अनछुए पहलुओं को खोलता है। लेखक रचना के जरिये संरचना बनाता है जबकि आलोचना स्वयं ही किताब की संरचना है। इन दिनों 'आलोचना के लिए आलोचना' बड़े पैमाने पर लिखी जा रही है। यह पढ़ने के लिए लिखी जा रही है लेकिन इसमें सारवान कुछ नहीं होता। यह रचना की जीरोक्स कॉपी है। इस तरह की आलोचना मांग पर लिखी जा रही है। 'आलोचना के लिए आलोचना' वस्तुतः 'कला कला के लिए' का ही नया रूप है। यह आलोचना में कलावाद का ही एक रूप है।

नामवरजी का मानना है, 'मेरी समझ में समकालीन आलोचना जैसी कोई एक संगठित वस्तु नहीं है' (*आलोचना और इतिहास*, पृ. 159)। अंशतः यह बात सच है। लेकिन आलोचना असंगठित भी नहीं होती। आलोचना का संगठन वैसा नहीं होता जैसे राजनीतिक संगठन होते हैं। राजनीतिक विचारधारा होती है। आलोचना के औजार भिन्न होते हैं, किसी भी किस्म की आलोचना को विकसित करने के लिए आलोचना के औजारों का होना जरूरी है। औजारों का परीक्षण समय की कसौटी पर होगा। समय की कसौटी पर जो औजार खरे उतरते हैं आलोचना में वे प्रचलित रहते हैं जो औजार खरे नहीं उतरते आलोचक उनको छोड़ देता है। नामवरजी के लिए समय की कसौटी संभवतः कोई कसौटी नहीं है, यही वजह है कि 'आलोचना के औजारों के परीक्षण का समय' शीर्षक लेख में वे अज्ञेय की प्रसिद्ध कविता 'नाच' को कलावादियों की तरह देखते हैं, उसका मूल्यांकन करते हैं। वे उस समय का जिक्र तक नहीं करते जिसको ध्यान में रखकर यह कविता लिखी गई है। यह कविता आपातकाल के प्रतिवाद में आपातकाल में ही लिखी गई। आपातकाल को नजरअंदाज करते हुए इस कविता का विवेचन संभव नहीं है लेकिन नामवरजी इस कविता को महज कविता के रूप में देखते हैं। यहां वे अपनी दृष्टि के बंधन को इतना ढीला कर देते हैं कि समूची कविता का मर्म ही हाथ से निकल जाता है। नामवरजी ने यह सही कहा कि आलोचना के औजार साधन हैं, साध्य नहीं हैं। आलोचना के औजार जब साध्य हो जाते हैं तो यह खतरनाक स्थिति है।

साहित्य और कला में पहली कसौटी है मौलिकता। मौलिकता का आधार है नई और विशिष्ट विश्वदृष्टि और सौंदर्यपरक गुणवत्ता। मौलिकता को कसौटी की

प्रथम समस्या बनाते हैं तो साहित्य रूढ़ियों और रूढ़िगत प्रतिमानों से साहित्य को मुक्त करने के सवाल पर भी हमारी नजर जाएगी। मौलिकता को सर्जनात्मकता की धुरी मानना चाहिए। इससे विषयवस्तु, भाषा, काव्यशिल्प आदि के क्षेत्र में नए विचारों के खुलने की संभावनाएं पैदा होती हैं। काव्यभाषा कैसी होगी यह निर्भर करता है विषय क्या है, किस विधा में लेखक लिखना चाहता है, किस नजरिये से लिखना चाहता है और किनके लिए लिखना चाहता है? इस समूची प्रक्रिया में विश्वदृष्टि और मौलिकता का सवाल प्रमुख सवाल बनकर उभरता है।

विश्वदृष्टि और विचारधारा का संबंध एक-दूसरे से जुड़ा है। ऐसी स्थिति में जब भी कोई मार्क्सवादी आलोचना की कसौटियों पर विचार करता है तो वह हमेशा ऐसी परिस्थितियों में फंसा रहता है जहां उसे विचारधारा के सांस्कृतिक इतिहास से मुक्ति नहीं मिलती। मार्क्सवादी कभी शून्य से आरंभ नहीं करते। फ्रेडरिक जेम्सन ने लिखा है, सत्य कभी स्थिर या जड़ व्यवस्था में नहीं रहता बल्कि वि-रहस्यीकरण की प्रक्रिया में रहता है। एक मार्क्सवादी के पास सरल भाषा में ठोस सत्य होता है। कसौटी के सवाल पर सोचते समय यह देखें कि आलोचना में वि-रहस्यीकरण किस रूप में हो रहा है। नामवरजी जब आलोचना की अवधारणा पर लिखते हैं तो वे सूत्रों में वि-रहस्यीकरण करते हैं। इस क्रम में मार्क्सवादी के रूप में जो पद्धति अपनाते हैं, उस पर थोड़ा गंभीरता के साथ विचार कर लेना समीचीन होगा।

नामवरजी की आलोचना पद्धति किताबी नहीं है, वे किताबी ढंग से आलोचना के सवालों पर विचार नहीं करते बल्कि ठोस रूप में यथार्थ की समस्याओं को केंद्र में रखकर अपनी राय व्यक्त करते हैं। वे यथार्थ को ही संबोधित करते हैं। यथार्थ को संबोधित करने के पीछे प्रधान कारण यह है कि यथार्थ लंबे समय से दबाव में रहा है, उसे तरह-तरह से छिपाने की कोशिशें हुई हैं। यहां तक कि साहित्य चेतना के नए रूपों के बहाने भी उसे छिपाने की कोशिशें हुई हैं। जिनके कारण आलोचक के सामने यथार्थ के उद्घाटन के अलावा कोई चारा नहीं बचा है।

फ्रेडरिक जेम्सन के अनुसार, यथार्थ से आलोचना संवाद करे, यथार्थ का उद्घाटन करे, यही मार्क्सवादी पद्धति है। इस पद्धति को अपनाने के कारण मार्क्सवादी कभी रक्षात्मक मुद्रा में नहीं रहते। रक्षात्मक मुद्रा में आलोचना तब रहती है जब वह यथार्थ को छिपाने का काम करे। इसके अलावा मार्क्सवादी कभी आलोचना में प्रचलित विभिन्न आलोचना स्कूलों के विकल्प के रूप में भी अपने को पेश नहीं करता। वह प्रचलित पद्धतियों का विकल्प नहीं है। नामवरजी जब किसी अवधारणा पर बोलते हैं या लिखते हैं तो उसके ऐतिहासिक आयाम में प्रवेश करते हैं। जबकि अधिकतर

समीक्षक ऐतिहासिक आयाम से अनभिज्ञ हैं या फिर उसे छिपाते हैं। किसी भी अवधारणा पर विचार करते समय उसे ऐतिहासिक विकास क्रम को जरूर देखना चाहिए, उसके बिना संबंधित अवधारणा की जटिलताएं समझ में नहीं आतीं। फ्रेडरिक जेम्सन ने मार्क्सवादी आलोचना की प्रकृति समझाने के लिए सेर्गी दुब्रोस्की की धारणा को उद्धृत किया है। दुब्रोस्की ने मार्क्सवादी आलोचना प्रक्रिया पर लिखा, 'ज्योंही पाठ के हृदय में प्रवेश करते हैं उसी क्षण उसके सामाजिक संदर्भ का अतिक्रमण कर जाते हैं।' इस पर जेम्सन ने लिखा कि इस तरह की धारणा का एक लाभ यह है कि ऐतिहासिक आयाम को आप एक अकादमिक वैध पहलू की तरह नहीं देखते। बल्कि यह तो दिमाग के लिए शॉक की तरह है। आपको शॉक लगता है और तुरंत ही आप दूसरे यथार्थ के धरातल पर होते हैं। यह असल में रूपांतरण की प्रक्रिया है। संवाद की तकनीक है। यह मानसिक परिप्रेक्ष्य के विजन को अचानक व्यापक बनाने की तकनीक है। यह आपको बहुत सारी सीमाओं से दूर ले जाती है। तकरीबन यही पद्धति नामवरजी अपनाते हैं।

नामवरजी ने आलोचना का विकास जितना लिखकर किया है उससे ज्यादा भाषण देकर किया है। यह समस्या अब भी बनी हुई है कि उन्होंने भाषण क्यों दिए ? उनकी भाषण कला का वैचारिक चरित्र क्या है ? इस पहलू को खोलने में फ्रेडरिक जेम्सन हमारी मदद कर सकते हैं। जेम्सन ने *दि आइडियोलॉजी ऑफ दि थ्योरी* (2008) में लिखा उनकी आलोचना परिस्थिति और उसके प्रत्युत्तर में जन्मी है। ठीक यही बात नामवरजी की आलोचना पर लागू होती है। नामवरजी परिस्थिति के अनुसार अपने नजरिये का इजहार करते हैं। सामान्य तौर पर हम आलोचना को उसके संदर्भ में देखने के आदी हैं, लेकिन नामवरजी इस परंपरा से बाहर निकलकर अपनी परिस्थिति और उसके साथ संवाद या मुठभेड़ करते नजर आते हैं। इस क्रम में वे मनमाफिक ब्रेक लेते हैं। वे नियमानुसार न तो बोलते हैं और न नियमानुसार मुठभेड़ करते हैं। इस नजरिये से देखें तो वे आलोचना को अभिव्यंजना के पुराने फार्मूले के बाहर ले जाते हैं और उसे नए आधार पर स्थिर करते हैं जिसमें 'परिस्थिति' और 'रेस्पांस' का महत्व है। इसलिए कभी-कभी उनकी आलोचना में कोई सुव्यवस्थित सिस्टम नजर नहीं आता। अनेक ब्रेक नजर आते हैं। नामवरजी के लिए मार्क्सवादी के नाते किसी भी अवधारणा के अंतर्निहित संदर्भ से ज्यादा महत्वपूर्ण है उस अवधारणा की आंतरिक जांच-पड़ताल। वे उन बिंदुओं से टकराते हैं जो विवाद के केंद्र में हैं या फिर जिनको विवाद के केंद्र में होना चाहिए। लेकिन इस टकराव को वे हमेशा संक्षिप्त रूप में ही व्यक्त करते हैं। वे किसी भी विवाद के विस्तार में नहीं जाते।

नामवरजी वाचिक परंपरा के अंतिम प्रतीक पुरुष हैं। उनको भाषणकला का उस्ताद माना जाता है। वे लिखने से अधिक बोलने में विश्वास करते हैं। उन्होंने जितना बोला है, उसकी तुलना में लिखा बहुत कम है। फ्रेडरिक जेम्सन के शब्दों में कहें भाषणकला तो पूर्व-पूंजीवादी भाषिक संप्रेषण रूप है। यह सामूहिक वर्गीय फिनोमिना है। यह पूर्व-व्यक्तिवादी अभिव्यक्ति रूप है। यह शैली का चरमोत्कर्ष है। इसका भाषिक निवेश की दृष्टि व्यापक सामाजिक मूल्य है। पुराने जमाने की यह आभिजात्य परंपरा का एक रूप है। इसकी धुरी है भाषिक व्यंग्यात्मक काव्यबोध। इसके विपरीत लेखन तो मध्यवर्गीय फिनोमिना है। इसके जरिये स्वचालितीकरण की मध्यवर्गीय जिंदगी अभिव्यंजित होती है।

लेखनशैली में पूर्व-पूंजीवादी सामूहिक सामाजिकता क्रमशः विलीन हो रही है। लेखनशैली तो एकाकी व्यक्ति के मौन की अभिव्यक्ति है। इसकी तुलना में भाषणकला समूहबद्ध और इकसार जनता के भावों की अभिव्यक्ति है। इसमें वक्ता अपने को ही संबोधित करता है। अथवा यों कहें कि स्थापित मानकों के आधार पर उसके भाषण के बारे में पूर्वानुमान नहीं लगा सकते। वह कैसे बोलेगा, किस रूप में बोलेगा और क्या बोलेगा आदि का पहले से अनुमान नहीं लगा सकते। ये सब नामवरजी की भाषणकला की विशेषता भी है। इसके विपरीत आधुनिक लेखनशैली में जनता की समस्याओं के व्यक्तिगत और समस्यामूलक समाधान निजी भाषा में व्यक्त होते हैं।

लेखनशैली और संभाषण, ये दो भिन्न किस्म के अभिव्यक्ति रूप हैं और इन दोनों का खास सामाजिक आधार है। इन दोनों का दो भिन्न किस्म की उपन्यास परंपराओं से संबंध है। मसलन, अंग्रेजी के 18वीं और 19वीं सदी के उपन्यास में तात्कालिक सामाजिक संप्रेषण मुख्य है। वह वाचिक परंपरा के भाषिक लक्षणों से बंधा है। इसमें लिखित भाषा के बजाय वाचिक भाषा पर जोर है, इसके चरित्रों के वाक्य-विन्यास वे नहीं हैं जो तयशुदा भाषा के होते हैं। वहां फैशन की तरह भाषा नहीं आती बल्कि वक्ता की भाषा के रूपों का लोप और उदय होता रहता है। मसलन, बोलने की शैली, असहमत होने की शैली, पुनरावृत्ति, विस्तार देने की भाषा, संक्षिप्त करने की शैली आदि बदलती रहती है। अंग्रेजी उपन्यास या गद्य परंपरा में वाक्य-विन्यास में व्यक्तिगत शैली का अभी प्रभुत्व नजर नहीं आता। वह अपने तरीके से अब भी वाचिक युग में ही है। वह वाचिक युग के आत्मीय रूपों को अभिव्यंजित करती है। वह कालांतर में पैदा हुई कलावादी दृश्य आधुनिक वाक्य-संरचना परंपरा को त्यागते हुए आगे बढ़ गई है। नामवरजी की भाषणकला पर इस परंपरा का गहरा असर है। हिंदी के नई कहानी के पूर्व के उपन्यासकारों पर इस परंपरा का

गहरा असर है। अंग्रेजी उपन्यास से भिन्न फ्रेंच उपन्यास की भाषिक परंपरा है, इसमें एक ही झटके में 1857 में *मादाम बोवेरी* के प्रकाशन के साथ वाचिक परंपरा का अंत हो गया। इस उपन्यास में कहीं पर भी स्वाभाविक वाचिक भाषा के दर्शन नहीं होते। हमारे यहां भी इन दोनों परंपराओं का गहरा असर पड़ा है। प्रेमचंद-रेणु-वृंदावनलाल वर्मा आदि के यहां वाचिक परंपरा की भाषा है जबकि नई कहानी की परंपरा के लेखकों के यहां लिखित भाषा है, जो फ्रेंच परंपरा की मध्यवर्गीय लिखित भाषा के प्रभाव से ग्रस्त है। जबकि नामवरजी सचेत रूप में वाचिक परंपरा का निर्वाह करते हुए सचेत रूप से अपने को फ्रेंच परंपरा से अलगाते हैं। वे आलोचना में भारतीय वाचिक परंपरा को अपनाते हैं जो ब्रिटिश उपन्यासकारों के यथार्थ चित्रण की भाषा के करीब है।